新编 机关秘书写作必备全书

文　锋／主编

XINBIAN JIGUAN MISHU XIEZUO BIBEI QUANSHU

中国言实出版社

图书在版编目（CIP）数据

新编机关秘书写作必备全书 / 文锋主编.
—北京:中国言实出版社，2011.5
ISBN 978-7-80250-468-4

Ⅰ.①新…
Ⅱ.①文…
Ⅲ.①国家行政机关—公文—写作—基本知识
Ⅳ.①H152.3
中国版本图书馆 CIP 数据核字（2011）第 042521 号

出版发行 中国言实出版社
地 址：北京市朝阳区北苑路 180 号加利大厦 5 号楼 105 室
邮 编：100101
电 话：64924716（发行部） 64924735（邮 购）
64924880（总编室） 64928661（二编部）
网 址：www.zgyscbs.cn
E-mail：zgyscbs@263.net
经 销 新华书店
印 刷 北京建泰印刷有限公司
版 次 2011 年 5 月第 1 版 2011 年 5 月第 1 次印刷
规 格 710 毫米×1000 毫米 1/16 28 印张
字 数 700 千字
定 价 49.80 元 ISBN 978-7-80250-468-4/H·38

本书编委会

类别栏

★机关公文类文书写作

◎机关法定公文写作

◎机关规章公文写作

★机关事务类文书写作

◎机关工作总结写作

◎机关工作计划写作

◎机关工作报告写作

◎先进典型事迹材料写作

◎竞聘、就职、述职、调动讲话稿写作

★机关会议类文书写作

◎会议准备阶段文书写作

◎会议开(闭)幕、主持词讲话稿写作

◎机关工作会议讲话稿写作

★机关礼仪类文书写作

◎欢迎词、欢送词

◎答谢词、祝词

◎推荐信、公开信、表扬信、批评信

◎感谢信、慰问信、介绍信、证明信

◎倡议书、建议书、决心书、保证书

◎邀请书、聘书、贺信、贺电、请柬

◎涉外事务公文写作

★机关各种活动类文书写作

◎庆祝、纪念性讲话稿

◎庆功、表彰性讲话稿

◎节日、庆典(仪式)讲话稿

◎礼仪、文体活动致词(讲话稿)

目　录

第一编　机关公文类文书写作

第二编 机关事务类文书写作

第三编　机关会议类文书写作

第一编

机关公文类文书写作

第一章　机关法定公文写作

第一节　命令（令）

一、命令（令）概述

1. 命令（令）的概念

命令（令）属于最为典型的下行文，是上级领导机关向下级机关发布的一种带有强制执行性质的指挥性公文。命令（令）一经发布，下级机关就要坚决服从和执行。

2. 命令（令）的适用范围

根据《国家行政机关公文处理办法》第九条规定，命令（令）“适用于依照有关法律公布行政法规和规章；宣布施行重大强制性措施；嘉奖有关单位及人员”。人民团体、企事业单位无权发布命令（令）。

3. 命令（令）的特点

（1）命令（令）具有高度的强制性和原则性

它主要表现在执行命令（令）的不可动摇性。它以国家法律和有关规定为依据，对重要的行政工作进行决策性指挥，强制性地统一人们的行为准则。它没有任何商洽的余地，不论在什么情况下，受文单位不得在行动上有反对的表示。否则，将会受到国家法律的制裁。

（2）具有特定的发布者

它主要表现在命令（令）是国家权力的集中体现，具有法定的权威性，受文单位和个人必须坚决执行，不得违反。

（3）命令（令）要庄重严肃，具有法规性

它主要表现在两个方面：一方面是不轻易使用命令（令），使用时要特别慎重；另一方面表现形式要有威严感，语言要高度准确，语气要坚决、果断。

4. 命令（令）的写作格式

命令（令）的结构分标题、发文字号、开头、主体、结尾和落款六部分。

（1）标题

命令（令）的标题写法，通常有四种形式，即“发文机关＋事由＋文种”、“发文机关＋文种”、“事由＋文种”，除以上三种形式外，还有一种就是只写文种。

（2）发文字号

命令（令）的发文字号的写法有两种：一是由“机关代字+年份+序号”组成；二是以令号（发文机关发布命令的顺序号）代替发文字号。

(3) 开头

开头要写明命令（令）发布的缘由，即发布命令（令）的原因、目的、根据和意义。

(4) 主体

主体即命令（令）的事项。要求准确地写出决断性、强制性的规定或措施。

(5) 结尾

命令（令）的结尾，通常写明对命令（令）事项的补充说明或向受命者提出希望和要求。有些命令（令）也可根据内容要求不写执行要求。

(6) 落款

落款包括署名和发文时间两项内容。在正文后右下方署名，写上发令机关的全称或发令人的领导职务和姓名，再在其下方注明时间。

5. 命令（令）的写作要求

(1) 撰写或签发令文必须严肃、认真

命令（令）不得朝令夕改，使下级无所适从。

(2) 目的要明确

命令人们完成一项任务，应该使大家明确奋斗目标及重大意义，为完成任务或达到某一目的而努力。

(3) 要求要具体

如时间、地点、数量等，必须写得十分具体，以便于有关人员付诸行动和领导机关监督检查。

(4) 语气要严肃

命令（令）的语气要严肃坚决、肯定、有力。

(5) 辞章要严密

结构严谨，易读易记，便于执行。对先说什么，后说什么必须安排适当。

(6) 文字要简练

篇幅短小，便于熟记，以免把较长时间花费在阅读或理解命令上。

二、命令（令）的写作范例

▲公布令

【范例】

××市政府令

第107号

《××市人民政府行政决策法律审查规定》已经××××年××月××日××市人民政府第

十二届第三十一次常务会议审议通过，现予公布，自××××年××月××日起施行。

市长　×××
××××年××月××日

▲行政令

【范例】

中华人民共和国国务院令

（第500号）

《民用核安全设备监督管理条例》已经××××年××月××日国务院第183次常务会议通过，现予公布，自××××年××月××日起施行。

国务院总理　温家宝
××××年××月××日

▲嘉奖令

【范例】

关于对县政府信访局的嘉奖令

×政文〔2009〕6号

2008年，县政府信访局在县委、县政府的正确领导下，紧紧围绕全县稳定大局，认真落实科学发展观，创新理念、完善机制，推进信访工作规范化、制度化建设，热情接待信访群众，妥善处理人民群众反映的信访问题，认真排查化解矛盾纠纷，深入做好信访群众的教育和引导工作，切实理顺群众情绪，促进党和政府与人民群众的密切联系，为××经济发展、社会和谐做出了突出贡献。我县的信访工作领导干部一岗双责经验、重信重访治理经验、县委书记县长大接访长效机制建设经验在全市推广，我县被省委、省政府授予县委书记县长大接访工作先进县、全省信访工作先进县荣誉称号。为此，县政府决定对县政府信访局予以通令嘉奖。

希望县政府信访局戒骄戒躁，发扬成绩，再接再厉，在今后的工作中取得更大的成绩，为构建和谐××、振兴××经济做出新的更大贡献。

××县政府
2009年××月××日

▲惩处令

【范例】

行政处罚命令

字（______）第______号

______学校工会：

你工会擅自多收取工会会员会费，在整改通知期限内没有及时改正错误，使许多人员上访，产生极其恶劣影响。经工会委员会讨论，总工会现作出如下命令：

1. 对工会主席记行政警告一次，工会______副主席记过处分。
2. 尽快返还多收取的会费。
3. 书面道歉，消除影响。

××市总工会
××××年××月××日

▲通缉令

【范例】

公安部通缉令

各省、自治区、直辖市公安厅、局，新疆生产建设兵团公安局：

××省××市公安局立案侦办××有限公司非法吸收公众存款案件。经工作查明，2001年8月至2006年7月期间，犯罪嫌疑人刘××以高额回报为诱饵非法集资数额巨大。案发后，犯罪嫌疑人刘××潜逃。

刘××（在逃人员编号：××），男，汉族，1966年5月18日出生，户籍地：××市钢城前进路60号24号楼201室，现地址：省××市××县，身高1.6米左右，身份证号码：××。

请各地公安机关接此通缉后，立即部署查缉工作，发现犯罪嫌疑人即予扣留，并速告部二局。

对发现线索的举报人、缉捕有功的单位或个人，将给予1万元人民币奖励。

附：刘××照片（略）

公安部
二〇××年××月××日

▲撤销令

【范例】

××市人民政府
撤销××县《公路过往车辆收费暂行规定》的命令

经市人民政府××××年××月××日第9次常务委员会研究决定，撤销××县《公路过往车辆收费暂行规定》。经由××县高级公路过往的车辆的收费标准按市发××××号文件执行。

××市人民政府
××××年××月××日

第二节 决 议

一、决议概述

1. 决议的概念

决议作为机关、社会团体、企事业单位的领导机关用于重要决策事项的公文，是在高级领导机构的会议上研究、讨论后形成的，代表着发文机关的意志，一经发布，其下属必须严格遵守，认真落实，不得违背，具有很强的权威性。

决议必须经会议讨论，并经表决通过之后才能形成。与“决定”相比，“决议”的使用范围要稍微狭窄一些，“决议”的对象比决定更具原则性，但没有决定那样具体。“决议”必须经过会议讨论表决后方可发布。

2. 决议的分类

根据决议内容大致可分为如下几类。

(1) 公布性决议。是指为公布某项法规、提案而使用的“决议”。

公布性决议非常接近“决定”的作用，但也有不同之处。这就是它的内容还有进一步提请更高级会议与机关审议的必要，不像“决定”的内容那样已成定论，必须要下属机关贯彻执行。

(2) 纪要性决议。是指会议对某一重要事项或对某一系列事项作出的决议。

(3) 批准性决议。是指国家或机关会议对议案表示肯定或否定意见的文件，目的是要公布议案审议的进程、结果。有人又将这种类型的决议称为“认可性决议”。

批准性决议的内容，可以是批准负责人在某次会议上所做的工作报告，批准会议上审议讨论的文件，也可以是会议上讨论处理的工作事项等。

(4) 阐述性决议。是指将某些重大结论的具体内容加以展开阐述时常用的一种公文，属于针对某一专题性的问题作充分说明的大型公文，具有极大的权威性和指导性。

3. 决议的格式

决议的结构同决定的结构大同小异，也可采用单一法、条例法、板块结构法。一般由标题、正文、制发机关和制发时间构成。

①标题。由制发机关或会议名称、事由和文种构成。

②制发时间。一般写在标题下方，用括号括起。

③正文。一般包括三个方面的内容：A. 作出决议的根据和缘由；B. 决议的事项；C. 对决议事项的评价及执行希望。一些结构单一的决议，只有前两个内容。结构较复杂的一些决议，一般都要包含这三个方面的内容。

4. 决议的写作要求

①要吃透会议文件的要旨，了解决议事项的内容，认真听取参加会议人员的意见。

②语言要精练，通俗易懂，观点明确，便于理解掌握，利于贯彻执行。

③要有一定的理论准备，特别是以拟写论述性决议这类理论色彩较强的决议，必须要有充分的理论准备，写作时注意叙述结合，既要把事实叙述清楚，又要把道理讲透。

二、决议的写作范例

▲公布性决议

【范例】

中国共产党第十七次全国代表大会
关于《中国共产党章程（修正案）》的决议

（2007年10月21日中国共产党第十七次全国代表大会通过）

中国共产党第十七次全国代表大会审议并一致通过十六届中央委员会提出的《中国共产党章程（修正案）》，决定这一修正案自通过之日起生效。

大会认为，十六大以来，党中央坚持以邓小平理论和“三个代表”重要思想为指导，根据新的发展要求，集中全党智慧，提出了以人为本、全面协调可持续发展的科学发展观。科学发展观，是对党的三代中央领导集体关于发展的重要思想的继承和发展，是马克思主义关于发展的世界观和方法论的集中体现，是同马克思列宁主义、毛泽东思想、邓小平理论和“三个代表”重要思想既一脉相承又与时俱进的科学理论，是我国经济社会发展的重要指导方针，是发展中国特色社会主义必须坚持和贯彻的重大战略思想。大会一致同意将科学发展观写入党章。大会要求全党同志全面把握科学发展观的科学内涵和精神实质，增强贯彻落实科学发展观的自觉性和坚定性，着力转变不适应不符合科学发展观的思想观念，着力解决影响和制约科学发展的突出问题，把全社会的发展积极性引导到科学发展上来，把科学发展观贯彻落实到经济社会发展各个方面。

大会认为，改革开放以来，中国共产党人和中国人民以一往无前的进取精神和波澜壮阔的创新实践，谱写了中华民族自强不息、顽强奋进新的壮丽史诗，中国人民的面貌、社会主义中国的面貌、中国共产党的面貌发生了历史性变化。改革开放以来我们取得一切成绩和进步的根本原因，归结起来就是：开辟了中国特色社会主义道路，形成了中国特色社会主义理论体系。把这个重大论断写入党章，对于动员全党更好地把握和坚持中国特色社会主义道路和中国特色社会主义理论体系，不断发展中国特色社会主义，具有十分重大的意义。

大会认为，经过新中国成立以来特别是改革开放以来的不懈努力，我国取得了举世瞩目的发展成就，但我国仍处于并将长期处于社会主义初级阶段的基本国情没有变，人民日益增长的物质文化需要同落后的社会生产之间的矛盾这一社会主要矛盾没有变。大会一致同意在党章中把党的基本路线中的奋斗目标表述为把我国建设成为富强民主文明和谐的社会主义现代化国家。大会要求全党毫不动摇地坚持党的“一个中心、两个基本点”的基本路线，团结带领全国各族人民为把我国建设成为社会主义现代化国家而奋斗。

大会认为，把经济建设、政治建设、文化建设、社会建设四位一体的中国特色社会主义事业总体布局写入党章，对于夺取全面建设小康社会新胜利、开创中国特色社会主义事业新局面，具有重大意义。毫不动摇地巩固和发展公有制经济，毫不动摇地鼓励、支持、引导非公有制经济发展，发挥市场在资源配置中的基础性作用，建立完善的宏观调控体系，统筹城乡发展、区域发展、经济社会发展、人与自然和谐发展、国内发展和对外开放，建设社会主义新农村，走中国特色新型工业化道路，建设创新型国家，建设资源节约型、环境友好型社会；坚持党的领导、人民当家作主、依法治国有机统一，走中国特色社会主义政治发展道路，坚持和完善基层群众自治制度，尊重和保障人权，建立健全民主选举、民主决策、民主管理、民主监督的制度和程序；坚持马克思主义指导思想，树立中国特色社会主义共同理想，弘扬以爱国主义为核心的民族精神和以改革创新为核心的时代精神，倡导社会主义荣辱观；按照民主法治、公平正义、诚信友爱、充满活力、安定有序、人与自然和谐相处的总要求和共同建设、共同享有的原则，以改善民生为重点，解决好人民最关心、最直接、最现实的利益问题，努力形成全体人民各尽其能、各得其所而又和谐相处的局面，这些都是我们党在建设中国特色社会主义实践中取得的重大认识和成果。把这些内容写入党章，对于全党同志更加自觉、更加坚定地贯彻党的理论和路线方针政策，按照中国特色社会主义事业总体布局的要求，继续发展社会主义市场经济、发展社会主义民主政治、发展社会主义先进文化、构建社会主义和谐社会，团结带领全国各族人民把中国特色社会主义伟大事业不断推向前进，具有十分重大的作用。

大会认为，适应新形势新任务的要求，把党在领导军队建设、民族工作、宗教工作、统战工作、外交工作等方面形成的方针政策写入党章，有利于全面贯彻这些方针政策，切实做好这些方面的工作。大会认为，着力加强党的执政能力建设和先进性建设，以改革创新精神全面推进党的建设新的伟大工程，坚持立党为公、执政为民，做到科学执政、民主执政、依法执政，不断推进马克思主义中国化，坚持权为民所用、情为民所系、利为民所谋，保障党员民主权利，坚持标本兼治、综合治理、惩防并举、注重预防的方针，建立健全惩治和预防腐败体系，是十六大以来我们党在党的建设方面取得的重大认识和成果。把这些内容写入党章，有利于进一步加强和改进党的建设，不断提高党的执政能力，保持和发展党的先进性，使党始终成为中国特色社会主义事业的坚强领导核心。

大会认为，在党章中规定党的各级组织要按规定实行党务公开，党的各级代表大会代表实行任期制，党的中央和省、自治区、直辖市委员会实行巡视制度，中央政治局向中央委员会全体会议报告工作、接受监督，党的地方各级委员会的常务委员会定期向委员会全体会议报告工作、接受监督，是加强党的制度建设的需要，是扩大党内民主、加强党内监督的需要。同时，为加强党的执政能力建设和先进性建设，对党员、党的干部和党的各级组织的要求进行充实十分必要。这有利于进一步增强我们党的治党管党水平，提高党的领导水平和执政能力。

大会要求，党的各级组织和全党同志高举中国特色社会主义伟大旗帜，坚持以邓小平理论和“三个代表”重要思想为指导，深入贯彻落实科学发展观，切实学习党章、遵守党章、贯彻党章、维护党章，进一步加强党的执政能力建设和先进性建设，不断提高党的创造力、凝聚力、战斗力，为夺取全面建设小康社会新胜利、开创中国特色社会主义事业新局面而不懈奋斗！

▲纪要性决议

【范例】

中国共产党第十七次全国代表大会
关于十六届中央委员会报告的决议

（2007年10月21日中国共产党第十七次全国代表大会通过）

中国共产党第十七次全国代表大会批准胡锦涛同志代表十六届中央委员会所作的报告。报告以马克思列宁主义、毛泽东思想、邓小平理论和“三个代表”重要思想为指导，深入贯彻落实科学发展观，科学回答了党在改革发展关键阶段举什么旗、走什么路、以什么样的精神状态、朝着什么样的发展目标继续前进等重大问题，对继续推进改革开放和社会主义现代化建设、实现全面建设小康社会的宏伟目标作出了全面部署，对以改革创新精神全面推进党的建设新的伟大工程提出了明确要求。报告描绘了在新的时代条件下继续全面建设小康社会、加快推进社会主义现代化的宏伟蓝图，为我们继续推动党和国家事业发展指明了前进方向，是全党全国各族人民智慧的结晶，是我们党团结带领全国各族人民坚定不移走中国特色社会主义道路、在新的历史起点上继续发展中国特色社会主义的政治宣言和行动纲领，是马克思主义的纲领性文献。

大会认为，报告阐明的大会主题对我们党带领人民继往开来、开拓奋进具有十分重大的意义。全党要高举中国特色社会主义伟大旗帜，以邓小平理论和“三个代表”重要思想为指导，深入贯彻落实科学发展观，继续解放思想，坚持改革开放，推动科学发展，促进社会和谐，为夺取全面建设小康社会新胜利而奋斗。

大会强调，中国特色社会主义伟大旗帜，是当代中国发展进步的旗帜，是全党全国各族人民团结奋斗的旗帜。全党必须坚定不移地高举中国特色社会主义伟大旗帜，带领人民抓住和用好重要战略机遇期，求真务实，锐意进取，继续全面建设小康社会、加快推进社会主义现代化，完成时代赋予的崇高使命。

大会高度评价十六届中央委员会的工作。大会认为，十六大以来，面对复杂多变的国际环境和艰巨繁重的改革发展任务，党带领全国各族人民，高举邓小平理论和“三个代表”重要思想伟大旗帜，提出并贯彻科学发展观等重大战略思想，战胜各种困难和风险，推动党和国家工作取得新的重大成就、人民生活得到显著改善，开创了中国特色社会主义事业新局面，开拓了马克思主义中国化新境界。实践充分证明，十六大和十六大以来中央作出的各项重大决策是完全正确的。

大会同意报告对我国改革开放的伟大历史进程和宝贵经验的科学总结。大会认为，改革开放是党在新的时代条件下带领人民进行的新的伟大革命，符合党心民心，顺应时代潮流。改革开放29年来的成功实践雄辩地证明，改革开放是决定当代中国命运的关键抉择，是发展中国特色社会主义、实现中华民族伟大复兴的必由之路；只有社会主义才能救中国，只有改革开放才能发展中国、发展社会主义、发展马克思主义。改革开放以来我们取得一切成绩和进步的根本原因，归结起来就是：开辟了中国特色社会主义道路，形成了中国特色社会主义理论体系。全党同志要倍加珍惜、长期坚持和不断发展党历经艰辛开创的中国特色社会主义道路和中国特色社会主义理论体系，勇于变革、勇于创新，永不僵化、永不停滞，不为任何风险所惧，不被任何干扰所惑，使中国特色社会主义道路越走越宽广，让当代中国马克思主义放射出更加灿烂的真理光芒。

大会强调，新中国成立以来特别是改革开放以来，我国取得了举世瞩目的发展成就，但我国仍处于并将长期处于社会主义初级阶段的基本国情没有变，人民日益增长的物质文化需要同落后的社会生产之间的矛盾这一社会主要矛盾没有变。全党同志必须始终保持清醒头脑，坚定不移地贯彻执行社会主义初级阶段基本路线，坚持把以经济建设为中心同四项基本原则、改革开放这两个基本点统一于发展中国特色社会主义的伟大实践，任何时候都决不能动摇。

大会强调，要深入贯彻落实科学发展观。科学发展观，是对党的三代中央领导集体关于发展的重要思想的继承和发展，是马克思主义关于发展的世界观和方法论的集中体现，是同马克思列宁主义、毛泽东思想、邓小平理论和“三个代表”重要思想既一脉相承又与时俱进的科学理论，是我国经济社会发展的重要指导方针，是发展中国特色社会主义必须坚持和贯彻的重大战略思想。全党同志要全面把握科学发展观的科学内涵和精神实质，增强贯彻落实科学发展观的自觉性和坚定性，把科学发展观贯彻落实到经济社会发展各个方面。

大会指出，我们已经朝着党的十六大确立的全面建设小康社会的目标迈出了坚实步伐。今后五年是全面建设小康社会的关键时期。我们要坚定信心，埋头苦干，按照中国特色社会主义事业总体布局，努力实现经济又好又快发展，更好保障人民权益和社会公平正义，明显提高全民族文明素质，全面改善人民生活，建设生态文明，为全面建成惠及十几亿人口的更高水平的小康社会、建设富强民主文明和谐的社会主义现代化国家打下更加牢固的基础。

大会同意报告关于我国社会主义经济建设、政治建设、文化建设、社会建设的部署。大会强调，实现未来经济发展目标，关键要在加快转变经济发展方式、完善社会主义市场经济体制方面取得重大进展，大力推进经济结构战略性调整，更加注重提高自主创新能力、提高节能环保水平、提高经济整体素质和国际竞争力；坚持和完善公有制为主体、多种所有制经济共同发展的基本经济制度，从制度上更好发挥市场在资源配置中的基础性作用，形成有利于科学发展的宏观调控体系。要坚持中国特色社会主义政治发展道路，坚持党的领导、人民当家作主、依法治国有机统一，坚持和完善人民代表大会制度、中国共产党领导的多党合作和政治协商制度、民族区域自治制度以及基层群众自治制度，不断推进社会主义政治制度自我完善和发展，发展社会主义政治文明。要坚持社会主义先进文化前进方向，建设社会主义核心价值体系，兴起社会主义文化建设新高潮，激发全民族文化创造活力，提高国家文化软实力，更加自觉、更加主动地推动文化大发展大繁荣。要加快推进以改善民生为重点的社会建设，着力保障和改善民生，推进社会体制改革，扩大公共服务，完善社会管理，妥善处理人民内部矛盾，促进社会公平正义，推动建设社会主义和谐社会。大会认为，必须站在国家安全和发展战略全局的高度，统筹经济建设和国防建设，在全面建设小康社会进程中实现富国和强军的统一。

大会强调，要坚定不移地贯彻“一国两制”、“港人治港”、“澳人治澳”、高度自治的方针，严格按照特别行政区基本法办事，促进香港、澳门长期繁荣稳定；要牢牢把握两岸关系和平发展的主题，真诚为两岸同胞谋福祉、为台海地区谋和平，积极促进祖国和平统一大业，坚决反对“台独”分裂活动，维护国家主权和领土完整，维护中华民族根本利益。

大会同意报告对国际形势的分析和提出的对外工作方针，强调要奉行独立自主的和平外交政策，始终不渝走和平发展道路，始终不渝奉行互利共赢的开放战略，坚持在和平共处五项原则的基础上同所有国家发展友好合作，共同分享发展机遇，共同应对各种挑战，推动建设持久和平、共同繁荣的和谐世界，推进人类和平与发展的崇高事业。

大会强调，党要站在时代前列带领人民不断开创中国特色社会主义事业新局面，必须以改革创新精神加强自身建设。必须把党的执政能力建设和先进性建设作为主线，坚持党要管党、从严治党，贯彻为民、务实、清廉的要求，全面加强党的思想建设、组织建设、作风建设、制度建设和反腐倡廉建设，使党始终成为立党为公、执政为民，求真务实、改革创新，艰苦奋斗、清正廉洁，富有活力、团结和谐的马克思主义执政党，始终成为中国特色社会主义事业的坚强领导核心。

大会强调，坚决惩治和有效预防腐败，关系人心向背和党的生死存亡，是党必须始终抓好的重大政治任务。全党同志一定要充分认识反腐败斗争的长期性、复杂性、艰巨性，把反腐倡廉建设放在更加突出的位置，旗帜鲜明地反对腐败。

大会强调，全党同志必须清醒认识到，实现全面建设小康社会的目标还需要继续奋斗十几年，基本实现现代化还需要继续奋斗几十年，巩固和发展社会主义制度则需要几代人、十几代人甚至几十代人坚持不懈地努力奋斗。我们必须继续承担好带领中国人民创造幸福生活、实现中华民族伟大复兴的历史使命。我们一定要居安思危、增强忧患意识，一定要戒骄戒躁、艰苦奋斗，一定要刻苦学习、埋头苦干，一定要加强团结、顾全大局，战胜一切艰难险阻，推动党和人民事业取得新的更大胜利。

大会号召，全党全国各族人民高举中国特色社会主义伟大旗帜，更加紧密地团结在党中央周围，认真学习贯彻党的十七大精神，万众一心，开拓奋进，为夺取全面建设小康社会新胜利、谱写人民美好生活新篇章而努力奋斗！

▲阐述性决议

【范例】

××市第×届党代会关于批准第×届市委报告的决议

中国共产党××市第×次代表大会批准×××同志代表×届市委所作的报告。大会认为，报告通篇贯穿邓小平理论和“三个代表”重要思想，充分体现科学发展观和构建社会主义和谐社会战略思想，实事求是地总结过去四年的工作，深刻分析当前面临的形势，全面部署今后五年的任务，是指导今后一个时期我市改革发展和现代化建设的纲领性文件。

大会充分肯定×届市委的工作。市第×次党代会以来，市委坚持以邓小平理论和“三个代表”重要思想为指导，全面贯彻科学发展观和构建社会主义和谐社会战略思想，认真贯彻落实省委“八八战略”等“四位一体”的战略部署，团结和带领全市各级党组织、全体共产党员和广大干部群众，围绕“一港三城”战略目标，把握“四个坚持”战略方针，推进建设“三个××”战略任务，突出“破三难、打三仗”战略重点，实施“四大工程”等有效载体，经济建设、政治建设、文化建设、社会建设和党的建设都取得了新的成就。大会强调，必须坚持把发展作为第一要务，把为民作为第一要求，把稳定作为第一责任，把创新作为第一动力，把实干作为第一本领，这是过去的经验总结，也是指导今后发展的重要原则。

大会同意报告确定的我市第三次跨越的奋斗目标和战略重点。强调要以科学发展、和谐发展、率先发展为要求，以城市化、工业化、信息化、市场化、国际化为路径，以改革创新为动力，努力实现由经济大市向经济强市跨越、创业城市向创新城市跨越、平安城市向和谐城市跨越。要始终坚持以科学发展观为统领，坚定地推进新型城市化、新型工业化、协调发展和创新发展“四大战略”，不断开创“发展活力××、提升实力××、构建和谐××”新局面，努力实现由总体小康到全面小康的第三次跨越。

大会同意报告对今后五年我市改革发展基本任务的部署。提出要重点实施“553 城市提升计划”，努力建设现代化中心城市；深化拓展“四大工程”，努力建设现代经济强市；以发展农村经济为重点，努力建设富裕、文明、民主、和谐的社会主义新农村；推进模式创新、机制创新、科技创新和环境创新，努力建设创新型城市；大力实施民生工程，扎实推进“平安××”、文化大市、“法治××”和生态市建设，努力建设和谐城市。

大会强调，建设“三个××”、实现“三次跨越”，关键在党，关键在人。要围绕为民抓党建、围绕发展抓党建、围绕和谐抓党建，进一步加强思想政治建设、领导班子和干部队伍建设、基层组织建设、党的作风建设、廉政建设和反腐败斗争，为经济社会发展提供坚强政治和组织保证。

大会号召，全市各级党组织和全体共产党员要更加紧密地团结在以胡锦涛同志为总书记的党中央周围，在中共××省委领导下，振奋精神，励精图治，团结拼搏，扎实工作，为全面开创××市建设新局面，为我市实现第三次跨越而努力奋斗！

××××年××月××日

▲部署性决议

【范例】

××师范学院第×届教代会第×次工代会决议（草案）

（××××年××月××日）

××师范学院第×届教职工代表大会、第×次工会会员代表大会于××××年××月××日至××日在学院报告厅召开。会上全体代表以对学院改革和发展高度负责的精神，对院长工作报告和其他文件进行了认真的讨论和审议，并通过了这些决议，圆满完成了大会的各项议程。

大会审议并原则同意了院长××代表学院所作的题为《××××××发展》的工作报告（以下简称报告），会议认为，报告以邓小平理论和“三个代表”重要思想为指导，实事求是地回顾总结了学院八年来，尤其是近一个时期以来学院工作取得的主要成绩、基本经验；客观地分析了学院发展所面临的形势，提出了今后一个时期实现学院跨越式发展的办学工作思路和今后三年的主要工作，符合学院实际。在讨论中，代表们对学院工作给予了高度评价，对报告提出了许多建设性的意见，一致认为报告对实现学院的跨越式发展，必将起到重要作用。

会议认为，学院向大会提交的，根据××师范学院第×次代表大会《关于修订××师范学院“十五”计划和××××发展规划的建议》的决议，修订《××师范学院“十五”计划和××××发展规划》，学院定位比较明确，发展目标清晰，措施切实可行，鼓舞士气，催人奋进。

会议认为，会议讨论和审议的工会××代表上届工会所作的工会工作报告，客观、全面地总结了过去八年的工作，对今后工作提出了切实可行的建议。八年来，工会在学院党委和上级工会的领导下，围绕学院中心工作，充分发挥了工会的桥梁纽带作用，履行了工会的四项职责，推动了学院的精神文明建设；对今后工会工作的建议，方向比较明确，思路清晰，符合实际，对进一步做好新一届工会委员会的工作具有借鉴和指导意义。

会议还讨论、审议了学院工会财务工作报告。会议认为，八年来，工会财务管理符合上级工会有关财务管理制度，经费收支清楚，经费支出合理。会议希望工会进一步建立健全财务管理制度，勤俭节约，提高会费使用效益，管好、用好工会经费。

会议讨论并通过了《××师范学院教职工代表大会工作暂行条例》和《××师范学院校务公开实施意见》（修订稿），选举产生了新一届工会委员会和工会经费审查委员会。会议期间，全体代表以高度的责任感和使命感，就学院发展和建设中教职工普遍关心的问题提出了许多很好的提案、意见和建议。会议责成教代会提案工作小组进行认真的梳理和研究，尽快提交提案建议，并组织相关部门代表监督相关职能部门在今后工作中加以改进或落实。

大会号召，全院教职员工要以饱满的精神状态，自觉担负起时代赋予我们的历史使命，开拓创新，扎实工作，为实现我院跨越式发展而努力奋斗。

▲批准性决议

【范例】

支部大会通过预备党员转为正式党员的决议

支部大会于××××年××月××日讨论了×××同志的转正申请，认为同志自××××年

××月××日被吸收为中共预备党员以来，能按照党员标准严格要求自己，重视政治理论学习，注意改进工作作风，工作勤奋，勇于创新，成绩显著，发挥了一个共产党员应有的作用，但也还存在处理问题不够沉着冷静的不足。大会认为×××同志已具备党员条件，同意按期转为正式党员。

支部大会有表决权的应到会党员11人，实到会10人（一人事假）。大会采取举手的方式进行表决。表决结果：一致同意×××同志按期转为正式党员（请事假的同志会前也以书面形式向支部表示同意×××同志按期转正）。

支部名称
支部书记签名（盖章）
××××年××月××日

第三节　决　定

一、决定概述

1. 决定的概念

决定是一种重要的指挥性和约束性公文。机关、社会团体或企事业单位对重要事项或重大行动做出安排，都用“决定”。决定在加强领导、统一行动、提高经济效益上，起着重大的作用。决定一般包括处置性决定、公布性决定、部署性决定等。

2. 决定的特点

（1）具有权威性、规范性

决定一般由上级机关制发，体现上级机关的意志，对下级机关提出明确具体的要求，内容涉及国内重大事项和重大行动，要求下级机关和有关人员绝对服从和严格贯彻执行。也就是说，决定具有较高的权威性、规范性。

（2）具有政策性

决定对重大事项、重大行动做出安排，需要强调其任务意义，详细阐明有关大政方针，指出执行的政策、措施，因此内容比较丰富，具有较强的政策性。

（3）具有严肃性

决定的内容一般都是重要事项或重大行动，特别是指挥性决定要求下级机关无条件地执行，内容客观，语气坚决、严肃。

（4）具有周知性

有些决定只要求人们知晓某些重大事项，而无具体的执行要求，1999年12月18日《中华人民共和国国务院关于授权澳门特别行政区政府接收原澳门政府资产的决定》即是。

（5）具有准确性

决定的缘由是决定的依据、理由，必须规范、准确、清楚，不能编造。

3. 决定的写法

(1) 单一结构法

对于内容单一的决定，只要用一两句话，将决定的根据和决定的事项说明即可。

(2) 条例法

有的决定，事项较多，为使条理清楚，叙述简明，把决定下来的若干问题，按主次列出若干条或若干项，并用数码标明，一段讲一件事或阐明一个中心问题。一般而言，条例法不要求段与段之间紧密衔接，一段一个内容，一段一个层次，条理清楚明了。

(3) 板块结构法

板块结构法多用于阐述性较强的决定。这种写法，就是把全文分成几个部分，每一部分叙述一个中心意思。这种结构的决定，一般都具有较强的理论特色，对现实具有重大的指导意义，同时也是重要的历史文献，因此，写这类公文时要有充分的理论准备。

此外，有关表彰和处分的决定，一般由标题、正文、制发机关和制发时间组成。正文包括受表彰或犯错误者的情况，主要事迹或错误事实以及决定的事项。这类决定一般都附有典型材料或案情调查报告。

4. 决定的写作格式

(1) 标题

决定的标题一般采取公文标题的常规模式，即发文机关+主要内容+文种的写法。如决定系会议通过或批准的，要用全标题，并在标题下写明什么日期，经什么会议通过或批准，用圆括弧括入。

(2) 正文

决定的正文一般由开头、主体、结尾三部分组成。

开头一般是写发布决定的背景、根据、目的、意义。如果是批准某一文件的决定，则写明批准对象的名称；如果是表彰、惩戒性的决定，开头部分则要叙述基本事实，也就是先进事迹或事故情况，篇幅要比一般决定长一些。

主体写决定事项。用于指挥工作的决定，这部分要提出工作任务、措施、方案、要求等，内容复杂时要用小标题或条款显示出层次来；用于批准事项的决定，这部分要表达批准意见，如有必要，还可对批准此事项的根据和意义予以阐述；用于表彰或惩戒的决定，这部分要写明表彰决定和项目，或处分决定、处罚方法。

决定的内容比较单纯，一般采取一段式，不分条项。内容稍复杂一些的，决定事项较多，可以分条列出，以求醒目，利于执行。决定的缘由与决定的事项之间，用“为此……决定”、“现决定”转接并领起下文。重大决策的决定，由于内容丰富，涉及面广，政策性强，要按照内容安排篇章结构。

5. 决定的写作要求

(1) 要做好调查研究

在起草决定之前，要就决定所涉及的问题，认真查找有关法律条款和政策规定，并广泛听取各方面意见。在此基础上深思熟虑，考虑作出的决定是否切合实际情况，能否妥善地解决实际问题。

（2）要做到观点鲜明

决定做出之后，要求下级机关正确执行，不得有误，因此，在决定中所提出的看法必须十分明确，这样才便于理解和执行。

（3）语言鲜明

语言的运用要注意不能含情不表，更不能使用有歧义和有可能引起别人误解的语句。

二、决定的写作范例

▲事项性决定

【范例】

政协全国委员会常务委员会
关于举行辛亥革命90周年纪念活动的决定

（2001年2月28日政协九届
常委会第十二次会议通过）

2001年10月10日是辛亥革命90周年纪念日。爆发于1911年10月的辛亥革命，推翻了统治中国几千年的君主专制制度，开创了完全意义上的近代民族民主革命，是中国人民前进道路上的一个伟大的里程碑。在新的世纪之初纪念辛亥革命，缅怀和宣传孙中山等革命先辈致力国家统一、民族团结和中华振兴的业绩，对于弘扬爱国主义精神，加强中华民族的大团结，早日实现祖国完全统一；对于调动和激发全国各族人民加快社会主义现代化建设的积极性，坚定不移地推进振兴中华的伟大事业，有着重要的现实意义。为此，政协第九届全国委员会常务委员会决定：

一、届时隆重举行辛亥革命90周年纪念大会等纪念活动；

二、成立由叶选平副主席任主任的辛亥革命90周年纪念筹备办公室，负责各项纪念活动的筹备工作。

▲处置性决定

【范例】

××行政处罚决定

×财决〔2008〕1号

××××建筑工程有限责任公司：

你公司在××市第七人民医院门诊住院大楼手术部装修工程项目（项目编号：NNZC2008—2012C）的竞争性谈判采购过程中，经评委评审确定为中标单位，在中标公告期间，市第七人民医院就你公司提供的业绩合同到市第一人民医院进行调查核实，发现你公司提供的业绩合同是虚假的，所附的工程施工合同也是伪造的。市政府集中采购中心对此问题也进行了核实，建议取消你公司的中标资格。我局就你公司在投标过程中提交的《××市第一人民医院琅东分院手术室装修工程合同》是否为虚假材料组成调查组进行了调查，经核实，你公司提交的《××市第一人民医院琅东分院手术室装修工程合同》为虚假材料，违反了《中华人民共和国政府采购法》第三条“政府采购应当遵循公开透明原则、公平竞争原则、公正原则和诚实信用原则”的规定。根据《中华人民共和国政府采购法》第七十七条“供应商有下列情形之一的，处以采购金额千分之五以上千分之十以下的罚款，列入不良行为记录名单，在一至三年内禁止参加政府采购活动，有违法所得的，并处没收违法所得，情节严重的，由工商行政管理机关吊销营业执照；构成犯罪的，依法追究刑事责任；（一）提供虚假材料谋取中标、成交的……供应商有前款第（一）至（五）项情形之一的，中标、成交无效”的规定，取消你公司该项目的中标资格，并做出如下处罚：

一、处以采购金额49.73万元的千分之五罚款，即0.2487万元。

二、列入不良行为记录名单，在行政处罚决定书下达之日起一年内禁止参加我市政府采购活动。

本处罚决定自送达之日起生效，请你公司从收到本决定书之日起15日内将罚款足额上缴国库（收款单位：××市财政局；预算级次：市级；收缴国库：国家金库××市支库；科目代码：103050199；缴款科目：其他一般罚没收入）。

根据《中华人民共和国行政复议法》第九条和《中华人民共和国行政诉讼法》第三十九条的规定，你公司如不服本处罚决定，可以在收到本处罚决定书之日起60日内向××××自治区财政厅和××市人民政府申请行政复议，也可以在收到本处罚决定书之日起三个月内向人民法院提起行政诉讼。复议或诉讼期间本决定照常执行。逾期不申请复议或不向人民法院起诉又不履行本处罚决定的，本局将依法强制执行。

××市财政局

2008年××月××日

▲公布性决定

【范例】

××市人民政府关于公布清理政策性规范性文件结果的决定

×政发〔××××〕××号

各县、区人民政府，各中央、省属单位，市政府各直属单位：

为了深入贯彻《中华人民共和国行政许可法》，经××××年××月××日市政府第四次常务会议决定，对2004年前以市政府和市政府办公室名义发布的政策性、规范性文件废止106件、修改17件，现予公布。

××××年××月××日

▲部署性决定

【范例】

关于进一步加强安全生产工作的决定

×政发（××××）13号

各乡、镇人民政府，县政府直属各单位：

为切实加强安全生产工作，尽快实现我县安全生产形势的根本好转，根据《××省人民政府关于切实加强安全生产工作的决定》（×政发［××××］21号）文件精神，结合××县安全生产工作特点，特作如下决定。

一、工作目标

从××××年起，三年内努力实现全县各类事故总量、事故死亡人数和事故直接经济损失三项指标年增长率为零，并力争有所下降；建立起较为完善的安全生产监管体系；矿山、采掘、危险化学品、烟花爆竹、民用爆炸物品、建筑、道路和水上交通等重点高危行业和领域事故多发状况得到遏制；工矿企业事故死亡人数逐年下降，道路交通万车死亡率指标达到或低于全省平均水平；力争亿元生产总值死亡率、十万人死亡率等指标达到全省先进水平。

二、工作措施

1. 加强产业政策引导。完善产业政策，合理调整产业结构和布局。加快淘汰技术落后、安全保障条件差的工艺和设备，关停不具备安全生产条件的企业。与××县产业发展导向不相适应的危险、化学品等生产企业实行稳步退出，同时要加大矿山资源的整合力度；城镇居民密集区内不符合安全生产条件的危险化学品生产和储存企业，必须依法予以停产整顿，经停产停业整顿仍不符合安全生产条件的，必须在××××年底前搬迁或关闭。

2. 深化安全生产专项整治。坚持不懈地抓好矿山、危险化学品、民用爆炸物品和烟花爆竹、采掘和建筑施工、道路和水上交通运输、人员密集场所和"三合一"企业消防安全、特种设备等方面的安全生产专项整治。取缔和关闭非法以及不具备安全生产条件的生产经营单位。深化道路交通车辆超限超载治理，完善道路交通安全设施，保障道路交通运输安全。把安全生产专项整治与依法落实生产经营单位安全生产保障制度结合起来，确保整治工作取得实效。

3. 强化重大危险源监控管理。深入开展重大危险源的普查和登记备案，强化安全监督措施。各乡镇和县级各部门要加强对本辖区、本部门和本单位重大危险源的监控，防止重特大事故的发生。在完成重大危险源的申报登记工作的基础上，开展监测和评估，建立重大危险源数据库。按照分级管理的要求，制订相应的应急预案，加强日常管理和监控。2005年底前，形成较为完善的县级重大危险源安全监控管理体系和网络。

4. 落实生产经营单位安全生产主体责任。各乡镇和各相关主管部门要督促生产经营单位及其主要负责人根据《安全生产法》等有关法律法规，设置安全生产管理机构，配备安全生产管理人员；建立各项安全生产制度；保证安全生产的必要投入，改善安全生产条件，落实各项安全防范措施，消除各类事故隐患；完善并定期演练各类安全生产事故应急救援预案；及时、如实报告安全生产事故。

5. 强化安全生产培训。生产经营单位必须对所有从业人员进行必要的安全生产知识培训，切实提高职工安全意识和安全操作技能。新职工和换岗职工必须接受与其岗位相适应的安全生产培训教育后方可上岗，特种作业人员必须持证上岗。生产经营单位主要负责人及安全管理人员每两年需接受县级以上部门组织的安全培训教育一次以上，高危行业负责人和安全管理人员必须取得相应资质。

……

三、队伍建设

1. 建立乡镇安全生产监督管理队伍。（略）

2. 建立健全部门安全生产监管体系。（略）

3. 建立县安全生产专家队伍。（略）

……

四、齐抓共管

1. 构建全社会齐抓共管的安全生产工作格局。县级安全生产监督管理部门依法对安全生产实行综合监管，其他负有安全生产监督管理职能的部门，应按照法律法规的规定，具体负责职责范围内安全生产监督管理工作。负有行业管理职能的部门和经济主管部门，应切实履行安全生产管理职能。工会、共青团等组织应继续组织开展“安康杯”竞赛等多种形式的群众性安全生产活动。其他部门和单位应采取有效措施积极配合安全生产监督管理部门开展工作。充分发挥各类安全生产中介机构和社团组织的作用，构建信息、科技、宣传教育和培训等安全生产支撑体系。强化社会监督、群众监督和新闻媒体监督，努力构建“政府统一领导、部门依法监管、企业全面负责、群众参与监督、全社会广泛支持”的安全生产工作格局。

2. 强化安全生产宣传教育和舆论监督。把安全生产宣传教育纳入宣传思想工作的总体布局，各新闻单位要把安全生产宣传教育列入工作计划，坚持正确的舆论导向，大力宣传党和国家安全生产方针政策、法律法规和加强安全生产工作的重大举措，宣传安全生产工作的先进典型和经验；对忽视安全生产、导致重特大事故发生的典型案例及时予以曝光；增加安全生产公益广告的刊、播力度，并适时播放或刊登一些安全常识宣传教育片或资料。各类学校应加强安全知识教育，提高学生的自我保护意识和能力。通过广泛深入的宣传教育，提高人民群众识灾、防灾能力和自救能力，增强全社会的安全意识。

3. 强化安全生产工作措施落实。各乡镇和发展计划、经贸、公安、建设、交通、国土资源、水利、农业、环保、林业、质监、旅游等部门，要根据有关法律法规和本决定的要求，尽快制订出本单位加强安全生产监督管理的工作措施，并抓好落实。

××县人民政府

××××年××月××日

▲决策性决定

【范例】

××市民政局关于重新发布《关于加强社会团体会费管理有关问题的通知》等七个规范性文件的决定

（××××年××月××日）

根据××市人民政府办公厅《关于组织修订和重新发布市政府及各工作部门规范性文件的通知》（×府办〔××××〕××号）的要求，我局对××××年××月××日以前制定的规范性文件进行了全面清理，对需要继续执行的规范性文件作了必要的技术性修改。现决定将《关于全市性社会团体管理若干问题的通知》等7个规范性文件重新发布。我局××××年××月×

×日以前制定的规范性文件本次未重新发布的，今后不再执行。

附：

重新发布的规范性文件目录

1. 关于全市性社会团体管理若干问题的通知（×民字〔××××〕××号）。

2. ××市社会团体财务管理规定（×民字〔××××〕××号）。

3. ××市社会团体组织通则若干规定（×民字〔××××〕××号）。

4. 关于民政、公安部门加强社会团体管理工作的办法（×民字〔××××〕××号）。

5. 关于加强社会团体会费管理有关问题的通知（×民社〔××××〕××号）。

6. 关于搞好村务公开的若干意见（×民基〔××××〕××号）。

7. 转发××省民政厅、公安厅、司法厅、卫生厅、计划生育委员会关于贯彻实施《中国公民收养子女登记办法》有关问题的通知（×民福〔××××〕××号）。

▲任免性决定

【范例】

关于×××等同志职务任免的决定

×中党字（××××）第××号

经学校党委研究决定：

由于工作的变动，现将中共××省××中学委员会第一、第二与第三支部委员会的组成人员调整如下：

第一支部委员会由×××、×××、×××三位同志组成，×××同志任书记。×××同志不再担任第一党支部书记；×××同志不再担任第一党支部委员。

第二支部委员会由×××、×××、×××三位同志组成，×××同志任书记。××同志不再担任第二党支部书记；×××同志不再担任第二党支部委员。

第三支部委员会由×××、×××、×××、×××四位同志组成，×××同志任书记。

中共××省××中学委员会

××××年××月××日

报：中共××市教育委员会办公室、组织人事科；××书记、×××副书记

送：××××校区党总支、新校区各年级党支部、新世纪实验学校党支部、学校党委委员。

▲表彰性决定

【范例】

关于对中央国家机关抗震救灾先进基层党组织和优秀共产党员进行通报表彰的决定

中央国家机关各部门机关党委：

5月12日，四川汶川特大地震发生后，中央国家机关各级党组织和广大共产党员，坚决贯

彻党中央、国务院的决策部署，精心组织，迅速行动，勇挑重担，全力以赴，为抗震救灾工作取得重大阶段性胜利做出了应有贡献。涌现出许多感人的先进事迹，体现出中央国家机关各级党组织的战斗力和凝聚力，展现出新时期共产党员的先进性，赢得了社会各界和灾区群众的广泛赞誉。

为激励中央国家机关各级党组织和广大共产党员在抗震救灾和灾后重建工作中进一步发挥战斗堡垒作用和先锋模范作用，中央国家机关工委决定授予国务院办公厅应急管理办公室党支部等59个基层党组织为“中央国家机关抗震救灾先进基层党组织”，×××等41名同志为“中央国家机关抗震救灾优秀共产党员”，现予以通报表彰。

当前抗震救灾形势依然严峻、任务十分繁重。中央国家机关各级党组织和广大共产党员要紧密团结在以胡锦涛同志为总书记的党中央周围，坚决贯彻中央的部署和要求，坚持一手抓抗震救灾工作，一手抓经济社会发展，以更加顽强的意志、更加得力的举措、更加深入的作风、更加扎实的工作，为夺取抗震救灾斗争的全面胜利作出更大的贡献！

中共中央国家机关工作委员会

二〇〇八年六月二十三日

▲惩处性决定

【范例】

关于对×××同志违纪违规问题的处理决定

我公司员工×××同志在担任领班期间（兼管仓库工具），责任心不强，不爱护公司财物，对工具疏于管理，没有履行正常的出入仓手续，造成绿篱剪和禾镰等一批工具遗失，已难以追回，给公司造成较大的经济损失，严重失职。公司于××××年××月××日免去其领班职务，并给予一次改正机会，重新安排岗位工作。但在办理工具交接手续时，不按要求当场办理书面移交记录和签名确认手续，以后公司多次派人要求其补签移交手续，×××仍不予合作，找借口推卸责任，拒不签名确认已移交的工具，违纪违规情节严重，在员工中造成了不良的影响。

为严肃纪律，维护正常的工作秩序，确保员工守则的顺利实施，公司经研究后，决定对×××同志作出如下处理：

一、立即辞退。根据本公司员工守则第四章第二条第1节第4小节和第10小节的规定，从××××年××月××日起辞退该员工，工资结算至××××年××月××日止。

二、赔偿损失。根据本公司员工守则第四章第二条第4节第2小节的规定，按应承担的责任赔偿因失职丢失工具而给公司造成的经济损失。

三、两天内办妥离职手续。限于11月25～26日两天内办妥有关离职手续，交回经手签名领取的工具、考勤卡和员工守则，再结算工资。逾期将不再办理。

希各员工引以为戒，认真遵守各项规章制度，珍惜工作机会，尽职尽责做好本职工作。

×××花木公司

××××年××月××日

第四节　公　告

一、公告概述

1. 公告的概念

公告的发布者一般是国家立法机关或行政领导机关，具有较强的权威性，有些还有强制性。公告的受文者十分广泛而笼统，行文关系不十分明确，原则上可以称为下行文。

2. 公告的特点

(1) 发文机关级别较高

由于公告有向国内外宣布的功能，发文机关多为较高级的国家行政机关或权力机关及其授权机关。如新华社就经常受权发布一些重大事项的公告。

(2) 发布内容特别重要

公告多用于事关全局或在国内外能产生重大影响的重要或法定事项。例如，公布宪法，公布全国人大代表人数，公布选举结果等，并非事无大小都使用公告。

(3) 发布内容公开

公告面向社会发布，告知对象包括国内和国外，影响极其广泛深远。公告一般在报纸上公布，也可通过电台、电视台广播的形式发布。

(4) 发布范围广泛

公告的广泛性表现为如下两个方面：

①公告发布范围最为广泛，有的向全国或某一地区发布，有的向全世界发布，其内容产生广泛的影响。

②公告所告知的对象也很广泛，主要是面向社会公众，发布公告的机关和被告知对象之间一般无直接的隶属关系。

3. 公告的适用范围

《国家行政机关公文处理办法》规定：公告适用于向国内外宣布重要事项或法定事项。

比如，《中华人民共和国全国人民代表大会公告》宣布补选周南为全国人大常委会委员这一事项，是发布选举结果的公告；《中共中央、全国人大常委会、国务院关于宋庆龄副委员长病情的公告》，是告知国内外公众普遍关心的情况的公告；《中华人民共和国海关关于简化进出口岸旅客通关手续的公告》，是海关总署向国内外有关人士宣布影响广泛的重大事宜的公告。

4. 公告的写作格式

(1) 标题

公告的标题，主要有三种形式：一是“发文机关＋文种”的形式，如“全国人民代表大会公告”、“××银行公告”；二是“事由＋文种”的形式，如“××银行关于××的公告”。如对同一事情需要连续公告，要在标题之下，用圆括号依次编制文号；再一种是只写公文文种“公告”二字，而将发文机关的名称置于正文之后。

(2) 正文

写作这部分内容时，要开门见山、直陈其事，写清什么时间、什么地点、将要进行或发生什么重大事件、由谁作出什么重大决定等内容。公告内容单一、篇幅不长，一般采取“篇段合一”式写法，即由公告的依据和公告事项两部分组成。最后以“现予公告”、“特此公告”等惯用语结尾，也可不写。

(3) 签署

即在正文之下写上发布公告机关名称的全称，若以个人名义发布，在姓名前要冠以职务名称。

(4) 落款

以“公告”作标题时，应写明发布公告的单位名称及时间。如发布公告的单位名称在标题中已出现，则可省略。

(5) 编号

公告在标题下往往要单独编出顺序号，如“第一号”、“第二号”等。

5. 公告的写作要求

公告写作的基本要求是文字简练，直陈其事，不加说明。篇幅一般都很简短，要求客观地把重大事件的主要之点公之于众即可，无须详述其细节。公告的内容要求集中，公告的事项要求单纯，一事一告。

二、公告的写作范例

▲发布性公告

【范例】

××市人民代表大会公告

（第×号）

第×届××市人民代表大会第×次会议，于××××年××月××日选出：

××市人民政府市长　×××。

现予公告。

××市第×届人民代表
大会第×次会议主席团
××××年××月××日

▲强制性公告

【范例】

关于对部分农机产品实施强制性产品认证的公告

根据《中华人民共和国产品质量法》、《中华人民共和国标准化法》、《中华人民共和国进出口商品检验法》、《中华人民共和国认证认可条例》和《强制性产品认证管理规定》，现决定对部分农机产品实施强制性产品认证（目录见附件）。

自××××年××月××日起，凡列人本强制性产品认证目录内的农机产品，未获得强制性产品认证证书和未加施中国强制性认证标志，不得出厂、销售、进口或在其他经营活动中使用。自××××年××月××日起，委托人可以向指定认证机构提出认证产品的认证委托。

特此公告。

附件：农机产品强制性认证目录及对应 HS 编码（略）

国家认证认可监督管理委员会
××××年××月××日

▲知照性公告

【范例】

××××年度全国职称外语等级考试公告

根据人事部办公厅人办发〔××××〕71 号、人事部考试中心人考中心函〔××××〕72 号文件通知，××××年度全国职称外语等级考试将于××××年 4 月进行，现将有关事项公告如下：

一、考试共分 A、B、C 三个级别，开设英语、日语、俄语、德语、法语、西班牙语六个语种和古汉语、医古文。英语的专业类别由综合与人文、理工、财经、卫生调整为综合、理工、卫生三个类别，原财经类的内容合并到综合类中。

英语、日语、俄语、德语、法语、西班牙语各级别、类别的试卷全部由客观题组成，全部在答题卡上作答。

二、考试时间为××××年××月××日上午 9：00—11：00。

三、报名时间和办法。

××地区报名时间为××××年××月××日至××月××日（周六、周日照常办理），报名地点为省人才交流服务中心培训部（××市人民中路武成商业步行街）、××市人才交流服务中心考试部（××市气象路 60 号）。

其他地州市的报名工作由各地政府人事考试管理部门组织，报名起始时间由各地自行确定，截止时间为××月××日，具体事宜各地考生可向当地政府人事局考试管理部门咨询。

考生报名时需带身份证、学历证、职称证（原件）和两张一寸免冠照片。

考生在报名时即可预订教材，同时亦可报名参加培训。

××省人事厅
××××年××月××日

第五节 通 告

一、通告概述

1. 通告的概念

通告，是社会各有关方面用来公布应当遵守或周知的事项时使用的一种公文文种。

通告是行政公文的主要文种之一。比如，《中国人民银行关于发行四种金属人民币的通告》所公布的是广大人民群众应该普遍了解的事项；《深圳市人民政府关于严格禁止擅自以股票债券等形式集资的通告》所公布的就是需要有关部门和人员遵照执行的事项。

2. 通告的特点

通告具有广泛性、法规性及说明性。

（1）广泛性。这是就通告的使用而言，一方面，通告的使用频率大大超过公告和布告，另一方面，通告的使用单位相当广泛，各级机关、社会团体和企事业单位都可以使用。

通告的内容可涉及国家的法令、政策，也可以用来公布社会生活中的一些具体事务，如更换自行车牌照、施工封锁交通等。

（2）法规性。通告一般是国家行政机关和企事业单位根据自己职权范围发布，具有一定的法规性和行政约束力。它所通告的事项，有关单位或人员必须严格遵守或者周知。如1993年12月16日发布的《民航总局、公安部关于民航安全问题的通告》，对民航安全问题的有关单位和人员，特别是旅客具有法规效力和行政约束力，违反者要受查处；构成犯罪的，要依法追究刑事责任。

（3）强制性。有些通告所公布的事项要求普遍遵守，比如法规政策的通告，这些通告就具有法规、法令的强制性、约束性。

3. 通告的写作格式

通告的写作格式如下：

（1）标题

通告的标题，样式较多，如：国家行政机关以及比较大的单位一般都冠以发布单位，并体现出内容，格式为“×××关于××××的通告”，如《国家教委关于维护中小学正常教学秩序的通告》、《水利电力部、公安部关于严禁在农村安装电网的通告》等，这样的标题使人一看便知通告的内容。有的标题只有发布单位，而不体现内容，如×××市通告、×××市公安局通告等。标题只写“通告”两字的情况也比较常见。

（2）正文

一般写明通告的缘由、通告事项、执行通告事项的要求等内容。

(3) 落款

标题有发布单位的，后面则无落款；标题没有发布单位的，落款要注明发布单位。发布通告的时间，写在标题之后、内容之前，也可写在落款的后面。

4. 通告写作应注意的问题

通告的撰稿者，要有政策观念，确保其不与现行政策抵触，不搞违反法律程序的“土政策”。

因为通告可以用来处理带有一定行业的公务，所以写此内容的通告，难免使用一些术语，但要注意尽量选择大多数人熟悉的行业用语，同时也要求撰稿者有一定的行业知识。

通告内容一定要突出，给人以深刻的印象。通告的要求一定要具体，关键之处务必准确无疑，这样才能使受文者得要领。

通告一般可以张贴、见报，也可以以文件形式下达。

总之，写通告要“一文一事”，中心明确，符合党和国家的政策，不得与党纪国法相悖。“缘由”要有理有据，“事项”要能阐明中心。

全文结构要严密，层次要清楚，有逻辑性，文字要明白、确切，语气要肯定、庄重，尽量少用专门术语，以便受文者理解或遵守。

二、通告的写作范例

▲事项性通告

【范例】

关于发布环保车型推荐性目录有关事项的通告

各区人民政府，市直属各单位：

为减少我市机动车排气污染，进一步改善环境空气质量，根据《中华人民共和国大气污染防治法》及《××经济特区机动车排气污染防治条例》的规定，现就发布环保车型推荐性目录的有关事项通告如下：

一、禁止我市汽车销售企业销售或者进口污染物排放超过规定排放标准的机动车。对经依法抽检，污染物排放超过规定排放标准的，由相关部门责令其停止违法行为，并依法查处。

二、市环境保护部门应当根据国家环保总局《车型型式核准公告》的内容，制定《××市符合国家第三阶段排放标准的环保车型推荐性目录》（具体车型可登录 www. szvecc. org. cn 查询）。

三、鼓励汽车销售企业销售或进口《环保车型推荐性目录》上的机动车，鼓励市民选购《环保车型推荐性目录》上的机动车。对不属于《环保车型推荐性目录》上的机动车，有关部门应当依法加强监督检查。

四、本通告自××××年××月××日起施行。

××市人民政府

××××年××月××日

▲知照性通告

【范例】

××市总工会关于市区内工会经费由地税机关代征的通告

根据《工会法》、《河北省实施〈工会法〉办法》和上级工会组织、税务机关的有关文件精神，为将了工会经费收缴工作纳入法制化轨道，从××××年××月××日起，市区内工会经费由地税机关代征。××市总工会、××市地方税务局联合制定的《××市（市区）工会经费代征管理办法》已由市政府批准（《××市人民政府办公室关于印发〈××市（市区）工会经费代征管理办法〉的通知》，×政办〔××××〕12号）。现将我市地税代征工会经费工作的有关事项通告如下：

一、自××××年××月××日起，××市市区（××区、××区、××区）范围内，已建立工会组织的各级各类企业和实行企业化管理的事业单位（财政全额拨款的机关、事业单位除外），按照全部职工工资总额的百分之二由地方税务机关代征工会经费。

二、自××××年××月××日起，××市区（××区、××区、××区）范围内，开业满一年仍未依法建立工会组织的企业和实行企业化管理的事业单位，按照全部职工工资总额的百分之二由地方税务机关代征工会筹备金。

三、自××××年××月××日起，缴费人应于每月10日前（遇法定休假日按照《税收征管法实施细则》规定顺延）向其主管地方税务机关报送《企、事业单位拨缴工会经费申报表》。经主管税务机关审核签章后，将费款缴入××市地税代征工会经费征集专户，凭有效缴费凭证到××市总工会、××市地方税务局工会经费收缴服务大厅（地址：郭守敬南路30号）开具《工会经费拨缴款专用收据》，凭《工会经费拨缴款专用收据》在税前列支。

××市总工会

××××年××月××日

▲周知性通告

【范例】

关于公开招考财务总监的通告

××县财务总监管理中心，为全额拨款事业单位。现因工作需要，面向全市公开招考财务总监4名，其中男性3名，女性1名。招考计划数和报名人数的比例不足1：3的，按比例核减招考计划。

一、招考条件、范围、对象

（一）坚持四项基本原则，热爱本职工作，遵纪守法，廉洁奉公，原则性强，具有良好的职业道德和敬业精神，社会信誉和工作业绩良好；具有财会专业知识和现代企业管理知识，熟悉国家财经法律、法规和制度，有较高的政策水平和较强的组织协调能力。

（二）身体健康，年龄为40周岁以下，本市户籍人员。

（三）具有大专以上学历和会计或审计中级以上专业技术任职资格，并符合下述条件之一：

1. 担任过企业总会计师、财务会计机构负责人 1 年以上；

2. 具有财经类研究生毕业学历，并从事企业管理或财务会计管理工作 2 年以上；

3. 从事会计或审计工作 3 年以上。

（四）对于符合上述条件并具有注册会计师、高级会计师资格的可免笔试直接进入面试。

二、招考办法

按照公开、平等、竞争、择优的原则，采取公开报名、统一考试、严格考核、择优录用的方式进行。

（一）报名

1. 报名时间：××××年××月××日。

2. 报名地点：县财政局国资科。

3. 报名材料：本人身份证、户籍证明、职称证书、学历证书、注册会计师全科合格证书的原件及复印件、工作经历证明以及近期免冠一寸照片 2 张。

4. 经资格审查合格者发给准考证。

（二）考试

1. 笔试：笔试内容为专业知识（考试范围：财务会计、国有资产管理、基本建设、经济法规等相关知识），满分 100 分。笔试成绩不计入总成绩，仅作为进入面试资格的依据。具体笔试时间、地点见准考证。

2. 面试：参加笔试人员按笔试成绩从高分到低分取男性前 6 名，女性前 2 名进入面试；具有注册会计师、高级会计师资格人员直接进入面试。面试成绩满分 100 分。面试时间、地点另定。

（三）体检、考核、录用。面试后，按面试成绩从高分到低分按 1：1.5 比例确定体检对象。体检标准参照《××省国家公务员录用体检标准》，体检合格者组织全面考察后从高分到低分择优录用。

（四）本通告未尽事宜，由××县财政局负责解释（咨询电话：××××××××）。

××县人事劳动和社会保障局

××县财政局

二〇〇六年三月二十一日

▲强制性通告

【范例】

关于清理整顿无线电通信秩序的通告

为加强无线电管理，整顿和维护空中电波秩序，根据《中华人民共和国无线电管理条例》、《中华人民共和国刑法》、《无线电管理处罚规定》和国家有关法律、法规规定，决定对我省境内设置、使用无线电台（站）和研制、生产、进口、销售无线电设备情况进行清理整顿，现将有关事宜通告如下：

一、清理整顿范围：凡在我省境内除军事系统外，设置、使用的各类无线电台（站）以及研制、生产、进口、销售无线电设备的单位和个人。

二、设置、使用无线电台（站），必须事先提出书面申请，到相应的无线电管理机关办理设台审批手续，在规定时间内领取中华人民共和国无线电台执照。未取得无线电台执照或手续不全而使用的，均属违法，按擅自设置、使用进行处罚。

三、任何单位和个人未经国家、省、市无线电管理机关批准，不得擅自转让无线电频率。禁止出租或者变相出租以及擅自以频率作为投资同他人合作进行经营活动；不得擅自使用未经批准的无线电频率；无线电频率使用期满，需继续使用的，必须到原批准机关办理续用手续。

设置、使用各类无线电发射设备，必须按照国家规定按时、足额缴纳无线电频率占用费，逾期半年未缴纳的，将采取措施，收回频率，所造成的一切后果自负。

四、不得随意变更无线电管理机关核定的无线电频率、电台呼号、名称、台址、服务范围、通信对象、发射功率等设台资料申报项目和有关技术参数，确需变更的，必须在十五日内向原批准机关办理变更手续。

设台单位或个人由于转制、重组、破产等原因更换台站名称，现设台单位或个人必须在十五日内到原设台批准机关办理更名手续。

各类无线电台（站）发射设备因故停用、撤销、报废和设备老化、损坏、丢失，无法继续使用的，使用单位必须在三十日内到原批准机关办理相关手续。

五、企业研制、生产、销售无线电发射设备（含微功率短距离无线电设备），必须符合国家技术标准和有关规定。进行实效发射试验时，必须经无线电管理机关批准，办理临时设台手续。

进口无线电发射设备的频率、频段和有关技术指标必须符合国家规定，报国家或者无线电管理机关批准。

六、设置、使用无线电台（站），一经批准、注册，即为合法设台，任何单位和个人都无权擅自进行无线电台发射设备的买卖。

无线寻呼台的联系、兼并、转让、转卖，必须经原批准机关同意，办理相关手续，不得非法交易，造成严重后果者的，由非法交易双方承担全部责任。

七、任何单位和个人都不得销售和使用不符合国家技术标准的大功率无绳电话、无线话筒及其他无线电设备，对继续销售和使用，干扰其他正常无线电业务的，一经发现，要坚决予以取缔，没收一切设备。

八、加强对“三高”（高山、高楼、高塔）设台的管理。凡在“三高”地点设台必须经无线电管理机关批准，产权单位应予以监督。有关“三高”设台的管理规定，将另行通告。

凡违反上述通告精神的，在此通告公布之日起三十日内，必须到相应的无线电管理机关办理相关手续或说明情况。三十日内仍未办理，也不说明情况的，将依据国家的有关规定进行处理，情节严重的，予以查封或没收设备，并处以罚款或吊销其电台执照。干扰正常无线电通信，造成严重后果的，按《中华人民共和国刑法》第二百八十八条之规定，提请司法机关追究其刑事责任。

为了保证合法无线电台（站）的正当权益，省、市无线电管理机关将在全省开展长期的无线电稽查工作，望社会各界给予大力支持和协助，一旦发现违法行为，请及时向省无线电管理委员会办公室法规稽查部门举报。举报电话：×××－××××××××转分机×××或×××或×××。

特此通告。

××省无线电管理委员会办公室

××××年××月××日

▲法规性通告

【范例】

关于加强奥运会期间受理公民和组织举报
危害国家安全可疑情况的通告

《中华人民共和国国家安全法》及其实施细则明确规定：中华人民共和国公民有维护国家的安全、荣誉和利益的义务。公民发现危害国家安全的行为，应当直接或者通过所在组织及时向国家安全机关或者公安机关报告。

为了确保北京奥运会安全成功举办，公民和组织如发现干扰破坏北京奥运会、危害国家安全和社会政治稳定等可疑情况，请及时拨打举报电话：×××××××××。

国家安全机关对作出重大贡献的公民和组织将给予奖励。

××市安全局
××××年××月××日

▲表彰性通告

【范例】

关于表彰优秀工会干部和工会积极分子的通告

××××年，资源与信息学院工会再次被评为××××大学优秀部门工会单位，工会主席××××同志按照校工会奖惩条例被评为石油大学优秀工会干部，其中×××同志被评为校级优秀工会干部；××、×××、×××、×××、×××等同志被评为校级工会积极分子；××、×××、×××、××、×××被评为资源与信息学院工会积极分子；××教授被授予××××年度资源与信息学院工会工作特别贡献奖。

学院工会号召全体工会会员向上述同志学习，为学院工会工作、学院和谐发展及学院建设作出贡献。

××资源与信息学院工会
××××年××月

第六节　通　知

一、通知概述

1. 通知的概念

通知，是上级机关传达要求下级机关办理和需要有关单位周知或者执行的事项时，使用的一种公文文种。

2. 通知的特点

通知具有下列三个特点：

(1) 适用范围的广泛性。在所有的公文中，通知的适用范围最为广泛，上至高层机关，下至基层单位；大到全国范围内的重大安排，小到一个单位内部告知一般事项，都可以用通知行文。

(2) 文体功用的晓谕性。通知总是有所告晓，有所要求，即包括“晓”和“谕”两重功用，或告诉人们有关事项，或要求办理，遵守执行。

(3) 知照事项的时间性。在所有的公文中，通知的时间性最强，通知事项或要求办理的事情，往往都有很强的时间要求，即使是规定性通知，也不像其他规范性文件具有较长期的时效。

通知是一种使用范围较广的公文。从内容性质上看，可分为批示性通知、指示性通知、一般事务性通知和会议通知四种。

3. 通知的分类

一是发布性通知。是指上级对所属机关、部队发布行政法规和提出要求，但其内容又不适于下发指示时使用的通知，如《关于训练考核的几项规定》。发布性通知的内容，包括发布通知的根据，要做的具体事项、达到的目的及其要求等。

二是批语性通知。

此类通知是在转发上级或同级机关的文件、批转下级机关文书时使用。如《印发中国人民武装警察部队公文种类、格式和处理问题规定的通知》。批语性通知的内容，通常包括批转或转发文件的标题，对受文者的要求，并附上所转发的文件。

三是事务性通知。是指向所属机关和部队通知召开会议、领发物品、收缴物资、列改时间等项事务所使用的通知。如《关于下发师机关夏季作息时间表的通知》。事务性通知的内容，通常包括通知的具体事项、执行通知的要求等。

4. 通知的写作格式

通知一般由标题、主送机关、正文三部分组成。

(1) 标题

通知的标题有两种写法，一是“发文机关＋主要内容＋文种”的形式，二是“主要内容＋文种”的形式。

发布规章的通知，所发布的规章名称要出现在标题的主要内容部分，并使用书名号；批转和转发文件的公文，所转发的文件内容要出现在标题中，但不一定使用书名号。

(2) 主送机关

通知的主送机关较多，要注意主送机关排列的规范性。

(3) 正文

通知的正文由通知的缘由、通知的事项和执行要求三部分组成。

①通知缘由

发布指示、安排工作的通知，主要用来表述有关背景、根据、目的、意义等。

批转、转发文件的通知，根据情况，可以在开头表述通知缘由，但多数以直接表述转发对象和转发决定为开头，无需说明缘由。

发布规章的通知，多数情况下“篇段合一”，无明显的开头部分，一般也不交代缘由。

②通知的事项

这部分内容是通知的主体部分，所发布的指示、安排的工作、提出的方法、措施和步骤等，都在这一部分中有条理地叙述。内容复杂的需要分条列款。

③执行要求

发布指示、安排工作的通知，可以在结尾处提出贯彻执行的有关要求。如无必要，可以没有这一部分。其他篇幅短小的通知，一般不需有专门的结尾部分。

5. 通知的写作要求

(1) 熟悉通知内容

不同种类的通知，所要表述的内容是不同的，因此，要根据所发通知的类别，记述不同的情况。例如，拟写会议通知，必须熟悉和掌握会议的性质、类别、时间、地点、人数、范围、材料、事项、情况和要求等内容。拟写规定性通知，必须熟悉和掌握有关规定的基本内容、目的、范围、界限、方法与要求等方面的情况。拟写批语性通知，必须掌握有关的政策、法律，有关材料（文件）及其理论和实际等方面的内容。

(2) 运用适当的表达方式

通知的标题、目的、要求，应按说明式方法来表述，按照事物本身所固有的顺序说明，或依照事物性质、类别分条逐一说明，要体现出明白、清晰、顺序严整的特点。批语性通知的正文部分，应进行必要的论证，用高度概括和抽象的语言，指出批语性通知的意义与贯彻的关键所在。

(3) 注意通知的语体色彩

通知所使用的语言属事务语体，这种语体有两个特点：一是文书习惯用语较多，如通知的起首语，常常习惯用“根（依）据”、“按照”、“由于”等词，说明依据和缘由。二是注意语言的准确性，不能产生歧义。如通知中常用“遵照”，需要学习其经验或借鉴其文件精神的用“比照”、“参照”等词，这些词在词义的轻重、范围和程度上不完全相同，要严格区别。非常重要的文件执行时用“遵照”，较为重要的文件执行时用“按照”或“参照”。通知的宗旨在于务实和行动，拟写时要详略得当，简明扼要。

二、通知的写作范例

▲发布性通知

【范例】

关于印发×县职工生育保险实施意见的通知

各乡、镇人民政府，×××管理区，县人民政府各部门：

《×县职工生育保险实施意见》已经县人民政府研究同意，现印发给你们，请结合实际，认真贯彻落实。

××县人民政府办公室
2008年5月26日

▲知照性通知

【范例】

关于做好元旦春节期间全区食品安全工作的通知

各镇人民政府、街道办事处，××新区、工业园区，区食药安委各成员单位：

为保证元旦春节两节期间全区人民的饮食安全，维护我区社会和谐稳定的良好局面，根据省、市品食安全委办的要求和区委、区政府的指示精神，现就做好我区两节期间全区食品安全工作有关事项通知如下：

一、加强领导，落实责任

各地、各部门要切实加强元旦春节期间食品安全工作的领导，进一步强化“地方政府负总责、监管部门各负其责、企业是第一责任人”的责任体系，认真落实监管责任制和责任追究制，确保公众饮食安全。各有关部门要切实履行职责，加强协调，密切配合，形成食品安全工作合力。要严格按照要求，加大检查和查处力度，落实各项食品安全工作措施，进一步规范食品生产经营秩序，提高食品安全水平，确保全区节日期间的食品安全。

二、抓住重点，加强检查

各地、各部门要结合各自实际，重点检查粮、油、肉、蔬菜、水果、奶制品、豆制品、水产品、饮料、酒、儿童食品、熟食品、保健食品、地方特色食品等品种，以及农贸市场、商场超市、食品批发市场、中小食品生产加工企业、酒店（饭店）、食堂等。尤其要加大对城郊结合部食品小作坊、小食品店、小餐馆等食品生产经营单位的检查，要强化农村聚餐管理，确保聚餐安全。各级有关部门要结合当前开展的打击违法添加非食用物质和滥用食品添加剂专项整治行动，加强对食品生产加工企业、节日消费量大的食品的监督抽查，严防三无食品、过期变质食品和不合格食品流向市场，及时消除食品安全隐患。

三、加强宣传，做好应急

各地、各部门要采取多种形式，向广大人民群众宣传食品安全知识，增强自我保护意识和保护能力。新闻媒体通过开设专题、专栏等，集中开展食品安全宣传，及时向公众发布食品安全监管信息和消费警示，提醒广大市民注意食品安全。各地、各部门要做好食品安全事故的预防预警和应对突发事件的准备工作，防控重大食品安全事故的发生，做到防患于未然。对突发事件要保持高度敏感性，做到快速反应、果断处置、有效应对，力争在第一时间和第一现场予以控制和处理。一旦发生重大食品安全事故，要按照重大食品安全事故应急预案及操作手册的规定及时报告和处置。要建立值班制度，落实值班人员，确保群众举报渠道畅通。

××市××区食品药品安全委员会办公室
2008 年 12 月 30 日

▲告知性通知

【范例】

国务院关于更改新华通讯社香港分社、澳门分社名称问题的通知

国函〔××××〕5 号

香港、澳门特别行政区政府：

鉴于中央人民政府已经对香港、澳门恢复行使主权，为更好地贯彻“一国两制”、“港人治港”、“澳人治澳”、高度自治的方针和《中华人民共和国香港特别行政区基本法》、《中华人民共和国澳门特别行政区基本法》（以下均简称基本法），支持特别行政区政府依照基本法施政，保障中央人民政府驻香港、澳门的工作机构按照授权履行职责，××××年××月××日，国务院第 24 次常务会议决定：自××××年××月××日起，新华通讯社香港分社、新华通讯社澳门分社，分别更名为中央人民政府驻香港特别行政区联络办公室和中央人民政府驻澳门特别行政区联络办公室。其职责为：

一、联系外交部驻香港特别行政区特派员公署、外交部驻澳门特别行政区特派员公署和中国人民解放军驻香港部队、中国人民解放军驻澳门部队。

二、联系并协助内地有关部门管理在香港、澳门的中资机构。

三、促进香港、澳门与内地之间的经济、教育、科学、文化、体育等领域的交流与合作。联系香港、澳门社会各界人士，增进内地与香港、澳门之间交往。反映香港、澳门居民对内地的意见。

四、处理有关涉台事务。

五、承办中央人民政府交办的其他事项。

中央人民政府驻香港、澳门特别行政区联络办公室及其人员，将严格遵守基本法和当地的法律，依法履行职责。特别行政区政府在处理与联络办公室职责有关的事务时，可与其联系。

新华通讯社香港分社和新华通讯社澳门分社更名后，中央人民政府驻香港特别行政区的机构有：中央人民政府驻香港特别行政区联络办公室，外交部驻香港特别行政区特派员公署，中国人民解放军驻香港部队；中央人民政府驻澳门特别行政区的机构有：中央人民政府驻澳门特别行政区联络办公室，外交部驻澳门特别行政区特派员公署，中国人民解放军驻澳门部队。请特别行政区政府为上述机构提供履行职责所必须的工作便利和豁免。原新华通讯社香港分社和新华通讯社澳门分社承担的新闻业务，将分别由新华通讯社提请特别行政区政府注册的新华通讯社香港特别行政区分社、新华通讯社澳门特别行政区分社承担，请特别行政区政府为其注册和开展工作提供便利。

特此通知

国　务　院
××××年××月××日

▲事项性通知

【范例】

国务院办公厅关于向地方各级人民政府发送国务院公报及有关事项的通知

各省、自治区、直辖市人民政府，国务院各部委、各直属机构：

为适应我国建立社会主义市场经济体制的需要，特别是适应我国加入世贸组织新形势的需要，使地方各级人民政府及时、准确地了解、掌握并贯彻落实国务院的行政法规、政策和工作部署，更好地发挥《中华人民共和国国务院公报》（以下简称《国务院公报》）在推动政府系统政务公开和依法行政工作中的作用，自觉接受人民群众的监督，经国务院领导同志批准，自××××年元月份开始，国务院办公厅向地方各级人民政府及城市街道办事处免费发送《国务院公报》。同时，继续向各省、自治区、直辖市县以上党委、人大、政协（新增加）、法院、检察院及各民主党派中央赠送《国务院公报》。为了做好这项工作，现将有关事项通知如下：

一、请各省、自治区、直辖市人民政府将本地区各级政府及城市街道办事处，省、市（地）、县（市）三级党委和人大、政协、法院、检察院的邮政编码、具体通信地址、单位名称以书面和计算机软盘两种形式，一并于××××年××月××日前报送国务院办公厅秘书局《国务院公报》编辑室。

二、根据《中华人民共和国立法法》的有关规定，在《国务院公报》上刊登的行政法规和行政规章文本为标准文本。凡在《国务院公报》上刊登的各类公文，与正式文件具有同等效力。

三、各级邮政部门要认真做好《国务院公报》的发行工作，确保及时、准确地发送到位。

四、对免费发送范围以外的各级政府工作部门、社会各行各业、企事业单位，各地区、各部门要继续贯彻执行《国务院办公厅关于做好〈国务院公报〉宣传和订阅工作的通知》（国办发〔××××〕××号）和《国务院办公厅关于做好××××年度国务院公报发行工作的通知》（国办函〔××××〕××号）的精神，积极组织他们通过全国各地邮局订阅《国务院公报》。

国务院办公厅

××××年××月××日

▲颁发性通知

【范例】

中共中央、国务院、中央军委关于印发《军队转业干部安置暂行办法》的通知

（××××年××月××日）

各省、自治区、直辖市党委和人民政府，各大军区党委，中央和国家机关各部委，军委各总部、各军兵种党委，各人民团体：

现将《军队转业干部安置暂行办法》印发给你们，请遵照执行。

《军队转业干部安置暂行办法》的颁布实施，是党和国家干部人事制度改革的一项重大举措，是建立适应社会主义市场经济需要的有中国特色退役军官安置制度的具体步骤，对于进一步做好军队转业干部安置工作，实现人才资源的合理配置，促进经济和社会发展，加强国防和军队建设，都具有十分重要的意义。各级党委、政府和军队各级组织，要从党和国家的根本利益出发，统一思想，加强领导和督促检查，及时研究解决工作中遇到的矛盾和问题，切实把《军队转业干部安置暂行办法》贯彻落实好。各有关部门要精心组织，密切配合，按照中央的要求，无论对计划分配的军队转业干部，还是对自主择业的军队转业干部，都要妥善安置，使他们人尽其才，各行其所。广大军队转业干部要保持和发扬人民解放军的优良传统，服从大局，支持改革，体谅国家和地方的困难，自觉听从组织安排，努力在新的工作岗位上，为社会主义现代化建设作出新的贡献。

各地区、各部门在执行中有什么问题和建议，请及时报告。

《军队转业干部安置暂行办法》

……

▲转发性通知

【范例】

转发关于贯彻落实全总、省总指示精神
全力做好抗震救灾工作的紧急通知

各区教育工会，城职院、各直学校（幼儿园）工会：

现将市总工会《关于贯彻落实全总、省总指示精神全力做好抗震救灾工作的紧急通知》（×总工〔2008〕38号）转发给你们，请认真组织本单位所属基层工会切实贯彻落实紧急通知精神，并将震灾捐款、职工受灾情况统计表于5月22日前报市教育工会。

联系人：×××，联系电话：×××××××，传真：×××××××。

2008年5月19日

××市××区教育局文件

×教发〔××××〕161号

××市××区教育局、卫生局
转发有关做好学校卫生保健工作文件的通知

区教育学院，各中、小学，卫校：

现将××市教育局、卫生局《关于做好学校卫生保健工作的通知》转发给你们，请遵照执行。当前，对学校卫生保健工作要引起高度重视，尤其是对保护学生视力、预防近视的工作，各校必须切实加强领导，下大决心采取各种有效措施，使学生的患近视率有所控制和下降。

××××年××月××日（盖章）

▲批转性通知

【范例】

××市人民政府批转市科委关于加快我市软件产业发展实施意见的通知

各区、县人民政府，各委、局，各直属单位：

市人民政府同意市科委《关于加快我市软件产业发展的实施意见》，现转发给你们，望遵照执行。

市人民政府（盖章）
××××年××月××日

▲任免性通知

【范例】

××县人民政府关于×××等同志职务任免的通知

各乡镇人民政府，县政府各部门：

经研究，决定：

胡××任××县物资局副局长；

游××任××县物资局副局长；

张××任××县人民政府民族宗教事务办公室主任（兼）；

张××任××县多种经营办公室副主任。

免去：

邱××的××县广福初级中学副校长职务；

陈×的××县桂兴初级中学校长职务；

李××的××县白马乡初级中学校长职务；

王××的××县花桥镇初级中学校长职务。

特此通知

××县人民政府办公室
××××年××月××日

▲紧急通知

【范例】

关于贯彻落实全总、省总指示精神全力做好抗震救灾工作的紧急通知

各区总工会，经济功能区工委会，市直工委会、基层工会：

5月12日下午，四川省汶川县发生8.0级强烈地震，造成了巨大的人员伤亡和财产损失。截

至5月15日，遇难人数已上升到1.9万人，并有大量人员受伤，部分人员失踪。灾情惨烈，举世震惊。灾情发生后，党中央、国务院高度重视，胡锦涛总书记立即做出重要指示，要求尽快抢救伤员，保证灾区人民生命安全，温家宝总理赶赴灾区现场指挥抗震救灾工作。5月13日，全国人大常委会副委员长、全国总工会主席王兆国同志指示，全总及各省（区、市）总工会要发扬一方有难，八方支援的精神，大力支援四川省总工会；各级工会要组织广大职工为抗震救灾、救死扶伤、维护稳定、恢复正常生活生产秩序而努力奋斗。12日晚，省人大常委会副主任、省总工会主席×××同志指示，××各级工会要高度关注地震灾区情况，发动全省广大职工向灾区捐款，全力帮助灾区广大职工做好抗震救灾工作。市总工会举行捐款仪式，并通过省总工会向灾区捐款10万元，各级工会组织目前已发动广大职工捐款300万元。为贯彻落实全总、省总的通知精神，全力帮助地震灾区做好抗震救灾工作，特作如下通知：

一、要把思想和行动统一到党中央、全总、省总和市委市政府的部署上来，全力帮助地震灾区做好抗震救灾工作。

全市各级工会组织和广大职工要把思想和行动统一起来，切实贯彻落实全总领导的指示精神和紧急通知要求，坚持人民的利益高于一切。坚决响应党的号召，以高度的政治责任感和对职工群众高度负责的精神，充分发挥工会组织优势，急灾区职工群众之所急，解灾区职工群众之所难，发扬一方有难、八方支援的精神，积极帮助灾区职工群众做好抗震救灾工作，为确保社会大局稳定做出积极贡献。

二、积极动员组织全市广大职工和工会干部为灾区群众捐款献爱心。

根据全总《关于全力做好抗震救灾工作的紧急通知》和《关于做好向灾区工会和职工捐款工作的紧急通知》要求以及各级领导同志的指示精神，全市各级工会要迅速行动起来，积极动员组织全市广大职工群众和工会干部为地震灾区职工群众捐款献爱心，捐款可交市慈善总会（户名：××市慈善总会，账号：××，开户行：中国建设银行××柠溪支行）或市红十字会（户名：××市财政国库支付中心，账号：××，开户行：工商银行××市兴华支行）。如需要市总工会协助，市总工会帮扶中心将全力提供帮助，联系电话：××××××××，×××××××。

为全面了解各级工会开展抗震救灾情况，请各区总工会、经济功能区工委会、市直工委会从5月16日起，每周二、四分两次将捐款情况上报市总工会办公室。

三、迅速行动起来，积极开展对受灾地区在珠海工作的职工群众的关怀慰问活动。

这次地震灾情严重，波及面广，损失重大。在我市职工队伍中，也有不少人的家乡在受灾地区。全市各级工会要迅速行动起来，调查了解本单位职工家乡受灾情况，对于家乡受灾导致亲人生命财产损失的，各单位工会要及时派人上门做好安抚慰问工作，帮助他们解决实际困难，共同维护社会大局的稳定。对因灾导致特别困难的职工，要拿出切实有效的措施帮助他们解决生活上的困难。

请各区总工会、经济功能区工委会、市直工委会和中央、省驻×单位工会于5月26日前将贯彻落实情况以书面或电子邮件形式上报市总工会办公室。

联系电话：××××××××，××××××××，传真：××××××××

电子邮箱：××@yahoo. com. cn

2008年5月16日

第七节 指 示

一、指示概述

1. 指示的概念

指示是领导机关对下级机关布置工作，阐明工作活动要点及要求、步骤和方法时所使用的一种具有指导原则的下行公文。

2. 指示的特点

(1) 具有较强的政策性

指示属指挥性公文，它是上级领导机关根据有关法律、法规对下级机关布置工作，其内容有很强的政策性，是搞好某项工作的基本依据。有些指示本身就是政策规定。

(2) 具有原则性和灵活性

指示的内容，不像命令那样硬性规定，强制执行。指示允许下级机关在服从指示原则的前提下，根据自己的实际情况，因地制宜地执行，也就是给下级机关留有掌握的余地，尤其是在方式方法上允许有灵活性而不强求机械划一。

(3) 具有突出的指导性

指示内容最突出的一点是要“阐明工作活动的指导原则”，它不仅要向下级机关布置某项工作，而且要着重说明做这项工作的缘由，下级机关应该怎样去做好这项工作，包括指导方针和原则、基本要求、方法步骤、注意事项等，其指导性在指挥性公文中显得最强也是最实际的。

(4) 语言的平和性

指示的语言，要与内容相适应，既明确坚定有原则性，又和缓有灵活性，不像命令那样强硬和决断。指示布置工作，阐明工作活动的指导原则，既讲清任务与要求，又讲清政策、方法、步骤和措施，说理充分，语气平和舒缓。

3. 指示的写作格式

(1) 标题

指示的标题都要采用公文标题最常规的写法：发文机关名称 + 主要内容 + 文种。如系紧急指示，可在文种前加“紧急”字样。

(2) 正文

指示的正文一般由开头、主体、结尾三部分构成。

①开头。写发布指示的背景、原因、根据、目的、意义等。由于指示的针对性比较强，有时涉及的事件和问题很复杂，这部分的篇幅可以长一些。

②主体。指示的主体，包括工作任务、指导原则、方法步骤、措施要求等方面，一般都分条排列，写作的关键是条款归纳要适当，内容要完整，表达要简练

明白。

③结尾。指示的结尾可重申意义、发出号召等。

4. 指示的写作要求

①一般来说，在一篇指示的开头处，应用极其简明的文字，或说明制发指示的缘由、背景、依据与目的，或肯定成绩、分析形势、指出工作存在的问题，或提出问题并强调解决这一问题的必要性、迫切性，或分析出现的新形势，指出在新形势下出现的新问题、面临的新任务。

②要求下级应做什么，不应做什么，应明确指出。因为指示是用以阐发原则性问题的，涉及的主要是方向性、原则性问题，所以要求明令无误。

③写作指示时，应从实际出发，长短结合。该长则长、该短则短，可以数千上万言，也可以两三百字；可有开头、有主体、有结尾，也可无开头、无结尾，只有主体部分并列几个条段，甚至是全文由一段文字组成。

④写指示时要力求生动。

二、指示的写作范例

▲工作指示

【范例】

××市质监局制定措施贯彻落实
×××书记关于食品安全工作的指示

日前，××市质监局制定出九条措施贯彻落实×××书记关于食品安全工作的指示：

一、从实践“三个代表”重要思想，维护国家利益和群众利益的高度，进一步把落实食品放心工程、强化食品源头质量监管作为全局工作的重中之重，切实把好食品生产源头，把好厂门。

二、继续深入开展食品生产企业检查整顿工作。做好食品生产企业的质量建档工作，对食品生产企业实行分类整治、动态管理，落实源头监管责任。

三、稳步推进实施食品质量安全市场准入制度。严把发证审查关，加强对获得食品生产许可证企业的证后监督和无证生产的查处取缔工作。

四、对全市所有食品生产企业和所有食品品种进行专项监督抽查，对抽查不合格的企业后处理到位率要达到100%，掌握××市食品质量状况，从源头上把好食品质量关，让消费者放心消费。

五、大力推行农产品标准化生产，帮扶农产品生产基地实施标准化管理，促进农业生产管理科学化、规模化、标准化，从源头上保证食品安全。

六、开展食品源头专项打假执法活动。以面粉、肉制品、儿童食品、腐竹、干果、咸鱼、白酒、豆制品等食品为重点，严厉打击生产假冒劣食品和滥用食品添加剂或使用非食用原料等违法行为。

七、建立健全食品安全协调机制。加强与各食品安全监管职能部门的沟通协作，及时通报信息、提供线索，形成合力。

八、落实责任追究制度。对食品生产源头监管不到位、工作中存在不作为和乱作为的问题，导致严重食品质量安全问题和后果的，追究直接责任人和主管负责人的责任。

九、推进食品安全属地管理工作，摸索生产领域食品安全长效监管模式。

▲紧急指示

【范例】

××省省长就煤矿瓦斯爆炸事故发出紧急指示

××省省长×××在接到××县×××煤矿新井发生瓦斯爆炸事故的报告后，立即向全省各级政府发出紧急指示。鉴于连续发生多起重特大事故的严重情况，到了必须采取非常措施不可的时候了，否则不足以遏制事故。他要求：

第一，对已经发生的事故，在基本事实、基本情节清楚的基础上，对业主和经营者依法从重惩处；对地方领导干部追究其行政或刑事责任，尽快造成强大社会压力遏制事故发生。

第二，对全省所有煤矿停产整顿。国有县营矿（含已经验收的乡镇矿）停产整顿一周，国有重点矿也要集中力量抓好安全检查，确保不出安全问题。其他乡镇煤矿按国办紧急通知要求办，一方面积极进行停产整顿准备验收，另一方面没有验收的不准生产。凡继续生产、搞明停暗开的，一律按非法经营对待，对业主及有关责任人严肃惩处。

第三，全省抽调1100人进行为期一个月的煤矿安全整治和整顿验收大检查，省成立督查领导组，11个地市设督查组，由省、市长和分管领导任正副组长。

××××年××月××日

第八节 意 见

一、意见概述

1. 意见的概念

意见，是上级机关或主管部门针对当前即将进行的主要工作和亟待解决的重大问题，提出原则性的要求和具体的处理办法，并直接发至下级机关或转发到有关部门遵照执行的一种公文。

2. 意见的特点

下行文。“意见”是党的系统中上级机关向下级机关的行文，属于下行文。党的下级机关不能用“意见”这一文种向上级机关行文。

实施性。“意见”是领导机关对军事、政治、后勤等方面的重大问题所持的观点、见解、看法、态度，体现党的领导地位和作用，贯彻党的路线、方针、政策，有较强的实施性。不是倾向性参考的意见。

可操作性。“意见”里提出的处理办法，有法可依，有据可查，界限清楚，并且具有较强的可操作性。要求处置办理，必须遵照执行。不是“可办，可不办”，“可这样办，也可那样办”。

3. 意见的写作格式

(1) 标题。通常有两种形式：

①发文机关 + 事由 + 文种。

②事由 + 文种。

(2) 主送机关。主送机关已标注在批转通知中，不再标注主送机关。如直接下发的意见，要标注主送机关。

(3) 开头。讲明针对的问题，布置工作的意义和重要性，提出意见的目的和依据。

(4) 主体。包括明确工作任务，提出原则性要求或措施、处理办法等。这是意见的核心，是发文机关对重大问题提出意见和处理办法的所在，可分为三个部分来写：开头说明行文缘由，概括地交代情况，说明行文目的，主体是意见的中心部分，主要提出解决问题的办法。结尾提出要求，号召，对应强化开头。

(5) 结尾。篇幅较长的意见通常以提出号召、希望、督查要求为结尾。局部性意见大多没有专设的结尾，而是自然结束的正文。

(6) 落款。直发性意见，一般都在文后署名和标注成文日期。转发性意见，通常不在文后落款，而将发文机关名置于标题之下。

4. 意见的写作要求

(1) 观点要鲜明

因为意见既可以用于正式公文，也可以用于日常工作沟通。所以，在正式公文中，撰写意见要有针对性、可行性，文字表述要明确具体。要能反映有关机关或部门对问题的看法和认识，主张做什么、不主张做什么，要清清楚楚、一目了然。

(2) 措施要切实可行

意见一般要写明解决问题、处理工作的要求和措施，各项要求和措施都应写得实实在在、条分缕析、切实可行。

(3) 行文要庄重

意见在正式公文中，主要用于对平行机关和下级机关，对上级机关应慎重使用。对上级机关行文，多用“请示”、“报告”等文种。

二、意见的写作范例

▲直发性意见

【范例】

×县职工生育保险实施意见

为维护用人单位符合计划生育条件女职工的合法权益，保障她们在生育期间得到必要的经济补偿和医疗保健，均衡单位间生育保险费用的负担，根据国务院《女职工劳动保护规定》、原劳动部《企业职工生育保险试行办法》和《××市职工生育保险实施意见》，结合本县实际，特制订本实施意见。

第一条　生育保险实行属地管理，凡本县行政区域内各类企业、实行企业化管理的事业单位（以下简称用人单位）及其职工，均应参加生育保险。

第二条　县劳动保障行政部门主管生育保险工作。县劳动保障行政部门所属的县社会生育保险经办机构经办生育保险业务，负责生育保险基金的收缴、管理和支付。

第三条　生育保险基金根据“以支定收，收支基本平衡”的原则，由缴费单位每月按缴费工资基数的1%缴纳。职工个人不缴纳生育保险费。

第四条　用人单位应于每月20日前向县社会生育保险经办机构足额缴纳或委托银行代扣代缴生育保险费。

第五条　用人单位缴纳的生育保险费，按照国家规定的列支渠道列支。

第六条　职工工资总额、职工平均工资按国家统计局颁布的《关于工资总额组成的规定》和《关于机关事业单位工作人员工资制度改革后劳动统计若干问题的通知》等规定执行。上年度职工平均工资以统计部门公布的数字为准。

第七条　女职工生育按照法律、法规的规定享受产假。产假期间的生育津贴按照本单位上年度职工月平均工资计发，由生育保险基金支付。女职工生育产假为90天；实行晚育的（晚婚生育或者女方24周岁以上生育第一个子女的为晚育）另增产假90天；难产的增加产假15天；多胞胎生育的，每多生育一个婴儿增加产假15天。符合计划生育条件，不满4个月流产的，给予15—30天的产假；满4个月流产的给予42天的产假。

第八条　女职工生育检查费、接生费、手术费、住院费和药费包干使用，生育医疗费包干标准为：

顺产450元；难产600元；剖腹产1300元；符合计划生育条件4个月以下流产90元；4个月以上流产300元。

第九条　女职工生育或流产后，由所在单位持当地计划生育部门签发的计划生育证明，婴儿出生、死亡或流产证明和有关手续，到县社会生育保险经办机构办理生育津贴和生育医疗费的审批拨付手续。

第十条　县社会生育保险经办机构所需的人员经费、办公费及其他业务经费列入财政预算。

第十一条　生育保险基金纳入社会保障财政专户管理，实行收支两条线，专款专用，不得挤占挪用。生育保险基金的使用接受县财政、审计部门的监督。

第十二条　现有用人单位自本实施意见施行之日起30日内，新成立单位自领取营业执照或批准成立之日起30日内，必须到县社会生育保险经办机构进行生育保险登记。

第十三条　对不按规定办理社会生育保险登记、变更登记、注销登记，或者未按照规定申报缴纳生育保险费的用人单位，按《社会保险费征缴暂行条例》的有关规定进行处罚。

第十四条　对用人单位或参保职工虚报、冒领生育津贴或生育医疗费的，县社会生育保险经办机构依法向直接责任人追回虚报、冒领的费用，并由县劳动保障行政部门视情节轻重给予通报批评、建议用人单位给予行政处分等，触犯法律的，移交司法机关处理。

第十五条　对县社会生育保险经办机构的工作人员滥用职权、玩忽职守，致使生育保险基金流失的，由县劳动保障行政部门视情节轻重，给予批评教育、行政处分等，构成犯罪的，移交司法机关处理。

第十六条　本实施意见由县劳动保障行政部门负责解释。县劳动保障行政部门根据本实施意见制定实施细则和配套管理办法。

第十七条　本实施意见自二〇〇八年七月一日起施行。

▲请批性意见

【范例】

关于分离企业自办中小学校的意见

市人民政府：

为了减轻企业负担，分离企业办社会职能，加快国有企业建立现代企业制度步伐，根据国家经贸委等5部委《关于若干城市分离企业办社会职能分流富余人员的意见》（国经贸企〔××××〕××号）和省政府《关于国有企业深化改革优化结构若干问题的通知》（×政发〔××××〕××号）等有关文件精神，对一次性分离市属工业企业自办中小学校的有关问题，提出如下意见：

一、从企业分离出来的中小学校按属地办学的原则，移交给当地区、市政府，由教育部门归口管理。原学校按中小学校名称审批管理权限的有关规定予以更名。

二、学校现占用的资产（包括学校用地、用房、仪器、教学设施、车辆等）实行整体无偿划拨。移交资产的数额以××××年底清产核资数或各项资产账面数为准，经国有资产管理部门审核界定后办理资产划拨、变更手续。学校债务由企业承担。校办工厂不随学校划拨，全部留给企业。如校办工厂占用学校资产的，无偿倒出留给学校。教职员工（含离退休人员）在企业的住房原产权关系不变，使用调配权归当地政府。住房制度改革中，出售住房的资金归企业所有。

三、学校教职员工（含离退休人员）按××××年××月末实际在册人员成建制移交给当地政府。如本人自愿，企业同意，也可以一次性留在企业。

四、学校从企业分离后，教职员工（含离退休人员）的工资按当地同类学校工资标准进行套改。原企业工资经核定后高于套改工资部分作为保留津贴发放，每年按20%的幅度扣减，第5年到位，如在此期间退休，未扣减完部分不再保留。企业拖欠教职员工（含离退休人员）的工资、医疗费等，在学校分离时一次性付清。

五、学校由企业移交给当地政府后，教育经费5年内由市财政负担二分之一，余下部分由市教委、当地财政和企业各负担三分之一。具体经费数额，第1年（××××年）由市财政征求市区两级教委、市经委和当地财政意见后，按大连市中小学校平均教育经费预算水平核定，后4年每年按18%的比例递增。5年以后，以第5年（××××年）实际拨付的教育经费为基数，基数内当地财政承担的数额不变，其他部分由市财政划入当地财政支出基数；新增部分由当地财政负担。

为了减轻当地财政负担，对尚未达到“普九”标准的学校，企业应在学校移交时给予适当的资金支持。

学校分离后，×××区教育费附加的分配比例，按实际增加的学生数由市财政重新核定。××区、×××店市企业的教育费附加，由当地政府直接收缴。

六、分离企业办学校工作要在市政府的领导下，有组织地进行。为了加强这项工作的领导，市政府成立分离企业办学工作领导小组，由陈××副市长任组长，市体改委、教委、经委为副组长单位，市财政局、国资局、人事局、编委办、劳动局及有关区、市政府为成员单位。领导小组办公室设在市体改委（联系电话：×××××××××）。企业所在地成立由当地政府主要领导牵头，企业及有关部门参加的交接小组，具体负责企业自办学校的分离和交接工作。

七、分离企业办学校是一项难度大、涉及面广、政策性强的工作，市有关部门和当地政府要从搞好国有经济的大局出发，积极配合企业，抓紧做好这项工作。本意见未尽事宜和在分离过程中遇到的各种问题，可通过协商的办法加以解决。分离过程中要做到不减少教育投入，不影响学生就学，不降低教学质量，以保持分离学校的平稳过渡。

以上意见如无不当，请批转各单位贯彻执行。

××市经济体制改革委员会
××市教育委员会
××市经济委员会
××市财政局
××市国有资产管理局
××市人事局
××市编制委员会办公室
××市劳动局

▲指导性意见

【范例】

中共中央、国务院关于促进残疾人事业发展的意见

（二〇〇八年三月二十八日）

关心残疾人，是社会文明进步的重要标志。残疾人事业是中国特色社会主义事业的重要组成部分。为贯彻落实党的十七大精神，进一步促进残疾人事业发展，现提出以下意见。

一、增强促进残疾人事业发展的责任感和使命感

（一）认清残疾人事业发展的形势。残疾人是一个数量众多、特性突出、特别需要帮助的社会群体。我国有8300多万残疾人，涉及2.6亿家庭人口。党和政府历来十分关心残疾人，高度重视发展残疾人事业，特别是改革开放以来，采取了一系列重大举措，推动残疾人事业不断发展壮大，残疾人参与社会生活的环境和条件明显改善，生活水平和质量不断提高，我国残疾人事业发展在国际上赢得广泛赞誉。但是，必须清醒地看到，我国残疾人事业基础还比较薄弱，残疾人社会保障政策措施还不够完善，残疾人在基本生活、医疗卫生、康复、教育、就业、社会参与等方面还存在许多困难，总体生活状况与社会平均水平存在较大差距。一些地方和部门对发展残疾人事业重视不够，一些人扶残助残意识不强，歧视残疾人、侵害残疾人权益的现象时有发生。促进残疾人事业发展，改善残疾人状况，已成为全面建设小康社会和构建社会主义和谐社会一项重要而紧迫的任务。

（二）认识促进残疾人事业发展的重要意义。促进残疾人事业发展，有利于维护残疾人合法权益，促进社会公平正义，实现全体人民共享改革发展成果；有利于调动残疾人的积极性、主动性和创造性，发挥残疾人在促进改革发展稳定中的重要作用，实现经济社会又好又快发展；有利于促进我国人权事业全面发展，体现社会主义制度的优越性，树立我国良好的国际形象。各级党委和政府要从坚持立党为公、执政为民的高度，从全面建设小康社会、构建社会主义和谐社会的高度，充分认识发展残疾人事业的重要意义，进一步增强责任感和使命感，切实采取有力措施，促进残疾人事业在新的起点上加快发展。

（三）明确促进残疾人事业发展的总体要求。促进残疾人事业发展，必须高举中国特色社会主义伟大旗帜，以邓小平理论和“三个代表”重要思想为指导，深入贯彻落实科学发展观，紧

紧围绕全面建设小康社会奋斗目标，着眼于解决残疾人最关心、最直接、最现实的利益问题，坚持政府主导、社会参与，国家扶持、市场推动，统筹兼顾、分类指导，立足基层、面向群众，完善促进残疾人事业发展的法律法规和政策措施，健全残疾人社会保障制度，加强残疾人服务体系建设，营造残疾人平等参与的社会环境，缩小残疾人生活状况与社会平均水平的差距，实现残疾人事业与经济社会协调发展，努力使残疾人同全国人民一道向着更高水平的小康社会迈进。

二、加强残疾人医疗康复和残疾预防工作

（四）保障残疾人享有基本医疗卫生服务。覆盖城乡居民的基本医疗卫生服务体系要为残疾人提供安全、有效、方便、价廉的服务。将残疾人纳入城镇职工基本医疗保险、城镇居民基本医疗保险和新型农村合作医疗制度，落实和完善残疾人医疗保障有关政府补贴政策。逐步将符合规定的残疾人医疗康复项目纳入城镇职工基本医疗保险、城镇居民基本医疗保险和新型农村合作医疗范围，保障残疾人的医疗康复需求。城乡医疗救助制度要将贫困残疾人作为重点救助对象。做好残疾人参加社会医疗保险和医疗救助的衔接工作。

（五）健全残疾人康复服务保障措施。将残疾人康复纳入国家基本医疗卫生制度和基层医疗卫生服务内容，逐步实现残疾人人人享有康复服务。大力开展社区康复，推进康复进社区、服务到家庭。继续实施国家重点康复工程，着力解决农村及边远地区贫困残疾人康复难的突出问题。制定和完善残疾人康复救助办法，对贫困残疾人康复训练、辅助器具适配等基本康复需求给予补贴。优先开展残疾儿童抢救性治疗和康复，对贫困残疾儿童康复给予补助，研究建立残疾儿童康复救助制度。支持开展残疾人康复科学技术研究和应用，提高康复质量和水平。

（六）建立健全残疾预防体系。制定和实施国家残疾预防行动计划，建立综合性、社会化预防和控制网络，形成信息准确、方法科学、管理完善、监控有效的残疾预防机制。广泛开展以社区为基础、以一级预防为重点的三级预防工作。提高出生人口素质，开展心理健康教育和保健，注重精神残疾预防，做好补碘、改水等工作，强化安全生产、劳动保护和交通安全等措施，有效控制残疾的发生和发展。制定国家残疾标准，建立残疾报告制度，加强信息收集、监测和研究。普及残疾预防知识，提高公众残疾预防意识。

三、保障残疾人基本生活（略）

四、促进残疾人全面发展（略）

五、改善对残疾人的服务（略）

六、优化残疾人事业发展的社会环境（略）

七、加强对残疾人工作的领导（略）

▲规划性意见

【范例】

中共中央、国务院关于促进农业发展农民增收若干意见

（2008 年 12 月 31 日）

党的十七届三中全会从中国特色社会主义事业总体布局和全面建设小康社会战略全局出发，描绘了我国农村全面小康建设的宏伟蓝图，制定了新形势下推进农村改革发展的行动纲领。各地区各部门要认真学习、深刻领会全会精神，坚定不移推进社会主义新农村建设，坚定不移走中国特色农业现代化道路，坚定不移加快形成城乡经济社会发展一体化新格局，切实把《中共中央关于推进农村改革发展若干重大问题的决定》提出的大政方针落到实处。

2008年，各地区各部门认真贯彻中央决策部署，战胜了重大自然灾害，克服了多种困难风险，农业农村继续保持良好发展局面。农业生产再获丰收，粮食总产再创新高，农民收入较快增长，农村公共事业加速发展，农村党群干群关系继续改善。农业农村的好形势，为党和国家成功办好大事、妥善应对难事奠定了坚实基础，为保持经济平稳较快发展、维护社会和谐稳定作出了重大贡献。

当前，国际金融危机持续蔓延、世界经济增长明显减速，对我国经济的负面影响日益加深，对农业农村发展的冲击不断显现。2009年可能是新世纪以来我国经济发展最为困难的一年，也是巩固发展农业农村好形势极为艰巨的一年。在农业连续5年增产的高基数上，保持粮食稳定发展的任务更加繁重；在国内外资源性产品价格普遍下行的态势中，保持农产品价格合理水平的难度更加凸显；在全社会高度关注食品质量安全的氛围里，保持农产品质量进一步提升和规避经营风险的要求更加迫切；在当前农民工就业形势严峻的情况下，保持农民收入较快增长的制约更加突出。必须切实增强危机意识，充分估计困难，紧紧抓住机遇，果断采取措施，坚决防止粮食生产滑坡，坚决防止农民收入徘徊，确保农业稳定发展，确保农村社会安定。

做好2009年农业农村工作，具有特殊重要的意义。扩大国内需求，最大潜力在农村；实现经济平稳较快发展，基础支撑在农业；保障和改善民生，重点难点在农民。2009年农业农村工作的总体要求是：全面贯彻党的十七大、十七届三中全会和中央经济工作会议精神，高举中国特色社会主义伟大旗帜，以邓小平理论和"三个代表"重要思想为指导，深入贯彻落实科学发展观，把保持农业农村经济平稳较快发展作为首要任务，围绕稳粮、增收、强基础、重民生，进一步强化惠农政策，增强科技支撑，加大投入力度，优化产业结构，推进改革创新，千方百计保证国家粮食安全和主要农产品有效供给，千方百计促进农民收入持续增长，为经济社会又好又快发展继续提供有力保障。

一、加大对农业的支持保护力度（略）

二、稳定发展农业生产（略）

三、强化现代农业物质支撑和服务体系（略）

四、稳定完善农村基本经营制度（略）

五、推进城乡经济社会发展一体化（略）

各级党委和政府要坚持把解决好农业、农村、农民问题作为全党工作和政府全部工作的重中之重，切实加强和改善党对农村工作的领导，确保把党的各项农村政策落到实处。扎实开展农村基层深入学习实践科学发展观活动，按照科学发展观和正确政绩观要求，把粮食生产、农民增收、耕地保护、环境治理、和谐稳定作为考核地方特别是县（市）领导班子绩效的重要内容，尽快制定指标，严格监督检查。抓好以村党组织为核心的村级组织配套建设，深化农村党的建设三级联创活动，创新农村党组织设置方式，扩大党在农村的组织覆盖和工作覆盖。建立健全城乡一体党员动态管理机制，加强农民工党员教育管理。广泛开展创先争优活动。完善党员设岗定责、依岗承诺等活动载体。加强农村党风廉政建设，抓好党的农村政策贯彻落实情况的监督检查，认真解决损害农民利益的突出问题。完善村党组织两推一选、村委会直选的制度和办法，着力拓宽农村干部来源，稳步推进高校毕业生到村任职工作，实施一村一名大学生计划，完善长效机制和政策措施。创新培养选拔机制，选优配强村党组织书记。按照定职责目标和工作有合理待遇、干好有发展前途、退岗有一定保障的要求，以不低于当地农村劳动力平均收入水平确定村干部基本报酬，并根据实际情况建立业绩考核奖励制度，逐步解决好村干部养老保障问题，加大从优秀村干部中选任乡镇领导干部、考录乡镇公务员、招聘乡镇事业编制人员的力度。积极推进农村党员干部现代远程教育和村级组织活动场所建设。加强农村民主法制建设和精神文明建设，深入推进政务公开、村务公开和党务公开。高度重视农村社会稳定工作，妥善解决农村征地、环境污染、移民搬迁、集体资产处置等引发的突出矛盾和问题，做好农村信访工作，搞好农村社会治安综合治理，推进农村警务建设，反对和制止利用宗教、宗族势力干预农村公共事务，严密防范境外敌对势力对农村的渗透，保持农村社会和谐稳定。

做好2009年农业农村工作意义十分重大。我们要紧密团结在以胡锦涛同志为总书记的党中央周围，开拓进取，扎实工作，迎难而上，奋力开创农村改革发展新局面！

▲建议性意见

【范例】

××市农业委员会
关于发展我市观光旅游农业的意见

××市人民政府：

随着我市农业产业结构调整步伐的加快和人民生活水平的不断提高，发展观光旅游农业已成为农村经济新的增长点。为科学有效地开发利用农业资源，促进农村经济发展，现就发展我市观光旅游农业的有关问题，提出如下意见。

一、指导思想、任务目标与原则

（一）指导思想：以党的十五大和十五届五中全会精神为指导，以农业资源综合开发利用和保护为基础，以提高经济和社会效益为中心，逐步把观光旅游农业培育成具有一定生机和活力的新兴产业，促进农村经济全面发展。

（二）任务目标：力争经过5～10年的努力，在旅游景区周围、交通干线两侧和主要农副产品生产基地，构筑起点、线、面相结合的全市观光旅游农业新格局；建立起一批不同特色、不同层次和规模，具有观光、休闲、体验和科普等多功能的观光旅游农业基地；通过发展观光旅游农业，进一步优化农村经济结构，增加农民收入，加快农村城镇化发展步伐。

（三）遵循原则：

1. 注重实效、循序渐进的原则。观光旅游农业是经济和社会发展到一定阶段的产物。各县（市）区要抓住机遇，因势利导，坚持速度、规模和效益的统一。近期，优先开发生产基地有规模、资源环境好和交通便利的观光旅游项目，积累经验，逐步展开。

2. 全面规划、突出特色的原则。各地要从实际出发，制订科学的发展观光旅游农业规划。要适应回归自然和观光休闲的心理，注重文化品位，突出地方特色，体现乡土风情，展示农业高科技成果。

3. 用市场机制开发建设的原则。发展观光旅游农业，项目建设、资金投入和经营管理要按照市场经济的要求，鼓励多种经济成分参与开发建设。

4. 开发与保护相结合的原则。发展观光旅游农业要正确处理资源开发和环境保护的关系，防止滥占耕地。加强环境保护，实现观光旅游农业与农村经济的协调发展。

二、区域布局与重点项目

全市发展观光旅游农业，按照由近及远，功能配套，点线面连接，依托农业资源，结合旅游景区建设的构思布局。

近期抓好以下重点项目：（略）

三、几项政策措施

（一）观光旅游农业享受农业税收的有关政策。利用“四荒”资源兴建的项目，执行“四荒”开发的相关政策。

（二）加大对观光旅游农业建设项目的投入。观光旅游农业是农业发展和农民增收的新增长点。市、县（市）区要作为扶持的重点，分别列出专项资金，用于项目基础设施的扶持投入或贷款贴息，各级计委、农业、林业、水利、交通、供电、电信等部门，要根据职责分工，对市里规划建设的重点给予积极支持。

（三）搞好观光旅游农业的服务设施建设。景区建设是观光旅游农业的基础，必须高起点、高品位规划，高标准、高质量建设，并与农田水利、农村小城镇、旅游景区、农业科技园区以及农业结构调整结合起来。根据项目进展情况，适时开辟观光旅游专线，为市民出游提供方便。加强导游人员的业务培训，搞好餐饮、娱乐和住宿等服务业的配套项目建设，并尽快开发观光农业产品、生态旅游商品，不断丰富观光旅游农业的内涵。

以上意见如无不当，请批转各县（市）、区及市各部门执行。

××市农业委员会

××××年××月××日

第九节 请 示

一、请示概述

1. 请示的概念

请示，是下级机关向上级机关或业务主管机关请示某项工作中的问题，明确某项政策界限，审核批准某事项时使用的请求性的上行公文。

下级机关遇到各种无权处理或无力解决的问题，都可以通过向上级机关呈送请示的形式，请求上级机关予以批准或者给予指示。上级机关通过对请示的答复，能够及时肯定下级机关正确的意见和做法，纠正其不当的意见和做法，从而有效地帮助下级机关解决问题，推动工作的顺利进行。

2. 请示的特点

请示与报告有反映情况、提出建议的共同性。但两者比较，请示存在如下特点：

（1）请求性。从行文的目的看，请示写作带有迫切性的、并需要上级机关批示、批准的事项，要求上级机关给予批复；报告只着眼于汇报工作、反映情况，以达到下情上达的目的，一般不要求批复。只有呈转性报告才要求上级机关“批转”有关部门执行。

（2）单一性。请示一般一文一事，即内容要单一，不可将多项内容放在同一个文中请示。

（3）预先性。从行文的时间看，请示必须在事前行文，不允许“先斩后奏”；报告则在事前、工作进程中和事后均可行文。

（4）定向性。请示是一种上行文，只在向上行文时使用，是请而示之。对不是上级领导机关的业务主管机关或其他不相隶属单位，一般不使用请示文种。

3. 请示的写作格式

(1) 标题和主送机关。

①标题。请示的标题可以由发文机关+事由+文种构成，也可以由事由和文种构成。

②主送机关。请示的主送机关就是负责受理和答复请示的机关。请示在确定主送机关时，要注意以下三点：

第一，主送机关只能有一个。国务院办公厅规定：请示“一般只写一个主送机关，如需同时送其他机关，应当用抄送的形式。”中共中央办公厅也规定：“向上级机关行文，应当主送一个上级机关”，“受双重领导的机关向上级机关行文，应当写明主送机关和抄送机关，由主送机关负责答复其请示事项。”请求如果多头行文，很可能得不到任何机关的批复。

第二，只能主送上级机关，不能送领导者个人。国务院办公厅规定：“除上级机关负责人直接交办的事项外，不得以机关名义向上级机关负责人报送‘请示’”。中共中央办公厅规定：“不应直接送领导者个人。”

第三，不得越级。国务院办公厅规定：“一般不得越级请示和报告。”中共中央办公厅规定：“党委各部门应当向本级党委请示问题。未经本级党委同意或授权，不得越过本级党委向上级党委主管部门请示重大问题。”

(2) 正文。请示的正文由开头、主体、结语三部分组成。

①开头。开头主要表述请示的缘由，是上级机关批复的主要依据。一般来说，这部分要写明所遇到的新情况、新问题，或自身没有能力解决的困难，要写得充分、恰当、具体。

②主体。主体是表明请示事项的部分，也是请示最核心、最重要的部分。请求指示的请示，主体要写明想在哪些具体问题、哪些方面得到指示。求准性请示，要把要求批准的事项分条列款一一写明。如果在请求批准的同时还需要人、财、物等方面的支持和帮助，更需要把编制、数量、途径等表达清楚、准确，以便上级及时批准。

③结语。请示的结语比较简单，在主体之后，另起一段，按程式化语言写明请求即可。通常写法是“妥否，请批示”（批准性请示），或是“以上请示（意见）如无不妥，请批转（全国、省、市、县）执行”（批转性请示）。要特别注意的是，请示的结语中决不能出现“报告”字样，以免造成混乱，甚至延时误事，给工作带来不应有的麻烦。

4. 请示的写作要求

①标题不要写成“请示报告”。

②不要在“报告”等非请示公文中夹带请示事项（报告中写“以上报告当否，请指示”不在此列）。

③必须事先请示，不能“先斩后奏”，写得像个总结报告。

④必须坚持一事一请示，不能许多事搅在一起，像个综合报告。这是一个基本的原则要求。请示的事情过多或把不相干的问题放在一起请示，不利于上级机关受理。

⑤要向主管部门请示，不要越级请示，也不要多方请示，如系受双重领导的单位或者牵涉几个单位或领导，要写明主送机关和抄送机关，由主送机关负责解决或答复。

⑥请示在未获批准前，不得对下属单位发送。向上级机关的请示，未获批示（或批准）前就向其他机关或下级机关抄送或下发，也是撰写请示的一大忌讳。

⑦如需向两个上级单位同时请示，只能采取一个主送和一个抄送的办法（请示公文的主送单位只能是一个），不可多头报送，以免造成误会而贻误工作。

⑧请示事项涉及其他部门业务范围时，应当经协商取得一致意见后上报，未能取得一致意见时，应在“请示”中写明。

⑨严禁越级请示。

⑩请示语言既要简明扼要，又要注重行文语气，选用语句要谦敬，把握好分寸。

⑪请示类公文，必须注明联系部门及联系人姓名和电话。该联系人一般为公文起草部门的负责人。

二、请示的写作范例

▲请求批准的请示

【范例】

关于要求建立××市××区外国语实验学校的请示

×教〔××××〕××号　签发人：×××

区编委：

地处××市××区东方瑞市小区内的配套学校已竣工，为保证今年秋季如期开学，要求在小区内建立××市××区外国语实验学校。新建的××区外国语实验学校是一所集学前教育和小学教育于一体的公立学校，其中小学教育部30个班，学前教育部6个班，按规定可配教职工96人。

当否，请批复。

××市××区教育局

××××年××月××日

▲请求指示的请示

【范例】

关于要求更改我市××中学等学校名称的请示

市政府：

为了进一步提高我市××中学等学校的知名度以及便于对外合作交流，按照全国城市称谓惯例，又根据全市农村教育工作会议精神，经局务会议讨论，拟定将××中学、××二中、××三中、××四中和××中学称谓更改为××市第一、第二、第三、第四和第五中学。

专此请示，请审批。

根据市领导的意见，现向社会公告，广泛征求意见。

××市教育局

××××年××月××日

▲请求解决问题的请示

【范例】

关于解决会务费用的请示

×市政公发（××××）××号

国库支付核算中心：

为了进一步提高市政公用系统工程专业管理人员素质，更好地服务于城市建设，××××年××月××日，我局在市××餐饮公司对市政工程建设及市政设施管理中的施工员、质量监督员、材料员等，进行了岗位培训。其中：餐饮费4600元，住宿费2400元，会议室租赁费2000元，会标230元，标牌270元，总计：9500元。

4月18日，为树立市政公用局系统的全新形象，发挥“服务城市，方便市民”的作用，我局在市旺通餐饮公司召开了《社情民意信息员座谈会》，其中：餐饮费4880元，住宿费1200元，会议室租赁费1000元，会标230元，标牌170元，总计：7480元。

两次会议总计支出：16980元。

请予解决以上会务费用。

妥否，请批示！

××市市政公用局

××××年××月××日

▲请求批转的请示

【范例】

关于要求批转计划用电指标的请示

×政〔2009〕67号

省经委：

××县位于××山腹地，县域面积2043平方公里，人口36.6万，是国家扶贫开发工作重点县。但××镇作为我县粮食主产区，面积72平方公里，人口1.58万，属于半丘陵地区。今年2月上中旬，××连续出现干旱天气，为抗旱保苗，该镇积极组织群众提水灌溉，用电量达190万千瓦时；2月底，又出现连续低温冻雨天气，农作物受损严重，该镇又组织群众投入机械抗冻保收，用电量达110万千瓦时，两项共计用电300万千瓦时。恳请贵委同意核批该镇用电计划300

万千瓦时。

妥否，请批示

联系人：×××

联系电话：×××××××××

二〇〇九年五月五日

第十节　通　报

一、通报概述

1. 通报的概念

通报是机关和社会团体把工作情况、经验教训、典型事例以及具有典范、指导、教育、警戒意义的事件通知所属下级单位的公文文种。

2. 通报的特点

(1) 典型性；

(2) 普发性和限制性；

(3) 教育性和指导性。

3. 通报的作用

(1) 互通情况，沟通信息，使有关单位或组织了解工作进程，安排好自己的工作。

(2) 学习先进的典型经验，指导和推进工作。

(3) 吸取他人教训，警惕类似问题发生。

3. 通报的写作格式

(1) 标题

有规范的完整标题，也有不完整的标题，如《关于纠正省政府机关建房分房中不正之风的情况通报》，有时也可以只写"通报"二字。

(2) 主送单位

一般通报都有主送单位，少数普发性通报可以不写此项。

(3) 正文

一般由四部分组成：

一是引言部分。主要是概括通报的内容、性质、作用和要求。

二是事实部分。表扬性通报写先进事迹；批评性通报写错误事实。写作时应注意的问题是：既要把主要事实写清楚，又要写得概括精练。

三是分析及处理部分。对先进事迹的先进性或错误事实的本质，进行恰如其分的分析，有的还写出先进事迹或犯错误的原因，并且提出处理意见；表扬性通报写出给予精神或物质奖励的决定；批评性通报写出处分决定。

四是号召或要求部分。根据通报的精神要求如何去做，或者号召为实现什么目标而奋斗。

(4) 结尾

此处写发文单位和日期。如果发文单位在标题前已加上去，此处可以只写日期。

下发或张贴的通报要加盖公章。

4. 通报的写作要求

(1) 事例要典型

通报所选择的事件、问题、经验等，一定要具有普遍的教育意义和指导作用，也就是一定要注意典型性，避免一般化。

通报所据应当是真人真事，不能有半点虚假，否则不但影响教育效果，还会有损发文单位的声誉。因此，写通报前，一般要调查、核对事实，做到准确无误。

此外，还应注意事例的典型性。无论表彰或批评，其事例应让人感到确实值得学习或引以为戒。如果某人犯了一点小错误就将其通报批评，这就会给人以小题大作的印象。

(2) 材料要真实

对通报的事实一定要核对清楚、实事求是，措辞、判断要准确、恰当。要注重说理的准确性。通报以叙述为主，用事实说话，但要分析原因，有叙有议，分析情况应观点鲜明，评价要恰如其分。

(3) 行文要及时

通报的时间性极强，写作要及时迅速，以指导当前工作，否则，就不能起到很好的教育作用。

(4) 详略要得当

通报的事例是写作重点，固然要多用笔墨，但要注意详略得当。若过于简单，变成抽象的概念，人们便难以受到教育，产生不了爱憎之情。若过于详细，将“通报”写成近似“通讯”或“报告文学”，又会让人难以把握要领。

(5) 要突出教育性，注意掌握政策

通报与决定不同，它不是一种行政命令，它最主要的特点是教育性，在写作中要注意突出这一特点。

在写通报中的处理意见时，必须注意政策，掌握好分寸，使处理决定与事实、政策相一致，做到合情合理，否则，既对当事人不利，又难于服众。

二、通报的写作范例

▲表彰性通报

【范例】

关于二〇〇八年“七一”表彰的通报

各党总支、党支部：

2008年，全镇各基层党组织和广大党员以“三个代表”重要思想为指导，认真贯彻党的十七大会议精神，充分发挥基层党组织的战斗堡垒作用和党员的先锋模范作用，在镇党委的统一领导下，积极开展“我为新农村建设添光彩”、“无职党员设岗定责”、“一创三满意”、“三级联创”等活动。通过活动的开展，各级党组织的凝聚力、战斗力、创造力不断增强，为促进镇域经济发展和构建和谐××作出了重要贡献，涌现了一大批先进典型。经镇党委集体研究，决定对××村党支部等13个先进单位、吴××等78名先进个人、张××等6名优秀党务工作者予以通报表彰（具体名单附后）。

希望受表彰的先进单位和先进个人戒骄戒躁，再接再厉，再创佳绩；希望其他单位和个人以受表彰的先进集体和先进个人为榜样，扎实工作，开拓创新，为××经济的跨越式发展和各项社会事业的蓬勃发展做出新的更大的贡献。

中共××县××镇委员会
2008年6月29日

▲批评性通报

【范例】

××县人民政府关于对××××年畜禽养殖小区建设落后乡镇进行批评的通报

×政文〔××××〕××号

各乡、镇人民政府，县政府各部门：

××××年，我县紧紧抓住国家和省、市出台一系列优惠政策，扶持畜牧业发展的历史机遇，强力推进畜禽养殖小区建设，县政府《关于进一步加快畜牧业发展的意见》（×政文〔××××〕××号）明确要求，各乡镇每年至少建成一个标准化养殖小区，重点乡镇建成2个以上，以此促进畜牧业发展上规模、上水平。一部分乡镇对此项工作高度重视，真抓实干，全县××××年新建各类畜禽养殖小区25个，实现了畜牧业发展的新突破。

但也有一部分乡镇对畜禽养殖小区建设认识不足，重视不够，措施不力，致使该项工作被动落后，没有完成既定的任务。特别是华陂、朱里、东岸、崇礼、杨集、党店、塔桥、洙湖、邵店、杨屯、芦岗、东洪12个乡镇没有建成一个标准化养殖小区。为此，经县政府研究，特对上述乡镇提出批评。

希望受到批评的乡镇要认真反思，查找问题，汲取教训，在2008年的畜牧工作中，要以实施“双百工程”（即建成标准化养殖小区总数达到100个，新建规模养殖场100个）为契机，狠抓标准化养殖小区建设，努力完成目标任务，为我县争创全省生猪调出大县和畜牧大县作出应有的贡献。同时希望其他乡镇和单位，要以受到批评的乡镇为戒，对县政府部署的各项工作任务，都要采取切实有效的措施，认真抓好落实，努力推动各项工作再上新台阶，确保实现县委提出的“三年跨人全市先进行列”的目标。

××县人民政府办公室
××××年××月××日

▲事故性通报

【范例】

国务院办公厅关于××省××县“3·11”特大爆炸事故情况的通报

各省、自治区、直辖市人民政府，国务院各部委、各直属机构：

今年3月11日，××省××市××县××乡石岭花炮厂发生特大爆竹爆炸事故（以下简称“3·11”事故），死亡33人，其中在校中小学生13人，未在校的未成年人2人；受伤12人。这是一起重大责任事故。为认真吸取事故教训，进一步加强安全生产工作，防止同类事故的发生，现将“3·11”事故情况通报如下：

一、事故的直接起因和深层次原因

××省××市××县××乡石岭花炮厂是不具备安全生产条件的企业。该企业违反国家有关法律、法规和花炮用花标准，未建立安全生产责任制，未对从业人员进行安全教育和培训，违章指挥，以及工人违章操作是造成这起重大事故的直接原因。

××市及××县政府对安全生产工作领导不力，对社会主义市场经济条件下烟花爆竹行业出现的新情况，未能及时结合实际制定有效的安全生产管理办法，有关职能部门监督管理工作严重失职，使事故隐患严重的石岭花炮厂得以长期违章生产，是造成这起重大事故的重要原因。如××县公安局明知石岭花炮厂存在重大事故隐患，仍为其发放了25张《爆炸物品运输证》；××县工商行政管理局违反规定，在石岭花炮厂未领取爆炸物品安全生产许可证的情况下，对其营业执照进行了年审；××县花炮局和乡镇企业管理局管理松弛，未能履行行业管理职责；××县××乡党委、政府疏于管理，虽然对石岭花炮厂进行了安全检查，但对事故隐患的整改工作未落到实处；××乡石岭村党支部、村委会对石岭花炮厂存在的事故隐患视而不见、放任自流等等。

二、对有关责任人员的处理情况

对事故直接责任人、石岭花炮厂法人代表×××和非法订立产品购销合同的伟丽花炮厂负责人××等4人移交司法机关，依法追究刑事责任；对负有领导责任的××市副市长×××、×××，××县县委副书记、县长×××和××县政府党组成员、副县长×××，以及有关行政管理部门的责任人员等28人分别给予行政记过、行政记大过、撤职、降职和党内警告、开除党内职务等处分。

三、认真吸取教训，进一步加强安全生产工作

各地区、各部门要认真学习、贯彻落实江泽民总书记和朱镕基总理对安全生产工作的重要批示，认真吸取“3·11”事故教训，不能允许只要有钱赚、就可以危及人民生命安全的现象存在，要以对国家和人民高度负责的精神，切实加强安全生产工作。

（一）充分认识安全生产工作的重要性。认真学习江泽民总书记关于“三个代表”的重要论述，从讲政治、促发展、保稳定的高度，处理好安全与生产、安全与效益、安全与发展的关系，时刻把党和人民群众的利益放在首位，把安全生产工作摆上各级领导的重要议事日程，切实保护劳动者的生命安全。

（二）完善和落实各项安全生产责任制。要建立健全安全生产规章制度，并通过组织落实和制度落实来保证工作落实。特别是在地方政府机构改革和企业改革、改组、改制过程中，要层层明确安全生产责任人，安全监督管理工作不能断档。

（三）加大事故隐患整改工作力度，防止重大事故的发生。对重点行业、重点部位要加强安

全生产监督检查，加大事故隐患治理的力度，制定切实可行的整改计划，并认真做好落实工作。

（四）大力开展安全生产宣传教育工作，积极宣传安全生产法律、法规和方针政策，普及安全生产知识，引导广大职工依法安全生产。要高度重视和切实加强中小学生的安全教育，努力提高其安全自我保护意识和防范事故的能力。

（五）依法行政，严肃事故处理工作。对事故处理工作要做到：事故原因没有查清不放过，事故责任者没有严肃处理不放过，广大职工没有受到教育不放过，防范措施没有落实不放过。

国务院办公厅

××××年××月××日

▲情况性通报

【范例】

××省卫生厅关于“三鹿奶粉”事件的情况通报

“三鹿牌婴幼儿配方奶粉”重大安全事故发生后，我厅高度重视，按照卫生部、省政府的有关要求，先后下发7个文件，采取紧急措施，对患儿积极进行筛查、诊断和医疗救治，开展专项检查，控制事态扩大，减少危害损失。

一、基本情况

（一）患儿情况

截止9月15日12时，我省因食用含三聚氰胺奶粉患泌尿系统结石的患儿共报告105例，住院治疗19例。其中××10例，××88例（××市85例，××县3例），××2例，××4例（市区2例，××县1例，××县1例），××1例。目前，除住院的19例外，其余患儿均为肾脏超声检测出有结石存在，但无临床症状。

（二）婴幼儿奶粉专项检查情况

截止9月15日16：00时，全省各级卫生行政部门共检查5812个单位，依法登记封存2008年8月6日前生产的三鹿牌婴幼儿配方奶粉53585.24公斤，查清来源57153.54公斤，查清去向29422.27公斤，监督企业召回10366.01公斤，配合有关部门检查婴幼儿配方奶粉生产企业4个，检查原料乳生产和售奶站443个。

二、采取的主要措施

（一）及时组织医疗救治

1. 成立了由××省儿童医院、××医科大学第一医院、××省人民医院儿科及超声科专家组成的××省卫生厅婴幼儿泌尿系统结石诊疗专家组，负责指导婴幼儿泌尿系统结石的诊疗和重症患儿的救治。

2. 迅速组织各医疗机构接诊患儿。转发了卫生部关于印发《与食用受污染三鹿牌婴幼儿配方奶粉相关的婴幼儿泌尿系统结石诊疗方案》和《食用含三聚氰胺奶粉婴幼儿泌尿系统结石超声检查流程》等文件。基层医疗机构积极开展三鹿牌婴幼儿配方奶粉患儿筛查工作，由二级以上综合医院、市级妇幼保健院和儿童医院进一步检查、诊断、治疗和报告。确定全省二级以上综合医院、儿童医院和市级妇幼保健院作为收治患儿的定点医院，省儿童医院作为重症患儿的定点医院。医疗机构对患儿实行免费治疗。

3. 要求医疗机构和医务人员加强食用含三聚氰胺奶粉婴幼儿泌尿系统结石《宣传要点》的宣传工作，确保患儿停用含三聚氰胺的三鹿牌婴幼儿配方奶粉，消除家长不必要的疑虑，维护社会稳定。

（二）迅速开展卫生监督

1. 组织了婴幼儿奶粉安全专项检查。根据卫生部、国家食品药品监督管理局《关于加强婴幼儿奶粉安全监督管理的紧急通知》（部委号卫发明电〔2008〕113号）的要求，9月13日，我厅下发了《××省卫生厅关于开展婴幼儿奶粉安全检查的通知》（×卫监督〔2008〕66号），本着对人民群众高度负责的精神，组织全省各级卫生行政部门开展了市售婴幼儿奶粉、婴幼儿配方奶粉生产企业、原料乳生产和售奶站等检查。

2. 依法封存污染奶粉。对检查发现的2008年8月6日前生产的三鹿牌婴幼儿配方奶粉，依法登记封存，责令其停止销售，追查其来源和去向，并监督企业尽快将污染奶粉全部召回。

3. 配合有关部门做好检查婴幼儿配方奶粉、原料乳生产企业和售奶站以及流通环节的安全专项检查工作。

三、下一步工作打算

（一）组织省卫生厅专家组与卫生部专家一起，深入到基层，加强对基层医疗机构和基层医务人员开展相关患儿筛查、诊疗工作的培训和指导，确保基层相关患儿能够得到方便、及时、有效的诊疗。

（二）加强与有关部门信息沟通，密切配合，各负其责，做好检查婴幼儿配方奶粉、原料乳生产企业和售奶站以及流通环节的安全专项检查工作。

（三）实施信息日报和零报告制度。省卫生厅及各级卫生行政部门设立24小时应急值班，由专人负责患儿诊疗和婴幼儿奶粉安全专项检查等信息统计上报工作。要求各市卫生局和医疗机构发现重要情况迅速上报并及时处置。

××省卫生厅
2008年××月××日

第十一节 批 复

一、批复概述

1. 批复的概念

根据《国家行政机关公文处理办法》规定，批复“适用于答复下级机关的请示事项”。下级机关用请示向上级机关行文，上级机关即须以批复作出相应的答复。以批复的形式答复的请示事项，一般是比较重要但涉及面不是很广的事项。除了批复之外，答复请示事项还可以考虑选用其他文种。例如，国家工商行政管理局呈报国务院的《关于在全国逐步推行经济合同示范文本制度的请示》，所写事项意义重大，涉及面广，所以国务院没有以批复的形式单独回复来文机关，而是由办公厅制发通知，将国家工商行政管理局的请示转发给有关机关、部门和单位，在要求执行的同时，也就表明了对请示事项的态度和意见。

2. 批复的特点

（1）专向性。批复专对着请示行文，而不针对别的文种；批复的内容也针对着请示中的具体事项，与请示事项无关的内容则不涉及。这就是批复的专向性。

(2) 针对性。上级机关批答下级机关的请求事项，往往是针对某一具体公文的具体问题作出的，一般不涉及其他问题。它是被动行文，不像指示是上级机关根据需要随时可以主动行文，且受文单位和内容具有广泛性。

(3) 指令性。上级机关在批复里对政策所作的解释、提出的指导性意见以及表明的批准或不批准的态度，具有权威性和指令作用，下级机关必须遵照执行。

(4) 政策性。批复对请示事项所作的答复或不答复，都要以党和国家的政策为依据，要坚持原则，照章办事。

(5) 单一性。批复单一性的特点体现在两个方面：一是发文对象的单一性。批复是一对一的下行文，是专门回复下级机关请示的，所以其受文对象就是请示单位。二是发文内容的单一性。请示是“一文一事”，批复则是“一文一答”。

(6) 结论性。上级机关在批复中，必须作出明确、结论性的意见，写明“同意”或“不同意”，而不能含糊其辞，似是而非。下级机关收到批复，必须照此执行。

(7) 时效性。上级机关收到下级机关的请示后，要及时答复，否则就会误时误事。有些机关采取的对“收到下级机关请示后一周内不予答复则可视为同意”的规定，就是强调时效性，以提高办事效率。

3. 批复的写作格式

(1) 标题和主送机关。

①标题。批复的标题一般为“发文机关 + 主要内容 + 文种”的形式。不同的是，批复往往在标题的主要内容一项中，明确表示对请求事件的意见和态度，而一般公文标题中的主要内容部分一般只点明文件指向的中心事件或问题，多数不明确表示态度和意见。

②主送机关。批复的主送机关只有一个，即发出请示的下级机关。

(2) 正文。这部分内容，由批复依据、批复事项、执行要求三部分组成。

①批复依据。批复依据主要涉及对方的请求和与请求事项有关的方针政策、上级规定。

对方的请求是批复最主要的论据，要完整引用请示的标题并加括号注明其请示的发文字号，例如：你省《关于变更××市行政区域范围的请示》收悉。

本机关的上级的有关文件和规定是答复下级请示的政策和理论依据。可表述为：根据××关于××的规定，现答复如下。必要时，可标引上级机关的文件名、文件编号和条款序号。如果下级请示的事项在本机关的上级机关文件和规定中找不到依据，这样的标引文字便不需要出现了。

②批复事项。针对下级机关请示所发出的指示，做出的批准决定，以及补充的有关内容，都属于批复事项。如果内容复杂，可分条表述，但必须坚持一文一批的原则，不得将若干请示合在一起用列条的方式分别给以答复。

③执行要求。对要求下级执行的批复可写在结尾处，文字要简约。

4. 批复的写作要求

(1) 要注意针对性。由于批复具有很强的专向性，因此，批复的内容应紧紧扣住来文中请示的问题，给予指示或表明态度。答复问题要全面，不能只对部分请示事项作答复，而对其他部分不作表态。也就是说，要注意其针对性。

(2) 要有鲜明的态度。上级机关的批复，无论是解释政策，还是审批事项，是同意，是不同意，还是部分同意，或是暂时不议，都要旗帜鲜明地表示态度，以便于下级机关有所遵循，据此开展工作。

(3) 要有充分的理由。批复，无论是对有关政策做出解释，还是对求批事项表明态度，都要有充分的理由。所谓充分的理由，既可以是现行的方针、政策、法律、法规，也可以是客观条件、现实状况。

(4) 要及时行文。领导机关应急下属机关之所急，接到请示之后，就要及时研究，及时批复，做到及时行文。

二、批复的写作范例

▲指示性批复

【范例】

关于政府行政部门工作查档问题的批复

××市房地产档案馆：

你馆×房档〔××××〕第××号《关于政府行政部门工作查档问题的请示》已收到，现批复如下：

一、房产档案属于专业档案，专业性强且涉及公民财产隐私，目前仍属于未完全开放的档案，查询办法可按建设部、省建设厅《关于印发〈房屋权属登记信息查询暂行办法〉的通知》即建住房〔××××〕××号和×建房〔××××〕××号文的要求执行。

二、不属于建住房〔××××〕××号和×建房〔××××〕××号文规定查询范围的单位或个人（包括政府行政部门），需查询房产档案都应严格遵循国家有关档案管理的规定，对还尚未向社会开放的档案，查询时允许查询与本单位或个人产权有关的房产档案，不允许要求筛查与本单位或个人无关的房产档案。查档时还应按规定缴交相关费用。

此复。

××市档案局

××××年××月××日

▲决定性批复

【范例】

关于同意成立开发区投资合作局和科技创业园区服务中心两家工会的批复

××开发区投资合作局和科技创业园服务中心两家工会：

请示悉。

经研究，同意成立××经济技术开发区投资合作局工会委员会，首届工会委员会由×××、×××、×××三位同志组成。×××同志任工会主席；××同志任首届工会经费审查员。任期三年（××××年××月至××××年××月）。

同意成立××经济技术开发区科技创业园服务中心工会，首届工会由×××同志任工会组织员；××同志任工会经审员。任期三年（××××年××月至××××年××月）。

特此批复。

××市××区总工会

××××年××月××日

▲解答性批复

【范例】

关于××大学机关一工会召开第六届工会会员代表大会请示的批复

机关一工会：

你会《关于召开机关一工会第六届工会会员代表大会的请示》报告已收悉。经研究，同意你会于7月6日召开第六届工会会员代表大会，同意你会本次会员大会的各项议题和日程安排。望按照《中国工会章程》和《××大学工会工作规则》等有关规定开好大会，并做好换届选举工作。

此复。

××大学工会

××××年××月××日

第十二节　报　告

一、报告概述

1. 报告的概念

报告是下级向上级汇报工作、反映情况、提出建议、回答上级询问的上行公文。报告由标题、主送机关、正文、落款和日期等部分构成。

2. 报告的分类

按报告的性质可分为综合报告和专题报告；按时间可分为定期报告和不定期报告；按内容可分为工作报告、情况报告、建设报告、答复报告和递送报告等。

3. 报告的写作格式

报告由标题、主送机关、正文、落款和日期等部分构成。

（1）标题

报告的标题有两种写法：一是“事由＋文种”的形式；二是“发文机关＋事由＋文种”的形式，如“××分行关于××××××的报告”。有的报告内容紧急，则在标题中的“报告”前冠以“紧急”字样。

(2) 主送机关

行政机关的报告，主送机关尽量要少，一般只送一个上级机关即可。但行政机关受双重领导的情况比较多见，只报送其中一个上级机关显然不妥，因此，有时主送机关可以不止一个。

作为党的机关公文的报告，要按《中国共产党机关公文处理条例》第十二条的规定执行：“向上级机关行文，应当主送一个机关；如需其他相关的上级机关阅知，可以抄送。”

(3) 正文

报告的正文分引据、主体、结语三部分。

①引据

概括说明全文主旨，可用起句立意法。即一开始就简明扼要地将一定时间内工作的有关情况如依据、目的、总的行动及对整个工作的估计、评价等作一概述，以点明全文主旨。通常用“现将有关情况报告如下”承上启下，领起下文。

②主体

即报告事项部分，也是正文的核心，要叙述报告的具体内容。如果内容多、篇幅长，可采用分题式、分条式或两者相结合的方法进行叙述。对于工作报告，应将各方面工作的主要情况并列分段地一一加以表述，即阐明各方面工作的进展情况、主要做法、取得的效果等。再写明存在的主要问题和下一步工作意见，然后概括出基本经验。要以数字和事实说话，内容既翔实又概括。对于问题报告，侧重写明问题状况及其来龙去脉，分析问题产生的原因，说明其后果，并提出解决问题的方法和措施。对于答复报告，则应强调针对性，紧紧围绕上级的询问和要求，写清问题，表明态度，提出意见。

③结语

报告的结语应根据报告的不同内容采用与之相应的不同结语。常用的有“特此报告”、“专此报告”、“请审核”、“请审示”、“以上报告，如有不妥，请指正”等。

(4) 落款

即写上发文单位印章和成文日期。

4. 报告的写作要求

(1) 要注意点面结合

工作报告，涉及面大，但应当避免面面俱到，必须突出重点。那么，应当突出哪些重点呢？概括起来不外乎是：取得显著成绩和重大进展的工作；获得重要的经验教训的工作；带倾向性的问题或工作进程中遇到的严重困难；其他特殊情况。当然，突出重点并不意味着不顾一般。非重点的工作（称之为面）也应当有所照顾，有所交代，要在照顾全面的基础上突出重点。

要注意详略得当。详略主要表现在重点与非重点之间。一般地说，重点这部分应当多用些笔墨，非重点则少用些笔墨，要防止不分轻重，平分秋色。

（2）要注意情况与经验结合

工作报告往往涉及多项工作，并非每项工作都要求情况与经验结合，而应当与点面结合、详略得当相一致；某项工作虽然变化不大，但有些经验教训，则着重写经验教训；某些工作虽然没有多少经验教训，但有新情况、新问题或带倾向性的苗头，则应当着重反映情况；某些工作既有重要进展，又有丰富的经验体会，两者应都写。在情况与经验结合上，要从总体上看，有则写，无则免，切忌为了情况与经验的结合而无中生有。

二、报告的写作范例

▲工作报告

【范例】

2009年××县政府工作报告

各位代表：

现在，我代表县政府向大会作政府工作报告，请予审议，并请县政协委员和其他列席会议的同志提出意见。

一、2008年工作回顾

过去一年，县政府在市委、市政府和县委的正确领导下，在县人大、县政协的监督支持下，团结依靠全县人民，深入贯彻落实科学发展观，大力实施“四大战略”，着力打造“八大产业”，坚定信心，扎实工作，克服各种困难，圆满完成了县十六届人大一次会议确定的各项任务。全年实现地方财政收入9.04亿元，增长26.1%。预计完成生产总值155亿元，增长15%；全社会固定资产投资95亿元，增长13%；城镇居民人均可支配收入、农民人均纯收入分别达到14500元和5900元。

（一）工业经济跃上新台阶。预计规模以上工业企业实现增加值71亿元、主营业务收入350亿元，分别增长13%、25%。实施投资千万元以上工业项目83个，其中过亿元项目23个，××石化公司100万吨延迟焦化等51个项目建成投产。全县主营业务收入过亿元企业达到35家，其中过10亿元8家，分别新增7家、3家。对原县酒厂、××科技公司、××焦化公司依法实施破产、重组。复评新创××名牌产品4个，续展认定××省著名商标7件。新增省级高新技术企业2家，申请国家专利110项；市级以上企业技术中心发展到16家，其中省级6家，总数居全市第一位。累计争取上级预算内专项资金1.26亿元，引进境外资金947万美元，进出口总额达到9.7亿美元，其中出口2.5亿美元，增幅列全市第一位。油地合作有新突破，涉油企业上缴税金1.7亿元。××控股公司首次进入“中国企业500强”，成功收购上市公司××国通管业实际控股权，挂牌成立博士后科研工作站。××粮油公司、××实业公司等4家企业被列为国家、省循环经济试点企业。我县荣获“中国县域产业集群竞争力百强县”称号。

（二）新农村建设迈出新步伐。（略）

（三）城市化发展实现新突破。（略）

（四）和谐××建设取得新进展。（略）

（五）政府自身建设取得新成效。（略）

各位代表，过去一年取得的成绩，是全县人民团结一致、辛勤劳动的结果。在此，我代表县政府向全县干部群众，向所有为××发展作出贡献的同志们、朋友们，表示衷心感谢，并致以崇高的敬意！

在肯定成绩的同时，我们也清醒地看到经济社会发展中的突出矛盾和问题。主要是：县域经济快速增长，但与先进县市仍有较大差距；受外部环境影响，经济运行不确定因素明显增多，企业经营和农民增收困难加大；社会保障体系还不够完善，部分职工群众生活比较困难，社会不稳定因素不容忽视；政府自身建设有待进一步加强，政府部门的工作效率、服务水平不高，服务越位、缺位、不到位现象还没有根本改变。对此，我们一定高度重视，切实解决。

二、2009年工作的总体要求和主要任务

今年是我县抢抓机遇、应对挑战、加快发展的关键一年，政府工作的总体要求是：全面贯彻党的十七大、十七届三中全会精神，以邓小平理论和"三个代表"重要思想为指导，深入贯彻落实科学发展观，扎实开展"环境建设年"、"文化建设年"、"作风建设年"活动，继续大力实施"四大战略"，着力打造"八大产业"，突出改善民生，注重社会和谐，解放思想，迎难而上，开拓进取，赶超争先，全力建设生态优美、和谐文明的经济文化强县，力争尽早跨入全省"第一方阵"和全国"百强县"。主要预期目标：生产总值增长13%，其中第三产业增长18%；地方财政收入增长12%；全社会固定资产投资增长20%；规模以上工业增加值增长16%；外贸进出口总额达到10亿美元，其中出口3亿美元；社会消费品零售总额增长19%；城镇居民人均可支配收入、农民人均纯收入分别增长10%；万元GDP能耗、COD和二氧化硫排放量分别下降5.5%、4.5%和8%；人口自然增长率控制在6‰以内。

（一）以加大投入为重点，加快建设工业强县。面对国内外经济形势，抓住国家扩大内需的良好机遇，继续加大工业投入，加快规模膨胀，优化经济结构，转变发展方式。（略）

（二）以环境建设为重点，加快城市化进程。围绕创建"国家级园林城市"，深入开展"环境建设年"活动，全面提高城市规划、建设、管理水平。（略）

（三）以现代农业为重点，加快农村改革发展。坚持统筹城乡，扎实推进新农村建设，全面促进农民增收、农业增效、农村繁荣。（略）

（四）以文化建设为重点，加快发展现代服务业。扎实开展"文化建设年"活动，突破文化产业，繁荣文化事业，发展现代服务业，展示发展形象，凝聚发展人气，提升发展实力。（略）

（五）以招商引资为重点，加快扩大对外开放。拓宽视野，提升境界，大力招商引资，促进扩大投资，借助外力加快发展。（略）

（六）以改善民生为重点，加快构建和谐××。深入学习实践科学发展观，坚持以人为本，关注民生，着力办好事关群众切身利益的10件实事。（略）

三、突出改进作风，进一步加强政府自身建设

以开展"作风建设年"活动为契机，坚持为民、务实、清廉，全面提高执政能力，努力建设人民满意的政府。（略）

各位代表！新的一年，充满新的机遇，面临新的挑战，孕育新的希望。让我们在××县党委的坚强领导下，抓住赶超发展机遇期，奏响提速进位最强音，积极作为，科学务实，为推进我县经济社会又好又快发展，加快建设民富县强、文明和谐、生态优美的新××而努力奋斗！

▲情况报告

【范例】

××镇贯彻落实市全委会精神情况报告

××××年是实施“十五”计划的最后一年，也是承接“十一五”计划的关键一年。谋划好2005年工作，对今后五年的持续发展至关重要。展望今年形势，国家宏观调控的后续效应将进一步显现，要素制约的严峻形势将依然存在，如何有效地化解要素制约的影响，并充分利用宏观调控的倒逼机制，激发内在活力，化挑战为机遇，化困难为力量，促进××经济的新一轮发展，是摆在我们面前的一个新的课题。为此，镇党委、政府在全面科学地总结去年工作经验的基础上，针对当前形势，审时度势、因势利导、集思广益，提出了今年的工作思路：以党的十六届四中全会、中央经济工作会议和市十一届六次全委会精神为指导，树立全面、协调、可持续的科学发展观，围绕“创长三角强镇、建现代化××”这一战略目标，按照“东延、南联、西扩、北接，两点布局、互动发展”的战略布局，进一步深化“拉框架、打精品、造环境”三大策略，以提高执政能力为主线，以推进工业化和城镇化为抓手，以调整经济结构为支撑，以优化发展环境为保障，振奋精神，抢抓机遇，再铸高桥辉煌。

今年经济和社会发展的主要预期目标是：国内生产总值增长17%；工业总产值增长25%，农业总产值增长10%；粮食总产量稳定在9000吨；利税突破5亿元；工业性固定资产投入完成5亿元；自营出口达到3000万美元；财政总收入增长18%；农民人均收入增长10%；人口自然增长率控制在4‰以下，计生率达到97%以上。

为确保上述目标的顺利实现，我们将切实做好上级政策与本镇实际相结合的文章，倍加顾全大局，倍加珍视团结，倍加维护稳定，倍加珍惜来之不易的改革成果，统筹经济社会协调发展，努力引导、保护好各方面加快发展的积极性，走创新之路，造发展之势，鼓实干之劲，尽为民之责，以“拉框架、打精品、造环境”三大策略统揽全局，着力抓好以下工作：

一、拉框架，构筑协调发展新格局

全面巩固，完善基础保发展。进一步构筑“大××”格局，按照“东延、南联、西扩、北接”的城镇规划框架，全面巩固并大力加强集镇和功能区“两点”的基础设施与环境建设，努力形成互动发展、良性循环的局面。东“延”高新技术园区块的发展，使集镇与之形成一体；南“联”城区，接通“二路”，拉动集镇发展；西“扩”工业功能区二期，不断完善基础设施建设，为今后快速发展打下坚实基础；北“接”受降，搞好“二口、二桥、二路”建设。进一步完善全镇交通骨架，充分利用320国道改道、金桥北路开通、城市二环线建设的有利时机，加快实施高桦路扩建工程，继续不遗余力地进行村级道路改造，推进协调发展步伐。

深入挖潜，破解制约求发展。在当前形势下，要使“大框架”格局有效地实现，必须千方百计破解要素制约，切实提高土地利用水平。坚持管地、造地、节地三管齐下，充分挖掘一切可用之地。对全镇范围内可用未用的闲置土地，通过协调和依法办事的手段将其充分利用起来，从原来土地开发上的“用了算”转变为“算了用”。进一步加强用地管理，实行土地指标全镇统一调控，按轻重缓急，合理调配。进一步加大土地清查力度，对功能区一期四个企业的共180亩土地，督促尽快动工投产；对另两个企业的各50亩土地，通过收购、置换等市场化运作方式，使其物尽其用；对闲置两年以上仍未动工的土地，坚决依法予以收回。进一步加大土地整治力度，充分利用我镇山多的优势，采取向山坡要地措施，变废弃石宕、矿场和山坡地为可用土地，并积极向上争取土地指标，努力拓展用地空间。

二、打精品，推动城乡一体新发展

打造精品集镇。继续深入实施“一街、二路、八点”工程，以“稳、高、精”为目标，大力推进××西路商贸一条街建设步伐；着力推动××房产项目建设；启动“东海明珠”工程建设，建造全市一流的文化活动中心；重规划、重设计、重品位、重政策落实，加快360间商贸安置房建设，促使集镇尽快形成新貌。继续推进以集镇周边8个村为重点的新农村建设，以点带面，逐步形成“八星拱月”的布局。掀起集镇整治高潮，实施集镇“绿化、洁化、美化、亮化”工程，改造农产品交易市场，不断提升集镇形象和品位。

打造精品产业。针对生产要素不断趋紧的严峻形势，科学应对挑战，因地制宜地实现工作重心的转移，实施城乡统筹、协调发展战略，倾力培育“一大行业”、扶持“一大产业”、打造“五大基地”。大力培育机械制造行业，努力使我镇经济在原有橡胶、通讯、轻纺、化工四大支柱产业的基础上再形成一个新的以恒电、金火、三普、太戈图等企业为龙头的机械制造基地。全力扶持旅游产业，注重三产比重的提高，重点开发以××生态休闲观光区、××寺、××庄为一体的生态旅游。切实抓好“五大基地”建设：一是建立起一个××蚕种基地，带动四个村蚕桑业成倍发展；二是完善一个农业观光基地，加快××农业观光园建设；三是扶持一个毛笔基地，发挥传统文化产品优势，提高两个村劳动力就业，增大出口创汇；四是引导发展一个弹簧基地，以××村为主，引导企业向规模块状经济发展；五是培植一个锅炉配件基地，整合力量，壮大规模，提升产业竞争力。

三、造环境，争创区域竞争新优势

全面加强党的执政能力建设，大力弘扬“敢争一流、敢于负责、敢为人先”的“三敢”精神，努力创建“学习型、效能型、廉洁型、服务型”的“四型机关”，优化发展环境，实施“六个强化”，真正把精力集中到“想干事”上，能力体现在“会干事”上，目标落实到“干成事”上，开创政府工作新局面。

（一）优化自然环境

1. 强化生态镇建设，促进可持续发展。尽快打造全国环境优美镇，全面实施生态镇规划，不断提升城镇品位。积极发展循环高效的生态经济，大力倡导健康向上的生态文化，切实改善生态环境，促进人与自然的和谐发展。引导发展生态产业、生态农业、生态旅游业，积极实施环境综合治理，妥善处理好开发与保护，建设与管理，长远与眼前，整体与局部的关系。广泛开展生态村创建活动。

2. 强化“百千”工程，加快新农村建设。继续深入实施以“空心村”整治为重点的“百千”工程，推进全镇村容村貌的改观，努力完成×××、××和××、××等村的创建任务。进一步巩固“卫生村”创建成果，不断完善卫生保洁体系建设。加大对贫困村的接对扶持力度，缩小贫富差距，实现协调发展。分期分批对村级办公楼进行改造，改善村级办公条件。力争解决好×××、××等村的饮用水问题。不断加大“文明村”、“园林村”、“生态村”、“广播村”的创建覆盖面，以创建为载体，加快新农村建设的步伐。

（二）优化人文环境

1. 强化“保先”教育，提升干部队伍素质。进一步加强对党员干部的教育管理，以转变作风为突破口，以党员“保先”为重点，加大干部培训力度，切实增强干部素质，不断提升为民办事、办民服务的能力和水平。以“先锋工程”建设为载体，以“强核心、强素质、强服务、强管理、强实力”为目标，大力开展“五好村党支部”和“五好镇党委”创建活动，进一步完善决策议事规则，强化领导班子建设，进一步创新管理机制，实施多维方法抓党员队伍建设，不断增强党组织的创造力、凝聚力和战斗力。

2. 强化科教兴镇战略，创建标志性教育强镇。（略）

3. 强化效能建设，打造“四型”机关。（略）

4. 强化“平安××”创建，努力构建和谐社会。切实维护社会稳定，高度重视群众来信来访、市长电话和人民调解工作，认真解决人民群众的实际困难，及时化解影响社会稳定的各类矛盾。加强社会治安综合治理，严厉打击各种刑事和经济犯罪，扫除“黄赌毒”等社会丑恶现象。进一步强化法制教育，继续开展“四五普法”。切实加强生产、交通和消防安全管理，全面落实安全生产责任制，防止重大事故发生，努力构建和谐××。时代在进步，社会在发展，新的形势孕育着新的希望和机遇，尽管面临的挑战是严峻的，压力是巨大的，但只要我们继续保持敢于竞争、敢为人先的精神；保持谦虚谨慎、不骄不躁的作风；保持与时俱进、不断创新的状态；解放思想、抢抓机遇、同心同德、乘势前进，一心一意谋发展，全力以赴抓落实，今天的宏伟蓝图就一定能够成为明天的美好现实，××的将来一定会更加的辉煌灿烂！

▲建议报告

【范例】

经发局关于构建新经济平台的意见建议的报告

管委会：

我局在构建中国新经济平台大讨论活动中，积极学习和贯彻落实会议精神，保证日常工作正常运转前提下，积极组织全体工作人员学习、讨论，号召全局人员本着“知无不言、言无不尽”态度，结合××新区大发展和实际工作广开思路、大胆谏言。截至目前，共召开全体会议3次，专题会议5次，分组讨论会议8次，科室自行召开学习和讨论会议共12次，累计学习和讨论高达260人次，形成意见和建议近50多条，论文7篇。现归纳建议共18条，简述如下：

一、在工商局设立消保科

保护消费者的合法权益，是全社会的共同责任。各级政府及有关部门是市场监管的主体，应认真履行市场监管的职责，进一步加大市场的监管力度，完善有关消费者保护的法律法规和规章制度，切实保护消费者的合法权益。当前，各级工商行政管理部门先后设立了消费者权益保护局（处、科）及12315受理消费者申诉举报中心，致力于保护消费者的合法权益。这既是工商行政管理部门职责的要求，也是健全保护消费者权益机制的要求。到目前为止，开发区尚未设立具有行政管理职能的保护消费者权益的相关科室。为完善开发区消费者权益保护工作机制，特建议工商局设立消费者权益保护科。

二、完善开发区消费者协会机构设置

建议开发区消协变更名称为××开发区消费者委员会，常设办事机构隶属工商局领导和管理，为全额拨款事业单位，常设机构工作人员参照公务员管理。主要职责是加强构筑消费维权工作“三大体系”即消费教育和指导、商品和服务的社会监督、受理投诉并进行救助，认真履行《消法》赋予的七项职能。

三、在人口集聚地建立工商所

××开发区现在除了母区外，还有西区和微电子工业区、××科学工业园、化学工业区等三小区，这些地区除了保持高速的经济增长和招商引资外的势头外，生活与服务设施也在改善和加强。我们从近年的消费者投诉情况看，消协已经受理过来自西区、微电子、化学工业园的消费投诉，而且有的区域如西区的消费投诉还呈上升趋势。就母区而言，区内现已有××社区、××社区、××社区、××社区、××社区、×××社区及××社区共7个成熟居民社区；蓝领工业社区有天江、天海、国翔等3个以及一个大学城的学院社区；同时我们还有出口加工区、××宿舍区、××宿舍区等外来务工人口比较聚集的地区。每个社区和人口集聚地都有政府规划或自发形成的各种商业服务设施，这些形成的商业服务设施都应该纳入我们工商行政部门监管范围之内。而就目前我局现有的管理机制，难免不会在日常监管过程中形成监管上的死角，从而产生安全上的隐患以至产生恶性事故。

建议建立工商所，以加大管理力量并最大限度地避免和预防出现各类事故和问题。

四、注重区域法治建设工作

1. 进一步加强区域立法工作。

2. 建立规范文件执行监督机制。

3. 正确认识“服务型政府”的内涵，严肃执法，营造公平正义的法律环境。

五、对于开发区行政执法方面，建议在各部门网格化管理的基础上，整合资源，挖掘潜力，建立综合性的网格化管理格局

1. 合理划分网格，设置网点。根据开发区的区域现状，以任务量和区域特征为参照，划分一定数量的网格，设置网点。

2. 建立联合执法机制。在各网点实行联合执法办公机制，由实行网格化管理的有关部门进驻，由管委会统一派遣协调负责人，组织各部门联合执法检查。具体做法类似行政许可中心的模式。

3. 实行网格化管理责任制。各部门在各网点定人、定责任，落实网格管理职责。各网点量化工作指标和任务，确定综合执法检查的次数和地点以及不同阶段的监管重点。

4. 完善网格化管理制约机制。以制度明确定期网格责任人轮岗、行政许可现场审查和日常监管责任人不重叠、网格间人员交叉督查、定期组织对网点工作进行稽查等运行方式。

5. 严格执法责任制。建立起层层抓落实的责任体系，分工不分家，协调配合，统一行动，互通信息。对不履行法定职责，滥用职权者，要严格追究；对在网格化管理工作中表现突出的部门和人员要予以表彰和奖励。

六、开发区目前行政效能有所降低，需要重新调整定义政府职能和调整机构

随着二十多年的发展，开发区已经由单纯的工业制造区向小型城区或现代化城市方向发展，以前定义的政府职能和设置的机构将逐渐满足不了城市化管理职能要求。因此，建议开发区重新考虑城市管理职能定位，重新以科学发展的思路进行机构改革和机构重组，以符合开发区未来发展要求。

七、建议各部门仔细学习和体会“十七大”报告，从中找到新的改革开发新思路

“十七大”报告涉及面广，但每个层面均有相对明确的指导思想和行动指南，其实我们在实际工作中完全可以从中找到提高工作效率的改革方向。目前，问题是我们并没有多少人能真正就其中的文字仔细阅读和体会，并将其融会贯通来指导我们的工作。建议大家静下心来，切实贯彻和学习好报告，并用报告来指导各项工作。

……

特此报告

经发局

二〇〇八年三月十日

▲答复报告

【范例】

关于市政协委员对提案答复的意见报告

××市政府各行政主管部门：

今年下半年，我们陆陆续续接到市政府各行政主管部门就今年政协委员提案答复的通知。我们参加了一些提案答复会，所到之处，感触颇多，有的答复令委员们感到满意，也有的提案答复令委员们感到很不满意。今年，我们参加各部门答复委员会议，印象最深的就是有一些单位非常认真地对待委员们的提案，如××市工商局、××市农业局、××市卫生监督局、××市司法局等单位，现报告发下：

一、对答复满意的一些特点

（一）虚心听取委员们的意见。有的提案主办单位把提案人和联名人请到单位，向委员们答复提案办理情况，然后再听取委员们的意见。就委员们提出的意见和建议，他们下去后又进行了整改，一段时间后，再把委员们请来，就整改情况，再听取委员们的意见。他们的工作态度和工作热情着实令委员们感动，如××市工商局就做得很不错。

（二）一对一的答复委员提案。在下半年的提案答复活动中，我们看到有些单位认真地把提案分发到各科室（或二级单位），由分管领导负责，就委员提出的问题认真进行着整改，认真答复，几乎做到一对一，即就一个提案，专门请来提案人和联名人，听取委员们的意见。例如，××市农业局就做得很不错。

（三）以文件的形式答得提案人。有的单位就委员们提案反映的问题，把它以文件的形式下发到各所各分局和二级单位，认真整改，认真执行。如就×××委员的提案“关于提高对美容业监管力度的建议”，××市工商局就以文件“××市工商局关于开展美容服务业专项整治行动的通知”的形式下发到所属各单位，并认真执行。

二、对答复不满意的一些特点

（一）答复函只几句话，半页纸。有的单位通过邮局向提案人送达提案答复，打开一看，答复就几句话，半页纸，不过还好，在下面还留有他们办公室的一个联系电话。这样的答复怎么叫委员们感到满意呢！

（二）有形式，没内容。有的单位答复函很长，是一篇优美的文章，可他们函中所述，与委员们在社会上看到的和群众反映的问题相去甚远。即，说得头头是道，就是没有去做，没有去整改，提案中所反映的问题，社会上依然普遍存在。也许他们根本就没有去整改，提案答复不是论文比赛，委员们要的是效果，而不是形式。

（三）见面会上见不到分管领导，一般人员接待。有的单位请委员们去见面，答复提案，可去后发现，分管领导没参加，负责接待的要么是科长，要么是科员。可委员们提出的意见这些人又做不了主，为此双方都感到尴尬。见面时间是提案办理单位约定的，他们的分管领导却不参加，这就怪了。

（四）踢皮球现象依然存在。有的提案涉及几个单位和部门。提案办理单位答复委员，说这事不归我们管，也管不了，提案应该由他们（另一个行政主管单位）去办理。面对这样的答复，委员们既头痛，又左右为难。头痛的是提案会由此打水漂，为难的是，打不满意吧，他们又有点委屈，毕竟提案不是他们一家能办理好的。

（五）叫穷的多。最令委员们头痛的就是一些提案办理单位叫穷。如就市民反映一些执法单位个别人员“做业务”的现象，他们就诉苦，说工作人员工资不到位，这些人工作不安心。再就是他们说没这么多资金去解决委员们提案中所反映的问题。说来说去，就是一个钱字。但我们到市财政局了解情况，该局说他们的工资都到位了呀。这样就搞得委员们很困惑，不知如何是好。

三、我们的建议

（一）提案答复，请给委员一点时间。有的单位是提案办理大户，他们干脆用半天时间一起答复委员。可等办理单位把各提案答复念完，时间却不早了，都快下班了，委中们还有很多想法，可没时间说了。我们希望这些提案办理单位，最好把提案分期分批答复委员，不能“一锅粥一起熬”。

（二）希望提案办理单位分管领导能参加答复会。有的单位又有很多二级单位。本来提案涉及几个二级单位，可答复的只是一个二级单位，提案中反映的问题，他们一家又处理不了。因此，我们希望提案办理单位有分管领导参加最好，能协调各二级单位办理提案。

还有的单位对提案答复，只有科长和科员参加，就委员们的质询，他们又做不了主和回答不了。我们认为，提案答复，至少应有一名分管领导参加为好。

×××
××××年××月××日

第十三节　议　案

一、议案概述

1. 议案的概念

议案是各级人民政府依照法律程序，向同级人民代表大会或人民代表大会常务委员会提请审议事项的一种例行公文。

2. 议案的特点

(1) 权威性

凡规定重大行政措施的议案，或发布行政法规的议案，或采取重大强制性行政措施的议案，都具有类似法规的权威性。凡经人代会审议通过的议案，任何组织和个人都不能推翻，有异议也只能在下次人代会上提出并通过会议有关法定程序进行修改。

(2) 特定性

议案内容的特定性，是指不能超越本级人代会的法定监督权、任免权和重要事项的决定权。

(3) 指导性

议案所定的事项或所涉及的要求往往比较明确，措施具体，因而能有效地指导下级机关开展工作。

(4) 公开性

每个公文议案的形成、颁发都必须经由人代会或人大常委会的法定程序——确定、审议、质询、表决和通过等，因此说议案具有公开性。

3. 议案的制作方法

①制作的法定性。提议案者必须由立法提案的各级人民政府或个人按照法律程序向同级人民代表大会或人民代表大会常务委员会提出审议事项。

②人民政府所提议案的内容，必须是属于人民代表大会或人民代表大会常务委员会职权范围内的事项。

③议案必须在同级人民代表大会或人民代表大会常务委员会举行会议期间提出，否则不能列为议案。

④议案属于建议性质，建议的可行性，将是人民代表大会或人民代表大会常务委员会审议议案的主要依据。

4. 议案的写作格式

议案一般由标题、开头、主体、结语、落款五部分组成。

(1) 标题

标题通常有两种形式：

①发文机关 + 案由 + 文种。

②案由 + 文种。

(2) 开头

写出案据。主要写明议案的事实根据、阐明理由和阐述提出这一议案的原因。

(3) 主体

写清方案。对提请审议的问题、解决途径和办法要符合实际、切实可行。

(4) 结语

指正文部分结束时所要求的程式化用语。议案常用语为："现提请审议"、"请审议决定"、"请审议"、"请审议批准" 等。

(5) 落款

有签署和时间两项内容。议案通常由政府行政领导签署并盖公章。时间用汉字写明年月日。

5. 议案的写作要求

①一定要深入调研，在广泛调研的基础上形成符合实际需要的切实可行的科学规范的议案。

②认真研读党和国家的路线、方针、政策，决不违反法规。

③正文应简洁明快，一般只交代所提事宜，而不发表议论，其余的则由附加材料详细说明。

④语气恳切妥帖，庄严凝练。

⑤符合文种所要求的行文规范。

二、议案的写作范例

▲决策性议案

【范例】

国务院关于提请审议兴建长江三峡工程的议案

全国人民代表大会：

长江是我国第一大河，流域面积占全国总面积的19%，养育着全国1/3的人口，工农业总产值约占全国的40%，在我国国民经济发展中占有重要地位。长江中下游的洪水灾害历来频繁而严重。新中国建立以来，国家在长江流域进行了大规模的防洪建设，对保障中下游地区的经济建设和人民生命财产安全，发挥了很大作用，但由于多方面的原因，长江资源还没有很好开发利用，水患尚未根治，上游洪水来量大与中下游河道特别是荆江河段过洪能力小的矛盾，依然十分突出，两岸地面高又普遍低于洪水位，一旦发生特大洪水，堤防漫溃，将直接威胁荆江两岸江汉平原和洞庭湖区的1500万人口和2300万亩良田，人民群众的生命财产和一些重要的人口城市、工矿企业和设施，将会遭到巨大损失，严重影响国民经济全局。这是我们国家的心腹大患。

如何解决长江的防洪问题，更好地开发长江资源，中共中央和国务院一直很重视，社会各界也十分关注。经过几十年来的治理实践和对各种意见、方案的拟复研究和论证，解决长江中下游的防洪问题，必须采取综合治理措施。兴建三峡工程是综合治理的一项关键性措施。三峡工程兴建后，可将荆江河段防洪标准由目前的十年一遇提高到百年一遇，配合其他设施，可以防止荆江河段发生毁灭性灾害；还可减轻洪水对武汉地区及下游的威胁。同时，三峡工程还有发电、航运、灌溉、供水和发展库区经济等巨大的综合经济效益和社会效益。三峡工程建成后年发电量840亿千瓦·时，占目前我国年发电总量的1/8，可为华东、华中和川东地区的经济发展提供重要的能源；可以大大提高川江航道通过能力，万吨级船队有半年时间可直达重庆，为发展西南地区的经济和繁荣长江航运事业创造条件。三峡工程还有利于长江中下游城镇的供水，有利于南水北调。总之，三峡工程的兴建，对加快我国现代化建设进程，提高综合国力，具有重要意义。

国务院对兴建三峡工程历来采取既积极又慎重的方针，近四十年来，有关部门和大批科技人员对三峡工程做了大量的勘测、科研、设计和试验工作。特别是1984年以来，社会各界提出了许多新的建议和意见。一些同志本着对国家、人民和子孙后代高度负责的精神，对库区百万移民的安置、生态与环境的保护、上游泥沙的淤积、巨额投资的筹措和回收等疑难问题从不同角度提出各自的意见，这些意见对于开拓思路、增进论证深度、完善实施方案，起到了十分有益的作用。

经过多年的研究、论证和审查，三峡工程坝址选在湖北省宜昌县三斗坪镇。工程的拦河大坝全长1983米，坝高185米。水库正常蓄水位175米，总库容393亿立方米。水电站总装机容量1768万千瓦。工程静态总投资570亿元（1990年价格）。主体工程建设工期预计15年。工程建设第9年，即可发电受益，预计在工程建成后不太长的时间里，即能偿还全部建设资金。国务院三峡工程审查委员会对可行性研究报告进行了认真审查，认为三峡工程建设是必要的，技术上是可行的，经济上是合理的，随着经济的发展，国力是可以负担的。

三峡工程规模空前，技术复杂，投资多，周期长，特别是移民难度很大。对于已经发现的问题要继续研究，妥善解决，对今后可能出现的各种困难和问题，要有足够的思想准备。要谨慎从事，认真对待，使工程建设更加稳妥可靠，努力把这项造福当代、荫及子孙的事情办好。

国务院常务会议经过认真讨论，同意建设三峡工程。建议将兴建三峡工程列入国民经济和社会发展十年规划，由国务院根据国民经济的实际情况和国家财力的可能，选择适当时机组织实施。

请审议

国务院

××××年××月××日

▲建设性议案

【范例】

关于重视加快推进社会主义新农村建设步伐的议案

案由：

关于重视加快推进社会主义新农村建设步伐的议案

议案摘要：

社会主义新农村建设工程（以下简称“工程”），是前几年市委，市府提出并在全市范围内加以实施的，“工程”一般以行政村为基本单位，以农村住宅拆旧建新为核心，结合农村环境整治、农业结构调整和工业企业规划布局，在提升农民居住环境质量的同时，改善农民生产、生活环境，实现农村社会经济协调发展。

以我镇的×××示范点为例，从××××年到现在的实施范围内，拆迁户数99户，建新房户数93户，老年公寓8户，解决农民需建新房户数64户，农民住房问题得以解决（新房人均面积30平方米），没有农民提出建房要求，同时通过土地整理得到可用土地30亩，降低了因建房对土地资源的消耗量，达到了有利于农村耕地保护与修复生态的目的。

当前，我区开展社会主义新农村建设工程工作与城市化推进、国家生态城区建设、“三带三区”建设，和人民群众的要求相比还远远不够，与××兄弟县（市）区相比，在速度和广度上也相对滞后，因此加快“工程”实施是我区今后一段时间必须重点实施的工作。

为此，我们建议：

1. 进一步加强对“工程”的领导。实施“工程”，关键在区，重点在镇（街道），基础在村。与“千村整治，百村示范”工作结合起来，成立全区“工程”工作领导小组，领导小组下设办公室，专门从有关部门抽调一批骨干到办公室办公。

2. 进一步充实工作力量。建立专门工作机构，同时配备一定数量的专职工作人员，通过工作组和挂职锻炼的形式，抽调一批专职干部进镇（街道）、村，加强对这项工作的指导服务。

3. 科学编制规划。“工程”实施，规划是龙头。区府应投入专项资金，组织有关部门聘请有资质的单位编制规划，与全区城市化推进规划，“三带三区”建设规划和生态城区建设规划相衔接，与“千村整治，百村示范”规划相衔接，与城镇体系规划相衔接。

4. 制定优惠政策，加大资金投入。示范点的补助资金应增至800万～1000万元（以新村建设100亩标准计算）；新村规划资金由政府负责；整理出来的土地指标要基本用于新村建设，有偿使用的，土地收益要全额返回到新村建设中；有关手续费用给予减免；“工程”涉及山区农民，要加大补助力度；要允许村级集体经济组织在旧村改造过程中，通过招商引资和适当的土地出让等形式筹集资金，以解决村庄环境整治和新村建设资金不足的问题。同时对开展较好的示范点实施奖励。

主办单位：农业局
协办单位：规划分局，国土局，组织部

▲建议性议案

【范例】

关于要切实加强地质遗迹保护工作的议案

××省国土资源厅：

地质遗迹是大自然赐予我们的宝贵而不可再生的地质遗产，代表了地球发展的不同篇章，它既是国家的宝贵财富，又是生态环境的重要组成部分，而且还具有不可估价的科学意义。我省的地质遗迹资源相对比较丰富，分布地域较广，种类较多。但由于当前我国地质遗迹保护的法律法规相对滞后，致使各地的地质遗迹保护工作还存在许多问题，有些地区地质遗迹景观已被人为所破坏，个别地方还相当严重。虽然近几年来全省各地建立起了几个地质遗迹保护区，但也都由于保护资金不足、专业人才缺乏等诸多因素，使各保护区的工作开展举步维艰。上述问题的存在，严重地制约着地质遗迹保护工作的开展。长此下去必将对自然资源造成无法挽回的损失，这样既对不起祖宗，也愧对于子孙后代。为进一步改善和加强我省的地质遗迹保护管理工作，特提出如下几点建议：

1. 各级行政主管部门要进一步提高对地质遗迹保护工作重要性的认识，从根本上解决保护经费不足的问题。××××年××月××日，国家九部委联合下发了《关于加强和改善世界遗产保护管理工作的意见》（文物发〔××××〕××号），文件中明确指出“各有关部门应在各级党委、政府统一领导下，明确责任，相互协作，在各自职权范围内切实做好保护工作。对各种造成遗产损失的失职、渎职行为，要追究行政乃至法律责任。”从中可以看出国家对此项工作的重视程度。我省的地质遗迹保护工作也应以此为契机，积极推进地质遗迹保护职能的落实，从政策、资金等方面大力支持地质遗迹保护工作。政府可以每年向各地质遗迹保护区划拨一定数量的保护经费，用于保护区的开发建设。

2. 积极支持各保护区申请设立地质公园，走出一条在保护中开发，在开发中保护的路子。有条件的地质遗迹保护区应积极申报省级、国家级地质公园，争取国家投入。通过建立地质公园，走“以园养园”的路子。目前我省已有两处省级地质公园，分别是××省××××中生代火山省级地质公园和××省××××省级地质公园，这两处地质公园都在准备申请国家级地质公园。申请国家级地质公园需要较高的硬件条件，需要大量的前期资金投入，光靠地方财力是远远不够的，还需要省里的大力支持，如果一旦申请成功，国家将每年拨给一定量的经费，可以为带动地方经济发展起到积极作用。申请成功后，还可以广泛动员地方和社会力量，参与地质公园建设，把建立地质公园与区域经济发展结合起来，通过建立地质公园带动旅游业的发展，达到促进地方经济和增加居民就业，改善当地群众生活水平的目的。

3. 加强对地质遗迹保护工作的宣传力度，提高全民地质遗迹保护意识。过去之所以存在破坏地质遗迹现象，可以说主要是由于宣传的力度不够，公众的地质遗迹资源保护意识淡薄所致。通过建立地质公园，让人们富教于游，而建立地质公园取得收益后，必然能更好地增加保护的力度，当地居民会因受惠于地质遗迹而更加注意自觉地保护。

▲任免性议案

【范例】

×县人民政府关于提请×××等四位同志职务任免的议案

×政文〔2008〕6号

县人大常委会：

根据《中华人民共和国地方各级人民代表大会和地方各级人民政府组织法》之规定和中共×县县委×文〔2008〕11号、12号、13号文件，现提请：

×××同志任县民族宗教局局长；

×××同志任县司法局局长；

×××同志任县教育体育局局长；

免去×××同志县教育体育局局长职务。

以上事宜，请审议。

附件：

1. ×××同志工作简历及主要表现
2. ×××同志工作简历及主要表现
3. ×××同志工作简历及主要表现
4. ×××同志工作简历

县长　×××

二○○八年三月七日

▲批准性议案

【范例】

国务院关于提请审议《中华人民共和国企业所得税法（草案）》的议案

国函〔××××〕××号

全国人民代表大会常务委员会：

为了适应对外开放的新形势，统一内资、外资企业所得税，创造企业公平竞争的市场环境，促进社会主义市场经济健康发展，国务院有关部门在认真调查研究、总结实践经验、广泛听取各方面意见的基础上，拟订了《中华人民共和国企业所得税法（草案）》。这个草案已经国务院常务会议讨论通过，现提请审议。

国务院总理　温家宝

××××年××月××日

第十四节　函

一、概述

1. 函的概念

根据《国家行政机关公文处理办法》规定："函适用于不相隶属机关之间商洽工作，询问和答复问题，请求批准和答复审批事项"。函的答复功能仅仅适用于不相隶属的机关之间。

在公文的应用中，函的用途是比较广泛的。不相隶属机关之间商谈公务、接洽工作，询问事情、征求意见，答复问题、请求帮助及告知情况、催办事务等，都可以使用函；向归口管理部门请求对某一事项予以批准，也可以使用函。函既可以在平行机关及不相隶属的机关之间使用，也可以在上下级机关之间使用。

2. 函的分类

依据《国家行政机关公文处理办法》，"函"大体可分为商洽函、问答函、批答函三种。

(1) 商洽函。用于不相隶属机关之间联系、商洽、协调某一问题或某项工作，如洽谈业务，要求协作，请求支援，商调干部，联系参观学习等。这一类既有致函也有复函；致函提出商洽的事宜和要求，复函则给予答复。如，《关于日野 FC164SA 大卡车存在严重质量问题要求赔偿损失的函》是商洽函中的致函；××××年××月××日广州市人民政府办公厅《关于要求将广州市经济技术协作办公室驻海口办事处更名的函》，也是商洽函，是回复对方同时又要求对方回复的函。

(2) 问答函。用于机关间询问政策性和业务性的问题以及其他需要搞清楚的事宜，如了解情况，征求意见，核查问题，催办事宜等。提出询问的是致函，给予解答的为复函。这类函既可以用于不相隶属的机关之间，也可用于有隶属关系的上下级之间。如××××年××月××日教育部电化教育局《关于调查电教教材编制情况及今后设想的函》是询问性的致函，××××年××月××日《国务院办公厅关于悬挂国徽等问题给湖北省人民政府办公厅的复函》则是复函。

(3) 批答函。用于不相隶属机关间请求批准和答复审批事项。求批及审批也是对应关系。如"××行政学院《关于解决住宅生活区配电改造工程资金的函》"是求批的致函，××××年××月××日《四川省教委省人事厅关于同意省轻工厅委托四川行政学院举办财会专业成人高等教育专业证书教学班的复函》和《××市职称改革工作领导小组办公室关于××××学院申请教授资格授予权的复函》则是审批的复函。

3. 函的写作格式

（1）标题。函的标题，通常为“发文机关＋事由＋文种”的形式，如“×××关于联系临时借房问题的函”。如属回复问题的函，则多在“函”字前加“复”字。如“关于建设单位为动迁户建房问题的复函”。

（2）发文字号。函要有正规的发文字号，其写法与一般公文相同，由“机关代字＋年号＋顺序号”组成。大机关的函，可以在发文字号中显示“函”字。

（3）主送机关。一般来说，由于函的行文对象是明确、单一的，所以多数函的主送机关只有一个。但有时内容涉及部门多，也有排列多个主送机关的情况。

（4）正文。需写明下述三部分内容。

①制发函的根据与理由。如：“根据国务院国发〔××××〕××号文件关于凡新建（包括统建和自建）、扩建宿舍，都应把必需的生活服务设施包括进去，商业服务网点应占新建扩建面积的7%左右的规定，请你局……”

②商洽或询问（答复）以及请求批准的具体事项。要求中心明确内容具体，方便对方办理或答复。

③结尾。通常适宜使用致意性的词语，如“致以敬礼”、“谨致谢忱”，或以“特此函告”、“特此申请”、“为盼”、“为荷”等专用语结束上文。

4. 函的写作要求

函的写作，除了要注意格式的规范化外，还要注意以下几点：

（1）行文要直陈事项、言简意赅；

（2）用语谦和，讲究分寸；

（3）函主要用于说明有关事项与提出要求；

（4）函，是正式公文的文种，必须行文郑重。

二、函的写作范例

▲答复性函

【范例】

关于同意成立××市劳动力市场工会分市场的复函

××市总工会：

你会《关于申请成立××市劳动力市场工会分市场的函》（×工函〔××××〕××号）已收悉。经研究，现就有关问题答复如下：

一、同意你会成立××市劳动力市场工会分市场。请根据《××市劳动力市场管理条例》有关规定，办理申领《公益性劳动力中介服务许可证》的相关手续，为社会提供公共就业服务。

二、××市劳动力市场工会分市场须按照《××市劳动力市场建设指引》设计布局。

三、成立××市劳动力市场工会分市场所需经费请自行解决。

××市劳动和社会保障局
××××年××月××日

▲商洽性函

【范例】

关于商洽代培统计人员的函

××金融管理干部学院：

得悉贵院将于3月份举办统计人员讲习班，系统培训统计工作人员。国务院《关于加强统计工作的决定》下达后，我厂曾打算集训现职统计工作人员，但由于力量不足，未能实现。现在贵院决定办讲习班，我厂拟派15名统计人员随班学习，请你们代培。如同意，将是对我厂统计工作的有力支持。代培所需费用由我厂如数拨付。盼予复函。

此致

敬礼

×××机床厂（盖章）
××××年××月××日

▲询问性函

【范例】

××市××区人民法院关于徐××遗产纠纷一案托查的函

×法发字〔××××〕第××号

××市中级人民法院：

我院受理徐××诉其妹徐××遗产纠纷一案，她们的父亲徐××生前有英商×××汽水厂股票1414号户名×记计一百股。现股票遍寻无着。经本市××汽水厂查询，据称：×××汽水厂已迁××市，由××市食品总厂所属人民食品厂接管，为此特函请你院代为查明下列情况：

一、该厂接收的×××汽水厂股东中有无徐××或×户名1414号股票一百股？

二、该厂对原×××汽水厂股票如何处理？徐××所持股票是否有人登记或支付定息？

三、如已有人登记或领取定息，请查明领息情况，包括领息人、领息金额，何年何月开始，领至何年何月？

以上三项希大力协助查清，并请尽快见复。

××市××区人民法院（盖章）
××××年××月××日

▲告知性函

【范例】

××省新闻出版局
关于××出版社驻××市发行站更名的函

××省新闻出版局：

为便于图书发行工作的开展，拓宽市场，疏通发行渠道，我局决定将××出版社驻××市发行站更名为××出版社驻××发行站。请予协助办理有关更名手续。

特此函告

××省新闻出版局
××××年××月××日

▲委托性函

【范例】

危险化学品经营单位委托审查函

×安监危化字〔××××〕××号

各有关市安监局：

你市危险化学品经营企业已向我局提出办理危险化学品经营许可证申请，我局已受理了申请，现委托你局对该单位的安全条件和评价报告的真实性进行严格审查，审查意见要翔实、具体。于××××年××月××日前将审查意见报至省局危化处。××××—×××××××(传真)

××局
××××年××月××日

第十五节 会议纪要

一、会议纪要概述

1. 会议纪要的概念

会议纪要，是各级机关用来记载和传达会议情况与议定事项所使用的一种公文文种。

2. 会议纪要的特点

(1) 具有纪实性

会议纪要是根据会议的宗旨、议程、决议等整理而成的公文，它是对会议基本情况的纪实。会议纪要的撰写者不能更改会议议定的事项，更不能随意改动会议上达成的共识和形成的决定。

(2) 具有概括性

会议纪要要在“要”字上下工夫，不是把会议的所有内容都原原本本地记录下来，它要有所综合、有所概括、有所选择、有所强调。会议纪要需要在会议后期甚至会议结束之后，对整个会议的各种材料和观点，经过分析、研究、综合整理，将主要精神、主要议决事项、主要观点，按一定逻辑顺序撰写出来，而不像会议记录那样随会议的进行自然而然地产生。

(3) 具有指导性

即会议纪要对工作有一定的指导作用，它要传达情况、会议精神，要求与会单位相关部门以此为依据开展工作。

3. 会议纪要的分类

会议纪要大致有两种类型：

(1) 办公会议纪要。又称日常行政工作会议纪要。主要用来反映机关、人民团体、企事业单位的领导机关开会研究问题、部署工作的情况，其作用是为机关单位工作的开展提供实在的指导和具体的依据。

(2) 专项会议纪要。各种各样的交流会、座谈会、研讨会的会议纪要，多属于这一类。这类会议纪要常常通过对涉及有关工作的重要方针、政策和理论原则问题的交流、讨论情况的纪实，给人们以深刻的启发，给工作以宏观的指导。但是它如果未经领导机关批转就不具有像办公会议纪要那样的行政约束力。

4. 会议纪要的写作格式

会议纪要一般由标题、开头、正文、结尾四部分组成。

(1) 标题

会议纪要的标题有以下四种写法：

①由会议名称、纪要内容、文种三部分组成。如“××学会第×届理事会第×次会议决议事项纪要”。

②也可由发文单位名称、会议名称、文种组成。如“×市日用杂品公司进一步做好黑砂锅市场供应工作会议纪要”。

③省略纪要内容，由会议名称和文种组式。如“××学会第×届年会纪要”。

④“正题+副题”的形式。正题阐述会议的主旨、意义，副题交代会议名称、文种。如：

维护财政制度　加强经济管理

——在×部召开的《××法》座谈会上的发言纪要

会议纪要的标题必须写得明确、具体，决不能单以“会议纪要”为题。

(2) 开头

简要介绍会议的基本情况，叙述召开会议的根据、目的，会议的起止时间、地点，参加会议的人员，会议的基本议程、主要活动和会议的结果。

(3) 正文

会议纪要的正文主要有如下三种写法。

①条项式写法

条项式写法，就是把讨论的问题和决定的事项，分条分项写出。会议讨论了几个问题，纪要就以几个问题各自成一点写出。工作会议纪要大多都用这种写法。这种写法，条条项项井然有序，便于理解、记忆、执行。

②综合式写法

综合式写法，就是把会议内容，按性质综合为若干部分，然后逐一写出。工作经验交流会纪要、学术问题研讨会纪要，一般都用这种写法。这种写法有一定的难度，但有利于概括丰富的内容，有利于从原则高度上把问题说深讲透。

③摘录式写法

摘录式写法，就是摘要记录会上发言内容，按发言顺序或按内容性质归类写出。这种写法，通过摘录发言人的话，反映发言人的观点，使人觉得客观、真实。先写发言者的姓名，然后再记其发言。记发言者的第一次发言时，在姓名后可注明单位、职务。要注意不要全文、原话尽录，要摘其要点。

(4) 结尾

一些会议纪要不单独写结尾，主体部分的最后一个问题写完即结束全文。有些会议纪要要单独写一段结尾，或是写会议主持人或其他领导人的总结讲话；或是对会议作出一些基本估价，发出号召，提出希望。

5. 会议纪要的不同写法

因为会议的形式不同，会议纪要的具体写作也有一定的区别，如专题性大型会议适用于归纳叙述法，对会议讨论与议定的事项，要概括成若干层次，按小标题分项叙述；对座谈会可在分述发言内容前，概括介绍有关基本情况，对会议讨论决定事项先按逻辑关系分列问题，再按发言顺序分别叙述；对例会，则可以用分条列项写法，按会议讨论的顺序整理。一般来说，常用的会议纪要写法有以下几种：

(1) 直接叙述法

这种写法是详细叙述会议的人员组成、基本过程、各种意见、最后结论。对会议的时间、地点、参加者、主持人、经过的写法，或按照固定格式、程序来写，或集中在开头来写。对会议上的各种意见和最后结论则详细叙述。

(2) 综合法

这种写法，或者是不记叙会议的情况和过程，突出整个会议的内容，在正文中分段或分专题进行叙述，或者是非常简要地把会议的参加者、过程、讨论议题交代一下，作为纪要正文的导言或开头语，然后集中写出正文。

(3) 选择法

即有选择地叙述会议的经过和讨论决定的事项，对会议进展情况和讨论决定的事项则可不必一一列出。

会议纪要的语言表述虽然比较灵活，但也有一定的章法。一般小型会议或内容单纯的会议，如果需要搞会议纪要，可以采用概述的方式表述。如果是大型会议，或内容丰富的综合性会议，就应采取分题或分段的方式表述。如果是专题座谈会、理论研讨会，或会议主要由领导人作报告，不需要与会者讨论，那么会议纪要应该用言论法表述。所谓言论法，就是根据会议的宗旨与要求，将发言的精华观点选择出来，按照不同的内容和一定的逻辑顺序，组合成不同的组群，分别进行表述。应该注意，理论研讨会或学术讨论会的会议纪要，选择言论的标准应该以学术创见为主，而不能以发言人的职务高低进行取舍。

6. 会议纪要的写作要求

会议纪要中所叙述的问题，必须遵循会议的实际情况反映准确，绝不能随意发挥，要把重点放在经过会议讨论并通过了的决议上。凡是会议没有研究讨论的问题一律不能写入会议纪要。总之，会议纪要阐述要清楚，交代要具体，观点要鲜明，是非要分明，实事求是，突出要点，语言要简练，准确，条理要清晰，概括要完整，只有这样才能写好会议纪要。

二、会议纪要的写作范例

▲工作会议纪要

【范例】

××市人民政府关于食品安全工作现场会议纪要

××××年××月××日下午，姜××市长主持召开食品安全工作现场会议，专题研究部署全市食品安全工作。副市长张××，市食品药品监督管理局局长杨××、市财贸局局长赵××、市教体局局长崔××、市农业局局长逄××、市海洋与渔业局局长陈××、市卫生局局长徐××、市畜牧兽医局局长马××、市工商局局长徐××、市质监局副局长丁××、市城管执法局副局长赵××、市盐务局副局长杨××参加了会议。现将会议研究决定事项纪要如下：与会人员现场查看了商城农贸市场、城南农产品批发市场、×××肉食品加工厂、×××西饼屋、××特色小吃街和市第一中学学生食堂等场所的食品安全情况。会议指出，食品安全事关全市人民群众的切身利益，近年来市政府始终高度重视，各部门各单位做了大量的工作，取得了阶段性成果。但从现场检查的情况看，我市食品安全工作仍存在宣传工作不到位、市场管理不规范、经营环境脏乱差、监管责任不到位、职能部门配合协调不够等问题，必须采取强有力的措施，抓住薄弱环节，建立健全长效机制，进一步抓紧、抓实、抓好，确保全市人民群众饮食安全。会议要求，各级各部门、各单位要站在关注民生、为民执政、构建和谐社会的高度，充分认识做好食品安全工作的重要意义，以对人民群众高度负责的态度，切实发挥好部门职能作用，加大食品安全监管检查力度，力争在短期内使我市食品安全工作有较大改观，真正让群众吃上安全放心食品。一方面，要严厉打击生产、销售、使用违禁农资的行为，从源头上保障农产品质量安全；另一方面，要大力整顿食品生产加工企业，强化小作坊监管，加强流通领域的监管；第三，要建立和完善以监督抽查为基础，以专项抽查、跟踪抽查为补充的产品质量监督检查制度，提高检查的科学性和有效性。会议确定：

1. 健全完善食品安全工作领导体系，调整和加强市食品安全委员会及其办公室，办公室设在市食品药品监督管理局，张××副市长兼任办公室主任，工作人员以食品药品监督管理局为主，必要时抽调有关人员参加。

2. 要突出工作重点，整合资源，突出抓好检测、监管、服务等薄弱环节，注重从根本上解决问题。

3. 将食品安全工作纳入××××年职能部门和各镇政府、街道办事处的工作目标考核，进一步加大考核权重。同时，研究制订奖惩办法，鼓励守法经营业户，依法严惩不法业户。

4. 由市食品药品监督管理局负责，起草食品安全工作方案，进一步理顺部门职能、明确工作责任，形成科学有效的食品安全管理体系，提交市长办公会议研究实施。

××××年××月××日

▲办公会议纪要

【范例】

××××年第七次办公会议纪要

××××年××月××日，×××局长主持召开了××××年第七次办公会，会议对学习贯彻党的十七大精神和《城乡规划法》的工作进行了安排部署，研究了××××年主要工作思路。现将会议内容纪要如下：

一、关于学习贯彻党的十七大精神的工作安排

会议认为，按照市委要求，深入学习贯彻党的十七大精神是我局当前的首要政治任务。会议对近期落实学习宣传工作做了以下部署。一是局党组中心学习组、局各基层党支部要通过集体学、自学和电教形式组织党员干部原原本本地学习十七大报告；二是邀请市委宣讲团成员和十七大党代表杨自会同志来局作辅导报告；三是组织全体干部职工观看十七大专题讲座教育片；四是每个干部职工撰写一篇学习心得；五是组织部分党员干部结合促进经济发展和城市规划工作进行十七大报告的学习交流。

二、关于贯彻落实《城乡规划法》工作部署

新的《城乡规划法》于××××年××月××日实施，会议要求做好新法实施的准备工作。会议确定以下工作任务。

（一）抓紧完成控制性详细规划的清理、审查和报批工作

1. 全面清理控制性详细规划。11月底前，对已编制、正在编制和未编制的控制性详细规划进行认真清理，摸清情况，将清理情况在总体规划图上进行标示，对需要编制控制性详细规划的区域，要合理划定单项规划编制范围，并进行编号。（责任科室：规划编制科；配合科室：建筑工程科，各分局）

2. 抓紧控制性详细规划的审查、报批。12月底前，抓紧完成中心城区、城东新区、伍家岗中心区、东山三路片区、沿江大道片区等已经编制和正在编制的控制性详细规划的审查、修改、公示、报批等工作。（责任科室：规划编制科）

3. 制订明后两年的控制性详细规划编制计划。按照××××年实现控制性详细规划在城市建设区域全覆盖和××××年完成不少于70%编制任务的要求，区分轻重缓急，认真制订编制计划。各分局将各自管理区域需要编制的控制性详细规划，核定面积和经费，征求区政府意见和

与国土分局衔接后，在12月第一周前交规划编制科汇总，办公室根据汇总情况，向市政府、市财政局提出增加专项经费的申请。近期建设区域，特别是××××年即将供应建设用地的区域，要作为明年上半年的编制重点。（责任科室：规划编制科、办公室、各分局）

4. 尽快委托编制任务。将××××年需要编制的控制性详细规划，条件成熟的要马上委托设计单位开始编制，抓紧工作时间。（责任科室：规划编制科）

5. 开展“控制性详细规划编制年”活动。会议决定将××××年作为“控制性详细规划编制年”，加大编制力度，力争在8月份基本完成全年的控制性详细规划编制任务。为了强化编制工作，会议决定，一是将每周一下午作为控制性详细规划审查时间，遇特殊情况顺延，但必须保证每周至少有半天时间专门用于规划审查；二是成立控制性详细规划专业审查小组，聘用规划专业老同志组成审查小组，落实办公场所，配备一名年轻的工作人员；三是控制性详细规划上报审批前，必须有专业审查小组或规划编制科签字，经办公室报局领导签批。（责任科室：规划编制科）。

（二）进一步调整和规范行政文书

按照法律规定调整现行行政文书、审批表格，预发选址意见书变更为规划设计要求。12月10日前完成调整工作，样书提交会议审议。（责任科室：规划监督科；配合科室：建筑工程科）

（三）调整报建程序

12月15日前完成对报建程序的调整，提交会议审议，12月20日前完成《报建指南》的调整，并印刷发放。（责任科室：建筑工程科、办公室）

（四）调整规划管理信息系统

一是在系统和网站中变更调整后的行政许可文书、审批表格。（责任单位：信息中心）

二是自××××年××月××日起，按照谁批准方案谁负责公示的原则，对修建性详细规划进行公示，包括定位图（或在总图上标注建筑尺寸和相邻关系），鸟瞰图、容积率等指标等，并将实际指标与规划指标对照的情况进行公布。（责任单位：城区各分局）

（五）广泛开展新法的学习宣传活动

1. 开展《城乡规划法》的学习。11月中旬，组织局机关、分局、二级单位工作人员学习《城乡规划法》全文，局主要负责人主讲一次《城乡规划法》辅导课。（责任科室：规划监督科）

2. 开展《城乡规划法》宣传。在报刊、网站等媒体刊载《城乡规划法》宣传内容，邀请市领导为新法的实施撰写文章；在××广场公示栏发布相关内容；印制《城乡规划法》手册；12月底在××广场组织一次宣传活动。（责任科室：规划监督科、办公室）

3. 积极主动向市政府报告相关情况。就《城乡规划法》的主要内容，与“一法一条例”实施以后将对城市规划工作带来哪些影响，以及应对措施等，向市政府书面报告。（责任科室：规划监督科）

4. 公示有关控制性详细规划。12月31日前，将城东新区等五个控制性详细规划在××城市规划网站上进行公示。（责任科室：编制科）

5. 组织新法讲座。与市建委衔接，12月下旬召集全市房地产开发单位举办一次《城乡规划法》的讲座，邀请规划政务义务监督员、效能建设督察员和民盟领导人参加。（责任科室：规划监督科）

三、关于××××年主要工作

会议研究了××××年的主要工作，决定增加贯彻《城乡规划法》，调整规划审批程序，规范公示、听证、公众参与与监督，继续开展规划效能建设，增强信息系统的处理能力，实现政务信息系统应用目标等工作任务，要求办公室行文报送市委、市政府。

▲座谈会会议纪要

【范例】

××××自治区财贸系统加强工会工作座谈会会议纪要

××××自治区财贸工会

（××××年××月××日）

××××年××月××日下午，自治区财贸系统加强工会工作座谈会在自治区总工会大楼东一会议室召开。会议由自治区总工会副主席×××主持。自治区总工会党组书记、副主席×××出席会议并作了重要讲话。自治区商务厅、粮食局、供销合作联社、旅游局等自治区财贸系统有关厅局的领导参加了会议。

一、会议听取了自治区财贸工会主任×××就工会工作情况汇报和财贸系统有关厅局领导就当前工作情况介绍。会议肯定了财贸系统近年来的工会工作，认为近年来财贸系统各级工会坚持以经济建设为中心，认真履行工会的职能，主动与各级党政联系和沟通，积极开展具有产（企）业特色的群众性经济技术创新活动，加大源头参与力度，维护职工合法权益，积极主动抓好组建工会工作，为构建和谐稳定的新型劳动关系和促进本产（企）业的经济发展发挥了应有的作用。

二、会议对财贸工会提出的拟以自治区总工会的名义与自治区商务厅、粮食局、供销合作联社、旅游局联合下发《关于发挥财贸系统工会组织在建立稳定协调的劳动关系构建社会主义和谐社会中作用的意见（讨论稿）》和拟与自治区商务厅联合下发《关于在全区商贸流通企业开展创品牌活动的意见》，并继续开展创“诚信企业”、“服务品牌示范岗”、“服务品牌”活动；拟与财贸系统有关厅局合作，联合开展职工技能比赛；配合财贸系统有关厅局就职工关心的热点、难点问题开展联合调查等问题进行审议。会议对拟联合下发的文件和拟联合开展活动的内容进行了认真讨论，提出了具体的修改意见，并建议开展创品牌活动的意见也要以自治区总工会的名义与自治区商务厅、粮食局、供销合作联社、旅游局联合发文，联合检查，上下联动。

三、会议要求。财贸系统各级工会要认真贯彻落实全国总工会十四届六次主席团（扩大）会议审议通过《关于坚持走中国特色社会主义工会发展道路的决议》的精神，要站在巩固党的阶级基础和执政地位的高度，进一步认识新时期工会工作的重要性，从构建社会主义和谐社会的高度，进一步发挥工会在推动经济发展和维护职工合法权益中的作用，在促进发展上要有新贡献，在加强工会组织建设上要有新突破，在维护职工合法权益上要有新作为。财贸系统各级党政领导一如既往地重视和支持工会工作，积极为工会工作创造条件，使工会组织在党委的统一领导下，进一步发挥各自优势，形成合力，共同抓好财贸系统的工会工作。

▲交流性会议纪要

【范例】

中国物理学会第四届西部十二省（区）市物理学会联合学术交流会会议纪要

西部十二省（区）市物理学会联合学术交流会，是中国物理学会的系列学术交流会议，每两年召开一次，前三届分别在成都、贵阳、西安成功举办。2008年7月15日至20日，“第四届西部十二省（区）市物理学会联合学术交流会”在新疆乌鲁木齐市举行。本届会议由西部十二省（区）市物理学会主办，新疆物理学会承办，新疆大学物理学院、新疆师范大学数理信息学院协办。

来自西部十二省区市和××、××、××、××等地区，约60个单位的100余位代表参加了交流会。大会还特别邀请到中国工程物理研究院的×××院士出席并做特邀报告。出席开幕式的有关领导有：中科院新疆理化技术研究所副所长×××、新疆物理学会理事长×××研究员、新疆物理学会副理事长新疆大学物理科学与技术学院院长××教授、新疆师范大学数理信息学院×××院长、新疆物理学会秘书长××、西部各省区市物理学会理事长、秘书长等。

本次会议共收到学术论文67篇，经过会议专家评审，录用47篇。并分别在××大学学报（自然科学版）正刊和增刊上发表所有科研类论文。大会共交流20篇口头报告，涉及非线性光学材料、纳米材料、团簇物理、重离子束辐射技术在生物中的应用等多个前沿学科。此外大会还就教学类论文进行了评选，评出教学类优秀论文11篇。

会议期间，召开了各西部省（区）市物理学会秘书长工作交流会，会议确定了第五届“西部十二省（区）市物理学会联合学术交流会”将于2010年由××省物理学会承办。

本次研讨会着眼于近年来物理学科的最新发展，交流物理学各分支学科的最新科研成果及物理教学、教改经验；展示了西部物理学研究的成果与进展，促进了西部科研单位和大（中）专院校及中学之间的物理学科的合作与交流，以期进一步提高西部地区物理教育和科研水平。

××物理学会
2008年7月20日

第十六节　公　报

一、公报概述

1. 公报的概念

公报用于公开发布重要决定或者重大事件。与公告相比，公报的内容通常更为详细具体。

2. 公报的分类

公报可分新闻公报、联合公报、会议公报、统计公报等。

（1）新闻公报。新闻公报是以新闻的形式将重大事件向党内外、国内外公布的文件。新闻公报往往由新闻机构在新闻媒介上公之于众，它的阅知范围没有限制，要求具有新闻的及时性和真实性，所以，有人认为它是一种新闻性公文。

有时两国政府共同发表的外事公报也采用新闻公报的形式。

（2）联合公报。联合公报是政党之间、国家之间、政府之间就某些重大事项或问题经过会谈、协调取得一致意见或达成谅解后，双方联合签署发布的文件。这类公报中有一些双方认可联合签署的条文，比一般的新闻公报有更多的务实性内容。但联合公报和新闻公报之间的界限是很模糊的，有时甚至还可以合为一体。

(3) 会议公报。会议公报是机关、人民团体或单位在召开重要会议后公开发表的一种文件。会议公报是公报的一种，应用范围比较专一。

(4) 统计公报。统计公报是用于国家和政府统计机关发布国民经济、社会发展方面情况的一种公文。我国统计部门发表这类公报时通常以年度（或半年度）为计数的时间单位。地方的统计公报一般不对外，只在地方报刊发表。

3. 公报的写作格式

(1) 标题。公报的标题由会议名称 + 文种名称构成。

(2) 正文。开头部分：写作公报的时间、地点、人物、事件等叙述要素，要写得简明扼要、清楚明白。

主体部分：介绍公报中的议定情况和主要精神。

结尾部分：提出号召、希望和要求等等。

4. 公报的写作要求

撰写公报要注意以下问题。

(1) 公报所涉及的都是重大事件、重要会议和重要决定，因此，在写作和文字阐述上一定要周密、完整、准确、严肃，照顾方方面面。

(2) 把写作重点放在对事件的陈述和观点的阐述上。要紧扣全文的核心内容来写，突出主旨，内容概要，切忌杂芜并陈。

(3) 公报作为党和国家高级管理机关使用的公文，用以公布重大事件或重要决策。因此，它十分讲究用语的准确性和概括性。是什么，不是什么；应当怎么做，不应当怎么做，必须确切无误地传输给读者，而且要最大限度地使用概括性语言，用较少的文字涵盖丰富的内容，做到言简意赅，尽量压减公报的篇幅。当然，公报篇幅的长短也要根据内容的需要来决定，但总的要求是简明扼要。

(4) 一般来说，公报内容应是重大的、严肃的，具有权威性。一般的事情不能用公报。

二、公报的写作范例

▲会议公报

【范例】

××市第十届委员会第十二次全体会议公报

（××××年××月××日中共××市十届
十二次全委会议审议通过）

中国共产党××市第十届委员会第十二次全体会议，于××××年××月××日举行。出席这次全委会的有市委委员31人、候补委员4人。不是市委委员、候补委员的市人大常委会、市政府、市政协在职市级领导干部，市人武部部长，驻×预备役某团政委，市法院院长，市检察院检察长，市经济开发区管委会副主任，市人大、市政府、市政协秘书长，市纪委常委，市委副秘书长，市委办公室、市政府办公室副主任，各镇（街道）党委书记、镇长（办事处主任），市直各部门、各人民团体主要负责人列席了会议。市委常委主持了会议。市委常委主持了会议，市委书记作了重要讲话。

全委会认真学习了十六届六中全会和省、××市全委会议和全省领导干部会议精神，听取和讨论了×××同志受××市委常委委托作的工作报告，审议通过了《中共××市委××市人民政府关于站在新起点加快新发展的意见》、《中共××市委××市人民政府关于推进社会主义新农村建设的意见》、《中共××市委关于认真贯彻落实十六届六中全会精神加快"和谐××"建设的决定》。

全委会一致认为，党的十六届六中全会是在我国改革发展进入关键时期召开的一次十分重要的会议。省八届十三次全委会议、××市八届十次全委会议认真学习贯彻党的十六届六中全会精神，紧密结合省、市实际，对构建和谐社会工作作出了全面安排部署。我们一定要按照中央和省、市委要求，准确把握、深刻领会，切实把思想高度统一到中央和省、市委的决策部署上来。

全委会充分肯定了今年以来市委常委会的工作。一致认为，在省委和××市委的正确领导下，市委常委会团结带领广大干部群众，坚持以邓小平理论和"三个代表"重要思想为指导，以科学发展观统领全局，认真执行国家宏观调控政策，紧扣发展第一要务，抢抓重要战略机遇期，解放思想，真抓实干，使全市经济社会保持了持续快速健康发展的良好势头。

全委会深入分析了当前我市经济社会发展面临的形势和任务，对站在新起点加快新发展、推进新农村建设、加快"和谐××"建设进行了全面安排部署。强调指出，全市上下要按照市委、市政府确定的下一步经济社会发展的基本思路、目标和重点，抓好落实，既要保持工作的连续性，又要与时俱进，不断创新。要认真落实科学发展观，严格执行国家宏观调控政策，正确认识和处理"好"与"快"、"保"与"压"的关系，突出重点，区别对待，有保有压，重点加大向新型工业化、农村基础设施与社会事业、新型服务业、高新技术产业、城市公用基础设施等方面的投入，加快推进经济结构调整和增长方式转变，努力实现速度和结构、质量、效益、后劲相统一。要突出发展第一要务，推动经济持续快速协调健康发展，重点抓好招商引资、重点项目、"亮点"培植，进一步抓好节能降耗、自主创新、环境保护，大力发展循环经济，加快推进新型工业化；搞好城市规划建设管理，提升城市化水平；突出商贸流通、现代物流、旅游休闲、餐饮娱乐、文化产业等发展重点，力争实现服务业的更大突破。要用足用好政策，努力破解土地、资金、人才等方面的制约因素，为加快新型工业化进程、促进经济持续快速健康发展提供有力支撑。要全面推进新农村建设，加快推进农业专业化、标准化和产业化，积极发展农村合作经济组织，大力发展第二、第三产业和劳务经济，促进农村劳动力转移；搞好镇村统筹规划，加强农村基础设施建设，解决好农村"路、水、气、电、医、学"等难题，尤其是把沼气建设作为新农村建设的突破口来抓，切实改善农村卫生条件，促进农民生活质量提高；抓好农民的学习培训，提高农民素质；落实各项支农惠农政策，深化农村改革，增强农村发展活力；大力发展农村公共事业，逐步建立健全农村社会保障制度，促进城乡统筹协调发展。要加快"和谐××"建设，坚持从实际出发，着眼长远，立足当前，确定重点，扎实推进。按照民主法制、公平正义、诚信友爱、充满活力、安定有序、人与自然和谐相处的要求，以解决人民群众最关心、最直接、最现实的利益问题为重点，着力发展社会事业，促进经济建设、社会建设、政治建设和文化建设协调发展；实施积极的就业政策和"科教兴市"、"人才强市"战略，加快发展医疗卫生事业，繁荣文化事业和文化产业，加强思想道德工作，健全社会保障体系，深化社会管理改革，搞好平安建设，促进全市经济社会全面进步、和谐发展。

全委会强调，环境是经济社会发展的生命线，是一个地区综合竞争力的第一要素。全市各级各部门要进一步强化“投资者是上帝加朋友”、“外商只管投资建设，其他一切由我们来办”、“发展成果人人受益，发展环境人人有责”的理念，继续营造诚实守信、遵纪守法的法治环境，文明高效的服务环境，积极向上的舆论环境，各方支持的政务环境，努力以环境的新改善来促进经济的大发展。

全委会强调，实现经济又好又快发展、建设社会主义新农村、构建社会主义和谐社会，关键在党，关键在人。要加强党的先进性和执政能力建设，为构建和谐社会、推动经济社会又好又快发展提供强有力的政治保证；要扎实做好换届工作，努力营造风清气正的换届环境；要坚持勤政廉政，转变工作作风，千方百计为群众解难题、办实事；要按照党的先进性要求，加强基层组织建设；要集中精力做好当前的各项工作，认真总结分析今年的工作，超前谋划明年的工作，在确保完成或超额完成今年各项任务目标的基础上，争取明年各项工作再上新台阶。

全委会号召，全市各级党组织和广大党员干部一定要坚持以邓小平理论、“三个代表”重要思想为指导，以科学发展观统领全局，全面贯彻落实党的十六届六中全会精神，以更加昂扬的斗志，更加务实的作风，解放思想，干事创业，为促进全市经济社会在新的起点上实现又好又快发展，加快建设富裕××、文明××、生态××、和谐××做出新的更大贡献！

▲新闻公报

【范例】

中英联合新闻公报（节选）

新华社北京9月3日电　应中华人民共和国国务院总理李鹏的邀请，大不列颠及北爱尔兰联合王国首相梅杰于1991年9月2日至4日对中国进行了正式访问。在访问期间，李鹏总理同梅杰首相举行了会谈，江泽民总书记和杨尚昆主席分别会见了梅杰首相。钱其琛国务委员兼外交部长同赫德外交大臣举行了对口会谈，国务院港澳办公室主任鲁平同随访的香港总督卫奕信进行了会晤。这些会谈和会见是在务实和友好的气氛中进行的。

……

▲联合公报

【范例】

中华人民共和国政府和捷克共和国政府联合公报

（××××年××月××日）

应中华人民共和国国务院总理朱镕基的邀请，捷克共和国政府总理米洛什·泽曼于××××年××月××日至十八日对中华人民共和国进行了正式访问。

朱镕基总理同泽曼总理举行了正式会晤。双方在友好的气氛中就加强双边关系和共同关心的国际问题深入交换了意见，并对访问结果表示满意，相信这次访问将促进中捷友好合作关系的进一步发展。

一、双方评价两国合作所取得的成果，认为进一步巩固双边关系符合两国人民的根本利益。双方愿继续加强两国和两国人民之间的友谊，愿在相互尊重、平等互利、互不干涉内政的原则基础上，发展两国在各个领域长期、稳定的合作关系。

二、双方商定在两国政府机构之间广泛开展各个级别的对话，支持两国议会就共同关心的问题开展对话，鼓励两国民间机构建立联系。

三、双方重申愿进一步加强在经贸领域的互利合作，鼓励各自企业在贸易、投资、生产和技术等领域开展多种形式的合作。

双方支持两国企业在能源、交通工具、医疗、环保、纺织、家电、通信、机电设备等领域加强合作，进一步发挥中捷经贸组委会在双边关系发展中的作用。

双方愿进一步发展科学技术研究、文化、教育、体育、旅游、新闻等领域的合作。

四、双方企业签署了《山西神头第二发电厂进口捷克发电设备合同》，两国政府将督促各自有关部门尽快履行合同实施所需的内部手续。

五、捷方重申在一个中国的原则基础上尊重中华人民共和国的主权和领土完整，承认台湾是中国领土不可分割的一部分。

六、双方尊重《联合国宪章》的宗旨和原则以及公认的国际法准则，愿为维护和平、促进发展、保护人权、实现人类的共同进步作出积极的贡献。为此，双方将进一步加强在国际组织中的合作。

捷克共和国总理泽曼对中方热情友好的款待表示感谢，并邀请中华人民共和国总理朱镕基访问捷克，朱镕基总理愉快地接受了邀请。

第十七节　条　例

一、条例概述

1. 条例的概念

条例是一种常用的规范性公文。是由国家或有关机关制定的。它是由国家批准的规定政治、经济、文化诸领域的某些事项，或规定某一机关的组织、职权等的法规性文件。

条例用于规定某个机关的组织和职权的，叫组织条例；用于制定预计长期实行的调整国家生活某个方面规则的，叫单行条例。

条例的制发现已有明文规定，国务院办公厅颁发的《行政法规制定程序暂行条例》指出：“国务院各部门和地方人民政府制定的规章不得称‘条例’。”这说明条例的制发权只属于国家最高行政机关，它是对国家某一政策、法律、法令的补充与辅助规定。但这种制发权的规定似乎只用在行政方面，地方某些机关的组织规则，还是可以使用组织条例的，如《×城市街道办事处组织条例》等。

2. 条例的特点

(1) 高度的权威性

这主要表现在条例制发机关的高层和权威性，根据国务院办公厅发布的《行政法规制定程序暂行条例》的规定，国务院各部门和地方各级人民政府制定的规章制度不得称“条例”。当然，企事业机关、团体等更不得用“条例”。只有国家最高权力机关或最高行政机关及受权这些机关委派的组织才有权制定条例。

(2) 涉及范围广泛

条例的内容涉及经济、教育、科学、文化、卫生、体育事业、城乡建设事业和财政、民政、公安、民族事务、司法行政、监察、计划生育等各个领域，也包括经济性工作。

条例实质上是对国家政策、法律和法令的补充性说明或辅助性规定。

(3) 制定机关的特定性

条例的制定机关是有权制定国家法律、法规的国家权力机关或行政机关，它包括全国人民代表大会及其常委会，国务院，省、自治区、直辖市人大及其常委会，省会市、国务院批准的较大的市的人大及其常委会。

(4) 实施的强制性

因为条例制定机关是具有高层次的权力机关和行政机关，所以条例具有权威性、强制性和约束性。制发机关所辖区域的一切机关、团体、企事业单位和公民都必须认真遵守执行条例的规定，不得违反，否则将承担相应的法律责任。

(5) 严格约束力

作为规章制度性质的文件，条例所规定的某些事项和某些规章制度，是根据党的路线、方针、政策制定的，对各级组织和个人应该遵守什么、禁止什么以及违反了怎样处置等，都有明确的规定，有非常强的约束力。

(6) 制定的程序性

条例一般要经过专门的程序发布后方可生效。

(7) 措词准确，严肃精确

条例是作为行政法规使用的，不容半点含糊，要让执行者一看便知，是非清楚，不至于发生歧义。这就要求条例的措词绝对准确，每一章节条款、一句一词都只能有一种理解，以确保其严肃性和权威性。

3. 标题及题下标示

条例的标题由制发机关、事由和文种类别（条例）组成，有的可省去发文机关，或在文种类别前加“暂行”等表示性质的限定词。如果标题中不标明发文机关，必须在正文之后增加落款，署上发文机关和日期。题下标示主要标明会议通过或发布日期。

4. 正文

条例正文的写法，可分为总则、分则和附则来组织结构。总则或相当于总则的部分，多有一段导入语，简要说明条例制发的目的、意义、法律依据、适用范围等。分则是分章节或条目分列条例的具体内容。附则部分是对分则的补充说明，多用以说明条例的生效日期、适用对象、解释权限，以及与相关的法令政策的关系等。

内容比较简单的条例，直接分条目列述即可。

条例是国家法令政策的具体阐释和补充，本身也具有法令的权威性和严肃性。它的写作，首先要正确把握其法律依据和界限；其次是严密准确，不能有含糊和漏洞；再次是“条”、“例”结合，“条文”是政策和法令，“例设”是补充与具体例释，前者要概括，后者须具体明确。最后，条文的结构要条理井然，语言鲜明准确。

5. 条例的写作要求

①条例的写作必须符合国家法规，符合党的方针政策。制定条例时，要以维护国家、集体的根本利益为前提，所以在制定前，要充分进行调查研究，充分领会国家的有关政策精神和本地区、本单位的实际情况，不能有疏漏。

②条例的种类很多，必须要有明确的权限。要注意条例的使用范围，不可越权制定。

③条例的最大特点是分条列项，条目要从头贯到底，所以要注意结构严谨、条目清晰。凡经有关部门或会议肯定的，首先要把内容和事项搞清楚，抓住主要问题和基本精神，采取分章、分条、分款的办法，用简洁、准确、具体的文字，把内容一一表达清楚、明白，切不可模棱两可、含糊不清，更不能有遗漏，特别要注意未经决定或有分歧的意见，一概不可写入条例中。

6. 写作条例时应注意的问题

①要依据党规国法和自身的法定权限。

②不仅要写明准许什么、不准许什么，还要写明违反的处理规定。

③概念要明确，不允许有不同的解释。

二、条例的写作范例

▲行政管理性条例

【范例】

女职工劳动保护条例

第一条　为维护女职工的合法权益，减少和解决女职工在劳动和工作（以下统称劳动）中因生理特点造成的特殊困难，保护其健康，以利于社会主义现代化建设，制定本规定。

第二条　本规定适用于中华人民共和国境内一切国家机关、人民团体、企业、事业单位（以下统称单位）的女职工。

第三条　凡适合妇女从事劳动的单位，不得拒绝招收女职工。

第四条　不得在女职工怀孕期、产期、哺乳期降低其基本工资，或者解除劳动合同。

第五条　禁止安排女职工从事矿山井下、国家规定的第四级体力劳动强度的劳动和其他女职工禁忌从事的劳动。

第六条　女职工在月经期间，所在单位不得安排其从事高空、低温、冷水和国家规定的第三级体力劳动强度的劳动。

第七条　女职工在怀孕期间，所在单位不得安排其从事国家规定的第三级体力劳动强度的劳动和孕期禁忌从事的劳动，不得在正常劳动日以外延长劳动时间；对不能胜任原劳动的，应当根据医务部门的证明予以减轻劳动量或者安排其他劳动。

怀孕7个月以上（含7个月）的女职工，一般不得安排其从事夜班劳动；在劳动时间内应当安排一定的休息时间。

怀孕的女职工，在劳动时间内进行产前检查，应当算作劳动时间。

第八条　女职工产假为90天，其中产前休假15天。难产的，增加产假15天。多胞胎生育的，每多生育一个婴儿，增加产假15天。

女职工怀孕流产的，其所在单位应当根据医务部门的证明，给予一定时间的产假。

第九条　有不满1周岁婴儿的女职工，其所在单位应当在每班劳动时间内给予其两次哺乳（含人工喂养）时间，每次30分钟。多胞胎生育的，每多哺乳一个婴儿，每次哺乳时间增加30分钟。女职工每班劳动时间内的两次哺乳时间，可以合并使用。哺乳时间和在本单位内哺乳往返途中的时间，算作劳动时间。

第十条　女职工在哺乳期内，所在单位不得安排其从事国家规定第三级体力劳动强度的劳动和哺乳期禁忌从事的劳动，不得延长其劳动时间，一般不得安排其从事夜班劳动。

第十一条　女职工较多的单位应当按照国家有关规定，以自办或者联办的形式，逐步建立女职工卫生室、孕妇休息室、哺乳室、托儿所、幼儿园等设施，并妥善解决女职工在生理卫生、哺乳、照料婴儿方面的困难。

第十二条　女职工劳动保护的权益受到侵害时，有权向所在单位的主管部门或者当地劳动部门提出申诉。受理申诉的部门应当自收到申诉书之日起30日内作出处理决定；女职工对处理决定不服的，可以在收到处理决定书之日起15日内向人民法院起诉。

第十三条　对违反本规定侵害女职工劳动保护权益的单位负责人及其直接责任人员，其所在单位的主管部门，应当根据情节轻重，给予行政处分，并责令该单位给予被侵害女职工合理的经济补偿；构成犯罪的，由司法机关依法追究刑事责任。

第十四条　各级劳动部门负责对本规定的执行进行检查。各级卫生部门和工会、妇联组织有权对本规定的执行进行监督。

第十五条　女职工违反国家有关计划生育规定的，其劳动保护应当按照国家有关计划生育规定办理，不适用本规定。

第十六条　女职工因生理特点禁忌从事劳动的范围由劳动部规定。

第十七条　省、自治区、直辖市人民政府可以根据本规定，制定具体办法。

第十八条　本规定由劳动部负责解释。

第十九条　本规定自1988年9月1日起施行，1953年1月2日政务院修正发布的《中华人民共和国劳动保险条例》中有关女工人、女职工生育待遇的规定和1955年4月26日《国务院关于女工作人员生产假期的通知》同时废止。

▲组织规章性条例

【范例】

××市村集体财务管理条例

（××××年××月××日××市第十二届人民代表大会
常务委员会第十七次会议通过）
（××××年××月××日××省第九届人民代表大会
常务委员会第十八次会议批准）

第一章　总　　则

第一条　为了加强村集体财务管理，促进农村集体经济健康发展，根据有关法律、法规的规定，结合本市实际，制定本条例。

第二条　本条例适用于本市行政区域内行政村的集体财务管理。行政村的集体财务由村民委员会负责管理。

第三条　市、县（市、区）农业行政主管部门和乡（镇）人民政府负责本行政区域内的村集体财务管理工作的统一指导和监督，日常指导和监督工作由农村经营管理机构（以下简称经管机构）承担。

财政、审计等部门按照各自职责，依法对村集体财务管理工作进行指导和监督。

第四条　村集体财务管理应当坚持民主、公开、公正的原则。

村民对村集体财务的管理依法进行监督。

第二章　财务计划与收益分配

第五条　村民委员会应当坚持统筹安排、量入为出、留有余地的原则，根据生产经营计划、承包合同和其他经济合同编制年度财务计划。年度财务计划主要包括：

（一）财务收支计划；

（二）农业基本建设计划；

（三）固定资产购建计划；

（四）兴办企业及资源开发计划；

（五）收益分配计划。

第六条　村民委员会应当按照法律、法规的规定和本村实际情况组织收入。其收入有：

（一）发包收入；

（二）资产、设施租赁收入；

（三）经营、投资收入；

（四）其他收入。

第七条　村民委员会每年进行收益分配前，应当准确地核算全年的收入和支出，清理债权和债务，完成承包合同的结算和兑现。

第八条　村集体收益，按照下列顺序分配：

（一）提取公积金；

（二）提取公益金；

（三）提取福利费；

（四）向投资者分利；

（五）村民分配；

（六）其他。

第九条　村集体财务的年度计划和收益分配方案，应当由村民委员会提请村民会议讨论决定后执行，并报乡（镇）经管机构备案。

调整、变更年度财务计划，按照前款规定办理。

第三章　资金管理（略）

第四章　固定资产与产品物资管理（略）

第五章　财会人员管理（略）

第六章　财务公开与监督（略）

第七章　法律责任（略）

第八章　附　则

第四十一条　行政村建立了统一的集体经济组织的，村集体财务由其负责管理。

第四十二条　本条例自××××年××月××日起施行。

第十八节　规　定

一、规定概述

1. 规定的概念

规定是一种具有权威性和法规性的公文，用于对特定范围内的工作和事务制定具有约束力的行为规范。规定可以是长期的，也可以是“暂行”的。

机关、社会团体、企事业单位都可以使用规定。就涉及的领域来看，政治、经济、文教、卫生等，凡是规范人们行动，要求有关人员遵守和执行的事情，都可以用规定。

2. 规定的特点

规定具有强制性或约束力、严格的制定程序和相对的稳定性。

（1）具有强制性或约束力。规定是规范人们思想、言论和行动的准则，一经公布，有关人员都必须遵照执行。

（2）具有严格的制定程序。规定是严肃的规范文件，其制定要经过严格的程序。由中央发布的属于行政法规性质的规定的制定程序，一般要经过编制规划、起草、审定、发布四个步骤，由国务院法制局负责规划协调和审查。属于规章性质的规定，制定程序也要经过起草、报送或初审、审定和公布几个阶段才能生效。

(3) 具有相对的稳定性。规定是以宪法、法律、政策为依据制定的，因此其内容不得与宪法、法律和上级机关颁布的法规、章程相矛盾、相抵触。作为准则和规范，其内容要求稳定，这样才便于人们遵照执行；不能动辄修改，让人无所适从。当然，这种稳定也是相对的，当规定已不适应社会发展需要时，应及时予以修改或撤销。

3. 规定的写作格式

规定的写作通常包括标题、生效标志、正文、签署四部分。

(1) 标题。规定的标题一般包括“发文机关+事由+文种类别”，特别是国家高级行政机关制发的规定标题更是如此。但有时也可省写标题中的发文机关，写成“事由+文种类别（规定）”的形式，发文机关改为文尾签署。规定如属“暂行”性的，标题中要标明。

(2) 生效标志。规定生效标志的标注有两种情况。制文机关级别较高、事由较重要、施行范围较广者，一般都在标题的正下方标明该规定通过的时间、会议，或通过的会议、时间及发布的机关、时间，或批准的机关、时间及发布的机关、时间。还有因有发布令或发布通知而省去生效标志的。一些基层单位制定的、事由较简单具体的、施行范围不大的规定则可将生效标志转置于正文右下方，注明制文机关与时间。

(3) 正文。规定的正文，多由如下三部分构成。

①总则。这是规定的第一部分，用来交代制发规定的缘由、目的、意义、指导思想、基本原则、适用范围等等。总则一般自成一章，分为若干条。

②分则。分则分为若干章，每章有小标题，下列若干条款。分则是规定的主体，规定的实质性内容和要求都在分则部分集中表达，是写作的重点所在。

③附则。这是规定的结尾部分，主要用来作补充说明以及交代执行要求，如还有什么单位和个人适用这一规定，规定的解释权属于哪一部门，规定何时生效等。

需要说明的是，规定一般采用通篇章条式的写法，但也有在章条前加绪言的。另外，如果内容简单，也可以不分章，直接分条，总则、分则、附则三部分不作外部标定，但三部分必须仍然是清晰的。

(4) 签署。如标题中已标明发文机关，标题下已标明发文日期的，可省去这部分，特别是高级行政机关制发的规定即属此列。

4. 规定的写作要求

规定有以下写作要求：

(1) 规定通常都要用“命令”或“通知”发布施行，因为规定的制发机关一般是国家权力和行政机关及其主管部门。

(2) 规定的内容有一定局限性，它限于实施某一法律、法规，或加强某一管理工作而制定。

(3) 规定的语言以说明为主，多以肯定的语气行文。

二、规定的写作范例

▲事项性规定

【范例】

院工会经费管理和使用规定

1. 院工会必须认真贯彻国家财经法规和全国总工会有关文件精神，履行经费管理职责，管理、使用好工会经费。

2. 院工会经费除了校工会下拨的会员费、工会活动专项经费收入外，应争取院经费支持和专项活动募捐等，广泛开辟工会经费来源渠道，增加工会经费收入。

3. 院工会经费主要用于开展包括组织院工会活动，每年应根据工会活动计划做好主要项目活动的经费使用预算。较大项目的开支或其他开支，坚持集体讨论研究，并多方征求会员的意见。

4. 实行工会经费民主理财，做到每年7月1日公布年度上半年经费收支账目1次，12月31日公布全年经费收支账目1次，并随时接受会员检查和监督。

5. 院工会经费使用由院工会主席审批。

××学学院工会
××××年××月

▲法规性规定

【范例】

农业行政处罚程序规定

第一章　总则

第一条　为规范农业行政处罚，保障和监督农业行政主管部门有效实施行政管理，保护公民、法人和其他组织的合法权益，根据《中华人民共和国行政处罚法》（以下简称行政处罚法）和有关法律、法规的规定，结合农业系统实际，制定本规定。

第二条　农业行政处罚应当遵守行政处罚法和有关法律、法规、规章及本规定。

第三条　本规定所称农业行政主管部门，是指种植业、畜牧（草原）、兽医、渔业、农垦、乡镇企业、饲料工业和农业机械化等行政主管机关。

本规定所称农业行政处罚机关，是指依法行使行政处罚权的县级以上人民政府的农业行政主管部门和法律、法规授权的农业管理机构。

第四条　法律、法规授权的农业管理机构在法定授权范围内实施行政处罚，并对该行为的后果承担法律责任。

农业行政主管部门依法设立的农业行政综合执法机构具体承担农业行政处罚工作。未设立农业行政综合执法机构的，农业行政主管部门根据法律、法规或规章的规定，可以委托符合行政处罚法第十九条规定的农业管理机构实施行政处罚。

第五条　农业行政综合执法机构和受委托的农业管理机构应当以农业行政主管部门的名义实施农业行政处罚。农业行政主管部门对受委托的农业管理机构实施行政处罚行为应当进行监督，并对该行为的后果承担法律责任。

第六条　上级农业行政处罚机关应当加强对下级农业行政处罚机关实施行政处罚的监督检查。

第二章　农业行政处罚的管辖

第七条　农业行政处罚由违法行为发生地的农业行政处罚机关管辖。

第八条　县级农业行政处罚机关管辖本行政区域内的行政违法案件。

设区的市、自治州的农业行政处罚机关和省级农业行政处罚机关管辖本行政区域内重大、复杂的行政违法案件。

农业部及其所属的经法律、法规授权的农业管理机构管辖全国或所辖区域内重大、复杂的行政违法案件。

第九条 渔业行政处罚机关管辖本辖区范围内发生的和上级部门指定管辖的渔业违法案件。

渔业行政处罚有下列情况之一的，适用“谁查获谁处理”的原则：

（一）违法行为发生在共管区、叠区的；

（二）违法行为发生在管辖权不明确或者有争议的区域的；

（三）违法行为发生地与查获地不一致的。

第十条　对当事人的同一违法行为，两个以上农业行政处罚机关都有管辖权的，应当由先立案的农业行政处罚机关管辖。

第十一条　上级农业行政处罚机关在必要时可以管辖下级农业行政处罚机关管辖的行政处罚案件。

下级农业行政处罚机关认为行政处罚案件重大复杂或者本地不宜管辖，可以报请上一级农业行政处罚机关管辖。

第十二条　农业行政处罚机关对管辖发生争议的，应当协商解决。协商不成的，报请共同上一级农业行政处罚机关指定管辖。

第十三条　农业行政处罚机关发现受理的行政处罚案件不属于自己管辖的，应当移送有管辖权的行政处罚机关处理。

受移送的农业行政处罚机关如果认为移送不当，应当报请共同上一级农业行政处罚机关指定管辖，不得再自行移送。

第十四条　上级农业行政处罚机关在收到报请管辖或指定管辖的请示后，应当在十日内做出书面决定。

第十五条　县级以上地方农业行政处罚机关在办理跨行政区域案件时，需要其他农业行政处罚机关协查的，可以发送协查函。有关农业行政处罚机关应当予以协助并及时书面告知协查结果。

第十六条　农业行政处罚机关在办理案件时，对需要其他部门做出吊销有关许可证、批准文号、营业执照等行政处罚决定的，应当将查处结果告知做出许可决定的部门并提出处理建议。

第十七条　违法行为涉嫌构成犯罪的，农业行政处罚机关应当将案件移送司法机关，依法追究刑事责任，不得以行政处罚代替刑罚。

第三章　农业行政处罚的决定

第十八条　公民、法人或者其他组织违反农业行政管理秩序的行为，依法应当给予行政处罚的，农业行政处罚机关必须查明事实；违法事实不清的，不得给予行政处罚。

第十九条　执法人员调查处理农业行政处罚案件时，应当向当事人或者有关人员出示执法证件。有统一执法服装或执法标志的应当着装或佩戴执法标志。

农业行政执法证件由农业部统一制定，省级以上农业行政主管部门法制工作机构负责执法证件的发放和管理工作。

第二十条　农业行政处罚机关在做出农业行政处罚决定前，应当告知当事人作出行政处罚的事实、理由及依据，并告知当事人依法享有的权利。

农业行政处罚机关必须充分听取当事人的意见，对当事人提出的事实、理由及证据，应当进行复核；当事人提出的事实、理由或者证据成立的，农业行政处罚机关应当采纳。

农业行政处罚机关不得因当事人申辩而加重处罚。

第二十一条　农业行政处罚程序分为简易程序和一般程序。（略）

第四章　农业行政处罚决定的送达和执行（略）

第五章　立卷归档

第六十四条　农业行政处罚机关应当按照下列要求及时将案件材料立卷归档：

（一）一案一卷；

（二）文书齐全，手续完备；

（三）案卷应当按顺序装订。

第六十五条　案件立卷归档后，任何单位和个人不得私自增加或者抽取案卷材料，不得修改案卷内容。

第六章　附则

第六十六条　农业行政处罚机关及其执法人员违反本规定的，按照行政处罚法和有关规定追究法律责任。

第六十七条　农业行政处罚基本文书格式由农业部统一制定。省级农业行政主管部门可以根据地方性法规、规章和工作需要，调整有关内容或补充相应文书，报农业部备案。

第六十八条　本规定自××××年××月××日起实施。1997 年 10 月 25 日农业部发布的《农业行政处罚程序规定》同时废止。

第二章　机关规章公文写作

第一节　办　法

一、办法概述

1. 办法的概念

办法，是行政机关为贯彻某一法令或者做好某方面工作而制定的法规性文书。

2. 办法的适用范围

事情无论大小，都要有法可依。办法的应用范围广泛，使用率高，特别是在我们国家法制建设一步步前进，人们的法制观念一步步强化的时候，自觉守法已逐步成为人们行动的准则。办法可以用于指导实施国家的某一法律、条例，也可以对某项工作作出具体规定。

3. 办法的写作格式

办法的写作结构包括标题、正文两部分。

(1) 标题及题下标示。办法的标题应为“发文机关＋事由＋文种类别（办法)”的形式，也有省略发文机关，写为“事由＋文种类别（办法)”形式的。办法如属“试行”、“暂行”的，要在标题中标明。属会议通过或需标明发布日期的，可在标题下加括号注明。也有的在题下标示中同时标明发文机关，但这时不能再在标题或落款中有发文机关重复出现。

(2) 正文。正文有直接分条式写法和总则、分则、附则式写法。

①直接分条式写法。内容简单的办法，直接分条即可。前若干条写目的、依据、宗旨等，中间较多的条款写方法、步骤、措施等，最后一两条写补充规定和实施要求。

②总则、分则、附则式写法。内容复杂的办法，可采用总则、分则、附则式写法。

总则写明制定办法的目的、依据、意义、适用范围、实施部门等。

分则列出具体的方法、步骤、措施、要求等，可分若干章展开。

附则用来写特殊规定，补充规定和生效时间。

4. 办法的写作要求

办法有以下写作要求：

(1) 内容具体、明确，实践性鲜明，确保切实可行。

(2) 应侧重在行政约束力和具体指导上。条款要详细、具体，用语要恰当、严密。

(3) 办法的法规性与约束力较之于条例、规定相对弱些；在实际执行中，还可视情况补充、修改，因此“办法”一般要给以“暂行”的限制。

(4) 内容庞杂的办法可分章叙写，章断条连。一般的办法分条叙写即可。

二、办法的写作范例

▲管理办法

【范例】

乡党委办公室印章管理办法

一、印章的刻制

（一）各种公章需由上级主管领导机关制发，或持上级批准证明制作。

（二）印章必须到公安部门指定的刻制单位刻制。

（三）党委及党群各部的印章为圆形，各级印章的规格、尺寸、字体、形体、材质按中共中央、国务院、省的规定刻制。

（四）验收合格的印章，建档登记，盖好印鉴备案。然后颁发启用通知，下发使用。

二、印章的保管使用

（一）印章要专人保管，明确职责。要经常检查，细心保护，安全保管，严格制度。发现失窃，要及时报处。

（二）严格手续。使用印章须经有关部门批准，并在登记表上注明。

（三）认真审阅。对用印文书内容要审阅清楚后再盖章。如需经办人亲自盖立，不让印管人员经手时，必须有上级领导批示，并登记清楚，否则不能用印。

（四）详细登记。填写用印登记表。用印时间、文书编号、用印单位、印数、经办人姓名、盖印人姓名等要认真登记。

（五）盖印正规。保证位置恰当、端正、图形清晰。若需代章要在落款后注明“代”字。代章只行上级代下级或同级，不可下级代上级。

三、印章停用、缴销

（一）因机构变动、撤销、改名或其他原因需换用新章时，要停用印章，并印发停用通知，清查印章，进行停用登记。登记时要写清停用机关、单位、原因、时间，做好停用的善后处理。

（二）对停止使用的印章要进行缴销。由上级机关颁发的印章，应缴回原颁发机关封存或销毁；本机关单位自制的印章自行处理；属个人的印章，应退给本人处理；一般戳记可销毁；撤销的单位应将原印章留存印模，连同上级通知一道作为档案专卷保管。

××乡人民政府办公室

××××年××月××日

▲实施办法

【范例】

机关事业单位工作人员
带薪年休假实施办法

第一条 为了规范机关、事业单位实施带薪年休假（以下简称年休假）制度，根据《职工带薪年休假条例》（以下简称《条例》）及国家有关规定，制定本办法。

第二条 《条例》第二条中所称“连续工作”的时间和第三条、第四条中所称“累计工作”的时间，机关、事业单位工作人员（以下简称工作人员）均按工作年限计算。工作人员工作年限满1年、满10年、满20年后，从下月起享受相应的年休假天数。

第三条 国家规定的探亲假、婚丧假、产假的假期，不计入年休假的假期。

第四条 工作人员已享受当年的年休假，年内又出现《条例》第四条第（二）、（三）、（四）、（五）项规定的情形之一的，不享受下一年的年休假。

第五条 依法应享受寒暑假的工作人员，因工作需要未休寒暑假的，所在单位应当安排其休年休假；因工作需要休寒暑假天数少于年休假天数的，所在单位应当安排补足其年休假天数。

第六条 工作人员因承担野外地质勘察、野外测绘、远洋科学考察、极地科学考察以及其他特殊工作任务，所在单位不能在本年度安排其休年休假的，可以跨1个年度安排。

第七条 机关、事业单位因工作需要不安排工作人员休年休假，应当征求工作人员本人的意见。

机关、事业单位应当根据工作人员应休未休的年休假天数，对其支付年休假工资报酬。年休假工资报酬的支付标准是：每应休未休1天，按照本人应休年休假当年日工资收入的300%支付，其中包含工作人员正常工作期间的工资收入。

工作人员年休假工资报酬中，除正常工作期间工资收入外，其余部分应当由所在单位在下一年第一季度一次性支付，所需经费按现行经费渠道解决。实行工资统发的单位，应当纳入工资统发。

第八条 工作人员应休年休假当年日工资收入的计算办法是：本人全年工资收入除以全年计薪天数（261天）。

机关工作人员的全年工资收入，为本人全年应发的基本工资、国家规定的津贴补贴、年终一次性奖金之和；事业单位工作人员的全年工资收入，为本人全年应发的基本工资、国家规定的津贴补贴、绩效工资之和。其中，国家规定的津贴补贴不含根据住房、用车等制度改革向工作人员直接发放的货币补贴。

第九条 机关、事业单位已安排年休假，工作人员未休且有下列情形之一的，只享受正常工作期间的工资收入：

（一）因个人原因不休年休假的；

（二）请事假累计已超过本人应休年休假天数，但不足20天的。

第十条 机关、事业单位根据工作的具体情况，并考虑工作人员本人意愿，统筹安排，保证工作人员享受年休假。机关、事业单位应当加强年休假管理，严格考勤制度。

县级以上地方人民政府人事行政部门应当依据职权，主动对机关、事业单位执行年休假的情况进行监督检查。

第十一条　机关、事业单位不安排工作人员休年休假又不按本办法规定支付年休假工资报酬的，由县级以上地方人民政府人事行政部门责令限期改正。对逾期不改正的，除责令该单位支付年休假工资报酬外，单位还应当按照年休假工资报酬的数额向工作人员加付赔偿金。

对拒不支付年休假工资报酬、赔偿金的，属于机关和参照公务员法管理的事业单位的，应当按照干部管理权限，对直接负责的主管人员以及其他直接责任人员依法给予处分，并责令支付；属于其他事业单位的，应当按照干部管理权限，对直接负责的主管人员以及其他直接责任人员依法给予处分，并由同级人事行政部门或工作人员本人申请人民法院强制执行。

第十二条　工作人员与所在单位因年休假发生的争议，依照国家有关公务员申诉控告和人事争议处理的规定处理。

第十三条　驻外使领馆工作人员、驻港澳地区内派人员以及机关、事业单位驻外非外交人员的年休假，按照《条例》和本办法的规定执行。

按照国家规定经批准执行机关、事业单位工资收入分配制度的其他单位工作人员的年休假，参照《条例》和本办法的规定执行。

第十四条　本办法自发布之日起施行。

中华人民共和国劳动和社会保障部
××××年××月××日

第二节　细　则

一、细则概述

1. 细则的概念

细则是机关经常使用的规范性公文。它是为已颁布的法令、条例、规定作出具体说明和阐释的文体，一般为贯彻执行有关条例和制度而定。

2. 细则的特点

细则具有附属性和周密性的特点。

（1）附属性。细则是对法令、条例和规定等行政法规的某些原则性条文作具体的说明、解释和补充，因此，它总是处于附属地位，不能成为独立的文件，是其他法令的一部分。

（2）周密性。细则要对法令、条例和规定等文件的某项（或部分）条文作出说明、解释、补充，使之具体而便于操作，所以周密详尽是它的根本特点。

3. 细则的写作格式

（1）标题

标题常常写事由和文种类别（细则），发文机关和发布日期在标题标出，如果属会议批准或通过的，要用括号在标题下另加注说明“××××年××月××日××会议批准（通过或修订）”。

（2）正文

正文应根据内容的复杂程度而定，复杂的要分总则、分则、附则或章节来写；简单的直接分条列述即可。一般正文分三部分来写：先写发布的缘由，次写具体内容，再写明实施机关、生效日期、解释权等。

4. 细则的写作要求

（1）制定细则不仅要有依据，还必须结合本地实际，把国家的法律、法规与本地的实际情况结合起来，才能真正起到制定细则的作用。

（2）制定细则要尽量减少与国家法律法规的重复条款。为了使细则与法律、法规相衔接，便于执行，适当地重复一些条款是难免的，但不能照抄或基本照搬。

（3）可有可无的内容要适当进行取舍，特别是那些纯事务性的细节和业务部门内部的工作关系，可以不在细则中规定。

二、细则的写作范例

▲实施细则

【范例】

《劳动合同法》实施细则

一、《劳动合同法》第二条中的"等组织"不仅是指中华人民共和国境内的企业、个体经济组织、民办非企业单位，还包括会计师事务所、律师事务所、基金会等其他依法登记注册成立的单位。

二、在工商行政部门登记取得营业执照的分公司，经用人单位授权或同意，可以依法与劳动者订立劳动合同。当分公司不能履行对劳动者的义务时，由用人单位承担责任。

三、国家机关、社会团体招用除公务员和参照公务员管理人员以外的劳动者，即与其建立了劳动关系，应当依法订立劳动合同。

四、劳动合同法所指的劳动者，应当年满16周岁，且尚未享受基本养老保险待遇或退休金。

五、公务员和参照公务员管理的人员、农村劳动者（乡镇企业职工和进城务工、经商的农民除外）、现役军人、家庭直接雇佣的保姆以及已享受基本养老保险待遇或领取退休金的人员等不适用劳动合同法。

六、用人单位招用与外单位保持全日制劳动关系的劳动者，应当依法订立劳动合同。

七、用人单位招用自主择业转业退伍军人，应当依法订立劳动合同。

八、用人单位招用外国人，应当办理外国人就业证，并依法订立劳动合同。

九、用人单位招用港、澳、台地区的人员，应当办理港、澳、台人员就业证，并依法订立劳动合同。

十、外国企业驻华办事机构、外国使领馆、国际组织驻华机构招用劳动者，按照现行有关法律、法规规定办理。

中华人民共和国劳动和社会保障部

2008年9月18日

▲管理细则

【范例】

零用金管理细则

第一条　有关零用金的设置划分如下：

1. 由企业财务部负责本企业零星支付。

2. 总务组负责设置零用金管理人员，尽可能由原有办理总务人员兼办，必要时再行研讨设置专人办理。

第二条　企业每月零用金要经常保持固定数目，将来视实际状况或减或增，可另作规定。

第三条　企业零用金借支程序：

1. 企业零星费用开支，如需预备现金，应填具零用金借（还）款通知单，交零用金管理人员，即凭单支给现金。

2. 零用金的暂支，不得超过规定数目，特别情况应由企业部经理核准。

3. 零用金的借支，经手人应于7天内取得正式发票或收据加盖经手人与主管用章后，交零用金管理人冲转借支，如超过7天尚未办理冲转手续时应将该款转入经手人私人借支户，并于当月发薪时一次扣还。

第四条　企业零用金保管及作业程序：

1. 零用金的收支应设立零用金账户，并编制收支日报送呈经理核阅。

2. 零用金每星期应将收到的发票或收据，编制零用金支出传票结报一次，送交企业财务部。

3. 企业财务部收到零用金支出传票后，应于当天即行付款，以期保持零用金总额与周转。

4. 企业财务部收到零用金支付传票，补足零用金后，如发现所附单据有疑问，可直接通知各部经手人办理补正手续，如经手人延迟不办可照企业有关规定办理。

5. 零用金账户应逐月结清。

第五条　零用金应由保管人出具保管收据，存企业财务部，如有短少概由保管人员负责赔偿。

第六条　本细则经批准后实施。

第三节　章　程

一、章程概述

1. 章程的概念

章程是政治、经济、文化等组织或团体的纲领性文件，有明确的范围、宗旨，鲜明的目的性和较强的针对性，对该组织或团体的成员有较强的约束力。

章程的使用范围，一是政党或社会团体，用以规定其组织的性质、任务、宗旨等，让本组织的成员共同遵守，以保证其纯洁性和战斗力；二是企事业单位用以规定其业务性质、活动制度和行为规范，以保证企事业繁荣昌盛。有章可循，诸事好办，无章可依，诸事难成，章程是非常重要的。

2. 章程的分类

章程共分为两类，一是党政团体章程，如《中国共产党章程》、《中国科技协会章程》；二是企事业单位章程，如《中国人民保险公司章程》。

章程的主要特点是法规性、规范性和约束力。一个政党和团体的章程，就是这个组织的根本法，该组织的所有成员都必须按照章程规定的条文规范自己的行为，其条文具有很强的约束力。违背章程的规定，就要受到该组织的惩罚或谴责，乃至被组织开除。企事业单位的章程，其成员也必须受其约束，严格按照章程规定的业务经营性质、业务活动和基本工作职责去办理。

3. 章程的写作格式

章程的基本格式由标题、通过时间及会议、正文几部分组成。

(1) 标题

由章程制定者和文种类别组成。

(2) 通过的时间、会议

在标题下，写上何时由什么会议通过，或何时由何机关批准，或何时公布，并用括号括上。

(3) 正文

章程的正文与公文不同，一般都是开门见山和分章列款行文的。大体有两种写法。

①总纲分章式，或总则、分则、附则式。总纲分章式一般用于政党和团体的章程；总则、分则和附则式，多用于企事业单位的章程。

②条目式，即比较简单的章程，逐条写下去，不再分章、分项、分款。

4. 章程的写作要求

①章法序列逻辑要严密，文字表述要准确通俗。

②规定要简练扼要，切实可行，不要提过高的要求和目标。

二、章程的写作范例

▲党员章程

【范例】

××县直机关党委党员义工服务队章程

（2008年5月17日，党员义工成立大会通过）

为巩固和深化先进性教育成果，推进机关党建“先锋工程”，建立党员联系群众的长效机制，创新党组织凝聚党员、服务群众的新平台，根据县委要求，特成立机关党委系统党员义工服务队，并制定本章程。

一、指导思想

以“三个代表”重要思想和科学发展观为指导，贯彻落实保持共产党员先进性四个长效机制，牢牢把握立党为公、执政为民的本质要求，突出“服务群众、奉献社会”主题，开展党员义工服务活动，引导和动员广大党员尽义务、讲奉献、树形象，展示和彰显党员先进性，为建设和谐××、实力××、开放××作出应有的贡献。

二、总体目标

通过党员义工服务活动的开展，落实为民党建的理念，引导机关党员干部传递爱心，传播文明，促进社会进步，构建和谐社会，彰显党员先进性。力争经过2－3年的努力，县级机关有服务能力的党员参加党员义工服务活动达到90%以上，在职党员“一岗双责”履责率达到95%以上。

三、基本原则

1．坚持党员自愿与组织引导相结合。开展党员义工服务活动，既要激发广大党员履行义务、服务群众、奉献社会的主动意识，又要在各级党组织的领导和组织下，有计划、有组织地引导党员在社会生活的方方面面以实际行动发挥党员作用，增强党组织的凝聚力和影响力，提升党员在人民群众中的先进形象。

2．坚持集中活动与分散活动相结合。要根据一个时期、一个阶段事关民生的重点、热点、难点问题，组织开展有一定规模、有一定影响的党员义工集中服务活动。同时，要根据群众个性化的不同需求，以及服务项目的不同特点，引导党员分散或独自开展义工服务活动，把义工服务活动延伸到群众生产生活的各个方面，使义工服务成为党员八小时之外发挥先锋模范作用的重要载体，成为党员服务群众和联系群众的自觉行动。

3．坚持开展党员义工服务与解决实际问题相结合。要加强对党员的教育，使义务奉献精神深入到每个党员的心中。鼓励党员充分发挥自身特长，积极主动地参加义务奉献活动。同时，又要密切关注群众所想所盼，针对群众生产生活和社会生活中急需解决的突出问题，力所能及地为群众办实事、做好事、解难事，增强群众对党员义工服务活动的认同和支持。开展各类服务活动，要用群众需不需要来衡量，要用群众满意不满意来检验，要在扩大影响力与覆盖面、增强实效性上下工夫。

四、服务内容

1．开展教育培训服务。深入基层，积极向群众宣传党的路线、方针和政策，引导广大党员和群众加深对世情、国情和党情的了解。深入学校和社区，做好未成年人和青少年的思想道德教育工作。支持和帮助企业、社区、农村等基层单位对党员和入党积极分子实施政治素质和业务素质培训。

2．开展扶弱济困服务。关爱社会弱势群体，向需要帮助的鳏寡孤独、伤病残、失学儿童和下岗失业人员，提供力所能及的援助和帮扶。

3．开展便民利民服务。面向基层、面向群众，积极开展与群众生产生活息息相关的心理咨询、卫生咨询、政策咨询，以及义务献血、法律援助、投资理财、家电维修等服务。

4．开展环境保护服务。面向居住社区，定期或不定期开展环保知识宣传，认养社区绿地，管护社区公共设施，开展环境净化、绿化和美化义务服务活动。

5．开展维护稳定服务。参加交通管理，协助维护秩序。参加社区治安，义务值勤，维护社区治安，协助做好刑释解教人员、迷信邪教人员的思想转化和社会帮教工作，积极开展普法宣传，做好民事调解，妥善化解邻里矛盾纠纷，维护社区稳定。

6．开展大型活动服务。力所能及地支持和参与各种文明创建、城市管理等活动，为公益性机构提供社会调查、策划宣传、协助管理等公共服务，为大型活动提供联络接待、专业协助等服务。

五、工作要求

1. 注重舆论宣传，营造浓厚氛围。各部门（单位）机关党组织要通过适当形式进行专题动员部署，认真做好宣传发动工作。要引导广大党员充分认识新形势下开展党员义工服务活动的重要意义，了解党员义工服务的内容和要求，营造“有时间做义工、有困难找义工”、“是党员当义工”的氛围。要按照活动的整体要求，从实际出发，制订工作计划，落实工作措施，及时研究解决活动过程中遇到的问题，推进活动健康有序开展。

2. 及时组建党员义工服务组织，发展党员义工队伍。成立“党员义工服务中心”，承担机关党员义工服务活动的规划、组织、指导、管理等工作。各部门（单位）机关党组织均成立“党员义工服务站”，形成覆盖各级党组织和广大党员的组织体系。要挑选有组织能力、责任心和事业心强的同志担任服务站、服务队的负责人。义工队员“五个一”要求：

自备一个小红帽（亮出你的身份）；

自备一个笔记本（记录下自己的每次行动和体会）；

自备一个工作包（装水带饭带上你的工具）；

自制一个服务发展计划（凡事有备而来）；

自我总结出一套服务经验（与大家共享交流）。

3. 切实加强工作指导和督查考核。各党支部（总支）要把开展党员义工服务活动纳入党建工作的总体规划，做到有计划、有部署，过程有指导、有督查，年底有考核、有奖惩，活动有台账、有档案。要加大工作指导的力度，逐步建立和完善党员义工注册登记制、服务认证制、定期汇报制、星级评审制、奖惩激励制等管理制度，切实加强对党员义工服务站的指导和管理。各党组织在固定场所悬挂党员义工服务站（队）标牌。统一党员义工服务站（队）标牌、队旗、党员义工服务活动证、徽章。党员义工开展情况将作为评选“党建工作示范点”，评选“先进基层党组织”、“优秀共产党员”的重要依据之一。

××县直机关党委

2008 年 5 月 17 日

▲总纲分章式章程

【范例】

中国氮肥工业协会财务工作研究会章程

第一章　总　　则

第一条　研究会名称：中国氮肥工业协会财务工作研究会（简称研究会）。

第二条　研究会性质：本研究会由氮肥行业从事财务工作的企业财务领导组成，系中国氮肥工业协会下属专业机构。

第三条　研究会宗旨：以提高财务人员业务素质、提高会计信息质量、提高企业财务管理水平为目的；为财务人员沟通信息、交流经验、研讨企业财务工作的热点、难点问题提供平台。

研究会遵照国家宪法、法律、法令和政策开展各项活动，接受中国氮肥工业协会的指导和管理。

第二章 业务范围

第四条 本研究会的业务范围：

（一）总结财务工作经验。

（二）互通财务信息。

（三）开展专题研究。

（四）组织业务培训。

第三章 成 员

第五条 申请加入本会的成员，必须具备下列条件：

（一）承认并执行本研究会章程；

（二）在本单位担任总会计师、财务总监或财务负责人或从事财务工作三年以上、具有高级会计师资格或注册会计师资格；

（三）有为本企业和氮肥行业服务意识，积极参加研究会活动，完成研究会安排的工作。

第六条 研究会成员需由所在企业推荐，经中国氮肥工业协会理事会批准，由中国氮肥工业协会颁发证书。

第七条 研究会成员如不再从事财务工作，应书面通知研究会，予以退会。研究会成员如不参加研究会活动，视为自动退会。

第四章 执行主席

第八条 执行主席、副主席。

（一）研究会设正、副执行主席各一人，由各成员轮值，原则上一年轮换一次，在活动时更换。

（二）活动期限根据中国氮肥工业协会工作要求决定。

第九条 职责

（一）执行主席、副主席根据形势需要和中国氮肥工业协会工作安排以及成员要求，制订本期活动计划，联络研究会成员，组织实施本期工作任务。

（二）负责组织本期各项活动，及时与成员单位交流信息并报告协会。

（三）配合《中国氮肥网》做好“氮肥财务研究”栏目的信息交流工作。负责解答财务工作的有关咨询。

（四）完成研究会交办的其他工作。

第五章 经 费

第十条 本研究会不收取会费，活动经费由各成员单位负担，研究会召开会议所需费用，原则上以会养会。

××××年××月××日

第四节　制　度

一、制度概述

1. 制度的概念

制度是机关常用的规范性文体之一，它要求有关人员遵守和执行用于机关对某项工作和某方面的活动提出规定的要求。它应用广泛，各方面的工作都可以有它的制度，如办公制度、财务制度、文书工作制度等。

2. 制度的特点

①规定性。即制度按照所涉及事物的性质、范围，限定人们可以做什么，不可以做什么；可以怎样做，不可以怎样做，用以规范人们的行为。

②程序性。即要求人们做某种事情时，必须按照一定的规则程序、方法进行。

3. 制度的写作格式

(1) 标题及题下的标示

标题由发文机关、事由和文种类别（制度）三部分组成，但很多时候标题中省去发文机关，只写事由和文种。发文机关、发布日期写在标题下并用括号标注。

(2) 正文

正文，一般分三部分写：

①写明制发制度的缘由，常用“特制定本制度”一语承上启下。

②写明各种具体条文。

③写明实施范围、生效日期、修订权、解释权等内容。

制度视其内容看是否分章写，文字必须明白易懂、具体准确，切忌重复和写无用的话。

二、制度的写作范例

▲工作制度

【范例】

信访工作制度

(一) 交办、转办制度

上级机关或领导同志批示查处的信访问题，信访人员应按归口办理的原则，将材料交送有关单位查处，并要求按期报告处理结果，此类工作属于交办范围。

本单位接到的信访材料，如与其他单位有关，除本单位直接查处外，还应将有关材料转递有关单位查处。

属于揭发、控告性质的有关材料，只能转送给被揭发、被控告单位或个人的上一级组织查处，并注明密级，加盖戳记，决不能转送给被揭发、被控告的单位和个人。

不论是交办或转办的材料，均须办理收发登记手续，明确责任，杜绝丢失。

（二）催办制度

催办在信访问题查处的过程中，具有重要作用。建立催办制度，有利于信访问题的按期处理。

信访材料在交办或转办有关部门之后，中转单位要经常催促承办单位或部门，了解该问题的查处进度、新发现的情况和问题等。每次催办的时间、次数、被催办单位、承办人姓名、案情的查处情况和进度等，均须具体写入催办单。

催办形式，可视具体情况确定。一般多采用电话或函件催办。对于久拖不办的重要信访问题和欠报积案较多的部门或单位，可派专人催办，了解问题的症结所在，帮助排除困难，尽快结案。对于已经采用多种形式催办而仍无效果者，中转信访部门报经领导同意后，可采取“会议催办”的形式，或称“欠账汇报会”，会前要正式通知欠账单位，让其携带有关的信访材料到会。会议由领导同志亲自主持，认真听取该案查处中的困难和问题，研究解决的办法，提出明确、具体的要求。

（三）回告制度

对于上级机关或领导同志交办的信访问题，承办单位一般要在三个月以内处理结案，并上报结果。承办单位若到期难以结案，需延长时间，应提前向上级说明原因。

（四）结案制度

承办单位应将信访问题的结案材料写成报告，上报交办单位。结案报告必须做到事实清楚，证据确凿，定性准确，处理意见符合政策，手续完备。原交办单位收到结案报告后，要逐项认真审查，并正式行文批复能否结案。对不能结案的问题，批复时要提出进一步查处的意见。

（五）复信制度

信访问题处理后，受理单位应给信访者复函，将处理结果告诉对方。对于建议性的信访材料，应说明情况，并表示感谢。

▲管理制度

【范例】

档案管理制度

一、归档文件、材料范围

凡是反映省政府机关工作活动，具有查考利用价值的文件材料均属归档范围。

（一）上级机关的文件、材料

1. 国务院、国务院办公厅召开的需要省政府贯彻执行的会议的主要文件、材料。

2. 国务院、国务院各部门颁发的属于省政府机关的主管业务并要执行的文件，以及普发的文件，非省政府主管业务但需要贯彻执行的法规性文件。

3. 国家领导人视察、检查本省工作时的重要指示、讲话、题词、照片、录音、录像等。

4. 国务院、国务院办公厅转发省政府的文件。

（二）本机关文件、材料

1. 省政府召开的党组会、省长会、常务会、全体会、省长办公会、秘书长工作会、厅党组会、厅务会和专员、市长会议及以省政府名义召开的工作会、电话会等会议形成的材料。

2. 省政府、省政府办公厅发布的（包括转发及与其他机关联合颁发的）正式文件和无字号文件。

3. 省政府检查各委、办、厅、局，地、市工作或调查研究形成的重要材料。

4. 省长（含副职，下同）、秘书长、厅主任、副秘书长的重要批示，各处室交来的办理结果单和领导出外开会带回的须本机关处理的未经文书处理登记的文件材料。

5. 省政府（包括上报下批）干部任免、调配、专业技术职称评定、聘任、名册、报表，纪律检查、治安保卫以及职工录用、转正、定级、调资、退职、离休、抚恤、死亡及干部奖惩等有关文件材料。

6. 省政府办理内容重要的人民来信来访材料和领导批示、处理记录、摘要、调查处理报告等材料。

7. 办公厅机关人事工作形成的归档材料。

8. 省政府办公厅形成的财务报表、凭证、账簿、年度计划等材料。

9. 本机关的历史沿革、年鉴、重要活动事件的剪报、荣誉、奖励证书、凭证、实物和照片、录音、录像等资料。

10. 省政府办公厅机关常委、团委、工会和内部组织机构在工作活动中形成的重要文件材料。

11. 本机关办理的干部、工人的转移工资、行政、党团、工会组织介绍信及存根。

二、不归档的文件材料范围

（一）上级机关的文件材料

1. 国务院任免外省、市、区人民政府工作人员、普发供参阅不办理的文件、材料。

2. 国务院、国务院办公厅发来的供参阅的抄件和征求意见未定稿的文件材料。

（二）本机关的文件材料

1. 重份文件。

2. 无参考利用价值的事务性、临时性公文。

3. 未经会议讨论或未经领导审阅、签发的未生效文件，电报、草稿和一般性文件的历次修改稿。

4. 从正式文件、电报上摘录的供工作参阅的非正式材料。

5. 无特殊保存价值的信件，属一般性表态，询问一般性问题，提出一般性建议的人民来信。

6. 省政府办公厅各处、室互相抄送的文件材料，不应履行公文的行文、介绍信等。

（三）同级机关和非隶属机关的文件材料

1. 参加各省、市、自治区人大、政协等机关召开的会议，不需贯彻执行和无参考价值的文件材料。

2. 各省、市、自治区人大、政协等机关召开的会议，不需贯彻执行和无参考价值的文件材料。

（四）下级机关的文件材料

1. 各委、办、厅、局，各地、市、县送来的参阅文件、简报、情况反映，不应抄送或不必备案的文件材料。

2. 越级抄送的，一般不需要办理的文件材料。

3. 各委、办、厅、局，各地、市抄送省委政府备案的一般性文件材料。

三、文件的查阅

1. 外单位人员查阅县团级文件，须持县团级单位介绍信到档案科查阅。

2. 外单位人员查阅地、师级文件，须持地、师级单位介绍信到档案科查阅。

3. 外单位人员查阅省、军级文件，须持单位介绍信经主管秘书长批准，方可查阅。

4. 各级绝密文件一般不扩大阅读范围，如因特殊情况非阅读不可的，须持单位介绍信，按其发放范围，由主管秘书长批准。

5. 办公厅机关各处室查阅文件，按其主管业务范围由档案科提供。

四、案卷的查阅

1. 对于案卷的查阅应该从严控制，一般副本和资料能满足的就不动用案卷。

2. 查阅案卷一般只限于本机关领导和参与起草文件的有关人员；外单位确需查阅的，须持地级单位介绍信，注明查阅目的、范围、内容、方法，由党、团员二人，在档案室共同查阅，不得带出档案室。

3. 爱护档案材料，查阅案卷时，不得污损、涂改、圈点、拆卷、抽页，不准摘抄或向外泄露查阅范围以外的内容。

五、会议文件的查阅

1. 查阅中央、国务院召开有关会议文件、材料，须持地、市级单位介绍信，绝密的经主管秘书长批准，机密的经主管处长批准。厅机关工作人员按主管业务范围提供。

2. 查阅省人民政府召开的大型会议文件，须持单位介绍信。

3. 查阅小范围会议（包括省政府常务会议）文件，持单位介绍信，绝密的须经主管秘书长批准。

4. 省政府党组文件只限有关领导和厅机关有关人员查阅，党组会议记录，一般不予查阅，非查不可的，提出目的、范围、内容，可在档案室查阅。

六、资料的查阅

1. 查一般内部的、秘密的资料，持单位介绍信到档案科查阅。

2. 查党内的、密级较高的资料，持厅局级单位介绍信，必须由党员二人共同查阅。

3. 查省军级的资料，持厅局级单位介绍信，由党员二人，并经主管秘书长批准。

4. 查阅省政府党组会记录时，须经省政府党组书记、副书记批准。

七、关于文件、资料的借阅

1. 省军级和绝密文件、资料一般不外借，只限在档案室阅读。确因工作需要非借不可的，须经主管秘书长批准，时限不超过五天。

2. 一般县、团级文件、资料，凡符合查阅手续的，可借出，时限不得超过七天。

3. 借阅的文件、资料都必须履行借出登记手续，按时退还。

4. 如摘抄可解决问题的，尽量减少外借，以减少文件资料的磨损。

第五节　公　约

一、公约概述

1. 公约的概念

公约是一定范围或行业的社会成员（或代表）在自愿的基础上，经过充分酝酿制定并要求共同遵守的行为准则和道德规范。公约多用于规定公共道德和行为规范。如文明公约、爱国卫生公约、乡规民约、农村干部公约、安全行车公约等。公约具有一定的约束力，能对生产、工作、学习等起到一定的督促和推动作用。

2. 公约的特点

公约是在大家共同的思想认识和一致要求的基础上制订的，它一经订立，便发生作用。公约虽然不像法律、法令等文件那样带有强制性，但是对有关单位和群众都具有一定的约束力，要求大家一致遵守，使大家明确该这样做，不该那样做。公约是群众进行自我教育的很好的一种形式，它对工作、生活和学习能起一定的督促和指导作用。

3. 公约的写作方法

公约格式由以下三个部分组成：

（1）标题

标题应标明公约的名称，说明公约的性质，也可以加上地区或单位名称，如《北京市各界人民拥军优属公约》等。

（2）正文

公约正文一般包括三个部分：

①开头。写明签订公约的原因和目的。

②公约内容。分条列写公约的具体内容。

③结尾。提出希望，安排检查事宜。

（3）署名与日期

在右下方写上订立公约的单位名称与日期。如标题上已写单位名称的，只需写清日期。

4. 公约的写作要求

①公约内容既要合乎党的方针、政策、法令，又要切合本单位的生产、工作或学习的实际需要。

②事前做好宣传工作，使大家明确订立公约的意义。订公约时，要充分发动群众认真讨论，出主意，提建议，根据群众意见写成草稿，然后再交群众讨论定稿，内容力求切实可行。要避免由个别人或少数人包办代替。

③公约的条文，要写得具体明白，语气肯定，文字要简洁，便于记忆，以便于执行、督促和检查。

④公约定好后，要抄写清楚，贴在大家容易看到的地方，以便相互督促，共同遵守，真正落实。

⑤在执行公约的过程中，随着形势或情况的发展与变化，应及时修改补充。

二、公约的写作范例

▲行业公约

【范例】

中国互联网行业自律公约

第一章 总　　则

第一条　遵照“积极发展、加强管理、趋利避害、为我所用”的基本方针，为建立我国互联网行业自律机制，规范行业从业者行为，依法促进和保障互联网行业健康发展，特制定本公约。

第二条　本公约所称互联网行业是指从事互联网运行服务、应用服务、信息服务、网络产品和网络信息资源的开发、生产以及其他与互联网有关的科研、教育、服务等活动的行业的总称。

第三条　互联网行业自律的基本原则是爱国、守法、公平、诚信。

第四条　倡议全行业从业者加入本公约，从维护国家和全行业整体利益的高度出发，积极推进行业自律，创造良好的行业发展环境。

第五条　中国互联网协会作为本公约的执行机构，负责组织实施本公约。

第二章　自律条款

第六条　自觉遵守国家有关互联网发展和管理的法律、法规和政策，大力弘扬中华民族优秀文化传统和社会主义精神文明的道德准则，积极推动互联网行业的职业道德建设。

第七条　鼓励、支持开展合法、公平、有序的行业竞争，反对采用不正当手段进行行业内竞争。

第八条　自觉维护消费者的合法权益，保守用户信息秘密；不利用用户提供的信息从事任何与向用户作出的承诺无关的活动，不利用技术或其他优势侵犯消费者或用户的合法权益。

第九条　互联网信息服务者应自觉遵守国家有关互联网信息服务管理的规定，自觉履行互联网信息服务的自律义务：

（一）不制作、发布或传播危害国家安全、危害社会稳定、违反法律法规以及迷信、淫秽等有害信息，依法对用户在本网站上发布的信息进行监督，及时清除有害信息；

（二）不链接含有有害信息的网站，确保网络信息内容的合法、健康；

（三）制作、发布或传播网络信息，要遵守有关保护知识产权的法律、法规；

（四）引导广大用户文明使用网络，增强网络道德意识，自觉抵制有害信息的传播。

第十条　互联网接入服务提供者应对接入的境内外网站信息进行检查监督，拒绝接入发布有害信息的网站，消除有害信息对我国网络用户的不良影响。

第十一条　互联网上网场所经营者要采取有效措施，营造健康文明的上网环境，引导上网人员特别是青少年健康上网。

第十二条　互联网信息网络产品制作者要尊重他人的知识产权，反对制作含有有害信息和侵犯他人知识产权的产品。

第十三条　全行业从业者共同防范计算机恶意代码或破坏性程序在互联网上的传播，反对制作和传播对计算机网络及他人计算机信息系统具有恶意攻击能力的计算机程序，反对非法侵入或破坏他人计算机信息系统。

第十四条　加强沟通协作，研究、探讨我国互联网行业发展战略，对我国互联网行业的建设、发展和管理提出政策和立法建议。

第十五条　支持采取各种有效方式，开展互联网行业科研、生产及服务等领域的协作，共同创造良好的行业发展环境。

第十六条　鼓励企业、科研、教育机构等单位和个人大力开发具有自主知识产权的计算机软件、硬件和各类网络产品等，为我国互联网行业的进一步发展提供有力支持。

第十七条　积极参与国际合作和交流，参与同行业国际规则的制定，自觉遵守我国签署的国际规则。

第十八条　自觉接受社会各界对本行业的监督和批评，共同抵制和纠正行业不正之风。

第三章　公约的执行

第十九条　中国互联网协会负责组织实施本公约，负责向公约成员单位传递互联网行业管理的法规、政策及行业自律信息，及时向政府主管部门反映成员单位的意愿和要求，维护成员单位的正当利益，组织实施互联网行业自律，并对成员单位遵守本公约的情况进行督促检查。

第二十条　本公约成员单位应充分尊重并自觉履行本公约的各项自律原则。

第二十一条　公约成员之间发生争议时，争议各方应本着互谅互让的原则争取以协商的方式解决争议，也可以请求公约执行机构进行调解，自觉维护行业团结，维护行业整体利益。

第二十二条　本公约成员单位违反本公约的，任何其他成员单位均有权及时向公约执行机构进行检举，要求公约执行机构进行调查；公约执行机构也可以直接进行调查，并将调查结果向全体成员单位公布。

第二十三条　公约成员单位违反本公约，造成不良影响，经查证属实的，由公约执行机构视不同情况给予在公约成员单位内部通报或取消公约成员资格的处理。

第二十四条　本公约所有成员单位均有权对公约执行机构执行本公约的合法性和公正性进行监督，有权向执行机构的主管部门检举公约执行机构或其工作人员违反本公约的行为。

第二十五条　本公约执行机构及成员单位在实施和履行本公约过程中必须遵守国家有关法律、法规。

第四章　附　　则

第二十六条　本公约经公约发起单位法定代表人或其委托的代表签字后生效，并在生效后的30日内由中国互联网协会向社会公布。

第二十七条　本公约生效期间，经公约执行机构或本公约十分之一以上成员单位提议，并经三分之二以上成员单位同意，可以对本公约进行修改。

第二十八条　我国互联网行业从业者接受本公约的自律规则，均可以申请加入本公约；本公约成员单位也可以退出本公约，并通知公约执行机构；公约执行机构定期公布加入及退出本公约的单位名单。

第二十九条　本公约成员单位可以在本公约之下发起制订各分支行业的自律协议，经公约成员单位同意后，作为本公约的附件公布实施。

第三十条　本公约由中国互联网协会负责解释。

第三十一条　本公约自公布之日起施行。

▲综合公约

【范例】

××市各界人民拥军优属公约

为发扬拥军优属的光荣传统，密切军政军民关系，发展安定团结的大好形势，同心同德建设“四化”，特制定本公约：

一、拥护人民解放军。要关心爱护人民子弟兵，主动加强军政军民团结，发扬军民一家人的传统。

二、向人民解放军学习。学习解放军对党、对祖国、对人民无限忠诚的崇高品质；学习解放军严格执行三大纪律八项注意的优良作风；学习解放军艰苦奋斗的革命精神；学习解放军在现代化建设中的先进经验和先进事迹。

三、积极支持部队现代化建设。协助部队完成军事训练，战备执勤，国防施工和军农生产等各项任务。

四、经常教育干部、群众保护驻军指挥机关、国防工程、射击场地、仓库等军事设施，严禁在军事设施的地方砍伐树木、采石、取土。积极协助部队搞好管区秩序，不得拿用营区的设备和物资。

五、各级领导机关要定期到当地驻军登门拜访，介绍地方有关情况，征求意见。对军政、军民关系中发生的问题，要本着互谅互让的精神，同部队充分协商，实事求是地、及时地妥善处理。

六、热情关怀部队生活，对部队所需要粮食、副食、蔬菜，以及其他各种物质，要根据当地实际情况，做好供应工作。

七、对随军家属的工作安排及子女入学等问题，要积极协助解决。

八、各级政府要加强保护军人婚姻的教育，对于破坏军婚者，要依法惩处。

九、积极开展拥军优属活动，认真贯彻拥军优属政策，热情关怀烈属、军属、残废军人等的生产和生活。在农村中，使他们的生活不低于当地社员的实际水平。

十、认真贯彻有关退伍、复员、转业军人的政策规定，欢迎他们到地方工作，对他们妥善进行安置。

以上公约，全市人民要严格遵守，认真执行。要树立“拥军优属、人人有责”的社会风尚。要定期检查公约执行情况，使拥军优属工作制度化、经常化。

××市各界人民

××××年××月××日

第六节　守　则

一、守则概述

1. 守则的概念

守则是机关、团体、企事业单位根据本单位本部门的具体情况，面对全体成员公布的一种应自觉遵守的道德规范和行为准则。守则除了用于各行各业人们的道德和行为规范之外，还常常用于具体操作规范，如《暗室守则》等。其主要特点是有明确的使用范围和较强的针对性。

2. 守则的分类

守则有用于工作行业的守则，如《全国职工守则》；有用于设备操作的手则，如《分析天平使用守则》；有用于生产工艺的守则，如《焊缝射线探伤工艺守则》。

3. 守则的基本格式

守则一般由标题、正文、署名和日期三部分组成。

①标题。由守则的执行对象即受文人加文种组成。如《高等学校学生守则》。

②正文。将有关的要求（包括应该做的和不应该做的）内容以条为序依次写明。

③署名和日期。一般写在正文右下方，也可以写在标题之下，用括号括起来。还可以不加署名和日期。

4. 守则的写作要求

①条款应明确、具体、通俗。要充分考虑条文内容的可行性和语言的通俗性，即要根据党的路线、方针、政策，结合本地区、本系统、本单位的实际情况，有针对性地拟定具体条文，实事求是，切实可行。

②因守则是职工、学生自我教育的一种形式，所以要通过群众酝酿讨论。

③条文不可多不可长，以便于记忆和检查。

二、守则的写作范例

▲约束性守则

【范例】

干部守则

一、学习理论掌握政策，基本路线时刻牢记。

二、振奋精神开拓进取，两个文明共同抓好。

三、扶正祛邪树立形象，三讲四自牢固根基。

四、调查研究深入实际，群众路线铭记在心。
五、民主集中两相结合，班子之间团结协作。
六、贯彻政策重在落实，不折不挠勇往直前。
七、处理问题有章可循，勤政为民全心全意。
八、待人接客有礼有节，答复问题有据有理。
九、上班值班遵守时间，工作环境保持整洁。
十、虚心谨慎接受监督，知错即改严于律己。

中共××市××区委员会
××××年××月××日

▲完整性守则

【范例】

机关工作人员守则

一、加强学习，坚定信念。认真学习马列主义、毛泽东思想、邓小平理论和“三个代表”重要思想，落实科学发展观，坚持党的基本理论、基本纲领和基本路线，树立坚定的共产主义理想信念，坚定不移地贯彻执行党和国家的路线、方针、政策，在思想上、政治上和行动上与党中央保持高度一致。

二、依法行政，秉公办事。自觉遵守国家法律、法规和规章，按照职责权限和法定程序认真履行职责，严格依法行政，秉公办理公务，做学法、守法、用法和维护法律、法规尊严的模范。

三、恪尽职守，勤奋敬业。爱岗敬业，忠于职守，勤奋工作，甘于奉献，坚持高标准、严要求，以对党和人民的事业高度负责的精神，认真扎实做好本职工作。大力改进工作作风，讲究工作方法，改善服务态度，加快工作节奏，不断提高行政效率和工作质量，充分发挥参谋助手作用。

四、牢记宗旨，执政为民。时刻牢记全心全意为人民服务的根本宗旨，进一步强化为基层和群众服务的意识，密切联系群众，深入调查研究，体察社情民意，倾听群众呼声，关心群众疾苦，维护群众利益，自觉接受群众批评监督。

五、求真务实，开拓创新。坚持解放思想，实事求是，倡导说实话，报实情，办实事，求实效，一切从实际出发，按客观规律办事，力戒形式主义、官僚主义，反对弄虚作假、虚报浮夸。勤于思考，勇于创新，与时俱进，锐意进取，大胆开拓，创造性地开展工作，努力争创一流工作业绩。

六、顾全大局，团结协作。严守党的政治纪律和组织纪律，认真执行上级的决定和指示，确保政令畅通。服从大局，密切协作，相互支持，齐心协力做好各项工作。敢于坚持真理，勇于改正错误，开展积极的批评与自我批评，努力营造心齐风正，团结奋进的良好氛围。

七、艰苦奋斗，廉洁自律。自觉贯彻执行中央关于党风廉政建设各项规定，清正廉洁，不谋私利，奉公守法，不搞特殊，艰苦奋斗，不求名利，节俭朴素，不图享受。

八、增强党性，崇尚公德。自觉加强党性锻炼和思想道德修养，模范遵守职业道德和社会公德，光明磊落，忠诚守信，言行一致，谦虚谨慎，与人为善，乐于奉献，遵章守纪，行为规范，仪表整洁，举止端庄，文明礼貌，服务热情。保守国家秘密和工作秘密，严守外事工作纪律，自觉维护国家的安全、荣誉和利益。

第七节　规　则

一、规则概述

1. 规则的概念

规则，是国家机关、社会团体、企事业单位对某一事务或活动的行为准则作出具体规定的规范性文书。它是各种组织为保证某项活动或工作能够顺利开展，或实现某种目标，对人们的行为方式、方法规定出的必须共同遵循的准则。

规则的内容比较具体、细致、周密，往往对具体工作的方方面面、公务活动的每一步都作出规定。

2. 规则的特点

（1）局部性

规则所规定的范围比其他规章性公文要窄，适用于对局部范围的人员、活动和场所作具体的要求和规定。

（2）时效性

规则一般为内部行文，在一定范围或一定时间内起作用。

（3）单一性

因为规则具有局部性，所以它的内容比起其他任何规章性公文要简单，规定的对象比较集中、单一，只是局部范围内的特定对象，无须超越这个范围，无须涉及其他。

（4）具体性

规则所规定的内容是具体的，而且以事务性的工作居多，细致入微，具有规范化、程序化、定型化的特性。

3. 规则的写作格式

规则的结构由标题和日期、正文、签署三部分组成。

（1）标题和日期

①标题。标题通常包括发文机关名称、事由和文种（规则）三要素。但很多规则的标题中省略发文机关名称。

②日期。将制发的时间和依据加括号标注于标题之下正中位置。如果是随正式公文发布的规则，可以不单独注明日期，以发布规则的那篇公文的发文时间为准。

（2）正文

规则的正文通常首先写发文缘由；其次写具体内容，包括具体方法、措施、处罚手段等；再次写生效日期、解释权等方面的说明。

（3）签署

签署即签署发文机关和日期有时采用括号注明时间、单位及形式，国家高级机关发布的规则多采用这种写法。

4. 规则的写作要求

(1) 制定规则前要充分调查了解所属范围内群众的需求和意见

规则是为维护劳动纪律、公共利益，保证学习、工作、生活等活动正常而有序地进行所制定的行为准则，一旦制定，就对该范围内的群众有较大的约束力，不考虑群众正当要求、合理意见，不问客观实际，想当然主观拟定，即使定出“霸王律”，也会事与愿违。因此，写作前的调查研究，是不可缺少的。

(2) 规则条文内容须直指特定对象，具体而详细

规则是从事某项活动或工作的有关人员必须遵守的规定，其内容必须有很强的针对性，紧紧围绕特定对象，针对某一类人或某一项活动提出具体详尽的规范化要求。

(3) 态度要明确、措词要准确、语气要肯定

规则是人们行动的准则，有较大的约束力。它要求用准确的词句，明确地表达出倡导、允许、禁止、限制的内容，写明违反规则的处理办法，语气要坚决。

二、规则的写作范例

▲议事规则

【范例】

有限责任公司监事会议事规则

(________年____月____日有限责任公司监事会通过)

第一章　总则

第一条　为了维护公司、股东和职工的合法权益，完善公司内部监督机制，保证公司监事会依法行使权力、履行职责、承担义务，依据《公司章程》，特制定本规则。

第二条　公司监事会是公司内部的监事机构，其工作报告由公司股东会审议批准。

第三条　公司监事会由9名监事组成。监事会设主席一名。监事会下设秘书处，是监事会处理日常事务的办事机构。

第二章　监事会的职权与义务

第四条　监事会行使下列职权：

（一）随时了解公司的财务状况，定期审查账册文件，并有权要求董事会向其提供情况；

（二）审核董事会编制的提供给股东大会的各种报表，并将审核意见向股东会报告；

（三）当董事、总经理执行公司职务时，对违反法律、法规或《公司章程》以及从事登记营业范围之外的业务，有权通知其停止行为；

（四）当董事、总经理的行为损害公司利益时，要求董事和总经理予以纠正；

（五）必要时（公司出现重大问题时）提议召开临时股东大会；

（六）监事列席公司董事会会议；

（七）当公司与董事间发生诉讼时，除法律另有规定外，代表公司作为诉讼一方处理有关法

律事宜；

（八）当董事自己或他人与本公司有交涉时，代表公司与董事进行交涉；

（九）当调查公司业务及财务状况、审核账册报表时，代表公司委托律师、会计师或其他中介机构；

（十）《公司章程》规定的其他职权。

第五条 监事会必须对公司履行以下义务：

（一）遵守国家法律、行政法规和《公司章程》；

（二）对公司承担不得逾越权限的义务；

（三）监事不得从事与公司竞争或损害利益的活动。

第三章 监事会会议

第六条 监事会会议由监事会主席召集和主持。主席因故不能履行职务时，可委托一名监事召集和主持。

第七条 监事会会议的召集，应在会议召开3日前通知各监事；但遇紧急事情时，可以随时召集。通知必须以书面形式进行，并载明召集事由和开会时间、地点。

第八条 监事开会时，原则上监事应亲自出席。若因特殊原因不能履行职务时，监事可以委托其他监事代理出席。委托时应出具委托书，委托书要明确授权范围，一个代理人以受一人委托为限。

第九条 监事会会议实行合议制，每个监事享有一票表决权。

第十条 监事会议决议，应有出席监事1/2以上同意。赞成票与反对票相等时，会议主席可增加一票表决票。

第十一条 监事会会议应作成议事记录。议事记录应记载会议的时间、场所、出席者姓名、决议方法、议事经过及表决结果，出席监事应于记录上签字。议事记录应在会后3天内分发给各监事。

第十二条 议事记录应与出席会议的监事签名簿及代理出席委托书一并保存。由监事会指定专人保管，10年内任何人不得销毁。

第四章 监事

第十三条 监事的任职资格应同时满足以下条件：

（一）熟悉财经法律、法规、公司管理流程；

（二）从事经营管理工作满3年；

（三）拥有经济、法律中级或相当于中级以上技术资格或职称；

（四）国家公务员、公司董事、高级管理人员、财会人员不得兼任公司监事。

第十四条 监事为公司监事会成员，监事每届任期3年，可连选连任。

第十五条 监事遇下列情形之一，必须解任：

（一）任期届满；

（二）从事危害公司利益的行为并经证实的；

（三）监事自动辞职。

第十六条 监事的报酬及监事会行使职权所需的日常经费由股东大会据实确定后由公司支付。

第五章　附则

第十七条　本规则经公司股东大会批准后生效。

第十八条　本规则未尽事宜，依照《中华人民共和国公司法》等有关法律、行政法规和《公司章程》办理。

第十九条　本规则由公司监事会负责解释。

第八节　规　程

一、规程概述

1．规程的概念

规程是对某一事项或操作在一定范围内要求人们遵守的统一的要求和程序。其目的是规范人们的行动，以便有一个正常的生产和活动的程序。

2．规程的使用范围与分类

规程多用于一些具体的、事务性的稳定而通用的处理问题的方法。常见的规程有管理行政事务的和管理专业事务的两类。

3．规程的写作格式

规程的结构由标题、正文、署名和日期三部分组成。标题一般由适用范围、事项和文种构成。正文一般采用分章列款式，按总则、分则、附则行文。内容简单的可直接分条叙述。署名和日期一般写在右下方，有的也可不署名及日期。还有将公布单位、颁布时间或批准单位、批准时间放在标题之下，用括号括起来。至于采用何种形式，要视具体情况确定。

4. 规程的写作要求

撰写规程时，应注意以下问题：

（1）各项要求和程序要以科学为依据，不能脱离实际；

（2）内容要具体、准确。要按逻辑顺序，分清条理；

（3）语言要通俗，文字要简洁，并且要易懂易记，便于操作。

二、规程的写作范例

▲行政事务规程

【范例】

××省委约法七章

一、报刊、电台、电视台不要突出宣传省党政负责同志的活动。

二、除参加领导班子内部的生活会外，还要以普通党员的身份参加所在党小组生活，接受党的监督。

三、倾听各种不同的意见，尤其要倾听逆耳之言，不接受任何形式的吹捧。

四、保持艰苦奋斗的作风，不搞特权，不谋私利。

五、下基层轻车简从，不搞迎送，不接受礼物。

六、严格要求和教育好家属、子女、亲属。

七、亲自动手起草一般性的会议讲话和报告，不要秘书代劳。

××省委全体成员

××××年××月××日

▲会议规程

【范例】

会议规程

第一条　会议程序

本公司各类会议的程序安排如下：

1. 经营会议

（1）会议主席作经营政策报告10分钟；

（2）上次议案回顾讨论20分钟；

（3）部门业务成果报告30分钟；

（4）各部门协调及讨论事项30分钟；

（5）未决议事项复议10分钟；

（6）上级指导、报告10分钟；

（7）主席结论10分钟。

2. 产销会议

（1）会议主席报告10分钟；

（2）上次议案讨论20分钟；

（3）各部门产销成果报告20分钟；

（4）未来销售、生产规格、数量预测30分钟；

（5）产销合作部门报告10分钟；

（6）产销协调事项讨论30分钟；

（7）未决议事项复议10分钟；

（8）上级指导、报告10分钟；

（9）主席结论10分钟。

3. 厂务会议

（1）会议主席报告10分钟；

（2）上次议案追踪20分钟；

（3）各部门成果报告30分钟；

（4）各部门作业协调及讨论事项20分钟；

（5）管理制度研讨事项30分钟；

（6）下月生产目标分配 20 分钟；

（7）未决议事项复议 10 分钟；

（8）上级指导、报告 10 分钟；

（9）主席结论 10 分钟。

4. 营业会议

（1）会议主席报告 10 分钟；

（2）上次议案回顾 20 分钟；

（3）各区域业务成果报告 30 分钟；

（4）市场、同业动向及经销商管理研讨事项 20 分钟；

（5）各区域协调及讨论事项 20 分钟；

（6）下月销售目标及推销重点、日程安排 20 分钟；

（7）未决议事项复议 10 分钟；

（8）上级指导、报告 10 分钟；

（9）主席结论 10 分钟。

5. 专案会议

（1）发起人报告 10 分钟；

（2）专案内容报告或上次议案追踪 20 分钟；

（3）作业进度报告 20 分钟；

（4）讨论及协调事项 30 分钟；

（5）未决议事项复议 10 分钟；

（6）上级指导、报告 10 分钟；

（7）主席结论 10 分钟。

6. 周会

（1）周会开始 1 分钟；

（2）点名及仪容检查 3 分钟；

（3）各部门主管报告 10 分钟；

（4）值班人值勤报告 3 分钟；

（5）协调事项报告 8 分钟；

（6）主管指示 5 分钟；

（7）在职训练 16 分钟；

（8）散会 1 分钟。

第二条　会议规范

本公司各项会议的通知应在 3 天以前发出。定期的例会，如遇到节假日，应顺延一天。会议的时间、地点，如没有安排固定的负责人，则由主席事先决定通知，公司会议记录由主席指派，定期例会除非有重大事故，均须依照确实时间进行。会议记录限 1 天内呈报上一级主管，主管批示限 3 天内完成，再交由会议主持人办理。本公司各种会议的规范如下：

1. 经营会议

每周一利用下班时间（下午 6：30 至 8：30）在总公司举行，由总经理担任主席，除各部级主管参加外，还应请董事长、常务董事、监事列席指导。经营会议的目的是让公司的最高层干部参与经营策略的制订，听取各部门工作报告，同时决定本公司一周的工作重点和工作方针，协调各部门一周内的业务活动。

2. 产销会议

产销联席会议每月一次，在每月的25日下午6：30至8：30举行。开会地点轮流在业务部门所在地及工厂两个地方召开。主席由产销双方轮流主持，参加人员以产销双方主任级以上管理人员为主，其他部门如总务、财务、企划等有关部门主管应列席，总经理以上人员视需要程度列席指导或报告经营方向。产销会议的目的在于谋求产销双方配合协调，报告本月产销的成果后，共同商讨今后3个月内的销售规模与数量，确定生产目标。产销以外部门的与会人员，在会中可以提供有关的策划意见或向产销部门提出管理建议，促进产销更加密切合作。

3. 厂务会议

工厂的技术虽然重要，作业的流程、人事的管理亦不可忽视。厂务会议于每月23日举行，由厂长担任会议主席。厂务会议的重点在于组织和协调生产，研讨实际成果与计划得失、差异，促进整个工厂管理的提高，制定下月生产目标，确认生产日程。

4. 营业会议

营业会议必须每月举行一次，时间在每月24日下午6：30至8：30，由业务主管担任主席，主任级以上人员及区域经理参加。业务会议重点在于分析和讨论业绩成果、回收成果、市场动向及同行业营业情况，制订下月业务目标及促销方案。

5. 专案会议

为了不影响其他会议的正常进行，应举行专案会议，专案会议不受时间、次数的约束，只要对公司有利的、重要的议题并经上级同意后均可召开，由发起人组织有关人员开会商讨。专案会议为不定期会议，若一个专案需要多次研讨才能定案时，应约定次数与日期，但以一案一会为原则。

6. 周会

一般在每周星期一的早上用30分钟以上的时间做员工教育及重点工作报告，同时还可以利用周会表扬优良员工，以提高其工作热情。周会的主席最好由干部或员工轮流担当。周会一般分别在总公司、工厂或分支机构举行。

第二编

机关事务类文书写作

第一章　机关工作总结写作

第一节　机关工作总结写作概述

（一）工作总结的概念

工作总结是各级党政机关、人民团体、企事业单位和公务员个人经常使用的一种文体，主要用于对一定阶段内的工作进行系统的回顾，分析研究，从中寻找出具体的经验或教训，发现某些工作规律或缺点错误产生的原因，调整改革与前进的方向，以利于今后工作的发展与进步。

（二）总结的作用

1. 推动工作前进

任何一项工作，不管是个人或单位去进行都需要多次反复操作、辛勤劳动才能完成。每一次具体实践，都有成绩与失误、经验与教训，及时总结就会及时取得经验教训，提高认识和工作技能。不断实践，不断总结，那么人们对客观事物的认识也就越来越深刻，知识越来越广，智慧越来越高，所进行的事业通过总结才会不断发展、前进。

2. 寻找工作规律

任何一种事物、一项工作，都存在内在联系、外部制约，都有它自身的发展、运动规律。遵循这些客观规律办事就能顺利达到预期的目的，违背这些规律就会受到惩罚，招致失败。而要寻找、发现客观规律就需要总结。

3. 培养、提高工作能力

一个人的工作能力是指他承担某项工作、执行某项任务的能力。具体表现在两方面：一是他的专业知识水平，二是他解决、处理实际工作的能力。在实践中二者常常糅合在一起，相得益彰。运用所学知识处理实际工作的能力主要通过实践培养和提高，绝不是天生的。因此，总结是提高能力的重要手段。

4. 团结群众和争取领导的支持

一件工作、一项任务完成之后必须进行总结，在总结中全面、深入地回顾、检查，找出成绩与缺点、经验与教训，实事求是地作出正确评价，使大家认识统一。这样的总结群众心服口服。同时，通过总结把成绩、经验、问题和今后的努力方向等向领导部门汇报，能引起领导的重视，争取领导的支持、指导。

（三）工作总结的基本内容

1. 总结必须有情况的概述和叙述，有的比较简单，有的比较详细。这部分内容主要是对工作的主客观条件、有利和不利条件以及工作的环境和基础等进行分析。

2. 成绩和缺点。这是总结的中心。总结的目的就是要肯定成绩，找出缺点。成绩有哪些，有多大，表现在哪些方面，是怎样取得的；缺点有多少，表现在哪些方面，是什么性质的，怎样产生的，都应讲清楚。

3. 经验和教训。做过一件事，总会有经验和教训。为便于今后的工作，须对以往工作的经验和教训进行分析、研究、概括、集中，并上升到理论的高度来认识。

4. 今后的打算。根据今后的工作任务和要求，吸取前一时期工作的经验和教训，明确努力方向，提出改进措施等。（四）工作总结的写法

工作总结由标题、正文和落款三部分构成：

1. 标题

标题一般包括单位或制发机关名称、时间和文种类别（工作总结）“三要素”，但有时仅写时间和“工作总结”，而省写单位名称。还有一种写法是使用“双标题”，用一句主题词、句作正标题，用副标题标明单位名称、时间概念和文种类别。

2. 正文

正文一般依次撰写下列四方面的内容：首先概述某一阶段内的整个工作情况，包括工作背景、基础、成绩、效果等；其次写经验体会，包括具体的做法，事例、数据等；再次是存在的问题与不足，分析产生问题的原因；第四，今后的设想和努力方向。有时第三、四方面内容合在一起写。第二部分应写得最为详尽。正文写作时，根据内容的复杂程度，可以分小标题分列陈述。各方面内容，可以用先总后分的结构来写，也可并列展开；或按基本情况、主要成绩经验、问题及意见三大块来组织。

3. 落款写明作者、日期

如果在标题中或题下已标明的，可省略。

工作总结是全面总结，写作时，要求全面占有材料，一分为二地看待工作。但又必须注意抓住重点，防止记“流水账”，面面俱到。

（五）工作总结的写作要求

写工作总结，要把这几个方面的特点反映出来。

1. 过程性；
2. 条理性；
3. 经验性；
4. 理论性；
5. 规律性。

（六）工作总结写作应注意的问题

1. 写作工作总结前要充分占有材料。最好通过不同的形式，听取各方面的意

见，了解有关情况，或者把工作总结的想法、意图提出来，同各方面的干部、群众商量。一定要避免领导出观点、到群众中找事实的写法。

2. 工作总结一定要实事求是，成绩不夸大，缺点不缩小，更不能弄虚作假。这是分析、得出教训的基础。

3. 工作总结的条理要清楚。总结是写给人看的，条理不清，人们就看不下去，即使看了也不知其所以然，这样就达不到工作总结的目的。

4. 工作总结要剪裁得体，详略适宜。材料有本质的，有现象的；有重要的，有次要的，写作时要去芜存精。工作总结中的问题有主次、详略之分，该详的要详，该略的要略。

5. 工作总结的具体写作，可先议论，然后由专人写出初稿，再行讨论、修改。最好由主要负责人执笔，或亲自主持讨论、起草、修改。

第二节　机关工作总结写作范例

一、机关工作总结写作范例

▲办公厅年度工作总结

【范例】

办公厅××××年工作总结

在院领导的带领下，在机关各部门的大力支持下，××××年办公厅全体同志紧密围绕院××××年工作要点确定的任务和厅里制定的工作计划，团结协作，克服困难，扎实工作，保证了机关的正常运转，较好地完成了全年的各项任务。

一、××××年主要工作情况

（一）认真做好行政工作，保证机关正常运转

一年来，为保证院领导和院机关正常开展工作，办公厅同志们做了大量有成效的行政工作。

1. 做好院领导日常行政事务性服务工作。协助院领导处理各类文件、办理各种回函回信，落实和督办院领导批示共500多项。协调院领导出席中央、国务院及有关部委和地方召开的各类会议、各种活动，落实各项活动的具体安排，协助制作多媒体演示文件，陪同院领导公务出差等，全年累计超过200余次（院领导出席的会议多，经常因临时变化需重新协调、安排）。全年编报《每周工作日程安排》48期，及时把全院重要活动信息提供给院领导和机关各部门。根据院领导的实际情况及时安排午餐、看病、订购机票等事务性工作，保证了院领导日常工作的顺利进行。

2. 做好会务工作。负责承办了院庆十周年纪念大会和第七次院士大会的会务工作，针对到会院士多、邀请嘉宾多、集体活动多和要求高等特点，加强了与有关单位（中办、国办、人民大会堂、宾馆、医院、交通、公安等）的联系与合作，较好地解决了住宿、就餐、交通、会场、

医疗保健、安全保卫等问题，认真做好各项会前准备和会议服务工作，克服了重重困难，保障了院士大会及院庆十周年纪念会的召开。还承办了京、津、冀院士新春茶话会的会务工作，不但请了专业文艺团体演出，还配合学部组织了部分院士参与，形式活泼多样，收到了良好的效果。

全年共承办院内会议102次，包括会前的材料与会务准备、完成会议纪要等。具体会议是：主席团会4次、党组会21次，院常务会17次，院长办公会2次，机关党委会14次，机关办公会16次，办公厅厅务会28次。

作为院对外联系的窗口，办公厅日常与各部委联系工作繁重，全年出席院外各类会议共150余次，会后还要做好贯彻落实会议精神的有关工作。主办会议的单位有：中办、国办、中组部、统战部、人事部、中央国家机关工委、中央国家机关纪工委、财政部、卫生部、国管局、保密局、档案局、信访局、安全局、公安局、交管局、综合治理办等。

3. 保证公文正常运转。办公厅是院机关公文运转的枢纽，负责院公文的收发、登记、传阅、归档、保管和机要交换等工作。按照公文办理程序，全年共办理院发文、函及党组文件144件；院、厅发文核稿共计187件；各种文件的登记、传阅、保管等3000余次；文件打印300多件，办理院章、党组章的审批、登记、使用170余次，厅章180余次，办理院机关局、处级单位更换印章19枚；全年收发的机要交换文件总量为25000余件，本年度交换文件无差错。院办被评为中央国家机关“优秀文件交换集体”。

4. 编印重要资料。在机关各部门的积极配合下，为院庆十周年编辑出版了《中国工程院××××—××××年年鉴》，编写了《××××—××××年大事记》，全书共计100万字，填补了我院建院初期文字资料的空缺；还编辑出版了《中国工程院××××年年鉴》，编写了《××××年大事记》，全书共计70万字。

完成了《中国工程院院士通讯》全年12期的编辑出版和发行工作，完成了办刊的各项后勤事务性工作。为进一步办好刊物，举办了一次全国性的特约通讯员座谈会，开展了诗文书画和摄影作品评选活动。

5. 保密工作。作为院保密办公室，承担院保密委员会的日常工作。根据院保密委员会的要求，结合我院的实际情况，修订了《中国工程院保密规定（试行）》；制定了《关于严禁将涉密文件资料上国际互联网的规定》，并对全院计算机的涉密情况进行了两次安全检查。组织机关工作人员观看保密教育片，进行保密教育，提高大家的保密意识。全院未发生失密、泄密事件。

6. 档案与信访工作。××××年整理归档的文件档案53卷、照片档案3卷册，提供利用260余次。特别为院庆十周年的各项活动，如出版《十载征程百年伟业》、举办院庆十周年展览等，提供了大量的图片和文字资料。国家档案局检查组对我院档案管理工作进行现场检查时，给予了充分肯定和好评。

全年妥善办理信访函件287件，接待个人来访300余人次，全都妥善送离。每月按要求及时上报信访工作报表等，全年未发生因处理不当而引发上访、干扰机关工作的情况。

（二）不断提高服务质量，努力提供后勤保障

1. 计算机及网络的维护管理工作。随着办公自动化的不断发展，院机关对计算机及网络的依赖性越来越强。由于××××年网管人员有变动，首创网络公司破产，给网络维护工作带来了极大困难。我们克服了许多困难，及时解决了互联网传输和电子邮件中的问题，完成了我院网络转入北京通信、更换网络系统的全部配置，每台设备逐一调试，保证了各部门正常办公的需要。(1) 保证了国务院电子公文传输网络的安全使用和日常文件的收发。(2) 保证了院机关使用互联网络、全体院士使用电子邮件的畅通。(3) 制定了《中国工程院互联网站管理办法》。(4) 网站的建设和维护方面，在新网站建了18个一级栏目，70个二级栏目，将原网站的内容全部转到

新网站。全年共制作发布网页信息1423幅，其中单一页面106幅，制作发布图片信息137幅，网站发布的文字约1200万字；开发了办公自动化网络的部分功能；及时排除计算机出现的故障，全年累计维修计算机500台次。

2. 资产管理工作。（1）开展固定资产情况清查与登记工作。××××年成立了资产清查小组，对我院自建院以来固定资产的情况作了初步清查与登记，取得了阶段性的工作成果，并起草了资产管理办法初稿，待讨论完善后执行。（2）开展资源节约活动。贯彻国管局节约资源的精神，向机关发出了“资源节约”的倡议书，开展了院士大会出席证的回收再利用等节约活动。（3）做好办公用品的采购、发放和管理工作。根据机关各部门提出的要求，办公厅努力做到及时采购和发放。全年共发放各类办公用品1173次，为院机关采买30多台台式电脑和笔记本电脑、传真机、打印机、复印机等办公设备，保障了正常办公的需求。（4）调整办公用房。为新到任的局级干部调配办公用房，配备办公家具，保证了工作需要。（5）完成职工住房的配售工作。国管局××××年配售给我院9套经济适用住房。根据国管局的要求，院机关成立了经济适用住房配售工作组，制定了我院经济适用住房的配售办法。具体承办了14次配售工作会议，经过三榜公布，有7人购得新房，后续工作还在进行中。

3. 后勤服务工作。（1）车辆管理：全年安全行驶23万公里，无重大责任事故。车队加强了日常的学习和安全检查工作，提出八要、八不要，提倡热情周到的服务精神，较好地完成了行车任务，在安委会的多次安检中，达到验收标准，被评为区交通安全先进单位，黄振忠同志被评为先进个人。（2）报刊收发及图书资料工作：及时为院领导和机关各单位订购报刊杂志并认真做好每天的收发工作。全年订阅报刊杂志160多种，收发报刊128845份，信函35000件，图书资料室全年为全院职工办理了借阅、查询图书资料156次，新购置图书131种。（3）值班与安全保卫：认真做好院值班室的日常工作和安全保卫工作。值班室保证24小时不断人，坚持值守应急。认真安排节假日值班、领导带班和节前安全检查。××××年连续发生多起冒用院领导名义推销书籍等物品的事件，我们及时采取措施，如及时与属地派出所建立联系，及时下发通知，和科学院联合发文等，与学部工作局相互配合，事态最后得到了控制。（4）日常后勤工作：为机关正常运转提供及时服务和后勤保障。如为保证全院职工午餐，每月按时统计、及时购买并发放饭票，联系采买并发放节日物品，联系制作贺年卡，更换报箱和办公室门牌，支付职工供暖费用，组织到密云绿化基地参加植树活动，组织××××年献血工作等。

4. 基建工作。在院领导的直接领导下，和借调我院基建办工作的同志一起，克服了重重困难，取得了开工许可证，完成了施工招标和监理招标工作等。

（三）落实财政改革精神，逐步规范财务工作

我们认真贯彻财政改革精神，实行了部门预算、国库集中支付和政府采购制度，认真按照新制度的要求规范我院的财务工作。

1. 逐步完善预算工作，合理调整项目经费。在机关各部门的大力支持下，完成了××××年的预算编制工作。积极争取经费，保证工作需要，已落实经费12352万元（含基建和基本支出）；在保证重大咨询、外事等项目经费基本落实的情况下，经常性经费，如院士活动经费、计算机网络经费等增长45%，为以后的预算工作打下了良好的基础。另外，项目经费的预决算制度逐步完善，机关工作人员的预算观念逐步增强，项目经费的预决算工作逐步规范。

2. 按国库集中支付的要求，认真做好日常经费核算工作。××××年实际核算管理经费1.6亿，比××××年的6545万元增长145%（不含横向资金）。总经费的大幅增加，也大大增加了工作量。特别是我院承担了一些重大咨询项目，有许多院士和专家参加，经常需要及时支出，以保证项目的正常进行。计财处在人员没有增加的情况下，通过辛勤劳动，做好大量核算工作，及

时满足各项工作对经费的要求，保证了我院各项工作的顺利进行。

全年提取现金130次，共计650.2万元。签发支票980张，经费拨款280次。到医保中心办理公费医疗报销100人次，约3万元。代扣代缴个人所得税2522人次，平均每月210人次。其中工资薪金代扣代缴664人次、咨询劳务代扣代缴1858人次，代扣代缴个人所得税58.87万元。审核原始凭证4万多张。此外、还承担院士津贴发放、统计及报送等工作。

3. 加强相互沟通，增进相互理解。过去计财处同项目资金代管单位的沟通机会少，××××年注意转变工作作风，加强相互沟通。除加强日常沟通外，还利用项目组集中活动的时间，先后到油汽、矿产、东北水、城市化、“十一五”规划等项目处，就相关财务问题与工作层面的同志进行沟通，收到了良好的效果。

4. 我院逐步规范化的计划财务工作得到审计署的认可。由于院各级领导的重视，审计部门的监督，我院计划财务人员规范操作，职工财经法纪观念增强，工作逐步规范，几年来没发生重大违法违纪事件。在××××年审计风暴中，我院被审计署列入整改好的单位，在审计工作会上，被李金华审计长点名表扬。

（四）推进人事制度改革，加强机关队伍建设

1. 公开招聘干部。根据党组要求，按照工作程序，承办了多批干部招聘工作，做了大量具体工作。（1）批次多：公开招聘学部工作局局长；院机关局、处级干部竞聘上岗；院机关内部招聘处以下干部；面向社会公开招聘网管专业人员；面向社会公开招聘机关干部工作等。（2）程序多：从刊登招聘启事到报名、资格审查，组织笔试（联系出题、制卷、阅卷）、面试、群众测评、准备材料、考察了解、初步筛选、领导审定等，有16道工作程序。（3）人数多：如组织面向社会公开招聘机关干部，共收到报名材料745份，电话咨询达到500多人次。在院机关各部门的大力支持下，圆满地组织了10个考场的笔试、8场面试和多次面谈，面试人数近80人。目前，我们正抓紧时间，协同各部门对面试筛选出的人员进行考察调档，力争早日完成招聘工作。

2. 贯彻中央人才会议精神，做好服务工作。会同学部工作局完成中组部、人事部有关文件征求意见稿的反馈、文件落实等工作。先后起草并报送《中国工程院关于人才工作有关情况的报告》等5个报告。配合中组部等单位，与学部工作局共同组织了“院士专家东北行”分赴东北三省开展考察、咨询、学术活动等，受到中组部人才局领导的表扬。

3. 认真做好日常人事与劳资工作。

（1）干部任免与年度考核工作。按照中央《党政领导干部选拔任用工作条例》和院党组要求，完成了14名处级干部试用期满的公示、测评、考察、任免等工作。上报有关报告、干部任免请示、备案报告及干部考察、公示、测评材料等文件22份；完成了5位院领导和院士在社会兼职的有关报告和相关的协调服务工作；承办了对机关干部和借聘用人员的年度考核工作和中管干部的年度考核服务工作。

（2）学部工作局处级干部轮岗工作。按照党组要求，配合学部工作局完成了该局处级干部的轮岗工作。为此，我们除办理相关任免手续外，还积极配合有关领导，做轮岗干部的思想工作，努力使大家愉快地到新岗位工作，并为下一步干部轮岗积累了一定的经验。

（3）接收转业干部工作。根据党组意见，我们陆续选调了2位转业干部。其中网络管理员一职，我们首先面向社会公开招聘，没有物色到合适人选后，又到国务院军转办，从3000余份转业干部的档案材料中选出14名干部，经过笔试和数次面试，接收了一位转业干部到网管岗位工作。

（4）退休干部工作。到目前为止，我院退休干部已有7人。我们在力所能及的范围内，为他们安排体检、订阅书报、打预防针等。去年还调整了退休干部工资、补贴等福利待遇。退休干

部本人及家属生病住院，也及时派人探望。

（5）短期借调人员工作。为配合各部门做好各项工作，尤其是院士大会工作和院机关组织的各项工作，办理借调人员等来院帮助工作25人次。

（6）职称评审和干部培训。协助院高级职称评审委员会，组织完成了院机关职工的职称外语考试和有关人员的高级职称任职资格的评审工作。承办了院领导和机关干部培训的相关安排与协调服务工作。

（7）统计工作。完成我院向中央组织部、国家人事部上报的各类报表及报告，被人事部评为干部和工资统计优秀报表单位。此外，还积极配合机关其他部门完成各项统计工作。如配合综合处完成机关经济适用住房配售，国家统计局统计机构调查表，财政部预、决算中机构编制统计报表等。

（8）劳资工作。根据政策，结合实际，及时完成了院机关各类人员工资或补贴核定，职务工资、岗位津贴、绩效津贴的调整等工作，共下发工资调整表66件，总计323人次；为机关各类人员发放节日补贴、年终双薪等441人次；对机关工作人员中连续两年考核合格的37人晋升一级工资档次，对借聘人员也按照院有关规定增加了工资。

（9）医疗保健与计生工作。为机关享受医疗照顾的干部完成了注册、登记、换发新《干部医疗证》的工作。加强与科协的联系，为院机关干部小病就医提供方便，与北京铁路总医院、海淀区及街道公费医疗办等加强了工作联系。做好日常相关的医疗统计上报、经费核算、干部调动等医疗工作。

认真做好计生工作，年初就与国管局和街道办事处签订《计划生育目标管理责任书》，定时将计生用品发放到人，并做好指导工作。对新来院的同志及时办理计生手续、建立账卡。按有关文件，对符合条件的独生子女父母给予奖励。在六一儿童节慰问独生子女家长。配合《人口与计划生育法》的贯彻实施，组织全院职工参加了中央国家机关《婚育新风进万家知识竞赛》活动，答卷率达到100%，通过答卷，向大家宣传并普及了计划生育和婚育知识。由于工作扎实，我院被评为国家机关××××年度计划生育先进集体。

（10）其他。完成了《中央国家机关政府机构名录》的修订工作；协助国际部，办理了院领导、院士和机关人员的出国政审手续等65人次。

此外，办公厅各处室还认真完成了院领导交办的其他各项临时性工作，如历时半年的院徽征集评选工作；组织院士参加北京市科技周活动等；处理刘效北同志去世的善后工作；组织院领导和全体职工为“幸福工程”募捐，为希望小学购买并赠送书包文具，为灾区捐款等。

（五）坚持以人为本原则，努力为大家办实事

1. 为院机关全体在编职工购买交通意外伤害保险。

2. 与北京铁路总医院、海淀区公费医疗办、羊坊店街道公费医疗办等加强工作联系，为院机关工作人员争取到了医疗费补贴。

3. 与中央办公厅老干部局等有关单位联系，在学部工作局办公室的配合下，为我院在京院士统一办理了在京院士活动证，共办理院士主证58张，院士家属副证144张。

4. 与中央组织部、中编办、国家人事部、国务院机关事务管理局、国家发改委、卫生部、北京协和医学院、肿瘤医院、301医院、北京市医保中心等单位多方联系、致函，甚至登门拜访，解决院领导和院士在办公、住房、用车、医疗等方面的困难。

5. 组织全院在编职工进行体检，并在体检后请专家针对问题向大家讲解了有关健康、保健常识。对在体检中查出个别问题的职工，及时督促他们认真检查、积极治疗。

6. 为进一步保证职工身体健康，夏季为职工发放防暑降温用品，秋季为职工购买并注射进口流感疫苗。

7. 为金家村职工开班车；与有关单位多次联系办理金家村房产证问题。

8. 在暑期组织机关工作人员分两批到承德进行休整。

9. 组织机关开展形式多样的文体活动。

10. 为解决个别干部夫妻分居两地的后顾之忧，与人事部多次联系，申请办理户口调转手续。为此，准备并上报了十余种材料，为该同志解决了家属进京户口问题。

（六）落实院党组和中央国家机关工委的部署，做好机关党建工作（略）

二、××××年重点工作考虑

办公厅是我院对外联系的窗口，是机关行政工作运转的枢纽和后勤保障，是机关财务、人事、党务和干部管理的职能部门。面对繁杂的工作任务，我们要十分重视加强办公厅自身建设，要进一步树立全局观念，提高服务意识，坚持务实精神，增强效率观念，加强团结协作，保证机关工作正常运转。

（一）加强行政后勤管理，提高服务保障水平

保证机关正常运转不出差错，认真做好两次增选会议及其他会议的会务工作，为院领导和院机关各部门做好服务工作。加强学习，提高素质，加强行政和后勤管理，提高服务保障水平。推进工程院信息化建设，保障工程院办公网络系统的正常运行，为院士的学术交流提供便捷平台。开发和完善机关办公自动化系统，为提高办公效率创造条件。

（二）为建设综合办公楼做好相关准备工作

按照工程建设程序及相关规定，搞好综合楼的建设，提前做好综合楼的搬迁准备工作，完善相应的规章制度，加强规范化管理，推进后勤服务社会化进程。

（三）加强财务管理工作，提高资金使用效率

继续加强工程院预算改革，建立同工程院的职能、体制、目标、任务相适应的经费管理制度，完善重大咨询项目和大型活动经费管理制度，加强管理，合理配备，勤俭节约，提高资金和资产使用效率。

（四）深化人事制度改革，加强干部队伍建设

按照党组要求，继续贯彻人事制度改革精神，加强干部队伍建设，继续完善机关人事管理的各项制度，细化各部门岗位设置和职责分工，做好新调入干部上岗培训工作，继续加强在职干部的岗位培训和业务培训，提高干部素质。

（五）完成党组交办任务，做好党委日常工作

做好院党组会、党组中心组学习和民主生活会的各项服务工作；贯彻落实院党组和中央国家机关工委下达的各项指示。

配合院共产党员先进性教育活动领导小组，做好院先进性教育活动办公室的各项日常工作。同时，要搞好办公厅的先进性教育活动。

做好机关党委（纪检、监察）日常工作，协助机关党委成立工会、妇委会，并做好群众和统战等工作。

▲政府半年工作总结

【范例】

重庆市云阳县人和镇××××年上半年工作总结

今年上半年，我镇在北部新区、高新区党工委、管委会的领导下，高举邓小平理论伟大旗

帜，全面贯彻“三个代表”重要思想，以十六届三中全会精神为指导，紧紧围绕年初制定的各项工作目标，始终坚持“三个转移”，即把工作重心从以农村工作为主转移到社区建设、城市管理上来，把工作立足点和着眼点从过去发展农村经济、增加农民收入转移到提高农转非居民综合素质和生活质量上来，把工作方式从过去“一把抓”的全能型转移到以社会管理和公共服务为主的服务型上来。进一步解放思想，更新观念，真抓实干，开拓进取，取得了经济建设稳步发展和社会各项事业的全面进步。

一、开发协调有序开展，服务工作优质到位

集中精力开展征地清理补偿拆迁工作。针对媒体过当宣传、周边地区补偿标准不一致、安置费相对价值越来越低等状况，采取了进场前多次召开村社干部培训会和群众动员大会的方式，广泛宣传征地工作的法律法规、目的意义、项目用途、适用文件、构附作物清理规范、安置补偿标准等，清理过程中始终坚持“公平合理，以民为本”的原则，清理后及时解决群众提出的问题，与他们保持联系和沟通。1～6月，按照管委会征地工作安排，完成了重光村4、5、6、7、12、13、14社共7个社2373亩土地及构附作物的清理补偿工作，发放人员安置补助费1308元/人。完成了重庆机场有限公司新建110KV输电线路35窝塔基征地和拉线工作。妥善地处理了原渝北区嘉陵房地产开发公司征用的重光8社部分转非人员要求补发过渡费问题。认真做好重光8社转非人员多年未安置住房的解释工作，有效地避免了再次集访。

妥善处置片区开发后续问题。集中时间和精力拆除了多年未拆的几户原农房，确保了高新园农转非还建房二、三期等重点工程的顺利实施；做好了万寿山住房安置后未结算的6户的结算交款入住工作；完成了万寿山农转非安置房936户土地使用权证和房屋产权证的办理工作，“两证”发放工作进展顺利。

进一步加强了对渝怀铁路、重庆龙头寺江北火车站、重庆光电产业园、商务中心、“五人路”以及工业园等重点建设项目的协调、服务、沟通等工作。

二、城市管理重点突出，综合整治初见成效

为实现把工作重心从以农村工作为主转移到社区建设、城市管理工作上来，上半年突出抓了城市综合整治、管理与旧城改造工作。把城镇管理工作和“加强城市管理，创建洁净家园”的活动结合起来，不断加大管理力度，进一步健全管理机构，坚决查处“脏、乱、差”。在“创建洁净家园”工作中，将“整洁城市”作为一项综合性的工作加以通盘考虑、统筹落实，硬件、软件“两手抓”，建设和管理双管齐下。开展以“人人动手”为重点的整治活动，多次发动居民区、企事业单位、机关干部、学生等参加爱国卫生公益活动，有效地改善了我镇的市容市貌。加强城镇管理，不断提高管理水平：多次开展专项整治，拆除违章建筑，上半年共拆除光电园周边、人和观音庙、汪家桥社区、和睦路社区等地区违章建筑9950平方米，妥善处理危房面积10236.9平方米，滑坡土地面积1426.6平方米；取缔店外设摊、加强对车辆乱停乱放的整治力度，基本达到了道路畅通、市容整洁的目标；认真做好城镇管理宣传教育：以多种形式进行宣传教育，提高广大人民群众的文明素质，坚持长效管理，较好地保持整治成果。

旧改拆迁工作取得较好效果。在管委会的坚强领导下，镇里抽调工作能力强、业务素质好、群众工作熟的机关干部参加拆迁工作，较好地完成了拆迁工作任务，尚余少数拆迁困难户的工作正在进行之中。本次应完成拆迁补偿安置323户，截止6月底，已完成拆迁安置310户，占应拆迁总数的95.9%，未完成拆迁安置13户，其中直管公房2户，私房11户（派出所8户，退休干部3户）。应拆除房屋面积23797平方米，已拆除房屋面积19314平方米，未拆除房屋面积4483平方米。

汪家桥社区环境整治工程基本竣工。汪家桥社区系渝长高等级公路指挥部负责修建安置的农转非住宅小区，存在较严重的安全隐患。经过实地查勘、专业设计、综合评审、项目审批、资金落实、公开招投标等环节，汪家桥社区环境整治工程已竣工，进入专业验收阶段。

三、农业注重区域特色，结构调整措施落实

随着开发建设的进展，我镇农村越来越少，但我们没有丝毫忽视农业、农村和农民工作，始终坚持把十六大提出的全面建设小康社会目标的要求，作为工作的立足点、落脚点，大力发展特色经济，服务城市，富裕农民，已收到了实效。上半年，我镇继续认真抓好无公害蔬菜生产，引进新品种，大力发展名、优、特、新和反季节蔬菜，提高管理水平，严格质量标准，增加科技含量，建立和完善无公害蔬菜生产质量检测体系，半年来共开展蔬菜专项检查3次，自己抽检每月2次（共13次），接受重庆市无公害蔬菜专项检查1次，均未发现异常情况。加强牲畜防疫工作，加大对禽流感疫情的防控力度，为市民提供放心肉品。

突出生态效益，保护林业资源，把国家退耕还林政策进一步落实到村、到户，落实示范户，带动生态果园建设，最大程度地调动农民对退耕还林管理的积极性；开展技术培训班一期，引导群众走特色经济道路。

加强农业基础设施建设，特别是水利设施的建设。今年计划整治山坪塘3口，目前，整治方案已全部完成。正在实施整治的有2口，1口已整治完毕。在防汛抗旱工作上要求做到早发现、早准备、早落实。针对今年防汛形势，对全镇的水库逐一进行了全面检查，与所在村签订了责任书，并落实了巡堤人员，制定工作责任制；准备了抢险物资，落实了抢险车辆，编制了《防汛工作手册》，同时针对今年的天气变化情况，做好了抗旱工作的准备。

四、素质教育成果突出，社会事业长足发展

继续加大对教育的投入，全面推进素质教育。投入43万元为中心小学建立广播电视系统和配备微机室设备；投入34万元为实验学校进行阶梯教室、小会议室等基础设施的装修。合理调整教育布局，整合教育资源，撤销了大坡村小学六年级班，将学生顺利分流到就近的重光小学、实验学校和中心小学就读，切实解决农转非人员子女入学难问题。加强新校的领导班子和教师队伍建设，继续实施教师全员聘任制，提高教育质量和水平。小学各项指标达高新区平均水平；中学各项指标仍居高新区各校前列，毕业生联招上线110人。在参加上级组织的各项竞赛活动中，多人次获得国家、市、区级奖励。配合高新区教育局，上半年完成了对辖区内的幼儿园、托儿所的师资、办学条件、招生等情况的调查摸底工作。

加强农转非人员就业技能培训，帮助其转变就业观念，增强其就业技能。针对我镇农转非人员观念陈旧、文化水平较低、现有技能不适应市场需要等问题，通过职业培训中心、群团组织、中小学校开展“小手牵大手”、“择业无贵贱”、“我就业我光荣”等活动，以人为本，对农转非人员进行转变择业观念和提高择业技能的培训，帮助其提升就业能力，主动参与竞争，并千方百计地与相关企业沟通用工供求信息，拓宽农转非人员就业门路，帮助他们实现再就业，解决生活困难问题。上半年，镇第二期再就业培训班结业，培训学员61名，推荐就业61名，实际就业49名，就业率92%。

加大社区制度建设和经费投入，做到“有人办事、有钱办事、按章办事”。出台了《社区工作职责》、《社区服务准则》、《社区财务管理办法》等系列制度，对各社区居委会经费实行“统一预算、财政核拨”管理制度，确保每个社区人员工资、办公经费和物管经费等的落实。

进一步完善城镇低保信息网络和殡改服务网络，认真落实三条保障线制度，进一步加强养老、失业、医疗、低保等社会保障体系建设，做到应保尽保，全面完成对全镇居民最低生活保障线人员的摸底调查工作。上半年发放优抚、定补、伤残款、临时救济金等各类优抚金额207346.92元，确保了困难群众的基本生活权益，取得了良好的社会效益。

稳定低生育水平，提高人口素质，进一步加强计划生育宣传教育工作，继续深化“婚育新风进万家”活动，发放宣传资料15000份，群众受教育面达99%；切实抓好育龄妇女和流动人口的管理、服务工作，落实育龄妇女生殖保健措施，保证计划生育率达到97%以上；进一步规范计划生育管理，将计划生育工作全面纳入依法管理轨道，坚持文明执法，完善生育审批程序，并对历史遗留的有关问题进行了合理的处理。

规范文化市场，开展健康有益的文化活动，丰富群众文化生活，成功举办春节期间大型群众文艺汇演和“红五月”歌咏比赛；规范网吧管理，开展全面专项检查，提出整改意见，并督促经营者立即整改，守法经营；加大卫生执法力度，开展经常性的检查活动，积极探索社区卫生服务工作新路子，建立社区卫生服务网络，为居民提供预防、医疗、保健、康复、健康教育、计划生育等“六位一体”的优质服务；四五月间，坚持了“非典”防治24小时值班和零报告制度。

在人武建设方面，坚持党管武装，切实开展“双拥”工作，关心复、退军人和军属生活；进行城市民兵改革新路子的探索；在各厂区、社区成立以民兵为骨干的巡逻队，充分发挥民兵预备役组织的突击队作用。

工会、共青团、妇联等群众团体，根据各自的职能，都积极地开展工作，为我镇的经济和社会各项事业的发展献计献策，充分发挥了在两个文明建设中的应有作用。

五、财政税收加强管理，增收节支效果显著

上半年我镇完成的财政一般预算收入累计完成1379万元，为年度预算的59.30%，比去年同期增长21.60%；财政一般预算支出累计750万元，为年度预算的43.20%，比去年同期增长15.60%。

在增收方面；积极挖掘增收潜力，促进财政收入稳步增长，通过抓好增值税、工商营业税、个人所得税，以及农业税等各项税收的征收工作，有效杜绝了逃避国家税收的不法行为，实现了财政增收目标。

在节支方面，对镇机关行政事业单位进一步加强了“量入为出、勤俭节约”管理。如：控制汽车费、日常办公费支出；暂停休息日加班补助；暂停接待费控制指标下达到各大办公室及站所；取消村居干部到镇开会领取午餐补助等，为我镇加强财政管理、节省日常开支、保证镇政府新办公楼工程资金需要起到了积极的作用。

六、稳定工作齐抓共管，安全生产警钟长鸣

以“抓组织、强领导；抓打击、强整治；抓宣传、强责任；抓队伍、强防范；抓基层、强基础”的“五抓五强”为切入点，围绕创建“平安街镇”目标，进一步完善了稳定工作领导责任制、信息网络制、大事件日报制、矛盾隐患月报制等制度，形成了稳定工作齐抓共管的良好局面。加强对不稳定因素的排查，对征地补偿、拆迁安置中可能出现矛盾的重点环节采取了相应的预案措施；在重大活动期间，对辖区内广播电视光缆光结点、“法轮功”人员派人24小时监护。巩固镇、村（居）、社（居民小组）防护网络，与各居委会和镇内大的企事业单位签订了目标管理责任书。镇、村、社协调解决民事纠纷75件，调解成功率达96%，无一件激化；针对经济开发、城镇低保和农转非居民水、电、气收缴等方面存在的不稳定因素，及时做好疏导化解工作。落实工作经费，择优聘用协勤员30名，加强了村、居夜间巡逻。强化信访工作，及时处理群众来信来访，基本做到件件有落实、事事有回音，及时化解了矛盾，确保了一方平安。

认真贯彻落实《安全法》，增强安全生产意识，与村（居）委和职能部门签订了安全生产责任书。通过出板报、悬挂横幅、张贴标语、发放资料等形式，加强安全生产宣传教育。上半年开展大型宣传活动3次，组织宣传车宣传一周，开展安全生产知识黑板报竞赛一次，组织交通安全法考试1次，组织开展安全知识进社区一次，发放宣传资料9200余份。加大执法检查力度，坚持安全定期检查制度，加强了对重点公共场所和单位火灾的控制，消除了安全隐患，确保辖区内无重特大安全事故发生。上半年，对企业、交通、消防（含公众聚集场所）、危化品、危岩滑坡、防汛、建筑等方面的安全开展了6次检查。通过检查，提出整改意见100余条，已落实整改80余条，其余的正在整改之中。在公安消防部门的指导下，为居委会配置了灭火器，消防水袋、水枪、安全绳、消防斧等必备的设施。同时向每个居委会提出组建不少于30人的义务消防队，并由镇上组织了一次培训，为有效预防火灾创造了条件。

七、党建工作常抓不懈，基层组织建设成效明显

上半年，我镇在北部新区、高新区党工委的正确领导下，坚持高举邓小平理论伟大旗织，认真贯彻党的十六届三中全会精神，以学习贯彻两个条例为主线，以开展“保先”教育准备工作为重点，按照年初制定的工作计划，抓重点、求突破，开足马力，上挡提速，创造性地开展工作，大力加强机关党建和基层组织建设工作，较好地完成了各项工作任务。

大力加强党委中心组学习。上半年，镇党委把《中国共产党党风监督条例（试行）》、《中国共产党纪律处分条例》作为中心组学习的主要内容。通过学习，班子成员形成了统一认识：一是要筑牢廉洁自律的防线；二是要有主动接受监督的意识；三是要严格按照既定原则办事；四是要集中精神，全力抓好特色社区建设、特色文化建设和特色经济建设；五是要加大廉政建设力度，搞好两个《条例》在辖区范围内的贯彻学习。

为确保保持共产党员先进性教育活动的顺利开展，镇里制定了“保先”准备工作实施方案，成立了“保先”教育活动准备工作领导小组，召开了动员大会，选派了工作骨干，落实了专项经费。目前正在开展深入细致的党员基本情况调查摸底工作，为下步进行集中整顿、清理流动党员、健全企业党组织、扩大党组织覆盖面、培训骨干党员等做好前期准备。

加强了对镇人大工作的领导。半年来，镇人大主席团按照有关法律法规认真履行职责，圆满完成了年初制定的工作目标。具体体现在：一是坚持学习，提高主席团成员整体素质；二是制定计划，把各项工作落到实处；三是坚持依法按期召开主席团例会；四是依法实施法律法规的监督工作；五是认真做好代表建议、批评、意见的督办工作。

根据《村民委员会组织法》，报经管委会批准，撤销了双桥、柏林、万年3个行政村的建制。在对村级集体资产进行处置的过程中，专门出台了《关于严明基层组织整合有关纪律和具体问题的处理的通知》，明确了建制村撤销后干部分流、人员补偿、财产分割具体办法。由于前期工作细致到位，措施有力，在撤村过程中未出现一起因工作不力造成的集体资产流失事件。同时，为推动社区制度化和规范化建设，锻炼机关干部，提高干部素质，发现和培养社区优秀干部，撤销了双桥、柏林、万年3个村党组织，建立万寿山社区、和睦路社区党支部，并从机关事业单位中选派了3名优秀青年干部到社区党支部任书记。

八、办公楼建设进展顺利，项目运作公正透明

镇政府综合办公楼工程通过公开招投标，于4月8日正式破土动工后，各项工作进展顺利。到目前为止，基础部分已全面结束，主体部分已开始建设。各项分包工程也正在进行中，其中电梯招标采购已结束，消防设备和安装也已完成招标，整个工程预计将于××××年××月中旬竣工验收。在办公楼建设的过程中，始终坚持了“阳光操作”，每一个项目始终做到了公开、公平、公正地进行招投标，镇纪委、镇人大全过程参与、全过程监督，杜绝了暗箱操作。

九、干部教育与时俱进，政府自身建设得到加强

半年来，我们以党的十六大精神和“三个代表”重要思想为指导，以建设高素质的干部队伍为目标，注重对镇机关干部的教育和管理，加强了政府自身建设。镇政府及各部门始终坚持为经济建设服务、为群众服务的原则，努力营造解放思想、抓住机遇、开拓创新、与时俱进、狠抓

落实的良好氛围。面对经济全球化和信息化、网络化的迅速发展以及我国加入世贸组织的新形势，镇政府全体机关干部切实加强了政治理论、现代知识和有关世贸组织知识的学习，提高自身素质，进一步解放思想，基本上达到了思想政治进步、依法行政能力提高、公仆意识增强、工作纪律加强的目标。强化务实高效的工作作风，把求真务实作为政府工作的第一要旨，不断完善以德、能、勤、绩为主要内容的考核制度，自觉接受群众监督，进一步推进了廉政建设。

××××年是贯彻党的十六届三中全会精神、全面建设小康社会的重要之年，也是我镇各项工作从农村走向城市的转轨之年、探索之年、发展之年。上半年所取得的成绩使我们信心倍增，但是在肯定成绩的同时，我们也清醒地认识到存在的不足和问题，主要表现在：部分村社干部群众认为现行赔付标准过低，对新土地征用补偿政策的出台持观望态度，进一步加大了土地清理的难度；城乡部分群众生活还比较困难；城镇低保面越来越大；农转非人员就业压力巨大；依法行政、服务质量和工作效率有待提高；社会治安综合治理的任务依然艰巨；精神文明建设和民主法制建设还存在不少薄弱环节等。下半年我们将继续坚持以服务开发建设为中心，加强城市管理和社区建设为重点，维护辖区稳定为基础，强化政权建设为保证，将精神文明建设贯穿始终，紧紧抓住北部新区开发建设“上挡提速”和高新区“二次创业”的历史机遇，再接再厉，顽强拼搏，与时俱进，开拓创新，采取有力措施，切实解决上述问题，实现全镇经济社会全面快速发展。

▲发展改革部门半年工作总结

【范例】

封开县发展改革局××××年上半年工作总结

上半年，我局紧紧围绕《县政府工作报告》提出的各项要求，全面落实县第十次党代会以来的各项工作部署。做好国民经济运行监测和经济分析工作；继续围绕“抓资金、上项目、出成效”的工作重点，狠抓工作落实；从谋全局、谋长远、增后劲的高度认真抓好“十一五”规划纲要的编制工作；在保持共产党员先进性教育活动中，积极开展“争先创优”活动；做好扶贫、计划生育等各项中心工作；出色完成“6·23”抗击西江特大洪水保卫旺村堤任务。现将上半年主要工作总结如下：

一、上半年主要工作

1. 制定了我县××××年主要国民经济指标

旨在征求相关部门意见的基础上，编制了××××年度主要国民经济计划指标，增强了计划的科学性和可操作性，4月18日，经县十三届人大三次会议审议批准后实施。同时，积极参与市考核我县“主要经济指标和招商引资工作目标”的编制协调工作。

2. 认真做好“十一五”规划编制工作

我县编制“十一五”规划的总体要求是：按国家、省、市和县委、县政府的有关部署，从谋全局、谋长远、增后劲的高度，认真抓好“十一五”规划的编制工作，特别是认真做好重点建设项目的规划。为科学规划我县“十一五”重点项目，深入认真地调研了我县“十五”时期重点项目建设落实情况，起草了《“十五”时期我县重点项目建设分布》、《“十五”时期重点项目建设完成情况》、《“十五”时期实施重点项目建设对促进本行业发展的作用》、《“十五”时期实施重点项目的经验和做法》、《“十五”时期重点项目建设存在的问题和困难》等调研提纲。目前，我县整个“十一五”规划工作进展顺利，基本完成了重点课题研究、重点项目规划、部分专项规划、规划基本思路等原定的工作任务。

3. 把握经济发展态势，当好参谋

为搞好我县宏观经济的监测和分析研究，把握我县经济发展趋势，及时协调了解经济运行中的热点、难点问题，我局继续加强季度经济形势动态分析和月度宏观经济监测，上半年先后组织了××××年第一季度和1~4月、1~5月经济运行分析，着手准备上半年国民经济和社会发展计划执行情况的报告。收集了全市各县（区）1~5月份“规模以上工业总产值、财政一般预算收入、固定资产投资、社会消费品零售总额”等经济指标。

当前，我县经济运行中存在的突出矛盾和问题主要有以下几方面：一是受资源价格上升的影响。水泥制造、林产化工等工业由于原材料上升，产品销售下滑，效益下降。上半年水泥工业主要原材料综合成本，比去年同期每吨上升30.57%，比年初上升8.87%；木材加工工业主要原材料——木材每立方米比去年同期上升30.0%，比年初上升6.6%；尿素比去年同期上升13.0%，比年初上升6.15%。二是部分招商引资项目因资金未及时到位而推迟投产，未能形成新的工业增长点。三是企业招工难、劳动力不足制约了企业正常生产。目前我县5家打火机厂劳动力不足率达30%~40%，劳动力已成为制约劳动密集型企业生产发展的主要瓶颈。四是救灾复产任务艰巨。

4. 做好项目申报工作，大力推进“工业强县”战略

认真做好“十一五”重大项目规划申报工作，推动有较强带动能力和辐射能力的重点项目实施。至6月底，我局向市发改局推荐了我县申请纳入省“十一五”规划的重点项目55个，其中我局直接向省发改委申报了“两广市场”、“水泥生产基地”、“新城区西江大道堤路”、“松节油综合利用合成天然系列高档香料”和“污水处理厂”等重大工程项目规划。目前专家组正对亨达利水泥项目可研报告、环评报告进行论证。

5. 积极争取资金，加强招商引资，做好重点建设项目服务工作

今年上半年，我局充分发挥自身职能，继续加大跑项目争资金力度。今年3月，我局主要领导主动到省发改委，了解××××年省发改委资金总体安排情况，为争取省发改委安排我县项目资金，建议县政府召开专题会议，落实各相关部门组织项目材料上报、与省发改委及有关部门联系沟通等方面的责任。目前，我局已争取到省发改委“公检法司”和“生物防火林带”项目建设资金近160万元，同时“农村饮水困难工程建设规划”已获省发改委批复，并安排了今明两年资金补助计划。

进一步加大招商引资力度。一是要用更多的时间和精力在更广的范围内寻访客商，扩大接触面，创造更多的招商机遇。加大对现有线索跟踪的力度，建立招商引资项目线索库。坚持定期与现有线索的有关客商保持联系，认真做好个性化服务，配合客商做好前期工作。二是加大对我县重点招商项目的推介力度。结合重点招商项目，更具体、更有特色地向客商推介我县投资环境，力争在重点项目中取得突破。三争取年内南海客商梁先生意欲在我县租赁500亩左右的山塘水库、投资200万元搞网箱养殖项目和中山客商黎雄先生意欲在我县投资一百万元搞塑胶制品厂项目得到落实。

年初，我局经过认真调研，并与项目主管部门充分协商，筛选出50个重点项目，编制了《封开县××××年重点建设项目》方案。为确保这些项目如期建设，我局积极做好各项服务工作，跟踪项目建设进展情况。

6. 推进行政许可制度改革，搞好机关效能建设

根据《行政许可法》第三十条规定，公示了我局行政许可事项和非行政许可审批事项内容，包括：核准事项、核准内容、核准依据、核准范围和标准、核准招标方式、核准程序、办理时限、示范文本。制定了《封开县企业投资项目核准程序》、《封开县发展改革局行政许可公示制

度》。对不使用政府性投资实行登记备案制，简化审批手续和程序。

搞好机关行政效能建设。年初，我局确立“一个目标、两种能力、三个角色”机关工作效能建设目标。“一个目标”就是要争当全市乃至全省一流的县级发展和改革部门。“两种能力”：一种是宏观能力，即把握宏观形势的能力，结合实际灵活运用政策的能力，对我县经济社会发展规划、预测、判断的能力。一种是活动能力，即与兄弟部门之间的协调互动能力，与上级部门沟通的能力，与客商交朋友进而更好地招商、安商的能力。“三个角色”：一是扮演好领导参谋的角色，二是扮演好项目服务员的角色，三是扮演好招商者的角色。为实现上述目标，我局加强和完善了机关工作制度建设，制定了《岗位责任制》、《个人岗位工作完成报告——量化考核》、《调查制度——定期定点对重点工业企业经济运行调查》、《国民经济运行监测制度——国税地税入库实绩跟踪》等制度和措施。同时，通过局信息网及时公布我局的党务、政务工作情况，反映我县经济发展态势。

我局高度重视党风廉政建设和反腐败工作，进一步完善和规范财务管理制度，两次召开民主生活会，制定了《封开县发展改革局行政许可实施程序制度》、《封开县发展改革局行政许可过错责任追究制度（试行）》，注重从源头上预防腐败。

7. 认真开展保持共产党员先进性教育活动

为确保先进性教育取得实效，制定了《发展改革局先进性教育活动实施意见》，参加了“先进性教育百题测试”，开展了先进性教育大讨论以及形式多样内容丰富的党日活动，学习了保持共产党员先进性教育相关读本，观看了《让党旗更鲜艳》、《广东党员电教片》等专题教育片。召开2次座谈会，“一对一”、“一对多”谈话18人次，发放了征求意见表18张（其中对相关部门发征求意见表4张）。共收到意见和建议13条，经归纳整理，共提出存在问题4条和有建设性的建议4条。4月26日上午召开了领导班子专题民主生活会，会上，副县长、局长李朝阳同志充分肯定了局领导班子近年来取得的成绩，并带头进行自我剖析，班子其他成员踊跃发言，对招商引资工作做得不够和领导班子分工不够明确等存在问题进行了认真的批评和自我批评，领导班子成员统一了思想，明确了目标。

8. 围绕中心，服务大局

做好各项中心工作，为经济稳健发展服务。一是出色完成“6·23”抗洪抢险任务。二是计划生育工作达到了“计划生育率、查环查孕率、年度避孕率、措施落实率、及时率”考核指标。三是投入5600多元支持挂点各项工作的开展。

二、下半年工作重点

1. 加强季度经济形势动态分析和月度宏观经济监测。及时分析总结我县经济运行中存在的突出矛盾和问题，准确把握经济运行规律，提出经济发展对策与建议，真正为县委、县政府当好参谋，确保我县国民经济生产总值增长14%目标的实现。

2. 提高服务质量和服务意识，发挥职能优势。一是全力支持打火机制造、水泥制造、林产工业、木材加工、水力发电等支柱产业，帮助企业发挥自身优势，拉长产业链条，增强发展后劲。二是跟踪25个重点招商项目建设进度情况，分析存在问题。三是继续做好重点工业企业定期定点调查工作，掌握工业经济运行第一手材料，确保我县经济总量和财政收入稳步增长。

3. 继续跟踪落实我县重点项目的报批工作。

4. 加大跑项目争资金工作力度，确保我县固定资产投资稳定快速增长。一是继续抓好国债续建项目的资金争取工作。二是进一步创造启动社会投资的良好环境，努力放宽投资领域、拓宽社会融资渠道，改进政府管理，促进我县固定资产投资稳定快速增长。

5. 抓好县级项目库建设。根据市政发展规划，对我县需要建设的项目进行收集整理，大力支持项目单位开展项目的前期工作，建立项目数据库，并使入库项目争取达到预算的程度。加强与外部的联系，从有关部门收集招商引资项目信息，建立招商引资项目线索储备库。

6. 全面完成“十一五”规划编制工作。

7. 做好增长点预测。

三、建议

1. 落实招商引资工作责任制，细化招商引资考核指标，将招商引资作为主要指标年度考核。同时，部门之间要密切配合，相互协调。

2. 政府要加大对重点企业的服务工作，千方百计保证企业用电生产。加大招工工作力度，缓解我县企业用工难的矛盾。

3. 要利用我县经济规模进一步扩大和财政收入持续增长的影响力，积极与金融部门沟通，争取更多的银行资金投入我县重点项目建设。

▲党委、政府季度工作总结

【范例】

八卦洲镇党委、政府××××年第一季度工作总结

今年以来，我镇党委、政府在区委、区政府的正确领导下，认真学习贯彻党的十六届三中全会和中央农村工作会议精神，切实坚持“两个务必”和富民为先，解放思想，扎实苦干，较好地完成了一季度的各项工作和任务。1～3月份全镇实现三业总产值3.0亿元，比上年同期增长15%；完成全口径财政收入360万元，同比增长30.9%；完成地方财政收入110万元，同比增长41%，完成固定资产投入1600万元，占年计划任务的32%，出口创汇16.37万美元，同比增长12%，几项指标充分显示，首季度各项工作均取得“开门红”，为全面完成全年的目标任务奠定了坚实的基础。

一、围绕农业结构调整，提高农业综合效益，实现农民增收

今年来，我们以农业增效、农民增收为立足点，围绕农业结构调整，狠抓农产品质量建设和芦蒿产业化经营，不断增强芦蒿市场竞争力。1～3月全镇实现农业产值1.35亿元，其中芦蒿产值1.33亿元，已上市4835万公斤。尽管全国各地芦蒿栽培规模迅速扩大，八卦洲芦蒿市场受到极大挑战，但是我镇党委、政府站在发展的战略高度，积极开发芦蒿新品种，开拓新市场，开发芦蒿系列功能食品、保鲜技术，通过了江苏省名牌产品认证，开展了绿色农产品的申报工作，有效保证了八卦洲芦蒿品牌的一枝独秀。高度重视禽流感的预防工作，通过强化领导、广泛动员、落实责任，我镇的禽流感防治工作组织措施落实到位，信息网络建设周全，防疫消毒工作开展有序，充分掌握了禽流感防治工作的主动权，未发生一起禽流感疑似或确诊病例。对全镇范围内的农贸市场进行了安全突击检查，确保市民吃上“放心肉”；积极推进了“绿色南京”工程，完成植树面积3505亩，共栽下树苗15.27万株。扎实推进了水利设施建设，上坝机站已进入扫尾阶段，大套口涵接长江护坡工程和临江二期护坡工程都进入了攻坚阶段。认真做好河道清淤工作，目前新华庵外圩站引水和清淤已进入尾声。同时认真开展××××年汛前检查工作，制定各项预案，做好防汛的各项准备工作，确保安全度汛。

二、打造江中船舶修造基地，加快工业经济发展步伐

发展工业是振兴我镇经济的重要途径，整合现有资源，打造江中船舶修造基地，则是我镇发展工业经济的一项重要举措。目前，已有二桥船业、亚泰船厂、东山船厂、南江船厂、广正船

厂、南新船业、海月船厂等7家造船厂来洲发展，使原本荒芜的长江滩涂地成为南京又一处造船基地。造船业的兴起为八卦洲带来了税收，带来了210名农民就业。为进一步做大造船基地，我镇已规划出洲北近10公里长的外圩江滩，用于发展船舶修造基地。在企业管理上，我们围绕目标抓管理，进一步做好规模企业和个私经济的服务工作，一季度的工业生产值达到了3484万元，实现增加值769万元，完成销售收入2872万元，利税156万元，利润58万元，分别占年度计划的24.54%、24.18%、24.97%、23.64%、30.52%，与上年同比增幅分别为19%、17%、21%、23%、41%。规模企业发展较快。一季度已完成总产值1369万元，增加值291万元，销售1378万元，利税72万元，利润45万元，分别占年度计划的20.74%、20.21%、23.84%、24.84%、50%。二桥船业、亚泰船厂、尚春木业等一批重点企业继续保持强劲的发展势头。

三、第三产业稳步发展，招商引资工作成效显著

今年以来，我镇第三产业稳步发展。1~3月份预计可实现第三产业总产值13050万元，占年计划的25.43%；实现增加值5380万元，完成计划的26.9%；完成利税1754万元，完成计划的25.8%，完成固定资产投入1600万元，完成计划的32%。充分发挥劳动和社会保障所职能，广泛开展就业培训，实现农村富余劳力的有效转移；进一步加强对小商店、小百货、餐饮、娱乐等市场建设，规范管理、优化服务；加快了旅游经济开发，以农艺馆、新闸千亩蔬菜基地、小江河为主体，开发吃、住、游为一体的农家乐村，努力申报江滩公司风光一日游专线。在招商引资工作方面，我们着力改善投资环境，与客商坦诚相待，引进八卦洲度假村项目，该项目注册资金200万元，总投资500万元；引进××工贸实业有限公司，该项目注册资金300万人民币，充分整合我镇现有资源，利用闲置厂房，引进南京诚达机械厂和南京凯迪制衣有限公司。

四、加大镇村建设力度，推进小城镇城市化建设

富裕农民必须减少农民，繁荣农村必须推进城镇化。今年以来，我们坚持以科学规划为先导，进行了土地利用总体规划修编完善工作，办理了镇成教中心、中心幼儿园的规划红线手续。做好了八卦花园11幢、长江花园二期6幢整体工程建设的准备工作；此外，加强了农民建房管理，规范建房资料的衔接材料，制定和完善了申请宅基地勘查制度，完成了全镇1500多宗集体土地所有权登记发证的申报工作，新生圩土地整理工程如期开工。本着走生产发展，生活富裕和生态良性的文明发展道路，我镇党委政府着力加强了洲内环境卫生建设，对洲上厕所的改造、农民生活垃圾的收集、清运、处理，市容、道路的管理等都制定了相应的、更加具体有效的管理办法和实施意见，有效推进了八卦洲农业生态旅游事业的发展。

五、加强社会保障工作，促进经济、社会事业的协调发展

1. 劳动和社会保障工作：新增就业岗位134个，新增农村富余劳动力输出410人，大力实施“教育富民”工程，开展就业前培训和农村劳动力培训212人次。另外，还组织召开了由40多家用工单位领导参加的座谈会，主动听取用工单位的意见和建议。

2. 科教文卫和计划生育工作：完善硬件设施，积极创建现代化教育乡镇，大力开展科教兴镇战略，举办各类培训6期，培训人员2210人次。积极参加市、区两级象棋、乒乓球、舞龙等多项活动。进一步完善计划生育的奖惩制度，与各行政村签订了计划生育责任书，以“月服务”为重点，为6249名育龄妇女开展了生殖道感染工程的疾病检查，服务率达100%。

3. 民政“双拥”工作：开展春节走访慰问工作，全镇共走访慰问各有关人员353户计801人，发放各类慰问金10.30万元，大米3.80万公斤，慰问共建部队2家。完成了全镇农村困难户、城镇困难户和区、镇级机关帮扶对象的调查摸底工作。

4. 社会综合治理工作：以维护稳定、促进发展为核心，在“两会”期间，积极开展安全保卫和重大纠纷排查处理工作，依法调解各类纠纷38起。开展创建“无刑事案件村”百日竞赛活

动。在全镇中小学广泛开展法制教育活动，把普法教育进一步向村组和学校延伸。此外，狠抓安全、消防责任制的落实，一季度未发生一起安全、消防事故。

六、加强党员干部管理，促进政府自身建设

加强党员干部管理，是巩固党执政地位的重要保证。年初，镇党委认真贯彻廉政建设各项规定，要求党员干部将人民赋予的权力置于广大人民群众的监督之下，切实为群众解决实际困难。重视对村组干部管理，实行了严格的村干部职数配备、考核机制、分配方案。加强了纪律检查工作力度，认真学习了《中国共产党党内监督条例》和《中国共产党纪律处分条例》，查处党员赌博案件1起。注重党员干部的思想教育，开展党员冬训工作，947名党员参加了培训，参训率达95%以上。一季度政府还召开了十六届人大代表第三次会议，大会向代表作了××××年度的《政府工作报告》、《人大工作报告》和《××××年度财政预决算报告》。增、补选了副镇长2名。全会通过了代表们提交的建议5条。此外，本着加强组织建设原则，将水利站、排灌站、堤防站合署办公，统一管理；进一步加强干部作风建设，制定机关干部考核制度，签订了党建工作目标责任书。

从一季度的工作情况看，各项工作都取得了一定的成绩，但也存在着问题和不足。主要是，全镇经济总量没有大的飞跃，经济发展不平衡，工业经济亟待加强，缺乏强势龙头企业支撑，环境综合治理仍需加大力度，干群思想有待进一步解放。这些都是我镇抢抓沿江开发机遇，加快发展，富民强镇的不可忽视的制约因素。

七、二季度重点工作

1. 完成芦蒿保鲜加工项目，开办伏秋芦蒿栽培技术培训班。

2. 加快南江船厂和海月船厂的建设速度。

3. 开工建设八卦洲度假村、阳光休闲中心和东江村蓝新工贸实业有限公司。

4. 完成南厂门码头至大同村部“灰色化”道路，建成中心路桥和大同村五垅河桥两座小农桥。

5. 完成八卦花园11幢和长江花园二期6幢主体工程，开展长江花园以西41亩地块的勘察设计工作。

6. 加强对“绿色南京”工程的质量管理，做好树苗的培土、支撑、病虫害防治等管护工作，迎接市级验收。

7. 建设完成中心幼儿园、成教中心教学楼，争创教育现代化乡镇。

8. 加快三大水利工程建设，做好防汛准备工作。

为了确保二季度工作顺利完成，实现今年经济指标的“双过半”，我们将进一步解放思想，加强干部队伍建设，加强对外宣传，积极招商引资，全力推动我镇经济的快速增长，促使我镇在沿江开发中赢得主动、赢得优势、赢得发展。

▲规划部门月工作总结

【范例】

长沙市规划局××××年××月份工作总结

（一）规划编制

1. 完成长房西郡小区、长沙奥林匹克花园小区、留香雅苑、阳光嘉园等详规审查和港洽会有关项目的初审工作。

2. 组织召开了美的三湘客车基地小区、中南摩尔小区、湘雅路、马王堆路、枫林路、工程兵大道、华夏路、开福寺路等8个项目管线综合协调会议。部署落实全市重点工程项目，目前已全部上交背街小巷提质改造工程设计图纸。开始着手交通影响评价分析工作。

3. 审查了天心阁视线走廊方案，组织编制了第一批控规正式成果和第二批控规初步方案，完成了三角洲修建性详规的发标工作。在望城县、经开区召开测绘管理工作会议，协调统一坐标系及基础测绘管理工作。

4. 审查了雨花区南片、捞刀河口地段、青竹湖东片控规初步成果。进行了望城县化学品物流园区选址、长沙市人防指挥应急求救中心方案等9个项目方案评审。调整了天宇公司、航道管理局等26个单位的用地规划指标。

（二）规划审批

1. “两证”审批：据统计，5月份全局接受报建212个项目。核发《建设用地规划许可证》35个，用地面积1229535平方米；核发《建设工程规划许可证》127个，建筑面积882470.52平方米，管线长度349.948千米。共受理案卷401个，应办结案卷413个，已办理案卷413个（其中：办理正点案卷397个、缓办案卷14个、退文案卷2个），正点率为100%。其中：建筑处共受理案卷165个，应办结案卷175个，已办理案卷175个（办理正点案卷169个、缓办案卷6个），案卷正点率100%。

用地处共受理案卷156个，应办结案卷144个，已办理案卷144个（办理正点案卷137个、缓办案卷5个、退文案卷2个），案卷正点率100%；市政处共受理案卷80个，应办结案卷93个，已办理案卷93个（办理正点案卷91个、退文案卷2个），案卷正点率100%。

设计处应办结案卷1个，已办理案卷1个（缓办案卷1个），案卷正点率100%。

2. 市政务中心规划局窗口共接待人数10768人次，受理事项1824项，办结事项1824项，月办结率100%。

3. 信息中心办理建筑面积复核卷63个，主要技术经济指标复核卷21个，道路上线卷131个，监制公示牌30块，日照分析项目1个，正点率100%。

（三）批后管理

局执法队参与建设工程放线14次，正负零验收8次，竣工验收5次，处理违章案件7次，下发停工通知书1次，规划公示建设工程项目3起。下达处罚决定书5份，处罚面积60773.2平方米，处罚金额57.5万元，实际到位金额56万。着手开展创建无违法建筑示范小区、示范项目活动准备工作，在批后管理项目中实行挂牌管理，保证规划审批落到实处。为使公示制度进一步规范化、程序化，起草了《关于进一步规范建设项目规划公示意见》。参与讨论了《关于公布长沙市市级行政许可实施项目目录的决定》、《湖南省实施中华人民共和国道路交通安全法办法》、《长沙市城市公共客运管理条例》等地方法规。出庭参加刘副坤诉我局天心区分局核发（93）私字073号《建设工程规划许可证》的诉讼。因“亚大数码港”一案接受岳麓区检察院询问。顺利完成长沙市政府办公厅行政办公软件的研发工作，进入试运行阶段。对分局信息化建设中所采购的硬件设备、网络开通情况、内部局域网连接情况以及网网通运行情况进行验收。完成了综合管理信息系统GIS模块中四种调图的研发各种，以及道路上线模块的开发、检测工作。完成长沙市城市道路规划汇总××××版的编辑与印刷工作。

（四）行政后勤工作

完成了我局保持共产党员先进性教育活动第二阶段总结以及转段工作，召开整改提高阶段动员会议，部署第三阶段工作。印发了××××年度各部门的目标管理考核细则。办理了异动人员上编、消编、调资、调动、退休和有关人员的公伤等手续。做好了市局、分局、执法队、研究室养老保险工作年审的前期准备工作。组织召开机关党委委员会议，研究部署××××年度党建有关工作。按照市文明办要求，落实××××年创建全国文明城市有关材料上报工作。组织四县（市）规划局迎接了省建设厅检查组对我市重点实施项目“一书两证”专项检查。向市纪委党风廉政室上报了局领导班子民主生活会情况报告和征求意见的有关材料。完成了局系统“小金库”情况的清理和上报工作。接待了市纪委来我局关于规划许可制度的调研。向市财政局申报并落实了××××年度第二批专项资金，对各分局信息化建设购置设备进行了验收，办理了各处室购买办公设备的控购。结清了各次会议的账务。上报了××××年度财务预算和财政供养人员年度报表。着手全市党政机关、市属事业单位秘书队伍理论研讨和学术交流活动的准备工作。完成了《长沙年鉴》、《湖南建设年鉴》文字材料起草、上报工作。本月办理建议、提案25件，转办来信22件，接待上访2批7人次，答复来信15件次，安排各种会议93人次。完成市政府签报卷14个，发文81个，收到政府签署件18件，其他收文105件。接待了邵阳市、张家界、郴州市、江西萍乡市规划局等单位共16人来长沙的学习考察。

（五）分局工作

高新区分局：

接受报建项次21次，核发建设用地规划许可证3个，用地面积为115415平方米，投资规模3460万元，放线1处，制定了《关于完善规划服务，改进选址定点工作的意见》，并通过区基本建设联席会议讨论上报管委会领导审批。强化中心区科技、商务、行政中心的规划定位，制定《关于万豪盛项目规划设计的原则和要求》，完成了该镇134户村民建房情况调查统计。

缺交芙蓉区分局：

接受报建10次，放线2处，工程验收3处，核发建设用地规划许可证1个，用地面积为60平方米，投资规模3万元。协调东岸乡望龙村、杉木村农民“两安”用地调整规划和参与协调隆平科技园项目报建事宜，衔接全区114条背街小巷的规划设计工作，并完成区政协委员提案3件、区人大代表建议4件答复文件的起草。

天心区分局：

放线3处，核发建设用地规划许可证5个，用地面积为1647.78平方米，投资规模65.91万元，工程验收3处，下达处罚决定书1份，处罚面积82平方米。配合区拆违办对钢材大市场周边12000平方米的违法建筑进行拆除；开展青园办事处青山安置小区的审批报建工作和行政诉讼案的庭审工作，并对单位小金库进行清查、上报。

岳麓区分局：

放线1处，工程验收4处，下达停工通知书3份，拆除违法建筑14处，制止违法建筑2处。核发建设工程规划许可证7个，审批建筑面积1492.87平方米，投资规模567.29万元。对辖区内各重点建设项目、农民安置小区、社区办公用房等进行调查摸底，并召开专门会议研究，及时提供规划服务。

开福区分局：

接待报建项目13个，核发《建设工程规划许可证》3本，面积469.23平方米，放线1处，竣工验收3处，下达处罚决定书6份，处罚面积250.68平方米，协助市局对青竹湖东片控规方案进行审评，做好大明村庄规划方案的批复工作，配合市局搞好洪山旅游管理局农民“两安”用地的规划审查工作，完成了分局办公电脑的配置工作。

雨花区分局：

接受报建项目2个，核发建设工程规划许可证10本，建筑面积6757平方米，投资规模250万元，竣工验收8处，参与放线8处。下达处罚决定书1份，处罚面积9839.82平方米，应处罚金额3.5万元，全部到位。积极做好“保先”教育活动分析评议阶段各项工作，配合万名干部下基层活动，对区辖内办公用房情况作了摸底调查。添置办公电脑，完善分局的办公系统。

▲街道办事处月工作总结

【范例】

北京广安门街道办事处2月份工作总结

一、党建工作

1. 召开离退休老干部迎新春团拜会；对××××年上半年社区党建工作进行部署；制作《党员手册》和流动党员服务卡；制定“增三力工程”实施方案。

2. 召开新闻界新春联谊座谈会；筹备编辑《广外要闻播报》。

3. 对群众反映的物业收费不合理问题及社区掌握低保政策不公平等问题进行了调查，并作了答复。

4. 举办广外地区各界人士新春团拜会。

5. 组织召开广外街道工会工作研讨会及春节团拜等联谊活动；组织机关干部冬季趣味运动会；组织召开社区妇代会××××年工作研讨会；举办团市委慰问进京创业青年暨在青年中心推广爱心超市项目启动仪式。

二、政务工作

1. 办事处、社保所、24个试点居委会全程办事代理，共为群众代理了724项事务（其中办事处代理室48项；社保所代理站168项；24个试点社区居委会代理服务站508项）。

2. 接待海淀区羊坊店街道一行到我街道就如何落实第五次城管工作会精神和××××年工作思路进行调研。

三、城市管理工作

1. 继续对地区燃气供暖单位的供暖情况进行监督检查。

2. 组织召开马连道西里小区市运公司宿舍小区整治工作现场会，制定整治方案和建设规划设计；完成湾子小区绿化改造设计方案；做好三义里小区围墙开工的前期工作。

3. 积极落实铲冰扫雪工作。2月份，先后出现3次降雪，对辖区6条主要大街400多家单位的铲冰扫雪工作进行了检查监督；28个社区组织人员对辖区内街巷、甬路、院落进行清扫；环卫所干部和保洁员同上街头共撒溶雪剂1吨，同时清除堆雪；绿化办及绿化站组织人力对绿地周边的道路进行了清扫。

4. 对工地进行控制扬尘检查80次。

5. 组织开展以“美化环境，迎接两会”为主题的城市清洁日活动，1350人参加，清理垃圾卫生死角15处，清理绿地4万平方米，清除擦拭小广告1100条，出宣传板报35块。

6. 做好校园周边环境整治，取缔无照经营，规范门店经营；加大对黑车的打击力度，暂扣黑车4辆。

7. 2月份，城管分队共纠正各类违章328起，批评教育425人次，实施处罚208起，拆除违法建设52平方米，罚款合计12000元。

四、社区、民政、劳动和社会保障工作

1. 慰问特困失业人员480人，发放慰问金96400元；对广外辖区8家工地进行矛盾排查，确保春节期间建筑工地的安全稳定；解决依莲轩工地福建石材装饰公司与民工工资纠纷问题。

2. 完成《自强风韵》报第二期的出版工作；组织地区残疾人参加厂甸春节庙会，销售编织产品；召开社区残协主席会议。

3. 大力开展送温暖活动，对街道低保家庭、孤老户、优抚对象、军烈属和敬老院、共建部队进行慰问；召开广外地区双拥共建军政座谈会。

4. 指导社区做好××××年度项目申请工作；对××××年度天北等3个社区的社区建设项目完成情况进行验收和评估；继续做好社区合并的准备工作；召开社区专职工作者新春团拜会；协助专家组完成小康社区指标体系的编制工作；指导社区应用北京市社区信息管理系统；完成北京市市级试点街道和特色社区的申报工作。

五、经济统计工作

1. 完成各类统计月报。

2. 研究××××年马连道开发办工作思路和主要工作任务；筹备召开马连道采购中心区城市设计专家评审工作会；配合市、区有关部门进行马连道采购中心区1#地的上市交易工作。

3. 召开茶业同业会××××年工作会议。

4. 召开广外地区××××年度重点开发项目调度会。

5. 继续做好经济普查工作。

六、社会治安综合治理、人防工作

1. 完成春节期间的保稳定工作。组织地区治保力量开展值班巡逻，强化社会面控制；重点加强对有线电视光结点、延放点、楼放点及练法轮功人员的严密监控；发动社区力量，参与矛盾排查调处工作，及时掌握地区不稳定因素，采取有效措施，化解各类矛盾纠纷；加强科室规范建设，建立健全矛盾纠纷排查调处工作制度，整合地区排查调处资源，建立“大排查”、“大调处”监督制约机制。

2. 继续开展安全生产大检查。共检查17家商品市场及19处人员活动密集场所，对本辖区8处早期人防工事进行了全面核实，重点检查各项安全管理措施的落实情况。

3. 完成春节期间禁放工作。落实《广外街道××××年春节禁放工作方案》，制定《广外街道××××年春节重点时段禁放工作实施方案》，发放禁放宣传画1500张。

4. 筹备召开地区综治委××××年第一次工作会。

5. 继续修改、完善地震应急预案。加强防震减灾应急值班，做到一旦发生险情，能及时采取救助措施，尽量减少灾害损失。

6. 春节期间对地区进行矛盾纠纷排查，共排查各类纠纷39件，涉及1062人。其中涉及外来人口纠纷3件，刑释解教人员纠纷14件，涉及拆迁5件，其他纠纷12件。查出重大纠纷隐患1件，防止民间纠纷激化1件。

7. 对社区调委会人员进行调整，整理刑释解教人员档案，由原来的163人调整为148人，共有23人超出了刑释解教期限，接收新出监的刑释解教人员8人。

8. 加强冬季防火安全以及防震减灾工作的宣传、检查工作，加强地震应急值班。

七、计生、文教卫体、精神文明建设工作

1. 做好××××年流动人口婚育证明查验工作；对社区办事代理服务站站长及计生主任进行有关法规政策培训。

2. 召开地区义务教育志愿者工作座谈会；筹备地区精神文明建设综合表彰会；筹备召开地区精神文明建设委员会、社区教育委员会工作会。

二、阶段、专项、个人工作总结写作范例

▲经济普查阶段工作总结

【范例】

丰台街道经济普查4~5月工作总结

经济普查是我国普查制度改革后进行的第一次国情国力调查，搞好北京市丰台区第一次经济普查对我区国民经济和社会发展有着十分重要的意义。

一、建立健全经济普查工作组织机构

丰台街道工委办事处对经济普查给予高度重视，为了保证经济普查工作各阶段任务能够顺利、快捷、准确、保质完成，建立了街道、社区居委会两级普查领导机构。丰台街道成立了以办事处主任吴继东同志任组长，武装部部长兼综治办主任孙萍同志任副组长，丰台街道各主要科室的19名科级干部任成员的经济普查领导小组。领导小组下设经济普查办公室，办公室主任由领导小组成员丰台街道办事处办公室主任张惠娥同志兼任，办公室由6人组成，分工明确，并配置电脑2台，专用电话1部。

我街道在22个社区居委会普查区全部成立的以社区居委会主任为组长的经济普查领导小组，由组长担任普查指导员，全面负责本普查区的普查工作。丰台街道两级普查领导机构的建成，为经济普查工作的深入展开打下了坚实的基础。

二、做好战前动员、培训骨干力量

××××年××月××日我街道召开了“丰台街道经济普查第一次工作大会”，22个社区居委会主任、书记参加了会议。会上吴继东主任作了经济普查工作动员，要求各社区居委会要翔实、准确、高标准地做好丰台区第一次全国经济普查工作。会上还对边界划分，普查区示意图绘制进行了培训，并要求各普查区严格按照区普查办的工作进度表和技术要求按时完成边界划分和绘图工作。

三、普查区勘界、绘图工作基本完成

经济普查工作的要点是保证普查对象的不重不漏，做好区域划分，边界勘察十分重要。我们在5月下旬通过多种方式与相邻的卢沟桥乡、卢沟桥街道和新村街道，对普查区边界和普查区域，进行了确认。我们会同卢沟桥乡经济普查办公室的同志到相互交叉的周庄子村和前泥洼社区居委会进行实地勘察，依照街、乡地图对双方应负责普查的七里庄和后泥洼村的周边区域进行了划分确认并达成一致共识，于××××年××月××日鉴定了“丰台街道和卢沟桥乡第一次全国经济普查区域划分协议书”。我街道的22个社区居委会普查区的边界已划分清楚并确定，普查区绘图工作已基本完成。

4~5月我们向区普查办报送信息3份、简报1期，并报送《北京市丰台区第一次全国经济普查丰台街道地图》2份。丰台街道经济普查工作按照区普查办的工作部署按时完成了各项工作。

▲安全生产阶段工作总结

【范例】

晋源区××××年前三季度安全生产工作总结

今年以来，我区安全生产工作在区委、区政府的正确领导下，从实践“三个代表”、贯彻落

实科学发展观、构建和谐社会的高度出发，认真贯彻国家、省、市安全生产的方针政策，以煤矿、民用爆炸物品、建筑、危险化学品、特种设备、道路交通等安全工作为重点，扎扎实实开展了各项工作，通过全区上下共同努力，全区安全生产形势基本保持稳定。

一、前三季度安全目标责任制指标完成情况

1. 全区工矿商贸企业共发生死亡事故2起，死亡2人，均为建筑事故。另外，晋源街办非法煤矿瓦斯爆炸事件1起，死亡7人，晋祠花塔煤矿火工品爆炸事件1起，死亡3人。

2. 交通安全方面：全区共发生交通事故94起，死亡24人，没有发生一次死亡5人以上事故，死亡人数同比下降44.2%。

3. 消防安全方面：共发生火灾事故17起，没有发生经济损失在50万元以上的火灾事故。

4. 全区所有学校、农机、农电没有发生死亡事故。

二、所做的主要工作

1. 进一步落实安全生产责任制，强化安全生产目标管理。区政府出台了《晋源区公共安全突发事件应急救援方案》，在此基础上，修订完善了《晋源区重特大安全生产事故应急救援预案》，各镇（街办）、安监、煤管、公安等各有关部门都根据各自的预案，结合本地区、本行业实际，分别对《危险化学品应急救援预案》、《煤矿应急救援预案》等预案进行了修订和完善，并在日常的监督检查中，突出隐患排查和整改，落实重大危险源的监控措施，确保了安全生产。同时对照市政府下达的安全目标任务，进一步落实了安全生产责任制，强化了安全生产目标管理，细化考核目标，层层签订了安全生产责任目标，将责任落实到最基层，通过定任务、定责任、定要求，一级抓一级，层层抓落实，真正形成了安全工作事事有人管、人人身上有担子的安全生产责任体系。

2. 加强领导，认真开展安全生产大检查。今年以来，全区上下齐心协力，认真开展了“两会”期间、春季安全生产大检查、“五一黄金周”期间的大检查以及“六月安全生产月”和安全生产专项整治等活动，制订印发了《晋源区“两会”期间及春季安全大检查工作方案》、《关于切实加强“五一黄金周”期间安全工作的通知》、《晋源区六月安全生产月活动方案》、《关于开展安全生产专项整治工作方案》，各镇（街办）、各部门、各单位也针对本部门的实际情况，分别制定了切实可行的检查方案，“五一”期间开展了具有针对性的节前安全大检查工作，确保了全区“黄金周”的平安稳定。6月安全生产月活动中，各镇（街办）、区直各有关单位在本辖区、本单位内举行了内容丰富的咨询活动，倡导“以人为本，安全第一”的理念，引导和启发全社会珍惜人的生命价值，营造了“遵章守法，关爱生命”的良好氛围。7～8月份开展了以煤矿、危险化学品、民爆物品、特种设备、建筑安全为重点的安全生产专项整治活动，做到了安全检查不断线，确保了全区较为平稳的安全形势。

3. 狠抓安全许可证的申领。根据《安全生产许可证条例》规定及省市有关文件要求，我区紧紧围绕申领安全生产许可证这个中心工作，积极协调上级和有关单位的关系，认真组织开展了安全评价、设备检测、培训等工作，收到了很好的效果。

全区54个矿井全部领取了《安全生产许可证》。

全区被列入危险化学品生产企业9家，到目前为止，已取得安全生产许可证的6家。

4. 结合安全生产月活动扎实开展安全生产专项整治。根据××××年××月××日太原市强化安全生产工作会议，和××月××日市委市政府打击私藏使用火工品专题视频会议精神，并结合我区目前安全生产工作的情况，经区委常委会议研究，制订了《太原市晋源区安全专项整治工作方案》，以煤矿、危险化学品、民爆物品、特种设备、消防、建筑等行业为重点，结合6月安全生产月进一步开展全区安全生产专项整治活动。整治活动共出动车辆60辆次，人员200

余人次，各镇（街办）、区直有关部门主要领导亲自挂帅，区委、区政府主要领导和分管领导均亲临重点行业和重点地区的生产现场进行督察，有力地推动了整治活动的深入开展。截至目前，整治活动检查各类生产经营单位300余家，排查出各类隐患1000余条，已整改800余条，取缔关闭无证、非法和不具备安全生产条件的生产经营点20余处。

三、存在的问题

一是乡镇安监机构虽然已成立，配备了人员，但人员编制尚未明确，工作经费严重短缺，宣传教育培训工作相对滞后，业务素质相对低下，安监站职能作用还未得到充分发挥。

二是虽然做了大量工作，但是我区今年的安全生产事故较去年同期明显上升，安全生产形势非常严峻。特别是进入7月份以来，我区安全生产事故连续发生，说明企业安全生产的各个环节上还存在诸多薄弱环节，特别是私营工商企业负责人和经营者，对安全生产重要性认识不足，重视不够，法制观念淡薄，安全生产责任制落实不到位，企业经营者片面追求经济效益，安全生产投入少，安全管理混乱，对存在的问题和隐患不认真整改，对有关职能部门提出的整改措施不能很好的落实，违法生产经营现象尚未彻底消除。

三是有关部门的安全监管力度还不够，重视程度不够，职责不明确，查处安全生产违法行为的措施还不硬，安全监管和行政执法还需进一步加强。

四、第四季度工作重点

今年前三季度，我区安全生产事故虽然未超过市政府下达的总体控制指标，但有些行业的事故已突破控制指标，特别是建筑事故造成2人死亡，已超过了控制指标（控制指标为0）。为了确保全年安全生产目标任务的完成，必须采取切实有效的措施，严加防范。

1. 加强领导，落实责任，抓实第四季度工作。各镇（街办）、各部门、各单位要认真贯彻执行国务院、省、市一系列安全生产的法规、政策、规定，牢固树立“以人为本”的理念，坚持“安全第一，预防为主”方针，针对第四季度安全生产事故高发季节的特点，进一步加强对安全生产工作的领导，制定工作计划，完善和落实各项工作方案及应急预案，精心组织，周密安排，落实责任，全面抓实抓好第四季度安全生产各项工作。

各镇（街办）、区直各有关部门和负有安全监管职责的单位要进一步增强政治意识、大局意识和责任意识，按照分工，细化责任，恪尽职守，在认真履行本部门、本单位工作职责的同时，进一步增强主动配合和统筹协调意识，积极加强与其他相关部门和单位的协作配合，在信息资源、监督执法及突发事件抢险救援等环节加强联系沟通，形成合力，加大对违法行为的查处力度，采取切实有效的措施，控制事故发生。

2. 突出重点，继续强化安全生产专项整治。各镇（街办）、区直各有关部门要按照属地管理、行业监管的原则，加强对煤矿、民用爆炸物品、建筑、危险化学品、特种设备、道路交通等安全重点行业的监管。要在前三季度安全工作的基础上，重点对查出的重大隐患问题进行排查、整改，明确责任人，对不按要求进行整改的，坚决予以停产整顿。重点要贯彻落实好省政府《关于严厉打击非法、违法煤矿有效遏制重特大事故的决定》，认真开展好我区为期3个月打击非法、违法煤矿的专项整治活动。

要充分发挥镇（街办）安监站的综合监管职能，加强综合监管，做到依法行政，确保本地区第四季度安全稳定。

（1）煤矿安全管理方面，各镇（街办）、各有关部门要按照区政府办公室晋政办〔×××× 〕××号文件和区政府《严厉打击非法违法煤矿工作方案》的要求，认真履行职责，打好打击非法违法煤矿攻坚战。区煤管局继续加大检查执法力度，严肃查处违法生产行为，加强监督管理，确保煤矿安全生产。国土资源部门要结合煤炭资源整合工作，进一步加大对私挖滥采的打击力度，严防死守，确保矿业秩序稳定，要强化对有证矿的日常开采监管，严肃查处煤矿越层越界开采行为，杜绝非法采矿事故的发生。公安部门要对非法采矿涉及的人员和火工品加大查处力度，对非法采矿予以严厉打击。

（2）民爆物品管理方面，要深刻吸取晋祠镇花塔煤矿“9·6”火工品爆炸事件的教训，公安部门要进一步加大对私购、私藏火工品等违法行为的查处力度，坚决堵绝非法火工品的流通渠道。

3. 危险化学品安全工作，有关部门要监督、指导所辖危险化学品企业健全完善事故应急救援预案，建立重大危险源、安全高危企业的安全监控制度等安全管理的各项规章制度，加大对重大危险源和高危企业的监管和排查力度，通过安全许可、安全专项整治等活动的开展，有效地促进安全生产。工商行政管理部门要进一步加大对危险化学品生产经营单位的监管，对生产经营范围与实际不符的危险化学品生产经营企业，一律不予年检，对未按规定进行安全“三同时”建设的新建、改建、扩建企业，坚决不予核发营业执照，严肃查处各种违法生产经营行为。

（1）道路交通安全管理方面，一要继续加强交通安全的宣传和教育，引深《道路交通安全法》的宣传教育和《山西省实施〈中华人民共和国道路交通安全法〉办法》的宣传力度，继续开展交通安全宣传“五进”活动，将宣传教育的对象向广大村民、居民、职工等社会交通参与者延伸。二要继续推进“五整顿”、“三加强”工作，重点加强对客运车辆的严检，从而杜绝重大事故的发生。同时搞好交安委的整顿，继续搞好辖区机动车、驾驶人员及村民、居民结构的摸底工作，特别是各镇、街办要逐村逐户进行，真正摸清底数，进一步落实责任制和事故责任倒查制度，细化任务，扎实工作，为全年预防道路交通事故做好基础工作。三是认真排查事故隐患路段，加大道路基础设施建设。四是要严格交通安全管理，重点查处“三超”车辆、报废车辆、拼装车辆及其他违规车辆上路行驶。

（2）特种设备安全监管方面，一是要继续完善监管体系，充实监管队伍，明确监管责任，做到特种设备安全工作处处有人管；二是加强监察网络建设和信息网络建设，各乡镇、村配备专（兼）职安全监管网络人员，对辖区内特种设备实施监管，并及时反馈安全信息，乡镇建立特种设备数据库，做到渠道畅通，数据更新及时；三是继续实施定期和不定期的监督检查，特别是冬季将至，各种取暖锅炉即将启动使用，质监部门在锅炉启用前要进行全面检查，杜绝不合格锅炉投入使用。

（3）消防安全管理方面，公安消防部门要结合秋冬季节风大气燥的特点，严格按照有关消防法律、法规，突出重点，对公众聚集场所、易燃易爆单位、“五管”要害部门、加油站、危险化学品生产经营单位、学校、医院等场所进行重点检查，对存在消防安全隐患的单位坚决予以停产停业。

（4）建筑安全管理方面，要深刻吸取“7·17”、“7·19”事故教训，行政执法局要及时查处各种违法建设行为，区建设局要加强对施工单位的安全资质和建设工地的安全检查，发现问题及时采取措施加以解决，对检查出的安全不达标的建设工程坚决予以停工，杜绝安全验收不合格的工程投入使用，杜绝不具备安全资质的建筑施工队伍在我区境内进行建筑施工。

（5）其他行业安全方面，旅游、水利、农机、教育、卫生等部门也要按照有关规定抓好本部门、本行业的安全工作。

4. 探索非公有企业安全监管的办法。要针对我区非公有制企业普遍存在着生产力发展水平低、缺乏技术创新和技术改造能力、安全设施不完善、安全保障能力低下、从业人员素质低、企业分布广、数量多、规模小、监管力量薄弱等现状，积极探索对非公有制企业的安全监管手段和监管办法。各镇（街办）以及各有关单位要深入基层、总结经验，要在掌握第一手材料的基础上，结合各自的实际，借鉴外地的经验，有针对性地探索出适合我区情况的安全监管办法。

5. 提早准备，切实做好国庆期间的安全工作。国庆黄金周即将到来，各镇（街办）、各部门一定要加强领导，要根据国庆节期间城乡居民出游规模大、景点游客多、交通流量大的特点，突出重点，提早安排部署，做好节日期间的各项安全工作。

▲市1~3季度农业工作总结

【范例】

贵港市××××年1~3季度农业工作总结

近年以来，我市认真贯彻落实中央关于大力调整农业结构、增加农民收入的战略决策，区党委"1234610"工作思路及市委市政府的工作部署，狠抓农业结构调整，农业生产取得了较大成绩，农业结构得到优化，粮食、水果全面增产，农民收入增加。现将今年1~3季度工作总结如下：

一、主要措施及相关生产指标完成情况

1. 狠抓农业结构调整，农业生产结构得到进一步优化，农民收入增加。主要表现在：一是种植结构得到优化，经济作物在种植业中的比例有较大幅度提高。今年1~8月份全市粮食播种面积404.3万亩，比去年减少16.3万亩，减幅为3.9%，比实施农业结构调整前的1998年减少54.5万亩，减少11.9%，平均每年减少13.6万亩；经济作物面积（包括水果、蔬菜等其他经济作物）达到344.6万亩，比去年增加20.2万亩，比结构调整前增加84.1万亩，平均每年增加21.0万亩，增长5.5%，粮经比例由结构调整前6.4：3.6，提高到今年的5.4：4.6，经济作物比例提高了10个百分点，平均每年提高2.5个百分点。粮食作物面积偏大、经济作物面积偏小的矛盾得到较大改善，粮食作物改种经济作物后亩增收500~1000元，提高了种植效益。如第4季度秋冬菜完成计划任务的话，年初提出的今年粮经比例达到5：5的目标就可以基本实现。二是品种结构得到优化，优质品种面积大幅度增加。今年优质谷面积达到251万亩，比去年增加8.5万亩，增长3.4%，比结构调整前增加221.6万亩，增加6倍多，平均每年增加55.4万亩，每亩优质谷比一般稻谷增收50~100元。通过优化品种结构，提高了种粮效益。今年，通过扩大优质谷这一项农民增收800万元以上，其他作物优质品种推广率和种植效益也有所提高。三是产业结构得到优化，新兴高效产业起步较好。近来年，我市农业结构调整主要以抓种植结构、品种结构为主，调整范围比较单一，今年则种植结构、品种结构、产业结构三方面齐头并进，新增或扩大了南亚热带水果、蔬菜、蚕桑、花卉等新兴和特色产业。今年1~8月份，全市糖蔗、水果、蔬菜、花卉、蚕桑面积分别达到52.9万亩、111.4万亩、85万亩、0.7万亩、5.1万亩，比去年分别增加9.1万亩、7.2万亩、3.5万亩、0.2万亩、1.7万亩，初步改变了我市农业产业结构单一、特色作物规模小、优势产业不明显的局面。实施三个结构优化调整，增加了农民收入。据市农经站匡算，今年1~8月份农民人均收入2612.2元，同比增收55.2元，增长2.2%；农民人均纯收入934元，同比增收51元，增长5.7%。我局测算，种植业农民人均增收43.2元，增收的主要有粮食、蔬菜、跨年甘蔗增产增收和西瓜价格提高增收4个方面。

2. 落实各项工作措施，夺取早造粮食增产丰收。今年我市克服严重春旱等不利因素，推广旱育稀植和抛秧技术，抗旱抢插，加强田间管理，全市早造粮食增产2020万公斤，增长2.3%。

3. 抓好龙眼开发和中低产果园改造，总产创历史最高水平。近年来，由于受到霜冻灾害和其他不良天气的影响，水果投产面积小、产量低、效益差，农民种植和管理积极性不高。为提高广大农民种植水果的积极性和经济效益，去冬今春以来，我局采取了以下几项措施：一是抓好龙眼开发，今年春新种龙眼5.53万亩，目前，龙眼总面积已达到57万亩。二是抓好中低产果园改造，特别是对霜冻截枝后的果园和进入投产期的果园及历年来管理差、产量低的果园，采取加强技术培训、技术指导、增加投入、促梢控梢、保花保果等管理措施，提高挂果率和单产。针对暖冬、暖春龙眼、荔枝容易冲梢的特点，发动果农及时喷药或人工摘除冲梢小红叶，控制了大冲梢的发生。由于技术措施到位，水果投产面积达65.2万亩，占水果总面积的58.5%，其中龙眼、荔枝投产面积分别达到22.4万亩、30.6万亩，分别占该品种总面积的64.8%、53.3%。总产达到15.38万吨，增产6.33万吨，增长70%，投产面积和总产均创历史最高水平。

4. 加快现代农业实验区建设步伐，中心园区建设起步较好。今年上半年重点抓了土地平整工作，500亩中心园区已完成土地平整，新建了灌溉水渠和田间道路，基本达到了田地成方、渠路成网的现代农业基础设施建设要求。目前已有6个业主进驻开发，开始种植水果、西番莲、无公害蔬菜、甜玉米、花卉等作物。

5. 开展技术培训和技术指导，收到了较好效果。随着农业结构调整向广度和深度发展，要使结构调整取得应有效果，技术措施必须及时跟上。为此，我们根据今年水果、蔬菜、蚕桑新种面积大，新种农户多，普遍缺乏技术的情况，加大农业技术培训和技术指导力度，1~3季度我局共举办水果、蔬菜、桑蚕、科技扶持、绿色证书等技术培训班18期，培训人数达2400多人，县市区、乡镇农业部门办班480期，培训人数达10.5万人次。通过业务学习和现场操作，农民种养技术有了较大提高。为农业结构调整提供了技术保证。

6. 积极参与流通服务和推进农业产业化经营，千方百计增加农民收入。一是配合市政府先后召开两次农产品流通工作会议，两次荔枝、龙眼加工现场会，部署流通加工工作。二是采取请进来、走出去的办法，寻找产销订单，共落实辣椒等产品订单4.9万亩，大部分已得到兑现，兑现总额达6100多万元。三是抓好金乐源果汁加工厂设备安装和市肉联厂、五里蘑菇加工厂蔬菜速冻、蘑菇加工项目建设，可望在近期内实施。四是抓水果加工，解决水果鲜卖压力。从上海组织了一批荔枝、龙眼烘干机，发动1200多个传统水果加工厂或家庭作坊投入龙眼、荔枝加工，加工干品9000吨左右，增值20%~40%左右。五是建立了淮山、粉葛、香葱、白玉蔗、药材、水果、蚕桑等特色作物产业化生产基地18个，特色作物种植规模扩大，效益提高。

7. 秋菜开发起步较好。到9月18日，已种下秋菜13.2万亩，比去年增加1.4万亩，建立了一批无公害蔬菜示范样板片，安全优质高效秋冬菜开发基本思路得到较好落实。

二、存在问题

1. 农业结构调整力度不够，发展不平衡，科技含量较低。表现在调整的规模小、效益差，还没有从根本上改变传统农业落后局面。调整的作物仍以传统品种为主，新品种和反季节、无公害栽培等新技术、新成果推广面积较少，科技贡献率较低。

2. 流通工作滞后，农业产业化程度低，农产品价格普遍下跌，农民增收难度仍然很大。表现在参与农产品流通的经纪人少、龙头企业少、加工数量少，综合效益差。今年主要农产品如龙眼、荔枝，由于流通工作特别是销售加工跟不上，价格比去年下跌60%~70%，蚕茧价格也下跌40%~60%，去年和今年上半年属于增收亮点的水果、蚕茧，由于市场供求变化，价格下跌，增产并不增收。

3. 秋菜开发力度不够，种植面积较少。目前各县市区秋菜开发大部分只停留在一般会议布置上，样板少，进度慢。

三、第4季度工作计划

1. 认真抓好秋冬菜开发，增加农民收入。重点抓好无公害蔬菜和名优新特品种及蘑菇开发，计划种植秋菜30万亩、冬菜35万亩、蘑菇50万平方米，农民人均秋冬菜纯收入增收20元以上。下一步着重抓好秋菜管理和冬菜开发规划，样板片建设、品种安排、种苗供应、技术培训、技术指导，确保种植和增收计划的完成。

2. 抓好“菜篮子”工程建设。计划以港北区根竹乡现代农业实验区为中心示范点，建立无公害蔬菜生产基地，今年底优质安全高效无公害菜蓝子生产基地达到4万亩，使消费者吃上放心菜。

3. 抓好晚造粮食和经济作物田间管理，确保增产增收。重点抓好优质谷及特色经济作物的田间管理，落实各项技术措施，提高单产和总产。

4. 抓好流通工作和产业化经营，解决农产品销售加工问题，提高综合效益。重点抓好蔬菜等特色产品的销售加工，培育龙头企业，通过加工，提高附加值，解决农民的后顾之忧。产业化方面重点是抓好无公害优质谷产业化经营，利用我市庆丰、港城5万亩无公害稻谷已通过自治区认证的有利条件，搞好品牌注册和市场开发，提高种粮效益。

5. 抓好秋冬水果管护和今冬明春龙眼开发。目前重点是抓好水果施肥攻梢，枝条修剪，培养良好结果母株，为明年增产打下良好基础。抓好今冬明春16万亩龙眼开发规划、挖坑工作，秋收后掀起挖坑热潮，力争明年春节前完成挖坑任务。

6. 加快现代农业实验区建设，发挥示范效应。在继续搞好中心园区高效作物的优质配套、发展高新产业的同时，加快覃塘管理区覃塘镇地段实验区的建设，发展亚热带水果为主的现代农业，完善实验区的建设模式，使实验区尽快起到实验、辐射和推广的作用，以加快我市现代农业发展步伐。

▲“税收宣传月”活动工作总结

【范例】

兴化市地方税务局开展××××年
“税收宣传月”活动工作总结

为搞好第14个“税收宣传月”活动，我局经过周密策划，制定了切实可行的宣传措施，大力宣传社保费收缴知识，宣传纳税人关心的各项税收优惠政策，宣传地方税种、征收范围及地税在地方经济建设中所起的作用，收到了良好效果，达到了预期效果，具体做法是：

一、加强组织领导

我局领导班子对税收宣传工作十分重视。早在年初的全市地税工作会议上就明确提出了做好今年税收宣传工作的意见，要求全局坚持广泛性与实效性相结合的原则，不断总结经验，在宣传形式上求创新，在宣传效果上求突破。3月下旬，我局接到省局关于开展“税收宣传月”活动的通知后，立即召开了局务会和全系统法制宣传工作会议，研究制定了“税收宣传月”活动的总体方案和活动安排，对今年的“税收宣传月”活动作出了具体部署。宣传小组在总结以往经验的基础上，围绕宣传主题进行了认真研究，提出了宣传活动项目，并明确了宣传经费来源，注重宣传的实效，拉近与纳税人的距离。

二、明确指导思想

今年我局宣传月的指导思想是：以“三个代表”重要思想为指导，大力宣传“依法诚信纳税，共建小康社会”的意义和要求，进一步拓宽思路，创新宣传形式，采取各种有效措施，维护纳税人合法权益，营造良好的依法纳税氛围，为全面建设小康社会作出新贡献。

宣传的主要内容：一是深入宣传十六届四中全会精神，大力宣传地方税收工作取得的成绩，宣传地税系统依法治税、从严治队的先进典型。二是宣传加强对维护纳税人合法权益与纳税人应尽义务的宣传，提高兴化地税文明执法和优质服务水平。三是认真开展各项税收法规、法律知识的宣传，严格办税程序，规范纳税秩序，有效增强纳税人依法纳税意识。四是加强税收正反面纳税典型的宣传，加大涉税案件的曝光力度，震慑偷、逃、抗税犯罪分子，扩大宣传影响，使广大纳税人真正懂得只有依法纳税，才能建设美好家园。

三、开展各项活动

我局今年“税收宣传月”开展的活动，主要集中在以下几方面：

1. 集中开展“税收宣传日”活动，拉开“税收宣传月”的序幕。

4月1日，我局机关和10个基层单位、100多名地税干部走上街头，开展“税收宣传日”活动。广大干部身披绶带，向过往群众发放宣传单和宣传手册，解答群众的税法咨询。同时，各宣传点还分别邀请了社区秧歌队、舞狮队等专业、业余文艺团体现场表演节目，吸引周围群众，烘托宣传气氛。据统计，在宣传日当天，全市各宣传点设立咨询台11个，散发宣传单3万份，《税收服务手册》1万份，现场解答群众咨询400余人次，取得了较好的宣传效果。

2. 4月1日至4月5日在全市广泛征求社会各界对兴化地税党风廉政建设、干部队伍建设、征税工作的意见。

4月6日至10日全面进行梳理、分析，并将结果上报上级部门和本局领导，以利改进工作，更好地服务纳税人，树立地税形象。

3. 开展送税法进校园活动。

各分局组织干部到当地税法教育宣传基地专题讲税法，向校财务部门宣传扣缴义务人的权利和义务；向学校教师发放了个人所得税扣缴宣传资料；向同学们宣讲税法，发放了近千份宣传单和宣传手册，增强了中小学生对税收的认识和理解。

4. 开展送税法进社区活动。

我局利用兴化市劳动局组织社区下岗职工再就业培训班的有利契机，安排业务骨干在培训班上为各街道的下岗人员讲解税收知识和再就业优惠政策，先后举办5期，有170多名下岗职工参加了培训。

5. 开展送税法进机关活动。

我局组织干部深入到兴化行政中心宣传个人所得税有关政策法规，向主管财务的领导和财务人员明确扣缴义务人和纳税人的关系及相关法律责任，发放了行政事业单位个人所得税代扣代缴手册，提高了机关人员的纳税意识，4月23日，我局还分别召开戴南、张郭两地个人所得税辅导班，向乡镇机关干部宣传税法。

6. 开展送税法进乡村活动。

我局为把国务院和省政府有关涉农税收优惠政策宣传到位，于4月20日组织干部深入到沙沟、大邹等镇农民家中，发放《致广大农民朋友的一封公开信》，并解答了农民经纪人关心的有关地方税优惠政策等有关问题。第十分局组织干部利用茅山船会的机会开展涉农税收优惠政策落实情况调查，召开了由村干部和农民代表参加的“落实涉农优惠政策座谈会”，进一步完善了落实优惠政策的措施。

总之通过精心组织、周密策划和地税全体员工的共同努力，今年我市的“税收宣传月”活动取得了一定的效果，税法宣传正向社会化方向迈进，纳税人积极协助税务机关宣传税法、诚信纳税正在形成。今后，我们一定会发扬成绩，克服不足，以创新的理念谋税收宣传之策，以务实的理念获税收宣传之果，为在全社会营造“依法诚信纳税，共建小康社会”的良好氛围而不懈努力。

▲“全国科普日”活动工作总结

【范例】

孝感市孝南区××××年“全国科普日”活动工作总结

为深入贯彻落实党的十六大精神和“三个代表”重要思想，进一步宣传和贯彻实施《科普法》，根据中国科协《关于开展全国科普日活动的通知》精神，将9月17日确定为“全国科普日”。孝南区科协按照省、市科协的安排部署，于今年“全国科普日”前后，在全区范围内开展了声势浩大、宣传范围广、为期7天的以“科学普及，你我共参与”为主题的“全国科普日”系列宣传活动。整个活动从规模到效果，在社会上产生了较大的反响，取得了圆满成功。

一、精心组织，周密安排

今年，“全国科普日”主题是“树立科学发展观，共建和谐社会”、“科学普及，你我共参与”。孝南区科协结合实际，对今年的“科普日”活动进行了认真研究，精心布置。为保证整个“科普日”活动的全面开展，孝南区科协制定了《孝南区××××年全国科普日活动方案》，召开专门会议进行布置安排，并将各项具体工作明确到人，形成主要领导具体抓、分管领导亲自抓的工作局面。并投入“科普日”活动资金2.6万多元（科普大篷车0.43万元；条幅0.096万元；宣传资料0.4万元；药品1.2万元；科普展板0.48）。这些工作的开展，为举办好“科普日”活动打下了坚实的基础。

二、营造气氛，开展活动

“科普日”活动期间，在孝南区科协的统一指导下，开展了形式多样的系列活动。

9月17日至22日，孝南区科学技术协会、孝南区科学技术局组织科普大篷车在城区主要路段及部分乡镇宣传《中华人民共和国促进科技成果转化法》、《中华人民共和国专利法》，为科普日营造了气氛。这次活动使广大市民对《科普法》有了新的认识与了解。另外，各乡镇（场）街按照统一口号张贴科普标语、悬挂条幅，进行了广泛的宣传。

9月21日，组织的科技“三下乡”活动在三汊镇举行。孝南区科技局、卫生局、农业局、司法局等相关部门参加了这次活动，共发放科普挂图及宣传资料共10000多份，接受技术咨询600人次，义诊350人次，赠送药品价值万余元，得到农民的一致好评。

9月23日，充分利用书院街100米的科普长廊，摆放了以“坚持科学发展观、共建和谐社会”为主题，以健康生活、崇尚科学、破除迷信、反对伪科学和邪教、珍爱自然、拒绝毒品等科普知识为主要内容的100多块精致、美观的科普宣传展板，吸引了1000多市民与中小学生前来观看，起到了良好的宣传作用。

三、工作扎实，成效显著

这些活动的开展，突出强调了群众的参与程度，充分体现以人为本，贴近生活、贴近群众、贴近实际，努力营造了讲科学、爱科学、学科学、用科学的良好氛围，充分体现了“树立科学发展观，共建和谐社会”、“科学普及，你我共参与”这一主题，进一步提高了全区居民群众的科学意识和科学素养，得到了领导的重视和社会的好评。

▲"春节黄金周"工作总结

【范例】

哈尔滨市××××年"春节黄金周"工作总结

一、春节黄金周基本情况

按照全国假日旅游部际协调会议《关于认真做好××××年春节黄金周旅游各项工作的通知》和省旅游局的要求，在市委、市政府的领导下，经过全市各方面的共同努力，特别是市假日旅游工作领导小组各成员单位及旅游行业广大干部、职工的辛勤工作，我市春节黄金周工作圆满结束。实现了"健康、安全、秩序、质量"四统一的目标，促进了假日旅游经济的发展。全市累计接待国内外旅游者106.72万人次，同比增长18.25%；过夜旅游者32.34万人次，同比增长9.91%，收入6.43亿元人民币，同比增长21.06%；一日游旅游者74.39万人次，同比增长22.28%，收入1.97亿元人民币，同比增长27.85%；旅游总收入实现8.39亿元人民币，同比增长21.06%。今年春节黄金周旅游呈现以下特点：

（一）节庆活动丰富多彩，春节黄金周旅游提前升温

今年是哈尔滨国际冰雪节创建20周年。市假日游旅游工作领导小组贯彻市委、市政府提出的"大手笔、全方位办好冰雪节、冰雪大世界和冰洽会，同时开发好相关旅游产品，把冰雪节和冰雪大世界办出规模、办出声势和影响力"的工作要求，以"冰雪20年，今朝更好看"为主题，利用节庆平台，推出了冰雪文化、冰雪艺术、冰雪体育、冰雪旅游、冰雪经贸等5大板块、75项活动。元月前后，冰雪大世界、冰灯游园会、滑雪节、雪雕博览会、经贸洽谈会等冰雪之邀活动相继举行开幕式，冰雪旅游提前升温。第六届中国·黑龙江国际滑雪节提前10天举办，滑雪期由以往的1个月延长到4个月，根据时段的不同特点，划分为初冬热身滑雪月、隆冬发烧滑雪月、春节黄金滑雪月、春天活力滑雪月4个主题滑雪月。今年滑雪游急剧升温，哈尔滨及周边地区的吉华、二龙山、亚布力等滑雪场，截至1月上旬，共接待滑雪旅游者60万人次。来自五大洲44个国家的驻华使领馆官员和国际组织驻华机构官员、世界500强企业代表400余名外宾参加了冰雪之邀各项活动，冰雪旅游盛况空前，极大提高了我市的知名度和美誉度。

（二）展现冰城风采，营造黄金周浓厚氛围

黄金周之前，正值冰雪节期间，城市整饰一新，喜迎八方游客。以主要街路、重点广场、窗口单位、大型公建为重点，实行了点、线、面全方位灯饰化，配合制作冰雕、雪雕作品，把全市装扮成冰的世界、灯的海洋，营造出冰雪不夜城景象。哈尔滨中央大街14座古典式冰灯大门和14个神话冰灯景观，使百年老街处处冰灯放异彩，让游人流连忘返。黄金周期间，为了使来哈游客一睹"新"冰雪的风采，冰雪大世界、冰灯游园会、雪雕展等亮点旅游景区对雪雕、冰雕景观重新整饰"美容"，使其焕然一新。全市各大商场整饰店容店貌，延长营业时间，认真做好春节黄金周服务工作。

（三）黄金周突出了社会性、参与性和群众性

以"中国百姓生活游"为主题，在春节黄金周期间，我市积极开展群众性冰雪观赏游、冰雪体育文化游等活动，让广大市民充分参与和感受到喜庆气氛。道里区政府还在斯大林公园建造极地冰雪乐园和百猴园，利用绿地建起免费大冰场向游人开放。香坊区政府举办了公益彩灯游园活动。南岗区在马家沟河面上开展公益性的冰雪娱乐活动，举办"我运动，我健康"群众运动月，通过丰富多彩的群众性冰雪体育赛事活动，吸引市民走出家门参与冰雪活动，为黄金周增添

了一道亮丽的人文景观。二龙山龙珠滑雪场在保留去年传统滑雪项目的基础上，又推出了一系列个性化、人性化服务工程，如开展“妈妈宝宝滑雪周”，宣传推广儿童滑雪项目。市教育局、体育局组织中小学生和广大市民上冰雪活动，活跃了黄金周的群众文化生活。交通局在市区开辟了通向冰雪大世界的3条公交专线，增开和延伸通向哈尔滨国际会展体育中心的公交线路，方便市民自助游。在冰雪大世界，为本命年的游客献上一份爱心，属猴的游客凭身份证可享受门票五折优惠。兆麟公园允许不同年龄段的老年人免费、半费入园，学生、儿童票每张降到15元。

（四）做大冰雪旅游亮点项目，春节黄金周盛况空前

近年来，我市以建设冰雪旅游名城为目标，积极挖掘冰雪文化艺术内涵，打造国际冰雪旅游品牌。今冬，冰雪活动坚持扩大规模，冰雪景观坚持突破创新，冰雪旅游各项工作提前启动。一是第五届哈尔滨冰雪大世界，以“盛世中华，腾飞龙江”为主题，园区占地面积40万平方米，展示了冰雪大世界的恢宏壮观、气势磅礴。二是第30届哈尔滨冰灯游园会，以“展冰灯魅力，塑华夏景观”为主题，设十大景区共2000余件冰雪作品，成为有史以来规模最大、活动项目最多、艺术效果最好的北方冰雪园林。三是第16届国际雪博会占地50万平方米，12大主题景区加上首届“欢乐泼雪节”、“欢乐大游园”、“冰雪霓裳”等表演，让中外游客尽情领略冰雪神韵。四是第二届冰雪故事园把知识性、趣味性、参与性和观赏性融为一体，独具特色，充分利用马家沟的自然条件，在河两岸建设冰雪景观，成为哈尔滨美丽的冰雪景观长廊。五是滑雪节成为黄金周冰雪旅游热点。龙珠滑雪场举办了“全国自由式滑雪空中技巧锦标赛”、开展了“滑雪公开课”等一系列活动。亚布力和吉华滑雪场组织开展了滑雪表演、发烧友初冬滑雪热身赛、首届全国新闻记者“长寿杯”滑雪联谊赛、首届全省高校大学生滑雪节冰雕雪雕比赛、中小学冬令营等系列活动。

黄金周期间，各大宾馆入住率明显提高。香格里拉大饭店、新加坡大酒店、福顺天天大酒店、昆仑酒店等宾馆的客房，春节前就已被订购一空。全市四星级以上星级宾馆客房几乎全部爆满。一些二、三星级酒店入住率持续保持百分之百。团队和南方游客居多，主要来自广东、上海、江苏、浙江、福建等地。台湾、香港、新加坡、日本、马来西亚等地游客占了很大比重。

（五）旅游环境不断优化，有效地促进了假日经济

春节黄金周抽样调查显示，外地游客对我市满意度是：很满意34.2%，基本满意62.8%，不满意3%。春节黄金周有效地促进了假日经济。据统计，黄金周期间，冰雪大世界接待游客9.3万人次，收入639万元人民币。太阳岛风景区接待游客8.5万人次，收入首次突破300万元人民币。亚布力滑雪旅游度假区接待游客7.5万人次。龙珠二龙山滑雪场接待游客2万人次。东北虎林园接待游客1.6万人次，收入76.7万元人民币。欧亚之窗接待游客1.1万人次。此外，兆麟公园、龙塔等景区游客接待量和旅游收入，均比往年有不同程度的增长。据统计，黄金周期间，我市商场、超市及餐饮行业的销售额总体上扬，有的以两位数增长，如波特曼西餐厅销售额47万元人民币，增幅38.2%；远大购物中心销售额1594万元人民币，增长11.5%；台北1+1销售额47.5万元人民币，增长10.7%。

（六）精心组织，确保春节黄金周客运工作顺畅有序

针对我市黄金周出现客流高峰情况，市政府要求各部门紧急动员，联合行动，确保春节期间实现“健康、安全、秩序、质量”四统一的目标。铁路、交通、旅游、公安、物价等部门联合行动，检查了哈尔滨火车站、哈尔滨公路客运站等大型铁路、公路运输中心，对工作中存在的问题进行了现场协调。市交通部门联合下发了关于规范管理车辆运营的文件，要求凡是参加接待游客的车辆，必须经过安全、采暖、卫生等方面的检查，车辆技术安全状况合格率要达到百分之百。春节黄金周期间，哈尔滨铁路局公开承诺：“确保安全、满足重点、平稳有序、良好服务。”

并采取调整运力、动态分析及时调整票额等六项措施，解决购票难的问题。据统计，哈尔滨火车站的客流量达58.2万人次，加发班车653列次，重点对客流相对集中的北京、天津、大连、济南、日照、青岛、徐州方向加开了8列临客列车；民航部门安排了700余加班、包机及临时运营航班，创历年加开班之最。增飞航班主要来自北京、上海、深圳、海口、烟台等地，客流量远远高于港澳等南方热点旅游区。公路客运方面也采取了相应措施，运送旅客18.5万人次，加发班车8057车次。增发客运班次比同期增长16.6%。

二、主要措施

(一) 加强组织协调工作，抢前抓早做好黄金周各项工作

全国假日旅游部际协调会议《关于切实做好××××年春节黄金周旅游各项工作的通知》下发后，市假日领导小组召开成员单位协调会议，部署了各项任务，下发了《××××年春节黄金周旅游工作方案》，要求各成员单位和旅游接待企业提高认识，消除厌倦松懈情绪，振奋精神，继续发扬不怕疲劳和连续作战的工作作风，及早上岗到位。市旅游执法应急指挥中心实行24小时值班，对外公布电话，受理旅游投诉、咨询和处理紧急情况。

(二) 开展专项整治工作，规范了旅游市场经营秩序

为了保证黄金周期间旅游市场秩序，在冰雪节和春节黄金周期间，旅游、工商、公安、交通、技术监督等部门，对旅游市场秩序和服务质量开展大检查，着重对黑社、黑导进行集中整顿，分别对存在问题的企业和个人作了警告、罚款处理。市旅游执法应急指挥中心在7天的假期中，对主要景区进行监督检查，发现问题及时处理，切实保护企业和旅游者的合法权益。春节黄金周期间，游客维权意识明显增强，对旅游中出现的导游质量、质价不符等问题，及时向旅游执法应急指挥中心值班室投诉，7天内共接到旅游投诉21起，经过协调，问题基本上得到了妥善解决，维护了旅游者的合法权益。

(三) 安全第一，加强检查，确保黄金周万无一失

为了保证黄金周期间旅游市场秩序，在冰雪节和春节黄金周期间，旅游、公安、消防、交通、卫生、工商、技术监督等部门，联合对旅游安全和市场秩序卫生等状况开展大检查。对黑社、黑导进行集中整顿；对旅游景区（点）、滑雪场安全和接待单位旅游运载工具，进行了重点检查，切实排除各种安全隐患；要求接待单位进一步完善和落实非典型肺炎防控预案，认真落实防疫措施。检查中分别对存在问题的企业和个人进行了教育、警告、罚款处理。

(四) 以冰雪为媒，加强冰雪旅游宣传促销

为增加今冬我市冰雪旅游客源，组织了哈尔滨市白雪公主冰雪旅游促销活动，于××××年××月初赴5省、11个城市宣传促销，共与当地旅游局签订旅游互换客源协议165万人次。白雪公主冰雪旅游促销团新颖的形式，成为展示我市美丽风光的一张名片。黄金周前后旅游市场异常火爆，全市各星级宾馆在黄金周期间客房预订率已达90%以上。冰雪节开幕前，市委宣传部、市冰雪办在广州、北京西客站、王府井大街举办了冰雪节大型图片展；在北京举行了冰雪节新闻发布会；中央电视台新闻频道现场直播了冰雪节开幕式盛况。这些卓有成效的宣传促销，进一步扩大了我市冰雪旅游在国内外的影响。

(五) 及时准确，做好统计信息工作

我市在1月22日启动了假日旅游统计信息预报工作，对国家重点监控的太阳岛、二龙山、亚布力旅游景区和市重点监控的冰雪大世界、冰博会、东北虎林园、龙塔等景区及我市宾馆接待进行统计预报，提供住房和景点咨询服务，启动假日旅游接待的监测系统，搞好市场和预测，并及时向有关媒体报送旅游信息。

三、下一步工作安排

为做好下一个假日黄金周工作，针对春节黄金周存在的不足，将继续采取有效措施，着重抓好以下四方面工作：

（一）加大假日旅游领导小组协调力度

各成员单位进一步协调配合，加强假日旅游领导小组工作的协调力度。一是建立畅通的信息反馈渠道，假日领导小组办公室要及时、准确地做好综合总结工作；二是发挥市旅游执法应急联动指挥中心功能，使假日旅游中出现的投诉、咨询问题能得到及时有效处理。

（二）进一步加强城区和景点的环境建设

问题较多地集中在道路、交通、市容环境和部分旅游环境等方面，如团队出入火车站没有绿色通道、客流高峰旅游车辆不够用、一些景区（点）门票太贵等问题，在前几个黄金周的抽样调查统计中都多次涉及，需要我们有针对性地加以改善。

（三）加强旅游市场管理，提高旅游服务水平

今年春节黄金周，共受理21起旅游投诉，主要针对旅行社、景点服务质量等问题。下一步要坚持标本兼治，逐步建立起依法治旅的体系，提高从业人员素质和经营管理、服务水平，树立我市旅游行业良好形象。

（四）加强旅游安全接待工作

与保险公司推出团队保险救援业务，开展旅行社责任保险，保护旅游者合法权益，降低经营风险。同时加大“度汛”前的安全、卫生大检查力度，消除安全隐患，杜绝重大安全事故发生。

▲“五一”黄金周安全生产工作总结

【范例】

丹阳征管所“五一”黄金周安全生产工作总结

为全面贯彻全省安全生产会议精神，认真落实省政府领导同志的重要指示，保证司乘人员度过一个快乐、祥和、安全的“五一”假期，我所根据闽罗筹征〔××××〕××号文件精神，结合所部实际，切实做好黄金周期间的安全工作，在黄金周期间未发生任何安全责任事故。现将工作情况总结如下：

一、高度重视，狠抓落实。我所于4月30日上午召开安全生产工作会议，组织职工认真学习国务院办公厅《关于切实做好“五一”黄金周期间安全生产工作的通知》（国办发明电〔××××〕××号）及交通部《关于加强“五一”黄金周安全工作的通知》（交安委明电〔××××〕××号）文件精神，使广大职工进一步认识到安全的重要性，增强做好安全工作的责任感、使命感，确保各项交通安全措施真正落实到位。

二、周密部署，科学安排，有针对性地组织开展安全生产大检查。针对3月份罗长筹备处检查后提出的“配电房油桶放置不符合规定”等问题，我所及时进行整改，将油桶移至电房外的小房间，在小间的墙体上开一口供油管通过，保证配电房的安全。严格落实安全生产责任制，4月30日下午组织干管人员，稽查、征费班长在全所范围内开展了一场“安全生产大检查”，做到不放过任何一死角，特别是加强对食堂、办公楼、宿舍楼、值班室、财务室、领导办公室、监控室、配电房等容易发生事故场所的检查，并对宿舍的用电情况进行重点排查，发现问题及时进行整改；加强夜间巡逻制度，做到有工作安排、有检查登记、有总结讲评，针对检查中发现的问题，认真排查，切实把安全隐患消灭在萌芽状态。

三、加强领导，落实责任。制定“五一”黄金周值班表，严格落实双带班制度，认真履行

职责，恪尽职守，切实加强值班，保证领导带班，及时掌握安全生产动态，确保通信联络畅通。做好组织协调工作，发现问题及时向上级部门报告。

四、坚持“安全第一、预防为主”的方针，认真做好应对各种突发事件的准备工作。我所于4月底组织职工进行堵车事件演练活动，增强职工的责任感和忧患意识，提高紧急情况下处理事件的能力，确保道路安全畅通。

通过“五一”黄金周安全生产活动的开展，强化了广大职工安全生产的责任感和使命感，牢固树立“安全第一，预防为主”的思想，真正把安全工作落到实处，为确保各项任务的完成打下坚实的基础。

▲“学雷锋送温暖服务周”工作总结

【范例】

白庄矿团委“学雷锋送温暖服务周”工作总结

为了弘扬雷锋精神，促进全矿精神文明建设的发展和良好道德风尚的形成，白庄矿团委发挥自身的组织优势，在全矿广大团员青年中深入开展了以“实施青年志愿者‘阳光计划’，让开采阳光的人享受阳光”为主题的学雷锋送温暖服务周活动。活动期间，广大团员青年踊跃参与志愿服务，热情为他人排忧解难，进一步弘扬了社会主义新风尚，展示了我矿团员青年的良好精神风貌。现将活动情况总结如下：

一、组织开展了学雷锋文明服务一条街活动。3月5日这天，全矿32个团支部的200余名团员青年高举团旗，走上街头，深入社区，集中开展了青年志愿者学雷锋便民服务活动，用实际行动践行雷锋精神。活动现场，广大青年志愿者在一幅幅写有“学雷锋、树新风，倡树文明白矿人”、“猎猎团旗下，浓浓雷锋情”的横幅标语下，不怕脏、不怕累，热情周到地为广大职工家属服务。当天，共为广大职工家属提供了家电维修、卫生保健、焊补锅盆、自行车维修、补胶鞋、摄影咨询、磨刀、理发等30余个服务项目，共为广大职工家属提供600余人次的志愿服务，受到了广大职工家属的一致好评。同时，矿团委还充分利用活动期间青年人比较集中这一显著特点，与有关部门印制了1000余份晚婚晚育倡议书，发放到广大青年手中，号召广大团员青年抓住青春大好时光，抓紧学习，不断充实自己，为干好本职工作打下坚实的基础。

二、组织100余名少先队员开展了以“从小做起，还社区一片绿色”为主题的净化文化垃圾活动。广大少先队员用脸盆、水桶、刷子、抹布对宿舍区内的文化垃圾进行了集中清理，使职工社区又恢复了整洁的面容。

三、广大青年志愿者深入区队、井口开展了以“实施青年志愿者阳光计划，让开采阳光的人享受阳光”为主题的多种形式的安全送温暖活动。为一线职工送去了鸡蛋汤、红糖姜水，为广大一线职工提供了缝补工作服、测血压、医疗咨询等服务，向广大职工发放了伤风止痛膏、感冒胶囊、创可贴等急用药品，安全小卫士还下区队、到井口为一线职工表演了安全文艺小节目，受到了广大职工的欢迎和好评。

第二章　机关工作计划写作

第一节　工作计划写作概述

（一）计划的概念

计划是安排、打算、部署、谋划、筹划进行任何一件工作，完成任何一项任务事先通盘考虑、周密安排的一种说明文体。写计划要对该项工作完成的具体任务、质量、数量的要求，完成的时间，进行的步骤，采取的措施以及内部、外部的保证条件等都要缜密考虑、研究成熟之后形成书面材料。

（二）计划的作用

1. 计划是做好工作的基础，完成任务的保证

在进行一种工作，实施一项工程之前要作出具体的计划。工程越大、越复杂，计划也就要越周密详细。计划中必须列出需要完成的所有任务，提出指标、质量要求，制订出工作步骤和措施，明确制订出人、财、物的组织，任务的分解……使全体员工看得见、摸得着、办得到，人人都明白自己该做什么，在一个阶段内做完什么工作，各司其职，各尽其责，使人力、物力、财力得到最大限度利用。

2. 具有指导作用和激励作用

计划中的目标、任务、要求和措施是对全体成员集中意志、统一行动的根本要求。在总的目标下，还有任务分解，将各部分任务落实到科、组、人。在总的措施下还有细则，明确每个科、组、人在一个阶段要完成什么任务。这些目标任务一经制定后就带有约束力，就要求每个领导、全体职工全力以赴地在各自的岗位上工作，任何人都不得随意更改。一个科学的计划是全体员工在工作、战斗中配合、协调的指南，是顺利完成任务的基础。

一个完整的计划，必定有调动人的因素，激发员工工作热情的措施，如扎实有效的政治思想工作，科学合理的奖惩制度，合理合法的分配制度等等。涉及个人的切身利益、思想情绪等方面的措施，办法制定得好，执行得硬，就能使广大职工信服，就能最大限度调动广大职工的积极性、创造性，开创新局面，取得好成效。

3. 具有调节控制的作用

计划不但要考虑计划范畴以内方方面面的问题，而且还要考虑计划范畴以外相牵连的问题。要求计划的制定者及执行该计划的领导者必须根据错综复杂的实际情况，诸如市场的变化、战争的进程等进行必要的调控。

（三）计划的写作格式

计划这一文体结构通常由标题、正文、落款三部分构成：

1. 标题

计划的标题应包括制文单位、时间限断语、事由和文种类别（计划）四部分，一般四者要齐全。时间限断语是计划适用的时限范围。事由要标明是“工作计划”，还是“生产计划”或其他计划。但有时因制订者认为计划的执行范围仅在本单位，已很明显，在标题中将其省略；比较规范的计划仍要标明制文单位。

2. 正文

计划的正文，一般先扼要说明制订该计划的缘由、根据，对完成任务的主客观条件作些分析，说明完成该计划的必要与可能性。其次是计划的具体内容，即在多长时间完成哪些任务，并设计完成任务的步骤和方法等。最后是结尾语，提出重点或强调有关事项，做出简短号召。

3. 签署制文单位、日期

高级机关制定的计划，也有在正文后不另署制文单位和制文日期的，此时制文单位名称应于标题中标明，制文日期往往在标题下括号内注明。计划的正文通常采用分条列述式，结尾语视情况决定其长短与去留。事先认真调查研究，具体内容切实可行是计划写作的主要之点。

（四）计划的特点

1. 全面性

制定计划要全面、具体、周密地把各项工作都安排进去，防止片面性和局限性，做到统筹兼顾、瞻前顾后。

2. 预见性

一切计划都是事先制定的，它的目的是为完成、实现具体的任务。因此，它不但要对完成任务的多少、好坏、快慢作出预测，而且对可能出现的问题（内外部的条件）作出判断。只有在正确总结过去的经验的基础上才能制定出切实可行的计划。所谓“预见”，也只有在总结过去、综观当前的同时才能作出。

3. 时限性

时限性是计划的一个鲜明特色。做任何工作都必须有一个时限。计划中所规定的各项具体任务、目标都指定在一定的时限内完成和达到，两者密不可分、浑然一体。

（五）计划制定时应遵循的原则

1. 政策原则

无论作什么计划，都要有明确的指导思想，就是要坚持党和国家的路线、方针、政策。任何工作计划都必须符合这个大政方针，才有利于国家、民族和人民。

2. 群众性原则

任何计划的制定与实施，没有人民群众的广泛参与都是不可能的，因而相信群众、发动群众、团结群众、依靠群众，充分调动和发挥群众积极性与创造精神是制定计划的重要原则。

3. 可操作原则

订计划的目的不是为了应付上级检查，而是为了提高效率，顺利完成任务。因此计划中的任务要明确，措施要得力可行、具有可操作性。任务要明确，就是本阶段究竟要完成一些什么样的具体任务，数量多少，质量要求达到什么标准，经济效益如何等等，要实事求是地提出任务、目标。要完成任务，达到计划规定的目标，需配备些什么措施，由哪些具体的部门协同配合，怎么样密切配合，这就叫可操作性。

（六）写好工作计划的方法

写好计划可能是公文写作中比较难的事。因为这不仅仅是个文字表达上的事，还是个涉及具体工作业务的组织和安排问题，需要有长远眼光和领导魄力，这种写作是一个人综合能力的表现。但是在写作上也有一些章法。首先，写作者必须分清这个计划的内容属于哪一类，适合用哪一个具体的计划种类来表达，从而确定具体文种，即是规划、设想、计划、要点、方案、安排中的哪一种。然后，再根据具体内容和文种写作要求进行写作。如果是时间较长、范围较广的计划，就要用“规划”。因为规划不必也不能写得太细，只要能起到明确方向，鼓舞人心，激发热情的作用也就差不多了。当然这并不是说规划就可以写得不切实际；但规划的切合实际问题的确只是个大致的切合。如果是初步的、不太成熟的计划，就要用“设想”。因为设想是为计划作准备的，也不必写得很细，甚至不用写得很好，只要能把大致的“思路”或想法写出来也就够了。但这也不是说设想就可以写得没条理，而只是说它更注重“想”，即要有突破和创新。如果计划内容是某一项工作，一般则用“方案”或“安排”，工作项目较复杂者用“方案”，较简单者用“安排”。因为方案和安排都必须写得很细（或很全面，或很具体），否则工作就没法开展。当然，若考虑到要给下级执行中留有余地，这方案可变成“实施意见”，这安排也可变成“安排意见”。如果计划内容既不是单项工作，又不是很宏大的，这就该用真正的“计划”了。因为狭义的计划是广义计划中最适中的一种。当然，若只想把这计划摘要加以公布，则可用“要点”来写。

（七）工作计划写作注意事项

不论哪种计划，写作中都必须注意掌握以下五条原则：

第一，对上负责的原则。要坚决贯彻执行党和国家的有关方针、政策和上级的指示精神，反对本位主义。

第二，切实可行的原则。要从实际情况出发定目标、定任务、定标准，既不要因循守旧，也不要盲目冒进。即使是做规划和设想，也应当保证可行，能基本做到，其目标要明确，其措施要可行，其要求也是可以达到的。

第三，集思广益的原则。要深入调查研究，广泛听取群众意见，博采众长，反对主观主义。

第四，突出重点的原则。要分清轻重缓急，突出重点，以点带面，不能眉毛胡子一把抓。

第五，防患于未然的原则。要预先想到实行中可能发生的偏差，可能出现的故障，有必要的防范措施或补充办法。

第二节　工作计划写作范例

一、机关工作计划写作范例

▲机关党委年度工作计划

【范例】

南京林业大学机关党委××××年工作计划

××××年，机关党委工作的总体要求是：以邓小平理论和“三个代表”重要思想为指导，紧紧围绕学校的中心工作和重点任务，深入学习贯彻党的十六大和十六届四中全会精神，实事求是，与时俱进，切实抓好机关党的思想、组织、作风的创新建设和精神文明建设，大力开展创建“学习型机关”的活动，不断提高机关党组织的凝聚力、战斗力和创造力，建设一流的队伍、培育一流的作风、创造一流的业绩，为贯彻落实我校十三届十次全委会提出的各项任务，为迎接学校第十四次党代会胜利召开，全面开创各项工作的新局面作出新的贡献。

一、大力加强思想建设，把“三个代表”重要思想和十六届四中全会精神的学习不断引向深入

紧密结合机关的工作实际和党员干部的思想实际，不断创新学习形式，增强学习效果。结合学习贯彻校党委校第十三届十次全委会精神和全省、全国“两会”精神，把运用“三个代表”重要思想和十六届四中全会精神指导实践、解决问题、推动工作作为学习的出发点和落脚点，在增强党员干部贯彻落实“三个代表”重要思想的自觉性、坚定性上下工夫。努力营造聚精会神搞建设、一心一意谋发展，倍加顾全大局、倍加珍视团结、倍加维护稳定的良好氛围，动员机关广大干部职工，以奋发有为、昂扬向上的精神状态投入到各项工作中去，抓住机遇，加快学校发展。

二、按照“廉洁、勤政、务实、高效”的目标，继续抓好机关作风建设

坚持从严治党的方针，按照校纪委的部署和要求，认真组织党员学习《建立健全教育、制度、监督并重的惩治和预防腐败体系实施纲要》和《南京林业大学工作人员从政行为规定》等文件，加强对党员干部的思想教育尤其是党纪条规教育和警示教育，按照校党委、校行政关于进一步加强机关作风建设的要求，继续做好加强机关作风建设工作。作风建设是党的建设重要组成部分，去年学校开展了“千人评机关”活动，对我们转变作风，强化服务意识，提高服务质量，增强工作效率，起到了积极作用。××××年底学校要继续深化对机关评议的工作，机关党委要积极配合，认真做好这项工作。

三、加强政治理论学习，积极开展创建“学习型机关”活动

1. 要建设学习型的党委、支部，党委委员、支部书记要学在前、用在前。

2. 建设学习型的部门，建设学习型的团队。结合各部门的工作特点，坚持创新，永不自满，

创造性地开展工作。

3. 培养学习型的机关干部。积极适应形势任务需要和工作学习化、学习工作化的要求，以时事政治、历史、中华文化、哲学、社会学和经济学、文学为主要内容，配合党校组织高质量的专题讲座，力争扩大受教育面，为全面提高机关干部的综合素质创造良好的条件。紧紧围绕学校党委和有关职能部门纪委、党校、组织部、宣传部等安排计划，精心组织政治学习和各项活动。

四、以党支部建设为重点，增强机关党组织的创造力、凝聚力和战斗力，发挥共产党员的先锋模范作用和党支部的战斗堡垒作用

把提高党员干部的素质放到重要位置来抓，以“机关作表率，党员当模范”作为党员队伍建设的重要内容和目标，高标准、严要求，努力使机关党组织成为贯彻“三个代表”重要思想的组织者、推动者和实践者。

1. 组织党员认真学习十六大通过的新党章，加强党性修养。

2. 严格党的组织生活，积极开展“最佳党日活动”和以“保持先进、发挥作用”为主要内容的党员主题教育活动。

3. 继续搞好支部工作目标管理和民主评议党员工作。

4. 认真做好入党积极分子培养工作和党员发展工作。

5. 开展创先争优活动，结合年度工作考核，在人事部门的支持指导下，七一前夕开展“机关先进工作者”评选工作，激励机关全体党员和广大职工积极进取、奋发向上，推动机关各项工作与时俱进、开拓创新、争创一流。

6. 加强机关党建研究，举办党支部书记工作研讨班，交流经验，开阔视野，拓宽思路，更新观念，创新机制，进一步增强做好机关党建工作的信心和责任感。认真落实我校机关党建有关规章制度，结合各部门工作的特点，围绕业务工作抓党建，抓好党建促进工作。

五、进一步加强和改进思想政治工作，统一思想、凝聚力量

认真学习传达贯彻学校××××年宣传思想工作会议精神，定期分析机关思想政治工作面临的新情况、新问题、新特点，有针对性地做好思想政治工作。结合学校改革发展的重点、热点、难点开展思想工作，营造团结、鼓劲、进取、向上的机关工作氛围，加强法制、公民道德和职业道德教育，使每个党员和干部职工树立良好的职业道德、社会公德和家庭美德，提高思想道德和科学文化素养。

六、积极开展群众性的精神文明创建活动

要针对机关的特点开展丰富多彩的群众性文体活动，建设机关文化，激发机关活力，塑造机关形象，形成和谐氛围。关心和支持机关工会和共青团工作，进一步发挥机关工会和团委的作用。积极配合做好学校6月份要召开的教代会工作。关心和做好机关职工福利工作。

根据学校安排，积极配合相关部门，做好学校的“十一五”规划意见征求和修改完善工作。认真组织审议学校的“十一五”规划。按党委的要求，认真做好开展保持共产党员先进性的教育活动。积极参与做好本科教育水平评估工作。协助做好年底要召开的党的第十四次党代会各项工作。

▲党委半年工作计划

【范例】

民进海淀区委××××年下半年工作计划

一、区政协暑期读书班

时间地点：待定。

组织者：区政协。

事先准备工作内容：

1.《学习5号文件精神，构建社会主义和谐社会》的发言——李焕喜牵头。

2. 与4套班子座谈发言——以海淀区义务教育质量监控体系为主——臧铁军（先调查：小学毕业生现整体水平；会员座谈以提纲形式征集书面意见）。

二、民进区委暑期读书班

时间：8月底开学。

地点：待定。

主题：学习5号文件，提高对新时间统战理论的认识。

组织者：民进区委。

与会人员：区委委员及各支部主任。

主要内容：

1. 请中共海淀区委领导讲解5号文件。

2. 与教委有关领导座谈——海淀区教育的总体状况及发展规划。

三、响应市委会“为北京贫困儿童捐助活动”

完成时间：6月25日。

组织者：民进市委。

捐款方式：以支部为组织单位，将捐款会员名单及金额按时汇总到区委机关统一上报市委会，由区委机关将市委会从北京市红十字会开具的捐款发票返回各支部。

通过捐献活动，体现民进组织的力量，表现民进成员的爱心，推动我市慈善事业的发展。捐出50元钱，就可以帮助一名贫困患病儿童，使其享受每年累计最高8万元的住院医疗保障；捐出400元钱，就可以帮助一名贫困学生，使其拥有一年的学习费用。《北京民进》将刊登捐助人员名单和金额。50元不多，爱心无限！博爱助困、博爱助学，民进爱心满京城！

四、组织会员参加会中央60周年，会市委55周年活动

完成时间：7月中旬。

组织者：民进市委、民进区委。

主要内容：

1. 为市委会及区委统战部有关活动提供素材，请会员撰写纪念文章，提供会务活动图片等。

2.《海淀民进》会刊第二期以海淀民进20周年纪念文章为内容出专刊。

3. 推荐优秀合唱节目参加市委会教师节演出（此项活动在9月份）。

五、组织部分老会员参观浏览

时间：9月中旬。

内容：组织部分老会员参观浏览海洋馆。

六、申请入会同志集体谈话。

时间：6月上旬。

地点：区委机关中526会议室。

内容：按照有关组织发展规范，通过漫谈形式了解掌握申请入会同志的状况。

组织者：民进区委。

七、完成市委会“一次有特色的支部活动”评选工作

时间：各支部填写表格向区委申报，9月底前完成参评工作。

地点内容：各支部自定。

考评：市委、区委专职工作人员及部分会员。

要求：市委、区委据实际情况予以表彰。

八、秋游活动

时间：10月下旬。

地点：待定。

内容：结合市委会革命歌曲大家唱活动组织秋游活动。

组织者：民进区委。

九、专题讲座

为会员组织两次专题讲座，促进会员业务能力和水平的提高，促进他们认真做好本职工作，立志在建设有中国特色社会主义事业中实现自身价值。从政治和业务两个方面获得提高，增强会员的代表性和民进组织的凝聚力。

讲座1：如何做好教育科。

主讲：臧铁军。

时间地点：9月份在区委机关526会议室。

讲座2：李焕喜或程方平作一次报告。

时间地点：待定。

十、议政调研工作

调研方面，《海淀区义务教育教学质量监控体系总体设计》在今年的区政协七届二次全会上作为党派提案提出，现已经向区委统战部申报调研课题立项并启动调研。此提案一经提出就得到区教委的感谢和认同。目前区教委已经设计出初步框架并与我区委协商4次。现拟就框架组织会员召开3次座谈，征求意见，提出改进方案。

▲党总支半年工作计划

【范例】

镇江市科技局党总支××××年下半年工作计划

××××年下半年，市科技局党总支要以邓小平理论和“三个代表”重要思想为指导，认真学习胡锦涛同志“七一”重要讲话，紧紧围绕局党组中心工作，进一步增强党的工作的影响力、凝聚力和战斗力，以市级机关“创一流服务，创一流机关，优化投资环境”活动为主线，积极开展“创文明机关，创文明处室，优化服务质量”活动，为全面完成全年工作任务提供坚实的思想基础。

一、加强学习，提高党员干部各方面素养

积极响应市级机关工委的号召，按照《镇江市科技局××××年学习计划》积极开展学习“三个代表”重要思想、胡锦涛同志“七一”重要讲话、党的十六大文件的学习活动，提高党员坚定理想信念、实践党的宗旨、发扬党的优良传统和作风、保持党的先进性的政治责任感，更好地发挥共产党员的先锋模范作用，增强党组织的创造力、凝聚力和战斗力。

1. 切实加强政治理论学习。着重学习邓小平理论、“三个代表”重要思想、胡锦涛同志“七一”重要讲话和党的“十六大”文件，提高政治理论水平。

2. 努力学习科学知识和业务知识，提高党员干部的业务工作能力。

3. 学习科学管理知识，提高科技局领导和党员干部驾驭全局的能力，提升决策水平和管理水平。

4. 学习以党支部为单位，制定学习计划，落实学习内容，保证学习时间，坚持学习制度。

每月党总支组织两次集中学习，开展理论研讨和学习心得交流。形成固定的学习制度。每季度安排一次专家论坛，开展学习型组织创建、廉政警示教育等讲座。

二、进一步加强党组织建设，充分发挥机关党组织的先锋模范作用

1. 认真落实党组织生活制度，每季度不少于2次。

2. 各党支部要根据党总支全年的工作要求，制定相应的支部工作计划并报党总支。

3. 积极开展“争创先进党支部、争做优秀共产党员”的活动，年底结合行政工作的考核进行总结评比。

4. 积极、认真、稳妥地做好积极分子的培养工作，严格按党员发展程序培养发展新党员。

三、围绕中心工作积极开展组织活动，增加工作活力，增强党组织的凝聚力和吸引力

1. 开展反腐倡廉教育活动。认真学习党中央关于反腐倡廉的有关文件，坚持每个月组织全体党员观看一部反腐倡廉教育片，做到警钟长鸣。

2. 积极开展扶贫帮困活动。把“两为”活动作为机关党建工作的一项主要内容，认真分析帮扶对象的家庭情况，有针对性地为帮扶对象排忧解难。

3. 积极组织开展各类文体活动，如乒乓球赛、扑克赛、卡拉OK歌唱比赛等，丰富组织生活形式，增加党组织凝聚力和吸引力。

▲党委办公室季度工作计划

【范例】

××市××局党委办公室××××年第一季度工作计划

一、组织市局××××年春节联欢会。

二、开展扶贫帮困活动。

三、组织机关思想作风纪律整顿。制定整顿方案，印发学习资料，并对整顿情况进行督导。

四、制定下发《××××年党建工作要点》。

五、出台创“六型”机关活动方案。

六、完善修订党建工作制度。

七、建立机关和直属单位副科级以上干部理论学习档案。

八、组织机关及直属单位干部学习《中国共产党党内监督条例（试行）》和《中国共产党纪律处分条例》。

九、创办《党建通讯》内刊。

十、组织入党积极分子参加市直工委的培训。

十一、协助教育科完成全市地税系统演讲比赛。

十二、与教育科一起准备迎建局10周年的文艺汇演节目。

十三、完成领导交办的其他工作。

▲宣传部季度工作计划

【范例】

大通区委宣传部××××年第四季度工作计划

××××年第四季度是总结今年工作，奠定明年工作基础的关键时期，要认真按照年初制定

的工作计划，有步骤地完成今年的工作。认真学习宣传贯彻好十六届四中全会和市、区委七届七次全会精神，正确把握积极、鼓劲的舆论导向，大力营造“抢抓机遇、奋力拼搏”实现大通经济跨越式发展的良好氛围。

一、认真抓好区委学习中心组的理论学习、检查工作

组织好区委学习中心组的理论学习工作，制定本季度的学习计划，科学合理地安排学习内容，邀请有关理论专家来我区进行理论辅导。认真准备并整理好中心组理论学习资料，迎接市委宣传部和市委组织部的理论学习检查。与此同时，在总结今年学习的基础上，做好××××年学习计划的制定工作。

二、加大对经济工作的宣传力度

要重点围绕招商引资、优化发展环境和“三农”问题，及时、准确地宣传报道我区各项工作取得的新进展、新举措、新经验，积极营造聚精会神搞建设、一心一意谋发展的良好氛围。

三、抓好日常宣传思想工作任务的落实

认真学习宣传贯彻市、区委七届七次全会精神，并做好贯彻落实情况的宣传报道工作；积极参与全市举办的“溢光流彩——庆祝建国55周年”大型征文活动；会同有关部门组织第一个“中小学弘扬和培育民族精神月”宣传教育活动；继续抓好“扫黄打非”工作，进一步净化和繁荣我区文化市场；加强精神文明建设工作力度，促进“三个文明”建设协调、健康地发展。

▲组织部月工作计划

【范例】

区委组织部××××年××月份工作计划

1. 起草关于加强组工干部自身建设的实施意见。
2. 通报第一季度各科室、各单位信息调研工作完成情况。
3. 组织一期组工干部信息调研业务知识培训班。
4. 做好物价系统公开竞选物价检查站（所）长的相关工作。
5. 对区直部门部分干部进行调整。
6. 对后划入乡镇的内设机构岗位进行规范调整。
7. 做好迎接市委组织部对宿城区贯彻执行《干部选拔任用条例》检查工作的准备工作。
8. 对区直各党组织营造先进性教育活动宣传氛围进行大检查。
9. 组织第一批参学单位全体党员闭卷考试，检验第一阶段集中学习效果。
10. 在区人民会堂举办一次党员先进性事迹报告会，区直机关党员参加。
11. 以区直各有关党委为单位举办党的知识竞赛初赛，并从中挑选成绩优秀者参加区先进性教育办公室组织的决赛。
12. 对第一阶段先进性教育工作组织一次“拉网式”的大检查，并对检查情况进行通报。
13. 做好先进性教育活动转段准备工作。
14. 对全年党建工作进行专题调研，重点研究制定××××年度党建示范点创建工作计划，明确创建目标。
15. 完成××××年度学分制培训的量化考核工作，评选出“学习型干部”。
16. 完善学分制管理配套措施，起草干部培训实施意见，印发××××年干部培训工作要点。

17. 组织人才工作领导小组成员单位报送人才培养工作计划，并汇总印发。

18. 了解第一季度年轻干部下派挂职情况，组织撰写挂职体会，并在宿城组工信息上交流。

19. 草拟××××年选修课培训课程。

20. 做好全区党员先进性教育活动音像资料的搜集整理工作。

21. 搜集我区在先进性教育活动中涌现出来的典型，并筹备拍摄专题片。

22. 组织老干部文娱活动。

23. 召开老干部例会。

24. 组织人员赴温州举办招商推介会。

25. 对各单位报送的项目进行开工备案，考核验收，并继续做好招商引资督查工作。

26. 督促、把关、上报市验收项目申报材料，配合市考核中心考核验收，对招商引资首季“开门红”活动进行总结表彰，并通报全区。

27. 总结3月份全区招商引资情况，印发《招商引资工作及项目进展情况简报》第3期。

28. 继续做好全区重点工作的督查，并对督查情况进行及时通报。

▲党支部季度工作计划

【范例】

汽车系第二党支部××××年二季度工作计划

第二党支部（汽车系党支部）二季度计划做好以下工作：

1. 继续做好二季度发展党员和积极分子考察培养工作；

2. 每月安排集中学习一次（党员和积极分子）；

3. 抓好宣传信息工作；

4. 进一步抓好分工会、团组织和学生会建设，把握方向，协调人、财、物资源，促进其围绕教育教学管理工作中心和增强团队凝聚力开展活动；

5. 密切关注职工思想动态，及时收集、整理、反映职工愿望，做好解释、疏导和合理意见建议的办理工作；

6. 发挥党员的先锋模范作用，围绕中心工作开展活动；

7. 抓好汽车系领导班子作风建设；

8. 努力促进文明系部创建、环境卫生、后勤保障；

9. 做好庆“七一”宣传工作；

10. 组织一期党的知识培训班；

11. 贯彻落实文明创建内容。

▲企业党委月工作计划

【范例】

××煤矿党委××××年××月份工作计划

2月份全矿各项任务非常繁重，实现确定的目标难度很大。全矿各级党组织和党群各部门要以党的十六大精神为指导，以落实好集团公司和矿一系列重要会议精神为动力，动员全矿干部职工团结奋进，攻坚破难，坚定不移地完成2月份目标任务。主要抓好以下几个方面的工作：

一、继续抓好集团公司和矿一系列重要会议精神的贯彻落实。

矿党委将召开支部书记会、党群部门负责人会议对如何抓好集团公司和矿召开的几个重要会议提出新要求。各单位党支部（总支）和党群各部门要采取多种形式，积极组织广大职工学习下发的有关文件、领导讲话，联系集团公司和我矿工作实际，广泛深入地做好宣传发动和思想引导工作。特别要抓住重点，紧紧围绕完成生产任务、确保安全生产、促进利润指标实现、维护全矿稳定、积极推进改革等方面，有针对性地做好宣传发动工作。凡因学习贯彻不力，导致思想不稳、任务完成不好、工作被动出现问题的单位和部门，矿上都将认真分析并追究有关责任者的责任。

二、要继续抓好十六大精神的学习贯彻。

学习贯彻党的十六大精神是当前和今后一个时期全矿重中之重的政治任务，各级党组织要充分发挥各自优势，按照矿党委下发的《关于认真学习贯彻党的十六大精神的意见》，认真组织广大党员干部和职工群众，有计划、按步骤地学习江泽民同志作的十六大报告，切实形成一个学报告、讲政治，用十六大精神指导工作的浓厚氛围。矿党委将在集团公司举办矿处级领导干部培训班的基础上，专题研究和安排党员干部学习十六大文件培训班问题，通过培训，不断提高广大党员干部的思想政治素质，使其在改革发展稳定中更好地发挥模范带头作用。

三、要进一步加强安全宣传教育，切实搞好安全生产。

要针对春节过后职工思想比较活跃的实际，深入细致地做好职工的收心工作，特别是要按照对安全工作怎么抓也不越位的思想，有针对性地开展好安全教育。重点要开好班前班后会，使职工收好过年心，集中精力搞好安全生产；要抓好薄弱事故苗头的排查，重点排查酒后上班和情绪不稳定的职工，切实把不安全隐患消灭在萌芽状态；要克服畏难发愁情绪，下大力气抓好安全教育，特别是对那些安全上不放心的人员，要盯上靠上去做工作；要积极开展“学规程、用规程、正规操作、干标准活”活动，使职工自觉做到正规操作、按章作业；要组织开展安全1、2号文件的知识竞赛活动。要充分发挥广播电视、宣传栏、黑板报等舆论宣传工具的作用，大力营造安全生产氛围。要通过多种形式的安全教育，使广大干部职工牢固树立“四个没有”的思想，切实解决好个别单位班前班后会质量差，传达贯彻集团公司和矿一系列会议精神简单化，对安全教育工作被动应付多、主动创新少，以及职能不到位，下去跑得多、发现问题少等问题。各党群部门要紧密结合节后工作实际，充分发挥各自优势，积极探索、创新和实践安全教育的新方法、新途径，力求在安全教育形式上有一个新突破。特别是基层党支部书记，要认真履行安全教育第一责任者的责任，进一步转变作风，在深严细实上及时发现和解决安全教育工作中存在的突出问题，切实把本单位的安全教育抓紧、抓好、抓出成效。

四、要进一步加强廉洁自律教育。

各级领导干部要牢固树立“群众过节、干部过关”的思想，按照集团公司“12个禁止”和矿下发的《关于领导干部廉洁文明节俭过节的意见》，不搞节后相互吃请，自觉抵制请客送礼等不正之风，切实做到“四个管好”。要继续开展狠抓“三股歪风”活动，进一步加强党员干部特别是党员领导干部的监督和管理。要坚持教育和管理相结合，在进行正面教育的同时，进一步严格廉政纪律，特别是严格责任追究制度。纪检部门要加强干部作风、廉洁过节等方面的检查，发现问题及时查处，及时纠正。

五、要加大查案纠风力度。

突出刹风整纪，狠抓案件排查，特别是要围绕群众关注的节前、节中、节后出现的“12个禁止”中列举的突出问题，进一步加大查案力度，发现一起，处理一起，决不姑息迁就，坚决遏制各种不正之风，进一步端正党风、政风和矿风，密切党群干群关系。

六、大力加强思想政治工作，巩固我矿政通人和、加快发展的良好政治局面。

全矿各级党组织和党群部门，要把政治稳定作为一项重要的政治任务来抓。按照“生产无事故，治安无案件，群众无上访”的总体要求，大力加强思想教育和思想政治工作，做到人人明白稳定的重要性、人人重视稳定工作、人人自觉维护矿山稳定；要落实抓稳定工作责任。各单位党政主要领导、各部门主要负责人是本单位和部门政治稳定的第一责任人。同时，又是确保全矿稳定的主要责任人，对本单位部门职工负有教育引导的第一责任。因此，必须尽职尽责，有针对性地进行政治稳定意义和要求的教育、权利与义务的教育，尤其是在二中居住的职工所在单位党政领导，更要高度重视。凡教育不到位，出了问题、影响稳定的，要从严追究责任，特别是从严追究责任领导和有关责任人的责任；要认真解决职工群众关心的热点、焦点问题，特别注意解决离退休职工和特困职工的实际困难，进一步密切党群干群关系；对涉及改革方面的敏感问题要加强政策宣传，防止矛盾激化。要充分发挥保卫、信访部门的作用，加强调查研究，深入排查各种不安定因素，尤其要注重抓基层、抓重点、抓苗头、抓薄弱单位和薄弱环节，超前预防，发现问题及时解决，确保全矿各项工作在稳定中发展，靠发展进一步解决好职工群众在生产生活中遇到的一些实际问题，促进全面建设小康社会目标的实现。

二、阶段性、专项工作计划写作范例

▲党总支阶段工作计划

【范例】

杭州二中党总支××××~××××学年第一学期工作计划

一、指导思想

以“三个代表”重要思想和“立党为公，执政为民”思想为指导，全面贯彻党的路线方针政策，牢固树立科学的发展观和正确的政绩观，紧紧围绕创立能代表杭州的浙江省旗舰学校这一目标，认真实现学校工作由做大做强向做精做细的转变，使学校水平由省内一流提高到国内一流。确保教学工作的高水平推进，学生工作的高水平引领，后勤保障高水平到位。办好人民满意学校和促进集团化的发展。通过进一步强化党员意识、树立党员形象，加强领导班子建设，增强党总支的创造力、凝聚力和战斗力，使党组织真正成为贯彻“三个代表”重要思想的组织者、推动者、实践者，提高党的执政能力。进一步加强师德师风学习，加强以校园精神、校训为核心的校园文化建设，进一步树立二中好形象。

二、党总支工作的重点

1. 抓好领导班子队伍建设、党员队伍建设、教职工队伍建设，努力提高队伍的整体思想素质、工作水平和业务素质。推进教育集团建设的健康发展。

2. 坚定不移地推进校园文化的建设，把握学校宣传舆论的主旋律，争创人民满意学校。

3. 坚持德育为首，致力于学生国家、社会责任感的培养，致力于学生的自主发展。

4. 一心一意关注教学，专心致志练好学校“内功”，深刻理解“决战课堂”的内涵。

三、认真抓好理论学习，努力提高领导班子思想、工作水平，提升学校品牌，提高学校的核心竞争力

1. 调整校中心理论组成员，部署下半年学习的内容，坚持每月一次的集中学习，保证学习的质量与效果。

2. 加强领导班子的思想与作风建设，争取达到以下目标：

确保在政治上与党中央保持高度一致，保证认真贯彻落实党的各项方针、政策，尤其是党的关于教育方针、政策的落实。

坚持民主集中制原则，凡属干部任用、人事调整、重大工作安排、大项经费开支等，均按照“集体领导、民主集中、个别酝酿、会议决定”的原则，进行酝酿决策。

正确处理好“主角”与“配角”的关系；自觉接受群众评议、监督；干部既要身体力行、以身作则，也要敢于负责、敢于管理，逐渐形成踏实肯干、团结和谐、锐意进取、富有创新精神的领导集体，进一步塑造“团结、务实、创新、廉洁”的干部队伍形象。

3. 坚持和完善校务公开制度，进一步推进教育集团的建章立制工作；进一步推进学校的民主管理和制度建设；进一步树立“依法治校，开拓进取”的学校形象，争创依法治校先进单位。

四、做好党员以及教职工思想工作，弘扬“高正实”的校园精神，推进校园文化建设

1. 组织全体党员认真学习《中国共产党党员权利与保障条例》，提高共产党员的责任感、使命感。

2. 深入开展“三联系，五带头”活动，进一步发挥党员的先锋模范作用。做好党员风采展示活动。认真贯彻《共产党员行为规范》，贯彻学校《有关家教的几点规定》。认真做好“三联系”工作。每一位党员联系3位以上同学，从思想、工作、学习、生活各个方面关心学生。组织37位党员做好联系党支部工作。期中、期末由党总支做好评价与反馈工作。

3. 部署做好“新调入、新入党”同志的保持共产党员先进性教育活动。分别组建本校、分校两个“新调入、新入党”同志的保持共产党员先进性教育活动临时党支部。认真按照杭州市统一部署，做好“新调入、新入党”同志的“保先”教育。

4. 指导教工党支部开展以学习师德公约为中心的青年教工学习活动，并努力开展适应青年教工的活动。

5. 加强师德师风以及国内外形势教育，拟聘讲座2次。

6. 结合教师节表彰大会，举行师德报告会，深入持久开展师德教育。特别是要表彰认认真真、踏踏实实在第一线工作的同志。

7. 协助行政认真处理好各种关系，特别是改革、发展与稳定的关系，坚持以人为本，坚持人文关怀，关注教职工的凝聚力工程建设，倡导和谐、团结、奋发向上的校园氛围。

8. 认真组织好每一次教职工例会和升旗仪式。特别是改进例会的形式，不断提高例会的质量。

五、坚持党要管党的原则，认真做好组织建设

1. 充实党总支委员会，充实分校党支部委员会。

2. 调整党小组，选好新一任党小组长，努力发挥党小组长在年级工作中的作用。

3. 认真做好党员联系党外积极分子工作，努力扩大党外积极分子队伍，选派积极分子参加教育局党校学习。

4. 坚持党员标准，积极慎重地做好发展党员的工作。

5. 严格党员参加党组织生活的纪律。

6. 继续办好青年业余党校工作，做好第21期党校的授课与结业工作和第22期党校的开办工作。

7. 组建高三（临时）党支部，负责承担高三学生的培养、发展、考察工作。

六、围绕学校中心工作，做好工会、共青团、统战、离退休等工作，促进学校工作有序、健康发展

1. 做好工会委员会与教代会的换届选举工作，做好新工会委员会班子的思想建设和作风建设，指导工会开展各项工作与活动。重点做好每天工间操活动、各类体育俱乐部活动、两大节庆活动以及组队参加市教工运动会。

2. 继续按照上级要求，做好离退休工作；努力发挥离退休工作小组的作用，主动关心离退休同志的生活，特别是要高度关心离退休同志中间年老、体弱、多病的同志。进一步做好离退休教师关心下一代的工作，在学校的德育工作中发挥作用。

3. 做好民主党派人员的工作。认真贯彻统战工作的要求，做好各民主党派的工作，充分发挥各民主党派组织在学校工作中的积极作用。

七、分校党支部工作计划另定。

▲党总支党建工作计划

【范例】

房产局党总支党建××××年度工作计划

××××年区房产局党的建设指导思想是：深入学习贯彻党的十六大和党的十届三中全会精神，进一步落实区委十届十四次全体扩大会议精神和年初全区机关作风建设大会要求，大力创新党建工作，强化党的思想、组织、作风建设，切实提高党员干部素质，为促进全局“三个文明”协调发展，充分发挥党组织战斗堡垒作用。

一、努力创建学习型部门，提高全体党员干部的综合素质。

坚持政治理论学习是党组织的天职。各党组织要认真组织学习党的十六大和十六届三中全会精神，以邓小平理论、“三个代表”重要思想和“两个务必”为指导，紧密结合我局实际，努力创建学习型房产管理部门。区委王书记在年初机关作风建设大会上明确要求，越是挑战严峻，任务艰巨，越要发扬勤奋学习之风，努力增强驾驭发展的能力和水平。各党组织要通过开展创建学习型部门活动，使机关的学习围绕中心，突出主题，形成制度，富有活力，帮助党员干部、青年骨干确立终身学习的新理念。

（一）加强党员干部、青年骨干培训。

首先我们要开展“三个代表”重要思想教育，组织党员干部、青年骨干认真学习党的十六大精神，《中国共产党党内监督条例（试行）》，《中国共产党纪律处分条例》、《行政许可法》的学习，坚持党员“电教日”活动，开展批评与自我批评，做好党员评议工作，从而增强党员的信心和自信，发挥其先锋模范作用。进行“两个务必”，理想信念等教育，采取多种形式方法，增强学习的活力，使学习扎实有效，使党员干部学习能力、实践能力、创新能力在工作中得到体现。

（二）加强党风廉政建设，强化政治业务素质。

各党支部按照党风廉政建设的规定，要重在学习，领会精神，提高认识，把党风廉政建设纳入党政领导的管理之中，加强党风廉政建设，学习教育是基础，制度是保证，监督是手段，领导带头是关键。同时要注重理论联系实际，把武装头脑与提高技艺结合起来，组织党员干部、青年骨干开展有关政策、法律、经济、科技等知识的业务学习，把述党、评学作为组织生活中的重要内容来抓。提高党员干部、青年骨干的学习能力，实践能力和创新能力，切实解决他们的本领

危机。

二、增强行风建设，务实党建工作基础，提升党建工作水平。

在年初机关作风建设大会上，区委王书记强调：要增强干部职工反腐倡廉的自觉性和责任感，增强服务意识，促进思想作风建设。结合房产管理的要求，要执行房地产的有关法律法规和政策，依法行政，维护国家的利益和各类当事人的合法权益。牢固树立管理就是服务的思想，遵守职业道德，坚持勤政廉政，抵制不正之风，坚决制止以权谋私行为发生。精通业务，提高办事质量。做到办案要准确，错案要杜绝。找出工作中的差距和不足，研究制定完善部门服务工作的举措，以优质的服务赢得“加快发展，争先进单位”的先机。

各支部要根据自身机构改革后的新情况，不断完善党的组织建设。认真做好新党员发展工作，对入党培养对象的跟踪教育，要情况清楚，热心引导，全面考察严把“入口”关。加强党的组织建设以及工青妇组织建设。支持、帮助、尊重他们，按照各自的章程和要求认真做好各项工作，在“三个文明”建设中发挥他们的桥梁和纽带作用。

坚持党要管党的原则，我们将以创建党建工作先进单位，党员示范岗，争当优秀党务工作者，优秀共产党员等系列活动为中心，通过各种形式的活动，培养和树立一批先进的集体和优秀的个人，使党建工作呈现出新的朝气和活力。按照区委要求，对照党务工作百分考核内容标准，完善党风廉政建设有关制度。

三、加强中层领导班子建设，提高干部队伍的素质。

（一）选优配强基层干部一把手。

在选用一把手上，扩大民主、完善考核、严格程序，坚持走群众路线。党总支每年要进行摸底考核，坚持群众评议制度，客观、公正、正确地考评干部的德、能、勤、绩。

（二）加强对年轻干部队伍的培养和选用。

按区委、区组织部推荐区管后备干部、局管后备干部比例要求，正确贯彻干部队伍“四化”方针和德才兼备原则，对工作实绩表现突出的中层干部、青年骨干做好后备干部培养、锻炼，按期考核，制定一定的培养措施，建立起一套后备干部的管理方案，以公开推荐与考核相结合选拔领导干部。

（三）认真做好老干部工作。

各级党支部领导要从讲政治、讲大局的高度，充分认识到老干部工作的重要性，政治上、生活中照顾，组织他们学习党的方针、政策，听取他们的意见和建议，使他们老有所乐、老有所为。

四、加强党组织建设，积极开展争创先进党支部活动。

（一）各支部要严格按照党章规定的组织程序，对任期届满的按时做好换届选举工作。

（二）认真做好入党积极分子工作。

新党员培养教育工作，定期组织他们学习党章、党的路线、方针、政策和邓小平理论，对培养、发展计划要列入支部工作计划，并及时报机关工委局党总支，由局党总支上报区机关工委。

（三）依据江宁党建考核办法的内容，对所属各支部进行考核考评。

各支部可根据实际，制定计划，努力实现年度目标，使我局在全局三个文明建设中做出应有的贡献。

第三章　机关工作报告写作

第一节　机关工作报告概述

（一）工作报告的概念

工作报告，是下级机关向上级机关汇报工作，反映情况，答复上级机关的询问时使用的一种文书。它是党政机关和企事业单位都广泛采用的重要上行文。

（二）工作报告的适用范围

工作报告的用途十分广泛，具体地说，报告可以用来向上级机关汇报工作，例如，《大兴安岭恢复生产重建家园工作总结报告》，是国务院大兴安岭恢复生产重建家园领导小组写给国务院的报告，其作用就是使国务院全面掌握大兴安岭火灾之后，恢复生产重建家园工作进行的状况；报告也可以用来向上级机关反映情况，比如，《铁道部关于193次旅客快车发生重大颠覆事故的报告》，是铁道部写给国务院的报告，其作用是使国务院及时地了解193次旅客快车发生重大颠覆事故的原因、损失及应吸取的教训和对责任者的处分等有关情况。此外，报告还可以用来答复上级机关的询问，比如，《关于×××同志提职的报告》，就是就上级机关对某一事项的询问，告知上级机关本单位对这一事项的安排的报告。

（三）工作报告的种类

1. 综合报告

综合报告，是为使上级机关全面了解工作状况或有关情况而制发的报告。内容全面，带有工作总结的某些特征，是这类报告的特点。

2. 会议报告

会议报告，是在会议上陈述工作情况、提出问题和意见时使用的一种含有建议会议通过或报送上级机关参考的公文。

3. 工作报告

工作报告在向上级机关汇报例行工作或临时性工作情况时使用。其目的主要是为了让上级了解下级的工作情况和动向，掌握全局、指导工作，建立上下级之间的正常工作关系。

这类报告可分为例行工作报告和专题工作报告。例行工作报告主要用于定期向上级机关汇报本机关、本部门职权范围内的工作情况，最常见的是年度工作报告和工作总结报告等。专题报告则是在一重要临时性工作完成之后或正在进行之中，专门就这一项工作的情况向上级机关汇报时使用。

4. 情况报告

情况报告，在向上级机关汇报工作中发生或发现某些情况和问题时使用。它和专题工作报告的作用差不多，不同的是，情况报告的内容比工作报告更具体，更有特定的意见。情况报告往往是就某一突发情况、某一问题或某一项工作、某一次会议的一部分事项向上级提出报告。情况报告突出工作中的“情况”，工作报告则注重工作的“全过程”。

5. 建议报告

建议报告，是下级机关就工作中的重大问题和事项，专门向上级机关提出建议时使用的一种公文。

这种报告的侧重点在今后工作的意见和建议上，所以其性质与请示接近。所不同的是建议性的报告中提出的意见是供上级机关参考和研究的建议，而不是请求，上级机关对这些建议可以答复，也可以不答复。

6. 答复报告

答复报告，是针对上级机关的询问而汇报有关情况的一种上行公文。从内容上看，也属于工作报告或情况报告。这类报告和前面介绍的报告不同，它是被动报告，即答复上级的询问，汇报有关情况，答复内容要有针对性，不能答非所问。

7. 呈送报告

呈送报告，是向上级机关报送文件时加在前面的一种上行公文，此种公文是使不能直接行文的普通公文，如计划、总结、调查报告等能以法定公文的形式呈报上级。

8. 述职报告

述职报告，是领导干部依据自己的职务要求，就一定时期内的任职目标，向选举或任命机构、上级领导机关、主管部门以及本单位的干部群众，汇报自己履行岗位责任情况的书面报告，是干部管理考核专用的一种文体。

(四) 工作报告的格式

工作报告由标题、主送机关、正文、落款和日期等部分构成。

1. 标题

报告的标题有两种写法：一是“事由 + 文种”的形式；二是“发文机关 + 事由 + 文种”的形式，如“××分行关于××××××的报告”。有的报告内容紧急，则在标题中的“报告”前冠以“紧急”字样。

2. 主送机关

行政机关的报告，主送机关尽量要少，一般只送一个上级机关即可。但行政机关受双重领导的情况比较多见，只报送其中一个上级机关显然不妥，因此，有时主送机关可以不止一个。

作为党的机关公文的报告，要按《中国共产党机关公文处理条例》第十二条的规定执行：“向上级机关行文，应当主送一个机关；如需其他相关的上级机关阅知，可以抄送。”

3. 正文

报告的正文分引据、主体、结语三部分。

(1) 引据

概括说明全文主旨，可用起句立意法。即一开始就简明扼要地将一定时间内工作的有关情况如依据、目的、总的行动及对整个工作的估计、评价等作一概述，以点明全文主旨。通常用“现将有关情况报告如下”承上启下，领起下文。

(2) 主体

即报告事项部分，也是正文的核心，要叙述报告的具体内容。如果内容多、篇幅长，可采用分题式、分条式或两者相结合的方法进行叙述。对于工作报告，应将各方面工作的主要情况并列分段地一一加以表述，即阐明各方面工作的进展情况、主要做法、取得的效果等。再写明存在的主要问题和下一步工作意见，然后概括出基本经验。要以数字和事实说话，内容既翔实又概括。对于问题报告，侧重写明问题状况及其来龙去脉，分析问题产生的原因，说明其后果，并提出解决问题的方法和措施。对于答复报告，则应强调针对性，紧紧围绕上级的询问和要求，写清问题，表明态度，提出意见。

(3) 结语

报告的结语应根据报告的不同内容采用与之相应的不同结语。常用的有“特此报告”、“专此报告”、“请审核”、“请审示”、“以上报告，如有不妥，请指正”等。

4. 落款

即写上发文单位印章和成文日期。

(五) 工作报告的写作要求

1. 要总结出有规律的东西

写报告要用正确的立场、观点、方法对事实进行分析，从中总结出一些带有规律性的东西。这些规律性的东西，无论是成功的经验，还是失败的教训，对今后的工作都具有重要的指导意义。

2. 注意个体材料和整体材料的配合使用

报告的容量大，涉及的材料众多，因此，在写作时一定要注意个体材料和整体材料的配合使用。尤其是综合报告，涉及的方面多，内容复杂，更要注意个体材料和整体材料的配合使用。有个体材料没有整体材料，会使报告零碎，缺乏整体印象；反之，有整体材料没有个体材料，则会使报告内容空泛，缺乏力度和深度。

3. 报告所反映的情况要真实、具体

报告的用途是帮助上级机关了解下情，从而作出正确的决策。因此，写报告要做到如实地反映情况。如果报告反映的情况失实，就有可能影响上级机关决策的准确性和科学性。真实性是对公文写作的普遍要求，但鉴于目前有些报告存在着弄虚作假的现象，所以特别需要引起重视。起草报告的人员，要深入调查研究，尽可能亲自调查了解，掌握第一手材料，然后进行分析归纳，去伪存真。材料要具体，要有概括性的材料，也要有典型的具体事例。

4. 写作报告的立意要新

提炼主题，应该在占有大量材料的基础上进行分析研究，归纳出新颖的观点，从而形成主题。主题，即报告的主旨。在提炼主题和观点的过程中，要有敏锐的眼光，发现新的有价值的材料，从新的角度、新的立足点去分析取舍材料，这样才能提炼出立意新的主题，反映出本质的、带规律性的问题。

5. 写作报告的重点要突出

报告的内容要根据主题的要求来安排，分清主次轻重，重点的、主要方面的内容，要安排在前面，详细写；非重点的、次要方面的内容，简略写；可写可不写的内容，就不写。同时，要注意处理好点和面的关系，比如，有典型的事例，也要有面上的综合性的情况，做到点面结合、眉目清楚、说服力强。

6. 报告中不得夹带请示事项

上级机关对报告不负答复责任，因此，报告中夹带请示事项会影响事项的处理。如有请示事项，宜另用请示文种行文。

7. 尽量把报告写短些

要想将报告写得简短，就要做到以下几点：

（1）应突出重点。

（2）要毫不犹豫地舍弃那些不能说明问题实质的一般材料。

（3）要善于综合归纳，从宏观着眼，总体上把握，把问题表述清楚。

（4）语言表达要做到简洁、凝练。

第二节　机关工作报告写作范例

一、工作情况报告写作范例

▲区域经济工作情况报告

【范例】

全县经济工作情况报告

（××××年××月××日）

一、县情概况

本县总面积1047平方公里，现辖9镇、1乡，分别是环峰镇、林头镇、运漕镇、东关镇、铜闸镇、陶厂镇、清溪镇、仙踪镇、河刘镇和昭关乡，总人口45万人。改革开放以来，含山县国民经济和社会发展取得了显著成就。

农业已形成优质米、优质油、特种动物、经果林、蔬菜五个农业主导产业和鹿、红瓜子、名优茶、优质油四个产业化工程以及鹿系列产品、青虾、螃蟹、山羊、红瓜子、名优茶等特色农产品，初步建成六个主要基地，分别是苍山、长山山脉的养羊基地，长山、横龙、刘武的茶叶基地，铜闸和运漕的优质棉基地，巨兴的红瓜子基地，福山的苗木花卉基地和沿裕溪河、清溪河流域的水产养殖基地，同时，正在申报国家商品粮基地县。

工业已形成建材、酿造、日用瓷器、磨料磨具、机械铸造和针织服装六大支柱。建材业有巢东水泥集团、铁道部杨山水泥厂等企业，水泥年生产能力达200万吨，另有3条日产5000吨干法水泥生产线项目正在建设。陶厂石膏矿由皖北煤电集团投资，已成功开采出优质石膏。酿造业龙头——金太阳啤酒有限责任公司年啤酒生产能力已达12万吨。运漕酒厂去年底被私企收购，新产品已全面上市。机械铸造业年生产能力达20万吨，林头铸造小区是全国具有较高知名度的专业铸造小区。含山瓷业股份有限公司年产日用瓷5000万件，年出口瓷器1500万件，成为安徽省最大的日用瓷生产企业。巢湖砂轮公司年产磨料磨具5万吨，生产规模位居全国砂轮行业第四位。"东关牌"水泥、"皖中牌"瓷器、"巢湖牌"砂轮被评为部省优产品、省政府推荐的名牌产品和著名商标等。××××年，含山县被省政府列为全省十五个工业主导县之一。

三产在国民经济中的比重逐年上升，对全县经济增长的贡献率已达40%。特别是旅游业发展迅猛，已形成两大风景区，一是褒禅山风景区，包括褒禅山和华阳洞、褒禅寺、古昭关、仙踪江淮桥、大城墩古遗址等景点；二是太湖山风景区，包括国家二级森林公园——太湖山国家森林公园、江北"小九华"——太湖寺、华东地区最大的养鹿场——太湖山养鹿场、国家重点文物保护单位——凌家滩古文化遗址等。

基础设施配套完善，社会事业不断进步。实现了乡乡通油路、村村通砂石路和村村通电话。××××年底投资1.43亿元的古塔路全线通车，塔（岗）运（漕）路正在建设之中；完成了农村低压电网改造、含城城网改造和东关110KV变电所建设工程；实施了杨柳圩堤防达标和得胜河治理等工程，提高了防洪能力，消除了水利隐患，改善了生产生活环境。先后被评为全国教育两基达标县、科技工作先进县、广播电视工作先进县、村民自治模范县和全省文化先进县、双拥模范县。含山中学被评为"安徽省示范高中"，含山二中被评为"巢湖市示范高中"。

近年来，县委、县政府着力组织实施科教兴含、工业强县、外向带动、城镇拉动、旅游发展和可持续发展战略，以富民强县为主题，紧紧抓住发展这个第一要务，坚持以工业化为核心，以结构调整为主线，以项目和招商引资为抓手，加大改革力度，加快对外开放步伐，推动了全县经济社会协调发展。××××、××××年连续两年在全市县（区）经济综合考评中位居第二，××××年在全省县（市）经济运行考核中，宏观经济效益综合指数位居第13位。

二、今年以来经济工作情况

今年以来，在市委、市政府的坚强领导下，县委、县政府按照"三个代表"重要思想的要求，全面贯彻党的十六大和十六届三中全会精神，牢固树立科学的发展观和正确的政绩观，始终坚持以经济建设为中心，正确处理改革、发展和稳定的关系，突出重点，狠抓落实，保持了经济快速健康发展。1～6月份，全县实现生产总值12.9亿元，同比增长10.6%；规模以上工业增加值1.3亿元，增长27.7%；一般财政预算收入9456万元，增长22.8%；社会消费品零售总额3.3亿元，增长11.7%；全社会固定资产投资6.6亿元，增长40.4%；外贸进出口总额347万美元，与去年同期基本持平；农民人均现金收入1289元，增长13.9%。回顾今年以来的经济工作，我们重点抓了以下几个方面：

（一）突出一个核心，加快工业化进程取得新的进展

一是全面实施"5523"工业发展计划。年初，县委、县政府在认真调研的基础上，明确了

今年工业发展目标，着力实施“5523”工业发展计划，力争到年底全县实现销售收入超亿元企业5个、超5000万元企业5个、1000~5000万元企业20个、500~1000万元企业30个，形成既有“顶天立地”、又有“铺天盖地”的企业群。为保证该计划顺利实施，县几套班子负责人每人联系2户企业，帮助企业协调解决环境、资金等相关问题，目前各企业生产经营势头良好。1~6月份，规模以上工业企业实现销售收入3.9亿元，利税3586万元，同比分别增长34.9%和73.6%。工业对全县经济增长的贡献率达37.4%。

二是加快重点工业项目建设步伐。围绕年初确定的重点项目，坚持每月召开一次调度会，及时掌握情况、查摆问题、研究措施，着力培育壮大一批骨干企业和新兴支柱产业，重点抓好恒泰公司年产30万吨石膏深加工、铁鹏海豹日产2500吨干法水泥、金太阳啤酒公司4万吨纯生啤、润基水泥公司日产5000吨干法水泥等工业项目。目前，重点项目进展比较顺利，金种子集团年产4万吨纯生啤、大平工贸集团绿色保健茶油、威达公司除尘设备生产线等项目竣工投产；恒泰公司年产30万吨石膏粉深加工、铁鹏海豹日产2500吨干法水泥、润基水泥公司日产5000吨干法水泥、大平工贸集团双低油菜籽深加工和中药饮片项目正在加紧建设，可望年底前竣工投产。林头工业园区建设步伐加快，基础设施逐步配套完善，入园企业的数量和质量不断提高，园区经济增势强劲。

三是加大企业改革力度。为实现“全面、规范、彻底”的改革总体目标，3月初，县委、县政府分别研究了供销系统、粮食附营企业和瓷业公司的改制方案。目前，粮食附营企业和供销系统部分企业改制工作已全面推行；瓷业公司改制工作已于4月30日全部结束。全县国有、集体、国合流通企业分别完成改制面的100%、100%、92.2%。与此同时，由县经贸、乡企等部门牵头，国土资源、房产、劳动保障等部门参与，对全县已改制企业组织一次“回头看”，帮助企业解决土地、房产证照办理等一些遗留问题，促进了企业规范运作、健康发展。

（二）抓住两个重点，招商引资和农民增收取得新的成效

第一，强力推进招商引资。继续把招商引资作为“一把手工程”和“一号工程”，继续实行“一岗双责”和“一票否决”，广泛动员全县上下开展全方位招商引资。进一步明确招商的主攻方向，即工业是招商的重点方向，长三角和珠三角是招商的重点区域，投资规模较大、科技含量和附加值较高、产品出口创汇是招商的重点项目，并积极开展基础设施项目和资源项目招商。进一步提高招商引资的针对性和实效性。在组团参加省、市组织的皖粤经济贸易洽谈会等活动的同时，精心筹办了含山籍南京老乡联谊会，衔接了一批项目。为进一步营造全县上下想招商、议招商、抓招商的良好氛围，掀起招商引资新热潮，县委、县政府把五六月份作为招商引资促进月，重点抓好调整充实领导组、出台进一步加强招商引资工作的意见、加强项目工作、充实招商小分队、建立涉企检查申报和收费明白卡制度、严格督查、强化宣传等十项工作，积极构建多层次、立体式的招商网络，增强招商合力。1~6月份，全县共引进项目110个，协议引进资金23.8亿元，实际到位资金6.4亿元，增长60%；引进外资项目2个，引资额208.5万美元，增长73.5%。项目工作扎实推进。紧紧抓住国家各种政策机遇，围绕本县资源优势、企业现有条件、市场需求，做好项目的筛选、编制和储备工作，目前入库项目已达162个；在项目争取上，已上报24个项目，可望争取各类政策性资金2000多万元。

第二，切实做好农民增收工作。一是认真贯彻中央1号文件精神。年初中央1号文件和省贯彻意见下发后，县委、县政府认真组织了学习和讨论，深刻领会其精神实质，并以此统揽全县农业和农村工作。通过广播、电视、宣传车、公开栏、发放致种粮农民朋友的一封信等有效形式，广泛宣传中央和省里的政策，力求家喻户晓。由于受政策激励和粮价上涨双重因素影响，农民种粮积极性大大增强。上半年，夏季作物增产增效，油菜籽产量达4.1万吨，增长25.4%，加上价

格上涨，油菜籽累计增收2073万元。水稻种植面积达26万亩，较上年增加8万亩。二是加快推进农业结构调整。按照“养殖业调强、品种品质调优、亩均效益调高、特色经济调大”的总体思路，抓重点牵动、示范带动和政策促动，加快推进农业结构调整。种植业方面，重点在“调优、调特色、上规模、上档次”上做文章，稳定粮食生产能力，扩大“双低”油菜、蔬菜、杂粮、牧草、棉花等经济作物面积。畜牧业方面，努力克服禽流感的影响，以抓好畜禽产品安全生产为重点，进一步加大动物疫病防治力度，大力发展以鹅、鸭等为主的家禽养殖，继续组织实施山羊养殖“三个一”工程，巩固扩大特种动物养殖规模。上半年畜牧业出现恢复性增长，实现产值1.72亿元。水产业方面，重点发展河蟹、青虾等特种水产品养殖，不断提高效益。三是加快实施农业三大工程。在继续扶持壮大国家级龙头企业华阳牧业公司的同时，积极创造条件，力争把省级龙头企业益和棉业公司培育成为国家级龙头企业。充分发挥龙头企业的辐射带动作用，建立企业加农户的利益联结机制，带动农户增加收入。充分发挥河刘杂粮、祁门麻油、巨兴红瓜子、运漕水产品的市场优势，培育壮大农村经纪人队伍，搞活农产品流通。加大农产品品牌创建力度，整合麻油、茶叶、红瓜子等3个农产品品牌资源，提高产品的整体竞争力。积极争创好再来卤制品、粉丝、河蟹、鹿系列产品、皮蛋、金针菇、麻油等7个农产品为无公害产品。四是着力培强劳务经济。通过加强培训、建立基地、发布信息、广泛联系，不断提高劳务输出的组织化程度。上半年全县已外出务工8.5万人，较上年新增2300多人。

（三）积极壮大三个增长点，经济发展后劲得到新的增强

一是加速发展民营经济。坚持把民营经济作为重要的经济增长点，在谋划思路、营造环境、搞好服务上下工夫，民营经济的规模不断膨胀、素质不断提高、活力不断增强。加快建设特色经济区域，围绕巢宁路、合裕路、大江路三条线，并以大江路沿线乡镇为重点，培育工业走廊，构建块状经济，壮大水泥、石膏、铸造、麻油、棉业、板材、针织服装7个区域特色经济。进一步扩大县担保公司的股本金和贷款规模，今年以来为民营企业累计提供担保贷款1102.7万元。通过采取重点帮扶和组建行业协会等措施，铸造、麻油、棉业、针织等特色经济日益显现，目前铸造企业已发展到413户，棉业加工企业发展到42户，麻油加工企业发展到57户。5月份，县委、县政府举办了为期一周的中小企业法人代表培训班，切实提高民营企业经营管理者自主创业和开拓创新的能力，激发他们做大做强的创业热情。1～6月份，全县个体私营企业增加到4893户，注册资本总额8.1亿元，分别增长17.3%和4.5%。

二是加速小城镇建设。牢固树立经营城镇的理念，强化国有土地资本运营，努力实现土地收益的最大化，加速推进城镇化进程。含城建设按照“加速膨胀新区、适度改造老区”的总体思路，以规划为龙头，以新区开发为重点，以配套建设为依托，以严格管理为手段，各项工作稳步推进。含城新区2平方公里详细规划已编制完成，通过加快建设鼓楼小区、阳光世纪城、褒禅山路、环城东路、档案馆和体育中心等工程，逐步拉开新区框架。此外，陶厂、仙踪、运漕等集镇建设步伐加快，全县城镇化率逐步提高。

三是加速发展旅游业。组建太湖山风景区管理处，理顺了太湖山林场和太湖寺之间的关系，实行景区门票“一票制”，较好地解决了多头管理、相互制约的问题。加大景区开发力度，力促华阳洞二期开发早日动工；太湖山休闲度假中心已经竣工，即将投入运营；已与上海绿房子投资公司签订了昭关景区开发协议，正在商谈整体开发事宜。

三、农业产业化工作情况

大力发展农业产业化，是加快农村经济结构调整、增加农民收入、实现农村稳定繁荣的一项战略举措。多年来，我们始终坚持以工业化的理念抓农业，以农业产业化推动农村经济发展，取得了明显成效。目前，全县已建成优质农产品基地8个、面积16万亩，其中订单农业面积10万

亩；参与农业产业化经营企业124户，其中国家级龙头企业1户、省级龙头企业2户、市级龙头企业4户。

（一）构建农产品基地，加快农业产业化发展

针对县内优质油菜、棉花、麻油等农业资源优势，我们筛选确定了一批农业主导产业，着手搞好农产品生产区域规划，县里成立了高规格的农业产业化生产指挥部，全面负责全县农业产业化工作，指挥部下设优质油菜、优质稻、河蟹等专业组，每个产业由县几大班子每人分工负责一块，并相应明确县农委、粮食、供销社等牵头单位和技术负责人，落实对口农业龙头企业。同时，按照“公司+基地+农户”的经营模式，采用农业订单形式，建立了利益分配机制，全县每年发展优质油菜、优质稻、出口蔬菜订单分别达10万亩、7万亩、2万亩，基本实现了产加销一条龙。

（二）整合民营企业资源，推动农业产业化发展

为做大做强农字号企业实力，我们加大了企业改制力度，采取兼并、租赁、拍卖、股份制等多种形式，加快国有企业、特别是农业企业“国退民进”步伐，并把企业改制与招商引资结合起来，制定优惠政策，降低门槛，着力构建政策洼地，引进外来客商投资办厂。目前县油脂公司、太湖山养鹿场、棉麻公司等30多户国有及国有控股企业已成功改制，进一步优化组合了民营企业，全县农字号企业数量不断增多，实力不断增强。这里想特别汇报的是，巢湖市民营企业家魏国平于1999年租赁原县油脂厂成立大平油脂公司，通过几年的滚动发展，在成功收购油脂厂的基础上，兼并县太湖山养鹿场、环峰种羊场等，组建了县华阳牧业有限公司，成为集菜籽加工、梅花鹿、山羊养殖等于一体的综合性企业，年实现销售收入1.75亿元，利税823万元，现已成功跻身农业产业化国家级重点龙头企业行列；原县油脂有限公司在改制为民营企业后，重新焕发生机，联合含城轧花厂、仙踪轧厂组建了县益和棉业公司，企业生产由单纯的油菜籽加工扩大到菜籽、麻油、食用菌等多种农产品精加工，企业加工能力不断提高，生产规模逐步壮大，一举跨入农业产业化省级重点龙头企业行列。目前，全县农业产品加工企业种类较多，分布在粮棉油、养殖等诸多行业，其中粮油加工企业32户，棉花加工企业43户，禽蛋、茶叶、瓜子、杂粮加工以及农业商贸服务企业49户。

（三）培育农产品市场体系，带动农业产业化发展

我们按照巩固一批、建设一批、拓展一批的原则，着力构建农产品流通市场。一是积极发展遍布城乡的优质农产品营销网点，充分发挥现有农贸市场优势，培育各类中介组织，壮大农民经纪人队伍。围绕优势农产品，重点建设了河刘杂粮大市场、运漕和铜闸水产品市场、巨兴红瓜子市场、祁门麻油市场等专业市场。同时积极引导大平油脂公司、益和棉业公司等农产品生产加工企业积极开拓市场，通过农产品收购、加工、包装等多种手段，实现产地市场与销地市场对接，进一步搞活流通。二是建立全县品牌激励机制，支持企业创建产品品牌，提高农产品市场竞争力。定期组织专业人员赴江浙开拓市场，主动参加每年在上海举办的安徽名优农产品、绿色食品展示展销会，加强与苏浙沪等沿海地区联系，不断加大市场开拓力度，全县农产品的市场占有率明显提高，份额逐步扩大。上半年全县4个专业农产品市场年销售额达2.8亿元，现有各类协会37个，已创建国家级名牌产品6个、省级名牌产品1个、市级名牌产品7个，“运漕”牌冻青虾、“大平”牌纯正葵花子油、“昭关翠须”牌茶叶、“巢红”牌红瓜子在省内外享有较高声誉。

（四）加大扶持力度，促进农业产业化发展

在推进农业产业经营中，我们坚持以创造良好的发展环境为重点，持之以恒，一抓到底。在具体工作中，紧抓四个方面。一是建立企业联系制度。由县负责人联系1~2户民营企业，定期深入企业了解生产经营情况，有针对性地解决企业发展中存在的问题，帮助企业与金融部门联

系，搞好银企关系，积极争取金融部门贷款。县担保公司成立3年来，也为50多家农字号企业累计提供贷款担保1600多万元。二是运作好项目。利用国家加大对农业和农业产业化经营扶持的有利时机，加大跑省跑部力度，争取项目资金。××××、××××年我们共申报成功农业和产业化经营项目14个，争取上级财政资金1100万元。三是培育农村致富带头人。制定并完善了考评细则，每年评比出200名从事种养业、农产品加工流通的大户，进行表彰奖励。四是强化协调服务。实施了遍及全县的“一站通”工程，协调县农委、财政等部门支持农业产业化发展，落实龙头企业的扶持政策，为企业和农户提供信息、政策、营销等方面服务。

▲创建文明社区工作情况报告

【范例】

进一步动员广大青少年文明社区建设中生力军作用

——在全国创建文明社区工作座谈会上的发言

赵　勇

（××××年××月××日）

根据党的十四届六中全会精神，团中央联合民政部、建设部、国家工商局从1996年开始，在全国推出了创建“青年文明社区”活动，目的是动员和组织广大青年积极投身文明城市建设，近两年来，根据中央文明委创建文明社区的统一部署，各级团组织主动把青少年创建活动纳入到文明社区创建的大局之中，不断加大工作力度，着力构建运作机制，努力讲求工作实效。围绕完善社区服务，开展了青年志愿者“一助一”和“多助一”包户服务、“青年文明号”助万家、红领巾助残等活动；围绕活跃社区文化，开展了“青年文明社区大家乐”、“千校百万”外来务工青年培训等活动；围绕和谐社区人际关系，开展了邻里相识互助卡、互助铃等结对互助活动；围绕优化社区秩序，开展了创建优秀“青少年维权岗”、少年儿童平安回家、青少年法制教育等活动；围绕美化社区环境，开展了青年养护绿地、红领巾植绿护绿、“捡拾白色垃圾，捡回一个希望”等活动，有效地促进了社区管理水平和服务水平的提高，促进了居民生活环境和生活质量的改善，促进了青少年成长成才，受到了各级党政领导的充分肯定和人民群众的普遍欢迎，在文明社区建设中发挥了积极作用。

目前，我们正在组织广大团干部认真学习，深刻理解江泽民总书记“三个代表”重要思想，我们深深地感到，“三个代表”的重要论述，为共青团组织进一步动员广大青少年在文明社建设中发挥生力军作用指明了方向。“三个代表”重要思想，是对马克思主义建党学说的新发展，是对党的性质、宗旨和根本任务的新概括，是指导我们党新时期各项工作的思想武器。共青团贯彻“三个代表”重要思想，就要提高青少年一代的全面素质，培养社会主义现代化建设的合格人才，培育先进生产力的代表，为推动社会生产力的发展作贡献；就要用先进文化成果武装青少年一代，在继承中华民族五千年灿烂文化的基础上建设面向现代化、面向世界、面向未来，民族的、科学的、大众的社会主义先进文化；就要把竭诚为青少年健康成长服务作为全部工作的出发点和落脚点，在培养过程中代表青少年一代成长成才的根本利益。这些任务要落到实处，都必须落实到基层，落实到社区。因此，我们要从落实“三个代表”重要思想的战略高度，把参与文明社区建设摆到更加突出的位置，抓出更大的成效。

今后一个时期，主要做好五个方面的工作：

第一，深入开展“青年文明社区大家乐”活动，促进社区文化的繁荣。

社区文化是丰富群众生活、凝聚社区情感、营造社区理念、铸造共同理想的重要载体。当代青年富于理想，充满激情，勇于创新，是活跃社区文化的重要力量。我们要发挥青年的优势，通过深入开展“青年文明社区大家乐”活动，推动社区广大青年和社区群众大家唱、大家演、大家跳、大家练、大家画、大家写、大家读、大家讲，推动社区文化群众化、社会化，不断壮大社会主义先进文化的社会基础。同时，广泛开展社区间文化交流，组织优秀文化进社区，开展全国社区文化展示，以先进文化为载体，构筑当代青年走有中国特色社会主义道路的共同理想，树立正确的世界观、人生观、价值观。使广大青年成为先进文化的参与者和受益者，使社区成为先进文化传播、繁荣的沃土。

第二，深化“青年志愿者”活动，进一步改善和促进社区服务。

目前，全国已建立1万多个社区青年志愿者服务站，“一助一”长期结对服务数已达250万对，数百万青年志愿者活跃在社区，社区青年中蕴藏着参与群众性互助服务的巨大积极性和潜力，并有着参与社区服务的特长和优势。共青团在社区中深化青年志愿者活动，就是要扩大规模，讲求实效，建立机制，长期坚持，扎实推进社区百万青年志愿者进社区计划，重点为贫困居民、下岗职工、孤寡老人和有生活困难的老知识分子等需要帮助的困难群体排忧解难，建立“一助一”和“多助一”的长期服务机制，吸引有专业特长的青年参与服务，不断壮大志愿服务队伍，努力提高青年志愿者服务水平，以此带动邻里互助，努力使社区成为和谐、方便、安全的乐园。

第三，开展丰富多彩的校外教育，促进青少年学生的健康成长。

深化教育体制改革，全面加强素质教育，要求我们大力加强校外教育，使学校教育、家庭教育和社会教育有机统一起来，要加快提高国民素质服务。社区是校外教育的主要阵地，中小学生一年有170多天时间主要在社区度过，共青团、少先队组织要利用社区的资源开展“手拉手”等形式多样的主题教育活动，加强对青少年学生思想政治上的引导；要开展以“雏鹰争章”为主要内容的技能训练，提高少年儿童的综合素质；大力开展青春自护教育活动，提高广大青少年自护意识和自护能力；组织开展科普教育和宣传活动，倡导学科学、爱科学、用科学，反对封建迷信；广泛开展青少年法制教育，引导青少年学法、知法、懂法、守法，学会运用法律武器维护自身合法权益，使社区真正成为青少年素质教育的园地。

第四，大力推进社区活动场所建设，为青少年参与文明社区建设提供阵地。

不久前，中共中央办公厅、国务院办公厅下发了《关于加强青少年学生活动场所建设和管理工作的意见》，对青少年活动阵地建设提出了明确要求。社区日益成为青少年集中活动的场所，加强青少年社区阵地建设十分迫切。在一个城市，建一个大规模、示范性的青少年活动中心是必要的，但不是主要的。因为它服务的社会成本高，服务的面很有限，老百姓最需要的是就近就便的小型、分散的服务设施。因此，当前重点是运用政府的、社会的、市场的手段，广泛建立小型、分散的青少年活动设施，力争用3~5年的时间，在每一个街道新建或改建一个多功能的社区青少年服务中心，中心内设社区青年志愿者服务站、青少年维权岗联系点、新世纪书屋、社区青少年网络俱乐部、社区就业培训学校、外来务工青年培训学校、知心家庭学校等服务项目。同时，要十分重视现有资源的开发利用，本着互利互惠的原则，推动驻区单位向社区青少年开放文体设施和服务设施，实现资源共享，使社区成为青少年服务社区，社区服务青少年的重要依托。

第五，切实加强社区团队组织建设，夯实青少年参与社区文明建设的组织基础。

随着改革的不断深化，社区中聚集着新经济组织员工、外来务工青年、下岗青工、待分配的大学生、复转军人、待业青年等多种青年群体。社区日益成为广大青年生活、工作、学习的集聚地，如何把他们组织起来凝聚到党的周围，直接关系到党执政的青年群众基础。这部分青年游离在传统组织架构之外，组织起来将是文明社区建设的重要力量。不久前，中组部与团中央共同召开了全国基层党建带团建工作会议，对加强社区团组织建设提出了明确要求，重点是以建立街道团工委为核心，配备至少一名专职团干部，在居委会普遍建立团支部或团总支，有条件的地方可以建立街道青年工作委员会，协助政府管理青少年事务；以团建带队建，加强少先队社区工作，在街道建立少工委，在居委会或微型社区以就近就便和少年儿童自主自愿的原则建立少先队大队、中队、小队，并建立一支社区少先队志愿辅导员队伍，使社区团队组织成为动员和组织青少年参与两个文明建设的重要堡垒。

几年的实践，使我们越来越深刻感到，加强社区建设是加快城市化、工业化、现代化进程的迫切需要，是服务改革、发展、稳定大局的迫切需要，是加强新时期思想政治工作，巩固党执政的群众基础的迫切需要。我们要按关根同志讲话精神和这次座谈会要求，进一步明确要求各级团组织，尤其是城市团组织心往社区想，劲往社区使，抓具体，抓落实，常抓不懈，动员广大青少年在文明社区建设中发挥生力军作用。

▲扶贫攻坚工作情况报告

【范例】

关于扶贫攻坚工作情况报告

今年市委、市政府把扶贫帮困作为全市抓好“三大要务”、干好“十件大事”重要内容之一，作为“一号工程”来抓，提出用3年时间解决农村10.5万人均纯收入在1000元以下低收入贫困人口的解困脱贫问题。××××年建设扶贫新村55个，解决1万户，3.5万人低收入贫困人口脱贫，实现贫困农民人均纯收入增加200元的奋斗目标。为此市政府坚持以人为本，认真落实科学发展观，按照“市上帮扶、以县为主、镇村负责、落实到户”的工作思路，狠抓扶贫攻坚各项工作的落实。

一、扶贫攻坚的基本形势与估价

在市委、市政府的正确领导下，各区市县、市级各部门认真贯彻落实市委《关于推进绵阳发展新跨越若干问题的决定》和市委五次全会精神，按照抓好“三大要务”、干好“十件大事”的要求，理清思路，强化措施，狠抓落实，掀起了扶贫攻坚的热潮。目前扶贫攻坚“一号工程”建设已取得了明显成效。

——实施建设55个扶贫新村。争取扶贫投入2750万元，每村50万元。目前已启动实施55个村，占目标任务的100%。

——有8057户、28280人低收入贫困人口解困脱贫，生产生活条件有了初步改善，完成目标任务的80.6%和80.8%。

——贫困农民人均纯收入实现增收121元，完成考核目标任务的80%，完成奋斗目标的60%。

——每个贫困村和贫困户都落实了县级领导和县级部门以及干部、党员联系帮扶。全市帮扶项目资金达1082万元，建卡贫困户到户帮扶资金户均达300多元。

——全市完成贫困农户建卡13730户，完成目标任务的137%，对建卡贫困户情况全部实行了微机管理。

——贫困农民脱贫意识增强。通过宣传发动，通过联系帮扶，激发了贫困群众要发展、要脱贫、要改善自己的生产生活条件的迫切愿望，主动参与扶贫攻坚的积极性空前高涨，为扶贫开发、构建和谐新村打下了良好的基础。

二、扶贫攻坚开展的主要工作

1. 锁定对象，明确任务。一是摸清家底，弄清情况。各区市县对十年扶贫任务剩余贫困人口和返贫人口情况进行了调查登记。完成了全市××××年底1000元以下低收入贫困人口调查登记工作，锁定了全市三年扶贫攻坚任务，即全市解决低收入贫困人口31622户、104690人解困脱贫。这些贫困人口主要分布在全市9个区市县的204个乡镇，其中：列入全省万村扶贫工程的剩余320个贫困村中有19040户、65182人，其他1021个村贫困人口12581户、39508人。弄清了贫困原因，贫困户中因缺劳力、缺增收项目及就学致贫的有24418户，因灾害及自然生存条件差致贫的有9556户，因病及智力低致贫的有10018户，其他原因致贫的有2639户。二是分解下达省政府重点督办目标。将改善0.97万低收入贫困人口的生产生活条件的任务分解下达到各区市县。三是分解下达市委、市政府××××年解困脱贫目标。把解决1万户、3.5万人农村贫困人口脱贫任务分解落实到各区市县。督促各区市县将目标任务落实到了乡镇、村、社和贫困农户。

2. 制定实施方案，落实扶贫措施。一是制定了《绵阳市××××年扶贫攻坚实施方案》，作为市委、市政府××××年农村工作要点的附件一并下发。实施方案明确了指导思想，提出了工作重点和保障措施。二是制定了《××××年扶贫工作目标任务和考核办法》，列入市委市政府《关于下达××××年实施“三大要务”干好“十件大事”、“为民办十件实事”工作目标的通知》的重要内容，将扶贫攻坚目标分项落实到了各区市县和市级有关部门，明确了责任领导、责任单位和责任单位负责人，提出了考评办法。三是制定下发了《关于市级领导和市级单位联系贫困村贫困户工作的通知》，进一步加大定点帮扶贫困村贫困户工作实施力度，明确了任务和工作重点。市、区市县主要领导检查农业工作都把扶贫攻坚作为重要工作来抓，加强指导和检查督促。四是市委、市政府召开专题会议研究部署扶贫攻坚工作。市委书记谭力曾两次听取扶贫攻坚工作情况汇报，对如何抓好扶贫攻坚提出了具体要求。为了把扶贫攻坚落到实处，市委、市政府于9月初召开了全市扶贫攻坚工作会，进行再部署，再落实。

3. 建档立卡、制定帮扶规划。到8月底，××××年扶贫攻坚任务不但全部落实到村、到户，而且全部建了卡，规划了帮扶发展项目。

4. 强化帮扶、贫困群众得实惠。据不完全统计，市、县级领导和部门落实到村到户帮扶资金1082.89万元，其中：市级领导和市级部门落实到村到户帮扶资金294万元；区市县级领导和部门落实到村到户帮扶资金788.9万元。帮扶到村的项目资金达到485.89万元，到户资金户均达到309.8元。到村到户帮扶的主要特点：一是领导帮扶出实招。市上21位市级领导，联系了21个村，直接帮扶贫困户60户，给贫困村、贫困户送物、送钱7.33万元。市委谭书记深入联系贫困村天池村，给26户贫困户送尿素化肥，进入部分贫困农户家中看望慰问，为每户送去了慰问金300元。二是部门帮扶、献爱心。结合保先教育，120个市级部门联系了120个村，单位的主要负责人组织带领单位职工进农家、结穷亲、献爱心，开展访贫问苦结对子活动。三是区市县到村入户抓落实。区市县244名县级领导联系帮扶贫困村304个，帮扶贫困户696户，666个县级部门联系贫困村991个，22930名县、乡、村党员、干部通过“一帮几”、“一帮一”和“几帮一”方式联系帮扶贫困户29552户，使贫困村、贫困户得到了实实在在的帮扶。

5. 争取资金，加大扶贫投入力度。截至9月底，争取省上下达本市扶贫项目资金4009.75万元，其中财政扶贫资金3009.75万元，信贷扶贫资金指导性计划1000万元，财政扶贫资金比去年同期增加640万元。这些资金，用于新村扶贫工程2750万元，建设扶贫新村55个；用于劳务扶贫工程230万元，培训贫困农民工2875人；用于残疾人扶贫项目29.75万元，扶持77户农村贫困残疾人进行危房改造。产业扶贫、移民扶贫项目资金正在争取下达之中。

6. 以实施好“四项”扶贫工程为切入点，打好扶贫攻坚战。认真贯彻落实全省扶贫工作会议精神，以“一体两翼”、整村推进为重点，围绕扶贫攻坚，重点抓好55个新村扶贫、劳务扶贫和产业扶贫重点项目的启动实施。目前，55个村完成了具体实施方案，并已组织群众投工投劳开始启动。

三、存在的主要困难和问题及下阶段扶贫攻坚工作的打算

扶贫攻坚工作虽然取得了明显成效，但也还存在一些不可忽视的问题。一是贫困地区区位劣势仍然突出。交通不畅、信息不灵，贫困人口文化素质低，贫困户的综合发展能力不强，贫困程度深，脱贫难度大，脱贫致富的任务仍然很艰巨。二是重视程度有差距，发展不平衡。县与县之间、乡与乡之间、部门与部门之间、干部与干部之间，在落实“一号工程”力度上差距较大，有的地方做得非常好，领导要重视得多，工作要干得实在得多，有的做得一般化，安排布置下去就完了，抓具体落实不够。三是今年解困脱贫的3.5万贫困人口中，省上项目资金能覆盖的大约有1.5万人左右，还有近2万贫困人口要市、县财政扶持，需要各级领导、部门和社会各界的帮扶才能脱贫。四是扶贫工作机构尚需加强。按照中央、省上的要求，市、县扶贫机构应单设，人员编制、工作经费要有保证，要适应扶贫工作需要。目前，本市扶贫开发工作机构绝大部分未单设，关系不顺，人员较少，工作经费没保证，工作条件较差。应加强扶贫领导小组办事机构建设，理顺关系，完善机构，充实人员，给予必要的工作经费，以适应扶贫攻坚工作的需要。

针对存在的困难和问题。今后一段时期，全市农村扶贫攻坚的基本思路是：按照市委、市政府提出的抓好“三大要务”、干好“十件大事”的要求，突出“一心为人民、全力谋发展”的主题，以低收入贫困农户为主要对象，以扶贫新村建设为主体，以产业扶贫、劳务扶贫为重点，实行市上帮扶，以县为主，镇村负责，落实到户的联动机制，着力帮助贫困农民增加收入，不断提高贫困农民的致富能力。重点抓好以下工作：一是认真学习、深入贯彻落实中央一号文件和全省扶贫开发工作会议精神，进一步提高认识，加强领导，落实责任，努力做好扶贫开发工作。二是始终瞄准贫困群体，以“一体两翼”为工作重点，四级联动打好攻坚战，全面解决1万户、3.5万低收入贫困人口解困脱贫，改善0.97万低收入贫困人口生产生活条件。三是采取有力措施，进一步抓好新村扶贫、产业扶贫、劳务扶贫、移民扶贫项目的实施建设，实施好扶贫开发规划，促进扶贫攻坚。四是加大科技培训力度，强化智力扶贫，不断提高农村贫困人口的素质。五是加大联系帮扶工作力度，广泛动员社会各界参与扶贫开发。六是严格目标考核。今年底将组织有关部门对扶贫攻坚任务完成情况严格考核、明确奖惩，实行一票否决，确保今年扶贫攻坚目标任务的全面完成。

绵阳市扶贫开发办公室

××××年××月××日

▲便民服务中心工作情况报告

【范例】

昆明市便民服务中心情况汇报（摘要）

章振国

（××××年××月××日）

各位领导、同志们：

刚才，健强同志全面介绍了我市转变宏观管理职能，营造良好的投资环境和人居环境的有关

情况。下面，我着重汇报昆明市便民服务中心工作情况。

一、便民服务中心的筹办过程和基本情况

省委、省政府抓住国家实施西部大开发的历史机遇，及时作出了把云南建设成为“绿色经济强省”、“民族文化大省”和“中国连接东南亚、南亚的国际大通道”的战略部署。这充分体现了省委、省政府解放思想，实事求是的精神和抓住机遇，加快发展决心，既符合实际，又鼓舞人心。

要保持高于全国的经济增长率，实现新世纪的宏伟目标，最关键的因素之一就是要改善投资环境，以良好的政策、优质的服务，吸引更多的人才、资金和技术，加快我市的发展。去年以来，省委、省政府先后召开了全省对外、对内开放工作会议，出台一系列政策措施，要求各地、各部门要以高度的政治责任感和工作紧迫感，下决心进一步改善投资环境，切实转变政府职能，采取全方位、超常规的措施，加快对内对外开放步伐。要求昆明市要以改善投资环境为突破口，努力建设成为西部地区投资环境和人居环境最好的城市之一。同时要求省市两级建立投资审批服务中心，实行“一站式”审批，为外来投资者提供优质高效服务。

（筹备过程，略）经过市、区两级积极紧张的工作，苦战20天，提前完成了筹建任务。

今年1月18日，在原投资服务中心的基础上，市便民服务中心建立并开始试运行。

市里的便民服务中心暨投资服务中心设在原云南机床厂厂区内，占地3000平方米。之所以选择这个地点，基于3点考虑：一是区位条件较好。二是支持企业的改革和发展。三是为了节约开支。

进入市便民服务中心的单位主要是（略）。

二、便民服务中心的管理运行机制

1. 中心的指导思想、组建原则和主要职责

指导思想是：坚持以邓小平理论和江泽民总书记“三个代表”重要思想为指导，以把困难留给自己，把方便留给群众和投资者，服务社会为宗旨，按照建立社会主义市场经济体制的要求，转变政府职能，转变传统的管理方式，全面提高政府部门的服务意识、办事效率和行政水平。

我们坚持5条原则：

（1）坚持精简的原则。

（2）坚持集中办公，又不取代部门职责的原则。

（3）坚持审批项目集中统一的原则。

（4）坚持公开办事的原则。

（5）坚持高效服务的原则。

中心是政府为民服务的政务大厅，主要职责有3项：①为广大市民和国内外投资者提供政务咨询。②为广大市民和国内外投资者办理相关的行政审批手续。③为国内外投资者提供投资服务。

2. 中心的组织机构（略）

3. 中心的运作方式

我市便民服务中心的运作方式可以简要概括为“五公开”服务和“五制”办理：

一是实行“五公开”服务。对进入中心的审批事项实行服务内容、办事程序、申报材料、承诺时限、收费标准“五公开”，并通过新闻媒体，向全社会公布。

二是实行“五制”办理。

（1）一般事项的直接办理制。

（2）特殊事项的承诺办理制。

（3）重大事项的联合办理制。

（4）上报事项的负责办理制。

（5）控制事项的明确答复制。

同时，我们配套建立了7项公共制度。

4. 中心的信息系统建设（略）

三、便民服务中心的作用和初步成效

在便民服务中心运转40天的工作实践中，我们体会到，建立便民服务中心，就是进一步改善投资环境，加快我市发展的一个重要突破口和有效载体，具有以下几个方面的作用：

1. 有利于改善投资环境

投资是经济增长的第一推动力。昆明要加快发展，仅靠自己的力量和财政的投资是不够的，必须善于借助外部的力量，引进国内外的人才、资金、技术和管理参与昆明的建设和发展。对于招商引资来说，环境至关重要。一个好的投资环境，意味着有较多的发展机会。现在，沿海先进地区都已由政策招商转向了服务招商，这对我们启发很大。尤其是面对经济全球化和加入WTO的严峻挑战，我们进一步增强了紧迫感和责任感，下决心突破阻碍生产力发展的体制性障碍，积极探索适应社会主义市场经济体制和国际惯例的行政管理模式。建立便民服务中心，就是一种积极的探索和尝试。其目的就是千方百计为投资者着想，一切为了投资者，方便投资者，让投资者在整个投资过程中都享受优质服务。我们把原来分散在各部门的审批事项集中在一个大厅办理，多数项目在一个窗口办结，少数项目在一个大厅内办结。这就从根本上改变了过去政府各部门办公场地分散，手续繁琐，时间太长，政策不清等不方便市民和投资者的局面，极大地提高了办事效率，方便了群众，方便了投资者。中心开办时间不长，但已经得到了国内外广大投资者的普遍肯定，对进一步树立昆明良好的对外开放形象产生了积极的影响。

2. 有利于转变政府工作作风

建立便民服务中心，把政府的管理服务职能集中到中心，为社会提供优质高效的公共服务，有利于推进政务和事务分开，是对现行行政管理服务体制的一种改革和创新，也是对即将开始的市级机构改革的一种有益探索。群众普遍认为，以前办理有关手续时摸不着“门道”，弄不清要跑多少地方，花多少时间，现在到便民服务中心办事就容易多了。一位专门负责办理本单位退休职工手续的同志深有感触地谈到：以前办理这些手续真是累人。正常退休和特殊工种退休的手续不在一处，楼上楼下要分别跑两个部门才能办理，而且每星期哪天办理都有具体规定。在办理过程中，交费也是一件麻烦事。现在好了，一个大厅，所有职能部门都在里面，一会儿便办得妥妥帖帖。这位同志说：“我干办证工作11年，从没像今天这样方便和快捷。”

3. 有利于加强政府廉政建设

建立便民服务中心，是深化政府审批制度改革，加强政府廉政建设的一项重要举措。各部门都在一个办事大厅里设立窗口，实行敞开式办公，公开办事程序和办事结果，既有利于把政府的行政活动置于群众的监督之下，让群众了解政府的工作，增加透明度，也有利于各窗口相互监督，避免行业不正之风的产生。同时，中心设置了由银行代办的收费窗口，公开收费依据、收费标准，实行统一收费，切实加强了对收费行为的监督。设立了投诉中心，受理群众对窗口服务的投诉。这些都是有效地促进了政府的廉政建设，并为从源头上治理腐败做了有益的探索。

4. 是实践江总书记“三个代表”重要思想的具体体现

我们深刻体会到，学习实践江总书记“三个代表”重要思想，不仅要在思想认识上有新的提高，更重要的是落实在实际工作中。建立便民服务中心，正是把全心全意为人民服务的要求，自觉地体现到政府工作的各个方面，努力实践“三个代表”重要思想。通过建立便民服务中心，探索创新行政管理和服务模式，为全市群众和投资者提供优质便捷的服务，有利于促进和扩大对内对外开放，加快经济发展的步伐，这是解放和发展生产力，体现了代表先进生产力的要求。把便民服务中心和现代文明机关创建活动有机结合起来，力求把中心建成文明机关的窗口，以此推动全市的精神文明建设，体现了代表先进文化的要求。通过建立便民服务中心，把方便留给群众，把困难留给自己，实实在在地为群众办实事，使本地居民和投资者、旅游者得到优质、及时、有效的服务，这是软件建设。从而赢得广大群众对党和政府的信任和支持，为改革和发展赢得最广泛、最可靠的群众基础和力量源泉，体现了代表最广大人民群众根本利益的要求。对此，我们深有体会，便民服务中心，提高的是效率，增强的是凝聚力，贴近的是民心。

我市便民服务中心建立40天来，已取得初步成效。据统计，已受理业务8748件（次），办结8215件，办结率94.3%。五华、盘龙、官渡、西山、安宁共受理业务2614件（次），办结2221件，办结率85.4%。这些数据说明，便民服务中心在较短的时间内，为投资者和群众做了大量的工作，赢得了社会的好评。

四、存在问题和今后的努力方向

在肯定初步成效的同时，我们也清醒地认识到，我市便民服务中心还处在起步探索阶段，在运行过程中，还存在着一些亟待研究解决的问题。（略）这些问题说明，便民服务中心要真正实现高效协调运转，还有许多问题需要认真加以解决。今天的现场办公会后，我们要重点抓好以下6个方面工作：

一是进一步提高认识，统一思想，特别是着重提高各级领导干部的思想认识。

二是进一步强化中心的服务职能。

三是加强中心干部队伍建设。

四是进一步理顺三个关系。

五是大力改革行政审批制度。

六是继续抓好中心信息系统建设。

便民服务中心是在改革和发展中出现的新生事物，虽然我们已经做了一些探索和实践，但这还仅仅是个开头，要真正把它办好，还需要我们不懈地努力。今天的现场办公会对我们进一步做好工作是一次极大的鞭策和促进。我们诚恳地希望各位领导对我们的工作提出意见和建议，指出不足之处，帮助我们改进工作。我们决心以这次现场办公会为动力，按照李省长的指示和要求，按照参加现场会议的各位领导同志的意见和建议，认真总结经验，不断提高工作水平和服务质量，把便民服务中心真正办成便民、利民的窗口和展示昆明新形象的窗口。

▲秋播工作情况报告

【范例】

牌头湾镇秋播工作情况报告

——唱好农民增收重头戏　把好秋播生产主动仗

——刘胜远

牌洲湾镇是一个农业大镇。全镇有14个农业村，农业人口45771人，耕地面积66605亩，其中旱地24000亩，水田42605亩。去年，本镇在县委、县政府正确领导下，通过全镇干部群众的共同努力，获得了“咸宁市秋播生产第一名”的殊荣，为本镇今年农民增收打下了良好基础。

今年夏收，仅小麦、油菜两项，全镇农民人均增收243.8元。过去的成绩和经验，为我们做好今年的秋播工作增添了信心，提供了动力。在今年秋播工作上，本镇以中央和省委两个“一号文件”精神为指导，以农业增效、农民增收为目标，以“两菜”生产为重点，以种足种满种优为原则，真正把秋播当作农民增收的重头戏来抓，打好秋播生产的主动仗，全镇秋播生产呈现群众热情比往年更高、播栽进度比往年更快、质量比往年更好的良好势头。到目前为止，全镇秋播落实面积72977亩，占规划面积69700亩的105%，已落实蔬菜面积40156亩，占规划面积39100亩的103%；油菜移栽面积1800亩，直播21346亩，夏粮9175亩，绿肥500亩。我们的主要做法是：

一、变“捡小收”为“挣大钱”，在认识上再提高

促进农民增收，既要在“农外”找出路，更要在“农内”做文章。过去，农民传统上把夏熟做作“捡小收”，把秋播看成可有可无的“搭头”，忽视了秋冬农业生产。其实，从农业结构调整的作物布局链条来看，从增加农民“农内”收入的途径看，秋播生产是下一年农业生产的“开场戏”、“重头戏”，蕴藏着更大的增收潜力。为了促进全镇上下转变观念、提高认识、统一思想，我们着重做到算好“三笔账”，开好“两个会”。

（一）算好三笔账。一算增收效益账。以今年夏收为例，全镇增收，村村增收，户户增收，增收幅度大的有典型村，也有典型户。新洲村夏粮夏油人均增收达355元，庄屋村三组金成爱全家种油菜10亩，小麦2亩，蔬菜0.5亩，人均增收460元。二算生产基金账。有了夏熟收入，可以缓解春耕生产“缺资金”的难题，有的甚至解决全年生产费用还有富余。上新、黑埠、庄屋、下新、傍新、金家洲、大垸、六坛等村，原来年年有70%的农户春耕靠贷款，今年夏熟增收后，几乎再没有农户办理农业生产贷款，贷款证放在抽屉里“睡大觉”。此外，还有30%左右的农户在夏收口主动交清了全年农业税任务。三算土质改良账。凡是种过油菜的田块，都比“冬闲田”土质肥沃、土壤疏松，并且能为种植下茬作物省肥20%，从而节省了投资。

（二）开好“两个会”。一是开好镇机关干部和村主职干部会，要求村主职干部在秋播生产上当好“四种人”：做政治上的精明人、管理上的精细人、经济上的聪明人、致富上的带头人；二是开好党员和群众骨干会，有条件的村还召开了广播会，把发展秋播生产的道理谈明白，把任务说清楚，把要求讲具体。

二、变“看皇历”为“赶早市”，在工作上再抓紧

秋播工作，重在抓紧，贵在抓早。抓而不紧，等于不抓；抓而不早，等于“马后放炮”。6月底，我们又根据前茬作物实际，对秋播规划作了相应调整，下达了硬性指标。

一是做到早动员。7月1日，本镇召开了全镇干部大会，进行了秋播生产大动员、总动员。

二是做到早动手。入秋以后，按照抢抓季节、适时早播的要求，全镇蔬菜育苗移栽、油菜育苗苗床准备和播种逐步展开，比往年提早近半个月超额完成全年秋播任务。

三、变“玩轻功”为“出重拳”，在措施上再加硬

实践证明，抓秋播工作，靠“蜻蜓点水”式地“玩轻功”不行，必须用实招、出重拳、抓落实，拿出好办法，拿出硬措施。为此，我们重点做到“三定”、“两树”。“三定”：一是定任务。我们将秋播生产任务按照因地制宜、合理布局的原则，定到三个总支、定到村、定到组、定到田块。二是定责任。实行党委成员包总支，镇联村干部包村，村干部包组，层层明确责任，板子打到人。三是定奖惩。把秋播工作与镇干部工作目标考核责任制挂钩，与村干部年终工资核定挂钩，有奖有惩，奖罚分明。“两树”：一是树样板，抓示范。党政班子九名成员三人一组，每组负责抓好三个1000亩以上的蔬菜、油菜、小麦示范基地，镇联村干部每人抓好一个不低于100亩的示范基地。二是树典型，促发展。从镇到村，从村到组，层层树典型，树靠秋播增收致富的

典型，树抓得早、质量好的典型，增强说服力、感染力、带动力。通过“两树”，起到“点燃一盏灯，照亮一大片”的作用，有力地推进了秋播工作。

四、变“癞痢头”为“剃平头”，在质量上再创优

抓秋播促增收，首先是种足种满，消灭冬闲田，提高耕地利用率，更重要的是种好种优，讲求质量，最大限度地挖掘增产增收潜力。因此，本镇坚持把秋播质量放在第一位，力争一年更比一年优，着重做到“三个优化”。

一是优化结构布局，按照“旱地发展蔬菜，水田发展油菜、小麦，低洼田发展水生蔬菜”的布局原则，实行规模种植，突出板块效应，建立东岭、河埠片蔬菜板块，合镇、新洲片油菜板块，下沙片和沿堤两侧小麦板块。

二是优化作物品种。油菜全部选用“双低”品种，推广超级杂交油菜“华杂6号”、“中双7号”、“中杂油1号”、“中杂油2号”等新品种；小麦推广“鄂麦18号”、“郑麦9023”等高产优质品种；大白菜推广“改良青杂3号”，包菜推广“铁头3号”、“珍奇”、“寒春4号”等品种，保证各项作物品种优良率达100%。

三是优化耕作管理。着重抓好播栽质量，规范播栽方式，做到精耕细作，搞好配方施肥，强化沟厢配套，加强田间管理，坚决消灭广种薄收、白籽下田、沟路不通、管理不善的落后现象。

五、变“独角戏”为“大合唱”，在服务上再完善

服务搞不好，秋播受影响。为了促进今年的秋播工作，本镇把为农服务列入了重要日程，构建全方位配套服务机制，促进全镇农民放心搞秋播、安心搞秋播、舒心搞秋播。

在全镇秋播动员会上，镇政府及涉农服务部门对全镇实行了公开承诺，积极开展政策、信息、技术、农资、资金、水利、销售等全方位的秋播生产服务工作，形成服务秋播生产的合力。镇政府承诺，坚决落实上级各项惠农政策和减负政策，让农民该得的收入不少得一分，让农民该减的负担不多交一分，并设立了减负违纪举报电话；工商部门承诺，开展“打假护秋播”行动，对农民购买的假劣农资实行“先赔后查”；农信部门承诺，农户所需秋播生产资金，可以凭贷款证随到随办，还可以实行电话预约、送贷上门；水利部门承诺，秋播抗旱用水，千方百计予以保证。农技部门的服务工作尤为出色，一是在全镇各村建立了农资供应和技术服务网点，备足了秋播生产所需的化肥、种子、农药；二是开展多种形式的技术服务，7月份以来，23名技术员全部实行包村技术服务，发放秋播生产技术信息资料两期共8000份，在10个重点村开展了秋播技术培训，举办广播讲座达80多次，还利用各村户外黑板报宣传秋播作物栽培技术要点，受到了干部群众的欢迎和称赞。

“看似寻常最奇崛，成如容易却艰辛。”通过全镇干部群众的共同努力，本镇今年的秋播工作取得了新的成绩。下一步，我们将进一步加强指导和督促，抓好全镇秋播作物田间管理，不断提高优种优管水平，夺取××××年夏收农产品大丰收，推进农业增效、农民增收再上新台阶。

▲整治企业经营环境工作专题报告

【范例】

××县物价局整治企业经营环境工作报告

近年来，根据省、市、县优化办工作安排意见和全市物价工作会议要求，我局深入贯彻落实中央13、14号文件精神，以清费治乱减负为工作重心，加强对涉企收费管理，规定收费行为，减轻企业负担，取得了一定成绩。具体来讲，我们主要做到了以下“五个注重”：

一、注重宣传教育，树立收费法治意识

近几年，对企业乱收费现象在本县曾几度得到抑制，减负治乱不断取得阶段性成果。但乱收费现象还不能从根本上得到解决。这当中既有收费部门受利益驱动的主观原因，同时也不能排除社会各界法治意识淡薄的客观因素。为提高企业的自我保护能力，我们加大了收费政策、法规的宣传力度。

一是在利用广播、电视、报纸等新闻媒介的同时，还在工商联的积极配合下，在县城及十八个乡镇所在地主要街道的醒目处设置收费政策宣传板牌，根据企业关心的热点问题，经常刊登有关收费、重要收费单位的收费项目、收费标准，使收费政策真正进厂入店、进村入户。全年累计出动宣传车60余台（次），发表电视讲话3次，散发宣传品7000余份，办板报17期。

二是利用典型案件深化宣传教育，我们在处理×县残联违规收费的案件时，邀请社会各界人士100余人参加行政处罚听证会，在全县引起了强烈反响，达到了“处理一案，教育一片”的目的，使收费政策、法规的宣传达到了全方位、多层次的高度。

二、注重自身建设，提高队伍整体素质

收费管理工作涉及面广、政策性强，这就要求我们必须培养一支政治合格、业务过硬、作风优良的队伍。一年来，我们一是建立学习制度，坚持每周二、五集中学习，并以邓小平理论和“三个代表”重要思想为重点，加强政治学习；结合物价业务，认真学习法律、法规和规范性文件。二是对工作人员进行集中培训，全年共举办两期培训班，历时10天。培训后，统一进行了考试，合格率100%。三是开展承诺服务活动，转变工作作风，提高办事效率，服务基层意识明显增强。过去办理《收费许可证》时，需要几天时间，而现在，在文件依据等符合规定的条件下，几小时就办完了。四是加强廉政建设，开展纪律整顿，认真落实《物价工作人员十不准制度》，对违反者决不姑息迁就。上述工作的开展，使我们以良好的形象得到了群众和各部门的赞同。

三、注重落实制度，规范全县涉企收费秩序

为搞好收费管理，上级制定了不少的规章制度，如何抓好落实，是一个棘手问题。结合本县实际情况，去年我们主要做了以下工作：

一是严格实施《收费许可证》制度。凡是合理的收费项目，必须到物价部门办理《收费许可证》后，方可收费。否则，按乱收费进行查处。对属明令取消的收费项目，坚决不予办理。

二是严格执行《执收公务证》制度。规定执收人员每年定期接受物价部门的业务培训，考试合格后方可上岗。对不合格者和无故不参加培训者，将收回《执收公务证》，取消其执收资格。

三是实行收费年审制度。全年对113个收费单位的《收费许可证》逐一进行了年审，发现问题，及时纠正，年审正确率100%，年审覆盖面达90%以上。

四、注重标本兼治，堵住乱收费源头

在查处涉企乱收费案件的同时，我们还重点抓了清理收费文件这项工作，从源头上把住乱收费口子，达到标本兼治的目的。在去年7月份，由优化办牵头，我局主要负责，并会同县财政局、监察局、政府法制科，成立了清费治乱小组。我们下发通知，要求有收费行为的单位开展自查，如实汇报自己的收费项目、标准。随后按照有关依据，对各单位收费执行情况逐一审核，发现问题的，责令限期改正。清理完毕，在县电视台逐一公布保留的收费项目、标准，并作出承诺公告。上述工作开展以后，我们将各收费单位现行的收费项目、标准进行汇总、编印，分发与众。清理工作前后历时5个月，它的开展，进一步加强了社会监督，提高了行政透明度，落实了党和国家的收费政策。

五、注重动态管理，制止乱收费反弹

针对历年来治理乱收费工作中出现的“前清后乱”这一疑难症状，经过调研与分析，我们着手对收费实行动态管理，及时制止乱收费。

一是建立执收单位收费档案，健全“一档三卷”。即：收费项目、收费标准、收费文件依据齐全。对新增和取消项目的随时变更进行登记，使收费单位的收费状况一目了然，便于物价部门监督管理。

二是采取随时上门的方法，不定期到收费单位走访、查账，对查出的违价事实，依法严肃处理，决不手软。

三是办好来信来访涉企收费案件。我们公布了“12358”举报电话，设立多个举报箱，指派专人负责，迅速查处涉企收费举报案件。全年共受理举报案件13起，结案13起，结案率达100%，并无一起复议案件。

由于我们采取了上述措施，去年本县的涉企收费管理工作取得了显著成绩。全年查处各类涉企乱收费案件17起，违价金额156万元；清理了113个收费单位的收费文件，审验了113个收费单位的《收费许可证》，取消不合格收费项目17项、收费标准41个。据测算，共减轻企业负担114万元，彻底净化了本县经济发展环境，有力地促进了本县的经济发展与社会稳定。

▲推行经济责任制咨询报告

【范例】

关于××厂推行经济责任制的咨询报告

一、现状

从××××年开始，上级公司对上海某厂实行了以税代利的分配办法，并以××××年的利润为基数。分配比例是：利润在基数以内，上交所得税55%，调节税42.36%的60%（其中30%上交公司）。企业留成部分的分配比例规定为：生产发展基金38.07%，后备基金5%，职工福利基金33.53%，职工奖金基金23.4%。

该厂按照经济责任制原则在企业内部实行了指标分解、计分计奖的办法，对每个职工都根据所负责任的大小和劳动强度等因素确定了岗位系数，初步改变了平均主义的做法。实行这种奖励办法之后，对提高职工的劳动生产积极性，提高企业的经济效益起了一定的促进作用，使企业的各项技术经济指标有了明显的提高。

二、存在问题

该厂虽经企业整顿验收合格，但是与经济体制改革的要求和推行现代化管理的需要相比，在经济责任制方面还存在着较大的差距。具体表现为：大多数职工对正在推行的体现经济责任制原则的奖励办法有意见，认为现行的经济责任制存在着责任与利益不能紧密结合的问题。该厂目前的经济责任制对部门、个人的考核指标比较明确，但在计算奖金上则显得不够明确。一是在不同时间里同一部门或同一职工承担了同样的责任，但因不同时间的分值，所得到的奖金却不同，甚至出现了多劳少得、少劳多得的不正常现象；二是不同部分之间的分值不同，班组或个人由于所属的部门不同，所以虽得同样的分数，而得到的奖金却不同，甚至出现了得分少的奖金多、得分多的奖金少的现象，这种局部合理而整体不合理的情况，在一定程度上影响了职工积极性的发挥；三是现在考核指标不分主次，重点不突出。首先表现在对生产车间的考核中，四大类指标各为100分，在结算时采取四类主要考核指标的扣分幅度上。如超产一吨产量只加0.3分，而门窗不清洁则要扣1分，因此工人们说："一块玻璃窗等于3.3吨产量，而要超产3.3吨是相当困难的。"

产生上述问题的根本原因，首先是企业领导及有关人员对现实经济责任制的责、权、利应当结合认识不足；其次是干部素质比较差，缺乏对经济责任制的学习和研究；再次是企业还缺乏应有的自主权。

三、改善方案

为了使该企业的内部经济责任制得以推行并进一步完善和得到正确的贯彻落实，咨询组首先建议该企业的主管部门（局和公司）给企业以下权限：生产经营计划权，产品销售权，产品价格权，物资选购权，资金使用权（财权），资产处理权，组织机构设置权，人事劳动管理权，工资资金分配权，联合经营权。

以上十个权限的范围，还应以利改税的第二步改革为依据，由局、公司并征求工厂意见后，拟定具体方案下达工厂执行。

其次，咨询人员从经济体制改革的要求出发，认为要使该企业的内部经济责任制得到完善和加强，就应该推行企业内部经济承包制。经济承包制具有灵活性、严肃性、制约性、多样性和适用性等特点，是贯彻按劳分配原则、克服平均主义的一种行之有效的好形式，是企业改革的"突破口"，有利于进一步调动企业广大职工的社会主义积极性。为此，建议该厂从自己的生产特点出发，按照分权管理的原则，在企业内部采用签订经济合同的承包形式。正确确定车间的承包指标，是厂部与车间签订经济承包合同的基础。厂部各职能科室应该以××××年车间实际完成的各项技术经济指标为主要依据，并考虑到车间的实际生产能力和可能增长的幅度，各自提出定量的分管指标，并由厂经营计划科汇总平衡，拟定合同草稿交厂长审核，然后与生产车间签署生效。

例如，该厂原料车间经过反复酝酿，按厂的扩权改革方案，根据奖金上不封顶、下不保底的原则，拟定了车间向厂部提出承包和保证完成的各项技术经济指标如下：

（一）包干指标

1. 利润：20万元
2. 产值：200万元
3. 质量：一级品率60%
4. 节约（车间经费）：2万元
5. 人数：192人

（二）确保指标

1. 安全：100%
2. 设备完好率：100%
3. 文明生产：不脏、不乱、不差；遵守操作规程；生产秩序有条不紊

如能按上述包、保指标完成任务，车间每人每月可分得奖金18元，利润、产量、节值、节约等主要经济技术指标超过5%，每人每月增加奖金10～15元。

如完不成包、保指标，或发生重大的人身事故、损机事故和重大的火警事故等，不得奖金或扣基本工资的1%～15%（奖金的分配方案，由车间自行拟定，报厂部备查）。

在厂部与车间签订承包经济合同的同时，厂部下放给车间一部分管理权限，以使车间具备完成包、保指标的必要条件。咨询组建议厂部对承包车间下放管理权限的内容如下：

1. 车间生产计划调度权。在厂部计划的指导下，车间主任有权编制本车间的生产计划和进行调度，保证完成厂部计划。

2. 车间劳动人事管理权。车间主任有权根据生产需要调动车间的所有人员，包括车间管理人员的配备和生产组织的调整。

3. 车间奖金分配权。车间主任有权对车间奖金总超部分进行分配，可根据车间的生产特点，制定相应的分配办法。

由于承包经济责任制在工业企业还处于探索阶段，且涉及面比较广，为了使这一经济责任制的形式能得到有效的推行，咨询人员建议工厂在总结原料车间试点经验的基础上，逐步在全厂各部门推广应用。

×××

××××年××月××日

二、工作调研、自查、述职报告写作范例

▲落实农业政策情况调研报告

【范例】

全国人大常委会农业政策调研组
关于落实各项农业政策情况的调研报告

委员长、各位副委员长、秘书长、各位委员：

根据全国人大常委会关于围绕“三农”问题开展执法检查和工作调研的部署，今年5月，全国人大常委会农业政策调研组，对农业政策进行了专题调研。调研组由全国人大常委会乌云其木格副委员长任组长，全国人大农业与农村委员会和全国人大财政经济委员会组成人员参加，对湖北、四川、江苏三省落实农业政策情况进行了调研。期间，调研组听取了三省人民政府及有关部门的情况汇报，到荆州、宜昌、荆门、襄樊、内江、宜宾、乐山、淮安、扬州、高淳等10个市县与当地政府及有关部门、专家学者和村委会干部、农业企业负责人、农民群众进行了座谈，并深入到农户、信用社、粮食企业、农资市场、开发区进行了实地考察。现将农业政策调研的有关情况报告如下：

一、三省贯彻落实农业政策取得的成效和存在的问题

党中央、国务院高度重视“三农”问题和粮食安全问题，今年出台了一系列有力的支农政策，受到广大干部和农民群众的衷心拥护和热烈欢迎。实践表明，这些政策的出台，是非常正确、非常及时的，对解决“三农”问题，提高粮食综合生产能力，增加农民收入，调动农民的生产积极性，具有重大意义，标志着国家与农民的关系，由过去农民向国家提供积累，转变为国家对农民的支持和保护。湖北、四川、江苏三省是我国粮食主产区，农村人口1.58亿，占全国农村人口的18%；耕地面积1918万公顷，占全国耕地面积的14.7%；××××年粮食产量分别为385亿斤、636亿斤、494亿斤，合计占全国粮食总产量的17.5%。总的看，三省根据中央的部署，进一步提高对“三农”问题和确保粮食安全重要性的认识，积极制定配套措施和实施方案，抓紧落实各项农业政策，政策效应已经显现。

（一）开展广泛深入的宣传，把政策交给农民

近年来，由于种粮效益比较低，农民种粮积极性不高，湖北、四川、江苏三省粮食播种面积和总产量都有较大幅度的减少，粮食综合生产能力下降。农业政策出台后，三省高度重视政策的宣传，通过向农民发出支持发展粮食生产的公开信，发放问答手册、培训干部、举办专题讲座等方式，把各项政策交给农民。为了加强政策落实的组织保障，湖北省组织了2万名党政干部和农技人员到基层进行宣讲。四川省组织了11个督察工作组，对政策落实情况进行检查监督。江苏省有关部门建立粮食生产联系点制度，及时解决粮食生产中遇到的问题。

为落实中央一系列农业政策，湖北省确定，今年粮食播种面积扩大5%，其中水稻播种面积比去年扩大353万亩，粮食总产达到420亿斤以上，比去年增产40亿斤，增长10%。四川省提出，今年粮食播种面积增加到9300万亩，比去年增加230万亩，粮食总产达到647亿斤，比去年增加11亿斤。江苏省提出，水稻播种面积稳定在3000万亩以上，粮食总产不低于550亿斤，今年水稻播种面积将超过2950万亩，比上年扩大189万亩。由于政策驱动和市场价格拉动，三省农民种粮积极性正在恢复，粮食播种面积下降的局面基本得到遏制。

（二）落实直接补贴等政策，农民得到实惠

对种粮农民实行直接补贴、扩大良种补贴范围和规模、对主要粮食品种实行最低价收购、对购买农机农民实行补贴等，是最受农民欢迎的政策措施。按照中央要求，湖北省安排粮食直补资金5.66亿元，平均每亩补贴11.51元，其中半数资金已落实到位。四川省安排粮食直补资金5.22亿元，农民人均可补贴9~10元，已于4月底全部兑现到户。江苏省安排粮食直补资金6.128亿元，重点对种植水稻的农民直接补贴，每亩平均补贴20元。在良种补贴方面，湖北省下拨良种补贴5885万元到县（市）财政专户，早稻按实际播种面积每亩补贴10元，目前约有97%的农户拿到了补贴，中籼稻和粳稻按每亩15元标准补贴，要求于6月30日前完成。江苏省从省财政中安排5000万元对优质水稻良种进行补贴，补贴面积510万亩，补贴标准为粳稻每亩8元，杂交稻每亩15元。

按照国家四部委联合通知要求，湖北、四川、江苏三省都已向社会公布主要粮食品种的最低收购价。

中央财政安排4000万元，在全国60个县用于农民购置大型农机补贴。江苏省下发文件要求对农民购置、更新大型农机具给予补助。四川省和一些地方，也都从财政中拨出资金，用于农民购买农机具的补贴。

（三）贯彻减免农业税政策，推进农村税费改革

按照中央降低粮食主产区农业税率的要求，湖北、四川、江苏三省农业税正税降低3个百分点，农业税附加相应降低0.6个百分点。湖北省对原正税低于7%的县，按实际执行税率下降42%计算到户，全省共计减少农业税11亿元。四川省在全省降低农业税3个百分点的基础上，还对57个民族县全部免征农业税及其附加。江苏省减免农业税的幅度也比较大，苏南地区除两个县外，已全部免征农业税。苏北、苏中地区的34个县（区）减免3个百分点，由省财政转移支付，全额补助。落实减免农业税政策，不仅大幅度减轻了农民负担，调动了农民生产积极性，也减轻了基层干部的工作量，改善了党群、干群关系。

（四）加强监督管理，农资价格上涨势头得到控制

针对农资价格上涨过猛的情况，湖北、四川、江苏三省各级政府及时采取措施，加强对农资价格的监测监控，采取制定最高限价和批零差价率等措施，控制农资价格上涨。湖北省建立了农资成本和农资价格报告制度。四川省明确，要保证化肥生产用电和天然气供应，取消尿素出厂价上浮10%的规定，在农资流通、运输方面也制定了相应的优惠措施。江苏省要求化肥出厂价格以4月20日实际价格为准，实行上限控制，同时加强对农资市场的监管，严厉查处各种制售假

冒伪劣农资的违法行为。目前，三省农资价格上涨势头已得到控制。

（五）开展试点工作，推进农技推广体系改革

湖北、四川、江苏三省分别在公安县、绵竹市、涟水县进行基层农技推广服务体系改革试点，在试点的基础上三省出台了改革方案，在部分县（市）进行了推广。四川、江苏省设置了综合性农技推广机构，一些地区还实行农业技术推广职业资格准入制度，施行全员聘用制。

（六）加强耕地保护，妥善安置失地失业农民

按照国家统一部署，湖北、四川、江苏三省全面实行土地用途管制制度，严格用地计划审核，从严控制农用地转用总量，做好被征地农民的安置工作，大力开展土地复垦整理。目前，湖北、四川、江苏三省开发区的数量分别压缩了47%、71%和69%；面积分别压缩了62%、52%和45%。湖北省还开展了基本农田保护大检查，严格控制各类建设项目占用耕地。四川省对因征地转为城镇居民的农民，实行城镇居民最低生活保障制度和失业保障制度，从土地收益中划出一定比例资金，用于这部分农民的社会保障。

在调研中，湖北、四川、江苏三省在落实农业政策中也反映出一些问题。一是粮食主产区各级财政普遍困难，产区为销区存粮，增加了产区的经济负担。二是发放“三项补贴”的具体办法不一，有的地方按计税面积直补，不种粮的也享受了政策优惠。有的发放良种补贴随意性较大，有些没有使用良种的也拿到了补贴。三是财政支农资金总量少，投入结构不合理，投资渠道过多，资金使用效率低。据四川省反映，中央和省两级对农业和农村建设项目投资渠道达20多个，有的同一类项目投资渠道就有3～5个。

另外，部分基层干部和农民对政策能否保持连续性，还有一些担心。

……

▲城镇下岗再就业情况调研报告

【范例】

云南省下岗青工再就业情况的调研报告

一、下岗青工的基本情况

全省困难企业和亏损行业主要分布在机械、轻纺、冶金、森工、煤炭等行业和部分军工单位，下岗人员和青工也主要集中在这些行业和单位，昆明、曲靖、红河等地下岗人员和青工占全省下岗人员比重较大。

1. 下岗青工构成情况。一是下岗青工主要来自于过去长期被视为较好的行业或企业。通过对昆明市市属74个企业的调查了解，下岗职工主要分布在轻纺、冶金、机电、化工等行业，40岁以下下岗青工2587名，占下岗职工总数的56.6%。二是下岗青工受教育程度普遍不高，80%以上下岗青工学历为初中或高中。三是下岗青工多为生产一线工人，生产一线青工占57%，从事后勤服务工作的占30.7%，从事管理工作的仅有12.3%。四是下岗青工所占比例较大，约占全省下岗职工总数9万余人的40%左右。

2. 下岗青工思想状况

（1）对下岗原因的认识

下岗青工对下岗原因的认识主要有三种：①认为是国家政策造成的。在过去生产经营状况较好企业中的多数下岗青年认为，企业在经营状况较好的情况下利润都上缴给了国家，企业不但没有积累，而且还面临设备老化、离退休人员增多等问题，现在把企业推向市场，企业要调整产品

结构、适应市场竞争，缺乏更新设备、购买技术的相应配套资金，这样企业只能是等死或“九死一生”。认为国家把目前的一些困难转给了企业，企业又把困难转嫁到下岗职工身上。②认为是企业自身状况造成的。下岗青工比较集中地认为，企业经营管理者开拓进取精神不够、生产经营决策不对路、管理水平不高等因素导致企业每况愈下。有的企业领导不能知人善任，任人唯亲，对购销等关键部门负责人管理不严；有的企业负责人挥霍浪费，中饱私囊，高于市场价格购买原材料，致使产品价格偏高、产品滞销，使企业陷入困境。由于企业领导的一些直接责任造成企业困难，使职工下岗。持这种看法的下岗青工占35.4%。③认为个人自身能力水平较低也是下岗的原因之一。19.2%的下岗青工认为，他们在文化程度、专业技术、劳动熟练程度和工作态度等方面不如他人，也是下岗的重要因素。

（2）下岗青工对所在企业的看法

绝大多数下岗青工对所在企业表现出情绪上的不满、情感上的依恋和对企业再度振兴寄予希望。他们感到自己曾为企业的发展付出过心血和汗水，而今意想不到地被企业“遗弃”，成为“无辜的受害者”。同时他们承认，对企业的各方面情况都熟悉，有难以割舍的感情，希望企业发展兴旺起来后能回到原岗位。对于所在企业的发展，他们的看法是：①现在企业不死不活已到了“非改不行”的地步。他们认为企业转换机制只是一个方面的问题，但更为重要的是企业经营管理者的素质问题，要真正使企业经营管理者做到权利与责任挂钩、风险与效益结合。如企业生产经营状况不好，企业领导要与职工一视同仁，也应下岗。②对企业“怎样改，能否改好”持不乐观态度。我们了解到有的困难企业在实现股份制改制的过程中，有的青工表示尽管自己可以想办法筹集入股资金，但是对企业实行股份制后是否就一定会好起来持怀疑的态度。有的青工说：“宁可下岗，也不入股。”③认为只有靠政府扶持，企业才能好转。持这种想法的下岗青工占绝大多数。

（3）下岗以后的心态

接受调查的下岗青工多表现为这样几种心态。一是寄希望于企业能尽快适应市场要求，再度振兴。他们认为，现在就业虽然困难，但还不必急于寻找出路，等企业情况好转，就回到原岗位。二是“说不清是坏事还是好事”。31%的青工认为，尽管下岗是多种因素造成的，但是相信随着改革的深化和发展，再就业定会得到解决。“现在发展机会较多，只要自身努力，说不准情况还会比原来好。”三是由于自身素质不高，不愿也不敢闯市场，只能靠所在企业发给的基本生活费维持生活，这类青工心态十分复杂，且多为女性或无专业技能的青年，占下岗青工总数近20%。四是“相信政府会解决好这件事”，觉得这只是或早或迟的问题。

（4）下岗青工最希望得到的帮助

下岗青工普遍认为，适应社会需求的业务技术是他们再上岗的主要障碍，希望得到针对性强、比较实用的各种专业技术培训。同时希望得到政府劳动就业部门提供的再就业信息，认为政府部门提供的再就业信息可靠、真实，即使遇到什么问题也可以找相应部门帮助解决。另外，他们还希望政府和社会各界为下岗职工提供一些就业机会，创造下岗职工再就业的良好社会氛围。

二、下岗青工再就业流向和选择

1. 当前下岗青工再就业流向

目前，已再就业的下岗青工大多数流向是以服务行业为主的第三产业。其主要就业渠道为：（1）通过自谋出路实现再就业。这一部分大多具有一定的专业技能和较高的文化素质，他们或通过亲朋好友帮助介绍寻求到新的职业，或通过自身努力，搞起个体经营。（2）通过政府有关部门的组织实现再就业。这一部分为少数。（3）通过参加社会培训实现再就业。下岗青工根据社会对各类专业技术人才的需求，通过自费参加电脑打字、电器修理、裁剪、营销等培训学习后自谋职业。现在把参加培训、提高技能作为赢得再就业机会的下岗青工越来越多。

2. 下岗青工再就业选择

调查表明，年纪轻、有一定文化基础和专业技能的青工多愿流向非国有企业、私营企业或从事个体工作。文化素质偏低、年纪稍大、专业技术适用面窄的青工，多愿流向国有企业和商业服务行业。下岗女工更希望再次选择的职业相对稳定，以便能照管家庭、养育儿女、赡养老人。同时下岗青工大多希望由组织安排就业，表现出对政府部门很强的依赖性。在择业标准上，被调查青工选择的顺序依次为，收入高的企业、有发展前途的企业、工作环境较好的企业和人际关系宽松的企业，反映出他们自身的择业意向与现实具有较大的差距。

三、再就业存在的问题

1. 社会对劳动力的大量需求与下岗青工再就业极少的反差比较明显。

如昆明市对一些领域的劳动力需求量较大，家政服务、环境卫生、商业服务、市场营销、保险业务、保安、旅游业、第一产业等方面能吸纳大量劳动力，但是下岗青工再就业人数较少。主要有这样几方面的原因：(1) 存在劳动有高低贵贱之分的思想障碍。有的下岗青工说："过去我家请保姆，现在我去当保姆，我才不干。"还有部分下岗青工不愿做一些脏、苦、累的工作，他们当中不少人认为"这些活我能干，并且能比外来工干得还要好，但是宁愿少拿钱也不想干"。(2) 存在"眼高手低"的情况。不少下岗青工小钱不愿挣，大钱挣不来，从而失去一些再就业的机会。(3) 对再就业认识片面。绝大部分下岗青工认为从事个体经营仍属失业，只有政府重新安排的工作才是就业。

2. 社会保障机制还不健全和完善是制约下岗职工再就业的重要因素。

下岗青工认为："将来会怎么样谁也说不清楚，现在即使自己找到工作，或从事个体经营，但没有了原企业的劳动关系和健全的社会保障，总有朝不保夕的感觉，心里不踏实。"有的即使想自谋职业，最终仍裹足不前。

3. 服务方法不多影响了下岗青工的再就业。

绝大多数下岗青工由于自身局限性而面临再就业困难。他们当中或文化偏低、年龄偏大、无专长或专业单一、技术面窄、再就业信息不灵、缺乏再就业资金等各种情况，都需要社会对其给予服务、帮助和支持。当前各种名目的社会培训良莠不齐，下岗青工即使花钱也未必能学到真本领。政府对下岗青工业务技能培训的投入不够，对规范社会办学的力度不够，目前还缺乏政府有关部门面向全社会的再就业信息渠道，社会舆论导向还没有对下岗青工再就业形成良好的氛围，再就业中介服务的欠缺也是下岗青工再就业的障碍。

4. 思想工作不到位使再就业的顺利实施变得更难。

在调查中发现，有的企业领导一是不能正视企业职工的下岗问题，感到有损企业领导的形象，往往回避或不谈下岗再就业的问题，致使企业职工和下岗职工对再就业没有足够的、清醒地认识。二是对企业现状认识不清，认为"市场经济琢磨不透，'三十年河东，三十年河西'，说不清企业哪一天又红火起来了。"这种思想对下岗职工有着直接影响，使他们在再就业问题上进退两难。三是对下岗职工不关心，工作方法简单、草率，甚至不闻、不问、不讲，严重挫伤了下岗职工对企业的感情与信任，影响再就业工作的顺利实施。

四、几点建议

1. 帮助下岗青工树立与市场经济相适应的新的择业观、就业观。

政府有关部门、群众团体以及新闻宣传等部门和单位应采取多种形式，对下岗青工进行改革开放形势教育，帮助他们解放思想，认清形势，树立竞争意识，克服自卑心理，转变就业观念，打破传统的"铁饭碗"观念，做到自尊、自信、自强、自立，主动到市场经济中去找出路、谋发展。帮助下岗青工开阔思路，引导他们向非公有制经济转移，向第三产业分流，动员下岗青工投身第一产业发展，在农业产业化进程中承包“四荒”，开发种、养、加等农业综合项目，发挥他门在产、供、销方面的优势。

2. 加强再就业的技能培训，搞好中介服务。

主要在于增强下岗青工的就业能力，拓宽下岗青工的就业渠道：（1）政府应加大对下岗青工转岗培训的投入，支持有组织、有计划地对下岗青工开展培训。（2）进一步规范各类职业培训，并充分利用现有的职教阵地。依靠社会力量，根据劳动力市场需求和下岗青工的需要，把知识教育与重点业务技能培训结合起来，使下岗青工学有所长、学有所用。（3）努力为下岗青工创造就业机会，增加就业渠道。动员社会各方面力量，开发就业岗位，积极吸纳下岗青工。大力发展新兴产业和非公有制经济，创造更多的就业机会。

3. 不断完善社会保障体系。

在社会主义市场经济体制建立过程中，要逐步建立和完善与新的劳动用工制度相适应的社会保障体系。对于下岗青工的社会保障应从实际出发。探求多种多样的解决办法，帮助他们解除近忧、消除远虑。

4. 树立宣传再就业典型，营造全社会关心、支持下岗青工再就业的舆论氛围。

大力宣传下岗再就业中有代表性、有影响力的先进典型，形成强有力的舆论导向，用典型的生动事例带动更多的下岗青工转变观念，勇于竞争，发奋自强。

▲民营经济统计工作自查报告

【范例】

保定市中小企业局关于开展民营经济统计工作自查情况报告

按照省局工作安排部署和要求，保定市利用十、十一两个月时间，在全市民营经济行政管理系统开展了民营经济统计工作检查。在县（市、区）自查的基础上，市局组织对清苑、定州、安国、高阳、徐水等五个县十二个乡镇及部分企业、村进行了抽查。目前除定兴县因机构改革未进行自查外，全市此项工作基本告一段落，现将自查情况报告如下：

一、自查工作开展情况

局党组对此项工作十分重视，听取了规划统计处关于开展统计检查工作的安排意见，对具体组织实施方案进行了认真研究，并将此项工作列入保定市中小企业局第三季度工作重点。九月下旬，保定市中小企业局向各县（市、区）印发了通知，对检查工作进行了部署，明确了检查的主要内容、检查方式，提出了要求。在自查工作中，保定市坚持做到“三个结合”：

1. 检查统计工作与宣传统计工作相结合，借统计大检查的机遇宣传统计工作的重要性，提高各级对统计工作的认识。安国市在政府机构改革中，原民营经济管理部门整建制改为商务局，新组建的工业促进局承担民营经济管理职能。由于分管领导、机构、人员变化，民营经济统计工作面临着交接问题。为此，保定市中小企业局将安国市列入抽查重点，由局主管领导带队，主动与该市政府分管副市长联系，介绍民营经济统计工作重要性，并就做好统计交接和检查工作交换了意见，引起领导重视。副市长当即召集促进局和原经贸局领导，对上述工作亲自部署，提出明确要求，促进了工作开展。

2. 县（市、区）自查与市局抽查相结合，坚持以自查为主，培养基层自我提高、自我完善的自觉性。检查前，保定市中小企业局对外不公布内定抽查单位名单，强调各县按标准搞好自查，注重调动基层工作积极性。定州市对民营经济统计工作一直比较重视，基础较好。在自查工作中，该市依然坚持高标准，由局领导带队，分三组对全县22个乡镇办和3个城区办事处民营经济统计工作进行了认真检查。针对存在不足，在认真分析原因的基础上，制定三条措施强化统计工作：一是进一步明确了统计机构、人员。将乡镇民营统计职能统一划归党政办公室，由一名副职分管统计工作，在党政办公室设有一名副主任专管统计工作，一名专职统计员具体负责统计工作，形成了一支精干高效的统计队伍。二是突出完善基层台账、改善统计手段、强化信息反馈三项重点，明确责任，狠抓落实。目前已有10个乡镇为统计配备了微机，其中4个乡镇配齐了打印机、传真机。三是健全制度、规范运作。该市进一步完善了统计工作会议制度、培训制度以及管理制度，并制定了民营经济统计考核办法和奖惩措施。

3. 抽查与指导工作相结合，突出以指导为主，为基层今后做好民营经济统计工作奠定基础。市局在组织抽查过程中，每当发现问题，一方面给予批评指正，更注重帮其分析原因，研究改进措施。高阳县是农业部和省局确定的统计信息直报点。由于在机构改革中管理机构和统计人员发生变化，第三季度报表存有个别数据不衔接的问题。针对这一情况，市局抽查人员一方面帮助查找原因，提出调整建议，同时对统计员就民营经济统计业务和微机录入数据以及网上传输等技能，现场进行了辅导培训。县局领导高兴得说，像这样的抽查，欢迎以后能多组织。

在检查工作中，保定市还注意发现和运用典型，推动全市民营经济统计工作的开展。先后总结了清苑、定州等县强化民营经济统计工作的做法，以《民营经济简报》专刊形式，加注按语发至各县（市、区）委、政府和民营经济主管部门。

二、民营统计体系建设及统计质量现状

1. 机构设置情况：

目前，保定市县级机构改革尚未全部到位，但25个县（市、区）均设有民营经济管理部门。其中11个县（市、区）设在发改局（工业促进局），13个设在经贸（企业）局（定兴县未定）。内设统计机构名称不统一，分别为统计信息、经济运行、综合、企管等科（股）。全市340多个乡镇（含办事处）中，民营经济管理职能目前主要由党政办、统计站、乡经委、经联社、企管站等机构承担，并负责民营经济统计工作。

2. 人员配备情况：

全市县、乡两级机构配备统计专职人员共计456人。其中县级47人，乡级409人。具备大专以上学历206人，中专学历166人，分别占总数的45%和36%；在编公务员191人，占总数的42%。蠡县、博野、满城、涞源、北市区等县的两级统计人员均为在编公务员，定州、唐县、阜平、涿州、雄县、南市区等在编公务员达到50%以上。但是，保定市部分县两级统计人员目前仍由编外人员担任，工资主要靠自筹但难以落实，曲阳县此问题反映尤为突出。

3. 统计设施情况：

全市25个县（市、区）民营经济主管部门中，现已配备统计专用办公设备，即微机、打印机、传真机齐全的有8个县；配有微机、打印机的有2个县；只配有微机的1个县。其他14个县依然依靠手工录统。在省局的支持下，近期将为7个县（市、区）局装备三机。从检查情况看，各县局统计设备基本做到了统计专用，凡配有微机的县局统计数据已实现了网上传输。

全市340多个乡镇（含办事处）中，配有统计专用微机59部、打印机47部、传真机63部。其中雄县所有乡镇全部配有统计专用设备，南市区、高阳县配有专用设备的乡镇达到近80%。

4. 统计基础及统计数据质量情况：

从各县（市、区）自查报告和市局抽查情况看，总体上多数县、乡两级统计基础台账比较健全，规模以上企业以及县乡基础台账和基层报表数据基本一致。存在的主要问题：一是在机构改革中，个别县统计资料交接不严谨，造成统计资料不全；二是部分村由于对个体工商户管理方面存有一定困难，以致村级（个体）台账难以健全。有的乡镇目前只能采取乡镇统一建立个体台账的办法来解决，其数据来源之一是乡镇税务所提供的税收依据。

三、民营经济统计工作开展情况

今年以来，保定市中小企业局规划统计工作始终坚持以落实新的统计制度，规范统计行为，提高统计素质，发挥统计效率为重点，突出抓了以下几方面工作：

1. 抓好统计衔接，落实新的统计制度。新的民营经济统计制度实施，涉及到方方面面的协调工作。为做好此项工作，保定市主要采取了三项措施：一是召开全市民营经济统计工作会议，宣传贯彻落实新的民营经济统计制度，指导基层从乡镇企业统计顺利转移过渡到民营经济统计上来。二是注重搞好乡企、民营、个体、服务业、城镇就业等不同统计报表间的数据衔接，以满足省局、市统计局、劳动局等部门的需要。三是加强与统计、工商、税务等部门的联系、沟通，在统计资料共享的基础上，搞好不同统计制度之间有关数据的协调平衡。由于我们注重了上述工作，尽管统计制度发生了变化，但在反映全市民营经济发展的统计数据上没有发生大起大落。

2. 抓建章立制，推进民营经济统计工作规范化管理。今年是保定市中小企业局由乡镇企业向中小企业管理职能调整的第一年。职能调整后，统计工作范围扩大，项目增多，难度加大。为确保全市民营经济统计工作做到依法统计，规范管理，防止发生违规违纪行为，我市在研究乡镇企业统计工作的经验，分析民营经济统计面临困难、难点及特点的基础上，研究制定了我市民营经济统计工作暂行规定，建立了统计报表审查、登记，统计资料保管、使用等十项制度，并实行了县（市、区）民营经济统计工作考核评价制，坚持每季度对报表质量及统计信息报送情况进行通报，有效推进了统计工作规范化管理。

3. 抓培训，努力提高基层统计人员业务素质。县乡两级统计人员业务水平高低，直接关系到全市统计的质量和效率。为此，保定市抓住这一主要矛盾，通过采取市、县分级培训，县统计员到市统计处代训，深入下一级开展业务指导等多种形式，加大了对县、乡两级统计人员的培训力度，使基层统计人员在较短时间内掌握了新统计的要求、方法和要领，提升了统计人员独立开展工作的能力，多数县、乡统计质量明显提高。

4. 抓亮点，强化统计“参与决策”职能。在认真发挥“统计服务”、“统计监督”两项基本职能的同时，努力提高基层统计“参与决策”水平，这是保定市统计工作确定的重点工作思路之一。为抓好这项工作，保定市首先选择基层经济运行分析为突破口，采取写作培训，业务指导，组织材料交流等形式，逐步提高统计人员进行经济运行分析的能力。同时，要求各县（市、区）每季度报送运行分析材料，并对落实情况实行监督通报，引导基层统计人员树立了运用统计资料进行运行分析、参与决策的责任感。许多县统计人员写出了主导行业、规模企业等方面的运行分析和对策建议，受到县领导高度重视，有的分析和建议由领导做出批示，以政府文件转发。目前，保定市多年以来基层只重统计数据，不重运行分析的状况明显得以扭转，不少县的分析材料质量明显提高，同时也提升了统计工作的地位和影响。

四、存在的主要问题

1. 统计队伍不稳定。受机构改革影响，县、乡两级统计人员思想波动较大，特别是编外统计人员去留未定，生活待遇难以落实，在一定程度上给统计工作带来负面影响。

2. 统计手段落后。职能调整后，报表内容增多，工作量加大，但多数县和乡镇仍停留在手工操作汇总上，工作效率低，报表质量无法保证，难以适应工作需要。

3. 统计人员素质仍需提高。一是部分统计人员调整，需通过业务培训持证上岗；二是按照省局提出的统计信息微机录入、网上传输的要求，有待提高微机操作技能；三是大部分统计人员综合分析能力和文字写作水平有待提高，以胜任“参与决策”的工作职能。

4. 机构改革带来短期影响。主要反映在管理机构、统计人员调整较大的县。一是面临统计工作、统计资料全面交接工作；二是新任统计人员面临统计业务熟悉过程；三是新的县级主管部门与乡级、特别是统计人员的衔接工作等。受上述诸原因影响，短期内统计工作的及时性、准确性难以保证。

五、下步工作思路及建议：

1. 继续抓好民营统计队伍建设。县级机构调整到位后，立即着手对统计人员的定位、定岗情况进行摸底，掌握统计人员及分管领导情况，巩固民营经济统计工作网络。对存在问题的县（市、区）及时提出解决建议，促其落实人员，明确职责，保证统计工作不空当、不断线。

2. 推进统计人员持证上岗工作，确保统计质量。对新调整上任的统计人员，采取统一安排，分级负责的方法，组织业务培训，对考试合格人员补发、换发统计资格证书，力争达到统计人员持证上岗的目标要求。

3. 强化服务意识，认真履行统计职责。重点做好三项工作：一是坚持经济运行分析制度，为各级领导提供决策依据。二是抓好经济运行监控，确保民营经济健康发展。三是发挥监督职能，指导基层不断完善统计制度，确保统计信息的准确性和及时性。

4. 提升统计“参与决策”水平。在认真发挥“统计服务”、“统计监督”两项基本职能的同时，继续把提高统计参与决策水平作为指导基层统计工作的重点来抓，引导基层运用统计资料，及时分析和掌握当地民营经济发展态势，更好地为政府决策发挥部门参谋助手作用。

5. 加强统计硬件建设。为确保统计信息准确、及时，积极争取省、市对县（市、区）统计硬件建设资金支持，督促县（市、区）主管部门加强统计硬件建设的投入，力争实现微机汇总和网上传输的要求。(保定市中小企业局规划统计处)

▲社会治安综合治理工作自查报告

【范例】

临汾市交通局××××年社会治安综合治理工作自查报告

一年来，在“三个代表”重要思想的指导下，在保持共产党员先进性教育活动的推动下，我局认真贯彻落实省、市、区社会治安综合治理会议精神，为创建“平安临汾”不断加大交通系统社会治安综合治理工作力度，强化内部管理，坚持“预防为主、标本兼治、齐抓共管”的方针，切实履行职能作用，使全局的综治工作得到了稳步发展，为有效监督各部门综治工作开展，我局综治工作组对直属单位部门一年来综治工作情况进行了全面督查。

这次督查本着严格负责、客观公正的原则，主要依据与各单位年初签订的《目标管理岗位责任书》来进行，检查采取听取汇报，实地查看等工作方式，对各部门的综治工作成绩给予了肯定，存在的问题及时予以指出，并针对性的提出了工作整改意见，客观真实的掌握了全面情况，有效促进了全局综治工作，现将自查情况汇报如下：

一、强化管理，狠抓综治责任制的落实

一年来，局直各部门根据《综治目标责任书》提出的目标任务和考核要求，始终将落实社会综治责任工作同部署、同检查、同评比、同奖惩，研究建立了长效工作机制，规范、完善了各项规章制度。一是每月组织召开一次综治工作例会，听取基层各单位在社会治安综合治理工作的汇报，研究综治工作中出现的新问题、新动向、部署下一阶段工作。二是层层建立了目标管理责任制，将活动的内容、任务进行了具体量化、细化，层层分解到基层。三是加强督促检查，建立了行之有效的监督检查制度。局直各单位都成立了督查组，公开了综治工作监督电话，将综治工作的各项内容列入督查的范围，采取综合检查与专项检查相结合，定期检查与经常检查相结合，明查与暗访相结合的方法，针对检查出现的问题，随时给予指正，及时整改，把“矛排”工作做到基层。四是把综治工作纳入了基层各单位目标考核内容，实行一票否决，考核结果直接与单位评优、个人奖惩挂钩，有力地促进了综治工作的顺利开展。

二、综治宣传教育工作

安全工作联系着全局改革、发展、稳定的大局，关系着全局干部职工的切身利益，一年来我们通过出板报、挂标语、发宣传册等多种形式，积极开展了治安安全、综合治理宣传教育活动，局直各单位更是将宣传工作开展得如火如荼，城北汽车站为开展营建“平安尧都”活动，不断推进“四五”普法教育，对职工进行法制和道德教育，全面提高职工的法律意识和素质，增强普法教育的实效性，并对全站人员进行了普法学习和考试。

三、安全消防工作

根据年初签订的《目标责任书》要求，重新完善、修订了各项安全、保卫制度和措施，对保卫人员的法治意识、紧急情况、相对措施等多项业务技能进行培训考核，对局主要部门“三铁一器”进行检查维护，确保其正常使用。城北汽车站统筹安排消防、安全铁护联防，健全了安全消防组织，新增配 MFTZL35 推车式干粉灭火器两部及手提式灭火器四部，设立兼职安全检查监督员和消防员，并对其工作人员及司乘人员进行了消防和安全教育，特别是对灭火器的使用进行实地演练，做到人员到位、资金到位、措施到位。同时经常对生产用火、电器设备、机器设备及电路等火灾隐患进行认真检查，发现隐患，及时整改，提高了全体工作人员的消防意识。七月二十二日，大宁县交警队一车号为晋 L1258 警车在城北汽车站无故着火，发现火情后，该站工作人员邢双喜、崔芳朝两位同志奋不顾身冲上去，熟练的操作灭火器，对起火车辆进行及时救火，对此，该车司机特写表扬信一封，该站也对两位同志进行了表扬奖励。

四、积极开展小区内的社会治安综合治理工作

1. 后勤服务中心狠抓小区日常安全，（1）完善小区 24 小时巡查制度，成立夜间巡逻队，切实加强小区治安管理；（2）加大门卫管理力度，严格实行来人登记，疑人排查，夜间 12 时至早 6 时大门全封闭制；（3）积极与有关部门联系，于今年九月份安装了楼宇防盗监控系统，使小区的安全管理由原来的粗笨式管理向智能化管理转变；（4）建立小区暂住人口档案，实行后勤中心与出租户、租赁户签订三方协议的管理制度，做到管理制度化，严防流动人口违法犯罪。（5）加固加高小区东侧围墙，解决了小区东侧相邻配件公司由于拆迁，致使小区东侧围墙低，盗贼易出入的问题，为广大住户提供了安全保障。

2. 勘察设计院为了给小区居民提供一个安全舒适的居住环境，创建一个花园式小区，今年他们对小区环境进行了彻底的改造。首先用一个月的时间对采暖系统进行了改造，为冬季居民取暖打下了良好的基础；其次修建了花园式凉棚，为人们娱乐休闲提供了一个好地方；同时粉刷了办公楼和宿舍楼，使小区面貌焕然一新。为了提高居民的法律意识和法制观念，他们大力宣传文明公约，树立邻里互帮互助意识，增强居民安全观念，形成邻里互助，联户联防，小区安全全民齐抓共管的良好风气。

五、矛盾纠纷排查调处与稳定工作

进一步健全矛盾纠纷排查调处工作机制，局直各单位分别就本单位的稳定工作和矛盾纠纷排查调处工作进行了自查，坚持定期召开集中排查调处纠纷协调会，对可能存在的不稳定因素进行了摸排和及时整改，提出解决问题的措施，落实责任领导和责任人，将一切

可转化的矛盾消灭在萌芽阶段。各单位还积极展开安全创建活动的检查，评估实施体系，结合自身优点，加强了群防群治队伍、治保会、调解会、治安信息队伍的建设，有效地维护了全局安全稳定工作。

六、需要解决的问题

尽管我们在社会综合治理方面做了一些工作，但离上级的要求仍有一定的距离，主要表现在：

1. 上下联系少，沟通不够，部门之间的协调存在不足。

2. 局直各部门在综治工作力度、重视程度虽然都有了新的认识提高，但各部门综治工作底数了解不够，管理措施落实力度和安全防范发挥都有待提高。

××××年××月××日

▲普法工作情况自查报告

【范例】

物价局“四五”普法工作情况的自查报告

根据房人大办发〔××××〕××号文件《关于开展“四五”普法决议执行情况检查的通知》精神，我局于6月中下旬对开展“四五”普法工作情况进行了认真的自查，现将自查情况报告如下：

一、加强领导，提高认识，统一思想

第四个五年法制宣传教育于××××年正式启动，按照我县“四五”普法规划明确提出的“两个转变，两个提高”及四项任务，我们深入开展法制宣传教育，贯彻落实依法治国建设社会主义法治国家的基本方略，提高干部法律责任意识，提高干部依法决策、依法行政、依法管理的能力，为依法治国方略的实施奠定坚实的法律基础。在思想上统一了认识，在管理上严格要求，统一规划。早在两年前，我局就成立了以局长为组长的“四五”普法领导小组，无论领导怎样变换，其责任、目标、任务不变，并设立了普法办公室（设局办公室）。其次，配备了一名普法辅导员，负责法制宣传教育工作。从而建立健全了法制宣传教育工作的领导机构和办事机构，确保“四五”普法工作的顺利进行。

二、认真制定规划，确保“四五”普法各阶段目标任务的实施

××××年，按照房发〔××××〕××号、房价法〔××××〕××号文件精神，结合我局工作实际，我们制定了《房县物价局法制宣传教育第四个五年规划》。从××××年到××××年，整体工作分为三个阶段，即：××××年宣传发动阶段、××××年至××××年实施阶段、××××年考核验收阶段。已经开展的工作情况是：

1. 宣传发动阶段。一是组织召开了干部职工会，学习了县委批转的《关于在公民中开展法制宣传教育的第四个五年规划》、市物价局《关于下发全市物价系统法制宣传教育第四个五年规划》，使全体干部职工达到人人皆知、人人参与；二是购买普法教材《干部法律知识读本》、《计划物价系统“四五”普法读本》人手各一册。同时送法下乡，使普法宣传教育工作深入农村。我局共购普法教材300本，送到沙河乡白沙河村农民手中。三是按照“四五”普法规划要求，××××年我局共派6人参加了县法制办举办的三期“四五”普法法制宣传骨干培训班，平均成绩达93.9分，为我局法制宣传教育提供了可靠的保障。

2. 组织实施阶段。一是按照年度学习计划和实施方案，××××年至××××年三年内分别完成30%、50%、20%的学习任务，截至今年6月份，累计完成《干部法律知识读本》、《计划物价系统“四五”普法读本》里的85%的内容。二是抓好普法重点对象的宣传教育。“四五”普法期间，物价部门普法的重点对象是三类人员：副科级以上领导干部、从事价格收费审批和管理等方面工作的行政管理人员、价格行政执法人员。在实施阶段的三年里，普法重点对象已分别参加省、市、县组织的各类法制培训班，合格率达100%。三是坚持普法与执法相结合，规范执法行为。在熟练掌握法律法规的基础上，把普法与执法工作紧密地结合起来，提高物价干部依法行政、依法治价水平，克服了以言代法、以情代法、以权压法的现象，自觉做到秉公执法，规范执法行为。四是坚持学用结合的原则。采用自学、授课、调研、讨论、培训等方式进行法制宣传教育学习，在普法中重点抓好普法与提高干部队伍法律水平，普法与促进物价工作，普法与党建、精神文明建设相结合（××××年被授予县级文明单位）。同时，坚持每周四学习日，每次学习都将学习记录、讲稿、试卷存入档案。对学习笔记、考勤人数、学习效果不定期开展检查，鼓励先进、鞭策后进，提高普法工作的效果和质量。

3. 具体措施。一是成立了普法教育和依法治局领导小组。一把手局长为组长，各股室所负责人为成员的领导机构，加强了普法教育和依法治局工作的领导；二是积极安排参加省、市、县组织的科局级领导干部、行政执法人员法制讲座及各类法制培训班，参训率达95%以上。局中心理论学习小组法制教育学习全年不少于4次；三是根据县普法办统一安排，对全局干部职工进行普法考试，将考试成绩纳入年度和整个普法考核；四是建立健全普法和依法治理工作责任制，实行目标管理，将依法行政、依法治价、加强价格法制建设工作纳入本单位年度目标管理，做到与业务工作同部署、同检查、同考核。

三、提高法律水平，坚持依法行政，规范价格执法行为

随着市场经济不断向纵深发展，民主法制建设不断向前推进，直接制约行政行为的法律法规越来越多，我们必须加强法律法规学习，加强依法行政研究，严格依法办事，依程序办事，把“四五”普法的成果直接运用于实际工作。

1. 完善价格行政执法监督机制，强化对价格行政执法活动的程序制约和行为监督。我们一是继续执行《行政执法责任制度》、《行政执法违法责任追究制度》、《执法责任目标考核办法》、《物价局行政执法公开承诺》，做到层层明确责任，明确要求，督促抓落实；二是建立和完善案件审理制度，成立案件审理委员会，重大案件集体讨论、集体审理。在案件审理工作中，严格按照“事实清楚，证据确凿，定性准确，处理恰当，手续完备，程序合法”的二十四字方针办事，既要重实体，又要重程序。××××年以来，查处价格违法案件多起，没有发生过一起行政复议和行政诉讼案件。

2. 加强法制建设，推进依法治价。在实行政府定价和政府指导价的商品和服务项目的价格调定过程中，全面推行价格听证制度。××××年××月，我们针对自来水价格调整召开价格听证会；今年5月，我局又主持召开了《房县有线电视收视维护费价格调整听证会》，体现了依法治价的严肃性，规范了定价行为。

3. 对行政许可事项和行政许可实施机关现行有效的规范性文件进行了清理。共清理1998年至今的文件262份，其中：有法律、法规、规章依据的规范性文件65份，本机关设定实施的65份，许可事项继续适用的文件36份，许可事项废止的文件29份，实施机关保留实施的文件36份，实施机关停止实施的文件29份。

我局开展第四个五年法制宣传教育工作，在县、市业务部门的指导下，取得了一定的成绩，但与上级的要求还相差很远，一是对遏制乱收费的力度还不够，处理不到位，执法不够严；二是

每周四学习日坚持还不够，多数是学学原文，没有讲解；三是“四五”普法教材尚没有学完，与真正达到两个转变两个提高还有差距。

▲土地管理实施情况自查报告

【范例】

政务公开工作情况报告

一、《中华人民共和国土地管理法》自1999年元月实施以来，为了能够更有效的加强对土地的管理，开发、使用和保护，我们认真仔细地研读本法，并组织多次土地管理普法讲座。做好集中学习的记录，张贴和书写宣传标语，目的是使本镇的土地执法人员依法行使好自己的职权，同时更是为了让广大群众在知法、懂法进而守法的同时更好地监督这部关乎千家万户的法律的有效实施。宣传土地管理法律、法规情况收到了很好效果，自1999年到今，我镇在土地的各个方面都以《中华人民共和国土地管理法》为准绳有序进行。

二、《中华人民共和国土地管理法》实施以来，庆和镇政府及庆和镇土地管理所认真按照该法的要求履行自己的职责，制定土地利用总体规划，严格执行耕地保护制度，按规定审批建设用地，有续经营。

三、根据我镇土地利用总体规划，我镇依法严格执行，切实保护耕地。严格控制非农业建设用地，在保护和改善生态建设的前提下，保持耕地总量动态平衡。在××××—××××年我镇积极改善我镇土地利用中存在的问题，××××年共打大井13眼，改善旱地5100亩，打小井83眼，实现造林任务15000亩。××××年共打大井39眼，改善旱地3705亩，打小井92眼，实现造林任务13000亩，××××年我镇预计围封草牧场26000亩。对于其他土地的利用均符合我镇土地利用规划的进度，完成5年度计划的要求。

四、我镇在土地用途管制方面，严格执行我镇的土地利用总体规划，保护基本农田，几年来，建设用地占耕地的状况没有发生，基本农田总体上呈递增趋势，在总量的控制上符合××××年规划的目标。

五、自《中华人民共和国土地管理法》实施以来，我镇没有被征用的集体土地。

六、我镇没有被有偿使用的国有土地。

七、我镇不存在开发区。

八、几年来我镇没有土地违法行为的发生。

庆和镇土地管理所

第四章　先进典型事迹材料写作

第一节　先进事迹材料写作

一、先进事迹材料写作概述

1. 先进事迹材料写作含义

先进事迹材料，一般有两种情况：

一是先进个人，如先进工作者、三八红旗手；二是先进集体或先进单位，如先进车间或科室，抗洪抢险先进集体等。先进个人和先进集体，他们的先进事迹、内容各不相同，因此对先进事迹材料的写作，不可能固定一个模式。

2. 先进事迹材料写作基本格式

(1) 标题。一要写明先进个人的姓名或先进集体的名称，二要概括先进事迹的性质或材料的用途。

(2) 正文。正文的开头，要写明先进个人的简要情况，包括：姓名、性别、年龄、工作单位、职务、是否党团员等。

然后，要写先进人物或先进集体的主要事迹。

(3) 落款。包括署名、成文或时间两种，也可将署名放在标题之下。

3. 整理材料

材料的搜集、选用和剪裁是重要的前提。认真细致地观察，广泛地搜集，才能把握那些最准确、最生动、最能体现写作意图的东西。要对材料进行认真的提炼，确定中心思想和主题，用以统帅材料；然后要根据写作意图和主题的需要，去冗杂，选取能反映事件本质、体现人物特点的材料。

4. 确定主题

主题是文章的灵魂，确定主题是写作文章的关键。主题是从生活中挖掘的，也就是找出生活中本质的、闪光的内涵。

5. 文章结构

要注意文章结构完整、线索清楚、详略得当。结构问题即怎样组织安排材料、布局谋篇。一般应按事物发展的自然顺序来安排结构。但为了突出、强调，也可以运用插叙、倒叙、补叙等。注意结构的完整，线索的清晰及各部分之间的照应、过渡等，尤其要注意线索。

6. 语言表达

语言的通达形象与否，在很大程度一决定了一篇文章的成败。

(1) 要争取把语言表达得准确、通顺、流畅、行有余力，再来讲究其形象、生动鲜明。

(2) 动笔前精心构思，写作时字斟句酌地反复推敲。

7. 事实必须真实、可靠

先进典型材料的先进事迹是否真实，直接关系到先进典型的生命力。材料中反映的先进思想、先进事迹，要认真核对清楚，不能道听途说。

8. 观点和提法要分寸恰当

在叙述先进典型的先进事迹和经验时，要注意摆正先进典型和其他群众、集体的关系。先进典型的事迹、经验，一定要注意切不可讲那些脱离群众和脱离整体观念的过头话。

9. 文字要朴实、简明

整理先进典型材料，主要是通过实实在在的事实说话。这就要求在语言方字的表达上，一定要善于选择那些实在、贴切的词语。不要过多选用做修饰成分或言过其实的形容词。

二、先进事迹材料写作范例

▲精神文明建设先进单位事迹材料

【范例】

精神文明建设先进单位事迹材料

××市××管理处成立于××××年××月，主要负责市内重点绿化工程建设和主要街路的绿化养护管理工作。现有职工×××人，其中党员×××人。多年来，处党委认真贯彻“三个代表”重要思想、本着“城市绿化为生产，为人民生活服务”的宗旨，以“强班子、建队伍、夯基础、上水平、出精品”的总体工作思路，坚持以人为本，狠抓干部、党员和职工队伍建设，针对园林绿化行业职工的思想动态和行业发展现状，积极探索新形势下职工思想政治工作的规律和特点，为××市园林绿化事业的快速发展做出了突出贡献。

一、以精神文明建设工作为重点，加强绿化处形象建设

在实际工作中，注重做到“三个到位”：

一是组织到位。二年来，处党委始终坚持“两手抓、两手都要硬”的方针，党政领导亲自抓，处双文明建设领导小组具体负责，制定规划，建立健全组织，完善保障措施，施行文明单位建设目标管理责任制，为文明单位建设的顺利开展提供了强有力的组织保证。

二是措施到位。按照局党委精神文明建设的有关要求，建立健全了较为完善的管理机制和运行机制，成立了精神文明建设领导小组，党政一把手为第一负责人，分管领导各司其职；班子成员分工协作，并把精神文明建设工作与生产经营工作同安排、同落实、同检查、同考核；实现了精神文明建设工作经常化、制度化、规范化。

三是制度到位。我们制定并认真执行了领导决策、工作职责、理论学习、职工培训、考核奖惩等一系列工作制度×××项；同时，还建立了政研会、情况通报、总结评比等规章制度；有力地确保了全处各项工作任务的全面落实。由于组织得力，措施到位，制度健全，使全处“两个文明”建设得到了协调发展和共同进步，既改善了职工工作、生活环境，提升了单位形象，也使得职工业务素质和职业道德素质有了明显提高，职工精神面貌焕然一新。

二. 把各项工作有机地结合起来，求真务实，使精神文明建设的各项任务指标落到实处

一是加强理论学习，提高干部职工思想素质。

处党委始终把政治理论学习当作精神文明建设的首要任务来抓，规定每周三为理论学习日。首先，处党委坚持中心组学习制度，从人员、内容、时间上做到三落实。在学习内容上，紧密联系工作实际和思想实际，主要是邓小平理论，毛泽东思想、“三个代表”重要思想、党章、江泽民文选，同时，还学习了廉政教育、企业管理、经济法规法律等方面的知识。在学习方式上，采用自学与集中学习相结合，个人理解与交流启发相结合的形式；班子成员还利用业余时间写出了读书笔记和心得体会，既提高了班子的整体政治理论素养，又增强了领导班子的战略思维能力和科学决策水平，也带动了全处各项工作的全面发展。其次，机关及基层各党支部认真组织广大党员、干部和职工群众，坚持每周不少于2小时的政治理论学习，把党的路线、方针、政策、和上级指示精神以及处里的有关会议精神及时学习贯彻下去。通过扎实的中心组学习、全面的党员学习、深入的职工学习，有效地提高了党员干部和职工的政治理论水平，着力解决了思想滞后、责任心不强、集体观念淡薄的问题。

二是加强职工职业道德建设。结合贯彻落实《公民道德建设实施纲要》，处党委在全体职工中展开了社会主义思想道德教育活动，倡导“爱国守法，明理诚信，团结友善，勤俭自强，敬业奉献”的基本道德规范，狠抓《纲要》的落实工作。在精神文明建设中，以强化职业道德建设为重点，以服务于人民，奉献社会为宗旨；以实现一流质量、一流服务、一流环境为目标，以广大市民满意为标准；以推动和落实承诺为主线，从提高广场、游园等窗口单位服务质量，全面推进社会服务入手，深入开展“学、树、创”等各项活动，提倡爱岗敬业，诚实守信，规范执法，办事公道，带领广大职工团结务实，努力进取，整体推进了全处管理、服务和行风建设水平，并取得了良好的社会效益。

三是以人为本，加强企业文化教育，塑造员工新形象，努力提高园林绿化文化的整体品味。严格各项管理；细化各类考核；对广大干部职工进行“五种精神”的教育；引导职工正确认识处情，抓住机遇，大力培育解放思想，与时俱进，勇于创新，知难而进，艰苦奋斗，求真务实，淡薄名利，无私奉献的精神；使广大职工的职业道德、文化素养、精神面貌、言谈举止、服务态度、等方面的总体素质和外在表现得到了整体提高，使“团结进取，务实创新”的企业精神真正深入人心，使单位形象真正渗透到了全体职工之中，组织100多名职工参加了局党委举办的“七一放歌”歌咏比赛，取得了名列第一名的好成绩，充分展示了××处良好的员工新形象和奋发向上的企业精神风貌。

三、不断拓展新载体，把精神文明建设引向纵深发展

在街路、广场、游园管理上，以提高自身素质，树立自身形象为突破口，以己育人，以人育人，通过“人改造环境，环境塑造人”，树立自觉管理意识的理念。文化广场平均每天接待游人上万人次，管理所领导多次组织员工反复学习有关城市管理的文件、法规，并结“学、树、创”活动，先后开展了“爱广场、做主人、比贡献、创一流”。“从我做起，树立长春形象”，“让上级领导放心，让春城人民满意”等系列教育活动，内强素质，外树形象，强化了服务意识，责任意识和政治意识。进一步提高全处职工对街路、广场管理的重要意义的认识，增强责任心和使

命感，大力提倡爱岗敬业，无私奉献精神，强化文明管理意识。先后开展了“窗口单位优质服务竞赛活动”，“树立文明形象，满意在××”活动，“纪念建党85周年，满意在××”优质服务等活动。通过开展这些活动把城市绿化管理与精神文明建设有机结合，从而进一步推进和提高绿化的两个文明建设和广大职工的文明素质。

四、进一步加强和改进思想政治工作，开展精神文明创建活动

一是要对职工进行“八荣八耻”社会主义荣辱观教育，组织职工学习《公民道德建设实施纲要》，引导职工树立中国特色社会主义的共同理想，树立正确世界观、人生观、价值观；要弘扬爱国主义精神，以为人民服务为核心，以集体主义为原则，以诚实守信为重点，加强社会公德、职业道德和家庭美德教育，引导职工在遵守基本行为准则的基础上追求更高的思想道德目标。

二是对职工进行普法教育，不断提高职工的法律意识和法律观念。

三是加强对干部职工素质教育，教育引导职工树立创新意识和终生学习意识，努力学习和掌握新知识、新技能，主动适应市场经济的新要求，并利用冬闲季节搞好职工的技术培训。

四是各支部要引导职工树立爱岗敬业，诚实守信、奉献社会的良好职工道德和职工风尚，开展文明单位和文明岗位创建活动。

五是积极开展形式多样，群众喜闻乐见，丰富多彩的文化娱乐活动，充实广大职工群众节日文化生活和日常业余休闲活动，注重发挥文化阵地的特殊作用。平时，以基层为单位经常性地组织举办小型多样的乒乓球、象棋、扑克牌、拔河等文体活动；各单位还组织职工出去旅游，培育了职工的高尚情操，营造了朝气蓬勃、健康向上的良好氛围。

×××无论是城市绿化管理硬件建设，还是服务水平等软件建设，都已初步达到了精神文明建设的标准，今后XX将继续深化精神文明建设，强化落实“三项责任制”，坚持“抓发展、抓管理、抓队伍、创一流”，继续以十六大、十六届五中全会精神为指针，深入贯彻落实“三个代表”重要思想，继续发扬与时俱进，求真务实，开拓创新，奋力拼搏的精神，按照“改革要有新思路、各项工作都要有新举措，实现高起点、跨越式发展”的总体要求，全处上下团结一心，紧紧围绕经济建设中心任务，充分发挥广大干部职工的劳动、创造热情，为全省建设系统精神文明和物质文明建设做出更大的贡献！

▲领导廉政建设先进事迹材料

【范例】

厂党委书记×××同志的先进事迹

“在认认真真学习上要有新进步，在堂堂正正做人上要有新境界，在踏踏实实做事上要有新成效，在清清白白做官上要有新形象。”×××同志从事基层党务工作多年来，时时刻刻用这一句话来警示自己、激励自己，靠扎扎实实的工作作风和平易近人、公正无私的人格魅力赢得了××厂广大干部职工的赞扬和支持。在他的带动下，××厂连续几年被评为“公司先进党委”、“公司思想政治工作先进单位”、“公司党风廉政建设先进单位”、“一等功单位”等荣誉称号，他本人也连续多次被评为公司“优秀党务工作者”、“优秀思想政治工作者”等。

作为一名公司年轻的管理干部，×××同志身兼工会主席、纪委书记、副厂长等数职，但他深知：权利是党和人民赋予的，只有用好权利，真心实意地为职工群众谋利益、服好务，才能履行好自己的职责，才能赢得职工群众的信赖和对事业发展的支持。×××同志调入××厂后便融

入到职工群众中去，足迹踏遍了××厂每一个岗位和角落，与职工谈心，和职工一起工作，在最短的时间内对××厂生产经营、工艺流程、人员思想状况有了一个直观、真实的了解。通过调查研究，×××同志大刀阔斧地开展了一系列管理创新活动，包括提出并推行“问题管理写实活动”、群众性经济技术创新创效活动等，从调动广大职工和党员生产积极性入手，充分发挥了党员的先锋模范作用和党支部的战斗堡垒作用，进一步加强了思想政治工作和党内日常管理工作，党组织的政治核心地位得到不断加强。

为充分发挥政治工作优势，围绕生产经营这一中心，×××同志带领×××厂全体党员大力开展党内创先争优竞赛活动，与厂行政“同频共振”，服务改革发展大局，围绕“两促两确保”的竞赛主题，建立了“四个机制”，即：“以市场为导向的经营机制”，继续深化全员诚信保铁意识，切实把炼铁当成我们的客户、市场，站在诚信的高度真心实意对待客户，靠不断完善产品实物质量来保住市场，定期组织各单位工艺、调度人员考察市场、走访用户，把握市场的主动性；“以贯标为主线的管理机制”，严格按照贯标要求规范工作程序和岗位标准，按照标准开展生产经营各项工作；“以动态考核为核心的激励机制”，实行管理人员业绩动态考核，充分运用经济杠杆激发全员的积极性、主动性，完善科层干部一年一聘免制度；“以效能监察为主要内容的监督机制”，加强了厂纪委对各项工作的全过程监控，参与完善生产、工艺、设备、管理各项规章制度，严格执行力，监督检查各类人员的制度执行情况，有力堵塞管理漏洞。两年来，在××厂党政的共同努力下，克服了生产经营与技术改造双重压力，实现了改革发展的新飞跃，受到公司的高度赞扬和立功奖励。

××××年年初，根据对全年形势和任务的分析研究，×××同志经过深思熟虑并广泛征求各方意见后，结合生产经营实际，审慎地提出了指导性的“五个优化”的系统优化新观点，即：“优化生产，确保供应”，将工作重点放在“两机（烧结机、翻车机）两仓（高料仓、成品仓）两场（中和场、块矿场）”，优化生产组织协调，树立调度权威，建立一个高效、顺畅的指挥系统；“优化工艺，确保质量”，着力解决新老系统的整合问题，解决工艺流畅，确保稳定各项经济技术指标，实现指标排序前移；“优化配矿，确保效益”，着力解决原料市场变化大，品种结构复杂给烧结质量控制带来影响的问题，加大实验室配矿研究，抓好转炉污泥、瓦斯灰等利废资源的综合利用，确保全年效益的实现；“优化管理，确保一流”，坚持以人为本的宗旨，以绩效考核和薪酬管理为重点，以安全、设备、ERP、文明卫生、定置管理等基础管理为突破口，不断提升企业管理水平；“优化班子，确保稳定”，重点抓好厂、工段二级班子建设，建设好“三支队伍”（基层管理人员、专业技术人员、党员和关键岗位人员），从而确保人员稳定。厂行政也根据“五个优化”制定了××厂系统优化实施办法，在全厂范围内深入展开，取得了丰硕的成果，××××年实现产矿489万吨，成本降低额2368万元，提前实现了达产达效。

“清正为本，勤政为民”是×××同志的真实写照。凭着对党、对人民的高度责任感和强烈的事业心，×××同志始终把职工群众利益放在首位，坚持职工群众利益高于一切，密切联系群众，虚心听取职工群众的意见和呼声，为职工群众排忧解难，为人忠诚耿直，生活俭朴，作风正派，清正廉洁，用自身的实际行动践行“三个代表”，在干部职工和党员中树立了良好的形象，起到了表率作用。他总是一身普普通通的工作服，经常下基层调研，贴近群众，倾听群众的呼声，不论职工有什么事来信来访，他都认真对待，并做好释疑工作或责成有关方面予以解决。如在技改工程征地拆迁工作中，××厂拆迁户多，人员情况复杂，他连续十多天挨家挨户进行走访，认真听取职工意见，做好说服解释工作，解决职工群众实际困难，以理服人、以情感人，使拆迁户全部按期自愿搬迁，未造成不良影响。

作为一名党委书记，×××同志非常注重领导班子建设，坚持狠抓党内生活制度的贯彻落实，不断提高领导班子解决自身问题的能力。着眼于保持领导班子清正廉洁，认真贯彻落实党内监督制度，切实抓好领导干部述职述廉、民主评议、诫勉谈话、收入申报、礼品登记和个人重大事项报告等各项配套制度的建设。在落实党风廉政建设责任制方面，不断推进廉政建设机制创新，大胆地在全厂科层管理人员以及关键、敏感岗位推行廉政保证金制度，出台了《××厂领导班子成员廉洁从业承诺》和《××厂科层管理人员实行廉政保证金制度的若干规定》，厂领导班子成员及全厂科层管理人员利用各种会议郑重进行了廉洁从业承诺，有力地树立了党员领导干部的良好形象。几年来，××厂未出现一起违纪案件和集体上访事件，多次被公司授予“党风廉政建设先进单位”称号。

在加强基层党建方面，×××同志从抓好各级党组织建设入手，精心创建了厂党建活动室，并支持球团工段创建了工段党建活动室。党建活动室建成后，专门下发了《××厂基层党委党建活动室配套工作计划》，进一步明确了党建活动室党建配套工作的思路：生产繁重，对党员的教育管理监督不能放松；增强活力，对党员的思想作风素质不能降低；突出中心，党组织的核心作用不能动摇；创建家园，党组织的凝聚力战斗力不能削弱。对党建活动室的活动内容、总体安排和具体要求也作了详细规定。一年来，开展了党务工作经验交流、党建创新论坛、岗位技能研讨与培训、党内民主生活会等多种形式的党建活动18次，接待公司各二级单位参观学习十余次，××××年××月份，被公司正式命名为×钢党校铁前分校并予授牌，当年被授予××市先进基层党组织。

兼管工会工作以来，×××同志的工作量明显加大，经常是深夜两三点钟还有电话打来找他反映问题，他总是随即予以解决或处理，从不推诿、搪塞，被职工群众称为“贴心书记”。关心和帮助困难职工，积极做好扶贫帮困是工会工作的一件大事。××××年，在×××同志的主持下，对全厂1500多名职工进行了摸底、调查，建立了完整的特困职工档案，走访困难职工、长期病休人员260余人，对一般困难职工和因工因病住院职工及天灾人祸的职工家庭进行补助305人次，补助金额85600元。对有应届毕业生及在校生中的职工困难户家庭12户进行了重点帮困，帮困助学金额12000元，为5位今年考上大学的职工子弟申请到了助学金。成立了厂互助储金会，向有临时困难的职工发放互助金，两年来累计循环借款达到50余万元，解了职工的燃眉之急，起到了凝聚人心的效果。在丰富职工文化生活方面突出了形式多样、参与面广、主题鲜明等特点。春节期间组织开展了职工群众趣味活动、劳模标兵、基层管理人员座谈暨文艺汇演；组织开展了厂级职工男子篮球赛；组织参加了公司围棋、象棋赛夺得了男子团体第一名；获得了合唱比赛第四名。积极开展工会立功竞赛和职工当家理财活动，全年申报职工当家理财成果91项，其中优化配矿结构一项获得了公司当家理财成果一等奖，合理化建议1600余条，申报合理化建议成果23项，累计创经济效益2000余万元。

高尚的道德情操是一个人立身和成就事业的重要基础。作为一名党员领导干部，×××同志非常注重不断加强道德修养的锻炼，加强世界观的改造，牢固树立马克思主义的世界观、人生观、价值观，牢固树立正确的权力观、地位观、利益观，保持了良好的道德风尚，把实现个人人生价值同开创工作新局面紧密地结合起来，自觉地学习和贯彻党的基本理论、基本纲领和基本路线，身体力行“三个代表”重要思想。熟悉×××同志的人都知道，他最大的爱好就是读书，××办公楼进行整体装修时，他的主要家当就是满满的几麻袋书籍。他说只有具备较高的理论素养和水平，才能清醒坚定，成为一个强有力的领导者。在学习中，他总是把理论学习同总结实践经验、同分析基层单位的实际情况、同解决生产经营中的突出矛盾、同提高自身思想政治素质结合起来。勤于思考、勇于探索、敢于创新，重实际、说实话、办实事、求实效。经常带着问题深入各工段进行调研，增强了政治意识、大局意识和责任意识，增强了贯彻执行党的路线方针政策的坚定性和自觉性。良好的学风和运用理论指导实践水平得到不断提高，驾驭宏观的能力不断增强。因表现突出，在近两年的中管人员民主评干活动中×××同志在分线和整体排序中均名列前茅，受到了公司领导的好评。

“认认真真学习，堂堂正正做人，踏踏实实做事，清清白白做官”，×××同志是这样说的，也是这样做的。在他的心里，人民群众的利益永远高于一切，一名共产党员就应该成为一名“三个代表”的忠实践行者。

▲群众性精神文明创建活动事迹材料

【范例】

开展群众性精神文明创建活动的基本做法和成效

××镇镇委、镇政府

近年来，××镇根据市、区文明办的工作部署，认真实践科学发展观，全面深入领会党的十六大精神，充分认识党中央在新的历史起点上对“十一五”时期经济社会发展的新部署，在坚持以经济建设为中心的同时，坚持统筹协调，切实加强精神文明建设，扎实有效地推进我镇群众性精神文明创建活动，作为努力构建和谐××的政治基础和精神支撑，取得了一定的成效。××××年，我镇荣获广东省文明镇、广东省教育强镇、全国卫生镇和全国文明村镇创建工作先进村镇光荣称号。

一、切实加强文化阵地的建设

近年来，我镇把文化设施建设列为城镇规划的一个重要组成部分，“高投入、高标准、高档次”建成了一批现代化水平较高的文化设施，满足了××人民群众对精神食粮的需求。一是投资440万元建成了目前我市乡镇最大的文化广场——伟民纪念广场，金海岸城区的美都广场经过重新改造后，各种文娱体育设施齐全，吸引了不少群众到那里参与各种各样的文化活动。我镇以这两个文化广场为主阵地，开展了形式多样的文化活动，广场文化活动成了最受××人民群众欢迎、参与人数最多的一种活动。二是投资600多万元建成了功能齐全、配套完善的××镇文化中心大楼。镇文化中心每年都开展乒乓球比赛，群众参加的积极性很高，乒乓球国手刘国梁、孔令辉都曾经莅临中心挥拍传艺，带来了名人效应，××广大青少年学乒乓、打乒乓的热情空前高涨。前年，××镇文化中心被评为省特级文化站，××××年镇文化中心作为我市基层文化站的唯一代表，被评为“广东省基层文化工作先进集体”。今天的××镇，天天有舞会、周周有电影晚会、月月有大型文艺表演，极大地丰富了广大群众的精神文化生活，对推动我镇精神文明的建设，提高群众整体素质起着十分重要的作用。

二、突出公民的思想道德内涵

我镇始终把抓好十六届四中、五中全会精神和“三个代表”重要思想以及中央领导同志讲话的学习，特别是把学习《公民道德建设实施纲要》和《中共中央国务院关于进一步加强和改进未成年人思想道德建设的若干意见》及全国加强和改进未成年人思想道德建设工作会议精神与我镇精神文明创建实践作为一项重要的工作来抓，做到分阶段、有重点，按计划抓好学习、宣传和贯彻落实；二是结合精神文明建设需要，加强了各单位干部的理论学习，以点带面提高各单位领导干部的理论水平，进一步增强干部的改革开放意识和创新创业意识。今年，镇委在树立和落实科学发展观的学习中明确提出，要在发展经济的基础上，推动社会全面进步和人的全面发展，促进全镇物质文明、政治文明、精神文明协调发展。按照建立“学习型政党、学习型社会”

的要求，从建立“学习型的领导班子”抓起，全面实施领导干部培训工程，定期不定期组织镇政府机关公务员、事业单位领导干部进行培训学习。

三、创建活动主题更加集中

一是启动了“教育强镇”创建工程。我镇始终把教育摆在优先发展的位置，在财政压力较大的情况下，镇政府每年在财政预算中安排助学基金10万元，用于扶持困难群众解决子女读书难问题。近四年投入了近4000万元，兴建教学大楼和完善教学配套设施，不断改善办学条件，确保了每位适龄青少年都能享受优质教育。去年，全面启动了创建“广东省教育强镇”工作，并以此为契机，加大对教育的投入，促进等级学校的创建，总投入资金达2600多万元，其中××中心小学扩建工程投资约1600万元。全镇9所中小学、幼儿园全部上等级，其中有省一级学校（幼儿园）2家。××××年××月，省政府教育督导室对我镇创建教育强镇工作进行评估验收，我镇以高分通过考核，成功创建成为“广东省教育强镇”。

二是做好实施村（居）文明创建示范点的准备工作。为培育、引导，发掘出一批具有××特色、特点的先进模范典型和榜样，镇政府部署各村（居）中要突出抓好一个文明示范点，以带动全镇文明村（居）的创建活动。在市、区文明办具体指导下，我镇相关部门携手推进，广大群众积极参与，通过“五进社区”活动，宣传科学思想，传播先进文化，普及法律知识，完善卫生服务，发展群众体育，提高居民素质和群众生活质量，是实践“三个代表”重要思想、服务人民群众的具体举措和实践“三贴近”的重要方式。××××年××月××日，市委宣传部和市文明办确定了13个单位为“爱国、守法、诚信、知礼”现代公民教育示范点，我镇××社区榜上有名，为全市现代公民教育活动提供了好经验新借鉴。

三是实施创建“国家卫生镇”工程。××××年初，我镇正式申报“国家卫生镇”。受国家爱卫会委托，省爱卫会组成创建国家卫生镇考核鉴定委员会，于9月6日至7日，对我镇创建“国家卫生镇”工作进行了考核鉴定。鉴定委员会经过综合评议和考核鉴定，一致认为我镇领导班子高度重视，认真贯彻落实《中共中央、国务院关于卫生改革与发展的决定》，全镇在健康教育、环境卫生、环境保护、除“四害”工作、食品卫生、公共场所及生活饮用水卫生、疾病预防与控制、社区卫生、镇辖村卫生等方面成绩显著，各项指标符合“国家卫生镇”的标准和要求，鉴定委员会建议省爱卫会向国家爱卫会推荐批准我镇为“国家卫生镇”。

四、主动服务基层、服务群众

我镇在开展群众性精神文明创建活动中，特别注重强化品牌意识，继续深化打造以“广场文化”为品牌的群众文化活动，使其内涵更丰富，形式更多样，覆盖更广泛。仅去年在伟民文化广场就组织演出50多场，平均每周一场；参演人员达3000多人，共演出节目600多个，观众达40多万人次。各村（居）中小学、工厂企业等也充分挖掘本单位的资源，组织各种主题鲜明的文艺演出，成效显著。每年春节期间，我镇均组织“醒狮比赛”、“拔河比赛”、“篮球比赛”等，大大丰富了人民群众的文娱生活，使群众获益良多。

五、扎实开展未成年人思想道德建设工作

一是基础工作扎实。我镇根据市委市政府下发的贯彻落实中央加强和改进未成年人思想道德建设的《实施意见》，部署了我镇加强和改进未成年人思想道德建设工作，结合实际，我镇明确了工作任务和目标。二是工作稳步推进。在市、区文明办的具体协调督办下，有关部门纷纷行动起来，采取措施，积极推进我市未成年人思想道德建设工作。镇政府组织协调镇团委、镇妇联和镇关工委做好我市开展未成年人思想道德建设工作。聘请离退休法律专家和老教育工作者，通过协助学校及社区对学生和社区青少年义务开展法制宣传教育等活动，加强法制教育和维护青少年的合法权益。三是镇综治办充分发挥协调作用，组织文化、公安、工商等执法部门，加强对学校周边日常监管力度，查封“黑网吧”，全面查禁各类非法出版物，开展专项整治等。

以上是我镇近两年来在群众性精神文明创建活动中的一些做法和取得的成效。今年3月10日，在市及区的关心支持下，我镇召开了创建全国文明村镇动员大会，正式铺开全国文明村镇的创建活动。会议提出，要用两年时间，把××镇创建成适宜人居的生态型滨海城镇、适宜创业的现代化工业城镇，力争在××××年跨进全国文明村镇行列。“百尺竿头，再进一步”，表明了××镇委、镇政府创建全国文明村镇的雄心和决心；“自加压力、开拓奋进”，是××广大干部群众在精神文明创建活动中的不懈追求。如今的××，已经从昔日落后偏僻海岛渔村逐步变成初具规模的现代化工业城镇，并向着全国文明村镇的目标一步步迈进。

▲党支部抗旱救灾先进事迹

【范例】

以百年抗旱为百年契机检验党员先进性

——××市政府救灾办党支部抗旱救灾先进事迹

（××××年××月××日）

市政府救灾办党支部共有党员11人，是一个由市级劳模、市级救灾先进个人和优秀公务员及救灾业务骨干组成的先进集体。支部连续两年被评为市政府办公厅先进党支部，是××××—××××年××市直机关先进基层党组织。今年我市特大干旱发生以来，市政府救灾办党支部把抗御百年一遇的特大自然灾害作为检验先进性教育实践成果、提高党支部凝聚力和战斗力的难得机遇，发扬不怕疲劳、连续作战、攻坚克难的精神，充分发挥了作为市委、市政府抗旱救灾情报部、参谋部、指挥部、联络部的职能作用，保障了全市抗旱救灾工作在市委、市政府的领导下有条不紊地顺利推进。

一、百年抗旱，百年契机，检验党员先进性

以“百年抗旱—百年契机”为主题，将抗旱救灾作为××××年领导干部民主生活会和党员组织生活重要内容，开展检验党员先进性实践活动。在我市持续特大干旱由50年一遇升级为100年一遇以后，8月28日市救灾办党支部提出“以百年抗旱为百年契机”检验党员的先进性，为已经连续奋战100天的全体党员同志加油鼓劲，充分发挥了基层党组织在特大抗旱救灾工作中的战斗堡垒作用。

56岁的老党员杨××同志，积极主动请缨增加工作任务，减轻其他同志的工作压力，在抗旱紧要关头连续值班3天3夜，掌握抗旱救灾动态。

党员曹××，母亲身患绝症，一方面忍受着对母亲隐瞒病情的痛苦，另一方面还坚持和同志们一起夜以继日的工作。

党员罗××，外公不幸去世后没有离开工作岗位回家悼念。爱人在库区工作，孩子在市区上学由他一人照料，他一边工作一边承担两地分居家务，直到有一次利用工作间隙为儿子送盒饭回家，同志们才知道他没日没夜工作的压力。

年轻党员刘××，家住川渝交界的荣昌，奋战抗旱连续两月无“周末”，父母常常催他回一趟家，女友甚至怀疑他变心。

党员驾驶员杨××、陈×，经常是既出车又值班，几次出现三四天才回家洗一次澡的情况，衣服上常常挂满汗渍，甚至可以在衣服上刮下盐渍。

党支部书记何××，十年没陪家人看过电影。干旱正值学生暑假期间，儿子要求他抽空陪同观看电影《加菲猫》，该同志因刚从抗旱一线返回，连续工作35小时没合眼，应孩子要求看电影却因疲惫不堪在影院困了一觉，事后儿子抱怨父亲“没情趣”。

二、惜时如金，忠于职守，尽现党员责任心

市政府救灾办在常规下每天安排2人24小时值班，进入伏旱后日常工作不分昼夜实行“两班倒”，人均每周工作时间长达80多个小时，创历年同期工作时长之最。进入抗旱救灾决战阶段，全办同志24小时吃住在办公室，日均受理电话300余次、日均办理文件80余件。

在20余个小时内提出全市抗旱救灾十条建议被市委、市政府采纳，确保在抗旱救灾的关键时刻，市委、市政府召开抗旱救灾防汛工作电视电话会顺利召开。此前，为全面准确理解市委、市政府领导的意图，市政府救灾办组织骨干力量，及时归纳整理出市委、市政府当前抗旱救灾工作五条意见和灾后重建工作十大政策措施。

在各地上报旱情最为频繁期间，市政府救灾办承办各类公文2950件，起草文稿字数逾50多万字，工作量为去年同期5倍以上。起草了市委、市政府领导重要讲话文稿10余件、两厅下发文件18件、慰问感谢电32件以及25次新闻发布的文字材料，发出预警信息57次，承担了向国务院的请示报告、汇报材料、信息报送及市委、市政府相关指令的下达工作。

为争取上级支持，真实地反映灾区旱情，市政府救灾办1个月内牵头制作4部灾情专题片。为及时准确反映旱情，赶写专题片脚本，救灾办的党员们熬过一个又一个通夜，先后牵头制作4期优质专题片。国家三建委领导在观看了我市灾情专题片后，在原计划捐赠200万元的基础上又追加了捐赠资金40万元。

三、披艰履险，奋战一线，彰显党员突击队

市政府救灾办党员干部心系灾民，情牵旱灾一线，100天行程2.5万公里，深入20多个区县（自治县、市）210个乡镇查灾核灾。特大干旱最为严重的时刻，他们顶烈日、冒酷暑，先后深入到巫山、巫溪、奉节、云阳、城口、石柱、万州、忠县、垫江、江津、永川、黔江、武隆、璧山、綦江、潼南、铜梁、北碚、合川、沙坪坝等20多个区县（自治县、市）210个乡镇，行程2.5万公里，核查灾情、慰问灾民、指导抗旱救灾工作。

为发挥突击队作用，救火办的党员不顾个人安危投入抗旱救灾。7月29日救灾办主任、党员领导干部方××、副主任马×一行4名党员同志，4天时间昼夜兼程奔赴城口、巫溪、巫山，途经奉节时救灾用车因路滑撞上公路护栏，险些坠入百丈深崖。闻讯赶来的当地群众动情地说：“救灾干部做善事，必将大难不死！”

为支援我市军民扑灭森林大火，他们在9月1日的3小时内调集3卡车矿泉水、3000件牛奶、3000份防暑药品、1000把砍刀等应急物资，增援森林火灾扑救一线，确保了北碚三圣镇火场扑救物资的应急需要。

四、预事尽早，谋事深远，防灾减灾最低线

市政府救灾办的同志以对人民高度负责的态度，时刻关注××的灾害预测。早在今年3月1日就起草了《××××年自然灾害发生趋势及对策措施》，提出了“以旱制旱、以水制旱、以旱制旱、科技制旱”的抗旱救灾建议意见，为市政府采纳。市政府3月6日印发了救灾办提出的建议意见，为全市抗旱救灾措施的早计划、早部署、早落实提供了重要的决策依据。他们最早为市委、市政府领导提供特大干旱的前兆信息。针对渝东北地区出现的严重夏旱，在会同有关部门深入调查、核实灾情的基础上，6月27日向市政府领导提出了做好抗旱救灾工作的建议意见，是最早提出特大干旱信息并引起市委、市政府领导高度重视的部门。

首先提出并实施抗旱救灾工作信息日报制。为切实做好抗御百年一遇的特大干旱，市政府救灾办根据旱情趋势，建议市政府自全市启动特大干旱Ⅰ级应急预案就启动了抗旱救灾工作信息日报告制度，开全市甚至全国自然灾害救助之先例。

在深入调查研究的基础上，6 月 20 日提出了“抗旱保饮水、抗旱防火灾、抗旱防疫病、抗旱夺丰收”的抗旱工作重点，向市委、市政府提出“四抗”工作重点建议，得到市委、市政府领导的肯定并在《关于切实抓好抗旱救灾工作的紧急通知》中予以明确，同时也得到了国务院领导和国家防总的首肯。

参与提出和实施救灾济困捐赠活动，为抗旱救灾募集大量应急资金。为切实做好灾后恢复建设各项工作，帮助灾民渡过难关，8 月 13 日向市委、市政府提出了在全市开展抗旱救灾捐赠活动的建议，得到市委、市政府采纳并在《关于我市特大旱灾及抗旱救灾工作情况的通报》中予以安排，宣传部门据此组织了“自强不息、人人××，××抗旱赈灾大型电视直播活动”，最终在全市形成了抗旱捐赠的热潮。截至 9 月 3 日，全市抗旱救灾捐赠募集资金多达 1.46 亿元，为历次自然灾害捐赠之最。

▲领导干部尊老敬老先进事迹材料

【范例】

某校长尊老敬老的先进事迹

尊老敬老是中华民族的传统美德，领导干部更应是尊老敬老的楷模。所谓“当官不敬老，不是好领导”就是这个道理。

在我校离退休教师中，只要提起我校书记、校长×××同志，大家一致称颂他是尊老敬老、知冷知暖的好领导，他心里总时刻惦记着离退休教师和老教协分会的工作。

一、加强思想教育，落实好离退休教师的政治待遇

按照江泽民同志关于“对离退休同志要老有所教、老有所学”的重要指示，近年来，在×校长的关心支持下，我校以提高他们的生活质量，努力造就高素质、高水平的离退休教师队伍为工作宗旨，继续以“六个老有”为工作目标，建立健全了我校《离退休教师管理制度》，成立了分会小组，把老教协工作例入议事日程，并进一步加强离退休教师的思想工作，采取多种形式和方法，扎扎实实对离退休教师开展了一系列政治教育活动。一是每年根据国际、国内政治、经济形势的发展变化，以深入学习“三个代表”为主线，积极贯彻落实党的十六大、十六届三中全会精神，组织老教师学习讨论，听报告，使他们及时了解当前的形势和国家大事；二是每年组织老师外出参观，今年参观了位于我区次渠的光机电一体化基地、位于马桥的物流园区和亦庄的开发区，使老教师们感受到家乡的巨大变化。

二、调动积极性，充分发挥离退休教师的作用

×校长在认真做好离退休教师政治待遇落实的同时，还利用老教师的各种优势，充分发挥他们的作用。每年我校都要定期召开离退休教师工作会，向离退休教师传达区老教协工作计划，传达学校老教协分会工作计划，传达学校工作计划，学习调资文件；向老教师汇报年度工作情况和学校工程建设及各项工作所取得的喜人成绩，让老同志们了解学校发展的近况；发挥他们特有的优势，为学校的发展提出建设性意见活动（今年共提建议 33 条），开展捐书活动（共捐书 121 本）；建立联系制度，让青年教师和老教师连线，领导和老干部连线，使新老教师、新老干部之间形成沟通、交流，并互帮、互助等，使许多老教师做到了离休不离岗，在不同的岗位上继续为我校建设无私奉献余热。每年都有许多老教师在参政议政、提合理化建议、关心教育下一代、支

援受灾地区、维护社会治安等各方面都发挥了重要作用。

如×老师退休已10年了，退休后，在某老年大学担任副校长职务，从事老年教育工作。一直以饱满的在政治热情，关心社会、热爱生活，坚持老有所学、老有所乐、老有所为的原则，积极参与老年教育、老年文体、健身等活动，活动中发挥自身优势，尽最大努力，身体力行，发挥老教育工作者的骨干作用，不断充实提高自己，服务社会，其乐融融，收获很大。他还担任了太极拳班任课教师，在今年我区老教育工作者欢度“九九”重阳节趣味运动会上作了表演，反映很好。此后受潞河中学老教协分会之邀，教48式太极拳，近20人参加，促进了太极拳运动在老教师队伍中的普及和老同志的身体健康。

三、做好管理工作，积极为离退休教师服务

我们校退休教师多，现已达59人，可×校长对全校离退休教师的住址，家庭情况，健康状况都了如指掌。在离退休教师的管理工作中，×校长把关心离退休教师当作己任，热心地为离退休教师服务，定期召开座谈会，与老同志谈心，了解他们的实际困难和问题，平时只要了解到离退休教师有困难就毫不犹豫给予关心和帮助。为此，做了许多具体细微的实事，例如：

1、我校退休教师程××同志，1980年带学生到农村参加麦收劳动，因事故造成下肢残疾，今年8月份，打来电话说使用的轮椅需要更换，×校长很重视这件事，立即和区教委进行了联系，很快得到了区教委领导的批复，马上办理了有关手续，并买好轮椅送到程老师家。程老师激动的说：“没想到你们这么快就把事情办好了”，连声说：“谢谢学校和领导对我的关心。”

2、离休老师×（已故）的老伴，80多岁，家住天津（儿子家），离学校较远，和学校商量是否能把每月的遗属补助邮到天津，×校长立即答应。办公室人员多年来一直坚持给老人邮寄遗属补助，使老人及全家都很感动。

3、×××老师家住管庄，最近一段时间病重，需要老伴在身边照顾，儿女又不在身边，前几天给我们打来电话说，学校是否派人到他家取一趟看病的药费收据（学校正在收今年的药费收据）。×校长一方面安慰她安心养病，一方面告诉她把药方准备好，第二天就派人取了回来，两位老人非常激动，送上自己亲手写的书法、亲手养的花表示感谢。

×校长常说：“老教师们的今天就是我们的明天，看到老教师们健康，就是我的幸福，尊敬、关心和爱护离退休教师是我们领导的职责。”每年教师节、老人节，他都要召集全校离退休教师返校进行欢聚、祝寿活动，并亲自主持会议，祝老教师们节日快乐，健康长寿；每年春节前，他都要不辞劳苦地坚持登门慰问年老多病和有困难的离退休教师，为他们送上慰问品、慰问金，送去组织的关怀与温暖。这一切，老教师们都看在眼里，记在心间，时时称颂他是离退休教师贴心的好领导。

▲抗洪抢险第一线干部先进事迹材料

【范例】

农税干部陈思平抗洪抢险先进事迹

一、树立抗洪意识，思想认识到位

7月初，我县连降暴雨，圩区全线告急，在圩堤上连续战斗了几个昼夜的他得知了父亲去世的消息，这时他才想起父亲已病危多日了，家中多次捎信要他回去见父亲最后一面，结果都因汛情紧急而没有返回，不料却终究未能为老父送终。7月4日安葬好病逝的父亲，他拖着疲惫不堪的身体回到家中，真想睡上一个好觉，谁知雨下个不停，他辗转反侧，惊动了熟睡中的妻子。妻子安慰他说："天还没亮，睡一会儿吧。"他对妻子说："我们圩区人常说，在汛期，雷声就是信号，雨声就是命令，暴雨就得上一线，这时圩堤上最需要我们干部，虽然领导批准我休息，可我怎么能睡得着呢!"他深知他蹲点的董青圩，是全镇四大圩口的前站，又是泄洪通往滁河的主干道。于是他迅速穿好雨衣，立即骑车直奔董青圩一线——"回子塘"。

二、准确察看险情，指挥到位

暴雨如注，山洪汹涌，撇洪渠正面临着一场严峻的考验。由于长时的干旱，圩堤五处涵口的堵复密封程度较差；为即时排除险情，他迅速安排丁郢组群众进行二次堵复，一直到零晨五点半左右，仍不想休息，一直坚守在岗位。

三、紧急抢险，科学调度到位

雨越下越大，河水暴涨，形势严峻。他紧急调动虾子口片五个村民组全体民工，把筹好的人均10条化纤袋，迅速运往一线。暴雨来的太凶猛，回子塘告急，涵口低沉，漏水如注，时刻就有溃堤危险。他立即组织一百多名民工，传送泥袋，打桩抢险，经过近3个小时的奋战，险情初步得到缓解。但暴雨无情，继续倾注，水位迅速上涨，已超过1991年水位，4华里的堤埂，基本被水淹没，若不即时增高时刻就有溃堤的可能。一但溃堤，它将直接关系到全镇四大圩口人民群众的生命安危。面临着所有防汛器材全部用完，与镇指挥部联系草袋所剩无几，他深知在这危急关头，不能靠等、靠要，要立足于自己。他又立即与收购油菜个体老板联系，带领群众冒着大雨将500条口袋扛运到回子塘。为加快泄洪流量，他又带领15名民工迅速赶往4里以外堵水的楼东桥，在镇领导的指示下将桥砸通。经过近6个小时的奋力抢救，圩堤得到加高1米，险情再次得到控制。连续奋战11小时的他这才舒松了一口气。

四、明确分工，责任落实到位

为确保撇洪渠正常泄洪，5个涵口责任落实到人，他安排丁郢组巡逻值班，又亲自带领其余8个村民组民工赶赴董青大堤前沿，安排人员搭建防汛棚，并安排所有民工全部驻扎大堤，日夜巡逻，发现问题及时处理。7月5日水位猛涨至12.38米，大堤吃紧，西仓库以南出现险情，平台塌方25米，他立即安排党员同志坚守险段，砍掉险段周围100米杂草树木，以便清楚观察险情变化。7月11日12时，由于长时间的高水位浸泡，巡逻人员发现北大堤有管涌十几处，他亲自带领5名水手，下水查明原因，摸堵管涌，经过4个多小时奋力抢险，终于赶在天黑之前排除了重大险情，保住了董青圩，保住的汊河镇，保证了104国道的正常畅通。他每天坚持日夜巡逻，风里来雨里去，不知摔了多少跤，鞋跑破了，脚泡烂了，他毫无怨言。有一次，巡查至大王组堤段时，他浑身是泥，一位老人看在眼中深情地说："你太辛苦了！前阶段的干旱，让你吃尽了苦头，现在真的又难为你了。"他听了，微笑着说："没什么，只要能保住大堤，再苦，再累，我都情愿。"镇干部知道他很辛苦，好几次劝他休息，他仍坚持在抗洪防汛的第一线。因为他深知作为一名党员干部，这是他应该做的。

五、深入田头，核灾，减灾，保证救灾款物发放到位

洪水被战退，根据上级安排，陈思平同志立即转入核灾，减灾，救灾工作。他组织带领村组干部深入田间地头，对内涝造成的损失，逐一田块进行核实。38度以上的高温一干就是一星期，人瘦了，脸黑了，但是为党委、政府及财政部门提供了第一手详实的资料，他任劳任怨，从不计较个人得失。镇领导分配他管理下拨和捐赠的物资，他积极主动地去做好这项工作。一些亲友和过去的同事，想借关系多分配点款物，他耐心地解释说："这是人民给的权力，我们要本着重灾重救，轻灾轻救，无灾不救的原则，不然我们就愧对组织，愧对受灾群众"。他是这样说的，也是这样做的。目前，经他手分配的大米12.6万斤，款4万元，无一差错，得到干群的一致好评。

陈思平同志就是这样一位基层的农税干部，辛勤工作20余年的，呕心沥血，坚守岗位，尽

职尽责。多年来，一直受到领导和同志们的好评、群众的称赞。他常说：组织上给我这个岗位，我不能干多大事，但我应该把小事做好，做实，让组织放心，让人民满意。

▲领导先进事迹材料

【范例】

红旗中学校长××同志先进事迹

××同志，现任重庆市××县红旗中学校长兼党总支书记，中共党员，本科学历，中学研究员。××××年被市教委表彰为“重庆市教育科研先进个人”，××××年被××县人事局推荐为“重庆市优秀专业技术人才”，先后获得“重庆市十佳主考”、“重庆市十佳校长”等光荣称号，××××年被评为全国先进工作者。

在重庆市××县红旗中学美丽的校园里，五千余名师生共同演绎着七彩的梦想，放飞着明天的希望，而校长××同志就是这样一个为全体师生撒播梦想与希望种子的人，他为红旗中学的发展铸就了不朽的丰碑。

××同志自1999年担任重庆市××县红旗中学校长以来，他从实际出发，审时度势，以战略家的眼光思考学校的生存和发展问题，不失时机地提出了“以文化立校、以科研兴校、以特色强校”的办学思路，高举“自强图强”的大旗，努力打造科研特色品牌，为学校的生存与发展指明了方向。在他的领导下，确立了学校办学的三大特点：

一是依托英语教研组“重庆市巾帼文明示范岗”，引进外籍教师，和四川外语学院英语系合作，大胆进行“小班实验”。

二是依据学校信息技术教育资源优势，与四川师范大学计算机科学系合作，努力推进信息技术与课程改革的整合、教师信息技术的培训，以及以信息技术为主导的教育科研。

三是以学校体艺教育资源的优势，与数所大专院体育系、四川美术学院合作，努力打造体艺名牌。这无不凝结着×校长的心血和汗水，无不凝结着××校长作为一个管理专家的智慧与魄力。

在学校管理中，××校长始终坚持站在教育改革和发展的前沿引导上；始终坚持以科学合理的方法管理人；始终坚持“以人为本”的理念服务人；始终坚持“一切为了学生发展”的观点塑造人。××校长以骄人的管理业绩，诠释了他作为学校管理的行家里手的全部内涵。

××校长是中学研究员级教师，重庆市中学研究员级教师职称评审委员会委员，中国教育学会会员，中国心理学会会员，重庆市学校心理健康教育研究会理事。他深厚的专业功底、娴熟的教学技巧，深受学生欢迎，教学效果、实绩在市内有较大影响；同时引领教育科研，让学校教育科研迅速进入市一流水平，成果颇丰。

××校长从教近三十年，几十年的风风雨雨洗去了人生的铅华，留下了生命的本色，那就是×校长几十年如一日践行的师者风范，道德准则。×校长经常用“学高为师、身正为范”的“师范”要义来勉励全校教职员工，这也正是他自己践行的师者之魂。

××校长不管是在教学中，还是在管理中，始终强调“以人为本”的理念。××校长有着深厚的传统文化底蕴，他从中国传统文化中汲取营养，又从西方“人本主义”理论中拿来养料，强调尊重人、培养人、发展人的理念。他曾说，要做到“以人为本”，首先要写好自己这个“人”字。

××校长不仅在管理和学术方面颇有建树，在个人修养方面也颇有人格魅力。他严于律己，宽以待人；他乐观向上，意志坚定；他和蔼可亲，平易近人；他大公无私，光明磊落；他身体力行，率先垂范；他尽职尽责，鞠躬尽瘁。烈日下，寒暑里，操场上，教学楼里，学生床边，总能见到他那不倦的身影……刚刚拔下输液的针头，建筑工地上又能听到他那洪亮的嗓音。他关心教职工的冷暖，教职工生病住院了，他亲自到医院看望。但××校长不仅仅停留在关心教职工的身体上、生活上，他更关注教职工的心理健康和事业的发展。他对贫困学生倾注了作为一位校长，更是作为一名教师的全部爱心。

××校长有一句响亮的口号："绝不让一个学生因为贫穷而辍学。"××××年春，初×××级2班学生黄祥燕因贫困辍学回家。××校长带领校团委、政教处的老师们，沿着崎岖的山路，摸黑步行近四个小时。动员她重返校园，并资助她完成了学业。3年来，他共引进了38个单位129人次资助贫困学生，而且每年从自己的工资中拿出1000元资助一位高三学生。当受助的贫困学生谭永林、熊小黠、赖宗浪等离开学校时，无不满含着眼泪，抱着校长赠送的衣物，手里攥着校长给的路费，一步一回头感激校长。他为贫困学生撑起了一片蓝天。

▲省劳动模范先进事迹材料

【范例】

红星乡农民技术员马春和同志先进事迹

个人简介：马春和，男，1946年10月出生，汉族，中专，1966年务农，是鸡西市鸡冠区红星乡一名技术精湛、经验丰富的农民技术员。从1965年开始，他率先承包起村集体果园，带领广大农民发展果树生产。历经40个春秋，现自家果园面积已发展到100亩，全乡果园面积已达到6000亩，成为了全市远近闻名的果树大王，技术能手。

一、吃尽辛苦，换取今日丰硕的成果

任何成绩的取得都不是偶然的，对于马春和而言，也同样如此。在他从事果树生产的漫长岁月里，马春和带领家人，起早贪黑忙碌在果园里，剪枝、施肥、打药，春夏秋三季和果园捆绑在一起。多产果是马春和一直追求的目标。为了心中这个目标，他付出了常人所未付出的艰辛和努力。在果树生产关键时期，他几乎与他的果树"形影不离"。由于长时间的风吹日晒，他的手皲裂出血了，他不叫痛；他的腰直不起来了，他也不叫累。记的有一次，在给果树剪枝时，由于长时间超负荷劳作，一不留心，手被剪刀划成了大口子，鲜血直流。他的家人看在眼里、痛在心里。忙劝他快去村卫生所好好消毒、上药包扎上。而他却若无其事地说："我没那么娇惯，一点小伤，没事的。"草草包扎后，继续干他的活儿。用他的话说："节气不等人，不能因人为因素而使果树减产！"现在苦尽甘来，马春和家的果园面积已发展到100多亩，果树品种达60多种，年产量达10万斤以上，年产值达15万元以上。

二、学科技、用科技，促发展

在果树生产管理过程中，马春和十分注重果树生产管理知识的学习。不管平时干活再苦、再累，他总要挤出时间到市内大书店买回果树生产适用的书籍，仔细研读。并主动积极参加市、区、乡举办的果树培训班，向老师虚心求教，与周围同志诚恳交流经验，这在无形中使他在果树生产管理的水平上有了很大的提高。现马春和家各类果树方面的书籍已达上百本，他本人参加过各类培训班100余次。学科技的目的就是在于用好科技，为生产服务。每年早春，他对果园内不同品种合理剪枝，按无公害操作标准，大量施用腐熟农家肥，平衡施用N、P、K肥，应用低残留农药及时防治病虫害。在他的精心管理下，他家产出的果无农药残留、口感好，深受广大消费者欢迎和喜爱。

三、抓住果树品种改良的关键，加快了全乡果树品种改良的步伐早期，红星乡各村的老果园品种主要是以大秋、海棠、黄太平和香水梨等品种为主。针对这些果树老化、品种单一、病虫害较多、果品口感不好等现状，从1994年起，马春和同志自费到吉林果树科研所、辽宁果树科研所、鸡西市果树科研所拜师取经，先后引进了大梨、大磁梨、苹果梨、南果梨、龙冠、奎平1、2号、红提、黑提等56个品种，在自家果园里进行试验栽培。经过几年的认真钻研、反复研究，苦心经营，马春和同志逐步淘汰了自家果园的老品种，嫁接、换头并新栽了奎平1、2号、新梨3号、南果梨、大慈梨、提子葡萄等优质新品种，并逐步向周边果农推广。目前，这些果树新品种在红星乡的栽培面积已达5000多亩，极大地推进了红星乡果树改良的进程。

四、自己富了不算富，带动乡亲们富了才算真正富

马春和同志致富不忘众乡亲。多年来，他利用自己在实践中积累的果树生产管理经验，默默无闻地为红星乡广大果农无偿服务。在农闲时节，他召集果农到自家果园中进行现场传授经验，进行技术培训，向他们讲解果树的新品种、新技术，还把自己多年引进试验成功的十几个果树品种无偿向广大种植户推广、传授。全乡各村果树种植户只要遇到技术上的难题，都会向他求教，他总是有求必应，积极帮助解决。许传敏是红星乡又一果树生产大户，他家的果树面积现有50多亩。多年来，由于技术不通、管理落后，使得果树产量一直不高，去年他愁眉苦脸地找到马春和，马春和二话没话，亲临许传敏家果园现场观看、查找原因，最终他发现许家的果树是由于施肥不到位，才导致果树营养不良，生长后劲不足。加之病虫害的防治不到位，致使产量低下。症结找到了，他又教会许传敏如何改变现状走出困境的方法。现在，许传敏家果树产量比原先年增产2000公斤，年收入增加了2000元。在马春和这个技术能手的带动下，周围邻里30户也从事了果树生产，使全乡100多户果农迈上了致富路。

马春和同志曾荣获鸡西市第十七届劳动模范称号，连续多年被鸡西市评为市果树大王称号、鸡西市农业科技示范带头人，荣获黑龙江省劳动模范光荣称号。

▲精神文明建设先进个人事迹材料

【范例】

从我做起，传播文明的希望

——×××精神文明建设先进事迹

×××，今年38岁，汉族，1988年5月在学校加入中国共产党。1988年7月参加工作。先后任×县××乡副乡长、×县文化馆馆长、《××之声报》总编、中共×县委宣传部副部长、兰州经济技术开发区党政办副主任。××××年任中共××市第一次党代会代表、中共×县第十四次党代会代表、×县政协第四届委员会委员。参加工作20年来，他走过了8个单位，不论在哪里，他都能够赢得领导和群众的好评，先后8次被评为优秀党员、先进工作者；他坚持文学创作和理论研究，在各级刊物发表文学作品300多篇，发表论文50多篇，获得地市级以上征文奖励15次。目前，已经出版文学专著两部（《赤子情怀》、《环江神韵》），出版论文专著两部（《×××论文选集》、《修养与实践》），现有一部诗集（暂定名《故乡》）、一部论文集（暂定名《自律教育文集》）待出版。××××年，×××被甘肃省作家协会吸收为会员，被中国环县道情皮影艺术研究会聘为名誉副会长。

从这些经历中我们可以清楚地看到，×××的做人、工作、学习、生活都与精神文明建设有着密切的关系。在经济区党政办工作两年多来，他更是要求自己做全面的人，做务实的事，做健

康向上的创作研究，赢得了周围同志、朋友的一贯好评。他确实是在从自身做起，把精神文明的希望传播开来，默默地履行自己认真工作、乐于奉献的诺言。

做人：实在 宽容 充实 积极

做人，是×××自认为最重要的任务，这其中所含精神文明的因素很多，成功的做人就是最大地体现精神文明。他要求自己的内心世界美好，他不愿意在做人上有半点的松懈和滑坡。还在乡镇工作期间，他就要求自己“不浮、不贪、不虚、不骄”，对领导，他做到不夸夸其谈争其宠，不虚报浮夸争其好，不逢迎谄媚争其亲；对同志，他做到平等对待、以诚相处以求真，互相帮助、共同进步以求善，宽厚无私、亲贤远小以求美；对群众，他做到尊重、理解、信任、引导。他在普通的工作岗位上，不为名，不为利，平静地对待误解、失落，有时候，他写几首诗，心里的郁闷就统统化解了。作为一名副职，他从不利用权力的因素对待工作和同志，而是处处以人为本，发挥人性化、人文化的作用，激励和调动大家的主观能动性。

×××主张做人一定要实在。他对人，用一种诚挚的内心、一种和蔼的态度，他从不对同事和部下用命令的口气安排工作，这样容易形成亲和力，体现出集体有的凝聚力。对事，他实事求是，力争化解矛盾，维护大局，保持一名党员领导干部的应有的胸襟。

他主张做人一定要宽容。他不计较个人的得失，用他自己的话说，就是人生一世要多吃亏，吃亏有好处。和同事相处，他看到的是每一个人的长处，这样和人的沟通就有了更多的基础，能够赢得信任和理解。

他做人讲究充实。他的理解，充实不是显赫的位置，不是滚滚的财源，而是名利的淡泊，学习的趣味，心灵的写作，交往的淡雅，家庭的融融之乐。他常常为自己写出一件好的作品而感到满足，也常常为干一件对大家、对集体有意义的事情而安慰，这就是他的充实。

他要求自己保持积极的人生态度和精神。不论在什么情况下，他都有积极的健康的精神追求，读书、写作、思考，带给他的享受是别人无法所理解的。别人得意了也许会有快乐，而他得意和不得意没有什么明显的区别，他真正是平静的，永远有自己心灵的追求。

做事：认真 创新 一流 绩效

一个人做什么事，怎样去做事，体现的是对精神文明这一理念的理解和运用，要把精神文明的红线贯穿于实践之中。×××的做事，有时候让人惊讶。在×县工作期间，他矢志不渝，一直把×县皮影事业做到首都北京。在北京的高校非物质文化教学会议上，他面对着记者侃侃而谈，那可以说是他为之奋斗的事业初步成功了。但这其中所经历的艰辛是不被人理解的。他靠的是不懈的追求，惊人的毅力。在经济区工作的第一年，全机关的大小材料他一个人写，他每天加班到晚上10点以后，有时甚至整夜不合眼。写行政材料不是他的长项，但他不能把组织交给的任务干砸了，他有一股子拼搏的精神。在经济区上班写的第一个材料，是“两个务必教育活动”的总结，当他拿出初稿后，办公室主任高兴地说：“不错啊，这下材料我放心了。”

×××自认为能力一般，但是他做事认真，他相信勤能补拙。在工作上，他是绝对的工作狂，这个评价是他爱人常说的。在×县，为了使道情皮影在全国唱响，他废寝忘食，一丝不苟，克服经费的困难，迎着一些人的风言风语，他依靠大家的力量，独立强撑，终于成功了。为了办好“中国×县皮影艺术节”，他担任总策划和主要组织者，他紧扣民俗文化节会的特点，坚持简朴隆重的原则，从宏观、微观方面进行了科学的策划，赢得了领导和专家的一致好评。在经济区工作以来，他事事认真，毫不懈怠。原来他一直从事宣传、文化、教育、农村工作，现在做城市经济工作，挑战性还是很强的。在经济区第一次作会议记录，他听不懂兰州方言，急得他头上冒汗。他硬是下决心了解规划、土地、建设、招商等领域的基本知识，做到适应工作的需要。有一个阶段，材料一件接一件，电脑又不够用，他又累又急，头发都脱了几片。那时候，他啥都顾不上，只想着完成组织交给的任务。

×××相信创新的力量。过去，他坚持立足实际创新，在许多领域取得了成就。在经济区工作中，他针对管理、服务、协调为领导提出了许多积极的意见和建议，有的被采纳，收到了很好的效果。针对经济区、安宁区当时“区区合一”磨合的需要，他策划了“抓学习，提素质，大跨越”的活动方案，赢得了领导的肯定。

他追求的是一流的工作水平。在×县期间，他要求部下在编辑报纸、组织活动、平时学习及写作过程中务求一流，只有一流的定位，才有不俗的业绩。在经济区工作，他的重点工作是文秘，他要求工作人员追求高境界的公文写作，他的理解是：把要求表述的内容能基本说清楚，是低境界的水平；把内容规范化、条理化地表述出来，是境界中的水平；能够用自己独到的理解，结合领导的要求，在公文写作中达到创新思路、形成特色、富含思想、语言优美，这是高境界水平。在会务、事务等工作方面，他也是这样做的。

工作的目的就是实行最大化的绩效。×××能够在自己的职责内实现工作绩效的尽量突出。他对家乡×县的最大贡献就是把道情皮影推向了全国，为×县打造了一张走向全国的名片。人们通过了解×县道情皮影了解了×县，×县赢得了发展的机遇。在经济区工作以来，他把握办公室文秘工作的规律，注意保持工作较强的可操作性，在制度建设、机关管理方面结合实际，以收到及时的效果。

做文：自然 心灵 真谛 自律

×××在做学问和创作、研究上坚定不移，从上小学一年级起，就爱好写作。每次全大队（村）全公社（乡）的作业展览，他的作文是众多老师和同学争相欣赏的对象，在周围学校，他的作文是公认的。现在，×××已经度过了幻想和浪漫的年龄，但文学是他最难舍弃的神圣爱好。他可以忍受贫穷和失落，但他无法忍受没有文学的寂寞。他坚持写作，如果有几天写不出称心的作品，就有一种孤独和空虚。在写作中，他运用心灵的感悟和力量，体现热爱国家、热爱大自然的深厚感情，对人类寄予美好的希望。去年，他创作了大型组诗《神秘园之歌》，在《敦煌》诗刊、《北斗》选发后，赢得了专家和读者的广泛好评。他在这组诗的题记写道：“谨将此组诗歌献给我亲爱的朋友以及善良和热爱生命并为人类谋幸福的所有人！”充分说明了他正直的人格和善良的心意。

×××还十分注意对工作和理论的体会、研究，他的理论文章曾在各种征文中15次获奖，其中《搞好×县道情皮影保护传承 促进地方各项事业全面发展》在××××年全国高校非物质文化教学研讨会交流后，被评为优秀论文，并被选录《交流与协作》一书。去年，在保先教育活动中，他一边学习，一边思考，他认为，共产党员的先进性，很大程度上取决于每个党员的政治素质和业务素质。基于这种认识，他撰写了“浅谈保持共产党员先进性教育的自律问题”系列论文6篇，这些论文立足自身，重在自律，对其他同志具有很大的借鉴作用。市委关于治庸计划开展以来，他联系身边的人和事撰写了4篇“戒庸治庸刍议”的系列文章，从“品德”、“才华”、“形象”、“实绩”等方面对戒庸治庸进行论述，反映出了自己对治庸戒庸的独到理解和实践。

×××，他是一名党员干部，又是一名文学作者和理论研究者。他的行为所体现的，是精神文明升华的境界。在物欲横流、人情淡薄的社会里，他的所作所为似乎不合算，也似乎不对路，但是，×××要做的，仍是这漫漫求索的人生精神之路。

▲治安综合治理先进集体事迹材料

【范例】

××市社会治安综合治理先进事迹

××市地处边疆，是自治州的首府城市。全市辖3个镇、6个街道，面积2310平方公里，常住人口59.64万。近年来，市委、市政府站在讲政治的高度，全面落实社会治安综合治理各项措施，治安防范工作取得了明显成效。今年上半年，全市共立刑事案件1226起，同比下降24.7%，破案率明显上升，全市社会治安稳定，人民群众安全感增强，经济持续发展。

一、强化领导责任，严格考评奖惩，为综治工作提供强有力保障。市委、市政府把社会治安综合治理纳入经济社会发展总体规划和年度计划之中，明确长远目标和年度任务。自1991年以来，就建立了以市委、市政府领导为第一责任人的综治领导责任体系。市里每年至少要召开4次以上的市委常委会、市政府办公会研究全市综治工作。市委、市政府每年的第一个全市性会议就是综合治理工作会议，部署的第一项工作就是综治工作。每年初，市委、市政府要与3个镇、6个街道和38个市综治成员单位签订综治责任书，各镇、街道和单位逐级下签，明确目标，使综治工作逐级有人管，层层有人抓，真正形成了齐抓共管的格局。市委决定，对全市各级党政主要领导及分管领导、市综治成员单位和涉及社会稳定工作部门的主要领导实绩考核、奖励、提拔使用时，由市委组织部列出名单，征求市综治委意见后，再提交市委研究。自去年以来，全市“一票否决”了2个市属单位，有3名综治责任人因综治工作较差被免职或谈话诫免。

二、抓基层，打基础，构筑确保长治久安的防范体系，健全基层组织。进一步加强了61个社区居委会和67个村（屯）居委会建设，建立治保会、民调会，设立警务室，把警力沉到社区。市委、市政府一次性调入4人、抽调3人到市综治办专门开展综治工作；从市属政法部门下派9名优秀后备干部到全市各镇、街道兼任综治办主任；每镇安排1名行政编制人员专门开展综治工作；抽调27人到镇、街道综治办工作。市委、市政府成立了矛盾纠纷调解中心，与市信访办合署办公，开展了社会矛盾大调解。各村建立“平安协会”并向社区延伸。健全群防群治网络。组建以公安工作为依托的275人专业巡防队伍和以适龄预征入伍青年、国企下岗职工为主的250人专职治安员队伍。组建了800人的出租车司机等兼职治安员队伍。组织“三老”义务巡逻队并将提前离岗机关干部、微型小区“四长”和享受低保人员纳入义务治安巡逻队伍之中。中关公共安全网络服务有限公司扩建了监控室，更新了技防设备，加速了技术防范的市场化运作，在全市30多处重点部位安装了高科技新型网络报警装置，扩大了技防的覆盖面。加大投入力度。在确保每年12万元综治工作经费的基础上，今年，市财政为市、镇（街道）投入工作经费20万元，向专业治安巡防队员每年补贴工资110万元左右。

三、抓住重点，攻坚克难，强力推进创安工作落到实处。市委、市政府出台了《中共××市委、××市人民政府关于开展创建“平安××”活动的决定》。市委、市政府按照“抓局部带整体、积局部的小平安为全市的大平安”的工作理念，启动了“平安社区”创建活动。市政府常务会议研究通过了《××市旅馆业管理暂行规定》和《××市废旧物品管理暂行规定》，加大旅馆业和废旧物品收购业管理和整治力度。市综治委对居住在市区的“监外执行罪犯”、“被取保候审、监视居住犯罪嫌疑人”、“刑释、解教人员”等“三类人员”的管理工作进行了集中整治。组织实施了“为了明天——预防青少年违法犯罪工程”。以参观劳教所、看守所，听在押人员现身说法为载体，在全市中小学校开展了集中法制教育，举办了一场法律知识竞赛。对学校周边治安进行了专项治理，集中清理整顿校边违规经营场所。为全市45所中小学校聘请了29名职业律师，担任法律顾问，全市形成了法制局长、法制校长、法制辅导员、法律顾问“四位一体”的法制保障新模式。

四、加强综治宣传，弘扬社会正气，促进全民参与综合治理。近年来，××市以宣传中共中央、国务院和全国人大常委会的两个《决定》为重点，始终保持综合治理宣传的有力声势，唱响抓综治、促稳定的主旋律。充分利用主流媒体阵地，把握综治工作的宣传方向，先后与《××日报》、××电视台等媒体联合拍摄了“平安××报告”电视专题片；设立了《“平安××”简报》；开辟了综治工作网页，利用互联网对综治工作进行宣传。在市郊主要出城口和市内重点地段设立了13处大型平安创建宣传标牌，通过市场运作，政府没有花财政1分钱，全部宣传牌均以公益广告厂商协办的形式由商家投资建设，仅此一项就节约经费近40万元。通过市委、市政府狠抓社会治安综合治理工作，全市呈现出政治稳定、社会安定、经济发展、人民安居乐业的良好局面。

第二节　典型经验材料写作

一、典型经验材料写作概述

(二) 典型经验材料写作基本知识

1. 简介

典型材料是把先进集体或先进人物的事迹，或把犯错误党员干部、发生问题单位的情况综合整理而写成的书面材料。

2. 写作内容

(1) 标题

一是要写明先进个人姓名和先进集体的名称，使人一眼便看出是哪个人或哪个集体、哪个单位的先进事迹。二是要概括标明先进事迹的主要内容或材料的用途。

(2) 正文

正文的开头，要写明先进个人的简要情况，包括：姓名、性别、年龄、工作单位、职务、是否党、团员等。

写作内容，是从总体上把典型经验按照一定的逻辑关系分成几个部分。内容的表述，应当既要有思想，又应有具体做法或实例，既要有面上的综合，又应有点上的说明，最好还要有一些必要的数字。

(3) 署名

应经有关领导同志审定，以相应一级组织正式署名上报。

A 标题。

B 开头。是展示典型经验的背景材料和突出的成果。

3. 不违心，不造假

事实必须真实、可靠。先进典型材料的先进事迹是否真实，直接关系到先进典型的生命。

4. 不拔高，不夸大

在尊重客观事实的基础上，对调查得来的材料进行去粗取精、去伪存真、由此及彼、由表及里的加工。观点和提法要恰当。讲先进典型的事迹、经验一定要注意切不可讲那些脱离实际的过头语。

5. 不虚言，不拉长

文字要朴实、简明。语言文字的表达上，一定要善于选择那些实在、贴切的词语。

6. 不偏听，不轻信

对典型材料的人来说，要做到好话、坏话都要听；赞成的、反对的意见都要听；领导、群众的看法也都要听。

7. 要有完整的结构形式

完整的典型经验结构包括标题、正文、结尾三大部分。

为了使内容充实、更完整，还可以加上一些内容，但要想到各部分间、各层次间分量上的均衡，不能有的篇幅很大，有的篇幅很小。

8. 要深入调查，大量地掌握第一手情况

(1) 搞调查时要先拟好经验的主题，围绕主题，挖掘和寻找出材料。

(2) 典型经验材料，开展调查，应以有目的、有主题为好。这样，有利于开展调查，可以提高调查效率。

9. 要深入思考，定好主题

(1) 主题要集中鲜明，不能太大、太宽泛。

(2) 主题要符合要求，要站在时代的高度来提炼主题，提炼出的主题对当前要有指导作用。

主题要以实际工作为基础，必须是从实实在在的工作中提炼出来的，不能为了主题，脱离事实，搞假、大、空的东西。

10. 精心设计，布局谋篇

(1) 把大题目和各个部分的题目定出来，大题目要鲜明地表达主题。

(2) 全文紧紧围绕主题展开，不能使之游离。保证整篇材料有一个主题，从不同的侧面表现主题。

二、典型经验材料写作范例

▲机关党工委党建工作典型经验材料

【范例】

积极创新　努力做好新形势下机关党建工作

××州直机关工委

××××年××月××日

近年来，××州直机关工委紧紧围绕州党委提出的紧紧抓住“五大机遇”，努力建设“四大州”中心任务，积极探索新形势下机关党建工作的规律和特点，注意创新思想观念，从工作机制入手，以创建“四型机关”活动作为载体，大力推进机关党的建设，使机关党的工作取得新进展。

一、抓观念创新，进一步拓宽机关党建工作思路

从某种意义上讲，创新也是机关党建工作的灵魂。在工作理念上，我们把解放思想、更新观念作为开创机关党建工作新局面的首要前提。教育引导广大机关干部坚持理论学习，不断从书本和实践中汲取新知识，拓宽视野，把思想从那些不符合时代发展要求的旧观念、旧做法、旧体制束缚中解放出来，在州直机关大力倡导敢于突破前人，敢于突破常规，敢于大胆实验的创新理念和风气。近年来，我们不论制定并实施的创建“四型机关”活动，还是开展的机关作风万人评活动，都是工作理念创新的成果。在具体工作中，我们变被动为主动，把机关党建工作贴近州党委、州政府各个时期的中心工作，努力做到只要州党委有部署，工委就有行动，州党委有要求，工委就有落实，以作为求地位，树威信，促工作。由于我们思想观念不断创新，使州直机关党的工作比较好地发挥了服务和保证作用。

二、抓机制创新，建立机关党建工作新格局

近年来，我们主动适应新形势、新任务变化的要求，积极创新工作机制，靠科学的机制和制度最大限度地调动、释放机关工作活力。围绕加强党的执政能力建设，制定了《州直部门党组（党委）书记抓机关党建工作责任制实施意见》，并经州党委批转实施，从而确立了党组（委）书记不抓机关党建是失职，抓不好机关党建是不称职的责任意识，增强了党组（党委）书记对机关党建工作的认识和责任感，形成党组书记总体抓、分管领导具体抓、其他成员积极抓、机关党务干部着力抓的机关党建工作新局面。建立完善了领导干部工作联系点制度，明确规定工委领导班子成员每年深入基层调研的时间，完成调研报告等。健全机关党的工作激励机制，进一步强化《党建目标管理》措施，每年将机关党建工作任务分解为具体的数量、质量、时限和分值要求，使机关党的建设做到工作有目标、检查有内容、考核有尺度、奖惩有依据。我们坚持把机关党工作的成效，放在是否促进经济工作和业务工作的发展这个中心环节上来检验。特别是在党建目标检查考核评定方法上，我们改变了由工委直接评定，一锤定音的片面性，把70%考核评定权交给基层单位党员干部群众。不定期举办机关党建工作经验交流会或现场观摩会，及时培养、发现、总结、交流、推广机关党建工作的先进典型和亮点，不断提升了机关党建工作整体水平。

三、抓载体创新，增强机关党建工作生机和活力

创新载体是推进机关党建工作的有效途径。按照“工委搭台，基层唱戏”的原则，我们选好创建“四型机关”活动这个载体，将它与机关党的思想、组织、作风等各项建设有机结合起来，激发机关党组织的创新热情，为机关党建工作注入生机和活力。

1. 创建“学习型”机关，在加强学习教育上下工夫。一是抓制度。坚持中心组学习制度，完善了领导干部个人学习情况报告制度、自学读书笔记调阅制度、述学考学制度三项重要制度，以中心组学习带动一般党员干部学习，推动学习型机关建设。二是抓教育。结合保持共产党员先进性教育，组织开展以“十个一”为载体的党性实践活动，引导广大党员干部从本职工作做起，树立先进形象。三是抓培训。一方面州直机关各级基层党组织结合实际自行开展政治业务培训，另一方面，我们依托州党校建立州直机关工委党校，制订培训方案，抓好党务干部和科级以下党员干部轮训。四是抓典型。我们先后推出州统计局、州地税局、州工商局等学习型机关典型，伊犁公路总段的“细节管理模式”、友谊医院的党员示范岗、药监局的服务型机关、州喀什河管理处的“站村共建、站校共建”等典型做法和亮点，并通过组织经验交流和现场观摩会等形式进行广泛推广交流。五是抓服务。及时订购学习材料、辅导光盘，为各单位开展理论学习创造条

件。去年，我们下发各类学习辅导材料10000余册，广泛征集党组织活动设计方案，组织编印《党日活动设计方案》和《种子和土地》先进人物事迹丛书，下发到州直机关各单位，为他们学习借鉴好的工作经验提供帮助。制作了《开拓、求实、创新——州直机关党建工作巡礼》光盘，宣传机关党建工作典型经验。同时购置光盘复制机，购买、转刻各类电教光盘1500余盘，编印300册电化教育资料目录，为各单位开展电化教育提供服务。通过创建学习型机关，广大机关党员干部的综合素质和能力得到明显提高，机关整体工作效能得到明显增强，促进了各项工作的开展。

2. 创建“创新型”机关，在夯实党建基础工作上下工夫。一是配强配齐党务干部。近年来，在州党委组织部的大力支持下，州直22个机关党委全都配备了专职副书记和机关党务干部，其中一部分机关党委副书记解决了副县级待遇。二是实行党建目标管理体系。通过不断规范党建目标管理工作，补充完善考核内容，明确考核标准，使党建目标管理考核更加科学、实用、便于操作。我们建立了对部门党组（党委）书记实行机关党建工作第一责任人的考核机制，使考核工作质量有了新变化。三是以人为本，加强党员教育管理。我们结合先进性教育活动，对“三不党员”进行了专题调研，写出了专题报告，提出具体的整改措施。还采取联合办班、专题培训等办法加强党务干部的业务知识培训。去年，先后举办3期党务干部培训班，培训党务干部300多人。又与区直机关工委联合举办了一期党务干部培训班，培训党务干部40多人，并组织到延安、西柏坡、北京、山东等地进行实地考察，收到较好效果。

3. 创建“服务型”机关，在转变机关作风上下工夫。服务是机关最基本、最重要的职能。近年来，我们以建设服务型机关为目标，不断增强州直机关党员干部的服务意识、大局意识、责任意识，努力提高机关服务社会发展稳定的能力和水平。注重抓好机关效能，转变机关作风。州直机关各单位通过完善干部岗位责任制、服务承诺制、限时办结制等制度，聘请机关作风义务监督员，设立意见箱、举报电话、挂牌上岗、亮牌服务、州市行政审批中心一站式服务等一系列措施，提高办事效率。同时还组织有关部门对州直部分执法单位和窗口服务单位进行了作风评议，通过抓点带面的办法，促进机关作风的转变。在州党委开展的机关工作作风万人评活动中，我们主动贴上去，积极做好配合工作，对州直机关84个单位、2756份《评议表》及时发放和回收，并按要求进行了统计、汇总、上报，为全州开展机关评议提供了真实可靠的数据。我们通过建立和完善州直机关纪检组长（书记）工作例会会议制度、案件协查和案件代审制度，及时通报工作情况，交流工作经验，规范纪检业务工作，受到了州纪检委的充分肯定。近年来，州纪检委直接委托我们对州直机关各部门党组落实党风廉政建设责任制情况、纪检监察工作、纠风工作等进行了检查考核，最后以我委的考核结果为评价依据，下发考核通报。我们虽然感到很辛苦，但看到上级组织的信任，也感到非常欣慰。

4. 创建“竞争型”机关，在提升文明单位的质量上下工夫。近年来，我们进一步深化了创建文明机关等群众性的精神文明创建活动。通过先后召开了精神文明建设工作座谈会，举办精神文明建设联络员培训班，召开两年一次的精神文明建设工作总结表彰会等措施，有效推动了州直机关精神文明创建工作深入开展。目前，州直各单位争创文明单位的积极性日益高涨，都把创文明单位活动列入了党组、党委的重要工作日程，实现了“要我创”为“我要创”的根本性转变，营造了齐心协力抓创建，人人为创建作贡献的良好氛围。同时我们还通过组织举办民族团结教育、全民健身职工运动会、文化娱乐活动等，来吸引广大干部群众参与精神文明创建活动的热情。同时，规定凡在自治区同行业中未达到前列的，一律不能被评为党建目标管理达标单位或者先进基层党组织。由于我们高标准、严要求，目前，争先创优、争创一流的意识在州直单位已普遍形成。

5. 抓工委自身建设，在提高服务质量上下工夫。首先，我们对工委干部严格要求，通过建立健全制度，拓宽学习渠道，来提高干部的思想素质和工作能力，教育大家爱岗敬业，干一行，爱一行。在日常工作中，要求每位同志都要做到脑勤、腿勤、嘴勤、手勤，一个人顶一个，甚至一个人顶两个人用，要有无私奉献、吃苦耐劳、勇于探索的精神。对工委的领导干部，我们要求率先垂范，作出榜样，用自己的实际行动去教育引导别人。其次，我们注意工委内部的工作作风。要求工委的同志要牢固地树立为基层单位服务的工作意识。无论是领导还是一般干部，都要采取平易近人、热情相待的态度，以情感人，换取各单位和党员同志的信任和好评。第三，我们重视主动争取自治区机关工委的业务指导，所有的文件、简报都及时上报，遇有重大工作或活动，主动向区工委领导请示和汇报，争取最大限度地支持。同时我们在保持同区内兄弟地州市的密切联系之外，注意加强与内地机关工委的联系和交流，连续成功举办了两届全国部分省、市、自治区机关党建工作理论研讨会。通过研讨会，我们分别与江苏省南通市、连云港市、盐城市、徐州市、陕西省咸阳市和青海省海东地区6家机关工委签订了友好工委协议书，建立了友好协作关系，为我们今后广泛地开展交流合作奠定了基础。

回顾近年来的工作，我们有几点体会：

一是围绕州党委、州政府的中心工作，服从、服务于经济建设和社会发展大局，机关党的建设才能大有作为。

二是结合实际，调动和发挥党员干部职工的积极性、创造性，机关党的建设才能充满活力。

三是树立开拓创新、求真务实的意识，机关党的建设才能不断发展。

四是树立有为才有位的意识，机关党的工作才能得到重视。在当前市场经济条件下，机关党建是否受到重视，是否有地位，关键在于我们党务干部的自身努力。如果我们党务干部有畏难情绪，缺乏开拓进取精神，不讲作为，只求地位，久而久之也就失去自己的形象和威信。机关工委的地位与其作为成正比例关系，其愈有作为，才愈赢得别人的信任和尊重，其地位才愈能得到巩固和提高。

▲加强党的先进性建设典型经验材料

【范例】

以党的先进性建设促进构建和谐××

构建和谐社会是我国社会发展的重要目标和必然要求，是人民群众的共同愿望。胡锦涛同志指出："实现和谐社会，建设美好社会，始终是人类孜孜以求的一个社会理想，也是包括中国共产党在内的马克思主义政党不懈追求的一个社会理想。"构建和谐社会是巩固党的执政基础，实现党的历史任务，保持党的先进性的必然要求。要建设和谐社会就必须加强党的先进性建设，只有加强党的先进性建设，才能实现建设和谐社会的目标。正在全党开展的先进性教育活动，是一项固本强基的伟大工程，是党的建设史上的一个创举。通过先进性教育，进一步加强党的先进性建设，巩固党的执政基础，为加快构建和谐社会提供了坚强的政治保障。××县辖10镇8乡、416个行政村、13个社区居委会、全县总人口47.8万人，其中，农业人口占91.4%，少数民族人口占23%，属典型的农业县份，是一个经济欠发达地区，构建和谐××将是一项长期的历史任务，任重道远。

一、适应社会主义新农村建设的新要求，把先进性落实到加快发展上，推进县域经济的快速崛起发展是第一要务，是构建和谐社会的基础，是党的先进性的最终体现。因此，县委把加快发展作为开展先进性教育活动的第一要务来抓，一是以调整农业结构为主线，着力增加农民收入。种植业结构进一步优化，油料、马铃薯、蚕豆、蔬菜、种药材、花卉等效益较好的特色农作物种植面积达70万亩，“千元田”面积达10万亩，建成日光节能温室6501栋；农业产业化项目企业发展到57家，农副产品加工企业和个体作坊发展到4000家。畜牧业增加值占农业增加值的比重达50%，农民收入不断得到增加。二是以招商引资为抓手，全力推进工业化进程。以甘河工业园区建设为重点，实施电解锌、碳素、金属铟等工业招商项目10项，年内完成投资2.03亿元，目前，工业区入驻企业达23家，实现税收8420万元，成为全省建设速度最快、效果明显、发展潜力最大的工业区。三是以扶优扶强为举措，大力发展民营经济。对市场前景好、发展潜力大的企业实行重点帮扶，优化服务，制定优惠政策，为企业提供全方位的服务，帮助企业解决融资难题，促其做强做大。全县私营企业和个体工商户分别达860户、10000余户，其中年内新增企业43户、个体工商户845户，成为县域经济发展最具活力的增长点。四是以塔尔寺旅游景点为依托，做旺生态旅游业。充分发挥塔尔寺旅游景区这张王牌，投资220万元建成了莲花山旅游风景区。全县已建成开放了10多个景点区，形成了以“一山”、“一寺”、“一泉”、“一林”为主的集生态农业和休闲娱乐为一体的生态休闲度假旅游风景名胜区，旅游业逐步成为我县第三产业中的新兴支柱产业。

“十一五”时期是全县经济社会发展的重要战略机遇期，要坚持用科学的发展观指导全局，按照农业稳县、工业强县、生态秀县、旅游活县的基本发展思路，采取有效措施，狠抓工作落实，加快发展步伐，推进建设小康社会进程，重点实施好“三大战略”，即项目带动战略，特色经济发展战略，域效经济发展战略。进一步调整优化农业结构，大力培育优势产业，重点发展设施农业和“千元田”建设，使特色高效农作物种植比例稳定保持在70%以上。发展壮大川浅地区生猪养殖，城郊地区奶牛养殖，脑山地区牛羊养殖和贩运育肥基地，实现区域化布局、规模化发展。积极推进农业产业化经营，提高农业的产业化经营和集约化水平。发展壮大工业经济，完善基础设施，加大招商引资力度，努力培育冶金、化工、建材、新材料四大产业，基本形成基础建设完善、服务功能齐全、有较强吸引能力和扩散效应的新型工业区。进一步加大旅游资源开发力度，以旅游业的发展帮助第三产业的快速发展，不断夯实构建和谐社会中的物质基础。

二、坚持以人为本，把先进性落实到执政为民上，竭力为群众办实事，密切党同人民群众的联系

科学发展观的核心理念是坚持“以人为本”，实践“三个代表”重要思想，保持党的先进性，核心就是要坚持立党为公、执政为民，全心全意为人民服务。先进性教育活动搞得好不好，群众最清楚，也最有发言权。在先进性教育活动中，我们坚持“以人为本”，以群众满意为最高标准，使先进性教育成为群众“满意工程”，让群众得到具体实惠。一是着力实施“为民办实事工程”。县委、县政府确定18件为民办实事项目，投资达1.2亿元；各乡镇确定180件为民办实事项目，总投资达2.7亿元，目前，90%已全部落实，初步解决了群众行路难、上学难、吃水难、看病难、通信难的问题，得到了群众的称赞。二是全面实施“阳光工程”。全县举办以地毯编织、装饰、装潢、电焊、烹饪等为主的农村劳动力转移“阳光工程”技能培训班66期，培训5000人。全县共输出农业劳动力13.36万人次，其中向广东、福建、新疆、西藏等省外输出劳务1.3万人次。全县劳务性收入达到2.6亿元，劳务输出人员人均劳务性收入达1895元，初步形成了建筑、藏毯加工、藏百货经营、铜银器加工、交通运输、餐饮服务“六大”劳务品牌。三是全面实施“整村推进工程”。坚持“开发式扶贫”，实施扶贫开发整村推进一、二期项目，投入扶贫资金3828万元，项目覆盖全县14个乡镇36个村7338户贫困家庭，改善了农村基础条件，

加快了新农村建设步伐。四是积极实施“结对帮扶工程”。市、县246个机关党支部与贫困村结成对子，开展“手拉手结对帮扶”活动，在先进性教育活动中开展“结对帮扶月”活动，新修党员活动46个，配齐电教设备56套，提供致富信息450条，解决农药、化肥、面粉等农村急需的帮扶物资，折合资金150万元；建立党员联系户600余户。

为了使群众长期得实惠，必须正确处理好当前利益和长远利益，局部利益和整体利益，经济利益和政治利益、文化利益等重大关系，着力从体制、机制上解决问题，做到什么问题突出就解决什么问题，全面推进新型农村合作医疗、扩大企业、医疗保险覆盖面，解决好城镇居民最低生活保障、失地农民的生活保障、拖欠农民工工资等问题，建立对贫困户在住房、就学、就医等方面的救助体系。认真实施扶贫开发整村推进项目，尽快解决17.8万贫困人口温饱问题，从构建和谐社会入手，全面打造“安定稳定、环境优美、服务完善、文明祥和、管理有序”的新型农村。进一步建立健全为民办实事、办好事的长效机制，切实解决群众关心的热点、难点问题。要建立一套科学的工作机制，激励各级党组织和党员、干部干事创业，督促各项工作的落实。建立和完善责任体系，强化基层组织的社会管理和为民服务职能，促进党员干部转变作风，深入基层、深入群众解决实际问题。形成激励约束机制，把就业、环保、信访、稳定等工作作为考核领导干部的重要内容，引导广大干部自觉树立科学的发展观和正确的政绩观，为从机制上维护好、实现好、发展好人民群众的根本利益提供可靠保证。

三、筑牢战斗堡垒，把党的先进性落实到固本强基上，大力加强基层组织和干部队伍建设，增强党组织的凝聚力和战斗力

党的基层组织是党的全部工作和战斗力的基础。党员保持先进性固然需要党员的自我教育、自我改进、自我提高，同时，也需要党的基层组织对党员进行经常性的、有组织的、严格的教育管理和约束。对此，我们坚持以党的建设统揽工作全局，着力提高各级党组织的创造力、凝聚力和战斗力。一是着力实施“双学三培双带”工程。围绕先进性这一主题，在全县开展了以党员带头学理论、学科技，把党员培养成致富能手、把农村致富能手培养成党员，把党员中致富能手培养成村干部，党员带头致富、带领群众致富为主要内容的“双学三培双带”工程，进一步夯实农村基层党组织的基础，增强党员干部的双带意识。二是着力实施“干部素质”工程。把教育培训作为加强执政能力建设的关键环节来抓，创新干部教育培训方式，大力开展读书调研，县科级领导下乡授课、领导干部读书征文等活动。同时实施大规模培训干部战略，在苏州农干院、山东潍坊党校等地方建立干部外培基地，年内组织360余名各级党员干部到基地培训，进一步解放思想，转变观念，提高素质，提升执政能力。三是着力实施“人才强县战略”。牢固树立“人才是第一资源”的意识，创新人才工作机制，建立了党政领导干部人才库、专业技术人才、乡土人才库，全县人才库人才达4000多人。同时，制定出台了《关于大力加强人才工作的意见》，制定了培养人才、吸引人才、使用人才方面的一系列的优惠政策，充分调动各类人才的积极性，为经济发展提供人才保证。

确保基层组织更好地发挥战斗堡垒作用，核心是加强各级领导班子建设。要把坚持和实践“三个代表”重要思想作为选拔使用干部的最主要、最根本的要求，配齐配强领导班子，选准选好带头人。要努力增强领导班子把方向、谋全局、抓大事的能力，提高科学执政、民主执政、依法执政的水平，使各级领导班子成为坚决贯彻党的基本理论和基本路线、全心全意为人民服务、具有领导现代化建设能力、团结坚强的领导集体。要树立和落实科学的发展观和正确的政绩观，努力创新干部考核和选拔任用机制，进一步完善政绩考评指标体系，强化考核结果的运用，真正形成以发展看优劣、以政绩定升迁的用人导向。

确保基层组织更好地发挥战斗堡垒作用，根本是建立保持先进性的长效机制。要建立激发党

员奋发向上的激励机制，充分激活广大党员发挥先锋模范作用的内在动力，使每一名党员创业有机会、干事有舞台、发展有空间。要构建党员先进性评价机制，积极探索党员考核评价的经常化、规范化和科学化，要强化让群众知情、参与和监督的评判机制，把群众拥护、群众满意、群众认可作为衡量党员教育管理工作实效的重要标准。要完善党员队伍的退出机制，进一步加强党员教育管理工作，为保持党的先进性和纯洁性奠定可靠的制度基础。

四、加强党的作风，把先进性落实到转变作风上，着力优化经济发展环境，搭建加快发展的优良平台

贯彻党的路线方针政策必须有好的作风，完成伟大的历史使命必须有好的作风，保持党同人民群众的血肉联系必须有好的作风。干部作风好坏、发展环境优劣是是否具有先进性的最直接的体现，是能否实现快速崛起、构建和谐社会的前提条件。因此，我们把转变干部作风，优化发展环境作为保持党员先进性的切入点和突破口来抓，着力解决一些党员干部作风上存在的突出问题，着力打造一流的发展环境，为实现快速崛起、构建和谐××营造良好氛围，搭设优良平台。一是完善行政服务机制，严守承诺。在先进性教育活动中，全县各单位各部门积极推行了首问责任制、服务承诺和一站式服务制，简化了办事程序，提高办事效率。二是坚持和完善了领导干部联系点制度，全县32名县级党员领导干部和426名科级领导干部与乡村建立了联系点，帮助解决基层实际困难，得到群众的好评。三是建立了党员干部记民情日记制度，县委组织部统一印发了《民情日记本》，规定了记民情日记的六项重点内容和基本要求，通过记民情日记，知民意、察民心，真正体现党的全心全意为人民服务的根本宗旨，在全县干部中形成“常怀为民之心、常思为民之策、常兴为民之举”的良好风尚。

要确保干部作风明显转变，要必须坚持和完善联系群众的长效机制。一是要建立经常征求群众意见制度。按照有利于群众反映真实情况、有利于解决突出问题、有利于改善干群关系的要求，将“开门”问意见与“登门”求意见结合起来，不断拓宽征求意见的渠道。二是要建立完善领导干部联系点制度，使联系点成为了解民情、关注民生的有效途径，努力把联系点建成示范点，真正发挥以点带面的示范效应。三是要建立健全对群众意见建议进行梳理、整改和反馈的责任落实制度，使解决群众反映强烈的突出问题规范化、经常化。四是要建立健全以群众满意度为基本依据的群众评价制度，真正做到“让群众知情、受群众监督、请群众评价”。五是要健全完善“三会一课”制度、民主生活会、党员诫勉谈话等制度，督促党员干部带头参加组织生活，自觉接受党内外群众监督。

五、坚定理想信念，把先进性落实到提高党员素质上，确保党员受教育

党员的先进性是党的先进性的基石，而坚定正确的理想信念是党员永葆先进性的力量源泉。以先进性教育活动为契机，按照胡锦涛同志提出的党员先进性六条基本要求，以坚定理想信念为重点，我们坚持把学习贯穿整个活动的始终，教育和引导广大党员真信、真懂、真用“三个代表”重要思想；坚持把理论学习同实践紧密结合起来，深入开展“提高执政能力，加快发展步伐”主题实践活动，增强党员干部的本领，体现党员先进性的时代精神、时代特征和时代风采；坚持在解放思想中统一思想，把坚定理想信念化为推动振兴××的信心、实现振兴××的决心、投身振兴××的行动。

确保党员经常受教育，要坚持和完善党员学习制度，要使每个党员“思想政治觉悟高于群众，业务操作技能高于群众，工作业绩高于群众”，就必须建立健全学习机制。一方面，应坚持和完善已有的学习制度，建立和落实党员领导干部的学习考核和激励机制；另一方面，不断创新体制、机制和方式，在党内营造全员学习、终身学习、自主学习、善于学习的良好环境，使各级党组织成为学习型组织。通过建立健全学习机制，使广大党员形成学习、思考、工作和提高的良

好气氛，在思想、政治、工作和作风等方面都始终保持先进性，从而推动各项工作迈上新台阶。

确保党员经常受教育，要充分发挥典型示范作用。“榜样的力量是无穷的”。一个先进党员就是一面旗帜，一个先进典型就是一个标杆。党的先进性不仅体现在党的路线方针政策的正确，而且体现在党员的实际行动中。我们在开展向先进人物学习活动的基础上，结合实际，坚持用身边事教育身边人，组织开展选树身边“典型标杆”活动，把先进性要求形象化、具体化，营造出一种比先进、学先进、赶先进、争先进的浓厚氛围。

确保党员经常受教育，要着力加强岗位实践。立足本职岗位，创造一流业绩，是党员先进性的重要体现。加强岗位实践，关键是要引导党员带头弘扬艰苦创业精神，带头提高业务技能，带头遵守职业道德，做到平常时看得出，关键时站得出，危难时豁得出。从实际出发，我们坚持开展好“我是共产党员”活动，努力激发广大党员投身振兴、服务振兴、奉献振兴的热情；坚持在岗位上真正“亮出”党员的身份，进一步激发广大党员的荣誉感和责任感，自觉接受广大群众的监督和评判；坚持树立“一种身份，多种舞台”的党员角色意识，努力把先进性教育活动中的认识成果转化为自觉践行“三个代表”重要思想的内在动力，转化为严格要求自己、时刻激励自己的实际行动。

▲促进和谐社区建设典型经验材料

【范例】

松南社区党委以先进性教育促进和谐社区建设典型经验材料

皇姑区辽河街道松南社区党委下设5个党支部，党员170名。自先进性教育活动开展以来，社区党委紧密结合社区实际，精心组织，统筹安排，以办群众满意工程为目标，实施“三大工程”，进一步增强了广大党员服务社区、服务群众的积极性，以先进性教育活动促进和谐社区的全面创建。

一、以组织建设为核心，实施“覆盖工程”，夯实教育活动基础

在先进性教育活动中，社区党委根据党建工作面临的新形势新任务，把组织建设作为先进性教育活动的基础，实施“覆盖工程”，以扩大党员参与教育活动的覆盖面，增强教育活动的实效。

一是完善“双找”体系，形成人员覆盖。社区通过换届选举，产生了新一届党委，将原有的3个党支部扩增为5个，使社区党员参加教育活动更加合理有序。并通过“一站二访三送四查五找”综合措施，即：建立流动党员服务站；上门家访和到单位访；送材料、送岗位、送温暖；查户籍底卡，查失业人口登记、查计划生育手续、查原工作单位；进行单位找、同事找、亲属找、朋友找、邻居找，将失去联系的15名党员全部找到，保证了教育活动的人员覆盖。

二是实施分类指导，形成学习覆盖。社区党委针对社区离退休党员、流动党员、下岗党员多的特点，采取“业余、分散、多样”的方式，开展“四学”活动，即：对能够正常参加活动的党员进行“集中讲学”；对老弱病残党员进行“结对帮学”；对流动党员进行“预约送学”；对下岗党员进行“温暖助学”。目前，已有32名党员与老弱病残党员建立了帮学对子，57名流动党员通过热线电话与社区党委预约学习，为31名下岗党员提供就业岗位25个，使他们消除了顾虑，提高参加学习的积极性。

三是建立长效机制，形成制度覆盖。社区党委重新完善和健全了社区党员学习培训机制、党内组织生活机制、扩大党内民主和监督制约机制、党员联系和服务基层群众机制以及党内激励机

制，为社区党建工作实现规范化、制度化奠定了组织基础，形成了“强核心、全覆盖、促文明、为群众”的社区党建工作领导体制和运行机制。

二、以服务群众为目标，实施“利民工程”，搭建展示党员先进性平台

社区党委紧紧围绕“为民服务”这一目标，想居民之所想，急居民之所急，尽心竭力地为社区居民办实事、做好事、解难事，并引导不同类型、不同层次党员亮明身份、作出表率、树立形象，用行动叫响“我是共产党员”。

一是扶贫帮困，关注群众急需问题。松南社区有下岗失业人员510人，社区对下岗职工逐一建立档案卡，发现一个帮扶一个，帮扶一个就业一个。并积极构建无围墙工厂，成立再就业手工编织培训站，让下岗失业女工通过培训，掌握一技之长，重新上岗。目前，社区开发就业岗位250个，收集并发布用工信息236条，安置下岗失业人员300人次。此外，为及时解决居民群众在生活中遇到的困难，社区党委开展了扶贫帮困结对子活动，定期深入贫困家庭服务和慰问，帮助解决生活中的实际问题，让弱势群体感受到组织上的关心和帮助。做到政策送到家，岗位送到人，服务送上门。

二是为民服务，方便群众日常生活。为了给群众提供优质服务和生活便利，社区党委完善便民服务设施，开辟了15个社区服务网点，成立了“叫响我是共产党员”社区志愿者服务队，由395位来自社区、企业、机关的党员和来自高校的大学生组成，服务项目涉及职业介绍、医疗保健、美容美发、修车打气、家电维修等20多个种类，服务社区居民2323人次，使居民群众小病不出社区、家庭服务依靠社区、有难事离不开社区。

三是走进社区，共同建设美好家园。社区党委积极引导社区党员走出家门，走进社区，投入到服务群众建设社区中来。由于小区路面不平、没有照明设施和小区警卫室，给人们的出行和安全带来诸多不便。社区党委在多方筹措物资的基础上，广泛发动社区党员进行环境改造，参与社区文化广场的建设，党员们拔草、铺砖、修路，目前，小区面貌焕然一新，彩砖路、沥青路、照明灯、警卫室、文化广场及各种健身器材呈现在居民面前。百姓称赞社区党委“说一句，算一句，句句算数；干一件，成一件，件件落实”。

四是化解纠纷，帮助群众排忧解难。社区党委把为群众排忧解难与思想疏导紧密结合起来，在办公环境紧张的情况下，建起了一个用于交流畅谈的“连心室”，向群众公开了热线电话，发放1500张“连心卡”，自6月份成立至今，社区干部党员接待居民近百人次，成功调解家庭矛盾、邻里纠纷等30余起，被居民称为“百姓的心理按摩师”，许多居民心中的郁闷和压力通过“连心室”得到了缓解，从而进一步密切了党群关系。

三、以文化活动为载体，实施“特色工程”，打造和谐精品社区

社区党委针对城市化进程中人们价值观念变化的特点，注重在培育具有现代素质的社区居民上下工夫，按照“贴近实际、贴近生活、贴近群众”的要求，广泛组织文体活动，在社区形成有自己特点的文化队伍并开展了“构建和谐松南”系列文化活动。

一是进行爱国主义教育，提升和谐精神。社区党委在社区中开展“国旗在我心中，叫响我是共产党员”升旗仪式，对街道干部和群众进行爱国主义教育和党的先进性教育，增强广大干部群众的责任感和使命感；举行英模报告会，请老红军江冰为党员干部讲述英雄事迹，号召社区全体党员向身边的党员楷模学习；举办“永远的丰碑”大型图文展，展出图片80余张，参观人数达3万余人次。

二是开展爱心奉献活动，构建和谐风气。社区党委在党员中开展了“捐献一元钱”活动、“爱心永恒·儿童旧物玩具义卖活动”、“关爱健康·名医进社区活动”以及“法律援助·倾情奉献活动”等，先后筹措资金1200元，帮助社区贫困党员和贫困学生，在全社区营造了党员带头

奉献爱心构建和谐的良好风气。

三是举办广场文艺活动，丰富和谐文化。社区党委组织以“保持共产党员先进性，展时代风采”主题文艺晚会，热情歌颂党的丰功伟绩，歌颂祖国取得的巨大成就。同时，联系有关部门开展“红色经典影片进社区活动”，丰富社区居民文化生活。

四是开展老年大学活动，营造和谐氛围。社区党委针对社区老年人较多的特点，与区科协联系成立了沈阳科普大学松南分校。从学习单词到简单英语对话，从营养保健到心理健康形成了科教兴社区，人人爱学习的良好氛围，促进了文化教育全面发展，提高了广大居民的文化素质。

▲党支部建设典型经验材料

【范例】

北小区党支部建设先进事迹典型材料

基层党组织名称：北小区党支部

党员人数：16

基层党组织主要负责人：李秋来

主要事迹

北小区支部多年来围绕院中心工作，服从服务于院的大局，始终把自身建设同实际工作紧密结合在一起，讲大局、讲稳定、讲团结。为确保小区各项工作的顺利完成，重点抓好以下几项工作。

1. 加强班子建设，充分发挥支部的战斗堡垒作用和领导干部的带头作用

北小区支部严格按民主集中制原则加强班子建设。为了加强团结和协调，支部制定了领导干部之间不推诿、不扯皮、不埋怨，要互相补台、互相提醒、主动配合的办事原则。支部建立了支委每季一次的集中学习制度，按照严于律已，率先垂范的要求，重点抓好领导干部的学习。在深入学习“三个代表”重要思想和党的十六大，十六届三中、四中全会精神过程中，支委一班人带头学习，每名支委都写了心得体会，并在支部全体党员大会上带头发言进行交流。在保持共产党员先进性教育活动中，领导干部（支委）带头广泛开展谈心活动，征求意见。带头深刻剖析自己，认真开展批评和自我批评，认真制定整改措施。

几年来，北小区领导干部不论在学习上还是工作中，都很好地起到了带头作用。如支部副书记、区长王伟同志在南小区工作六年多，情况很熟悉，工作开展得也很好，但当他接到调动通知时，二话不说服从大局需要。到北小区后大胆管理，严格把关，加强建立和完善制度的工作，同时积极开拓服务工作，使北小区的各项工作迈上了新的台阶。

支部在工作中，能很好地贯彻民主集中制原则，较好地发挥了监督保障作用。在诸如职工工作岗位的安置、调级、对党员的教育和管理等工作中，支委一班人充分发表意见，集中大家的智慧，积极稳妥地办理。自北小区成立以来，每年都有院其他部门、单位的同志转岗到北小区工作。仅××××年一次就转来8位同志。面对这个问题，支部一班人从确保稳定，保障和促进改革发展的大局出发，一方面开展积极的思想政治工作，教育北小区干部职工识大体顾大局，热情欢迎“新”同志；一方面根据新来同志的个人意见，结合北小区各岗位的实际情况作妥善安排。转岗到北小区的同志深有感触地说：“刚开始转到北小区工作，还有很多的顾虑和想法，工作一段时间后，感觉北小区就像一个温暖的大家庭，工作起来心情舒畅，同志间感情很融洽。”

2. 加强作风建设，充分发挥党员先锋模范作用

支部对作风建设一贯高度重视。围绕后勤服务的工作特点，支部建立了反腐倡廉的学习教育制度。每年都要进行专题学习。为了打造一支立足本职爱岗敬业、服务好、业务精的职工队伍，支部着重加强对党员进行牢固树立服务意识，继承和发扬党的优良传统和作风，按照“三个代表”的要求，全心全意做好后勤工作的教育。几年来支部利用党日活动先后组织党员参观《延安精神展》、李大钊纪念馆、平津战役纪念馆；观看先进人物事迹教育片。党的十六大以来，为加强党员学习实践“三个代表”重要思想的自觉性，学习贯彻十六大、十六届三中、四中全会精神，支部自出试卷对全体党员进行开卷测试，以此来使大家加深印象。在先进性教育活动中，广大党员严格按支部要求自觉学习，有的同志身体不舒服，带病坚持参加集中学习，有的同志在倒班工作，下班后放弃休息参加支部活动，确保不发生缺课现象。小区广大党员转变观念，在本职岗位上较好地发挥了先锋模范作用。如运行维修科科长任雨同志，长期工作在维修服务的平凡岗位上，从未休息过一个完整的节日，经常加班加点，从未要过加班费。不论分内分外，只要群众需要，他都会积极帮助解决。

3. “两不误”、“两促进” 立足服务群众，促进各项工作

在保持共产党员先进性教育活动中，北小区党支部多次开会认真分析自身状况，严格按院实施方案的要求，开展教育活动。支部从一开始就结合小区的工作特点，周密计划，力求做到“两个确保”。即确保学习教育活动时间不能少，内容不能少，党员不缺课，经过学习教育要使全体党员进一步加深对“三个代表”重要思想的理解并自觉实践；进一步坚定共产主义远大理想和社会主义信念；明确新时期共产党员先进性的具体要求，党员意识和党性修养得到进一步加强。确保小区各项工作不能受到影响，还要得到进一步的促进，以使先进性教育活动收到实效。

按照边学边改、边议边改、边整边改的要求，支部认真研究梳理自己查摆的问题和通过召开座谈会、广泛开展谈心活动征集到的意见、建议，按轻重缓急和难易程度进行分类，逐项进行扎实整改。

针对职工群众提出的有关环境、服务、基建等方面的意见，小区重点抓了以下几个方面的工作：

①开通服务热线，调整各岗位值班职责，以保证24小时为职工家属提供方便、快捷的服务。②结合创建区级精神文明社区工作，加大治理环境的力度，目前已将有线电视电缆入地工程完成，其他架空飞线陆续治理。③加强院内交通工作的管理，增设交通标志，安排专人进行巡视。④经小区和有关部门共同努力，2#塔楼工程正式开工，小区将为确保工程的质量和进度而继续努力。⑤加装宿舍楼信报箱，小区将为职工家属送信、报上门。⑥针对胶印室工作环境有毒污染的问题，小区为车间加装了隔离门。⑦为解决买菜难的问题，小区正积极进行筹建。

为进一步加强班子建设和建立保持共产党员先进性长效机制，支部决定从制度建设入手，研究制定和完善学习教育制度和办公会议制度。

北小区党支部在学习、教育和管理上，配合行政领导保障小区的稳定、促进各项工作上充分发挥了战斗堡垒作用，得到了广大党员和群众的认可。

▲廉政文化建设典型经验材料

【范例】

××县廉政文化建设典型经验材料

近年来，县以构建“廉政”为目标，立足实际，以人为本，有的放矢地加强廉政文化建设，

有效发挥了廉政文化在反腐倡廉中的基础性作用。

一、在内容上，以人为本，不断提高党员干部的思想政治素质。在反腐倡廉教育的内容设计上，注重以人为本，贴近实际、贴近生活、贴近群众，夯实廉政文化建设的基础。一是把坚定理想信念、增强宗旨观念作为廉政文化建设的核心内容。按照立党为公、执政为民的要求，在全县广泛开展了“廉洁奉公、执政为民”等主题教育，引导广大党员干部牢固树立正确的人生观、权力观和名利观，进一步增强了党员干部“权为民所用、利为民所谋、情为民所系”的自觉性。二是把提高党员干部的思想道德观念作为廉政文化建设的重点内容。适时领导干部进行反腐败形势教育、党性党风党纪条规教育、正面典型示范教育和反面案例警示教育，引导党员干部加强文化修养，提高了党员干部廉洁自律意识。三是把提高党员干部的廉政文化素养作为廉政文化建设的基础内容。通过开展读书思廉活动、廉政文化座谈会、反腐倡廉形势报告会等形式，用科学的理论武装人、用文化的力量培育人，有效提高了党员干部的廉政文化素养。

二、在形式上，创新载体，增强廉政文化的感染力和渗透力。在实践中，利用传媒等载体，把廉政文化的内容进行多样化渗透，营造春风化雨式、充满人情味的廉政文化氛围，使人在潜移默化中接受教育，得到启迪。一是开展廉政文化活动。充分运用廉政文艺演出、征集廉政歌曲、专题知识竞答等群众易于参加、易于接受的形式，开展丰富多彩的廉政文化活动，吸引广大人民群众踊跃参与，使干部群众在轻松的气氛中受到廉政文化的熏陶。二是建立廉政文化园地。充分利用城区宣传橱窗园地，定期开设廉政文化宣传专栏，通过警句格言、古今廉史、廉政漫画等内容进行宣传教育，从整体上增强了干部群众的反腐倡廉意识。三是搭建廉政文化平台。利用县内主要新闻媒体，精心组织廉政文化作品创作，赋予廉政文化新的时代内涵，在全社会引起广泛关注，使廉政文化深入人心，推进了廉政文化在社会上的传播。

三、在方法上，拓展领域，扩大廉政文化辐射面。坚持重点突出，重心下移，不断扩大廉政文化建设的覆盖面。结合县情，主要开展了廉政文化进机关、进企业、进农村活动。一是廉政文化进机关。把廉政文化与创建文明机关、人文机关等工作紧密结合起来，在机关单位设置廉政宣传栏，将廉政文化融入到机关文化建设中，让廉政教育更具人性化和亲和力。二是廉政文化进企业。每年有计划地将党风廉政方面的宣教片、图书及杂志报刊送到企业；在企业报刊、企业网站中开辟廉政专栏，引导职工开展职业道德大讨论，增强了职工的社会公德意识，把职工的社会责任感转化为企业发展的动力；把有关廉政方面的规定，纳入到企业规章制度中，倡导诚信经营、合法经营，为企业发展创造了良好的环境。三是廉政文化进农村。坚持把廉政文化作为加强基层农村党风廉政建设的一个重要抓手，利用镇文化站的表演班底，举办廉政文艺会演，以群众喜闻乐见的方式宣传廉政建设，弘扬正气。

廉政文化建设重在探索、贵在实践、旨在提高。今后，县将坚持从实际出发，不断把廉政文化建设引向深入。一是拓展廉政文化的宣传阵地。充分利用大众媒体覆盖面广、群众关注程度高的特点，加大廉政文化的宣传力度，推进党风廉政建设和反腐败斗争。以专题报道等形式，加强党风廉政建设进展、成效、经验和先进典型的报道，在报刊、电视台、电台开设栏目，讨论党风廉政建设和反腐败斗争中的热点、难点问题，增强反腐倡廉宣传的声势和效果；定期在电视台主要频道播出反腐题材的专题片，充分展示党和政府惩治腐败的决心以及党员干部积极向上的精神风尚。二是整合廉政文化的社会资源。鼓励各个艺术门类的文艺工作者创作廉政题材作品，繁荣廉政文艺创作；充分利用剧院、图书馆、广场舞台等文化设施，通过举办展览、举行讲座、放映影视作品、提供图书资料等形式，提高廉政文化活动的开放度和群众参与度；以宣传牌为载体，在县城主要街道规划建设“廉政文化宣传街”，打造廉政文化景观，弘扬廉政文化。三是加快廉政文化的“六进”步伐。加快廉政文化进机关、进社区、进校园、进家庭、进企业、进农村的步伐，紧密结合加强党风廉政建设的具体要求，从对党员干部的理想信念教育、对公职人员的职业道德教育、对公民的社会公德、家庭美德和未成年人的思想道德教育入手，以巡回演出、廉政报告会、演讲、辩论、征文、宣传窗、书画展、广场文艺表演、公益广告、开设廉政教育课程等丰富多彩的形式，进一步扩大教育对象和覆盖面，增强廉政文化的亲和力、渗透力和感染力，使清廉之风吹进社会的每个角落，使廉政文化渗透到日常生活的各个方面，使廉洁的观念更加深入人心，在全社会形成人人崇廉的人气环境和抓廉政文化建设的合力，确保廉政文化建设不断取得新成效。

▲行风建设工作典型经验材料

【范例】

××县税务局行风建设工作经验材料

"这是战场，没有硝烟，这是征程，任重道远，头顶上的国徽金光闪闪，我们是中国的税务官。"每当听到这首《税务之歌》，每一位国税干部都会为自己是国税一员而骄傲，因为自己深深地被这支充满战斗力、众志成城的队伍所付出的努力而感到回肠荡气，特别是被我们国税局在行风建设工作中，所铸就的连续取得行风三连冠的辉煌感到无比振奋。

这支有着72名干部职工，管辖着250余户企业和1200多个个体工商业户的国税队伍，在县委、县政府和市国税局的正确领导下，以提高执法服务水平为根本，以加大窗口建设为重点，以承诺、践诺强化服务为目标，深入开展丰富多彩的行风建设活动，连续三年取得行风第一名，走在了全县的前列。

朋友们，先听听我们国税局通过开展行风建设所取得的成果吧！税收任务连续多年超额完成，征管质量显著提高，坚持依法治税的多了，漏征漏管的少了，全局未出现新的欠税和虚收，并且消化往年虚收万元。税务登记率，纳税申报率和征收入库率明显提高。广大税务干部的法制观念和责任意识不断增强，干部思想从"要我严格执法"转变到"我要严格执法"。精神面貌焕然一新；比待遇、争好处的少了，踏踏实实工作，比贡献的人多了；态度蛮横，推诿扯皮的少了，文明执法，诚信服务的多了，社会各界对国税工作的满意率达到98%以上，国税干部在纳税人当中树立了可亲、可爱、可信、可敬的良好形象。

如果你要问，国税局为何能取得如此骄人的业绩？我可以告诉你，我们的辉煌源于领导，我们的辉煌源于服务，我们的辉煌源于执法。

"火车跑得快，全凭车头带。"只有一流的班子，才能带出一流的队伍，国税局党组一班人以事业为第一追求，逢一必夺，逢旗必争。面对激烈的竞争，以党组书记、局长为首的党组一班人，齐心协力，迎难而上。他们为人师表，率先垂范，自己既是行风建设的组织者，更是倡导新风的实践者。党组成员说：从我做起，向我看齐。基层领导说：跟我上，照我做。普通干部说：一定跟上队，决不拉后腿。使国税干部个个都成了行风建设的"形象"。在全系统形成了班子成员齐抓共管，主管领导具体督办，业务科室分兵把口，基层单位积极落实的良好格局，为行风建设打下了坚实的基础。

为了祖国的繁荣，为了人民的幸福，我们无怨无悔的税官们不畏艰苦，工作在税收战线的最前沿，寒风肆虐中有他们的身影，烈日炎炎中有他们的足迹。"金杯银杯不如群众的口碑"，"金奖银奖不如纳税人的夸奖"，我们是这样说的，也是这样做的。我们在全系统推行文明用语，为重点企业开辟了"税收绿色通道"，积极开展"面对面、心贴心、实打实"的"税企零距离服务”。实施建立了首问责任制，上班限时服务，下班延时服务，双休日预约服务，为残疾人上门服务等服务体系。始终坚持以纳税人的眼光来审视我们的工作；以纳税人的需要作为我们的工作内容；以纳税人的满意作为我们的荣誉。生人熟人、大事小事一样对待，亲疏远近，忙时闲时一样认真。让纳税人缴税办税都有好心情，为促进地方经济发展作出了贡献。

“公生明，廉生威”，只有公正、廉洁才能在执法中理直气壮，然而生活中并不这么简单。为了想偷税漏税，请吃请喝者有之。送礼行贿者有之……为此，我局每年都在主要商场、市场设置6个举报箱，开通两部举报电话，聘请22位人大、政协、企业等人员组成的行风评议社会监督员，建立了税企“例会”制度，走出门去寻良言。特别是我们国税局在全县率先召开了税务咨询听证会，现场解答纳税人代表、社会各界人士提出的问题，按纳税人的要求完善了服务措施，解决了热点难点问题累计几十个。如办理税务登记证一趟清，领购发票一条龙等。依法治税是税收工作的灵魂，规范的执法是依法治税的关键。为此我局把贯彻落实税收执法责任制和税收执法过错追究办法作为行风建设的突破口，逐人签订了《税收执法责任书》、“执法责任分解表”、“代理职责表”制作了150个档案盒，每人一档，将各个岗位的执法责任制作了40多块图板，公开上墙，接受监督。我局通过执法检查，已累计有数十名干部被追究罚款，推动了行风建设的不断进步。

文明的服务需要高素质的人才。几年来，我局先后有15位同志在省、市局组织的业务竞赛中夺得大奖，团体成绩名列前茅。目前有90%的同志取得大专文凭，80%的干部拿到本科文凭，10%的人员正在攻读研究生，积极向上的学习氛围，赢得了各级领导的充分肯定，也得到社会各界的高度评价。

“雄关漫道真如铁，而今迈步从头越”。成绩只属于过去，行风建设永无止境。满怀信心的国税人在今后的工作中，将以崭新的面貌、全新的姿态和饱满的热情，在为国税聚财的道路上，风雨兼程，开拓进取，与人民共创美好的明天，为促进经济的发展作出新的更大的贡献。

▲创建精神文明城市工作典型经验材料

【范例】

××市创建文明城市工作典型经验材料

近年来，××市以提高人们的文明素质和城乡文明程度为目标，采取有力措施，大力组织开展文明城市、文明行业、文明村镇创建活动和军民共建活动，呈现出积极向上的发展态势。

1. 创建文明城市工作取得历史性突破。××市委把争创文明城市工作作为提高城市文明程度、衡量城市综合发展水平的重要标志抓在手上，列入该市总体工作规划。市委高度重视，组织动员社会各界、各行业广大干部群众参与思想、道德、文化、环境建设，举全市之力创建全省、全国文明城市。召开了全市精神文明建设工作暨创建文明城市动员大会，制订下发了《创建文明城市实施方案》，将任务分解到各有关职能部门，对城市建设和管理、市民教育、城区净化、绿化、美化进行不间断地检查督导。去年9月28日、29日，该市先后被中央文明委和省委、省政府授予全国、全省“创建文明城市工作先进市”称号。在创建文明城市工作的带动下，该市精神文明建设工作整体推进，各项工作都取得了可喜成绩。涿州市创建文明村镇工作受到中央文明委表彰，并荣获全省“创建文明城市工作先进市”称号；清苑县城被省委、省政府命名为“文明县城”；新市区大汲店村、定州市纽店村被中央文明委命名为“文明村”；市交通局、市污水处理厂也受到中央文明委的表彰。

2. 文明社区建设特色鲜明。坚定不移地坚持在探索中求发展，在发展中求深化，在深化中求创新，在实践中求提高的指导思想，按照“一个不少，一个不丢”的原则，不断加大工作力度。通过健全组织，工作运行更加顺畅；通过强化管理，服务功能更加完善；通过健全机制，各项工作更加规范，全市社区建设跃上了新台阶。截至去年9月底，市区内147个社区的“八个一”建设任务已全部完成。各社区居委会办公条件全面改善，办公用房、警务室、星光老年之家、老年学校、户外活动场所均已基本达标；组织领导网络得到完善和健全，社区居委会的职责进一步明确；社区工作七位一体同步推进，社区保障日益巩固。制定下发了《法律、科技、卫生、文体“四进社区”实施意见》，广泛开展科普百街宣传、法律服务、扶贫帮困等活动，5万名各类志愿者常年活跃在社区，为社区居民解决了大量实际问题。社区文体活动丰富多彩，全市两次组织《公民道德组歌》演唱比赛，区、街两级组织演唱上百场，所有社区基本上做到了天天有活动。

3. 公民道德实践活动丰富多彩。编写学习材料、举办演讲比赛、刷写墙体标语，在新闻媒体上开辟专栏，对《纲要》进行广泛宣传。印发了《关于开展道德实践活动的意见》，制定了“双十不”行为守则，组织各县（市、区）参加了公民道德建设知识竞赛。广泛开展诚信教育活动，组织了诚信行业、诚信单位、诚信村、诚信户评议，推广了顺平县诚信贷款村的典型经验，增强了城乡居民的诚信意识。广泛开展道德实践活动，组织城镇居民走上街头，擦拭护栏、清运垃圾、清除不规范广告，到火车站、汽车站开展“学雷锋”、“送温暖”活动。在全市开展了“遵守交通法规、争做文明市民”活动，在出租车行业开展了“创文明行业、争做文明市民”活动，在出租车行业开展了“创文明行业、做文明使者”竞赛，组织中小学生进行公民道德演讲比赛，在全市组织了文明家庭风采大赛，在提高公民思想道德素质上发挥了显著作用。

4. 营造城市“森林”活动扎实有效。以建设生态型城市为目标，以优化发展环境为着眼点，动员组织全社会力量，开展了声势浩大的春季和秋冬季植树绿化，营造城市“森林”活动。对市区内的小区、庭院、外环路两侧、防洪大堤、各机关企事业单位办公区、市区道路、游园广场、粉煤灰厂周边进行全面绿化，开辟了“公仆林”、“青年林”、“巾帼林”、“八一林”、“家庭纪念林”、“记者林”等公益林地。××××年，共对全市道路和800多个庭院进行了绿化，共植树110余万株，新辟绿地279公顷，新建小游园绿地26处，人均公共绿地、绿化覆盖率、绿地率分别由上年的4.98平方米、23.63%和18.49%增长到5.7平方米、31.09%和26.7%。广大市民爱绿护绿、保护生态的公德意识也得到了明显增强。

5. 窗口行业创建活动深入广泛。在“窗口”单位全面推行规范化服务，推行文明用语，落实各项服务措施和各项承诺，实行了等级化管理；在行政执法部门、社会服务和“垄断性”行业中开展了“文明执法”、“优质服务”、“便民利民”竞赛活动；在党政机关开展了“讲、懂、树”活动，推行文明办公；在旅游景点开展了创建文明风景旅游区活动；在通信、邮政、燃气、供电、供水、金融、保险等服务行业，开展优质服务竞赛，进行“青年文明号”、“星级窗口示范单位”、“巾帼岗”、“文明班（组）”、“文明柜台”、“文明所站”评选活动，解决了许多涉及群众切身利益、社会反映强烈的突出问题。在保定电台开办了“百姓传呼”和“行风热线”栏目，46个单位走进了直播间，为广大人民群众解决生活中遇到的困难，促进了行风的好转。

6. 扫黄打非和破除封建迷信工作成果进一步巩固。扫黄打非工作各项措施进一步落实，初步形成了各级党委、政府统一领导，扫黄打非办公室综合协调，主管部门充分发挥职能作用，有关部门通力合作，社会各界广泛参与，新闻媒体舆论监督的工作格局。通过深入开展扫黄打非集中行动和专项治理，有力地遏制和打击了文化市场中的违法违规行为，震慑了不法分子，文化市场得到进一步净化。通过大力实施“扫黄打非护城河”工程，充分发挥了京畿护卫线的作用。

按照标本兼治、重在治本的原则，不断把破除封建迷信活动逐步引向深入。在进一步肃清封建迷信残余的同时，着力加大了先进文化的建设力度。在重要活动和重大节日，安排了30多场丰富多彩的文化活动，活跃了群众的文化生活。组织开展了百部爱国主义电影进社区、百部科教电影进农村活动，共演出2150场次，观众达350余万人次，文化阵地得到进一步巩固。在“读书兴农”和“百农民培训”活动中，组建农民读书协会4500个，有45万农民群众接受了培训，提高了农民群众的科学文化素质，抵御封建迷信及法轮功邪教侵蚀与影响的能力普遍增强。

7. 旅游、科技、教育、文化、卫生、体育、城建等各项工作全面推进。创建“中国优秀旅游城市”工作通过省级验收，接受了国家验收并得到好评。文物保护开发利用工作稳中有进。体育工作继续保持在全省领先位次。大力实施“升级进位”工程，教育工作进步显著。文化工作成绩喜人，创作了《马兰村红色报人》、《乘着歌声的翅膀》等一批影视艺术精品，获得了8个全国性大奖，话剧《警钟》得到中央和省有关部门领导的高度评价。卫生部门大力加强“窗口”建设，围绕提高服务质量，改善就医环境，发展社区卫生，狠抓行风建设，得到省有关部门的表彰和广大人民群众的好评。完成了“科普列车老区行活动”××段的各项任务，受到中央科协、铁道部、中央文明办的表扬。组织实施了“社区百街科普推进行动”，建立了社区科普学校，省科协转发了××开展科普教育工作的经验做法。城市基础设施建设取得新成就，创建文明城市的硬件更加坚实，城市的文明品位进一步提升。

▲民主管理典型经验材料

【范例】

××村规范村务公开落实民主管理典型经验材料

我们××村共有310户，人口1185人，耕地面积1380亩。××××年，全村实现农村经济总收入1960万元，农民人均纯收入4399元。近年来，村“两委”坚持一切从群众利益出发，积极推行村务公开，坚持做到公开内容全面、形式灵活、程序规范，为全村“三个文明”健康协调发展创造了良好的环境。我村先后被评为“省级文明单位”，支部、村委多次被县委、县政府授予“五好村党支部”和“模范村民委员会”等荣誉称号。我们的主要做法是：

一、抓住热点，公开内容全面化

随着农村改革的不断深入和农村经济社会的持续发展，群众关注的热点问题也在不断变化和转移，村务公开的内容也必须适应形势发展的要求，有针对性地进行调整和规范。近年来，在村务公开内容上，我们始终坚持“凡是群众关心的、凡是群众想知道的、凡是群众有疑虑的”都要公开。在具体工作中做到了三个延伸：一是由侧重于财务公开向村公共事务公开延伸。由过去只对财务进行公开转变为对村“两委”会议的决策、计划生育政策的落实、救灾救济款物的发放、困难户减免、土地调整、土地征用补偿及拆迁、水电费标准及收缴、干部工资及补贴、招待费以及涉及村民利益、村民普遍关心的问题等事项的全面公开，真正做到村务公开横到边、纵到底。二是由侧重于办事结果公开向办事标准、办事程序公开的延伸。把群众关心的内容全部交底亮相。如在宅基地安排上，村“两委”根据村民申请，公开本村谁家符合条件建房，宅基地安排在哪里；在计划生育问题上，谁家可以生一胎，谁家符合生二胎条件，让群众心中有数。特别是村里重大问题，坚持决策民主化、程序公开化。我村砖窑厂在决定经营方式时，召开了村民代表会议，请大家决策。代表们讨论认为：由个人经营，集体收入可能会受影响。因此村“两委”采纳了代表们集体管理的意见，公开聘用了管理人员，砖厂的经济效益明显提高，年产值达到

200多万元，上交集体纯利润30多万元，而且十几年来长盛不衰。砖窑厂的大小事情，干部知道、代表知道，村民也能说出个一二三。三是由一般性问题公开向实质性问题公开延伸。根据村经济实际情况和群众要求，对窑场承包、沙地、河滩拍卖，农村机动地和“四荒”地发包等都实行“阳光操作”，公开招租、拍卖、承包，全程接受群众监督。到目前为止，村里没有出现一件因涉及农民切身利益而出现问题。

二、注重实效，公开形式多样化

在公开的形式上，针对不同性质的问题采取不同的公开方式，工作取得了明显实效。一是利用公开栏，坚持长期全面公开。我们在沿街路旁，建设了高标准的村务公开栏，作为向群众公开的主阵地。坚持每月15日为公开日，对村务、财务及党务等需要公开的内容，一律在这一天集中上墙公开。二是利用召开村民大会、村民代表会议、党员大会等形式，深入翔实地公开。在多年的工作实践中，我们认准了一个理，支部、村委和全村人就是一家人，有事公开化，让群众明白，与群众商量，什么事都好办。每次新的村委会产生后，我们都按规定每10户推选一名村民代表，村民代表就是干群连心的纽带和桥梁。有事先向他们公开，通过他们再向村民宣传，比贴“明白纸”都明白。村民亲切地称他们为“小喇叭”。事前与代表商量，事中请代表监督，事后公开透明，实际上是一个全面公开的过程。村“两委”在办理所有的村级事务中，都尊重代表的意见和建议，坚持做到群众要求的积极做，群众同意的认真办，群众想不通的缓办，群众不同意的坚持不办。支部、村委是建议者，民主决策后，“两委”是落实者，××××年村“两委”为壮大集体经济，增加村民收入，决定发展大棚养蚕，可村民就是不乐意，村“两委”没有硬性的安排，而是及时召开了村民代表会议，统一了认识，提高了村民发展养蚕的积极性。一星期时间，我村就落实桑园200亩。

三、强化监督，决策程序民主化

一是严格民主理财。财务问题是群众普遍关心的问题，许多矛盾都从这里引发，多数情况下，不是因为财务不清，账目不明，而是公开不及时，透明度不高，群众有疑问造成的。经过民主选举，我们成立了民主理财小组，组长由村民代表担任，掌管着一枚民主理财专用章。每月底，理财小组都对村里大小账目进行审核，下账的发票上都要加盖民主理财专用章。对于不合理的开支，理财小组有权拒绝盖章，不盖专用章的发票一律不准下账。当月账目情况，下月5日前一定张榜公开。谁对公开的事项不明白，可以请村民代表解释，也可以到村里询问。真正做到了群众明白，干部清白。二是落实民主监督。推选成立了由村民代表组成的村务公开监督小组，“两委”成员定期向监督小组述职，根据评议结果，确立出优秀、称职、不称职三个档次，对群众意见较多的限期改正，连续两次不称职的提请村民代表会议讨论调整。三是坚持民主决策。村里对研究决定的事项，首先由村“两委”提出方案，再召开村民代表会议或村民会议进行民主决策，最后由村委会在规定的时间内，向村民如实公开，接受村民的监督。在实践中我们深刻体会到，民主决策的过程就是村务公开的过程，公开加民主大问题就没有，村务公开、民主决策、民主管理、民主监督，这些工作干好了，就是村务工作的稳压器、降压阀。××××年我村被评为省级文明单位，支部村委一班人对进一步发展备感压力。在努力做好各项工作的同时，我们决定建设办公楼。这一想法在村民代表会议上通过后，我们重点围绕如何建设展开了讨论。最后大家形成了一致意见，通过了建设方案。建楼实行对外公开招标，中标人必须事先交齐15万元押金，保证工期、保证质量，竣工一年后如数返还。建设过程中，每个环节都由支部、村委会同村民代表集体研究。3层楼盖下来，粗略计算，从工到料节省费用10多万元。村里其他事务，包括沙场、河滩拍卖，个别管理人员的聘用都要走民主程序，坚持公开透明，绝不搞一个人说了算。

四、村务公开民主管理工作的开展，促进了全村“三个文明”健康快速发展

通过落实村务公开和民主管理，我村的“三个文明”建设得到快速发展。一是密切了干群关系，增强了村“两委”的凝聚力和战斗力。在连续两届的换届选举中，村“两委”成员均以高票当选，我也在两次选举中当选党支部书记，并兼任村委会主任。面对村民的信任，我们深刻认识到是村务公开民主管理使我们赢得了群众的拥护和支持。二是形成了良好的村风，提高了干部群众的素质。深入开展村务公开和民主管理，使干部得到了锻炼，群众的素质得到提高，全村形成了学法守法、移风易俗、邻里团结、尊老爱幼、家庭和睦、勤劳致富的良好村风。三是促进了经济和社会事业的快速发展。几年来，通过村务公开和民主管理，顺利完成了桑园发展、种植业调整、道路硬化、办公楼建设，丰富了群众的精神文化生活，促进了经济和社会事业的快速发展。

今后，我们将继续完善村务公开和民主管理的各项制度，创新工作模式和运行机制，为把我村建设成和谐平安的小康村而努力奋斗！

▲优秀党务工作者典型材料

【范例】

优秀党务工作者×××同志典型材料

×××，×，现年37岁，中共党员。现在我单位任党支部书记和办公室主任。多年来，该同志以党性为后盾，以政治责任感为动力，以“党性最强、作风最正、工作出色”为具体要求，从思想上、作风上加强自身建设，恪尽职守、竭诚奉献、辛勤工作，出色地完成党赋予党务工作者的光荣任务，为党务工作和党的事业作出了积极贡献和优异成绩。因成绩突出，历年来多次被评为先进工作者，党支部也被评为标准化党支部。

一、不计个人名利，热衷于党务工作事业

×××同志于××××年走上党务工作岗位。当时，为了加强青年干部的工作能力，支部老书记×××同志要在本乡选拔一名政治素质好、群众基础好、作风正派、工作务实的党员干部从事党务工作。通过多方面考察，认为该同志是比较合适的人选之一。通过征求本人意见，该同志不假思索地表示：为了党的事业，为了党务工作者这一光荣职业，不计个人的得失，不怨工作的繁杂，同意组织的决定，并虚心向老同志学习，在较短的时间内掌握党务工作要领。

二、勤于学习、自觉锤炼、提升服务党务工作的业务能力

×××同志是一名党务战线上的新兵。这一点，她很清楚，她并且深知：作为一名党务工作者，一名基层组织人事员，必须具备优良的政治、业务素质和政策水平，特别是新时期党务工作给组工干部提出了更高的要求。为此，她十分注重知识的更新，充分利用业余时间和岗位锻炼的机会，不断加强马列主义、毛泽东思想、邓小平理论特别是新时期党的方针政策的学习。在平时的工作中，刻苦钻研业务知识，善于敏锐洞察新的形势，准确把握时代脉搏，自觉锤炼，不断增强做好党建工作的能力。虽然是新兵，但进入角色特别快，在近几年的工作中，她多次承担和负责完成了乡党委、政府组织的各种活动，起草了多个党建方面的文件、材料和工作制度。如《管理制度》、《党建工作制度》等，表现出突出的业务水平和工作能力。

三、以实际行动当好党务工作者的“楷模”

×××同志时刻牢记自己是一名共产党员，牢记自己是一名党务工作者，在平时的工作中，事事、处处、时时都以党员的条件来严格要求自己，以一名组工干部来约束自己，对事业兢兢业

业，勤勤恳恳，表现出强烈的事业心和高度政治责任感，在全乡党员干部中树立了榜样。

×××同志几年如一日，将自己的责任、热情、智慧和心血全部奉献于党务工作这一伟大事业。她的感人事迹确实很多。几乎每天早晨都是她第一个来到办公室，下班后，她总是最后一个离开，因为她还要检查一下办公室的灯是否关闭、电源插头是否拔掉、门窗是否关好。工作上，任劳任怨，一人承担多人的工作量，也从无怨言。她承担的工作量大，涉及面广，但她总是不厌其烦、加班加点、保质保量、有条不紊地搞好自己的工作。

四、坚持原则，恪尽职守，当好党员教育管理工作的“第一把关人”

作为具体负责党员教育管理工作的×××同志，做了大量的工作。几年来，她认真贯彻“十六”字方针，坚持原则，恪尽职守，不怕得罪人，敢于开展工作，善于做思想政治工作和群众工作，经常与党员干部谈心，营造了良好工作氛围，得到本单位党员及干部职工的高度肯定。在党员发展工作中，与党建积极分子谈话时，总是认真细致做好思想工作，提出更高的要求，充当宣传党的知识的传播人；对不太成熟的同志，指出不足，以情动人，以理服人，既坚持原则，又讲究方法和策略，耐心细致地说服引导，并鼓励继续努力。

五、情真意切，待党员和同事似亲人

×××同志参加工作以来，一直与人相处很好，朋友很多。她说，一个人关心其同事，首先就要干好本职工作，不要让别人来替自己操心、费力；其次要宽以待人，热心助人，在别人有困难时去拉一把。×××同志是这么想的，也是这么做的。

×××同志对同事总是热心帮助。在同事之间，她是大姐，平时总是像大姐关心亲人一样关心同事，如谁家有什么困难，她总是挺身而出，全力相助。她常说，支部是党员之家，办公室是干部之家，司法所是干部群众服务之家，我们就是党员、干部、群众的“家长”，也就必须履行好“家长”的义务。因此，她一旦听说有同事病了或有困难了，都安排好，并亲自去看望。来访的退休老干部、人民群众，提出的问题和要求，她总是笑脸相迎，热情接待，处理及时，问题不能解决时就多做解释工作，尽力让来访者心情舒畅。该同志为人民服务的心境和友善态度，深受党员干部群众的好评。

她这种不为名利的高贵品质，全心全意为人民服务的观念、客观公道的处事原则，耐心细致的工作作风，持之以恒的奉献精神，倾入党务工作的满腔热情，深受党员干部群众的好评。我们认为：时间证明，×××同志在多年的工作中，各方面都是经得起考验的，是一名“党性强、作风正、工作出色”的优秀党务工作者。

▲党员致富带头人典型经验材料

【范例】

瑶乡致富的领头雁

——党员致富带头人陆锦红

陆锦红，男，45岁，侗族，系黎平县顺化瑶族乡顺洞村人，高中文化，中共党员，黎平县第十四届人大代表，顺洞村党支部副书记，顺洞村民民兵连长，就是这样一位农村侗家人，凭着一颗敢做敢创执著的心，凭着“自己富裕不算富，大家富了才是富”的坚定信念，在农业产业结构调整中兴起一次又一次致富的浪潮，为顺化瑶族乡广大群众致富树立了典型模范作用，成为瑶乡致富的领头雁。

陆锦红同志在该村从事茶叶生产与加工工作，是顺洞村最大的茶叶生产和加工基地。1989

年，他接管顺洞村茶场后，致力于提高茶叶产量和质量，加强对茶场的投入与管理，使濒临荒废的茶场重现生机。同时还积极与外地收购商联系，获取有价值的信息，根据收购商的需求加工茶叶，并且加强与本乡其他茶叶生产和加工户的联系，相互交流经验。他通过这些方式来掌握市场需求和茶叶生产加工过程中的科学技术与管理经验，从不盲目加工，因此他在茶叶生意场上如鱼得水，很快取得了主动权，不但使自己在茶叶生产和加工中致富，还带动了当地的经济发展，为当地解决了200多名农村富余劳动力。几年来，他每年向外销售的茶叶在10吨以上。××××年茶场产值达36万元，为村民创收21万元，××××年又增加机械设备，加工优质茶，使产值得到进一步提高，到××××年××月茶场产值已达39万元，为我乡群众增加经济收入，抓好产业结构调整起了很好的带头作用。××××年和××××年连续两年被中共顺化乡党委授予优秀共产党员称号。

陆锦红同志在带领广大群众致富的同时，不顾其爱人的坚决反对，仍然同意出任村民支部副书记、村民兵连连长，为顺洞的建设和发展贡献自己的全部力量。

创业无止境，事业无穷期。面对昨天的辉煌，陆锦红同志正在构筑新的蓝图，今年他计划更多地投入，积极争取上级部门与其他同行的支持，扩大茶场规模，使我乡茶叶在市场竞争中处于不败之地。

▲党支部带领村民致富典型经验材料

【范例】

永做群众的引路人

——东尉村党支部

东尉村共176户，670口人，党员38名，1032亩耕地。近几年来，这个村把党员致富、党员带头致富作为工作的总抓手，在村级班子建设、民主法制建设、精神文明建设和社会治安综合治理上下工夫，逐步形成了制度健全、管理民主、文明和谐、安居乐业的良好局面。目前全村有集体及个体私营企业15家，全体党员人人有致富项目，村内2/3的劳动力在企业上班，年收入都在8000元以上，××××年人均纯收入5000余元，是全市首批小康村，曾先后被市、县授予“红旗党支部”、“文明村”、“精神文明建设先进单位”和“经济强村”等荣誉称号，××××又被县委推荐为全市“五好村党支部”。

党员就是一面火红的旗帜，支部书记就是这面旗帜的中心。××××年，东尉村党支部换届，全村24名党员一致推荐赵洪林为党支部书记。这时村里的各种负债累计75万元，而他自己经营的工业设备厂正如日中天，年利润达120万元，家里人不同意他干书记，怕影响企业的生产，更怕得罪人，给家里人惹麻烦，可赵洪林却不在乎，他毅然把自己苦心经营多年的企业无偿献给了村集体，为全体党员带了个好头。赵洪林深深地懂得：要使农村面貌发生大的变化，实现稳定有序、健康发展的目标，必须要有一个强硬的支部班子。这几年来，村里建立健全了“三会一课”制度，成立了党员活动室和电教中心，形成了每周例会制度，学习上级文件政策，并结合村内实际，要求每名党员在种植、养殖、机械加工等方面掌握1~2门实用技术，并带头致富，同时，村里还建立了党员联系户制度，由1名党员联系5户群众帮助其解决实际困难，发展致富项目。在村里各项公益事业的建设中，共产党员总是抢在前头，在群众中树立了良好的形象，密切了党群干群关系，增强了村党支部的威信，为全村的稳定和发展奠定了基础。

在东尉村，绝大多数村民依托村内企业发了家，但仍有近百名剩余劳动力，为此党支部一班人及时提出了“致富路上不让一户掉队”的口号，村里对贫困户进行了逐一排查摸底，分析贫困原因，制定出了帮扶措施，除了加大帮扶力度，还发挥先富起来的党员、干部、个体业主的带头、引路作用，要求他们在资金、技术、信息等方面带动贫困户，发展经济，并当好他们的“智囊”，为他们发展经济献计献策，把“穷枝”嫁接到“富树”上。针对村内企业发展势头良好的局面，支部还采取了企业包户制度，规定每个企业根据其生产经营情况，必须安排一定数量的工人进厂重点解决那些致富无门户的收入问题。目前，全村在企业工作的有200余人，他们人均年收入都在8000元以上。××××年村里还出资30万元与镇政府联合建起了投资130万元、占地200亩的1998个冬暖式大棚蔬菜示范基地，实行了工厂化管理，并带起了30多个运销户，仅此一项全村人均增收800余元，支部还根据生产需要，充分利用村内妇女和闲散劳动力，把他们统一安排到基地从事种植业，按月发放工资，生产上实行定量基数，超额部分按比例分成，完不成任务按比例扣罚，使全村形成了人人搞创收、户户增收入的良好局面。

第五章　竞聘、就职、述职、调动讲话稿写作

第一节　竞聘、就职讲话稿写作

一、竞聘、就职讲话稿写作概述

（一）竞聘讲话概述

1. 竞聘讲话的含义

竞聘讲话是竞聘者竞聘某一领导职位时，在特定的场合，面对特定的听众所发表的用以阐述竞聘优势及对被任职工作的设想和打算的讲话。

2. 竞聘讲话稿的写作技巧

（1）开头部分直奔“主题”

“开头部分直奔‘主题’”，是指竞聘演说词要开门见山地就把竞聘目标指向某一明确的岗位，告知大家自己竞聘的是哪一个具体的职位。

竞聘讲话稿开头部分由称谓、祈请语或致谢辞两个方面的内容构成。

①称谓。竞聘讲话稿大多用泛指性称谓，如“各位领导、各位同事”等。

②祈请语或致谢辞。在竞聘讲话稿的称谓后面宜用一两句礼节性的致谢辞作为正文的前置，并以引导入正题，以引起招聘者的好感。

（2）主体部分突出“主题”

①自然情况。简洁而翔实地介绍竞聘者的姓名、年龄、政治面貌、学历及专业、职务及职称、简历等情况。

②竞聘条件。这部分内容要阐明竞聘者凭什么理由和资格竞聘该职位，有什么超出其他竞聘者的优势，如经历方面的优势、学识水平方面的优势、综合素质方面的优势等。

③聘后设想。主要写竞聘者所设想的被聘任后的工作目标与措施。即根据所竞聘的职务和个人的具体情况，将就任以后的工作目标、主要设想、打算，包括拟采取的措施、办法以及要达到什么样的效果等集中进行表述。

（3）结尾部分升华“主题”

结尾也是竞聘讲话稿的重要组成部分。由于这部分内容是通篇演说的收束，故

一定要写得简明扼要，自然贴切。好的结尾应语尽而意不尽，意近而旨远。用“点睛”之笔，在结尾部分来升华“主题”。

3. 竞聘讲话稿的写作要求

(1) 气势要先声夺人

竞选演讲的一个重要特征就是具有竞争性，而竞争的实质，是争取听众，壮大己方支持者的队伍。而做到这一点的有效方法之一，就是在气势上“压倒”对手。作为竞选演讲者，要想获取竞选的成功，首先就应该有渊博的才识、浩然的正气、对党的事业和群众的事业无限热爱的感情。

(2) 态度要真诚老实

竞聘讲话其实就是“毛遂自荐”。自荐，当然应该将自己优良的方面展示出来，让他人了解自己的才华。但要注意的是，在“展示”时，态度要真诚老实，有一分能力说一分能力。

(3) 语言要简练有力

竞聘讲话虽是宣传自己的好时机，但也决不可为了全面“展示才华”而长篇累牍。应该学会用简练有力的语言把自己的思想表达出来。

(4) 内心要充满自信

作为一个竞聘讲话者，自信是你成功的一半。当你充满自信时，你所撰写的竞选演讲稿，就会内容充实；当你充满自信时，你站在演讲台上，面对众人，就会从容不迫，就会以最好的心态来展示你自己。

(二) 就职讲话稿概述

1. 就职讲话稿的概念

就职讲话稿是指新就任某种领导职务的干部，向其下属或其他特定对象发表见解，陈述观点，提出任期计划及奋斗目标时使用的文稿。

2. 就职讲话稿的写作要求

(1) 态度要坦率真诚

就职讲话稿实际上是新任领导者对其下属的一种表态和承诺，其初衷和目的是要取得下属的信任和支持。因此，在撰写演讲稿时，态度一定要坦率真诚。

(2) 内容预置有方，实事求是

所谓“内容预置”，是指讲话材料的内容根据“需要”预先设置好。同时，讲话者还要实事求是地、明确地提出自己任职期间的工作目标。因为当你明确地提出自己任职期间的工作目标之后，听众就会在心中给你记下笔账，并时时拿出来核对一番。

(3) 风格要朴实庄重

就职讲话是就职者极为严肃庄重的事情。因此，就职讲话在风格上一定要朴实庄重，多使用叙述的表达方式，并辅之以说明和议论的表达方式，而不用描写和抒情的表达方法。

二、竞聘、就职讲话稿写作范例

▲竞聘上岗讲话

【范例】

在××××年度处长竞聘上岗动员大会的讲话

同志们：

经党委研究决定，今天我们召开这个全局工作人员大会，主要的议题是就处长竞聘上岗进行一个全体动员。

自从去年12月份开始，在制定全员聘用制方案的同时，局党委就开始着力研究处长竞聘上岗问题。从12月份提出实行竞聘上岗的初步设想，到1月份人教处提交初步方案，局党委会讨论、研究、修改、向××汇报方案，再到今天拿出了具体的、几易其稿的竞聘方案，整个改革已经酝酿、讨论、研究了近半年。之所以用这么多时间，花这么大力气来做前期的预备工作，是因为竞聘上岗是一项复杂的系统工程，在××系统中也是首次实施，涉及很多人的切身利益，什么样的方案才更稳妥、更积极、更有效，需要周全地考虑、反复地论证。因此，局党委对这项工作是高度重视的。我们宁愿在事前多花力气，想得尽量周全，也不能等开始动作了，碰到一大堆矛盾、问题后措手不及，又要改方案，严重影响改革的进程和效果。所以宁愿把问题酝酿讨论的过程稍微放长一点，矛盾、问题和意见摆得更透彻一点。今天召开这个全局工作人员动员会的目的之一也在于此。

下面我从四个方面来谈这个问题。

一、实施处长竞聘上岗，是大势所趋，符合中央和××的精神

应该说，竞聘上岗制度在我国党政机关、事业单位已不是什么新鲜事儿。从××××年国办下发《深化干部人事制度改革纲要》，到××××年国家人事部推出《关于加快推进事业单位人事制度改革的意见》，直至××××年国办下发《公开选拔党政领导干部工作暂行规定》、《党政机关竞争上岗工作暂行规定》等六个文件，都反映出党中央稳步推进干部人事制度改革的信心和决心，反映出这是一次史无前例的巨变，是历史发展的必然。

××作为中心直属单位，也必然要融入这次改革的洪流中来。××主席也在多个公开场合，对加强××系统的人事治理制度改革，激励员工工作积极性、提升××工作人员的素质进行了深刻的论述。在××××年度××机构工作会议上，××主席要求各派出机构要树立强烈的人才意识，“要积极探索知人善任、人尽其才、有利于人才脱颖而出的用人机制，如试行聘任制、竞争上岗，探索专业技术职务聘任制度。”尤其是××主席在××××年度××全体干部大会上，更是具体地指出：“我们要研究通过什么样的机制来激励大家奋发向上，同时也要引导大家正确地对待人生观、价值观、权力观。比如说，党委研究了，从明年起能不能在一些处以上的职位推行竞争上岗，”在今年年初的2008全国工作会议上，××主席更是进一步指出：“要进一步深化干部人事制度改革，加大选拔任用优秀年轻干部的力度，增强干部队伍活力”。可见，中央和××的精神是明确的，我们只有紧跟时代潮流，才能不被社会所淘汰。

二、实施处长竞聘上岗，是实现干部能上能下，完善我局干部人事制度改革的重要举措

这次人事制度改革，是在××局干部逐步充实的基础上进行的。干部多了，如何调动大家的积极性、主动性、创造性，使能干的人才脱颖而出，应该说是我们大家的共识。去年实行的全员

聘用制度，解决了“人员能进能出”的问题，而即将推行的竞聘上岗制度，则旨在解决“干部能上能下”的问题。

在以往的人事制度中，由于历史的原因，沿袭了任用干部“唯学历、唯职称、唯资历、唯身份、论资排辈”的旧习，这种机制下，真正优秀的人才很难脱颖而出，工作激情也很难迸发出来，因为只要熬够年头，大错不犯，肯定能够有职务上的晋升。我们目前预备实施的处长竞聘上岗工作，就是要打破这种不合理的机制，以观念创新为前提，进一步解放思想，更新用人观念，破除论资排辈、平衡照顾的旧观念，树立“以绩量人，为事业选人”和“注重实绩，竞争择优”的人才效益观念。不拘一格地发现人才，就是要在公平、公开、公正的环境下，让那些政治上过硬、业务上有本事、能创造性地开展工作、具有带队伍能力、作风正派、群众公认的同志选拔上来，大胆起用。通过这项改革，真正能够达成“干部能上能下，人员能进能出、广纳群贤、人尽其才”的良性运行机制，使我们××局的干部队伍永葆生气与活力。

三、实施处长竞聘上岗，是打破干部终身制和官本位，切实转变用人机制的要害

大家可能注重到了，我们这次叫“处长竞聘上岗”，而不是以前大家熟悉的“处长竞争上岗”，这两个叫法有什么区别？竞聘，实际上是竞争聘用的简称，这表明这次的处长在干部任命上将打破终身制，引入任期制，实行职务聘用制。以往的干部任命，都是按照××的规定，由局党委酝酿、民主评议后产生，之后“只要不犯错，稳坐钓鱼台”。这是传统干部制度的一大弊端。在这种体制下，滋生了很多“只求无过，不求有功”的领导干部，他们没有危机、没有压力，久而久之，会逐渐淡化责任、下降热情、削弱斗志。显而易见，这种制度极不利于引导和激励领导干部不断提高执政能力。为打破干部任职“终身制”，解决干部上岗以后如何始终保持既有压力又有动力的问题，这次实施处长竞聘上岗后，所有的处长将实行任期制，也就是说，竞聘上岗不意味着永远在岗，只有那些政治持续过硬、业绩持续优秀的处长才能到期续聘成功，继续保留原有的职务身份。

打破干部终身制，切实转变用人机制，将迫使干部居安思危，真正在骨子里牢固确立强烈的“无为便无位”、“不上即下”、“今天不为民做主，明天回家卖红薯”的忧患意识和从政理念。从其他党政机关和事业单位实行干部任期制的效果来看，任期制已充分展示出其优势：一是对任职期限的界定有利于干部队伍廉政建设；二是随着任期制的实施，领导干部“终身制”、“铁交椅”的制度已经松动，干部有了压力感、危机感，进而责任感和勤政、廉政、优政意识明显增强；三是对干部执政能力的提高有很大的促进，使干部平时更加注重学习、改进方法、提高领导艺术。在任期届满时，通过任期考核，对每位干部任期内的工作实绩进行总结评价，既肯定成绩，又指出存在的问题，提出新的要求，将会使每位任期干部都得到一次全面改进和提高的机会。

四、端正心态，以积极的态度对待竞聘上岗

这次既然称为“竞聘上岗”，就意味着竞争，意味着有可能有人没有竞争上处长这个职务。但是，我们必须明确一点，个人发展的内涵是丰富的，职务提拔不是个人发展进步的唯一途径。这次处长竞聘上岗究竟只是少数职务，要正确对待干部的提拔，不提拔并不表示落后，更不代表没有发展前景。年轻人要立志做大事，不要立志当大官。能直接投身到行业的改革发展这项伟大事业中，为行业的做大做强添砖加瓦，写下光彩的一笔，就体现和实现了自身的价值。人才的定义并不等同于职务，虽然没有职务，但若能成为行业治理队伍中的一名专家型工作人员，也是非常值得骄傲和自豪的。

最后，为确保这次处长竞聘上岗工作成功、顺利地进行，我在这里提两点意见和要求：

1. 大家对这次处长竞聘上岗工作有疑问，可以直接向人教处询问，有什么意见、建议，可以向党委反映，也可直接找局领导或人教处面谈。

2. 这次实施处长竞聘上岗，这对我们的干部是一个考验。希望大家树立事业为重、个人进退事小的思想，正确对待自己职务的变化，从大局出发，从事业出发，恪尽职守，坚守岗位，保证各项工作的顺利推进，绝不能因个人原因使工作受影响。要做到不利于团结的话不说，不利于稳定的事不做，上下一心共同努力，一心一意谋发展，扎扎实实干发展，为保险业的做大做强服务。

谢谢大家。

▲就职讲话

【范例】

在××工业大学水电工程学院的就职演说

各位领导、各位同志：

刚才，校人事处×处长宣布了校党委对我的任命，让我担任新组建的××××学院的院长，我感到这是组织和同志们对我的信任，更是大家对我的支持、鼓励和鞭策。

××××学院，是学校为适应社会发展的需要和学校自身建设综合性大学的发展需要而组建的一个新的单位。虽然是新单位，但它的基础很好，前身是学校的水电工程系。水电工程系在前任系领导的正确领导下，经过多年的不懈努力，已经奠定了良好的发展基础，已成为水电系统培养高等工程技术人才的摇篮。水电工程系的昨天是光荣和辉煌的。

今天，新学院的组建又增加了许多新鲜血液。许多专家、教授从不同的系室走到一起；许多同志们从不同的部门和单位走到了一起，这对于学科的融合和发展、学院的建设和发展，是一个极大的推动。现在，我们学院群英荟萃、人才济济。看到这么多有丰富治学经验的老同志，这么多年富力强的中年骨干，还有这么多充满朝气的年轻新秀，我备受鼓舞，我觉得我们这个学院的明天会更辉煌。

学校领导提出，要尽快把××××学院建成学校的一流学院。我深感责任重大，任重而道远。作为一名院长，我将虚心听取大家的意见，合理协调各方面工作，科学地制定学院发展规划，切实加强教师队伍建设，加快学科发展，严格教学管理；尽快解决目前大家普遍关心的学术水平提高、教师专业进修以及职称评定等实际问题；同时，广开办学渠道，增强办学活力，千方百计改善和提高教职工的待遇，调动各方面的积极性，尽快地实现我院建设的跨越式发展。作为一名党员，我一定秉公办事，清正廉洁，恪尽职守，尽职尽责，踏踏实实，勤奋工作，为实现我们预定的工作目标不懈努力，决不辜负组织上和同志们对我的厚望。

同志们，让我们携起手来，共创学院美好而辉煌的明天！谢谢！

▲领导干部就职大会讲话

【范例】

在××市领导干部大会上的讲话

根据工作需要，省委决定对××市委主要领导的职务进行调整。这次××市委主要领导的职务变动，是省委根据实际需要，从优化领导班子结构、加强干部交流等方面综合考虑的，属于正常的调整交流。我相信，省委这一决定会得到全市党员干部和人民群众的理解、支持和拥护，顺利实现工作交接。

这些年来，××市委、市政府认真学习邓小平理论和党的十五大精神，积极贯彻落实省委、省政府的重大工作部署，正确处理改革、发展、稳定的关系，团结带领全市广大干部群众，结合邢台本地实际，以“保稳定、抓开放、促发展、上台阶”为主题开展工作，经济建设、党的建设和精神文明建设都取得了较大成绩。1998年底，根据中央组织部的决定，××同志从××省××市交流到××市任市委书记。两年来，××同志与市级四大班子团结一致，坚持党的基本路线，开拓进取，扎实工作使邢台市的经济和社会发展取得了新的成绩，党的建设得到进一步加强，各级领导班子的凝聚力和战斗力进一步增强。特别是市党政班子注重自身建设，团结协作，作风务实，受到了干部群众的好评。这些成绩的取得，是市委、市政府带领全市人民共同努力的结果，既凝聚着今天在座各位的智慧和心血，也是与××同志的勤奋工作分不开的。

×××同志政治立场坚定，党性观念强，能自觉与党中央保持一致。实践经验丰富，工作思路清楚，有统揽全局的能力。既有在省市直机关工作的经历，也有在企业工作的经历，并长期担任市政府、市委的主要领导职务，对经济工作和党务工作都比较熟悉，解决实际问题的能力比较强。到××任职后，注重调查研究，能够结合××实际创造性地开展工作。善于学习和研究问题，有较强的改革创新意识。勤奋敬业，事业心和责任感比较强，作风民主，公道正派，为人忠厚，团结同志，要求自己比较严格，给广大干部群众留下了深刻的印象。省委从工作需要出发，安排××同志到××市任政府市长，相信××同志能很好地胜任新岗位的工作。

对×××同志，多数同志可能不太熟悉。在这里，我简要向大家作些介绍。

（×××同志简历，略）××同志政治立场坚定，有较高的政策理论水平，能够把中央和省委的决策，与当地实际结合起来。工作思路清楚，开拓进取意识比较强，作风民主，有较强的组织领导和驾驭全局能力。注意工作方法，善于协调关系，能够充分调动班子成员的积极性。工作兢兢业业，任劳任怨，有较高的群众威信。任××市市长和市委书记期间，各项工作都取得了好的成绩。任省委农工部部长后，在调整小康建设规划、推进农业产业化和发展专业合作经济组织等方面提出了一些好的建议，均得到了省委、省政府的采纳，对促进全省农业和农村工作的发展起到了积极的推动作用。

省委认为，×××同志任××市委书记是合适的。相信××同志一定能够在新的工作岗位上认真学习，勤奋工作，深入调查研究，尽快熟悉情况。在省委、省政府的领导下，团结市委一班人，带领全市广大干部群众把各项工作做得更好，为××市两个文明建设再上新台阶做出新的贡献。省委对××市的工作非常重视，对××市党政班子寄予厚望。借此机会，提几点要求和希望，供大家参考。

一、切实加强理论学习，努力提高自身素质。

（略）

二、认真贯彻民主集中制原则，切实加强领导班子团结，进一步提高领导班子的凝聚力和战斗力。领导班子和领导干部要以党的利益和事业为重，讲政治、讲正气、讲团结、顾大局，努力维护班子的集体领导权威。要坚持民主集中制原则，健全集体领导和个人分工相结合的制度。每个班子成员既要按照分工履行好自己的职责，又要支持配合其他同志共同做好工作。党政班子要密切配合，团结协作，作出表率；班子成员之间要互相学习、互相尊重、互相帮助、互相支持，遇事多谈心、多沟通、多协调，坦诚相见，以诚相待，做到大事讲原则，小事讲风格，共同创造团结和谐的良好氛围。

三、要坚持走群众路线，发扬求真务实的工作作风，切实加强廉政建设。在新的形势下，各级领导干部要进一步强化宗旨观念，切实转变工作作风，经常深入下去，倾听群众呼声，解决实际问题。要把主要精力放在抓落实上，凡是决定了的事、看准了的事，就要抓紧不放，一抓到底，见到成效。要正确行使人民赋予的权力，保持清正廉洁，增强拒腐防变意识。要加强各级领导班子的自身建设，强化教育、管理和监督，教育干部坚持做到自重、自省、自警、自励，自觉做廉洁勤政的模范。

在对各级干部严格要求的同时，还要注意关心和爱护我们的干部。(略)

四、继续保持奋发向上的良好精神状态，认真搞好工作衔接，确保今年各项工作任务的全面完成。各级领导班子和领导干部一定要讲政治、顾大局，全力支持宝全同志的工作，圆满完成市委主要领导的顺利交接，确保全市思想政治稳定。今年是“九五”计划的最后一年，市委、市政府领导班子一定要认真回顾“九五”期间的工作，精心谋划好“十五”，为邢台新世纪发展打下坚实的基础。

××××年是新世纪的开端，也是实施“十五”计划的第一年。我们要以饱满的工作热情和扎扎实实的工作作风，推动两个文明建设的健康协调发展，以优异的业绩迎接21世纪。

第二节　述职、离职、调动讲话稿写作

一、述职、离职、调动讲话稿写作概述

(一) 述职报告概述

1. 述职报告的含义

述职报告是指国家工作人员就一个阶段的任职情况，向有关部门及领导、群众做出全面说明的一种文体形式。

述职报告的撰写和提交，是管理和考核干部的重要方式之一。对于相关工作人员来说，撰写述职报告，可对自己的任职情况加以回顾和反思，有利于自审和提高，也有利于改进工作；对于一个单位或部门来说，要求领导干部提出述职报告，利于考核干部，也便于群众民主监督。

2. 述职报告的应用范围

述职报告可以说是工作报告中的总结性报告。总结性报告多用于提交大会进行讨论，如各级政府向同级人民代表大会所作的“政府工作报告”。正文结构有基本情况、成绩经验、教训不足和今后计划等部分。述职报告要对已经做过的工作进行全面的回顾，包括做过些什么工作，达到了预定的目标没有，达到了目的后有什么样的经验值得以后借鉴，如果没有完成预期的目标那么又是什么原因造成的，今后有什么打算。

3. 述职报告的分类

述职报告的分类，可以从几个不同的角度进行划分，因而存在着交叉现象。

(1) 从内容上划分：

①综合性述职报告：是指报告内容对一个时期所做工作的全面、综合的反映。

②专题性述职报告：是指报告内容对某一方面的工作的专题反映。

③单项工作述职报告：是指报告内容对某项具体工作的汇报。这往往是临时性的工作，又是专项性的工作。

（2）从时间上划分：

①任期述职报告：是指对任现职以来的总体工作进行报告。一般来说，时间较长，涉及面较广，要写出一届任期的情况。

②年度述职报告：是一年一度的述职报告，写本年度的履职情况。

③临时性述职报告：是指担任某一临时性的职务，写出其任职情况。比如，负责了一期的招生工作，或主持一项科学实验，或组织了一项体育竞赛，写出其履职情况。

（3）从对象上划分：

①向本地区、本单位、本市的群众述职报告：是指需要向本选区选民述职，或向本单位、本部门职工群众述职，用口语化的语言写成的述职报告。

②向上级领导机关述职报告：是指向上级领导机关或人事部门报告的书面述职报告。

4. 述职报告的写作要求

（1）充分反映自己在任期内的工作实绩和问题。述职是民主考评干部的重要一环，也是干部自觉接受组织和群众监督的一种有效形式。干部作述职报告，是为了让组织和群众了解和掌握干部德才状况和履行职责的情况。

（2）实事求是地评价自己：

①处理好成绩和问题的关系。就是理直气壮摆成绩，诚恳大胆讲失误。

②处理好集体与个人的关系。不能把集体之功归于个人，也不要抹杀了个人的作用，分清个人实绩和集体实绩。

（3）要抓住重点，突出个性。抓住带有影响性、全局性的主要工作，对有创造性、开拓性的特色工作重点着笔，力求详尽具体。对日常性、一般性、事务性工作表述要尽量简洁，略作介绍即可。

述职报告通常由标题、署名和正文几个部分构成。

①标题。述职报告的标题有单标题和双标题之分。单标题一般为“述职报告”，也可以在“述职报告”前面加上任职时间和所任职务。双标题由正标题和副标题组成的，副标题的前面加破折号。正标题是对述职内容的高度概括，副标题与单标题的构成大体相似。

②正文。由导言、主体和结尾三个部分组成。

A. 导言。包括两方面内容：一是任职介绍，说明自己的任职时间、担任职务和主要职责，简要交代述职的内容和范围；二是任职评价，扼要介绍任职以来的工作情况。这一部分应力求简洁明了。

B. 主体。这是述职报告的核心，主要陈述履行职务的情况，包括三个方面的内容：一是任职期间的任务完成情况，取得的主要工作成绩；二是存在的问题及经验教训；三是今后工作的努力方向、目标或打算。

C. 结尾。一般要求用格式化的习惯语来结束全文，采用谦逊式结尾、总结归纳式结尾或表决心式结尾等形式。

③落款。在正文之后，标明述职人所在单位的全称，述职人本人的职务、姓名；写明述职日期。如果在标题之下已说明，此部分可略去。

5. 写作述职报告应注意的问题

（1）要实事求是，切忌华而不实。述职报告一定要讲真话，讲实话，讲心里话。无论称职与否，都要与事实相符，既不要自吹自擂，也不要过分谦虚。述职报告一般要当众宣读，一些同志为了顾面子，获取领导和群众的好感，对自己的工作成绩大肆渲染，夸大其词，只讲自己的优点和所取得的成绩，对工作中存在的问题和不足采取回避态度。其实，任何人无论做什么工作，即使非常尽职尽责，缺点、错误也不可避免。而且，每个人所取得的成绩并非一己之功，是全体同仁密切配合、共同努力的结果。

（2）要突出重点、切忌报流水账。平时的工作材料是琐碎的、分散的、零星的，述职者在动笔之前，要对材料进行筛选和整理，选择主要工作，抓住主要政绩来写，不要事无巨细，一概罗列。

（3）要情理相宜，切忌考虑个人。述职报告在叙事说事过程中，要有适当的感情色彩。但是个人情感不要融入过多，以免造成不良影响。述职者要对自己以往所从事的工作进行归纳、概括、提炼，围绕履行职责的实际情况进行认真、全面的反思，肯定成绩，找出差距。要与群众面对面地交流，以坦诚的胸怀虚心听取各方面的意见。特别是工作中群众反映较大、意见较为突出的问题。另外，述职报告要如实阐述群众的反映，面对事实，将自己的真实想法公之于众，这样群众会感到亲切，而且也加深了群众对自己的理解和信任。

（4）要语言朴实，切忌虚饰浮夸。述职者要有驾驭语言的能力，崇尚朴实，给听众以豁然开朗的感觉。朴实之美历来备受人们推崇。在述职时，用朴实的语言叙事说理，不仅缩短了与群众的距离，也密切了和群众的关系。

6. 述职报告的写作要领

（1）个人性。据实议义，运用画龙点睛式的议论，提出主题，写明层义。摆事实，讲道理；事实是主要的，议论是必要的。一定要说自己做的事和与自己有关的事。

（2）规律性。对汇集的事实、数据、材料等进行认真的归类、整理、分析、研究。通过这一过程，从中总结出带有普遍性的规律，得出公正的评价议论，即主题和层义以及众多小观点（包括对经验和规律的思想认识）。

（3）通俗性。形式应活泼，结构可不拘一格，语言应简明顺畅，内容要为对象所认同、所理解。

（4）艺术性。艺术性，一般表现在口语化、感情化、个性化的语言上。语言应生活化、口语化、大众化。句子应尽量短，并注意长短交叉合理，慎用文语，少用单音词，不可随便用简略语。

7. 述职报告的写作技巧

(1) 标准要清楚。围绕岗位职责和任务目标来讲述自己的工作，尤其要体现出个人的作用，不能写成工作总结。

(2) 内容要客观。必须实事求是、客观实在、全面准确。

(3) 个性要鲜明。不同的岗位，有着不同的职责要求，即使是相同的岗位，因个性差异，其工作方法、工作业绩也不相同。

(4) 语言要庄重。行文语言要朴实，评价要中肯，措辞要严谨，语气要谦恭，尽量以陈述为主，也可写一些工作的感想和启示，但不可添加描写、抒情，更不能使用夸张的语言。

(二) 离职、调动讲话概述

1. 离职、调动讲话的概念

离职、调动讲话，是指领导干部在工作调动或任职届满、离退休时，在原单位全体同志欢送会上发表的离职告别讲话。

2. 离职、调动讲话稿的写作要求

(1) 开头部分。阐明即将离任（调动）的心情，或说明离职的原因，并感谢大家对自己的信任和支持。

(2) 正文部分。总结成绩要实事求是，回顾失误要敢于承担；表示谢意要诚挚，提出希望要热切，语言表达要自然、真切，富有感情色彩。

(3) 结尾部分。表达对原任职单位的深切希望和美好的祝愿，向大家再次表示感谢。

二、述职、离职、调动讲话稿的写作范例

▲党委领导班子述职报告

【范例】

××××年度××镇党委领导班子述职报告

××镇党委下辖20个村党支部和21个镇直支部，有党员1380名，人口57555人。××××年，在县委、县政府的正确领导下，镇党委始终坚持以维护安定团结为主线，以实现广大群众根本利益为宗旨，以“加快发展、富民强镇”为目标，高举邓小平理论伟大旗帜，认真实践“三个代表”重要思想，淡泊名利，团结拼搏，无私奉献，勤政廉政，推动了我镇党务、经济等各项事业的全面发展。我镇呈现出社会稳定，经济发展，人民安居乐业，各项社会事业欣欣向荣的良好工作局面。

综述××××年的工作，主要体会是：镇党委必须始终坚持以邓小平理论和“三个代表”重要思想为指导；坚持凝聚智慧、团结协作的工作方法；坚持“党要管党、从严治党”的工作方针；坚持“注重根本，突出重点，抓住关键，夯实基础，勇于创新”的工作思路，以高度的

历史使命感和政治责任感，进一步解放思想，实事求是，与时俱进，狠抓落实，“围绕经济抓党建，抓好党建促小康”，推动全镇各项工作上台阶、上水平。

现将我镇党委××××年工作述职如下，请领导和同志们批评指正，提出意见和建议。

一、抓党建，加强组织建设

镇党委清醒地认识到新形势下加强基层组织建设的重要性和紧迫性，始终高度重视组织建设和“五个好”党委创建工作。紧紧围绕“提高整体素质，促进全面发展”的工作目标，在“六健全”上下工夫，大力加强农村基层班子建设和党员队伍建设，深入开展“五个好”镇、村党组织创建活动，建立健全了党委统一领导、支部密切配合、村民积极自治的良好工作运行机制，扎实推进了农村基层民主政治建设，使党的基层组织成为团结战斗的堡垒，凝聚力、战斗力明显提高。

为使我镇党建各项工作任务能真正落到实处，我们采取了“三项措施”，注重了“三个结合”，全力推进基层组织建设各项任务的落实。

（一）采取三项措施

1. 教育促动。镇党委始终把培训教育作为基层组织建设的首要环节，按照培训工作分级负责的要求，镇党委制订了详细的中心组学习计划、镇干部学习计划和村级党员、干部、致富能手培训计划，并通过党员冬（春）训和“双培双带”活动的开展，不仅培养锻炼了党员、干部的党性，还增强了他们的工作能力和带领群众致富的本领。××××年，我镇共开展党委中心组学习12次，镇干部学习120次，开展村“两委”及党员干部培训班4期，建党积极分子和致富能手培训班2期，开展村组织活动260余场次，先后有近6000人次参加培训学习。通过学习教育提高了全体干部的政治素质和工作能力，为组织建设的正常开展奠定了坚实基础。

2. 制度推动。××××年，我镇在开展“三个代表”学教活动、建章立制的基础上，结合实际，镇党委制定并完善了《学习制度》、《请销假制度》、《镇村干部工作考核制度》、《工作情况通报制度》、《每周通报制度》等各项规章制度，并认真贯彻落实；指导各支部制定了切实可行的管理规章。通过制度规范行为，管理干部，有效地增强了广大干部的责任感、紧迫感和工作热情。

3. 考核调动。镇党委对照各项制度和目标管理责任制，对镇村干部和各单位进行严格考核，把考核结果与各单位评优结合起来，与单位负责人职务变动结合起来，与民主评议结合起来，对考核结果较差，群众意见较大的单位和个人，镇党委督促整改；对仍无起色，推而不动的给予免职和纪律处分。通过考核、考评调动了全体干部和部门的工作积极性，促进了整体工作的有效开展。

（二）注重三个结合

镇党委本着“围绕中心，服务大局，拓宽领域，强化功能，扩大党的工作的覆盖面”宗旨，在抓好三个结合上下工夫，以促进基层组织建设工作的开展。

1. 注重加强基层组织建设与加快经济发展的结合

镇党委紧紧围绕全面建设小康社会来加强组织建设，全面落实《中共××省委关于加强基层组织建设的意见》的有关精神，真正使党组织真正发挥领导核心作用，以促进经济发展，增加农民收入。为此，我们镇23名副科级以上干部，每人一个村，责任划分到村；40多名镇干部每人至少联系1户以上困难户，开展结对帮扶活动，为使帮扶活动落到实处，起到实实在在的效果，我们制订了帮扶工作计划，落实帮扶责任。通过帮扶措施的落实和帮扶工作的开展，有力促进了全镇整体经济水平的提高。

2. 注重把镇、村两级创建结合起来

为使村级创建工作更快、更好发展，我们采取把镇、村两级创建结合起来的办法。镇党委与各支部签订目标管理责任书，重点抓基层、抓基础，通过提高基层工作，来促进镇整体工作水平。同时，镇党委还把各支部党员管理列入目标管理内容，有效地促进各支部对党员的教育和党员作用的发挥，增加农民增收分值，提高了村支部抓经济工作的主动性和积极性。××××年年底，镇党委在对20个村支部进行“五个好”支部评比验收中，全镇平均得分为88分，充分体现了我镇村级组织建设的水平和质量。

3. 注重组织建设与党员发展结合起来

发展党员是党委的一项经常性工作，我们始终按照发展党员工作“坚持标准，保证质量，改善结构，慎重发展”的十六字方针和发展党员“三级预审”制度、“两次公示”制度的要求，成熟一个，发展一个。注重在生产一线发展党员，严把党员入口关，保证党员质量。××××年，共发展新党员41名，党委通过综合把关，继续培养的有6名。同时，我们还注重对外出返乡人员及致富带头人的培养，积极吸收入党，不断为党的基层组织补充新鲜血液。

二、抓稳定，营造安定社会环境

首先是突出抓了案件多发点、治安混乱点和防范薄弱点的综合治理工作。为此，我镇先后从“一事一议”资金中切出综治经费10万余元，购置了综治巡逻车并添置了相关治安防范器械，成立了以综治办、派出所为主体的治安巡逻大队，组建了镇村联动的群防群治网络，制定了《村打更放哨制度》、《群防群治督查奖惩制度》、《治安形势通报制度》，把广大群众以自然村为单位，以农户自然分布为基础，按相邻“十户”为一组，编排值班日程，并公布上墙。镇治安巡逻队通过不定期对各单位群防群治开展情况督查，促进制度的落实。使辖区内各类案件的上升势头得到有效遏制，治安状况明显好转，人民群众对治安的满意率不断提高。

其次是狠抓了基层矛盾纠纷的排查调能工作。为抓好此项工作，我镇专门成立了由七人组成的矛盾纠纷调查处理工作组，由一名副书记具体负责，对全镇范围内突发性和苗头性问题超前介入，提前解决，确保把矛盾化解在基层，把问题扼杀在萌芽。如今年6月份，我镇西街辖区内发生的机械面粉厂民间债权债务纠纷一案。镇党委政府不等、不靠、不推，及时成立了工作组，协同居委会干部，制定方案，通过先解决吃饭问题，后解决资金问题的办法，平抑群众情绪。从而最终平息了这起民间借贷纠纷，维护了稳定，避免了流血事件发生。再如，308省道改道××段共1.5公里，涉及拆迁户21户，征地49亩，镇党委、镇政府通过做大量细致而卓有成效的工作，无一人上访。

第三是狠抓了基层民主法制建设。我镇通过开展法制宣传及普法教育，加大村务公开、政务公开和依法行政工作力度，注意用法律手段处理土地、宅基等事关农民切身利益的重大问题，完善民主议事程序，增强透明度，使群众明白、信任、放心。从而不仅消除了矛盾，还推进了基层民主法制建设，促进了群众民主法制意识的提高。

第四是抓信访从源头上促稳定。在做好《信访条例》宣传工作的同时，把有关信访新精神贯穿于日常工作中，做好开门接访和带案下访工作。对日常排查出的不稳定因素，立即组织相关人员深入到户、到人做细致思想工作，把不稳定苗头消除在萌芽状态。

▲机关党委述职报告

【范例】

××市委宣传部机关党委述职报告

一年来，市委宣传部机关党委坚持以“三个代表”重要思想为指导，认真学习贯彻落实科学发展观，按照市直机关党工委的工作部署，围绕宣传部的中心任务开展工作，有效地促进了我市宣传思想各项工作的顺利开展。

一、抓好党员教育，开展内容丰富的活动

思想建设是党建设的核心，也是机关党的工作的主要任务。一年来，党委坚持把党员思想政治教育工作放在首位，重点抓好以下几方面工作：

（一）抓理论学习

继续把学习贯彻“三个代表”重要思想和树立科学发展观作为首要政治任务。要求各支部和广大党员要认真学习、全面领会和掌握“三个代表”重要思想、党的路线方针政策、党的基本理论、党章基本知识和党每次重大会议的重要决议、决定，牢固树立科学发展观，围绕宣传思想工作，深入开展理论和文化工作、把握新闻舆论导向、开展精神文明建设和未成年人思想道德教育工作，促进文化盛市建设进程和经济社会全面发展。十六届四中全会召开后，认真组织广大党员干部学习加强党的执政能力建设决议，并于11月9日，专门召开全市宣传战线加强党的执政能力建设学习会。通过一系列学习活动，引导、帮助党员干部树立正确的世界观、人生观、价值观，提高党员干部的政治、业务素质，增强践行“三个代表”重要思想的自觉性，使恪尽职守、爱岗敬业、甘于奉献成为广大党员干部的自觉行动。

（二）抓开展活动

党委能充分发挥基层党组织的桥梁纽带作用，坚持以人为本，把解决思想问题与解决实际问题结合起来，把集中教育与细致的思想政治工作结合起来，认真组织文艺创作、广场文化活动，组织党员到革命老区接受传统教育以及庆祝党的生日等活动，增强凝聚力，调动积极性。组织党委及各支部慰问困难党员，认真解决党员群众在工作生活中的困难和问题。

（三）抓工作落实

党委能围绕新时期党建工作总目标，注意党建工作与行政业务工作有机结合，相互促进，把党组织的教育、管理、监督等基本职责渗透并贯穿于业务行政工作全过程，使工作取得的每一项进展都凝聚着党组织的支持和努力，每项工作任务的完成都有党员的身影和奉献。各党支部围绕××××年度宣传思想工作任务和市委、市政府中心工作，充分发挥广大党员的积极性、主动性、创造性和聪明才智，以科学的理论武装人，以正确的舆论引导人，以高尚的精神塑造人，以优秀的作品鼓舞人。广大党员以饱满的工作热情和良好的精神状态，积极做好市五次党代会、十六届四中全会、科学发展观等宣传工作，社科理论、新闻外宣、社会文化、精神文明等各项工作整体推进，保证了导向正确，基调昂扬，亮点纷呈，扎实有效，十六届四中全会精神、“三个代表”重要思想、科学发展观和市委市政府重大决策在形成高潮中不断深入，在保持声势中开拓创新。为动员和激发全市人民的热情和干劲，发挥了积极作用，社会影响大，实际效果好，为推进我市经济社会保持持续发展的良好势头、为实现我市加快发展、协调发展、率先发展作出了贡献，出色地完成了年度各项宣传思想工作任务。

（四）抓文体活动

今年4月份组织各支部广大党员开展了乒乓球、羽毛球比赛，比赛活动共决出男女团体、个人一二三名，并给予现场颁奖。通过比赛活动，活跃了气氛，增进了友谊，加强了团结，提高了工作效率。

二、抓好党风廉政建设，确保宣传干部队伍的廉洁

机关作风，是机关思想政治建设、业务工作水平和干部队伍素质的综合反映，关系着机关的形象和战斗力。年内党委突出抓了党风廉政建设、优良传统教育和工作作风转变。

一是结合纪律教育月广泛开展建设学习型机关，努力建设“政治坚定、公道正派、廉洁勤奋、求实创新”的机关党员干部队伍的教育。

二是进一步坚持“一岗双责”，建立党风廉政建设责任制，明确规定领导干部在党风廉政建设中的责任，基本形成了以预防教育、廉洁自律、监督检查为主要内容的工作格局，保证了我部党风廉政责任制的落实和党委领导班子的廉洁从政。到目前，没有发现党委班子成员有违纪现象。

三是落实责任。把机关党的建设工作纳入机关整体工作通盘考虑，统筹安排。

一年来，市委宣传部机关党委取得了一定成效和成绩，但在丰富广大党员文化文娱活动方面，还需进一步加强，抓好落实、抓出成效。

▲党委书记述职报告

【范例】

××镇党委书记述职报告

我是1998年8月由县直机关调任××镇党委副书记、镇长候选人，1999年元月9日，在镇第十一届人大一次会议上，当选为镇人民政府镇长，主持政府全面工作。2000年5月，县委任命我为××镇党委书记，主持镇党委全面工作。几年来，我按照县委、县政府的要求，虚心学习，努力工作，廉洁自律，团结带领党政一班人，知难而进，迎难而上。

现将个人履行岗位职责的情况简要汇报如下，恳请各位领导和同志们予以评议。

一、××镇三年多来工作的整体效果

在县委、县政府的正确领导下，通过××镇广大干部群众的团结奋斗，全镇工作取得了较大的成绩。

1. 调整确定了××镇域经济发展的思路

镇人大第十一届人大一次会议和镇十次党代会提出了本届党委、政府任期内全镇经济和社会发展思路，即：“高起点谋划××，大规模建设××，全方位开放××，严要求治理××”，明晰了十件实事工程。随着交通优势、区位优势、资源优势、人气优势、形象优势的明显凸现和改变，立足镇情，集思广益，2001年初实事求是地提出了“创全县一流乡镇，建望城河东中心”的奋斗目标。同时努力推出了打造××“旅游休闲的胜地、投资兴业的宝地、商贾云集的福地、望城河东的府地”的招商引资、开放、开发牌。思路就是出路，调整确定思路并使之逐步成为全镇上下的共识与实践，是关乎全局、计之长远的一件大事，是确保××工作获得良好总体效果的关键。

2. 赢得了××镇两个文明建设的新成绩

1999年在县直科局级单位乡镇中，被县委、县政府授予“十佳领导班子”称号，并有12个单项工作受到县以上表彰奖励；2000年在全县两个文明建设总结中考核评为目标管理一类乡镇，综合排位全县第四名，并有14个单项工作受到县以上表彰奖励；2001年上半年在建党80周年之际，县委推荐、市委表彰授予“优秀基层党组织”光荣称号，在今年上半年度全县乡镇13项单项目标综合考核中得分排位第四名。回顾过去工作的三年，我认为有以下几点：

一是三年来是××镇各级、各部门顾全大局、互相理解、克服困难、顽强拼搏、大力支持镇党委、政府工作的三年。

二是三年来是镇党委、政府、人大一班人团结务实、创新争先、齐心协力、自加压力、负重奋进的三年。

三是三年来是坚持在县委、县人大、县政府、县政协的正确领导下，在县直各部门的大力支持下，紧紧扭住经济建设中心，强化干部队伍管理，依靠广大人民群众千方百计把经济建设和各项社会事业推向前进的三年。具体表现在：

财政税收增幅较大；企业改制效果明显，民营企业队伍壮大；产业结构调整步伐加快；招商引资受益匪浅，形势喜人；基础设施投入大大增加；计划生育稳居先进；社会大局保持稳定；干部作风明显好转，党风廉政建设警钟长鸣；其他社会事业全面进步。

3. 呈现出地利人和、健康向上的良好发展态势

1998年换届以来，经过全镇上下奋力拼搏，××呈现良好的发展态势。一是全盘皆活的开发态势。镇内全长近8公里途经5个村有效路面17米宽水泥硬化的长湘线、全长近11公里途经5个村水泥硬化的桥林公路、全长近7公里途经8个村油砂路面的垃圾场公路三线通车在即，省级森林公园黑麋峰森林公园蓄势待发等将拉开全镇开发架势，全盘激活××经济；一批重点工程在我镇落户，诸如投资近2.47个亿的长沙市固体废弃物处理场、投资约2000万元的中南五省防汛预警雷达指挥中心、投资近1000万元的武广铁路牵引变电站将成为镇域经济新的增长点和项目落户的引路牌。

刚引进的投资近500万元的湖南众立石化集团和正在洽谈并达成意向落户集镇新区的长沙雅凯服饰工业园、河东商贸中心市场等项目将为××的可持续发展培植财源。

二是团结干事的工作态势。全镇党政人一班人心齐、气顺、劲足。镇党委按照“三个代表”的总要求，总揽全镇工作大局，驾驭全面工作，正确处理改革、发展、稳定的关系，发挥了领导核心作用，镇人大主席团抓住改革开放和经济建设、社会事业发展中的重大问题进行审议监督，推进依法治镇、依法治村上水平，规范部门职能作出了重要贡献，政府组织人员和从事经济工作的其他负责干部围绕镇十次党代会和镇人大十一届一次会议的任务目标，突出工作重点，抢抓机遇，开拓进取，工作卓有成效。县直驻乡镇各部门、镇属各办、企事业单位、村支两委顾全大局、艰苦奋斗、竭心尽力。离退休老同志关心、支持党委、政府的工作，老有所为，余热生辉。

三是安定和谐的社会态势。三年来尽管遭受了特大洪涝灾害的创伤，周边不稳定因素波及影响，重点工程矛盾复杂具体，我镇社会治安仍然实现了无省、市、县挂牌的重大恶性案件，无群众集体上访省、市事件，无重大治安安全事故，无群体性械斗，无“×××”分子抬头，全镇上下人心安定，社会大局稳定，为全镇改革和发展创造了良好的社会环境。

四是领导鼓舞和鞭策的关注态势。三年来，国家计生委、省、市党政和部门主要领导先后多次在镇视察指导，县委、县政府始终对××的工作提出更新更高的要求。这些都是××发展的良好氛围和希望。

二、个人履职情况的自我评价

自己认为：过去的三年对于三十而立的我来说是一段不平凡的人生旅途，也是我适应角色转换、勤学苦思、意志考验、锻炼成长的三年，履职如何？我比较注意从以下几个方面去探索、去努力。

1. 适应角色转换，虚心学习强素质

如何当好地方父母官。镇长、党委书记的岗位对于我来说都是一个新的不同的课题。任县直机关部门一把手从事的是部门的宏观组织、协调、监督、服务，业务性较强，任镇人民政府镇长主要是谋“事”，就是想方设法找准路子把××经济搞上去，解决经济和社会事业的热点、难点。任党委书记抓的是全面、管的是人和队伍。三个职位都是正职，要实现三个转变，也只有实现三个转变才能进入角色开展工作。我体会到，要履行好自己的职责必须加强学习，因此，工作再忙，事情再具体，总是挤时间学习，虚心向老同志请教，诚恳向基层同志取经，积极借鉴兄弟乡镇经验，结合××实际，静心思考一些问题，理清工作思路。从而通过个人工作要求的定位和工作环境的适应，提高了个人素质，增强了政治责任感和综合协调能力。

2. 坚持民主集中制，慎重决策求实效

先后主持政府全面工作和党委全面工作以来，自己认为能够贯彻落实民主集中制原则，凡重大、重要工作坚持党政人集体研究，民主集中，会议决定，有效地增强了决策的科学性、准确

性，进而避免了明显的重大失误，党政人全会讨论研究工作，坚持做到不抢先发言定调子、不压制发言堵言路、不强制拍板作决定，在充分发挥民主的基础上，对重大问题决定做到有主见不主观、能果断不武断。三年来在干部调整分工、轮岗、交流等方面做到了人尽其才，未出闪失；在农民负担、农网改造、重点工程征拆标准等方面顺乎民意，一帆风顺；在严肃党纪处置不合格党员、维护社会稳定、创造良好发展环境、打击犯罪等方面，从快、从严刹住了歪风。

3. 严于律己律他，遵纪守法树形象

用领导廉洁自律的规定约束自己，要求他人，态度坚决地抓党风廉政建设，旗帜鲜明地反对腐败行为，是我对自己工作的一贯要求，“己不正难以正人”。因此，在工作和生活中，我不断加强自身修养：一是严格遵守经济纪律，不以权谋私。在镇机关建设、镇财政投资项目、境内重点工程施工队伍选择方面，坚持不打一个招呼，不写一张条子，不收一分票子，不进一次馆子。二是公道正派用干部，防止吏治腐败。严格执行县委关于领导干部选拔任用的规定，选贤任能，唯才是用，调整和推荐干部。三是带头执行机关各项制度，防止思想腐败。从不讲特殊，以领导身份自居，以家庭困难为由违背机关各项制度和纪律。四是大力支持纪检、政法部门查处违纪违法事件，不断完善监督机制。

××的工作，个人的能力和水平离上级的要求和人民的期望尚有不小差距。特别是镇域经济缺乏特色，镇村两级财政十分紧张，农业基础设施投入太少，指导农民增收的办法不多、措施不力，机关干部素质有待进一步提高，协调部门服务当地的方法有待进一步改进。我自知，在党委书记岗位上，要履行好职责，必须加倍努力，在今后的工作生活中认真改进，力争把工作做得更好。旁观者清，恳请领导和同志们指出我的诸多不足和过失，以利党的事业、人民的事业和个人的成长。

▲党委副书记述职报告

【范例】

××区委副书记述职报告

按照区委分工，我协助区委书记分管农村经济、组织、统战和老干部等项工作。截至××××年7月，由于工作分工的调整，开始负责区委日常工作，分管编制、群团、计生工作，联系人大、政协、武装工作。现将一年来的工作情况述职如下：

分管工作完成情况

（××××年1—7月份）

（一）农村经济工作。紧紧抓住农村经济发展的关键问题和薄弱环节，深入推进“农业稳区”战略的实施，以力促农业增效、农民增收为目标，突出抓好四项工作。一是大力实施农牧业产业结构调整。立足区位优势，大力发展以蔬菜、生猪、蛋鸡为重点的城郊型农牧业，推动传统农业向现代农业转型。在种植业上，突出抓好设施农业和无公害蔬菜产业，取得显著成效。截至××××年7月末，设施农业发展到6.9万亩；无公害蔬菜发展到25万亩。在畜牧业上，注重集约化经营和规模化养殖，着力建设小区、培育大户，努力争取项目扶持，加大招商引资力度，积极协调金融贷款，并动员全社会力量积极参与。截至××××年7月末，全区牲畜总头数达82.1万头（只），新增21.1万头（只）。二是全力推进农牧业产业化经营。继续加大对现有龙头企业的扶持力度，强化农村合作经济组织和农民经纪人队伍的规范化建设，农民进入市场的组织化程度不断提高。截至××××年7月末，全区新发展各类经济组织15个，总数达到205

个；新发展农民经纪人200人，总数达到5100人。三是大力发展劳务经济。注重搞好市场开发和劳务信息对接，加大有组织劳务输出工作力度，扩大劳务输出规模。截至××××年7月末，完成劳务输出9.97万人，其中有组织输出4.08万人。四是加强生态建设。全面完成××风沙源治理、退耕还林、重点公益林保护等项目建设任务，完成生态治理面积7.18万亩。

（二）组织工作。始终以提高各级班子党员干部的执政水平和工作能力为着力点，竭力为经济社会发展提供坚强的组织保证。一是加强各级干部的教育培训和实践锻炼。集中开展了“四个意识”主题教育活动，举办了党务工作者、街道社区干部等旨在提高领导发展能力的主体班次，采取走出去、请进来的办法，组织干部赴××等地学习考察，干部队伍的整体素质和工作能力得到进一步提高。二是加强领导班子和领导干部的日常考核和能力检验。积极推行领导班子和领导干部实绩考核工作改革，加大对乡镇分类考核、专项考核和项目建设监督考核的力度，完善监督考评制度，强化日常管理，促进了建设管理的科学化、规范化。三是扎实推进基层组织建设。继续深化农村基层组织“三级联创”、街道社区组织“综合示范区”创建，广泛开展创建基层满意的区直部门和企业基层组织建设“四五”工程，从而进一步提升了基层组织的战斗堡垒作用。扎实开展了第三批先进性教育活动和巩固整改成果及“回头看”工作，有效推进了活动的深入开展。切实加强村级组织活动场所建设，在上级项目资金尚未到位情况下，多方筹措资金对15个急需建设的村进行了先期建设。四是积极稳妥做好区乡村三级换届工作。切实把搞好区乡村三级换届工作作为全年的工作重点，超前谋划、周密安排、稳妥实施，顺利地完成了各项工作任务。目前，区委、乡镇党委和乡镇人大换届工作已圆满结束，村两委换届工作除个别不具备换届条件的村外，也已基本完成，通过换届，整合了领导资源，优化了班子结构，巩固了基层政权。

（三）统战和老干部工作。高度重视统战工作，积极协调组织部门安排党外干部驻村锻炼，认真做好党外干部的培养和使用。保持同各民主党派的联系，适时召开情况通报会，定期征求民主党派的意见和建议，密切了相互之间的关系，凝聚了民主党派的智慧和力量。认真落实老干部“两个待遇”，积极协调解决拖欠老干部“两费”问题。

（××××年8—12月份）

编制工作。按照年初确定的总体思路和工作重点，指导编制部门集中精力解决乡镇机构改革遗留问题，加强机构编制管理和监控，强化事业单位登记管理，有效发挥了机构编制部门的职能作用。一是机构改革结束后，及时带领组织、人事、编制部门对全区14个乡镇和5个街道进行了深入细致的调研，针对机构改革过程中遗留的一些具体问题，积极采取有效措施，及时妥善加以解决，加快了乡镇政府职能转变的进程。二是进一步加强机构编制管理和监控，通过采取严格控制编制总量，加强编制动态管理、强化编制有效监督等措施，大大提高了编制的使用效率。三是加大《事业单位登记管理暂行条例实施纲要》的宣传力度，认真贯彻中央编办《关于批转〈事业单位登记管理暂行条例实施细则〉的通知》精神，不断加强事业单位登记管理工作，努力提高事业单位的登记率和年检率。

▲党委宣传委员述职报告

【范例】

××乡党委宣传委员述职报告

今年是我们进一步贯彻落实党的十六大和十六届三中、四中全会精神的一年。在市委、县委以及乡党委的正确领导下，我工作认真负责、勤勤恳恳、兢兢业业，现将本人一年来的工作述职如下：

一、本人忠于党，忠于人民，认真贯彻执行党的基本路线和国家的各项方针政策，努力践行“三个代表”重要思想，坚持改革开放，政治立场坚定，在政治上、思想上、行动上与党中央始终保持一致，积极参加理论学习，明确自己的工作职责，把握好党的舆论宣传工作导向，进一步提高自身的政治思想素质。

二、作为乡党委宣传委员，我按照上级党委的统一部署和要求，紧紧围绕乡党委政府的中心工作，大力宣传报道我乡改革开放和现代化建设所取得的成就，切实为我乡改革与发展、社会稳定营造良好的思想舆论环境，积极推进我乡物质文明、政治文明和精神文明的协调发展。

一是认真做好工作计划，使我乡宣传思想工作主题鲜明、导向正确、贴近实际、贴近群众、贴近生活。

二是按照乡党委中心组的理论学习计划、学习制度，结合乡三家班子成员工作会议和参加今年县委主办的全县思想政治工作培训、《行政许可法》培训、全县乡科级领导干部培训等学习，积极展开讨论，并认真撰写论文，本人完成了论文上交任务。

三是坚持正确的新闻舆论导向，积极写稿投稿，今年我共投稿80多篇，得到各级新闻媒体和各类刊物用稿40多篇，及时报道了我乡各行各业在两个文明建设工作中涌现出来的新人、新事、新风貌、新经验、新典型。特别是今年我乡成立20周年，为全面宣传××，推介××，我专门制定了迎乡庆宣传计划方案，并积极联系县、市电视台、××日报社等新闻媒体，策划制作专题报道，从而提高我乡在全县、全市的知名度。

四是积极协助各分管领导，采取广播、宣传车、墙报、黑板报、横幅标语等形式，做好沼气建设、计生工作、退耕还林、防治禽流感、经济普查、冬季征兵等党委政府重点工作的宣传，今年4月还组织乡文化广播站到××、××、××、××等村屯放映无公害茶叶种植、科学养猪等科技电影。

五是认真抓好党报党刊征订发行工作，通过努力，今年较好地完成了县委下达的征订任务。

六是搞好宣传文化硬件建设，以20周年乡庆为契机，今年继续申报宣传文化站综合楼和扩大有线电视网络项目，整改维修了乡政府闭路电视线路，添置了中央电视台电影、体育、电视剧等频道，更换了两台换代数字接收机，增加图书1500多册，扶持××村×××成立了全县第一个农民图书室。

七是支持发展地方文艺，彩调剧和山歌是我乡优秀的民族文化传统，针对群众对彩调和山歌的激情与日俱增，我予以大力支持，并邀请了县文化系统的有关领导和专家前来指导，牺牲了不少休息时间，把我乡比较优秀的文艺节目拍摄制作成光盘，极大地丰富了人民群众的精神文化生活。

八是努力做好挂点××村工作，我经常下乡走村串户，宣传党的政策，了解群众的生产生活情况，引导群众发展经济，积极为群众办好事实事，一年来，我与其他挂点的同志一起，共同努力，多请示、多汇报、多渠道争取，得到市水利局帮扶××小学新建水泥球场和购买一套新电脑，落实了××至××大桥项目、××桥续建工程资金和村民委办公楼工程尾欠资金，率先在全乡超额完成沼气池建设任务，较好地完成了党委政府各时期布置的中心工作。

三、我服从组织安排，勤政为民、廉洁奉公、模范遵守党纪国法、遵守社会公德和单位制定的各项规章制度，作风正派、勤奋敬业，时时注意自己的言行形象，以一个人民满意的公务员严格要求自己，工作上取得了一定的成绩，并得到上级的充分肯定和社会的好评。同时，本人因学识浅薄能力有限、经验不足，有时不注意工作的策略与方法，工作主动性、敏感性还不够，理论学习少些，在今后的工作中，我决心加强学习，虚心请教，发扬优点，改正不足之处，为×乡的改革开放和经济建设提供强有力的精神动力、舆论支持和思想保证而努力工作。

总之，一年来，我较好地完成了自己的工作任务，能履行乡党委宣传委员工作职责，年度考核测评自评为称职，请领导和同志们予以审议。

▲党委组织委员述职报告

【范例】

××镇党委组织委员述职报告

××××年度，本人在镇党委的领导下，进一步加强学习，努力提高自身素质；扎实开展工作，切实把群众利益放在第一位，坚持实践“三个代表”重要思想，时刻牢记“立党为公、执政为民”，现对一年来的工作，述职如下：

一、以深入学习十六届三中、四中全会精神为契机，努力提高自身理论素质

××××年，是深入学习十六大精神之年，本人除参加县委组织部的为期一个月的科干班外，还积极参加镇每周两次干部集中学习和党委中心组学习。通过学习，进一步深刻理解了“三个代表”重要思想的深刻内涵，进一步用先进理论充实了自己，也进一步坚定了为人民服务的信心和决心；通过学习，进一步提高了自身理论素质，掌握了先进理论并用之指导实际工作，增强了为人民服务的本领，提高了解决基层矛盾和问题的能力。

二、以加强业务学习为突破口，努力加强组织工作

××××年度，以发展农村经济为中心，以增强基层组织的凝聚力和战斗力为宗旨，以县委组织部组织的学习为契机，进一步注重加强业务学习，努力加强自己所负责的组织工作。

1. 组织工作

全年新发展预备党员42名，44名预备党员按期转正，成功地组织了各类党员培训6期近500人次，按照组织部布置，组织了村书记、村主任任期培训和其他村“两委”干部的培训；按照“三级联创”的要求，对照“五个好”乡镇党委和村支部条件，狠抓镇村两级制度建设并加强考核，镇进一步完善了以党委会议制度为主要内容的制度建设，各支部调整优化了党员目标考核内容，使之更具操作性；把发展作为第一要务，围绕农村全面建设小康社会的重大任务，积极为党委出谋划策，调整优化了个别村支部班子，使之更有战斗力和凝聚力，更能适应现代农村经济的发展；建议并协助党委扎实推进基层民主政治建设，健全村党支部领导下的充满活力的村民自治机制，规范村务公开的时间、程序及形式，做到“六规范、一满意”，从而密切了党群、干群关系；配合上级组织部门做好下派干部的管理。今年，又新增下派书记3人，镇党委从生活中帮助他们，在工作上支持他们，使他们能安心开展工作，尽心发挥才能。

2. 人事工作

××××年是事业单位改革攻坚年，在镇党委的领导下，定岗35人，分流109人，为50人办理了离、退手续，为59名分流人员办理了《再就业优惠证》，圆满顺利地完成了改革任务。全年还为一名到龄人员办理退休手续，为30余人顺利办理增资及正常级手续，积极向镇党委政府反映，做好离休干部医药费改革工作，并支付历年医药费欠款近万元。

三、以切实服务群众为目的，努力做好所包村工作

在所包村工作中，本人均坚持实事求是，踏实认真，坚持把群众利益放在第一位，依靠全体党员和群众，均收到一定的效果。特别是到建二后，本人坚持从群众关心的问题入手，广泛开展

调查研究，深入到群众中，从根本上解决矛盾，从段郢村反映的预留地，到解屯的公家宅上栽树问题，从个别邻里的宅基纠纷，到阮湾的一个队矛盾，均做到仔细了解，听取意见，负责处理，虽然该村现在工作尚不能让人十分满意，但我想，随着村班子的进一步优化，班子作风的进一步转变，其工作也将再上新台阶。

以上成绩的取得，是镇党委政府正确领导的结果，也与镇直各单位、各村（居）委会的支持密不可分，我愿意听取大家的批评、意见和建议，以便使以后的工作做得更好！

谢谢大家！

▲届满述职报告

【范例】

××乡党委组织委员届满述职报告

本人自接受组织的安排，担任乡党委组织委员至今已近届满。现在，我就几年来的学习、思想、工作等情况向大家作汇报：

一、理论学习方面和政治思想表现

任职以来，本人能坚持学习马列主义、毛泽东思想、邓小平理论和“三个代表”重要思想，认真学习党的十六大精神和十六届三中、四中全会精神，认真学习党的基本理论和基本知识，特别是近段时间开展保持共产党员先进性教育活动以来，能深入地学习×党的理论和各种知识，在农村工作方面的理论也学习了很多，通过学习我的政治思想水平不断提高，对党的执政理念，执政方式、方法有了更深入的了解，对中国共产党领导我国所取得的伟大成就有了更清醒的认识，自己在思想上、行动上也更进一步地向党靠拢。认真贯彻党的各项路线、方针、政策，在工作中用党章严格要求自己，坚决完成上级组织和乡党委分派的各项工作任务，坚决做到为党、为人民、为国家贡献自己的微薄力量。

二、工作实绩方面

任职以来，我坚持以“三个代表”重要思想为指导开展好各项工作，认真完成上级部门交办的工作任务，认真完成乡党委分派的各项中心工作任务，认真做好乡党委的日常业务工作。

1. 在“五村两规范”创建工作中，我充分发挥自己能动性，深入各村屯，掌握第一手材料，为乡党委开展该项工作出谋献策，并指导好各支部做好各项工作。

（1）抓好重点村的创建工作，带动面上村。把有项目、群众基础好、村干部能力较强的村列为重点创建村，针对项目规模小、缺乏技术水平的特点，我们邀请县有关部门开展现场培训或以会代训的形式，对群众进行技术培训，要求乡直有关部门经常深入指导，确保项目出效益。

（2）督促各支部规范对村办公场所的管理。在想方设法增加村的经济收入的同时，要确保有办公场地，并指导制定各项规章制度。

（3）抓好示范引导，探索发展村集体经济新路子。按照县委“南烟北桑”的发展思路，我们在××村××屯做一个种桑养蚕示范片，通过大量的工作，划出13.9亩旱地作为种桑示范片，并由村委副主任具体负责，取得了较好的成效。

2. 在党员中心户的创建工作中，我深入党员当中，具体掌握党员的情况，查找选出政治思想表现好、有特长或致富本领、热心帮助群众的党员作为中心户。他们中有的是种烟能手、种桑能手、养猪能手或其他项目的能手。同时加强对他们的教育培养，使他们发挥带头作用。

3. 不断加强对各党支部工作的指导。认真指导各支部开展组织生活，在各支部召开大会时，我尽量参加他们的会议，目的是指导他们如何按照程序开会，同时在会上上党课，如怎样撰写入党材料等，最大限度地对农村党员进行教育，提高党员队伍的政治思想素质，也提高了村支委成员的组织工作水平。

4. 做好党费的核定和收缴工作。严格执照县委要求核定党费，做好收缴工作，并按时上缴。做好各种票据的保管，严格做到收到的党费如数上缴。

5. 做好发展党员工作。严格按照发展党员的标准和程序，把好入口关。发展党员，不仅仅是为完成指导性任务，重要的是我们发展的对象是否具备了党员的条件，入党后是否能发挥党员的作用。

6. 做好干部的教育管理工作，掌握乡、村干部的情况，了解干部的思想动向，特别是年轻干部的思想动向进行观察，组织召开民主生活会对党员进行教育。

7. 完成其他日常工作。做到党员干部入出有登记，死亡有记录，完成上级部门交办的各项业务工作。

全乡中心工作方面：在全乡的中心工作中，我认真做好本挂点村的各项工作，深入村屯，密切配合村干部，完成乡分派的任务。如禽流感防治、五号病防治等工作都能深入到各户开展注射疫苗工作，同时全乡统一开展的工作，我都能积极参与并发挥作用。

三、主要不足和今后的努力方向

三年来，我在这个岗位上做了不少的工作，有一定的成绩，但由于自身能力、工作经验等条件的限制，工作中有许多做不到的地方，主要是：一是经验少，开展工作不够大胆；二是工作任务繁多时分不清轻重缓急；三是工作不够踏实，有时有偷懒的现象；四是深入群众少，不能全面掌握本挂点村的情况；五是对汇报工作缺乏认识，认为是邀功请赏，有时做了工作主要领导都不知道。

在今后的工作中，我会更进一步学习党的理论和基本知识，努力提高理论水平和业务水平，克服缺点，发扬优点，争取大家的支持，把自己的工作做得更好。

▲在领导干部离职、调动座谈会上的讲话稿

【范例】

在××市党员领导干部会议上的讲话（摘要）

我们召开这次全市党员领导干部会议，主要是集体欢送××同志，以开短会的形式，让××同志和大家道别，并借此机会对近期的工作做些安排。

15日下午，按照省委安排，我市召开了四大班子联席会议，省委组织部常务副部长×××同志宣布了中央和省委关于×××同志任省委常委、省委宣传部部长的决定，宣布了省委关于由我暂时主持市委全面工作的决定。市四大班子一致表示拥护省委的决定。××同志马上就要到省委工作，在这里，谨向××同志表示热烈的祝贺和良好的祝愿。

××同志1993年以来先后在××担任重要领导职务，从1998年2月起，主持市委全面工作。几年来，在××同志的带领下，我们坚持以邓小平理论和党的基本路线为指导，按照“三个代表”的要求，团结带领全市广大干部群众，以经济建设为中心，开拓创新，深化改革，扩大开放，国民经济持续快速健康发展，主要经济指标增速居全省靠前位次，综合经济实力进一步增强；城市建设跃上新的台阶；党的建设、精神文明建设和民主法制建设进一步加强，各项社会事业蓬勃发展。这些成绩的取得，是全市广大干部群众共同努力的结果，但与××同志的精心组

织、运筹谋划密切相关，与××同志对党的事业全身心投入的敬业精神密切相关，与××同志率先垂范、身体力行的带头作用密切相关，也与四大班子形成的相互支持、干事创业的局面密不可分。此时此刻，我们对市四大班子和成员之间多年来形成的团结共事、相互支持的局面倍感珍惜。希望××同志到省里工作以后，继续把××作为第二故乡，更加关心、支持和帮助××的工作。

在××同志到省里任职以后，省委决定暂由我主持市委工作，我深感任务艰巨，责任重大，我将按照省委的要求和××同志的嘱托，同市四大班子领导和全市广大干部群众一起努力把工作做好，我们一定会在现有工作的基础上，再接再厉，把××发展的宏伟蓝图一如既往地绘制下去，尽心竭力地把××的各项事业进一步推向前进。

当前正处年末岁初，我们面临的改革、发展和稳定的任务非常艰巨，希望全市各级领导干部各司其职，各负其责，集中精力，抓好工作，为明年的更快发展奠定一个好的基础，为“十五”规划的实施开好头、起好步。从现在到春节，只有一个多月的时间了。在这有限的时间内，我们除按市委既定工作部署继续抓好落实外，要突出抓好以下几项工作：

一、抓好年底前各项工作的落实，确保全年目标任务完成。（略）

二、积极化解金融风险，确保社会大局的基本稳定。（略）

三、结合学习贯彻党的十五届五中全会、中央经济工作会议和省委全会精神，研究制订好全市经济社会发展的“十五”计划，安排部署好明年的各项工作。（略）

四、要提前做好双节期间群众的生活安排。（略）

五、按照省委部署，有计划、有步骤地做好明年换届的有关准备工作。（略）

第三编

机关会议类文书写作

第一章　会议准备阶段文书写作

第一节　会议方案

一、会议方案概述

1. 会议方案的概念

会议方案是召开大中型会议之前，对会议如何召开所作的预想性方案，是一种书面文字材料。

2. 会议方案的分类

按会议性质分，可分为以下三种：

(1) 代表会议方案

代表会议一般参加人数较多，召开时间较长，会议程序严格，而且不同级别的代表会，有不同要求，其方案也比较复杂。

(2) 工作会议方案

工作会议虽然不像代表会议在程序和规格上要求那样严格，但在材料的准备工作上有自己突出的特点。

(3) 表彰奖励性会议方案

表彰奖励性会议除会议本身之外，因涉及奖旗、奖状、奖品之类，在财务和物资方面需要做好准备，其会议方案比较复杂。

按会议规模分，可分为大型、中型等各种会议方案。

3. 会议方案的特点

(1) 预想性

会议方案是在会议召开之前制定的。对为什么召开这次会议，怎样召开这次会议，会议将达到什么效果，都要事先做出设想和安排。这种设想和安排，一方面要根据实际情况进行，另一方面要凭借以往经验。对如何开好会议预想得越周到、越细致越好。

(2) 程序性

凡召开会议必有一定程序，有些会议其程序大体都是固定的，因此在制定会议方案时，不能不根据某种会议的特点和要求，确定其基本程序，以保证会议井然有序地召开。

(3) 请示性

写会议方案还有一个目的，那就是请示上级领导部门批准召开这次会议，如这次会议的规模、程序、开法、经费使用等是否合适，请示审查批准。

4. 会议方案一般包括标题、主送机关、正文、落款，有的还有附件。

(1) 标题

有两种标题法：一是公文规范标题法，由开会机关名称、会议名称和文种组成。二是会议名称加文种。

(2) 主送机关

主送机关即报批的领导机关。有的也可以不写主送机关。

(3) 正文

正文一般由开头、主体和结语组成。

①开头，写召开会议的依据（缘由）、单位、名称、时间、地点、会期等，然后用“特制定会议方案如下”，作承上启下的连接语。

②主体写会议宗旨（目的）、会议规模（参加会议人员）、会议议程、会议日程、会议开法、会议的准备工作、经费预算等。有的还把邀请上级主管部门参加会议的名单写上，如果请某位领导讲话或作报告，也要注明。其讲话稿如何准备，必要时也要说明。

③结语，写“以上方案，当否，请批示”。

(4) 落款

写上召开会议的单位名称或写会议领导小组，也有写会议筹备小组的。并写上拟定此方案的时间。

二、会议方案的写作范例

▲工作会议方案

【范例】

××机械厂关于召开职工教育工作会议的方案

××市机械局：

为了贯彻落实中共中央、国务院《关于加强职工教育的决定》，我厂定于5月10日至15日，在厂招待所召开职工教育工作会议，特制定会议方案如下：

一、会议目的。认真学习中共中央、国务院《关于加强职工教育工作的决定》，传达省市教育工作会议精神，结合我厂实际情况，制订加强职工教育的规划，研究落实中青年职工的“双补”教育工作。

二、会议规模。主管教育工作的厂党委书记、厂长；厂部有关科室负责人、工作人员；各分厂主管教育工作的负责人；各车间主管教育工作的主任；工会、共青团各级主管教育工作的负责人，共58人。

三、会议日程。5月10日，传达省市教育工作会议精神，学习中共中央、国务院《关于加强职工教育工作的决定》。大会传达后，分组讨论，吃透上级精神，提高认识，端正态度。5月11日至15日，结合我厂实际情况制订加强职工教育规划，研究落实“双补”教育任务，解决“双补”教育中的各种实际问题。

四、会议采取大小会相结合的方法进行。10日上午举行开幕式，大会传达上级会议精神及中央文件，由党委书记×××作动员报告。15日下午举行闭幕式，宣读我厂加强职工教育规划，部署开展“双补”教育任务和措施。

五、会议准备工作。厂里准备抽调10名熟悉教育工作的同志，用半个月时间通过调查研究、上下结合，写出一份加强我厂职工教育工作特别是开展“双补”教育工作的实施方案，并制订加强职工教育工作五年规划（草案），拿到会议上讨论修改。

六、会议经费。为了集中精力开好会，所有参加会议人员一律在招待所住宿。其各项开支见附表。

七、请局领导参加我们的会议，并请分管教育工作的×××局长在开幕式上讲话。关于讲话稿的撰写，将派专人面谈。

以上方案，当否，请批示。

××机械厂（盖章）
××××年××月××日

▲专题会议方案

【范例】

第二届世界××同乡联谊大会方案

我省将于今年底举办第二届世界××同乡联谊大会（以下简称“世×联会”），现将大会方案拟订如下。

一、“世×联会”的主题和任务

大会以“联谊、合作、发展”为主题，力争开成隆重热烈、团结务实、富有时代特征的世纪盛会。通过大会，宣传我国特别是××经济和社会发展新成就，展示××良好形象，进一步凝聚侨心，增进乡情；宣传党和国家和平统一、“一国两制”方针，增强海外侨胞对祖（籍）国的认同感，壮大反“台独”、促统一的力量。具体做到“四个结合”和“四个注重”：“四个结合”就是与宣传推介××相结合，与促进经贸交流与合作相结合，与引智引才相结合；与对台工作相结合。“四个注重”就是注重宣传××新形象，提升××的国际地位；注重争取侨心，凝聚侨力；注重重点侨商、知名人士的参会工作；注重实效，促进我省的对外开放和外经贸的发展。

二、“世×联会”的召开时间、活动内容和规模

第二届“世×联会”定于××××年12月2日至4日召开。大会的主要活动内容包括：大会开幕式、闭幕式；党和国家及省领导会见海外华侨华人知名人士代表；××省情况介绍与经贸推介活动；海外侨情交流；参观考察活动等。大会的规模为：海内外代表3000人左右。

三、大会的日程安排

（一）12月2日

下午2：00以后内外代表报到。

下午2：30华侨华人图片展、中华文化五洲书画展在××艺术博物馆举行开幕剪彩。

下午6：00~8：00举行大会欢迎宴会。在××珠岛宾馆设主会场，汇聚主要嘉宾、知名侨领和企业家代表（约350人）。其他代表在所住酒店（××××宾馆、××酒店、××大酒店、××大酒店、××国际大酒店、××大酒店、××酒店、××宾馆、××大酒店）参加欢迎宴会。省领导致宴会欢迎词。

（二）12月3日

上午举办3场主题活动。

经贸合作交流会、侨情交流会、观看华侨华人历史图片与美术作品展。时间为上午9：00~11：00。

经贸合作交流会：介绍我省改革开放的巨大成就、良好投资环境和政策；组织我省各重点企业与海外、港澳工商企业家开展洽谈交流；选择有代表性的侨资项目举办签约仪式。由省外贸厅负主责、省侨办协办，人数600人，地点定在××大酒店。

侨情交流会：组织海外主要社团代表围绕海外侨团建设、经贸交流合作、促进中国统一、弘扬中华文化、融入当地社会等6大专题进行交流。由省侨办主办，人数450人，地点定在××音乐厅。由省侨办负主责。

观看20世纪华侨华人历史图片展及中华文化五洲美术作品展，其他未参加上述两项活动的代表组织前往观看。华侨华人历史图片展由省侨联负主责，中华文化五洲美术作品展由××市侨办负主责，人数2000人，地点在××艺术博物馆。

下午举行大会开幕式。

开幕式定于15：00~18：00在××纪念堂举行。海内外代表、国家和省领导等共3000人出席。开幕式前，由国家与省领导人与海外嘉宾代表合影。开幕式内容：（1）国家领导人致辞；（2）省领导致辞；（3）国务院侨办领导讲话；（4）华侨华人代表讲话；（5）有××、××地方特色的传统文化体育表演。

（三）12月4日

组织代表赴××××洲地区考察参观及举行闭幕式。

根据不同国家和地区侨胞情况，分成11条线路，分赴××、××、××、××、××、××、××、××、××等地进行参观考察，推介××良好的投资环境、丰富的商机，让海外侨胞亲身体会广东改革开放的巨大变化。由省侨办及各有关市负主责。

参观考察后，各线路将于当日下午5：00汇聚××华侨城中华民俗文化村，举行大会闭幕式，观看体操节目，宣布第三届“世×联会”举办单位，进行交旗仪式，宣布第二届大会闭幕。由省侨办负主责，××市协力。

四、关于大会经费问题

大会本着从俭节约，少花钱、多办事的原则进行筹划。筹委会按照国际惯例，确定除收取代表（不含特邀嘉宾）一定数额的会务费、住宿费外，其他会议支出由我省负责。大会预算支出主要项目包括宴会、代表伙食费及住宿费、交通费、文件编印包装费、宣传资料费、纪念品费、文艺表演费、会议场租费、宣传广告费、三场主题活动费、参观考察费、安全保卫等费用，合计×××万元。请省政府从财政款中核拨专款，作会议支出费用。

五、大会的筹办

（一）主办单位

由××省海外交流协会、××海外联谊会、××省归国华侨联合会三家主办。

（二）工作机构

成立第二届“世×联会”筹委会，由×××副省长任主任，副主任为×××、×××、×××，秘书长由×××兼任，成员由省侨办、省宣传部（外宣办）、省统战部、省财政厅、省公安厅、省外贸厅、省外办、省文化厅、省旅游局、省台办、省侨联、××海关及××、××、××、××、××、××、××、××等市的领导组成。筹委会设立秘书处，负责大会筹办工作的统筹协调，由各有关部门领导担任负责人。

（三）各组负责人、组成单位和任务分工（略）

六、其他

（1）以省委、省政府名义邀请党和国家领导人出席开幕大会。

（2）大会特邀嘉宾以省长×××的名义邀请，大会海外代表以大会筹委会主任×××名义邀请。

第二届世界××同乡联谊大会筹委会

××××年××月××日

第二节　会议预备通知

一、会议预备通知概述

会议预备通知是通知中较为特殊的一种类型。行政机关在召开某些重大会议时，需要在正式会议召开之前让参加会议的所属单位或个人做一些准备工作，而这些准备工作，工作量较大，需要较长时间才能完成时，常使用这一文体。

会议预备通知属于一种“预备通知”，与预备会议的通知不同，后者属于一般性的通知。

会议预备通知由标题、正文和落款三部分构成：

（1）标题

由发文机关、事由和文种类别“预备通知”字样组成，一般不宜省略，特别是“预备”二字要标明，以示与其他类型的通知相区别。

（2）正文

预备通知的正文，开头也是受文单位，顶格列出；其次写发文目的；再接下去写通知事项。通知的具体事项可分条陈述。

会议预备通知的内容是会前受文单位需要准备的事项，会议的程序和内容不应列入，未列入的内容应在正文结束处用“将另行通知”字样交代清楚。如有“登记表”、“名额分配表”之类的附件材料，也应在正文中有所交代，附在通知后面。

（3）落款

落款处签署发文机关和日期。

二、会议预备通知的写作范例

▲工作会议预备通知

【范例】

中共××市委办公室　××市人民政府办公室
关于召开乡镇企业工作会议的预备通知

各县区委、人民政府，市直各单位，军分区：

为使我市乡镇企业在治理整顿中继续稳定健康发展，市委、市政府拟在7月底8月初召开全市乡镇企业工作会议。现将有关事项通知如下：

一、会议目的：这次会议重点研究讨论我市乡镇企业当前面临的新情况、新问题，总结交流经验，统一思想认识，研究部署进一步推动我市乡镇企业持续稳步发展的措施和意见。

二、总结交流的重点着重围绕以下五个方面：

（1）如何按照国家的产业政策和市场需求，合理调整产业、产品结构。

（2）怎样解决好“半拉子”工程问题。

（3）如何解决好目前乡镇企业面临的资金短缺、原材料紧张、能源不足等方面的实际问题。

（4）如何进一步深化企业改革，推进科技进步，强化企业管理，提高经济效益。

（5）如何正确处理农业和乡镇企业的关系，加强乡镇企业的领导，做到互相促进、协调发展。

三、参加人员：各县区（场）党委书记或县区（场）长、乡镇企业局长，每一个县区一名乡（镇）书记或乡（镇）长、一名企业厂长（经理），市直有关部门负责人。

望各地按照上述通知要求，组织力量，认真搞好调查研究，做好会前准备。会议的具体时间、地点另行通知。

中共××市委办公室
××市人民政府办公室
××××年××月××日

第二章 会议开（闭）幕、主持词讲话稿写作

第一节 会议开幕词讲话稿写作

一、会议开幕词讲话稿写作概述

开幕式讲话稿属于讲话稿的范畴之一，它也称为“开幕词”、“发言稿”，是在某种特定场合讲话前所拟定的书面稿子。其作用是节省时间，能够集中有效地围绕中心主题把话讲好，避免走题或把话讲错。这种稿件使用的范围很广，多用于各种重要会议、广播录音等口头表达。

会议开幕式讲话稿的写作格式如下：

（1）标题

标题是指讲话稿的题目。其写作格式如下：

标题位置要左右居中，上下各空一行。短标题的字距可拉开一点。长标题一行不够，可转行，但要注意保持词与词组的完整性，字数搭配匀称合理。

（2）讲话者姓名

姓名是指讲话者的姓名。其写作格式如下：

①有与标题连在一起，列于标题之前的。

②如果讲话者在本地讲话，大家对其不很熟悉时，最好在姓名之前，冠以主要职务，以便与会者增进了解。

③姓名独占一行时，字距应拉大一些；姓名只有两个字的，字距可再拉大一点。

（3）讲话时间

时间是指发表讲话的时间。其写作格式如下：

①讲话时间有的标在讲话者之前，有的标在讲话者之后，还有把讲话者与讲话时间连在一起嵌入副标题中。这三种方式可灵活运用。

②时间单独标出，独占一行时，要外加括号。

③所标时间不能简化，年、月、日中的数要写全。一般标到某日为止。

（4）称谓

称谓是指对与会者的称呼。如何称谓，要视会议性质和与会者的具体情况而

定。称谓一般要顶格写，独立成行，较多时并列两行；有时称谓也可与讲话开头并连在一行。

(5) 开头

开头是指讲话稿的开始语。开头是讲话思路的起点，它的任务在于提领整个讲话，赢得听众好感和引入正文。为了达到这个目的，在写讲话稿开头时，需要注意以下四点：

①内容要力求有新意，能给人耳目一新之感。

②形式要力求新奇巧趣，要能牢牢地吸引听众。

③要避免用谦逊过度的开头和自我吹嘘的开头。

④注意开头不要兜圈子、绕弯子，入题太缓，离题太远。

讲话的开头很重要，它起着引发、定调的作用。因此，要写得很得体，要体现出讲话者和听众之间的主要关系，要符合讲话场合的需要，要用简要的语言交代出全部讲话的要点，使听众先有所了解，并造成一种气氛，达到控制和掌握听众情绪，吸引其注意力的目的。

写讲话稿开头的总的要求就是：开门见山、切入主题，语言要引人入胜、吸引听众、新颖精巧，内容要紧扣题意、简明扼要。

(6) 正文

即讲话稿的主体。一般来说，正文没有一个固定的模式，其内容要视讲话人的身份、会议的背景、讲话的主题以及听众的差异而定。但都必须内容充实、分析透彻，主题鲜明、观点正确，材料充实、详略得当，层次结构分明、条理清晰，言之有序。篇幅较长的讲话稿需要列出若干小标题，或用序号分出几个部分来写。

(7) 结尾

即讲话稿的结束语。结尾是讲话思路的终结，它要在一个很短的时间内，抓住听众的注意力，使其全篇的意义完整，因而必须用最有力量的语言，将思想升华，编织完成全篇的讲话。好的结尾具有画龙点睛的功能，可发人深省，耐人回味，鼓舞斗志，振奋精神。写作讲话稿结尾的要求：

①概括整个文稿主题，作出结论，完整准确。

②语言精悍有力，充满热情。

③让听众余音未尽，回味无穷。

结尾的写作方法很多，常见的有：一是总结式，即对讲话的主要内容进行总结，归纳概括。这种结尾方式既是讲话稿的终点又是启发人们思考的起点。二是发出号召、提出希望式，即向与会者或有关人员指明方向，发出号召，提出希望。三是展望未来、鼓舞斗志式，即对未来的前景作展望，拨动听众的心弦。四是感谢式，即向与会者或有关人员表示感谢。这种结尾方式能使听众倍感亲切，有助于缩短讲者和听者之间的心理距离，融合讲者和听者的感情。五是哲理式，即通过总结作出哲理性结论，给听众以启发。六是含蓄式，即通过提出问题，给听众以回味。

二、会议开幕词讲话稿的写作范例

▲会议开幕词

【范例】

党代会开幕式主持词

各位代表：

根据大会日程安排，中国共产党×××县×××局第九次代表大会现在开幕。

出席大会应到的代表共××名。今天因事、因病请假×名，实到××名。符合法定人数，可以开会。

今天大会的执行主席是：×××。

参加今天大会的有：×××（上级领导和来宾）。

列席今天会议的有：×××、×××、×××、×××。

让我们以热烈的掌声，对他们的光临表示欢迎！

现在我宣布：中国共产党×××县×××局第九次代表大会开幕。

全体起立。

奏（唱）《国歌》。

请坐下。

现在请×××（上级领导）讲话。

这次代表大会的主要议程是：

1. 听取和审查中共×××县×××局第八届委员会工作报告。
2. 选举中共×××县×××局第九届委员会。
3. 选举中共×××县×××局纪律检查委员会。

各位代表、同志们，这次大会，是在全局党员和全体职工深入学习“三个代表”重要思想，认真贯彻落实党的基本路线和党的十六大以来的会议精神，牢固树立和落实科学发展观，大力保持和发展党的先进性建设，是在国网公司提出“新农村、新电力、新服务”的“三新”发展战略，行风建设和优质服务工作取得“十连冠”，全面促进我局的振兴与发展，全力打造“一强三优”的×××企业的新形势和新任务下召开的一次极其重要的会议，是我局广大党员和全体职工政治生活中的一件大事。开好这次大会，对于进一步鼓舞全局党员和全体职工，同心同德，开拓进取，大力推进我局快速健康发展，建设坚强电网，有着十分重要的意义。我们一定要按照党章和《中国共产党地方组织选举工作条例》的规定，把这次大会开成一个团结、民主、鼓劲、奋进的大会，为××××××加速发展提供坚实保证的大会。

下面，请×××同志代表中国共产党×××县×××局第八届委员会作工作报告。

下面对党委工作报告进行审议。

各位代表对这个报告有什么意见，请发表。

现在进行表决：

同意的请举手，请放下。

不同意的请举手，没有（或请放下）。

全体通过（或通过）。

▲洽谈会开幕式上的讲话

【范例】

在××自治区中外经贸合作洽谈会开幕式上的讲话

尊敬的×××大使、各位来宾、女士们、先生们：

首先，我谨代表××自治区人民政府向前来参会的各位嘉宾、各位朋友表示热烈的欢迎。今天，我们在这里召开洽谈会，目的是为了增进彼此间的了解，在互惠互利的基础上，进一步推进我们之间的经济技术合作。

××具有良好的资源、政策和区位优势。水力、矿产、亚热带动植物、海洋等资源蕴藏量居全国前列；××不仅是中国西部地区唯一拥有海港的省区，而且还是连接中国—东盟的桥梁。××××年，××完成国内生产总值2733亿元，比上年增长10.2%，高于全国平均增长速度，对外贸易创历史新高，经济发展势头迅猛，已形成了以有色金属及非金属矿产开采加工、机械及汽车制造、建筑材料、制糖、农业、旅游业为支柱的特色产业。今年11月，第一届中国—东盟博览会将在××××举办，这为进一步加快××的对外开放和经济发展带来了历史性机遇。

×××科技发达，在电信、高科技以及农业科技产业等都极具国际竞争力。×××和××在资源和技术优势上互补性很强，具有良好的合作前景。我们非常欢迎×××朋友惠顾××观光旅游，投资兴业。愿我们以本次洽谈会为契机，精诚合作，共创辉煌！

祝洽谈会取得圆满成功！谢谢各位！

▲交易会开幕式上的讲话

【范例】

在××××中国××小麦展示暨交易会开幕式上的讲话

各位领导、各位代表，朋友们：

今天，××××中国××小麦展示暨交易会隆重开幕了。我谨代表国家粮食局向这次大会的召开表示热烈的祝贺！

在粮食流通市场化的新形势下，举办全国性的小麦展示和交易会，为产销区、为全国粮食购销企业、为农业和粮食部门牵线搭桥，让大家以市场为纽带走到一起，并建立长期稳定的产销协作关系，这是充分发挥政府部门的组织引导作用，为深化粮食流通体制改革服务的具体体现。本届交易会的举办，必将进一步强化粮食流通市场化和规范化理念，促进生产、流通的相互衔接。

进场交易、上网交易是未来粮食流通发展的主流趋势。实践证明，充分发挥粮食批发市场的作用，引导粮食企业进场交易、上网交易，是深化粮改、规范粮食市场流通秩序的有效途径，也符合我国粮食发展战略的需要。希望广大粮食企业以这次交易会为契机，充分运用期、现货市场提供的有利条件和服务功能，降低交易成本，不断提高企业的市场意识和市场竞争能力。

中国××小麦展示暨交易会是全国性的大型农业成果展示和小麦交易盛会，前两届交易会所取得的成功和效应，为我们培育和发展这一品牌奠定了很好的基础。我们要不断总结经验，丰富内容，强化服务，开拓创新，努力把这一会议办出水平、办出特色、办出品牌来。

××地处中原，是我国主要的粮食产区，粮食产量和商品量占全国第一位，具有明显的区位优势和资源优势。多年来，××省充分发挥自身优势，在深化粮食流通体制改革，探索粮食产销衔接，促进粮食生产和流通等方面做出了突出的贡献，提供了宝贵的经验××省人民政府高度重视中国××小麦交易会，为大会的成功召开奠定了坚实的基础。最后，我代表参会的代表向××省政府领导表示衷心的感谢！

谢谢！

第二节　会议闭幕词讲话稿写作

一、会议闭幕词讲话稿写作概述

会议闭幕词是机关、群众团体、企事业单位举行隆重会议闭幕时，由有关领导向会议所作的总结性讲话。

1. 会议闭幕词的写作格式

由标题、称呼和正文三部分组成，标题与称呼的写法与开幕词基本相同，现在着重说明正文部分的开头、主体、结尾的写法。在标题和称谓之后，另起一段首先说明会议已经完成预定任务，现在就要闭幕了；然后概述会议的进行情况，恰当地评价会议的收获、意义及影响。核心部分要写明：会议通过的主要事项和基本精神，会议的重要性和深远意义，向与会人员提出贯彻会议精神的基本要求等。一般说来，这几方面内容都不能少，而且顺序是基本不变的。结尾部分一般先以坚定语气发出号召，提出希望，表示祝愿等；最后郑重宣布会议闭幕。

2. 会议闭幕词的写作要求

①要掌握会议情况，有针对性地对会议内容予以阐述和评价；或对会议未能充分展开、认识需要进一步提高的重要问题作出适当强调或补充。

②行文要热情洋溢，文章要简洁有力，起到激发斗志，增强信念的作用。

③要与开幕词前后呼应、首尾衔接，为大会画上一个圆满的句号。

二、会议闭幕词讲话稿的写作范例

▲重要会议闭幕词

【范例】

吴邦国委员长在第十一届全国人民代表大会第一次会议闭幕会上的讲话

各位代表：

我完全赞成胡锦涛主席的重要讲话。

第十一届全国人民代表大会第一次会议，在全体代表的共同努力下，圆满完成了各项预定任务。会议充分发扬民主，严格依法办事，开得很成功，是一次高举中国特色社会主义伟大旗帜、全面贯彻落实党的十七大精神的大会，是一次与时俱进、民主团结、求实鼓劲的大会！

会议期间，代表们肩负全国各族人民的重托，以主人翁的高度责任感，认真履行宪法和法律赋予的职责，使会议通过的各项决议和决定，充分体现了党的主张和人民意志的统一。会议审议批准的政府工作报告和其他报告，总结了在以胡锦涛同志为总书记的党中央领导下，五年来我国各方面工作取得的重大成就和有益经验，明确提出了今年乃至今后五年的主要任务和工作部署。会议依法选举和决定任命了新一届国家机构领导人员，为推动党和国家事业发展、实现党的十七大确定的目标任务提供了坚强的组织保证。这次大会必将进一步激励和动员全国各族人民，万众一心、奋发图强，为夺取全面建设小康社会新胜利、开创中国特色社会主义事业新局面而团结奋斗。

各位代表，十届全国人大及其常委会坚持党的领导、人民当家作主、依法治国有机统一，始终从最广大人民的根本利益出发，紧紧围绕党和国家工作大局开展工作，坚持依法按程序办事，在前几届工作的基础上与时俱进，形成了一套行之有效的工作机制和工作方法，立法工作成绩显著，监督实效明显增强，代表工作积极推进，对外交往更加活跃，自身建设不断加强，为坚持和完善人民代表大会制度、推进全面建设小康社会作出了重要贡献。在这里，请允许我代表十一届全国人大及其常委会，向十届全国人大代表，向十届全国人大常委会和各专门委员会组成人员，致以崇高的敬意和诚挚的感谢！

这次大会选举产生了十一届全国人大常委会，并选举我继续担任委员长。这是各位代表和全国各族人民对我们的信任，我代表十一届全国人大常委会组成人员表示衷心的感谢！我们深感使命崇高，责任重大。我们将同全体代表一起，忠诚履行宪法和法律赋予的职权，恪尽职守，勤勉工作，竭诚为国家和人民服务，不辜负全国各族人民的重托。

各位代表！

今后五年，是我国全面建设小康社会的关键时期。党的十七大分析了国内国际形势的新变化，回顾了党的十六大以来各项事业的新进展，总结了改革开放以来的新经验，提出了实现全面建设小康社会奋斗目标的新要求，为我们继续推动党和国家事业发展指明了前进方向。党的十七大明确提出，要坚定不移发展社会主义民主政治。强调人民民主是社会主义的生命，发展社会主义民主政治是我们党始终不渝的奋斗目标。强调要坚持中国特色社会主义政治发展道路，坚持党的领导、人民当家作主、依法治国有机统一，不断推进社会主义政治制度自我完善和发展。强调深化政治体制改革，必须坚持正确政治方向，以保证人民当家作主为根本，以增强党和国家活力、调动人民积极性为目标，扩大社会主义民主，建设社会主义法治国家，发展社会主义政治文明。强调支持人民代表大会依法履行职能，善于使党的主张通过法定程序成为国家意志，保障人大代表依法行使职权，密切人大代表同人民群众的联系，加强人大常委会制度建设。这些都对做好新形势下人大工作提出了新的更高的要求。十一届全国人大及其常委会要全面贯彻党的十七大精神，高举中国特色社会主义伟大旗帜，坚定不移地走中国特色社会主义道路，坚定不移地以中国特色社会主义理论体系为指导，坚持党的领导、人民当家作主、依法治国有机统一，围绕中心，突出重点，扎实工作，把人民代表大会制度坚持好、完善好，把依法治国基本方略贯彻好、实施好，把最广大人民的根本利益实现好、维护好。

我们要以完善中国特色社会主义法律体系为目标，继续加强和改进立法工作，抓紧制定在法律体系中起支架作用的法律，及时修改与经济社会发展不相适应的法律规定，督促有关方面尽快制定和修改与法律相配套的法规，坚持科学立法、民主立法，不断提高立法质量，更好地发挥法律在国家政治和社会生活中的规范、引导和保障作用。

我们要以增强监督实效为核心，继续加强和改进监督工作，全面贯彻落实监督法，加强宪法和法律实施，坚持公民在法律面前一律平等，维护社会公平正义，维护社会主义法制的统一、尊严、权威，更好地发挥人大监督对促进依法行政、公正司法和维护人民利益的作用。

我们要以深入贯彻中央9号文件为主线，加强和改进代表工作，努力提升服务保障水平，更好地发挥代表参与管理国家事务的作用。

我们要以制度建设为重点，继续加强常委会自身建设，严格依法按程序办事，自觉接受监督，更好地发挥最高国家权力机关、依法履行职责的工作机关、密切联系人民群众的代表机关的作用。

各位代表!

祖国的发展前景无限美好，改革开放的伟大事业催人奋进。让我们紧密团结在以胡锦涛同志为总书记的党中央周围，高举中国特色社会主义伟大旗帜，以邓小平理论和“三个代表”重要思想为指导，深入贯彻落实科学发展观，坚持改革创新、求真务实、团结奋进，为夺取全面建设小康社会新胜利、谱写人民美好生活新篇章而努力奋斗!

▲专题会议闭幕词

【范例】

在××市中心医院职代会、工会会员代表大会上的闭幕词

各位代表、同志们:

××市中心医院第五届职代会、第八届工会会员会经过全体代表的共同努力，已经顺利完成各项议程，今天就要闭幕了。

在这次代表大会上，代表们以高度的使命感和主人翁精神，认真审议并通过了××院长所作的《医院工作报告》和《坚持与时俱进实现跨越式发展全面建设现代化一流名院》的××××~××××年医院工作计划。代表们认为，××院长所作的报告，客观全面地总结了前五年医院所取得的成绩，也实事求是地指出了存在的问题。在今后五年的工作规划中，提出了八大工作任务，明确了医院效益再上新台阶的方针和目标，适应形势，简明扼要，突出重点，富有远见，催人奋进。

本次大会收到并立案受理了××份代表提案，这些提案内容涉及医疗护理业务、医院管理、医院建设、生活福利、工会建设等范围。反映了职工代表关心科室、关心医院、关心职工的热情和责任感。各职能科室在收到这些提案后，都尽快地提出受理意见，这些提案的受理和实施将对我院今后的工作和业务建设起到积极的推动作用。各种提案的提出与实施再一次实践了我们职工参与医院的民主决策、民主管理和民主监督的权利。

经过大会主席团和全体代表的努力工作，本次大会充分酝酿和民主选举产生了新一届工会委员会和经费审查委员会，为我院工会工作的顺利开展提供了新的组织保证。借此机会，我提议让我们以热烈的掌声，对当选的新一届工会委员会的各位委员表示热烈的祝贺！对各位代表和为本次大会的胜利召开筹备而做了大量工作的同志表示衷心的谢意！尤其是对上届以及历届工会委员会所付出的辛勤劳动表示崇高的敬意和诚挚的感谢!

各位代表，我们这次会议和以往四次职代会一样，是一次民主团结、统一思想、继往开来的大会，希望各位代表会后要以这次大会为契机，团结全院职工，凝聚集体的力量，勇于面对新的挑战和竞争，脚踏实地地做好本职工作，开拓进取、锐意创新，为实现医院提出的未来五年的工作计划和目标，建设现代化一流名院而努力奋斗。

现在，我宣布：××市中心医院第五届职工代表大会、第八届工会会员会胜利闭幕。

▲研讨会闭幕词

【范例】

在“市场准入与公平竞争”××国际研讨会闭幕式上的讲话

各位来宾、女士们、先生们：

下午好！

紧张的一天研讨让大家辛苦了，但能聆听这么多精彩演讲，还是感到分享智慧、收获知识、扩大视野的充实和喜悦。

回顾此次研讨会，充分体现了“海纳百川、追求卓越”的精神，可以看出以下三个显著特点：

一是层次高。这次研讨会我们邀请到了××市的分管市长、国务院立法部门、市场准入管理部门、政策研究部门的三位部长，×国公平交易委员会秘书长、×国联邦中央登记署主任、××××证券与投资委员会执行部副总裁等高级官员出席，还邀请到了知名专家学者，还有众多世界一流企业高管，可谓高朋满座，宾客如云，不能不说是一次高层次、高规格国际研讨盛会。

二是内容全。今天的研讨会上，16 位演讲嘉宾围绕市场准入与制度构建、政府规制、经济发展、行业监管 4 个议题展开了热烈的讨论。整个研讨会主旨鲜明，逻辑严密，议题与议题之间环环相扣，紧密相连。内容跨度之大好像一天走了好多国家，一日跨了好几个时代。

三是组织得好。本次参加研讨会的人员近 600 人，代表的地域和行业分布也十分广泛，能在这么短的时间内，对以上问题进行充分的阐述和交流，并形成了一定的成果，归功于本次研讨会的出色组织。会务安排得井井有条，会议运作得流畅顺利，充分展现了本次组委会高超的统筹能力和组织能力。面对如此高效的组织，你就不难理解上海市场准入制度的高效了。

此次研讨会虽然短暂，但对我们的影响是深刻和久远的。研讨会恰逢其时，在中国实施新公司法、制定反垄断法和商事登记法的重要时刻召开。演讲者或以过来人的身份告诉后来者他们走过的历程，或丝丝入扣剖析一项法律制度的操作，或高屋建瓴指出制度建设的方向，这些真知灼见都将促使我们的市场准入制度更成熟、更完善。通过研讨会，我们既感到制度后来者的后发优势，那就是可以吸取前人的经验，取长补短，众采博览，站在巨人的肩上，也感到后来者的任重而道远。

今天，我们怀着建设公平、规范、便捷、高效市场准入制度的共同目标走到一起，拜会老朋友，结识新朋友，明天我们就要回到各自的工作岗位。研讨会虽然短暂，但我们的友谊是地久天长的！

各位来宾，女士们、先生们，在研讨会结束的时候，让我们以热烈的掌声，再一次感谢嘉宾的精彩演讲！再一次感谢各位的耐心参与！再一次感谢××市工商局的精心组织与安排！再一次感谢有关协办单位、支持单位及所有会务人员！

▲论坛会议闭幕词

【范例】

在中国陶瓷发展战略高峰论坛闭幕式上的讲话

尊敬的各位领导、各位专家、各位嘉宾、女士们、先生们：

××建陶协会××××年年会暨中国陶瓷发展战略高峰论坛经过两天深入而热烈的研讨，圆满完成了各项议程，取得了丰硕的成果，现在即将闭幕，在此，我代表×庄区委、区政府向本次年会和论坛的成功举办表示热烈的祝贺！向各位领导、专家和企业家们的精彩报告表示衷心的感谢！

本次年会和论坛在×庄举办，犹如一缕春风给我们带来了清新的气息，犹如一场春雨滋润了×庄大地。两天来，与会的各位领导、专家和企业家们就如何加快陶瓷行业的发展畅所欲言，互相交流，建言献策，共商大计，特别是针对×庄陶瓷行业的发展提出了许多中肯的意见和宝贵的建议，这些真知灼见，旁征博引，高屋建瓴，对加快×庄陶瓷行业的发展，提升陶瓷产业的质量和档次，打造实力强劲的“×庄陶瓷”品牌，促进×庄陶瓷走出国门，走向世界，具有重要而现实的指导意义。各位专家的讲座内涵丰富、极具前瞻、深入浅出，为我们送来了崭新的经营理念，对于深化我区陶瓷行业的结构调整，扩大规模，开拓市场必将起到积极的推动作用。

通过这次论坛，我本人深受启发，我们的企业家更是受益匪浅。通过座谈和听取专家的报告，我们看到了×庄陶瓷与先进陶瓷产区的差距，也认识到了目前陶瓷产业发展的巨大压力和挑战。这次论坛，给×庄区的企业家们提供了一次极为难得的解放思想、转变观念、开阔眼界的机会，为×庄陶瓷产业的发展带来了新的机遇。区委、区政府希望全区陶瓷企业要以这次高峰论坛为契机，深刻领会和理解各位专家的报告，切实把各位专家的新思想、新理念运用到实际生产中去，推广先进的管理经验和先进的生产技术，改进生产加工工艺，加快机制创新、科技进步和市场开拓，努力地把我区的陶瓷产业做大、做强、做优。

区委、区政府将全力支持陶瓷企业加快技术改造和产业产品结构调整，推动全区陶瓷产业走上一条技术含量高、资源消耗少、环境污染轻、带动能力强的新型工业化路子。我们相信，有本次论坛东风的鼓动，有这么多的领导、专家、企业家的关心、支持，有全区企业家们的同舟共济、奋发作为，×庄陶瓷的明天一定会更加辉煌。

本次论坛的时间虽然短暂，但我们的友谊地久天长。×庄是一块充满生机和希望、充满热情和活力的年轻的土地。在本次论坛即将闭幕之际，勤劳、智慧的罗庄人感谢各位领导、各位专家、各位嘉宾对我们的指导、关心和帮助，也热切地盼望着你们常来×庄走一走，看一看，更期待着你们来这里投资兴业、共创辉煌。

最后，祝各位领导、各位专家、各位嘉宾、女士们、先生们身体健康，万事如意！

谢谢大家！

第三节　主持词讲话稿写作

一、主持词讲话稿写作概述

主持词适合于各种大型纪念活动、庆祝活动、大型集会、各种较为隆重的活动仪式。它的作用是便于主持人工作，使仪式（活动）程序顺利进行。

1. 标题

“×××主持词”或“×××议程”或“×××仪式程序”等。

2. 正文

首先介绍参加活动的出席人员情况，介绍的顺序，在一般情况下，先上级后下级，先介绍来宾，后介绍当地参加活动的主要领导人。在一些特殊情况下，参加活动的人员虽然职务不太高，但他是当年事件的主要参与者，也应先予介绍。

参加活动的人员介绍之后，主持者以东道主的身份对上级机关的关怀、对来宾的支持表示敬意。

最后全面介绍整个活动的主要程序。

二、主持词讲话稿的写作范例

▲会议开始时的主持词

【范例】

在××县农村工作会议开始时的主持词

同志们：

这次农村工作会议的主要任务是学习领会中央领导的重要讲话精神，传达贯彻全省农村工作会议精神，结合我县实际，研究部署我县农村工作。出席这次会议的有各乡（镇）书记、乡（镇）长、各村党支部书记和有关部门的领导。会期一天。上午是传达中央领导的重要讲话和全省农村工作会议精神以及部署我县农村工作；下午上半节学习讨论，下半节总结。下面首先请县委副书记×××同志传达中央领导的重要讲话精神。

……

（县委副书记×××同志传达毕）

下面请副县长×××同志传达全省农村工作会议精神

……

（副县长×××同志传达毕）

下面，请县长×××同志讲话

……

（县长×××同志讲话毕）

同志们：

今天上午，我们听取了×副书记和×副县长分别传达中央领导的重要讲话精神和全省农村工作会议精神，听取了×县长就我县贯彻落实全省农村工作会议精神所做的工作部署。今天下午会议继续，下午两点半到四点半，以乡镇和县直各战线为单位在住地会议室（具体地点见会议材料）集中讨论。大家围绕如何理解领会中央领导重要讲话精神和全省农村工作会议精神、贯彻落实中央领导重要讲话精神和全省农村工作会议精神、切实抓好我县农村工作展开讨论。县四大班子成员到各自联系的乡镇和县直单位参加讨论。四点半后，集中到这里继续开会，听取县委副书记作会议总结。

今天上午的会议开到这里，休会。

▲会议结束时的主持词

【范例】

在××县农村工作会议结束时的主持词

同志们：

学习讨论结束后，会议继续集中召开，首先请县委副书记×××同志作会议总结讲话。

……

（县委副书记×××同志讲话毕）

同志们：

这次全县农村工作会议时间不长，但很重要，效果很好。会议传达了中央领导的重要讲话精神和全省农村工作会议精神，×县长结合我县实际，就如何贯彻好全省农村工作会议，谈了几点意见，×副书记也就如何贯彻落实好这次农村工作会议提出了几点要求，讲得都很好、很全面，我完全赞成。大家回去后，一定要结合实际，认真贯彻落实。下面，我再强调两点。

一是要切实提高对农村工作的认识，抓紧抓好我县农村工作。

二是要切实加强对农村工作的领导，认真贯彻好这次会议精神。

（宣布会议结束、散会）

▲工作会议主持词

【范例】

在××市党员先进性教育活动工作会议上的主持词

同志们：

经县委研究，并请示市委先进性教育活动领导小组办公室同意，决定召开这次先进性教育活动工作会议。这次会议的主要任务，是对第三批巩固和扩大整改成果工作和整个先进性教育活动"回头看"工作以及整体满意度测评工作进行安排和部署。

参加今天大会的有：各党委党委书记、党群书记、组织委员、县委保持共产党员先进性教育活动领导小组成员及办公室全体成员。

今天会议的主要议程是：请县委副书记、县委保持共产党员先进性教育活动领导小组副组长×××同志代表县委作重要讲话。

下面欢迎×××书记讲话。

……

刚才，×××书记代表县委对如何开展好第三批巩固和扩大整改成果工作提出了具体的要求，又对整个先进性教育活动"回头看"和整体满意度测评工作进行了全面的安排和部署，与会的同志一定要认真学习，细心领会，真正吃透这次会议精神，按照县委的安排部署把第三批巩固和扩大整改成果工作做好、做扎实，并搞好整个先进性教育活动"回头看"和整体满意度测评的各项准备工作，确保先进性教育活动真正成为"群众满意工程"。下面我就贯彻落实会议精神讲几点意见：

一、要按照会议有关要求，抓紧时间做好各项工作。这次会议结束后，各单位要认真领会和贯彻好会议精神，分别着手制订巩固扩大整改成果工作方案和"回头看"工作方案，并抓紧组织实施。同时，要按照要求做好整体满意度测评和表彰的准备工作。

二、坚持舆论先行，继续营造良好的氛围。县委将通过举办图片展、经验交流会、播放专题新闻等多种形式，扩大宣传面，进一步展示我县先进性教育活动的成果。各级党组织也要因地制宜采取有效形式，将本单位、本部门先进性教育活动的成果宣传到千家万户，让广大群众切实感受到先进性教育带来的新变化，为整体满意度测评打好基础。

三、继续抓好整改工作，完善长效机制。参加第三批教育活动的各级党组织和广大党员要继续解决党组织和党员队伍中存在的突出问题、群众关心的热点、难点问题，并进一步抓好建章立制，逐步探索完善保持党员先进性的长效机制。要将长效机制建设与党员“三个代表”重要思想责任区、“我为农民做点啥”、争当“五员”、实施“五事”工作制度等活动结合起来，突出长效机制的针对性和实践性。参加第一、二批教育活动的各级党组织要按照要求全力做好整个先进性教育活动“回头看”，对活动中的好做法、好经验进行提炼，形成永葆先进性的长效机制，从而促进各项工作不断取得新的进展。

四、要与先进性教育活动办公室及时沟通联系。整个教育活动即将进入全面总结阶段。上级各有关部门随时可能采集实践、制度、理论等方面的相关素材，所以各单位要注意发现和总结活动中的好做法、好经验、好典型，及时与县委先进性教育活动办公室沟通，以便向上级有关部门及时反映我县教育活动中的亮点。

当前，各单位工作都很繁忙，特别是农村“三春”工作任务很重，又赶上“五一”假期，许多事情都需要在座的各位去落实、去布置，希望大家振奋精神，再接再厉，统筹安排，扎实运作，把今天会议要求的各项工作安排好，确保全县先进性教育活动取得丰硕成果！

▲座谈会主持词

【范例】

在××市组织工作座谈会上的主持词

同志们：

现在开始开会。

市委召开这次全市组织工作座谈会，主要是传达全省深化干部人事制度改革工作会议精神；听取各县（市）区委上半年党建和组织工作特别是重点工作项目完成情况的汇报，认真分析当前全市党建和组织工作面临的新形势、新情况、新问题。按照中央、省委的有关要求和今年初市委关于党建和组织工作的总体安排，研究部署当前和今后一个时期全市党建和组织工作的主要任务和对策措施。

参加今天会议的有：各县（市）区委主管党群的副书记、常委组织部长、党员先进性教育办公室主任和市委的主要领导。

今天会议的开法，首先传达全省深化干部人事制度改革工作会议精神，然后由各县（市）区委副书记做专题发言，最后市委副书记××同志作重要讲话。另外，会上还将书面交流农村特色党建“四个工作模式”和干部制度改革6个方面的典型经验。

下面，请市委组织部副部长×××同志传达全省深化干部人事制度改革工作会议精神。

下面，进行座谈发言。发言要简明扼要，重点突出，每个市（县）区的座谈发言时间要掌握在20分钟以内。

请××市发言，××市做准备。……

请××市发言，××市做准备。……

请××市发言，××县做准备。……

请××县发言，××县做准备。……

请××县发言，××县做准备。……

请××县发言，××县做准备。……

请××县发言，××县做准备。……

请××县发言，××县做准备。……

请××县发言，××区做准备。……

请××区发言。

我们利用上午和下午一段时间，在认真学习全省深化干部人事制度改革工作会议精神的基础上，重点听取了各县（市）区委副书记的发言。从大家发言和平时掌握的情况看，上半年全市党建和组织工作特别是重点工作项目推进有力，运行健康，成效显著，形势喜人。尤其是在工作创新上，各地能够根据新形势、新任务的要求，积极探索，适新应变，创造了各具特色的好经验、好做法。比如，会上书面交流的农村特色党建和干部制度改革方面的经验。大家对党建和组织工作中面临的新形势、新要求认识很清醒，对工作运行中出现的新情况、新问题剖析也很深刻。对下半年工作设想和安排比较合理，特别是解决新情况、新问题方面的意见和建议也很有见地。可以说，通过座谈发言，既沟通了思想，又交流了经验；既剖析了问题，又研讨了对策，达到了互相学习、共同提高、拓展思路、推进工作的目的。

下面请市委副书记××同志做重要讲话，大家欢迎！

×书记所作的重要讲话，站在全局和战略的高度，全面回顾和总结了年初以来全市党建和组织工作所取得的新成效，深刻剖析了工作运行中存在的突出问题和当前面临的形势，对如何进一步做好新形势下党建和组织工作提出了明确要求，作出了具体部署，是我们当前和今后一个时期全市党建和组织工作的一个总抓手。希望大家回去以后，要认真学习，悉心领会。关于这次座谈会精神贯彻落实，我提三点要求：

第一，要采取有力措施，迅速搞好传达贯彻。会后，各地要马上将这次座谈会的主要精神，特别是××书记的讲话以及全省干部人事制度改革会议精神，向县（市）区委主要领导进行汇报。在此基础上，要围绕贯彻这次会议精神，召开一次专题常委会议，就做好当前和今后一个时期党建和组织工作，进行认真研究，调整和完善工作思路，拿出具体的贯彻落实意见；各地还要在近期内召开专门会议，向基层党组织和各级党员干部集中传达这次座谈会的主要精神，并就做好下半年的党建和组织工作进行安排部署。各基层党组织要通过召开党委会、支部会、党小组学习会等形式，认真组织传达学习。通过层层学习贯彻，使各级党组织和党员干部进一步领会精神实质，把握工作重点，明确主攻方向，促进全市党建和组织工作任务的全面完成。

第二，要紧密结合实际，研究具体推进措施。这次座谈会明确了当前和今后一个时期党建和组织工作的重点项目，能否把这次会议的精神贯彻落实好，关键在于能否把握住这些重点，拿出具体、科学、管用的推进措施。因此，各地要按照马书记提出的六项重点工作任务，结合实际，逐项制定推进措施，把任务分解到部门、组室，把责任落实到人，并明确完成的质量标准和时限。在创业型领导班子建设上，要围绕项目开发建设，深入研究激励创业的具体措施和实绩考核办法；在干部制度改革上，要着眼于提高党的执政能力，进一步健全完善干部选任、退出和监督的有效机制；在干部监督工作上，要以执行《条例》为重点，积极探索全过程规范化管理的路子；在人才队伍建设上，要围绕建设“七支人才队伍”，实现“1551 工程”目标，不断优化人才环境，拓宽发挥人才作用的渠道；在基层组织建设上，要坚持致富群众、教育群众、服务群众的主旨，规模推进农村党建“四个模式”和实现社区党建“三个突破”；在党员先进性教育活动上，要在提高广大党员思想政治素质和解决实际问题上下工夫，认真做好各项准备工作，高标准、高质量地启动全市党员先进性教育工作。要通过基层党组织和党员干部的努力，把这六项重点工作抓实落靠，确保全市党建和组织工作登台阶、上水平。

第三，要增强责任意识，加大督察指导力度。各县（市）区委要进一步增强做好党建和组织工作的责任感和主动性，创造性地抓好督察指导工作。党员领导干部特别是主要领导要切实增强管党意识，经常研究党建和组织工作，尤其是结合贯彻落实这次座谈会精神，近期要深入到联系点，搞好调查研究，帮助基层解决工作中遇到的实际问题，树立典型，指导面上工作。组织部门要担负起抓督察、抓指导、抓落实的具体责任，通过采取定期检查和不定期抽查、明察和暗访相结合的办法搞好督察指导，继续实行“三单”通报制度，对党建和组织工作存在一般性问题的，下发问题整改意见单；对存在较多问题的，下发通报批评单；对存在严重问题的，下发组织调整建议单，不断加大工作推进力度。

另外，借这次会议的机会，我再强调一下树立组工干部形象的问题。前不久省委对进一步加强“两风”建设作出了新的部署，提出了新的要求，市委专门召开了“两风”建设会议，各县（市）区委要在×月××日前把这次座谈会精神的贯彻落实情况报送市委组织部研究室。

全市组织工作座谈会到此结束。散会！

▲表彰会主持词

【范例】

在××矿思想政治工作表彰会上的主持词

（开幕词）

同志们：

在我矿提前31天实现创水平目标，鼓舞人心的喜讯下，我矿思想政治工作年度表彰会暨经验交流会经过紧张周密的筹备，今天隆重开幕了！这是全矿干部政治生活中的一件大事，参加今天座谈会的有集团公司领导和党务部门主要负责人。在此，我代表××煤矿党政班子向莅临大会的集团公司领导和各位来宾表示热烈的欢迎！向出席大会的各位同志致以崇高的敬意！

矿党委决定召开思想政治工作会议，就是要通过集中的学习、思考和交流，认真总结我矿近年来思想政治工作的新经验，进一步统一思想、更新观念、明确目标，探讨新形势下加强和改进思想政治工作的新途径和新方法，主动适应形势发展的要求，切实加强和改进思想政治工作。希望同志们以“三个代表”重要思想为指导，紧紧围绕会议的主题，集中精力开好这次会议，学习好经验、好做法，认真研究思想政治工作的新情况，解决新问题。预祝大会圆满召开！

今天的会议议程主要有9项，现在分项进行。

会议进行第一项，请党委副书记×××同志通报××矿思想政治工作研究会工作情况，大家欢迎。

会议进行第二项，今天，按照中煤政研会，集团公司政研会章程，××煤矿思想政治工作研究会进行换届选举，请副矿长×××同志宣读××矿思想政治工作研究会换届建议名单。大家欢迎。

请大家举手表决，同意的请举手，请放下。

不同意的请举手，请放下。

弃权的请举手，请放下。

大家通过表决一致通过！

会议进行第三项，请副矿长×××同志宣读《关于××矿××××年思想政治工作研究会的安排》，大家欢迎。

会议进行第四项，请×矿长通报××××年度思想政治工作调研论文的评比情况。大家欢迎。

会议进行第五项，优秀论文交流：

1. 请原能源部劳动模范×××同志发言。
2. 请通风区支部书记×××同志发言。
3. 请通风区长×××同志发言。
4. 请掘进二队工会主席×××同志发言。
5. 请医院党支部书记×××同志发言。
6. 请机电一队支部书记×××同志发言。

会议进行第六项，请矿工会主席×××同志宣读“关于表彰××××年度优秀思想政治工作论文的决定。

会议进行第七项：

1. 请获得一等奖的×××等5名同志上前领奖并合影留念。
2. 请获得二等奖的×××等10名同志上前领奖并合影留念。
3. 请获得三等奖的×××等15名同志上前领奖并合影留念。

会议进行第八项，请集团公司领导讲话，大家欢迎！

会议进行第九项，让我们以热烈的掌声请矿党委书记×××同志作重要讲话。

(闭幕词)

同志们：

矿党委在这里召开××××年思想政治工作表彰会暨经验交流会，选举产生了新一届政研会组成人员，对××××年思想政治工作作了安排，×××等六位同志作了发言，大家欢聚一堂，畅所欲言，回首过去，展望未来，会议气氛热烈，会上对在思想政治调研工作中取得优异成绩的个人进行了表彰。在此，我代表矿党政班子向受表彰的同志表示热烈的祝贺！向在思想政治工作战线辛勤工作的同志们表示崇高的敬意！对亲临大会指导的集团公司领导表示衷心的感谢！

刚才，×书记作了重要讲话，提出了三点要求，讲话言简意赅，总揽全局，催人奋进，擂响了我矿明年拼搏奋进求进取的战鼓，会后同志们一定要认真学习贯彻落实会议精神，把思想和行动统一到我矿安全生产上来，统一到××振兴上来，加强学习，提高素质，围绕明年“以严治矿，科学决策，综合管理，全面提高”的工作思路，忠诚敬业创佳绩，诚信服从求进取，发挥思想政治工作的优势，为企业实现跨越大发展，献计献策，进一步增强工作责任感，使命感。振兴××经济，推动××思想政治工作向纵深发展。让我们在继承和发扬优良传统的基础上，与时俱进，开拓创新，构建新体系，拓展新内容，探索新方法，开创我矿思想政治工作的新局面！

今天的会议议程全部结束。祝大家身体健康！学习进步！

散会！

第三章　机关工作会议讲话稿写作

第一节　工作会议讲话稿写作

一、工作会议讲话稿写作概述

（一）什么是讲话稿

讲话稿也称“发言稿”，是在某种特殊场合讲话前所拟定的书面稿子。其作用是节省时间，集中、有效地围绕议题把话讲好，不至于走题或把话讲错。讲话稿的使用范围很广，多用于各种大小会议、广播录音、电视录像等口头表达，也可以登报印成“书面发言”。

（二）讲话稿的种类

1. 会议主持讲话稿

是指在主持会议或活动时的主持讲话稿。写作会议主持讲话稿时，要因会制宜，根据不同的会议，撰写不同的讲话内容。要求突出中心，紧扣会议议题，严谨、灵活，生动、幽默，表达准确，观点鲜明，言简意赅，语言要写得自然、实在、富有鼓动性。

2. 政治会议讲话稿

是指在各类政治会议上发表的讲话稿。写作这类会议讲话稿要求中心思想突出，理论联系实际；思路清晰，观点鲜明；层次分明，逻辑严密；措辞准确，感情饱满，振奋人心。政治会议的讲话稿，不但要具有鲜明的理论性、思想性、工作性、政策性，而且还要富有一定的鼓动性、指导性。

3. 工作会议讲话稿

是指在各类工作会议上发表的讲话稿。工作会议讲话主要是领导干部对一定时期的工作情况进行总结归纳，对下一步工作的目标任务、工作重点、采取的措施等进行研究部署。因此，写作这类讲话稿时，要求态度鲜明，目的明确，内容单一，结构层次分明，逻辑思维严密，语言要简洁明快，铿锵有力。

4. 纪念会议讲话稿

是指在重大庆典等纪念性会议上发表的讲话稿。写作这类讲话稿时，要求既有理论性又有针对性，条理清晰而又环环相扣，语言既简洁明快、生动流畅，又通俗易懂，篇幅要小，语气要坚定有力，讲究礼仪用语，使整篇文稿富有感情色彩。

5. 节日致辞讲话稿

是指元旦、国庆、春节等重要节日在电视或晚会上以及其他庆祝活动中所作的讲话稿。由于这类讲话主要是通过向广大群众表示节日的问候，回顾历史，展望未来，提出希望，激励广大干部群众在新的一年或今后为祖国和本地区的改革发展作贡献，因此内容要写得实事求是，语言要写得热烈、真诚，文字要精练、简洁。同时，还要注意通俗易懂与语言的口语化。

6. 礼仪活动讲话稿

是指在特定的场合或举行某项仪式上所发表的礼仪性讲话。写作这类讲话稿时，要求语言精练，简洁明了，言辞热烈，充满感情，层次分明；结构严谨，针对性和应用性强；鼓动性、号召性强。

7. 文体活动讲话稿

是指出席各种文体活动时所发表的致辞讲话稿。这类讲话稿的语言要写得简洁明快，真情感人，注意用词要简明、文雅、有力。

8. 慰问活动讲话稿

是指在重大节日、纪念日或遇到某种特殊情况、重大事件时，对有关人员、群体表示安慰、关心、关怀、问候、鼓励而发表的讲话稿。写作这类讲话稿时，要求有鼓舞性和亲切性，讲话的语言要富有激情，文字要简洁明了，通俗、恳切。

9. 情况汇报讲话稿

是指向领导汇报工作情况时的讲话稿。写作这类讲话稿时，要善于抓住重点，搞好综合分析，语言要写得简明精练，条理清晰，用词准确。同时，还要使整个文稿有新思想、新观点。

10. 通报情况讲话稿

是指向有关人员通报有关情况的讲话稿。因这类文稿主要是介绍某项工作，或就某一问题、事件、工作表明态度，明确要求，提出希望，以求获得统一认识或扩大影响。因此，这类讲话稿要写得实事求是，措辞准确，判断恰当，重点突出，语气和缓。

11. 任职、离职讲话稿

是指在任职、离职时发表的讲话稿。这类讲话稿的内容要求实事求是，态度真诚老实，语言要写得简洁有力，个性鲜明突出，成绩、问题要写得详略得当，感谢、道歉出于真心，希望、要求要写得诚挚热切。

12. 学习辅导讲话稿

是指向党员、干部、群众解释、宣传政治理论知识与党和国家重要文件时所用的讲话稿。做学习辅导讲话时，首先要开门见山，引人入胜；其次要全面准确，讲深、讲透；最后要做到概括总结，耐人回味。学习辅导讲话稿要求观点鲜明，层次清晰；逻辑严密，有理有据；以情动人，感染力强；深入浅出，通俗性强。

13. 谈话、交谈讲话稿

是指以对话的方式与干部群众面对面进行交流的讲话稿。谈话、交谈讲话稿的具体内容要视实际情况、谈话对象而定。做好谈话、交谈，一定要事先做好准备，做到心中有数；要有针对性，明确目的，把握重点；讲究谈话方式，因人制宜，因事制宜；谈话语言和气亲切，表达得体。

（三）讲话稿的写作格式

1. 标题

标题是指讲话稿的题目。其写作格式如下：

（1）标题位置要左右居中，上下各空一行。短标题的字距可拉开一点。长标题一行不够，可转行，但要注意保持词与词组的完整性，字数搭配匀称合理。

（2）明确清晰，新颖醒目，生动活泼，语言要简洁精练。

2. 讲话者姓名

姓名是指讲话者的姓名。其写作格式如下：

（1）有与标题连在一起，列于标题之前的。

（2）如果讲话者在本地讲话，大家对其都熟悉时，不必在姓名之前冠以主要职务；如果讲话者在外地讲话，大家对其不很熟悉时，最好在姓名之前，冠以主要职务，以便与会者增进了解。

（3）姓名独占一行时，字距应拉大一些。姓名只有两个字的，字距可再拉大一点。

3. 讲话时间

时间是指发表讲话的时间。其写作格式如下：

（1）讲话时间有的标在讲话者之前，有的标在讲话者之后，还有的把讲话者与讲话时间连在一起嵌入副标题中。这三种方式可灵活运用。

（2）时间单独标出，独占一行时，要外加括号。

（3）所标时间不能简化，年、月、日中的数字要写全。一般标到某日为止，如果一天内有数次讲话，还要注明上午、下午或晚上等具体的讲话时间。

4. 称谓

称谓是指对与会者的称呼。如何称谓，要视会议性质和与会者的具体情况而定。称谓一般要顶格写，独立成行，较多时并列两行以上，有时称谓也可与讲话开头并连在一行。

5. 开头

开头是指讲话稿的开始话。开头是讲话思路的起点，它的任务在于提领整个讲话，需要具备赢得听众好感和引入正文的条件。为了达到这个条件，在写讲话稿开头时，需要注意以下四点：

（1）内容要力求有新意，能给人耳目一新之感。

（2）形式要力求新奇巧趣，要能牢牢地吸引听众。

（3）要避免用谦逊过度的谦词开头和自我吹嘘的开头。

（4）注意开头不要兜圈子、绕弯子，入题太缓，离题太远。

讲话的开头很重要，它起着引发、定调的作用。因此，要写得很得体，要体现出讲话者和听众之间的主要关系，要符合讲话场合的需要，要用简要的语言交代出全部讲话的要点，使听众先有所了解，并造成一种气氛，达到控制和掌握听众情绪，吸引其注意力的目的。

综上所述，写讲话稿开头的总的要求就是：做到开门见山、切入主题，语言要引人入胜、吸引听众、新颖精巧，内容要紧扣题意，简明扼要，寥寥数语。

6. 正文

即讲话稿的主体。一般来说，正文没有一个固定的模式，其内容要视讲话人的身份、会议的背景、讲话的主题以及听众的差异而定。但都必须内容充实、分析透彻，主题鲜明、观点正确，材料充实、详略得当，层次结构分明、条理清晰，言之有序。对篇幅较长的讲话稿需要列出若干小标题，或用序号分出几个部分来写。

7. 结尾

即讲话稿的结束语。结尾是讲话思路的终结，它要在一个很短的时间内，抓住听众的注意力，使其全篇的意义完整，因而必须用最有力量的语言，将思想升华，编织完成全篇的讲话。好的结尾具有画龙点睛的功能，可发人深省，耐人回味，鼓舞斗志，振奋精神。写作讲话稿结尾的要求：

(1) 概括整个文稿主题，作出结论，完整准确；

(2) 语言精悍有力，充满热情；

(3) 让听众余音未尽，回味无穷。

结尾的写作方法很多，常见的有：一是总结式，即对讲话的主要内容进行总结，归纳概括。这种结尾方式既是讲话稿的终点又是启发人们思考的起点。二是发出号召、提出希望式，即向与会者或有关人员指明方向，发出号召，提出希望。三是展望未来、鼓舞斗志式，即对未来的前景作展望，拨动听众的心弦。四是感谢式，即向与会者或有关人员表示感谢。这种结尾方式能使听众倍感亲切，有助于缩短讲者和听者之间的心理距离，融合讲者和听者的感情。五是哲理式，即通过总结作出哲理性结论，给听众以启发。六是含蓄式，即通过提出问题，给听众以回味。

(四) 组织结构上的写作要求

为了能使讲话做到线条清晰、脉络顺畅，推理科学、判断准确，结构层次严谨、逻辑性强，在组织结构方面要掌握住以下特性：

1. 讲话稿布局的整体性

就是按照事物之间发展的前因后果，统筹安排，理顺脉络，通过一个有形或无形的主线（经线）和一层层展开的段落层次（纬线），把讲话稿的框架布局安排好，以便为写好讲话稿奠定良好的基础。做好谋篇布局的方法是：在选好角度及定好主题的基础上，围绕主题，大体按照是什么、为什么、怎么办三个大层次，确定一个主线条及各个部分的支线条，以及各层次、支线的观点、论据等，拟出详细的写作提纲。

2. 要素组合的紧密性

就是按照客观事物的内在联系来布局谋篇，把讲话稿的各种要求有机结合起来，做到自然严谨。讲话稿的要素，主要是观点与材料。主题明确，观点正确，并详细地占有材料，做到观点与材料统一，是一篇好的讲话稿的基本特征，也是写好讲话稿必须遵循的基本要求。如何使观点与材料紧密组合、有机统一，有多种方法，领导讲话稿主要运用的是逻辑关系法和递进法，即提出问题（是什么）、分析问题（为什么）、解决问题（怎么办）。

3. 内容结构的层次性

就是要遵循作文的一般规律，做到层次分明，环环相扣，层层递进，一脉相承，相互衔接，前后呼应，排序恰当，符合人的思维逻辑。具体到讲话稿，一般都要按照“为什么开展这项工作、如何开展这项工作、如何才能保证把这项工作搞好”的思路，来形成讲话稿的大的结构框架，然后再围绕大的结构，提出第二层次和第三层次的结构和内容。

4. 段落层次的单一性

就是内容详略得当，突出重点，保持单一，一篇讲话稿最好是一个主题思想或中心意思，一个层次段落最好是一个问题或一个意思，段落问题围绕主题思想，观点与材料相结合，一层层展开，一个个讲透。在具体写作时，要达到这些要求，最好的办法是打好腹稿，拟好提纲，把主要观点融于提纲、题目之中。这样，才能提高讲话稿的写作效率。

（五）思想内容上的写作要求

1. 思想性

讲话稿的思想性主要体现为：

(1) 讲政治，始终与党中央保持高度一致，自觉维护党中央的权威。

(2) 坚持用马列主义、毛泽东思想、邓小平理论和“三个代表”重要思想指导各项工作，用马克思主义的立场、观点、方法来观察、分析和解决问题。

(3) 按照组织意图去讲，与集体意见保持一致，不论在什么情况下，都不能凭自己的好恶随意表态。

(4) 符合并传达贯彻落实党的基本路线、方针、政策和国家的法律法规。

(5) 坚持党的思想路线，解放思想，更新观念，求真务实，开拓进取。

2. 准确性

准确性，是讲话稿写作的基础和前提。只有讲话稿的写作内容准确、真实、可信，才能赢得群众的信服，更好地指导工作。准确，既包括政治上的，也包括事实上的；既反映客观事物的本质和主流，又符合客观实际；既是对上级精神的准确表述，又是实践活动中质与量、是与非的真实反映。其中符合党和国家的路线、方针、政策和上级的指示精神，并把上级精神自然而然地体现在讲话稿之中，则是讲话稿准确性的重要表现，也是需要把握的一个重点。

3. 实用性

讲话的目的是为了解决问题，指导工作。领导讲话稿只有管用、实用，才有它存在的价值。如何才能使领导讲话稿管用、实用呢？

(1) 要对上级指示精神进行认真学习，深刻领会其精神实质；掌握和了解领导干部的工作思路和意见；熟悉本地实际情况，做到心中有数。只有这样，起草领导讲话稿才能把握住大方向，提出的观点才能有高度，立得住。

(2) 把上级指示精神与本地的实际情况结合起来，对“原材料”进行加工，去粗取精、去伪存真，发现问题，找到解决办法，把“上情”与“下情”联系起来进行分析比较，从中抓住主要矛盾和问题，寻找两者的结合点和共同点，才能在写讲话稿时有较高的立意，有较强的针对性，写出的讲话稿才有较强的指导性。

4. 个性化

讲话稿的个性化特点，是指讲话稿不仅要符合实际，而且要符合自己的意图，体现自己的思维特点和语言表述习惯，具有自己独特的风格和个性。这不仅是为个人树立良好形象的需要，也是提高讲话稿写作质量的需要。要想在讲话稿中体现出自己的个性和风格，实现用自己的语言讲话，必须做到如下几点：

(1) 加强党性修养，树立正确的世界观、人生观和价值观；

(2) 锲而不舍地坚持读书学习，把学习作为重要的任务，提高文化素质；

(3) 发扬持之以恒的刻苦钻研精神，多用脑思考问题，多动手写讲话稿；

(4) 改进工作作风，深入基层进行调查研究，充分占有第一手材料，了解和掌握群众思想情况。

(五) 语言文字上的写作要求

熟练掌握和正确运用语言文字表达，是提高讲话稿写作水平的基础。讲话稿语言文字表达的特点如下：

1. 精当性

就是要用词贴切，推理严密，合乎语法、逻辑，要用最贴切、最恰当的字、词、句概括观点、表达讲话内容。特点是要注意仔细区别近义词在含义和用法上的细微差别，否则就会出现用词不当，产生纰漏和歧义。

2. 生动性

就是语言有文采，句式要有变化，读来朗朗上口，听来通俗易懂。领导讲话稿在不失庄重、明确和科学、准确的前提下，恰当地使用一些生动的词语，是必要的，这样会使讲话的意义更加深刻具体。

3. 庄重性

就是语言要庄重典雅。讲话稿的内容具有较强的政治性、政策性和权威性、代表性，带有明显的指示性、指导性和约束性，庄重严肃的语言是政治性、政策性和权威性、代表性的体现。因此，无论遇到何种情况，问题多么严重，语言文字表达都要规范严谨。只有庄重、严肃的语言，才能引起听众对贯彻落实讲话精神的重视，讲话才能有成效。当然，恰当地使用一些幽默的语言，也是必要的。

4. 鲜明性

讲话稿主要是传达学习、宣传和落实党的基本路线、方针、政策，政治性、思想性、政策性非常强。因此，在具体写作时，就要把握好观点鲜明、态度明朗、意见明确这一鲜明性，对主张什么、提倡什么、反对什么，要写得直截了当。

5. 贴切性

就是语言的运用贴近对象、切合实际，要看对象、看场合、看文体要求，得体地运用语言。讲话者各自地位身份不同、素质不同，讲话的要求、语言风格、讲话的用词也就不同，因此，讲话稿必须符合不同身份地位的人和语言习惯，是什么人讲什么话。

6. 简练性

就是用经济的语言材料、简单的结构方式，用比较少的语言来表达丰富的内容。在写作讲话稿时，必须以“惜墨如金”的态度，下决心把讲话稿写得简练、简练再简练，能少一个字的就少一个字，能压缩的就压缩，能删去的就删去，但要做到简而不陋，繁而不芜。

7. 规范性

合乎语言文字规范，遵循语言的一般规律是讲话稿的起码要求。讲话稿中的名称、数字、时间表述以及讲话稿中的省略、标点符号的使用等，都有严格的要求，表述和使用一定要准确规范。当然，适当使用一些特殊的、创新性的、大家共知的群众语言，也是必要的，可以增强讲话稿的生动性。

8. 平实性

就是言之有理，语言朴素，语意实在，质朴自然，多用平和、朴实的陈述句，且口语化要强，句式不要太长。读来琅琅上口，听来句句实在。也就是说，在写作讲话稿时，要多采用大众化、通俗化的语言，多说自己的话，并注意吸收现代政治、经济、文化等各个领域中涌现出来的大量新词语。

二、工作会议讲话稿的写作范例

▲防汛工作会议讲话

【范例】

在××省防汛工作会议上的讲话

同志们：

在全国“两会”胜利闭幕不久，全省上下深入学习贯彻“两会”精神之际，召开这次全省防汛工作会议，总结经验，分析形势，部署今年的防汛抗旱工作，非常及时，很有必要。防汛工作最重要的就在于“防”，就是要早研究，早部署，早准备，早动手，早落实，未雨绸缪，以确保安全度汛。会上，××同志要作重要讲话，对防汛工作进行部署，请大家认真贯彻落实。下面，我讲几点意见。

一、要从实践“三个代表”重要思想的高度，充分认识做好防汛抗旱工作的极端重要性。今年是新世纪的第一年，是实现我国现代化建设第三步战略目标的起步之年，也是“十五”计划的开局之年。做好今年的防汛抗旱工作，确保安全度汛，事关改革、发展、稳定的大局，具有十分重要的意义。当前，全省广大干部群众正在深入学习、贯彻“三个代表”重要思想，学习贯彻九届全国人大四次会议通过的《国民经济和社会发展第十个五年计划纲要》和中央人口资源环境工作座谈会精神。学习、领会好“三个代表”重要思想和中央一系列会议精神，关键在于落实。要使我们的各项工作都贯穿“三个代表”的要求，都紧紧围绕实现“十五”计划的宏伟目标，都体现可持续发展的战略思想。

对于水的问题，对于防汛抗旱工作，中央历来十分重视。在这次全国“两会”期间召开的中央人口资源环境工作座谈会上，江总书记再次强调，水是人类生存的生命线，是经济发展和社会进步的生命线，是实现可持续发展的重要物质基础。要坚持全面规划、统筹兼顾、标本兼治、综合治理，坚持兴利除害结合、开源节流并重、防洪抗旱并举，科学制定并实施各大江河流域规划，对水资源进行合理开发、高效利用、优化配置、全面节约、有效保护和综合治理，下大力气解决洪涝灾害、水资源不足和水污染问题。我们一定要把思想统一到中央的指示精神上来，从代表最广大人民群众根本利益的要求出发，切实解决好水的问题，切实加强防汛抗旱工作，千方百计确保各项重大水利工程安全度汛，确保广大人民群众的生命财产安全，确保改革开放的顺利进行和社会稳定。

我省是水旱灾害比较频繁的省份。“九五”期间，1998、1999 连续两年遭受大洪水，去年大部分地区又发生严重旱灾，局部发生严重洪涝灾害。据有关部门预测，今年我省发生干旱的可能性较大。但根据以往的经验，江西的降水多集中发生在 6－7 月，每年总有地方会发生洪涝灾害。上个星期，3 月 19 日至 20 日，赣州市普降大到暴雨，局部大暴雨，赣江上游部分河段水位超过警戒线。看来，今年的汛期来得比较早。我们务必保持高度警觉。在这里我想提醒大家，千万不要因为这两年加大了对水利的投入，加大了防洪工程建设力度，就以为没有问题，可以高枕无忧。要看到，我省水利工程的防洪标准还不高，一些圩堤、病险水库、涵闸还需要除险加固，管理上也还存在一些薄弱环节。特别是随着经济发展、人口增加、城镇化进程的加快，对防洪保安全的要求将会更高，对水资源的需求将进一步增加。加强水利建设和水资源管理，加强生态环境建设，加强水土流失综合治理，防治水旱灾害，既是长期任务，又十分紧迫。各级领导干部一定要增强忧患意识，始终保持清醒头脑，高度重视防汛抗旱工作，决不能有丝毫的松懈麻痹思想和侥幸心理。要切实按照党中央、国务院的有关要求，牢固树立防大汛、抗大灾的思想，根据省防总的部署，认认真真做好迎战大洪水的各项准备工作，做到思想到位、领导到位、组织到位、措施到位，确保万无一失，安全度汛。

二、加强领导，严肃纪律，严格落实防汛责任制。防汛工作事关国计民生，事关人民群众生命财产的安全，来不得半点马虎。各级党委、政府一定要以对党对人民高度负责的精神做好防汛抗旱工作，要把防汛工作列入重要议事日程，切实加强领导，做到有汛无汛作有汛的准备，大汛小汛作大汛的准备，宁可备而不用，不可用时无备。

要严格落实防汛责任制。重点工程、在建水利工程、万亩以上圩堤和病险水库，都要落实防汛行政责任人和技术责任人。要加强防汛值班领导力量，做到 24 小时防汛值班，及时上报雨情、水情和灾情。各级防汛指挥机构要加强检查监督，狠抓责任制的落实。当前，尤其要抓紧对各项防洪工程进行全面、认真的检查，消除隐患。各级防汛指挥机构的领导，要全面了解防汛情况，掌握第一手材料，科学决策。各级分管防汛工作的领导要亲自督查各项防汛准备工作特别是人、财、物的储备落实到位情况。各有关部门要切实负起责任来，各司其职，加强协调，互相协作，团结防汛。

要严肃防汛纪律。已经制定的各项防汛纪律，必须坚决执行。对违反防汛纪律的，不管是谁，都要严肃查处。要以铁的纪律确保令行禁止、政令畅通，确保防汛责任制的落实，确保夺取防汛的全面胜利。各级纪检监察部门要提前介入，配合防汛指挥部门共同做好防汛工作的检查监督，发现问题及时、坚决地处理。

三、依法防洪，科学防洪，确保今年安全度汛。法制是保障，科学是基础，做好防汛抗旱工作，各级各部门都要坚持“双拳出击”，做到依法防洪，科学防洪。

依法防洪，就是要坚决实施《防洪法》。自1998年《防洪法》颁布实施以来，依法防洪便成了防汛工作的一个基本原则，也为我们战胜1998年和1999年大水提供了重要保证。为了确保今年的安全度汛，各地一定要切实按照《防洪法》等有关法律法规的规定，使各项防汛工作纳入法制轨道，采取有力措施，确保各项防汛措施落实到位。对在防汛工作中有法不依、有禁不止的行为，要依法查处，严肃处理，绝不姑息。

科学防洪，就是要根据水文、气象和水利工程建设等的客观规律办事。防洪是项系统工程，具有很强的专业性。多年的实践证明，科学防洪是我们战胜洪涝灾害的一个重要法宝。科学防洪，威力无穷。各地在防汛工作中，要充分发挥水利专家和技术人员的作用，积极采用先进技术，科学调度，科学防汛；要充分发挥那些“土专家”、“土水利”的作用，利用他们在长期工作中积累的丰富经验为防汛工作服务。在依法防洪、科学防洪方面，各地已积累了一些成功的经验，要不断总结，运用于实践，以夺取防汛抢险的最大胜利。

据有关部门预测，今年我省发生干旱的可能性较大。因此，在做好防汛工作的同时，要处理好防洪与抗旱的关系，坚持防洪抗旱两手抓，积极做好抗大旱的各种准备。我省星罗棋布的水库，既是蓄水防洪的重要设施，又是备水防旱的根本依靠，要合理、周密地调度好。特别是在防汛后期，要结合抗旱要求，加强水库调度，合理蓄水，确保大中型灌区抗旱夺丰收。在这个问题上需要强调的是，大家要树立全局意识，统筹兼顾，局部利益必须服从全局利益。

同志们，防汛抗旱工作责任重于泰山。各级党委、政府一定要以“三个代表”重要思想为指导，周密部署，真抓实干，依法防洪，科学防洪，努力夺取今年防汛抗旱斗争的全面胜利，为“十五”计划的良好开局，为国民经济的持续快速健康发展提供有效的安全保障，做出新的更大贡献。

▲森林防火工作会议讲话

【范例】

在××省森林防火工作电视电话会议上的讲话

同志们：

刚才，××同志传达了全国森林防火工作座谈会精神，并就抓好全省森林防火工作作了具体部署和安排，我完全赞同。下面，我再强调几点意见。

一、要充分认识做好森林防火工作的重要性和紧迫性。森林火灾是一种与自然条件、人为活动有着直接关系的自然灾害，具有很强的突发性和不确定性。受厄尔尼诺、拉尼娜等现象影响，全球气候异常，气象条件不利于森林防火；林区枯枝落叶和林下植被增多，引发火灾的几率增大；林区经济发展加大了火源管理难度；农村大量青壮年劳力外出务工给扑救火灾带来了人力调度上的困难。目前，我省已全面进入森林防火期，受干旱天气影响，全省森林火灾受害率达0.33‰，为近年来少见，森林防火的任务十分艰巨。做好森林防火工作，直接关系到人民群众生命财产安全和林区社会稳定，直接关系到生态安徽建设和林业发展战略目标的实现。各地、各部门要充分认识做好森林防火工作的重要性和紧迫性，把森林防火作为加强执政能力建设、落实科学发展观和构建和谐社会的一件大事来抓，切实摆上重要议事日程，绝不能有任何麻痹思想和侥幸心理，真正做到思想认识到位，工作措施到位。

二、要进一步完善森林火灾应急预案。当前，我省已进入森林防火期。防火工作的艰巨性、时效性、专业性和危险性，要求我们必须把强化火灾处置能力、完善应急体系作为工作的重中之重，切实抓紧抓好。各级森林防火指挥部要按照国务院的统一要求，参照《国家处置重、特大森林火灾应急预案》和省政府的有关规定，逐级修订完善扑火预案。目前，省级森林防火应急预案已经出台，希望各市、县及时制定出本级森林防火应急预案。要充分利用信息技术等现代化手段，按照统一标准、信息共享的原则，建立科学有效的指挥决策系统，为火灾预防和扑救提供有力支撑。森林消防部门要加强与城镇公安消防部门的联系，建立信息反馈和灭火救援联动机制。要按照“专群结合，以专为主”的原则，全面加强地方森林消防队伍建设，不断提高消防队伍的正规化、专业化水平和协同灭火作战能力。要加强森林防火物资储备库建设，提高储备、保障能力，逐步形成分布较广、配置合理、辐射范围较大的森林防火物资储备格局。

三、要切实加强监测和预警预报。各地要结合区情、林情，充分运用卫星监测、了望台哨、地面巡逻等综合手段，加强火情监测和火险预警预报，努力实现全方位监测。对国家林业局卫星林火监测中心通报的热点信息，必须认真核查，及时报告。要加大火情监测设施和通讯设施建设力度，加强值班调度，保障通讯畅通，确保火灾信息的快速传递，真正做到一有火情，能及时发现并有效处置，实现森林火灾“打早、打小、打了”。对迟报、瞒报火情的，要严肃处理；因失职贻误扑火时机、酿成重大损失的，要依法追究有关人员责任。

四、要严格火源管理。违法用火是引发森林火灾的主要原因。要保证不发生大的森林火灾，就必须坚决把火源管理好。各地要严格执行火源管理制度和野外生产用火批准制度，积极引导和科学规范农事用火。林区要严格封山清山、清理外来人员，严禁一切野外用火，坚决管住管严火源，杜绝火种进山。要针对当前林下可燃物载量高、火灾隐患大的实际情况，在辖区范围内全面开展火灾隐患大排查活动。要加强林间、林缘防火隔离带建设，变堵为疏，变被动为主动，切实做到预防第一，常备不懈。要根据当地的实际情况适时发布森林防火戒严令，划定戒严区、戒严地段，采取必要的防范措施，严防火灾发生。

五、要全面落实森林防火责任制。各级政府和有关部门要以对国家和人民生命财产高度负责的精神，认真贯彻“预防为主、积极消灭”的工作方针，全面落实森林防火责任制，确保《森林防火目标责任书》签订的各项目标任务按期完成，确保实现全年受害率控制在0.5‰的目标。要按照山有人管、林有人护、责有人担的要求，层层落实责任和措施，确保不发生大的森林火灾和人员伤亡事故。各地在防火期间，分管领导要深入一线，深入基层，开展森林火灾隐患大排查，重点检查森林防火责任制落实情况，及时解决森林防火工作中存在的突出问题，不断提高森林防火综合水平。森林防火指挥部各成员单位要各司其职，各负其责，密切配合，通力合作，为森林防火防灾提供有力保障。

六、要坚持依法治火。要认真贯彻《森林法》、《森林防火条例》和《安徽省森林防火办法》，进一步加大执法力度，抓好火灾案件的查处，真正做到有法必依、执法必严、违法必究，查处一案，教育一方。对森林火灾造成重大损失的大案要案，要严肃追究责任，依纪依法处理。要采取多种形式，大力开展面向基层、面向群众、面向重点区域的森林防火、安全避险知识宣传教育，切实提高群众的防火意识和参与防火的自觉性、积极性，把预防森林火灾变为全社会的自觉行动。要进一步健全并严格执行森林防火工作制度，堵塞漏洞，把森林防火工作纳入法制化、制度化轨道。

同志们，全省森林防火已进入一个重要时期。各地要按照省委、省政府的统一部署，紧急行动起来，采取有力措施，严防森林火灾发生，确保人民群众生命财产安全，为构建“和谐安徽”、“平安安徽”，促进安徽奋力崛起做出新的更大贡献。

▲政务公开工作经验交流会讲话

【范例】

在××省政务公开工作经验交流会上的讲话

这次全省政务公开工作经验交流会，是一次很重要的会议。会议认真总结了近年来全省推行政务公开的情况，推广了××市政务公开工作试点经验，介绍了××，××××等市抓政务公开的一些典型。××同志对下一步全省政务公开工作做了全面安排部署，讲得很好，我完全同意，希望各地各部门认真贯彻落实。

××市是全省政务公开工作试点市之一。去年底，省上安排部署后，××市委、市政府高度重视，把试点工作与经济建设、依法治市、基层民主政治建设、党风廉政建设紧密结合起来，纳入全市整体工作计划，精心组织，狠抓落实，坚持整体推进，扩展公开范围；突出关键环节，深化公开内容；加强载体建设，创新公开形式；建立健全制度，完善监督机制；注重公开实效，促进各项工作，基本达到了市、县、乡整体推进和规范化、制度化的要求。对于规范行政行为，加强党风廉政建设，密切党群干群关系，改善发展环境，促进经济社会发展，起到了积极的作用，值得各地各部门学习和借鉴。会议印发的×××，××××等市的典型材料，分别介绍了一些县区、乡镇推行政务公开和市级政府创办行政审批服务大厅的做法和经验，也很有特点。对这些经验和做法，省政府办公厅要深入总结，变成省政务公开工作的规范性要求，切实抓好落实。

下面，我再强调讲三点意见：

一、提高认识，统一思想，进一步增强抓政务公开工作的自觉性

近年来，全省各级党委、政府和纪检监察机关认真贯彻中央、省上的决策和部署，不同程度地推行了政务公开。从总体上看，政务公开的推行面逐步扩大，正在从乡镇向县（区）、市（州、地）、省直部门延伸；政务公开的载体建设得到加强，形式不断多样化；政务公开的内容、范围不断扩大，程序逐步规范；一些地方和部门按照切实可行、便于操作、有利监督的原则，初步建立了方案预审、投诉处理、考核评议、责任追究等制度。全省上下已初步形成了各级领导议政务公开，各级政府抓政务公开，各新闻媒体宣传政务公开，人民群众盼政务公开的良好开局。但是，我们也应该清醒地认识到，全省政务公开仍处在起步阶段，从各地工作进展的程度、公开的广度和深度到公开的标准、质量和实际效果来看，发展的水平还不够平衡，与中央、省委的要求和人民群众的期望还有一定差距，特别是在抓住群众关注的热点难点问题和行使权力过程中的重点问题，真实及时向群众公开方面，抓得还不够有力，存在工作不实、避重就轻的问题。政务公开工作中存在这样、那样的不足和问题，主要原因在于一些领导干部对政务公开的重要性、必要性缺乏正确的认识。有的认为政务公开制约了权力运行，碍手碍脚，不大心甘情愿，甚至有抵触情绪；有的认为政务公开程序太多，加大了工作量，会给决策造成被动，不愿下真工夫去抓；还有的认为政务公开这些年已经抓得差不多了，再抓也抓不出新名堂，对推动工作深入信心不足。思想认识不到位，是深化政务公开的最大障碍。各地各部门必须把进一步解决思想认识问题，作为推进政务公开工作的首要任务来抓。各级领导干部要自觉地学习贯彻“三个代表”重要思想，坚持立党为公、执政为民，加强党风廉政建设和社会主义民主政治建设，加快经济社会发展的战略全局充分认识政务公开的重要性和必要性，牢固树立公开就是监督、公开就是诚信、

公开就是纽带、公开就是效率的新观念，不断统一思想认识。尤其要注意把握好以下几点：

第一，推行政务公开是贯彻落实“三个代表”重要思想的具体体现。胡锦涛总书记在“七一”重要讲话中指出：“实现人民的愿望，满足人民的需要，维护人民的利益，是‘三个代表’重要思想的根本出发点和落脚点。”贯彻落实“三个代表”重要思想，最根本的是实现好、发展好、维护好最广大人民群众的根本利益。推行政务公开，有利于人民群众了解党和政府的重大决策，参与管理国家事务，真正行使人民当家作主的权力，是贯彻“三个代表”重要思想，体现人民群众根本利益实质性的重大举措。“三个代表”重要思想的本质是立党为公，执政为民。十六大报告指出，我们党的最大政治优势是密切联系群众，党执政后的最大危险是脱离群众。推行政务公开，是加强与人民群众联系的一项重要制度，通过落实这项制度，既可以倾听民声、反映民意、集中民智，使我们的各项决策和工作更加符合客观实际和群众意愿，取得群众的理解和支持，又增加了群众监督的渠道，监督各级政府和领导干部增强“公仆”意识和服务意识，自觉实践“三个代表”重要思想，真正做到权为民所用，情为民所系，利为民所谋。

第二，推行政务公开是加快全面建设小康社会进程的客观要求。党的十六大明确提出了全面建设小康社会的宏伟目标，省委十届三次全委会议通过了《甘肃省全面建设小康社会规划纲要》。按照中央和省委的战略部署，我们的发展是以经济建设为中心、以富国强民为取向、以全面建设小康社会为目标的发展，我们的目标是中国特色社会主义经济、政治、文化全面发展。各项工作都必须紧紧围绕发展这个党执政兴国的第一要务来展开、来落实、来推进。推行政务公开，有利于调动和发挥广大干部群众一心一意谋发展的积极性和创造性，促进生产力的解放和发展，使经济建设持续健康快速地向前推进；有利于发展社会主义民主，保障人民的政治、经济和文化权益，加强民主监督、民主决策和民主管理，促进依法行政，建立与社会主义市场经济相适应的监督管理体制，进而推进社会主义政治文明建设；有利于加强党员干部从政道德建设，培养高尚的道德情操，树立谦虚谨慎、不骄不躁、艰苦奋斗的优良作风，廉洁勤政，影响和带动社会风气的好转，推进社会主义精神文明建设。

第三，推行政务公开是优化发展环境的必然选择。近几年来，尽管我省经济发展环境不断改善，但有些领域、有些方面、有些环节上问题仍然不少，与我们抓住机遇、实施追赶战略的需要还有很大差距。一些地方“三乱”问题没有得到有效遏制，巧立名目乱收费、乱罚款和吃拿卡要问题时有发生；有些部门和工作人员服务意识差，衙门作风严重，门难进、脸难看、话难听、事难办；有的对基层来办事的同志和经营者、投资者横加刁难，不给好处不办事，给了好处乱办事，等等。推行政务公开，实行“阳光工程”，是解决这些问题的有效途径。尤其是把政务公开同行政审批制度改革、建立行政服务中心等措施结合起来，通过减少行政审批事项，简化了审批环节，建设工程公开招标投标、政府采购、经营性土地使用权有偿出让、产权交易进入市场等制度，公开办事项目、程序和结果，既减少了暗箱操作，防止了不正之风，也提高了办事效率。这些对于形成公开、公正、公平的竞争机制，优化发展环境，具有不可替代的重要作用。

第四，推行政务公开是党和政府联系人民群众的重要途径。党的宗旨和人民政府的性质，决定了各级党委、政府和各级领导干部想问题、办事情、作决策，都必须充分体现人民的意愿，密切同人民群众的关系。推行政务公开，就是把政府工作的意图、决策的过程、要办的事情向群众公开，得到人民群众的理解、支持和监督，从而架起党和政府与人民群众的连心桥。现在，我们有些工作没少做，力没少出，但由于不公开或公开不够，群众不知情，不理解，有埋怨，干部也感到很委屈。一些群众对干部有意见，甚至干群关系比较紧张，往往是因为群众了解情况、反映意见的渠道不畅，干群之间缺乏沟通和理解，久而久之就会疏远距离、产生矛盾，甚至相互对立。推行政务公开，能够最大限度地落实群众的知情权、参与权和监督权，对于加强党和政府同人民群众的联系，理顺群众的思想情绪，化解一些社会矛盾，防止和消除不稳定因素，都有着积极的作用。

第五，推行政务公开是从源头上预防和治理腐败的有效手段。加大从源头上预防和治理腐败的力度，关键在于加强监督。监督的形式很多，但最有效的办法是公开。香港、新加坡廉政建设搞得比较成功，很重要的一条，就是政府办事讲公开、讲透明，置于社会监督之下。我们这次会议要求在更大范围、更高层次上推行政务公开，目的就是建立民主、公开、有效的监督制约机制，进一步加大源头治理力度，促进政府机关的廉政勤政，使不廉洁行为难有容身之地，使不勤政、不干事的人难以立足。一个领导班子、领导干部不廉政，口碑差，不仅没有号召力和凝聚力，还会带坏一个地方、一个单位的风气。同样，如果不勤政，不干事，群众也不会信任，而且还会贻误大事。推行政务公开，把要办的事情公开，工作过程公开，办事结果公开，既能够有效防止以权谋私、吃拿卡要、违法行政等消极腐败现象的发生，也是对党员干部履行职责和行政效率的监督，是从根本上推动廉政勤政建设的有效办法。

二、坚持标准，严格要求，把政务公开的各项措施真正落到实处

当前和今后一个时期全省政务公开工作的总体要求是，以党的十六大精神为指导，全面贯彻“三个代表”重要思想，紧紧围绕发展这个党执政兴国的第一要务，坚持“党委统一领导，政府主抓，人大监督，纪检监察督促检查”的领导体制和工作机制，以“制权、管钱、用人”为重点，以深化改革、创新体制为动力，以巩固深化、规范提高、务求实效为目标，加强宣传，健全制度，强化监督，整体推动，为我省改革发展稳定的大局服务。

一是要不断扩大公开的范围和内容。前几年，我们着重抓了乡镇和部分县级政权机关的政务公开，这个路子是对的，也是符合实际的。随着形势的发展变化，加之我们在基层政务公开方面已经取得了经验，在市、州、地和省直部门全面推行政务公开的条件已经成熟。下一步，在公开的层面上，要在巩固完善乡镇政务公开的同时，重点抓好县区一级政权机关的政务公开，并逐步向市级和省级延伸，做到四级联动，全面公开。全省所有县市区都要以规范化、制度化为重点，深入推进政务公开；市、州、地年底前要全面推开；省直部门今年抓好试点，明年普遍推行。在公开的范围上，要向政府以外的部门拓展，如公开选拔领导干部、实行检务公开、审判公开、警务公开等。在公开的内容上，除有保密规定和要求的外，都要实行公开。重点是事权、财权、人权和运用行政权力办理的与人民群众利益、经济社会发展密切相关的各类事项。要突出抓好与人民群众生产生活密切联系的行业和领域的公开，真正使人民群众从公开中得到实惠。

二是要规范公开的形式。随着政务公开在县级以上政权机关的全面推行，对公开的形式应该要求更高、更加规范，要根据省、市、县各级政权机关的实际情况，按照简便易行、形式多样、科学有效、便于监督的原则，加强载体建设。这方面，各地要学习平凉市实行分类指导，在乡镇、县区和市级政府及其部门采取不同公开形式的办法。政务公开的形式要因地因事制宜、灵活多样，但也不能简单从事，敷衍应付，既要采取挂牌上岗、设公开栏、挂公示牌、利用电视报刊公开等传统形式，也要逐步采用电子屏幕、电子触摸屏、互联网等现代化手段进行公开。有条件的地方可以建立政务公开大厅或办事大厅，实行“窗口式”、“一站式”、“一条龙”服务。但管理要科学、规范，效率要不断提高，不能搞“双轨制”和双向收费。这方面，要总结和推广金昌、天水市的经验和做法，真正发挥政务大厅的作用。

三是要同源头治理的各项工作结合起来，整体推进。要把政务公开与厂务、村务公开结合起来，与行政审批制度改革、财政管理体制改革、干部人事制度改革以及会计委派、财务集中核算、政府采购、建设工程招标投标、纠正部门和行业不正之风等工作结合起来，相互促进，整体推进。特别是省、市两级政府及其部门，一定要抓好重点领域、重点环节的公开，如大的建设项

目、大额度资金使用、大批物资采购、经营性土地使用权出让等，一定要公开透明，全面公开。要进一步采取措施，规范公开程序，尤其对招投标工作，从信息发布、招投标运作、招标结果、合同签订和执行等各个环节全过程公开，在阳光下作业，防止幕后交易和恶性竞争。

四是要抓好领导机关的政务公开。各级政府是政务公开的主体，除了抓好部门和行业的公开外，要认真研究政府自身的公开问题。如制定发展目标和重要政策规定，作出重大决策，确定重大建设项目，调度和使用财政资金和专项资金，办理向群众承诺的事项等，都应该通过不同方式公开。政府自身的公开要注意内外结合，一方面要将涉及公共利益、社会管理的事项，采取听证质询、政府公报等形式向社会公开，听取群众意见，接受社会监督。另一方面要以领导班子建设、内部监督管理、领导干部廉洁从政和干部职工关心的事项为重点，抓好内部公开。如干部任用、职务晋升、职称评定、考核奖惩、机关财务收支以及班子成员执行廉洁自律规定的情况，都应当向干部职工公开。政府内部公开是政务公开的一个难点，一定要从领导机关抓起，坚决排除阻力，真正落到实处，努力取得突破性的进展。

五是要不断探索和创新推进政务公开的有效办法。推行政务公开，也要体现与时俱进的精神，做到思想观念、工作方式、人员素质、工作作风与时俱进，用新的视角观察事物，用新的思维研究问题，用新的办法解决矛盾，用新的体制遏制腐败。如果我们还停留在传统的思维模式和管理方式上，不注意研究新情况，把握新特点，解决新问题，墨守成规，不思进取，政务公开工作就不可能深化。只有适应发展变化的实际，把政务公开同体制、机制和制度创新结合起来，不断拓展公开的范围，调整公开的内容，创新公开的形式，提高公开的效果，才能推动政务公开工作不断深入，更好地发挥作用。

三、加强领导，强化监督，不断取得政务公开工作的新成效

政务公开是一项系统工程，涉及面广，政策性强，工作要求高，必须加强领导，齐抓共管，强化监督，形成合力。

一是要明确领导责任。各级党委、政府要把政务公开作为一项重要工作摆上议事日程，党委要经常研究，统筹部署，政府要全面负责，抓好落实。市、县长是政务公开的第一责任人，要亲自过问，加强指导，做到心中有数。分管领导要具体抓，把责任落实到具体部门、单位和承办人，一级抓一级，层层抓落实。要健全领导机构，县级以上政府都要组成工作班子，扎扎实实开展工作。政务公开工作办公室要统一设在政府办公厅（室），这样有利于上下沟通，加强联系，开展工作。纪检监察部门要积极协助党委、政府抓部署、抓协调、抓指导、抓执纪，有关部门积极参与，各负其责。

二是要注重工作实效。要坚持实事求是，真实公开，及时公开，坚决防止和克服形式主义，搞花架子、走过场。对搞假公开的，要抓一些典型，严肃处理。要加强对公开内容和事项的审核把关，防止该公开的不公开，拿没有实际意义的事项糊弄群众、应付差事。在这个问题上，各地一定要保持清醒的头脑，一定要讲原则，讲诚信，千方百计确保公开的真实性和有效性。要以公开内容是否真实、群众是否满意、监督是否有效，作为考核工作成效的标准。

三是要加强监督检查。这次会议，进一步明确了推行政务公开的目标，要求也很具体，现在的关键是切实抓好落实。各级政务公开工作机构要在做好具体指导工作的同时，重点抓好督促检查，及时总结和推广好的典型，发现和解决存在的问题，不断推动工作落实。各级纪检监察机关要把推行政务公开的情况，作为贯彻执行党风廉政建设责任制的重要内容，认真履行监督职能，对于工作不力的，要按照责任追究的规定，严肃追究有关领导的责任。要充分发挥人大、政协的监督作用，适时组织人大代表、政协委员视察政务公开工作。要发挥好新闻媒体的作用，加大对政务公开工作的宣传力度，既要宣传好的典型，又要及时报道政务公开中群众反映强烈的问题，

强化舆论监督。

同志们，推行政务公开是时代所需、群众所盼。一定要以“三个代表”重要思想为指导，认真贯彻落实这次会议精神，发扬成绩，总结经验，求真务实，扎实工作，与时俱进，开拓创新，把我省政务公开工作进一步推向一个新的水平，为加强党风廉政建设，加快全面建设小康社会进程作出不懈的努力。

▲争创省文明城市联席会议讲话

【范例】

在××省争创省文明城市联席会议上的讲话

同志们：

为了推进群众精神文明创建活动深入开展，省文明委决定××××年评选表彰首批省级文明城市。根据省文明委的部署，威海市确定，我市与文登两市作为参评单位向上申报。对此，市委极为重视，主要领导提出明确要求，要千方百计，积极争创，志在必得。现在申报材料已交上去了，省级文明委初步确定，要于5月下旬对参评市区进行考察达标，主要内容，包括听汇报，查资料，看现场，问卷调查等，具体考核涉及政治、经济、文化、科技、城建等方面数百个指标，工程浩繁。现在离考核时间仅有10多天的时间，时间紧，任务重，压力大，必须动员全市上上下下迅速行动，一齐努力，才能确保创城工作收到实效。今天这次会议，就是按照市委要求，对照省文明城市测评体系，分解任务，落实责任，动员全市上下立即行动起来，积极争创山东省文明城市，全面开创我市三个文明建设新局面。

一、明确意义。文明城市是指在全面建设小康社会，推进社会主义现代化建设新的发展阶段，经济和社会各项事业全面进步，物质文明、政治文明与精神文明协调发展，精神文明建设取得显著成就，市民整体素质和城市文明程度较高的城市。从文明城市目标考核体系看，它涵盖了政治、经济、文化社会等方方面面的指标，含金量很高。能够获此殊荣，标志着一个地域不论是经济发展水平、精神文明程度，还是市民素质都达到了一个较高的层次。首先，争创文明城市，有利于扩大我市的知名度、提升我市的城市品位、优化城市的发展环境，有利于改善人们的物质和精神生活水平，有利于转变党风、政风和社会风气，有利于提高城市的总体水平和形象。其次，创建省级文明城市是创全国文明城市的基础。争夺全国文明城市是我们多年梦寐以求的目标，而要实现这一目标，第一步就是创全省文明城市，拿到“准入证”。否则一切都是空谈。再是，争创文明城市是一个区域实力的角逐。这次与我市同时申报的有文登市，他们的决心很足，也是志在必得。没有列入申报计划的乳山市也千方百计做工作往里挤，并召开了全市的动员大会，如果我们不努力，被兄弟市抢得了“头彩”，就是我们工作失职。在整个三市一区中，我们的基础条件占有利优势。一是我们有良好的经济基础。经济综合实力连续多年位居山东首位，在江北也位列前茅，同时还是张高丽书记的联系点，具备了雄厚的物质条件和政治条件。二是有良好的设施基础。多年来我们投巨资加大城市的交通、能源、生活、文化等设施建设和环境综合整治，城市设施配套齐备，城市功能日趋完善，城市形象不断提升，是全国的环保模范城、首届中国魅力城市。三是有良好的工作基础。通过多年深入扎实的思想道德教育和精神文明创建活动，形成了一整套的创建机制，市民的思想道德素质也有了明确提高，生活方式更加文明健康。特别是荣成人有着“只要想干没有干不成的事”的光荣传统和拼搏精神，这些都为我们创城工作注入了强大的内在动力。因此我们理应在创城工作中走在前列。但是，我们也面临着不小的压力。

一是考核严格。文明城市测评内容广、标准要求高，工作体系细、考核办法严，很多都是定量要求，实现难度很大，对创建工作提出更高要求；二是缺项不少。从整体讲，我市基础条件很好，但具体到某一方面则差距很大，特别是一些文化设施还存有缺陷，搞得不好，都有可能影响创城工作。总之，我市争创全省文明城市意义重大，希望很大，压力也很大。各部门、各单位一定要统一思想，提高认识，以勇争一流的精神，以求真务实的作风，以扎扎实实的工作，掀起争创文明城市的热潮。

二、目标分解。这次创城活动涉及方方面面，直接责任单位就有50多个，每个单位都承担着巨大的工作量。会前，市文明办对照《全省文明城市测评体系》把各项指标任务分解到相关单位。各单位要逐项对照核查，扬长补短，已达标的要抓巩固提高，未达标的要抓整改完善，对硬件建设方面存在的问题，要马上研究措施进行整改，对软件建设方面存在的问题，要抓紧健全和完善，确保缝缝不漏，不出问题。各单位所担负的任务要于25日前完成，文字资料要报送市文明办。同时，就上述工作要抓好六个方面的重点：

一是狠抓思想道德教育。采取多种形式，深入学习邓小平理论、“三个代表”重要思想、保持共产党员先进性教育有关文章和胡总书记来荣视察讲话精神。继续抓好“诚信荣成”建设，重点建立和完善诚信机制。深入开展“荣成精神大家谈”活动，形成具有我市特色的城市精神，凝聚干事创业的力量。

二是狠抓城市建设管理。按照建设精品城市的目标，高起点规划、高标准建设、高效能管理。完善城市管理体制。加快重点项目建设，搞好基础设施和维护，规范户外广告设置，拆除沿街临时和违章建筑，清理乱贴乱画小广告，解决乱摆乱设摊点，扩大物业服务领域，提高住宅小区建设品位，特别是要加强居民区、集贸市场、城乡结合部等重点部位的环境整治，使城市更洁、更绿、更亮、更美。高度重视和加强环保工作，进一步优化环境质量。要推进城市信息化进程，不断提高城市现代化水平。抓好城市环境综合整治，解决好“脏、乱、差”等问题。

三是狠抓平安荣成建设。紧紧围绕平安荣成建设总目标，抓好基层组织、综治网络和社会治安防控体系建设，切实做到有人管事、有钱办事、有章理事、有权定事。广泛开展创建“平安社区”、“平安学校”等活动。严厉打击各类刑事犯罪和“黄赌毒”等社会丑恶现象，加大治安、交通、市场和旅游秩序整治力度，增强群众安全感。抓好矛盾纠纷排查调处，努力化解在基层、解决在萌芽。搞好社会保障体系建设，加强就业和再就业工作，关注社会弱热群体，营造安居乐业的社会环境。加强安全生产管理，保证人民生命财产安全。健全目标责任考核机制和预警机制，确保我市没有重大影响的刑事案件、大规模群体越级上访事件和重大安全事故。

四是狠抓科教兴荣工程。加强义务教育和素质教育、职业教育和成人教育，完善0—3岁儿童保健系统，推行校务公开和收费公示制度，建立学校乱收费责任追究制。努力推进“学习型城市”建设，建立各类学习型组织，全面提高市民文化素质。广泛开展科普工作，加强科普阵地建设，引导人们崇尚科学、反对迷信和邪教。健全医疗卫生和公共卫生服务网络，完善疫情应急机制。加强人口和计划生育工作，进一步提高人口质量。以建设文化强市为目标，着力培育广场文化、加强基层文化、丰富市场文化、繁荣精品文化，管好文化市场。广泛开展全民健身活动，完善体育设施，健全服务体系，不断提高群众健康素质。

五是狠抓阳光政府建设。改革行政管理体制和管理方式，扩大群众的知情权、参与权、监督权。继续开展“创文明机关，做人民满意公务员”活动，促进党风、政风进一步好转。结合实施《行政许可法》，深入扎实地开展好大讨论“回头看”活动，进一步解放思想，简政放权，转变作风，提高效率，为加快发展营造良好社会环境。

六是狠抓基础创建活动。当前，要突出抓好两项活动。一项是文明社区创建。抓好社区建设、社区教育、社区管理、社区服务，尤其是要搞好社区文化阵地建设。社区所在机关、企事业单位和社会团体要充分发挥职能作用，积极参与和支持文明社区建设。另一项是文明行业创建。继续搞好服务名牌创建活动，要从小事抓起，从日常言行抓起，从最突出的问题抓起。要注重实效，在群众“最盼”上赢得民心，在群众“最急”上见真诚，千万不能搞形式主义。通过解决群众关心的一个个实际问题，让群众真切感受到创建成果享受到更多的实惠，从而激发他们参与创建的热情。

三、加强领导。一是要落实责任，协同作战。创建全省文明城市工作时间紧，离验收还有10多天的时间，任务重，还有许多指标不达标，同时又是一项系统工程，单靠哪一个部门、哪一个人是难以完成的。因此，必须切实加强领导，协同作战。领导小组成员单位一定要克服自外思想，增强责任感和紧迫感，按照这次的指标分解，狠抓落实。要建立联席会议制度，定期总结、研究创建工作。各责任单位也要成立相应机构，并设立一名联络员，报市文明办。各单位“一把手”是第一责任人，完不成任务，一把手要首先说明原因。会后要抓紧按照各自职责，制定创建方案，把指标任务进一步分解落实，定人员、定责任、定时间，不讲条件，不打折扣地完成任务，同时还要结合本职工作开展好创建活动。工会、团委、妇联等群众团体，要开展多种形式的文明共建活动，努力形成全社会齐抓共管的工作格局。

二是要广泛发动，城乡联动。在全市开展“做文明市民、创文明城市”系列宣传教育活动。各新闻媒体要开设专栏、专题大力宣传创建工作的目的、意义、任务和措施，让广大群众理解创建工作，支持创建工作，并积极参与创建活动，把创建工作变成人民群众的集体行动和自觉行动，使创建工作达到“时间上急起来、气氛上热起来、全社会动起来”的效果。要坚持城乡联动，以城带乡，努力提高农民素质和农村文明程度。

三是要加强督导，严格考核。要把创建工作纳入目标责任制考核，市考核办要专门组织考核。市文明办要加强调度和检查督导，及时发现和解决问题，通报进展情况。对工作扎实、成绩突出的要表彰奖励；对工作不力、影响创建工作的，要进行批评。要充分发挥新闻媒体的监督作用，荣成时讯、电视台要组织记者明察暗访并及时曝光，以促进创建工作的深入扎实开展。

四是要立足长远，常抓不懈。创建文明城市不是目的，目的是通过创建工作，优化发展环境，提高市民素质，改善人民生活，促进城市可持续发展。因此，一定要克服为创建而创建，抓时一阵风、验收过后稀拉松的急功近利思想，正确处理突击性工作与经常性工作的关系、眼前利益与长远利益的关系，既要立足当前，又要兼顾长远，决不能搞短期工程。无论是硬件建设，还是软件建设，都要坚持高标准、严要求，干出高质量，干出高水平，并建立长效机制。通过扎扎实实的工作，看到实实在在的变化，收到实实在在的成效。

谢谢大家。

▲专项行动联席会议讲话

【范例】

在××省“清查放射源让百姓放心”专项行动联席会议上的讲话

同志们：

根据国家环境保护总局、公安部、卫生部联合下发的《关于开展“清查放射源让百姓放心”专项行动的通知》（环发〔××××〕××号）要求，我省决定在全省范围开展一次“清查放射源，让百姓放心”专项行动。为了加强领导，这次专项行动由省环境保护局牵头，与省公安厅、省卫生厅建立联席会议制度。今天召开联席会议成员单位第一次会议，主要内容就是对这次专项行动进行统一部署，统一协调，使各部门在行动中认识一致，步调一致。下面，我代表省政府讲几点意见和要求：

一、统一思想，提高认识

随着核技术事业的迅速发展，放射源得到了越来越广泛的应用，在我国的经济建设和社会生活中发挥着重要作用。但若管理不善，放射性污染将会严重威胁人民群众的生命健康和社会稳定。党中央和国务院领导非常重视放射源的安全监管工作，曾多次作出重要批示。对此，省委、省政府也高度重视，我省在精简机构的大环境下，于去年年底成立了江西省辐射环境监督站，配备了专职人员，省财政拨专款用于放射性废物库改造，强化了辐射安全的监管能力。这次联席会由省政府主持召开，也是我省重视辐射安全监管工作的体现。

此次专项行动的目的是要彻底查清我省放射源现状，强制收贮废放射源，消除放射性污染危害，保护人民群众生命财产安全，维护社会稳定。各有关部门一定要从讲政治、保稳定、促发展的高度，充分认识本次专项行动的重要性和紧迫性，加强领导，落实责任。此次专项行动的主要任务可以概括为“调职能，查底数，除隐患，收废源”，对生产、进出口、销售、使用、运输、贮存、处置放射源等各个环节进行清查整治。要安全收贮废弃放射源，建立有效的监管制度，对在专项行动中查实的违法单位和个人，要依法处罚，用法律的手段达到教育和整改的目的，严格执法，不留死角，以促进核技术的安全利用，保护人民群众身体健康，维护社会稳定。

二、统一协调，分工合作

按照国家对放射源监管职能的调整，今后由省环保局对我省的放射源进行统一监管，各相关部门要依照中央编办发〔××××〕××号文的要求，明确分工，各负其责，紧密配合，统一行动。

环保部门负责组织开展对生产、进出口、销售、使用、运输、贮存、处置放射源单位（以下简称涉源单位）的申报登记；负责核查和办理放射源安全许可证件；负责组织对涉源单位放射源安全状况的现场检查；负责废弃放射源的强制收贮；负责汇总放射源数量、种类、分布等情况；协助公安部门追缴丢失、被盗的放射源。

公安部门负责检查涉源单位的安全保卫情况；负责对检查中发现的放射源丢失和被盗事件进行立案侦查和追缴；协助环保、卫生部门的行政执法工作。

卫生部门负责对涉源单位贯彻实施《职业病防治法》的情况进行监督检查和医用辐射机构的检查，在7月中旬前将放射源卫生许可有关资料移交环保部门。

环保部门要会同公安等部门建立健全放射源安全检查制度、预警和应急处理机制以及事故分级报告制度，有计划地开展经常性的安全检查工作，查找隐患，堵塞漏洞，对放射源实行长效管理，确保今后我省在放射源管理上做到万无一失。

各有关部门要密切配合，加强协调，形成合力。

三、统一部署，有序实施

按照国家的部署，此次专项行动分为启动、实施和总结三个阶段，省“清查放射源，让百姓放心”专项行动联席会议及执行办公室要围绕三个阶段将工作任务进行分解，提出每个阶段具体的工作内容和工作目标，进行统一部署，保证专项行动的有序开展。要在10月30日前基本完成我省的专项行动。省专项行动联席会议执行办公室要组织检查组，对各市清查工作进行督促检查。

同志们，这次“清查放射源，让百姓放心”专项行动责任重大，时间紧，任务重，各部门要高度重视，认真部署，确保专项行动顺利完成，切实让老百姓放心。

▲纠风工作动员大会讲话

【范例】

在××市纠风工作动员大会上的讲话

同志们:

今天，我们在这里召开市政府系统纠风工作会议，主要任务是认真贯彻落实国务院、自治区、自治州廉政工作会议和中央、区、州纪委会议精神，对全市政府系统的纠风工作作具体安排部署，切实加强政府自身建设，创优投资与发展环境，加快经济发展。下面，我讲几点意见。

一、统一思想，提高认识，进一步增强做好纠风工作的责任感和紧迫感

纠风工作是政府通过社会监督，依法规范行政行为，切实加强政府自身建设的一项重要工作。去年以来，市人民政府按照国务院、区、州党委、政府的要求，坚持标本兼治、纠建并举的方针，在思想教育、自查自纠、整改树形、建章立制等方面做了大量的工作，规范了行风评议的工作程序，在狠抓医药购销、减轻企业和农牧民负担、创建行业建设先进单位和纠风示范窗口等专项治理工作方面取得了明显成效，尤其是在转变政府职能、规范行政行为方面实施了许多新的办法和举措，实行了重大问题集体决策制、政府部门工作评议制等制度，增强了政府工作的透明度，体现了政府公开、公平、公正的办事原则，树立了良好的政府形象。但是，我们必须清醒地认识到，距离建设一个高效、廉洁、务实政府的要求，我们的工作还存在着一些不容忽视的问题。一是个别部门对纠风工作的认识不足，认为行风评议可有可无，没有从本质上认识监督与被监督的关系和作用，而是被动地接受监督，在纠正行业风气上仅做一些表面文章，工作应付了事，使纠风工作未能真正发挥应有的作用。二是个别评议人员对全局工作重点把握不够，对部门工作的了解不够深入，行风评议还停留在比较浅的层面上，评价失之于客观公正，未能发挥真正的监督作用。三是“老好人”思想比较严重，大都喜欢栽花不愿栽刺，个别部门领导不能坚持原则，没有“是非”观念，立场不够坚定，奉行“好人”主义，凡事息事宁人，缺乏应有的政治觉悟和责任感。四是工作落实难的问题依然十分突出，个别部门只注重喊空口号、摆花架子，抓落实的意识太弱、太差，工作作风心浮气躁、华而不实，缺乏求真务实、真抓实干的精神。五是个别机关工作人员廉洁自律不够，以权谋私、吃拿卡要的问题在一定范围仍然存在。年初以来，国务院、自治区、自治州人民政府相继召开了廉政工作会议，反复强调要求真务实，勤政廉政，把最大限度地维护人民群众的根本利益放在首要位置抓紧抓好。全市上下要高度统一思想，提高认识，真正把纠风工作作为树立政府良好形象的重要工作，增强责任感和紧迫感，以纠风的工作实效取信于人民群众、服务于经济建设。

二、突出重点，狠抓落实，以纠风工作的实效树立政府良好形象

抓好今年的纠风工作，要按照国家、区、州的要求，把解决损害群众利益的突出问题作为重点，结合全市实际情况，有针对性地开展工作，重点要结合招商引资、城市建设、增加农民收入等方面，大力发展城市经济，按照“工业立市、工业强市”的目标，促进国民经济快速发展，在国民经济中要重点突出城市经济，在农村经济中要突出畜牧业这个主线，不断加大工作力度，狠抓工作落实。

一要围绕招商引资抓纠风。招商引资是我们加快城市经济发展的重中之重，昌吉市是典型的投资拉动型经济，没有投资就没有产出，就谈不上发展。招商引资是获取投入的最有效途径，招商引资的加快推进必须依靠良好的投资与发展环境。去年我们在政府部门推行了双目标考核制和

服务承诺制，今年我们把招商引资也单独提出来，实行百分制考核，并同干部任用结合起来，抓好落实，要把各部门对社会的服务承诺作为行风评议的重点，严肃处理诺而不践的现象。各部门要通过服务来体现良好的工作作风，着眼大局，规范行为，着力营造公开、公正的发展环境。要把招商引资作为检验我们服务水平的有效手段，把投资者当作政府的义务行风评议员，在全社会形成尊重投资者、保护投资者、支持投资者的良好氛围。要以良好的投资环境进行招商，以诚信的态度对待客商，服务于投资者。要对那些置大局于不顾，破坏环境，影响全市招商引资、经济发展的部门和工作人员坚决予以严肃处理。

二要围绕城市建设抓纠风。去年以来，我市大力实施城市群发展战略，扩张新区、优化旧区，城市建设得到了长足发展。与此同时城市征地、拆迁、管理等问题也逐步显现，使城市的发展面临很大的困难。今年中央要求要把保护人民群众的根本利益作为首要任务，在新的形势下，我们要不断创新思路，以求真务实的精神，积极稳妥地做好城市大发展中的征地、拆迁和管理工作。要以是否保护好人民群众的根本利益为标准，重点抓好规范征地程序、及时兑现征地拆迁补偿款、杜绝拖欠民工工资等工作。要坚持公开、公正、公平的原则，逐步推行城市管理综合执法，提高管理水平，创优城市投资发展环境。

三要围绕农民增收抓纠风。解决农业问题重点在于农业机械化、产业化，解决农村问题重点在于城镇化和工业化，解决农民问题的重点是知识化、专业化和提高农民的素质，农业农村工作的核心在于农民增收。中央1号文件把增加农民收入作为今年工作的重中之重，我市于上周迅速召开了农业农村工作会议，对增加农民收入工作做了具体部署。涉农部门和全市各有关部门要真正拿出实招，认真抓好落实，要重点围绕产业化、结构调整、劳动力转移、小城镇建设等工作，把农业工作人员、科技人员是否深入一线，最大程度地帮助农民致富作为行风评价的标准，以多种手段和措施促使农民增收。要结合农村税费改革，进一步做好减轻农民负担工作，规范农业税费征管，加强筹资筹劳管理，坚决制止在规定之外进行任何形式的摊派和收费。

四要围绕贯彻实施《行政许可法》抓纠风。《行政许可法》将于今年7月1日起施行，这是一部规范政府行为的重要法律，是对现行行政审批制度的重大改革和创新，对进一步深化行政管理体制改革，促进政府转变职能，提高依法行政水平，从源头上预防和治理腐败都将产生积极的推动作用。前不久召开的六届人民政府第三次全体（扩大）会议上，对这部法律的意义、内容和目的已进行了详细说明。当前，要抓紧做好实施前的各项准备工作，切实组织好学习、宣传、培训工作，做好行政许可事项和行政许可实施主体的清理规范，加强与行政许可法相配套的制度建设，建立健全对行政机关行政许可的监督检查制度，使“有权必有责、有权受监督、侵权须赔偿”的依法行政体系落到实处。

三、加强领导，明确责任，切实抓好政府廉政建设

全市要以纠风工作为切入点，全面抓好政府廉政建设。

一要加强领导、明确责任。各乡镇、各部门行政一把手要强化“第一责任人”意识，按照“谁分管、谁负责”的原则抓好对纠风工作的组织协调和指导。各乡镇、各部门的主要领导要切实对本乡镇、本部门的廉政和纠风工作负起全面领导责任，坚持“一把手”负总责和“一岗双责”，确保责任落实到人。要将领导干部执行责任制情况作为业绩评定、奖励惩处、选拔任用的重要依据，严格进行责任追究。对那些领导不力，甚至不抓不管，导致不正之风长期得不到解决，屡屡出现重大腐败问题的单位，要坚决依据有关规定追究主要领导的责任。

二要加强教育、勤俭节约。只有思想上立党为公，才能在行动上做到执政为民。全市要始终把加强干部的思想教育摆在十分重要的位置，深入开展“三个代表”重要思想和党的十六大、十六届三中全会精神学习，牢记“立党为公、执政为民”的本质要求，牢固树立群众观点和公

仆意识，增强弘扬求真务实作风的自觉性，坚决克服作风漂浮、心态浮躁的不良风气。要牢固树立艰苦奋斗的作风，勤俭节约办一些事业，加大财政增收节支，千方百计增加财政收入，缩减开支比例，要通过纪检监察、审计和社会方方面面的监督管理，把有限的财力、物力用在人民群众最迫切需要解决的问题上，用在推进改革发展稳定工作最关键的事情上。

三要真抓实干、创新机制。要以求真务实的工作作风，坚持科学的发展观，树立正确的权力观和政绩观，把最大限度地维护广大人民群众的根本利益作为首要任务，坚决杜绝部门利益至上的观念，摆正位置，尽好职责。要大力破除“老好人”的思想，以对政府、对人民高度负责的精神，说实话、干实事、出实招、求实效，正确地使用权力，以工作实效取信于民，全心全意为人民群众谋利益。创新机制是我们工作的不竭动力，去年我们实行了重大问题集体决策制，实现了政府管理机制的重大创新，经过一年的实践证明，正是建立了这样一个制度，才使政府工作规范有序进行，为经济社会发展营造了一个公开、公正的环境和平台。从国家大的形势来看，无论是土地市场清理整顿，还是纠正行业不正之风，这个制度都及时地避免了我们每一个干部犯错误，真正起到了保护干部、促进发展的目的，可以实事求是地说，我们这个制度的施行是与中央求真务实的精神实质相一致的，昌吉市已经做得很超前，今后要更加坚持不懈地强化这个制度。今年，我们将坚持谁分管、谁负责的原则，严格按照政府程序办事，真正体现效率与规范的统一。

没有约束的权力最终会导致腐败，行风评议是重要的社会监督手段，是政府加强廉政建设的重要措施，这项工作量大面广，全社会都要积极支持配合。特别需要强调的是，今天聘请的行风评议员都是市人民政府经过严格把关聘请的，都是政治素质、业务素质、道德素质很高的人员，他们中有的是退休的老同志，有的是在岗兼职人员，都是以强烈的责任感，真心实意帮助我们更好地开展工作的。各乡镇、各部门都要给予充分理解和支持，对他们要从政治上关心、工作上支持、生活上照顾，使他们安心搞好纠风工作。需要说明的是，行风评议员不仅仅是对重点评议单位进行监督，市人民政府还赋予他们对全市各乡镇、各部门的监督权，希望评议员们大胆开展工作，敢于建言献策，和市人民政府共同把这项工作不断推向深入。行风评议员自身还要不断增强综合素质，自觉融入全市经济社会发展，以对政府高度负责的精神反映社会的呼声，客观真实地反映各部门存在的问题，努力开创纠风工作的新局面。

同志们，做好纠风工作，任务繁重，意义重大。我们要认真按照这次会议要求，求真务实，扎实工作，开拓进取，争创一流，努力取得纠风工作的新成效，为加快推进全市经济社会发展作出应有的努力。

谢谢大家！

▲安全生产会议讲话

【范例】

在××市安全生产电视电话会议上的讲话

同志们：

刚才，省政府召开了全省安全生产电视电话会议，会议通报了当前全省安全生产形势，对安全生产工作，特别是安全生产大检查工作进行了部署，希望各地、各部门抓紧贯彻落实。下面，我就贯彻落实全省安全生产电视电话会议精神讲三点意见：

一、居安思危，防微杜渐，进一步加强对安全生产工作的领导近日发生在吉林省吉林市中百商厦和浙江省海宁市黄湾镇五丰村的两起特大火灾事故，造成严重的人员伤亡，再次向我们敲响了警钟。2月16日，国务院召开常务会议，指出当前事故多发的主要原因是一些地方以及企业、单位的领导安全意识薄弱，安全责任不落实，防范措施不到位，事故应急预案不完善；要求各级领导一定要高度重视安全工作，把确保人民群众生命财产安全的各项防范工作，作为实践“三个代表”重要思想的实际行动，放在经济和社会发展的重要位置，列入各级领导工作的重要议程，常抓不懈，防患于未然。

今年以来，我市各级认真贯彻落实十六届三中全会和中央经济工作会议精神，切实加强了安全生产工作，以务实的作风，及早部署，狠抓落实，深入检查，强化监管，全市安全生产形势基本平稳，事故起数、死亡人数总体呈下降态势，元旦、春节和市“两会”期间未发生重特大事故。但是，在肯定成绩的同时，必须清醒地认识到当前我市安全生产仍然存在诸多薄弱环节，居安思危，防微杜渐，才能实现安全生产的长治久安。全面分析我市安全生产工作，存在问题依然十分突出。一是事故总量仍然偏高，二是易诱发重特大事故的隐患仍然存在，全市安全生产形势不容乐观。昨天，市经济技术开发区南通江天化学品有限公司多聚甲醛生产线烘干、包装工段发生火灾爆炸事故，虽经消防官兵奋力扑救，未酿成恶性后果，但在化工生产区域内发生此类事故，险象环生，令人后怕。各级领导务必保持清醒头脑，时刻绷紧安全生产这根弦。要从全面实践“三个代表”重要思想的高度，认真贯彻落实中央领导同志关于安全生产工作的重要指示和国务院近来两次常务会议精神，认真吸取吉林省吉林市中百商厦和浙江省海宁市黄湾镇五丰村的两起特大火灾事故教训，在抓好发展的同时要着力抓好安全生产，两手抓、两手都要硬。要牢固树立“安全第一”、“安全生产责任重于泰山”的思想，按照《国务院关于进一步加强安全生产工作的决定》的要求，切实加强领导，扎扎实实抓好安全生产各项措施落实，确保人民群众生命财产安全，确保经济社会各项事业的持续、稳定、快速发展。

二、落实责任，严格督查，把安全生产的各项措施落到实处

各地、各部门和各单位要进一步健全安全生产责任体系，强化各级领导的安全生产责任制，一级抓一级，一级对一级负责，进一步强化安全生产责任意识。1月13日全市安全生产工作会议上，各县（市）、区政府向市政府递交了安全生产责任保证书，全市各个层面的安全生产责任保证书也正在层层签订。实践证明，签订安全生产责任书是推动和促进安全生产工作的有效措施。但要使其收到实效，关键在于抓落实，坚决克服“严不起来，落实不下去”的不良倾向。决不能说在嘴上，写在纸上，使安全生产责任保证书的签订流于形式。要按照全市安全生产工作会议对全年安全生产工作的部署和要求，对照安全生产责任保证书，扎扎实实抓好本地区、本部门、本单位相关安全生产措施落实，完善安全生产监管体系，加强安全生产宣传教育，加大安全生产投入力度，努力改善安全生产基础条件，尽快实现本地区、本部门、本单位安全生产状况的根本好转。

各级负有安全生产监督管理职能的部门要认真履行职责，依法强化监管。要加强监督检查，在抓好面上督查的同时，着力加强对安全生产重点单位的经常性督查，督促企业遵守安全生产法律法规，建立健全安全生产约束机制，严肃查处安全生产方面的违法违规行为。要严格执行安全审查许可、验收的有关规定，凡不符合国家规定的安全要求的生产经营单位一律不予批准；凡生产性建设工程项目未执行安全生产“三同时”的有关规定的，一律不得竣工投产；凡新竣工建筑物未通过消防验收的，一律不准投入使用。要严格执行事故责任追究制，对发生的重大安全事故，要按照“四不放过”的原则，尽快查明原因，分清责任。对领导不力、监管不力、措施不力而发生重大安全生产事故的，要严肃依法追究有关领导的责任，决不手软。要加强对各类大型活动的安全生产监督管理，督促相关单位认真吸取北京密云县“2·5”特大事故教训，严格按

照有关各类大型活动安全方案上报备案的规定，对活动的安全工作方案和事故应急预案严格审查，并加强督查，确保各项措施到位，严防群死群伤恶性事故发生。对举办大型活动要严格控制，谁主管、谁负责，谁批准、谁负责，举办大型活动企业主要负责人也是安全生产责任第一人。

三、周密部署，突出重点，迅速开展安全生产大检查

各级要按照国务院和省、市政府的部署，迅速在全市组织开展安全生产大检查。

1. 周密部署，层层发动，深入细致，疏而不漏，在全市范围内组织开展拉网式安全生产大检查。各地区、各部门、各单位立即制定在本月下旬组织的安全检查方案，明确检查内容和检查要求。各级领导要亲自组织，亲自参加，深入基层，深入安全生产第一线，及时发现问题，督促、指导和帮助基层单位解决安全生产工作中的困难和问题。这次安全大检查，要覆盖到每一个企事业单位、机关学校，每个单位每个人都要进行“安全活动日”专项安全教育，每个单位都要检查到生产管理的每一个环节，发现问题及时整改。市、县（区）安监部门要组织不通知抽查、督查，发现问题及时教育并实行处罚。市安委会将在 3 月初听取各县（市）区、各成员单位自查整改的汇报。

2. 突出重点，不留死角，全力防范重大恶性事故的发生。

一是要针对春季防火特点，公安、消防、经贸、文化、教育、卫生等部门要开展消防安全大检查，检查的重点是安全工作制度和责任是否落实，措施是否到位，应急预案是否建立，要查到基层单位的每一个环节；对消防设施不健全、不具备消防安全条件和存在重大火灾隐患的经营单位要立即责令整改，整改后仍达不到消防安全条件的要依法关闭。要着力加强对商场、市场、宾馆、饭店、医院、学校、幼儿园、养老院、外来务工人员临时居住房等人员密集场所的检查，督促整改火灾隐患，坚决不留死角。各基层公安派出所、社区居委会要组织相关力量，对辖区内的小歌舞厅、小录像厅、小网吧、小电子游戏厅等小型公共娱乐场所，小旅店、小商店、家庭作坊式企业及社区居民住宅楼等进行认真排查，并适时开展夜查，坚决依法取缔非法经营和不具备消防安全条件的单位和场所。对消防安全疏散不畅、自动消防设施不能正常运行、灭火器材配置不到位、用火用电管理不善的，要限期整改，及时消除火灾隐患。

二是要重点加强对危险化学品生产、经营、储存、运输企业的安全检查。市、县工业主管部门和市各控股（集团）公司、开发区要重点检查安全管理制度和操作规程的执行情况、防范危险化学品事故相关措施的落实情况、事故应急预案的制订和演练情况、消防安全间距是否符合国家有关规范标准。对关键设备、设施和关键工段要深入查、反复查，及时消除事故隐患。要继续严厉打击私产、私存、私运、私销烟花爆竹的违法行为。

三是要重点加强运输交通安全检查。市公安、交通、海事等部门要认真检查交通运输企业、苏通大桥建设工程、大唐电厂建设工程安全生产责任制落实情况，运输企业、客运站点对客运车辆和驾驶员的管理情况，对营运车辆超载、超速、客货混装和疲劳驾驶、农用车非法载客等违规违法行为要坚决取缔、整治。要检查重点路段、重点单位的整改落实情况，对重点路段重大项目排查出的事故隐患，要逐一落实整改措施，务求取得实效。要紧紧围绕“三客一危”船舶等水上安全管理的重点，抓住船舶超载、非载客船载客等突出问题和容易发生重大事故的其他薄弱环节，落实措施，加强监管。要严肃查处农用船舶非法载客，取缔无证无照和达到报废年限的农用和渔业船舶。

四是重点加强海洋渔业安全检查。市海洋渔业局、农机局等部门和有关县（市）进一步加大清理整顿“三无”、“三证不全”渔船的力度，查处非法海洋捕捞行为，强化渔船进出港签证管理，要关口前移，抓源头管理。有关乡镇要组织人员走村到户对下海拖拉机进行逐一检查，重

点检查救生设备、通讯工具的配备，拖拉机年检等情况，争取工作的主动。严禁下海拖拉机载客上路行驶。要完善海洋渔业（含滩涂养殖业）安全生产事故应急救援预案并加强演练，遇紧急情况能及时予以救助。

3. 狠抓整改，确保安全大检查收到实效。各级对检查中发现的事故隐患要及时汇总梳理，层层上报建档。同时要抓紧整改，力争在最短时间内整改到位；一时不能整改的，要落实防范措施，死盯死守，严防发生事故；对严重危及安全生产的，该停的停，该关的关，决不能心慈手软、麻痹懈怠，导致重大事故发生。各级安全生产监督管理部门和监察部门要全面掌握事故隐患整改情况，对发现事故隐患不及时采取措施的、不依照规定保证事故隐患整改资金投入的、事故隐患整改不力而导致发生事故的单位及其负责人，要按照《南通市重特大事故隐患整改责任追究规定》严肃查处。

同志们，全国和全省“两会”即将召开，各级、各部门、各单位要切实加强“两会”期间安全生产工作。要严格执行“两会”期间领导同志值班和事故专报制度，随时掌握安全生产动态，对各种异常情况必须组织力量及时妥善处理并按规定及时、如实向上级有关部门报告，保障安全生产信息渠道的畅通。要在思想上、组织上、措施上把各项安全生产措施落到实处，防止各类事故的发生，确保“两会”顺利召开。

▲服务型政府建设工作会议讲话

【范例】

在××市规范化服务型政府建设工作会议上的讲话

同志们：

按照会议安排，我就全市规范化服务型政府（机关）建设工作交流会议主要精神作一简要传达，并对我县下一阶段规范化服务型政府建设工作进行部署。下面，我首先简要传达市会议精神。

11月11日，市委、市政府召开全市规范化服务型政府（机关）建设工作交流会。市委、市人大常委会、市政府、市政协主要领导，市委、市政府有关领导，成都高新区负责同志，规服办主任，市级各部门主要负责同志，各区（市）县委书记和政府区（市）县长，规服办主任参加了此次大会。会议由市委副书记、常务副市长刘佩智同志主持。锦江、郫县、金堂等区县，市委组织部、市外经局、市药监局等部门以及高新区的负责同志分别就规范化服务型政府（机关）建设工作作了交流发言。春城书记和红林市长分别作了重要讲话。

春城书记的讲话主要有四个方面的内容。

一是要高度重视职能转变。春城书记强调规范化服务型政府（机关）建设要在简化和规范审批，加强事前服务和事中、事后监管上下工夫，要在搞好调查研究、制定好政策、制定好规则的同时，履行监管职能，寓监管于服务当中。

二是要严格规范政府行为。要通过依法行政和充分运用现代技术设备来规范政府行为。

三是要逐渐完善体制机制。春城书记指出，规范化服务型政府（机关）建设是个系统工程，是一个体制和机制性的问题，随着规范化服务型政府（机关）建设的深入推进，机构职能交叉的问题就浮现出来，随着社会的发展进步，政府管理就要越来越规范、高效。

四是要大力加强干部队伍建设。春城书记要求一把手要勇于改革、敢于较真，要切实负起领导责任；要严格管理，带好队伍，在干部队伍建设上，要有较真、碰硬、高度负责的精神。

红林市长主要讲了三点意见。

一是要肯定成绩，巩固成效。要肯定我市在推进依法行政、创新服务方式、健全政务服务网络、提高公共服务水平、延伸服务领域、完善公众监督机制等方面取得的成绩。

二是要查找不足，改进工作。部分公务人员在思想上还没有把规范化服务型政府建设工作与执政为民、构建和谐社会、深化行政管理体制改革、转变政府职能结合起来，没有充分理解这项工作对提升政务服务环境和促进经济社会发展提供体制和机制保障的重要功能，工作自觉性和主动性不够；部分工作成效还不够明显，对规范和简化审批流程下工夫不够，对流程优化重视不足，行政运行成本较高，强化事前服务和事后监管还没有取得突破性进展；一些部门和中介组织脱钩还不彻底，存在藕断丝不断、搭便车的现象；工作的动力机制和长效机制未完全建立，群众参与和互动途径比较单一，没有形成上下互动合力。规范和优质的服务标准还没有贯穿到工作的每一个步骤之中，部门内的无缝对接和部门之间的整体联动还没有完全实现；一些工作中还存在环节遗漏、流程挂空、责任不明晰的情况。规范化服务型政府建设向纵深发展研究不够，工作开展的广度和深度受到制约。有的工作人员为群众服务热情周到还不够，甚至态度生硬；工作纪律执行还有不到位的地方，一些执法程序还不够透明和人性化，有的工作还比较简单粗暴。

三是要提高质量，完善服务。在下一步工作中，要按照市委、市政府的既定部署，加快转变政府职能，全面推进依法行政，努力提高落实科学发展观，构建和谐成都的行政能力。要进一步规范管理体制，完善服务机制，抓好问题整改。红林市长强调，高质量推进规范化服务型政府建设，关键在于建设高素质的公务员队伍。要紧紧抓住《公务员法》颁布实施的有利时机，加强培训，规范管理，培育公务员精神，增强建设规范化服务型政府的积极性、主动性、创造性，努力提高公共行政、公共管理、公共服务的本领，更好地为实现“三最”奋斗目标，建设和谐成都作出贡献。

下面，我简要安排下一阶段我县的规范化服务型政府建设工作。

一、进一步加快电子政务建设

我县电子政务外网已于十月中旬基本搭建完成，截至目前，除政务中心、发改局、信息办等少数部门外，大多数的部门没有实现网上协同办公，门户网站上信息也比较陈旧，下一步，各单位要进一步加快电子政务建设。一是加强网站维护管理，巩固郫县公众信息网建设成果，及时更新内容和信息，切实加强政务网上公开，提供网上办事、网上宣传、网上监督、网上咨询等便民服务。二是年内完成政务大厅信息系统与各镇、各部门以及各分中心的网络链接，搭建覆盖全县的电子政务网络。三是完善政府信息公开目录，建立政府各部门网站信息目录和信息资源库，整合政府各部门网上服务项目。四是积极开发各部门网上预审批功能，以及在线答复和审批意见反馈系统，加强对各单位电子政务运用的技术指导，加快电子政务推进步伐，切实提高行政效率。

二、进一步优化服务流程

一是结合县政务大厅信息系统建设，全面推进行政审批市、县联动、跨部门业务协同、部门内部窗口与原单位前后台协同服务平台建设。进一步简化、合并、集中、归类行政审批、服务项目，减少办事环节，压缩办理时限，提高办事效率，真正实现“进一道门、办成一切事”。二是对照《行政许可法》要求，进一步加大监督检查力度，通过科学的评估机制，进一步简化或再造服务（审批）流程、缩短办事环节（时限），使服务流程更加清晰、合理、科学。三是明显提高即办件比例。我县政务服务中心现有入驻事项258项，实际受理168项，其中即办件仅为31项，占实际受理的18.45%，各单位必须下大力气提高即办件比例，不用现场踏勘和转报上级审批的要尽可能转为即办件。

三、进一步严格规范行政行为

一是加大整改力度，切实解决多头执法和重复执法的问题。要从体制上杜绝多头执法，重复执法，做到行政执法授予有据、行使有规、管理有效，合理合法，坚决克服有法不依、滥用职权的现象。二是按照《行政许可法》的要求，进一步加大行政许可事项、行政许可实施主体和行政许可收费清理力度。三是加强督查，坚决杜绝两头受理和应进不进现象的发生。年底前，对进入政务中心的事项进行全面清理公布，除个别办件量极少的事项外，所有行政许可事项都应进入政务服务中心受理。特别是与群众密切相关的事项、多个部门联办的许可服务事项、可即时办结的事项必须进入中心受理。组织特邀监察员对各单位进行明察暗访，对存在两头受理和应进不进现象的单位进行严肃处理。

四、进一步加快各镇便民服务中心和村（社区）代办点建设

各镇要在营造良好环境、方便群众办事上下工夫。前段时间规服办的同志对各镇的便民服务中心建设情况进行了督查，督查结果表示，多数的镇能因地制宜地利用现有办公场所建设便民服务中心，且中心服务项目基本完善，但还存在不少问题，一是没有实际开展工作，有的中心在建成之后一直没有受理业务或办件量极低；二是一些中心没有固定工作人员，没有电话、电脑等必要的配套设施；三是中心办理事项流程不清晰，相关制度和流程没有在大厅的醒目位置张贴。各镇要组织中心工作人员到政务服务中心学习，县政务服务中心有现成的制度和管理模式。要建立健全公开办事制、集中办公制、佩证上岗制、优质服务制、月报考评制和监督检查制等为民办事全程代理的各项规章制度。本月内完成对中心办理事项的清理，所有事项流程必须简单、明了，相关制度必须上墙。县级各部门要加强调研，探索试点许可事项下放乡镇工作，同时提高县、镇便民中心上下协同能力，确保政务服务真正实现“高效、有序、便民”。

五、进一步强化教育培训

加强对信息技术知识的系统培训，提高工作人员的理论知识和业务素质，增强为群众办事的能力，全面提升政务服务能力和水平，提高行政效率。加强对政务中心窗口工作人员的综合培训，制定县政务服务中心和各镇的分中心人员培训计划，不断提高窗口工作人员的服务意识和业务水平。

六、抓好年终目标考核

各镇、各部门要按照全县统一安排部署，全面落实相关工作。认真对照目标要求，力争在本月底前全面完成今年的规范化服务型政府建设的目标工作。目督办、监察局、规服办要严格按照《郫县规范化服务型政府建设工作目标考核细则》对各镇、各部门实施考核，特别是要将各单位规范化服务型政府的制度建设情况、贯彻落实情况、公众和企业的满意度、公务员的业绩、行政投诉及处理情况、追究行政责任等情况纳入绩效管理和考核，并严格兑现奖惩。

▲经验交流会讲话

【范例】

努力做到“四坚持”、“五牢记”
用邓小平理论指导企业改革和发展

——广东省国有大中型企业党委学习中心组理论
汇报会上的发言

中共茂名石油化工公司委员会

我们茂名石油化工公司是创建于1955年的“老字号”国有特大型企业，公司党委一班人十

分重视政治理论的学习与运用，带头讲学习、讲政治，带头用科学理论教育干部职工，并能结合企业实际，学以致用，为企业的改革、发展提供思想武器和精神动力。我们的主要做法和体会是做到“四坚持”、“五牢记”。

一、坚持严格的学习制度

我们认为：作为领导干部，是否重视政治理论学习，善不善于运用正确的立场、观点、方法分析和解决问题，它本身就是检验政治上是否合格、思想水平高低的试金石。因此，党委把抓好中心组理论学习作为一件大事来抓，坚持严格的学习制度。党委每年制订了详细的学习计划，提出具体要求，规定每个星期四下午为中心组集中学习的时间，没有特殊情况不准中断、不准请假。为了使学习不受冲击，公司还把这天定为无会天。我们在搞好自身学习的同时，还抓好企业中层干部的政治理论学习，要求各二级单位和公司中心组一样，建立起学习日制度、学习考勤制度、检查考核制度以及学习组长责任制、学习秘书责任制。此外，我们还每年坚持分期分批举办处级干部学习班，请省委党校等单位的专家教授来授课，每年的精神文明建设大检查以及对领导班子的考核，都将理论学习情况作为考核、检查的主要内容。

二、坚持以邓小平理论为学习主线

我们在安排学习内容上：既学马列主义、毛泽东思想和邓小平理论，也安排学习中央和上级文件；既学习社会主义市场经济理论，也学习法制知识。尽管内容比较多，但始终坚持以邓小平理论为主线，把其他有关内容结合起来学，以便加深对邓小平理论的理解。××××年，我们中心组主要安排学习邓小平同志《建设有中国特色社会主义》，并将学习心得整理成提纲，编写了《建设有中国特色社会主义职工通俗读本》，作为轮训全职工的教材，使邓小平理论在公司各级领导和广大职工中留下了深刻的印象。十四大以来，我们中心组重点学习了《邓小平文选》以及江泽民同志的一系列重要讲话。党的十五大以后，我们着重领会江泽民同志报告中关于加快推进国有企业改革的论述，联系企业实际，勾画了企业今后发展的蓝图。在此基础上，我们举办了三期处级干部学习班，加深了大家对十五大精神的理解。

三、坚持求真务实的学习态度

在学习态度上，我们反对浮光掠影、不求甚解的学习态度，要求中心组成员一定要认真读书，舍得下工夫，做到学有所得、学有体会。为此，公司和二级单位中心组每年举办学习汇报会，交流学习经验和体会，其中许多优秀成果还在各级报刊发表。我们还反对“以干代学”和做表面文章的错误做法，要求中心组成员学习要结合实际，务求实效。××××年元旦，我们下属的乙烯工业公司正式挂牌运作，中国石化总公司便下达了“茂名乙烯投产后第一年生产乙烯30万吨”的要求，这在中国乙烯工业史上是史无前例的。当时乙烯公司面临许多困难，第一季度已欠产近3万吨。在这困难时刻，尽管工作千头万绪，我们还是首先抓了乙烯党委中心组的理论学习，要求他们一定要坚持学习制度，把学习邓小平理论与实现乙烯达标紧密结合起来。通过学习，乙烯公司“一班人”用邓小平理论统一了思想，认清了形势，增强了信心。他们深入现场，团结广大员工奋力拼搏，使生产逐步走出困境，终于创出第一年便生产乙烯30.1万吨的奇迹，成为我国乙烯工业史上装置达标用时最短的典型范例。

四、坚持发扬理论联系实际的学风

邓小平理论是我们搞好社会主义现代化建设的重要保证。改革开放以来特别是实行社会主义市场经济以来，我们茂名石油化工公司与全国很多国有企业一样，面临许多困难。由于坚持用邓小平理论武装各级领导班子和职工的头脑，自觉运用邓小平理论的基本观点指导企业的生产经营和改革发展，因而不断克服了前进中的各种困难，促进了企业的发展和两个文明建设的进步。回顾这些年来的学习和实践，我们感到效果最明显的是牢记和运用了邓小平理论的五个基本观点：

1. 牢记实事求是的思想路线，促进思想观念和生产经营的转变

解放思想，实事求是，是邓小平理论的精髓和核心，是推动企业改革发展的强大思想武器。茂名石化公司曾有三十多年的时间不折不扣地实行计划经济，不知市场为何物。在国有企业实行两个根本性转变过程中，我们把解放思想，转变领导班子的思想观念摆在首位，通过反复学习邓小平理论，把思想观念从计划经济转向社会主义市场经济，逐步树立起改革意识、市场意识、效益意识、发展意识和对外开放意识等等。××××年，公司党委用邓小平理论统一领导班子的思想，转变观念，决心自筹资金，“建港口，上单点”，经过几年努力，建成了具有3000吨级和5万吨级成品油码头、3000吨级化工码头和2万吨级杂货重件码头的水东港，建成国内首座25万吨级单点系泊原油接卸输油系统，使茂名石化公司实现了具有深远意义的重大转变，不但结束了单纯依靠陆路接卸原油、输送成品油的历史，而且为充分利用国内外两种资源，拓展国内外两个市场，实现内向与外向共同发展打下良好的基础。

2. 牢记“发展才是硬道理”，抓住机遇加快企业发展

邓小平同志讲过：“发展是硬道理”，“社会主义的本质是解放生产力，发展生产力”。我们通过认真学习邓小平同志的有关论述认识到：只有加快发展，综合国力才能迅速增强，只有加快发展，企业才能兴旺发达，只有加快发展，职工收入才能较快提高。而要加快发展，就必须善于认识机遇、把握机遇、用好机遇。××××年邓小平同志南方谈话之后，全国迎来了一次思想大解放、大发展，我们抓住这个千载难逢的机遇，争取到了30万吨乙烯工程立项，并于××××年××月××日正式破土动工，经过32个月的建设，在××××年××月建成投产。30万吨乙烯的建成投产，使茂名石化公司打破了炼油单一发展的格局，走上了原油深加工、石油化工一体化发展的道路，极大地增强了公司的经济实力，每年可增加销售收入50亿元、利税10亿元以上。我们还在中国石化总公司的支持下，对炼油厂进行改扩建，使公司的炼油能力由每年850万吨扩大到1350万吨，成为我国第一个超千万吨的炼油基地。

3. 牢记市场经济规律，积极推进企业各项改革

通过学习邓小平经济理论和市场经济知识，认识到企业要适应从计划经济到市场经济的转变，从粗放型向集约型的转变，从生产型向生产经营型转变，就必须坚持以经济效益为中心组织生产经营，向市场要效益，向科技要效益，向改革要效益，向效率要效益。为此，我们积极推进企业的各项改革，搞好“三改一加强”，加快产业结构调整的步伐。××××年，公司属下的油页岩矿有近5000职工，由于生产成本高，年亏损7000多万元，我们便毅然停止油页岩生产，转产开发高岭土。××××年，我们对10个非主营生产单位实行分流，使之成为茂名市预算外的全民所有制企业，同年11月，所属实华股份有限公司还实现了股票上市。去年我们又决定将两座水泥厂向外租赁，以盘活国有资产。与此同时，我们还大力开展学邯钢、学上海石化、赶镇海炼化活动，采取强化内部管理，大力推进技术进步，积极开拓和扩大市场等措施。我们终于闯过了一个又一个难关，使企业生产经营取得了比较好的效果。××××年以来，公司共消化减利因素50.24亿元，实现利税44.25亿元，为国家作出了应有的贡献。

4. 牢记“科学技术是第一生产力”，采取措施向科技进步要效益

邓小平同志说，“科学技术是第一生产力”。在学习中，我们深深体会到这个论断的正确性和在企业发展进步中的重要性。因此，我们十分重视科学技术工作，除了在经费上给予保证外，更注重人的科技素质的提高和积极性的充分发挥。为调动广大职工及科研人员开发新产品，开展技术革新的积极性，我们采取了五条措施：一是抓好科技人员待遇落实；二是对重大科技成果和有突出贡献的科技工作者实施重奖；三是大胆提拔重用有突出贡献的科技人才；四是狠抓岗位培

训，把职工大学作为培训中心，建设了炼油化工仿真培训基地，完善了各种专业培训手段；五是狠抓人才培养，提高职工文化科技素质。目前大中专以上文化程度人员已占职工总数三分之一，比××××年增长41%。由于广大职工不断提合理化建议，积极投身科技开发、科技攻关，使企业的技术进步和经济效益得到明显提高。××××年至××××年，职工提出的合理化建议创造的直接经济效益达7.47亿元，使生产成本明显下降，炼油技术水平进一步提高，企业抗风险能力不断增强。××××年虽然减利因素还较多，困难较大，但我们仍然实现纳税10亿元，这与我们抓好科技进步有着密切关系。

5. 牢记“两手抓，两手都要硬”的方针，促进两个文明同步发展

坚持“两手抓，两手都要硬”，是邓小平同志一贯的思想，对于办好社会主义企业具有十分重要的指导作用。近几年来，我们中心组反复学习邓小平这一思想，采取措施，不断加大精神文明建设的力度。××××年初，何德先经理提出全年四大奋斗目标，其中就有创建广东省文明单位这样一条，体现了公司领导两个文明一定要同步发展的治厂方略，使创文明单位的活动进车间、到班组、到岗位，深入住宅区，落实到家庭。我们还大力弘扬社会主义新风尚，开展“同在茂石化，亲如一家人”活动，对200多户特困户进行对口扶贫，使特困职工和家属深受鼓舞。我们舍得花本钱，不断加大精神文明建设的投入，在企业资金非常紧张的情况下，投资7000多万元建成职工文化中心、体育馆、文化室等，为丰富职工精神文化生活创造良好的条件。由于加强了社会主义精神文明建设，加强了企业党的建设和思想政治工作，加强了职工队伍的思想作风建设，虽然这几年企业遇到了很大的困难，但我们的各项工作仍然取得了较好的成绩。公司党委两次被评为全国先进基层党组织，公司先后获得全国企业管理优秀企业、思想政治工作优秀企业的殊荣和五一劳动奖状，以及广东省模范集体、文明单位、思想政治工作优秀企业、职业道德优秀单位等一批荣誉称号。

实践使我们体会到，只有坚持制度，联系实际，认真学习邓小平理论，才能解放思想，转变观念，拓宽工作思路，促进企业改革的深入和经营机制的转换，增强企业活力，提高经济效益，促进企业的全面进步。今后，我们决心继续高举邓小平理论的伟大旗帜，加快企业的发展，为改革开放和现代化建设事业作出更大贡献。

第二节　现场会、报告会、汇报会讲话稿写作

一、现场会、报告会、汇报会讲话稿写作概述

（一）现场会讲话稿概述

1. 现场报告会讲话稿的概念

现场报告会讲话稿是指领导对所开展的工作进行现场参观后，在组织召开的会议上作的汇报总结讲话。

2. 现场会讲话稿的写作要求

（1）对工作现场参观后作出认真深入的总结，得出经验。对需要进行安排部署的工作要全面阐述，明确指导思想和提出要求。

（2）对工作中存在的问题要作出强调与分析，并提出具体的指导意见，对提

出的各项政策和措施要认真贯彻落实，使开展的工作能达到预期的目标。

(3) 内容上要层次清晰，富有逻辑性。

（二）报告会讲话稿概述

1. 报告会讲话稿的概念

报告会讲话稿是指领导在会议上就陈述工作情况、提出问题和意见，对工作中的主要做法、取得的成效、评价等进行叙述总结的讲话。

2. 报告会讲话稿的写作要求

(1) 如实地反映材料，报告要深入调查研究。

(2) 概括材料要具体全面，发现问题，找出本质性、规律性的问题。

(3) 善于归纳，突出重点，提出有指导性的工作意见和评价。

（三）研讨会讲话稿概述

研讨会讲话稿多是在为开展、管理某项工作，在会议上对工作管理的经验和意见进行研究和讨论的讲话。

（四）交流会讲话稿概述

1. 交流会讲话稿的含义

交流会讲话稿，是指领导干部出席会议或交流活动时所发表的言辞。

2. 会议交流讲话稿的写作要求

(1) 起草讲稿时，务必吃透会议精神或专业性知识，了解各方面提出的意见。

(2) 务必做到态度明确、中心突出、层次分明、逻辑结构严谨。

(3) 语言简洁精练、表达准确、通俗易懂。

二、现场会、报告会、汇报会讲话稿写作范例

▲“三项创建”村建工作现场会讲话

【范例】

在××县“三项创建”工作现场会上的讲话

同志们：

这次全县“三项创建”工作现场会议是经县委研究同意召开的，是一次很重要的会议，会议开的时间也很长，形式也很活泼，昨天参观了一天，刚才刘部长做了一个很好的报告，有许多话我都委托他在这个会上说，刚才他讲的三个问题讲得很全面，也很到位，我表示完全赞成。请各位同志回去以后，向单位主要领导认真汇报，抓好落实。今年以来的党建工作我们是很有成绩、很有特色、很有影响的，概括起来就是两句话：“特色工作特色鲜明，常规工作常抓常新”。所谓的“特色工作特色鲜明”就是县面包协会党委争创“十面红旗”抓出了特色，在全市乃至全省有一定的位置和较大的影响力，省委组织部已经确定我县作为9个单位之一参加全省“两新”组织党建工作交流会，换句话说，我们在争创全省“十面红旗”的道路上已迈出了坚实的一步，用南征北战的话来说，前面就是凤凰山了，我们要想方设法去争，把这面红旗拿到手。“常规工作常抓常新”就是党的建设有许多必须要做好的事情，有许多规定动作，今年我们根据

资溪的实际，创新了思路、创新了途径、创新了机制、创新了方法。比如说“三培两带”的问题，我觉得今年我们做得很好，尤其是创新方面，所以今年以来的党建工作县委是满意的。对存在的问题刘部长也指出来了，希望大家引起高度的重视，要按照刘部长的要求一项一项抓好整改。由于时间关系，我就如何抓好三项创建工作强调三点：

一、强认识、树信心、积极去争

“三项创建”首先就是基层组织（包括机关单位、各行各业）创“红旗单位”活动，第二就是我们县级班子创“123”好班子活动，即抓好“第一要务”、牢记“两个务必”、实践“三个代表”。第三是创乡镇“亲民、为民、富民”好班子活动，那么要搞好“三项创建”关键是要我们“强认识、树信心、积极去争”。我们要有与勇的比、与高的攀、与强的争的勇气。我在当时面包协会争创“十面红旗”的时候为什么提出“决心一次下足、措施一次到位、目标一次实现”的要求。我考虑，我们必须有这个气概、必须有这个魄力、必须有这个雄心和壮志。人没有精神，那将一事无成。你要想到这个事，人家能争我也能够争，人家能创的我也能够创，所以我们要解决一个认识问题，要解决一个信心问题，要解决一个勇气问题。人家能办到的事，我们也一定能够办到，人家能办好的事，我们一定能够办好。

二、抓特色、闪亮点、立足去创

光有雄心壮志没用，你必须脚踏实地、实实在在，按照省、市、县的会议精神和文件的要求，按照领导讲话的要求，结合我们自己的实际，要去干、去做，不能做表面文章，不能搞形式主义。这个是要经过严格的考核检查后，我们才能够实现目标的，所以我们要实实在在去做。那么做这个事，我提醒大家，按照常规的思路、常规的方法、常规的措施你是做不好的，所以你就必须要有自己的特色。要有自己的特色你就必须创新，所以这里我提出来，我们要“创新思路、创新途径、创新机制、创新方法”。你们要按照这“四个”创新，一条一条结合你自己的实际去做，要做到人无我有、人有我新、人新我特。比如：我们的面包协会，它是一个社团组织，在我们市里有广昌的物流协会、南城的汽车运输协会，但我们有我们的特色，我们特色在哪里？围绕“双创五好”目标做大做强面包产业，“双创五好”就是我们的特色。流动党员管理是我们的一个亮点，我们的流动党员管理有我们的特色、有我们的载体，我们在面包协会党委建立支部，这就是我们创新的载体。前几天鹤城镇党委书记占连兴同志给我汇报创建“三民”好班子活动时讲“亲民为民富民”都分解了目标，搞得很清楚，这些都是要创新的。这项工作首先是省委组织部在赣州抓点，刘部长讲得很清楚，我们创“三民”好班子不是要求你村里怎么做，而是要求你本级乡镇怎么做，有的地方提出来“1+1”、“1+2”就是说你们要结合你的实际，要提出你们新的思路、新的方法、新的举措，人家到你们那里检查，要使别人觉得你这个地方是不同于其他任何一个地方的。熊书记、我和刘部长到时候去检查“三项创建”工作的时候，你就要用一两句话概括出你们的特色，你基层创“红旗单位”有什么好的特色，开展“三民”活动有什么好特色，用一两句话概括出你的特色。

三、创品牌、重实效、关键在实

既要有创先进的典型，又要力戒形式主义，隆重的推出我们的典型，闪亮登场。我们就是要把面包协会拿到省里面去，另外，我们能不能再拿出一些典型到市里面去？这就要靠大家的努力。但是我们又要反对形式主义，抓点的目的就是为了推动面上的工作，同时，这个点也要实事求是，也要实实在在，所以我们要求我们面包协会党委在争“红旗单位”的时候，更重要的就是要把我们本身工作做好，要使自己的面包产业走出困境。同时既要注重点上的水平，又要讲究面上的质量。比如说：潭部长看到的面上不行，那就完了，我们今年几个子典型孤掌难鸣呀！我们抓党建的出发点和落脚点就是经济要发展、百姓要富裕、社会要稳定，一个党员一面旗帜，前不久我们县里的四套班子带领一些同志看了我们“一招三化”的一些成果，那天我要在抚州开两个会，所以我没看完，汇报的时候，时间也很紧，所以我也没有发言，把话留给了大家说。后来我跟熊书记说了，我们这几年，尤其是自去年以来，我们资溪有这么大的变化，主要有这几方面的原因：一是思路决定出路。我们找到一条好的路子。二是观念就是财富。观念一变天地宽，小小的山沟也能引得金凤凰。三是生态就是品牌。资溪优美的生态就是能引得我们外商的青睐，你要破解台湾客商在株溪投资这个谜，我想就是那里的环境。否则的话，你怎么都解释不通，台湾老板能到一个小小的山沟里投资吗？这就是我们生态的优势。四是团结就是力量。这一届的班子可以说是空前的团结，我们有这个局面，就是熊书记这个班长带领我们四套班子、带领我们全体干部共同奋斗的结果。那么团结来自于什么？团结就来自于我们党的建设，来自于我们党组织的作用。我们是执政党，这一支队伍的好坏，就是我们党的建设的好坏，所以说资溪的发展离不开我们的建设，离不开我们这支高素质的队伍。说来说去我们抓“三项创建”、抓党的建设就一定要把经济工作紧密结合起来，我们既要抓好党的建设，又要抓好百姓的富裕。所以我想我们抓“三项创建”就一定要实，实实在在出实招、见实效。

我希望通过今天这个会议，我们的“三项创建”工作、我们的村建工作、我们的干部队伍建设，都会上一个新的台阶。

▲文明施工现场会讲话

【范例】

在××县文明施工现场会上的讲话

同志们：

今天我们在上海高行镇建筑工地召开文明施工现场会，建设集团、建设集团上海分公司和工程项目经理分别作了文明施工管理的先进经验介绍，大家对工地也进行了现场观摩。希望各企业认真学习和汲取好的做法和措施，把这些宝贵经验带回去，落实到家乡的工地上去，提高全县建筑工地特别是城区的文明施工管理水平。下面，我谈三点意见：

一、要充分认识搞好安全文明施工的重要性

现在是二十一世纪文明进步时代，施工的形象代表着企业的形象。企业的综合实力，往往通过安全文明施工这一载体的窗口对外展现出来，直接影响到企业的生存发展，并已逐步成为当今建筑业市场求发展必不可少的重要筹码。安全文明施工管理并不是一件单一孤立的工作，除了搞好场容场貌、资料组织、队伍建设、防火防盗综合治理之外，还包括各种施工组织方案、安全监督管理、工程质量控制、形象施工、工种配合、同边关系等，它不但与项目本身融为一体，而且贯穿于工程始末的全过程，起着鞭策、督促的作用。安全文明施工的水平，直接影响到工程的方方面面，是维系整个工程质量的基础。由此可见，我们企业需要也有必要搞好安全文明施工管理工作。

二、要进一步落实文明施工责任制

制度措施落实是抓好文明施工的保障。我们要按照“企业负责、行业管理、社会监督、政府监管”的原则，进一步建立健全建设项目文明施工管理制度。各企业要建立以项目经理为第一责任人的文明施工责任体系，并切实贯彻执行。同时要加强建设项目施工组织设计管理，所有建设项目都要有组织方案。同时要根据文明施工和工地的实际特点有针对性地制定各方面的管理制度和跟进措施，其中责任到人是工作的核心，要将班组实行包干，谁的环节出问题便追究谁的责任。真正做到工作要求明确，管理责任清晰，制度措施得力。

三、要高标准、严要求做好文明施工工作

文明施工必须坚持五个标准：一是封闭施工；二是要满足交通组织的需要；三是“清洁运输”；四是环境影响最小化；五是减少对市民生活和出行的影响。结合我县“城建会战年”和柯桥城区文明施工管理中的突出问题，在实际的文明施工管理中要抓好：

1. 进一步规范工地围挡设置。工地围挡设置必须按规定的高度和美化形式进行设置。严禁围墙残缺或设置不符合要求。

2. 实行硬地坪施工。工地现场出入口应当按规定进行硬化。作业区、生活区主干道地面必须进行混凝土硬化，其他地面也应当硬化处理。保证道路平坦、整洁、畅通。

3. 工地主要出入口应当设置车辆清洗台和污水沉淀池，并配备冲洗车辆污泥的设备。清洗车辆后的污水不得流向大门外，确保净车出场。同时，运输车辆必须密闭、覆盖，严禁车辆撒漏、车轮带泥上路。

4. 工地应当保持排水系统畅通，严禁污泥、污水、废水随意排放入河或堵塞下水道。作业区、生活区不得长期有积水。

5. 施工作业区与办公、生活区要有明显划分，严禁用钢管、竹片等材料搭设简易工棚和利用在建工程作办公、生活用房使用。

6. 施工现场的办公用房、民工宿舍、食堂必须用砖或砌块砌筑，并符合卫生、通风、照明等要求。

7. 施工现场必须设置有冲洗设备的厕所，并有专人打扫消毒，施工楼层每隔一层应设置便桶且设标记。建筑工地生活区应设置淋浴室，并符合文明卫生的要求。

8. 建筑工地临街一侧必须达到“门前三包”要求，严禁场外堆放建材和作业。

9. 建筑工地必须遵守夜间施工管理规定，按时作业，确有夜间连续施工需要的，必须按规定办理《夜间建筑施工许可证》，同时落实降噪措施，不发生任何治安及施工扰民现象。

10. 对建筑工地施工人员应当经常开展遵纪守法、文明施工教育，注重精神文明建设，开展形式多样的职工文体活动，严禁赌博、斗殴及其他违法行为，搞好社会治安及综合治理等等。

同志们，只要我们认识了文明施工的重要性，落实文明施工责任制，高标准、严要求做好文明施工工作，要舍得投入，狠抓落实，一定能使我县的文明施工管理再上一个新台阶，从而切实改善城区市容、市貌，提高城市品位，扭转建筑工地脏、乱、差的局面。推进我县建筑施工文明标化创建工作，为打造“两个中心”作出不懈的努力。

▲先进典型事迹报告会讲话

【范例】

弘扬人民教师师德　为了未成年人健康成长

——在郑琦同志先进事迹报告会上的讲话

老师们、同学们、同志们：

刚才，我们怀着感动的心情聆听了郑琦同志先进事迹报告团五位成员的报告，受到了一次具体、生动、深刻的师德教育。郑琦老师在近50年的从教生涯中，无论是在岗还是退休，无论是成功还是挫折，始终把理想和信念锁定在“终身献给人民教育事业和红领巾事业”的崇高誓言上，落实在教书育人的一言一行之中，为我们铸就了一个具有鲜明时代特征的师德楷模，一个保持共产党员先进性的时代先锋，在这里，我代表报告会主办单位，代表全国广大教师和教育工作者，向郑琦同志致以崇高的敬意，向报告团成员表示衷心的感谢！

郑琦老师的事迹感人至深，动人心弦，得到了全社会人民群众的广泛赞誉。湖北省人民政府授予郑琦同志"师德楷模"光荣称号，教育部党组作出《关于向郑琦同志学习的决定》，团中央授予郑琦同志"星星火炬奖章"。今天，中宣部、教育部、团中央、湖北省委、北京市委联合举办郑琦同志先进事迹报告会。这次报告会是在中央领导同志高度重视和直接指导下进行的。

今天上午，陈至立国务委员亲切接见了郑琦同志和报告团成员，号召全国广大教师和教育工作者向郑琦同志学习，充分体现了党和国家对教师队伍建设和未成年人思想道德建设工作的高度重视和关心，对我们广大教育工作者是极大的鼓舞和鞭策。报告会后，报告团还将赴全国部分省（市）作巡回报告，我们要在全国教育战线掀起向郑琦同志学习和师德宣传教育的新高潮，在全社会进一步营造尊师重教和关心未成年人健康成长的良好风气。

郑琦老师是一位普普通通的乡村教师，却有着这么多动人的故事，在平凡的岗位上，创造了不平凡的业绩。他的先进事迹，平凡中见伟大，朴实中显崇高，细微中有真情。毛主席曾经说过："一个人做点好事并不难，难的是一辈子做好事，不做坏事，一贯地有益于广大群众，一贯地有益于青年，一贯地有益于革命，艰苦奋斗几十年如一日，这才是最难最难的啊！"我们的郑琦老师就是这样一个几十年如一日的人，郑琦老师的事迹都不是惊天动地的大事。这些事情看起来人人都能做到，但郑琦老师的不同凡响之处，他的伟大之处就在于，他把每个人都能做到的小事，坚持不懈地做了47年，还将继续做下去，成就了不是所有人都能做成的大事。郑琦同志的事迹是广大人民教师教书育人、无私奉献的集中写照。中国有一千多万教师，大家每天在做着一件又一件平凡的事情，但正是我们这些平凡的工作，积累在一起，就构筑了教育这个崇高的事业，这个事业联系着亿万青少年的成长，联系着千万个家庭的幸福，联系着祖国的明天和民族的未来，我们的事业是伟大的事业、光荣的事业、神圣的事业。

郑琦同志始终牢记着21年前胡锦涛同志的殷切嘱托。当年，锦涛同志在接见全国优秀少先队员辅导员同志们的时候，嘱托大家：你们从事的红领巾事业是太阳底下最美好的事业，祖国把培养下一代的任务交给你们，你们的责任重了，也更光荣。老一代的少先队辅导员对胡锦涛同志的这段话仍然记忆犹新，大家感到把自己的青春献给红领巾事业是无比的自豪。学习师德楷模郑琦同志，要特别学习他的师德之魂——爱与责任。没有爱就没有教育，没有责任就办不好教育。郑琦同志之所以能够赢得学生、家长和群众的信任与爱戴，之所以能够把平凡的工作做成了崇高的事业，是因为他心中充满了爱，充满了对孩子的爱、对祖国的爱、对人民的爱；是因为他心中充满了责任，充满了对未成年人健康成长的责任、对人民教育事业的责任、对红领巾事业的责任。这次报告会的主题正是"为了未成年人的健康成长"。一个孩子是一个家庭的希望，亿万个孩子是我们中华民族的希望。我们的学校、家庭、社会应该全体动员起来，一定要千方百计为我们的孩子提供最好的教育，提供最好的成长环境。一个园丁最高兴的是看到他种植的小树苗壮成长，一个教师最欣慰的是看到他培育的学生成人成才。为了一切孩子，为了孩子的一切，把自己的一切献给孩子们，郑琦同志在平凡的岗位上用爱和责任谱写了一曲"为了未成年人健康成长"不平凡的颂歌，为我们树立了学习的榜样。

郑琦同志的先进事迹再次告诉我们，我们的教师队伍是一支值得信赖的队伍，是一支特别能战斗的队伍。尤其是广大农村教师，在困难的条件下和艰苦的环境中，志存高远，以苦为乐，默默奉献、辛勤耕耘，把自己的青春奉献给下一代，奉献给祖国的未来。他们中不少同志从风华正茂到两鬓斑白，生命不息，育人不止，体现了人民教师的品格和风范，他们无愧于人民教师的光荣称号。郑琦同志就是他们中的杰出代表。百年大计，教育为本；教育大计，教师为本。发展教育事业，必须全心全意地依靠人民教师这支队伍，必须坚定不移地建设好人民教师这支队伍。

老师们、同学们、同志们，让我们高举邓小平理论和“三个代表”重要思想的伟大旗帜，在以胡锦涛同志为总书记的党中央领导下，在模范教师高尚师德精神的鼓舞下，大力加强教师队伍建设，关心和促进未成年人健康成长，为办好让人民满意的教育，为实现中华民族的伟大复兴而努力奋斗！

▲建功立业报告会讲话

【范例】

在××市女职工为全面建设小康社会建功立业报告会上的讲话

同志们、姐妹们：

为了庆祝“三八”国际劳动妇女节94周年，今天，我市各行业女职工代表、市县区及市直工会女职工委员会干部在这里隆重集会，召开庆“三八”女职工为全面建设小康社会建功立业先进事迹报告暨女职工“双文明建功立业”表彰大会。借此机会，我代表市委、市政府，向全市广大女职工致以节日的问候！向受到表彰奖励的先进个人表示衷心的祝贺！

党的十六大明确提出了全面建设小康社会的奋斗目标。近年来，全市上下在市委、市政府的正确领导下，紧密结合平凉实际，开拓创新，大胆谋划，抢抓机遇，加快发展，围绕“三增一稳”、“五个加快”及全面建设小康社会、加快推进建设甘肃东部经济强市的目标任务，奋发图强，使我市经济社会发展步伐不断加快。特别去年，是我市改革、发展史上具有开创性意义的一年，国内生产总值达到83.6亿元，创近7年来的最高水平；规模以上工业增加值增长26%，增幅位居全省前列，工业企业实现了近三年来第一次整体扭亏增盈。特别是大口径财政收入达到7.6亿元，增长33.5%，增幅高于全省平均水平。全市“三增一稳”的年度目标全面实现，“五个加快”取得突破性进展，各项社会事业也取得了新的成就。这些成绩的取得，与广大女职工的艰苦创业和努力工作是分不开的。全市经济加速发展，社会稳定，民族团结的大好局面，凝结着广大女职工的辛劳、智慧和力量。对此，我代表市委、市政府向你们并通过你们向全市广大女职工表示崇高的敬意和衷心的感谢！

建强市、奔小康是一项庞大的系统工程，离不开全市各行各业、各族各界人民的共同参与。广大女职工作为工人阶级的一部分，是我市全面建设小康社会一支重要的人力资源，蕴藏着无穷的智慧和力量。刚才12位代表的先进事迹已经充分证明了这一点。赵淑琴等一批女科技工作者，刻苦钻研，勇于探索，努力把科技成果转化为我市新的生产力和经济增长点；梁永兰等教育战线的女知识分子，教书育人，甘为人梯，为培养人才辛勤耕耘；张惠霞等一批女医务人员，救死扶伤，为维护人民群众的生命和健康兢兢业业，勤奋工作；公路工程建设局的女职工为平凉“一线三点”工程及道路的畅通铺路架桥，出力流汗；毛莉玲等公安战线的女干警为保地方平安和社会稳定，甘愿奉献；红峰厂、丰收厂、虹光厂、华陇集团、陇东水泥厂等企业一线女职工立足本职，积极进取，建功立业，争创一流；张红梅等一大批下岗不失志的巾帼创业带头人在非公经济领域树作为，谋发展，为全市女职工做了榜样。可以说，广大女职工自觉地投身并参与全市建强市、奔小康建设的行列，是时代赋予大家的光荣使命，也是女职工义不容辞的责任。新形势下，我市提出的工业强市带动战略，深化企业改革，加快非公经济发展，推进城镇化进程等措施，为广大女职工参与全面建设小康社会提供了良好的机遇和施展才华的平台。广大女职工一定要认清形势，努力把思想和行动统一到党的十六大及十六届三中全会精神上来，统一到市委、市政府谋划的建强市、奔小康奋斗目标上来。要紧紧围绕全市经济社会发展的宏伟目标和任务，振奋精神，与时俱进，开拓创新，丰富和深化女职工“双文明建功立业”活动载体，在我市全面建设小康社会的伟大实践中，再创新业绩，再创新岗位，再创新辉煌。建强市，奔小康是一项艰巨的历史任务，离不开大批高素质人才的积极参与。知识经济、信息时代的到来，对劳动力素质有了新的更高要求。

科技的进步与发展，人才是关键。

综合国力的竞争，归根结底，是人才的竞争。全面建设小康社会是一项宏大的工程，需要全民参与，更需要全民素质整体的提高。

当前，我市的经济发展确实很快，迈上了快车道。与周边毗邻地区相比，与经济发达地区相比，我们的差距还很大。对于我市这样一个欠发达地区来讲，加快发展是第一要务，是解决所有问题的关键。然而，从人才总量上看，目前全国每万人拥有大专以上学历人员361人，全省266人，我市138人；全市每万人中拥有专业技术人员122人，低于全省平均水平，高层次、高技能和复合型人才严重匮乏，人才已成为制约全市经济社会发展的瓶颈。但事物的发展必有两重性，困难与机遇同在，广大女职工一定要坚定信心，增强紧迫感和责任感，以自强不息、顽强拼搏的精神，加强学习，提高素质，提升竞争力。要通过各种有效途径和方式，努力学习科学文化知识，增加知识储备，掌握现代业务技能，不断提高自身的综合素质，增强建强市、奔小康建设的本领，成为适应市场经济社会发展的复合型人才。要积极参加岗位练兵、技术比武、技术革新、创新等活动，不断增强创新意识和创新本领，广大女知识分子、女科技工作者要发挥带头、带动、示范作用，正确处理个体利益与整体发展之间的关系，加快提升科技知识、科技成果转化为生产力的速度，通过创新、创业、创造，实现自身价值与经济小康社会的共同进步与发展。下岗失业妇女要以先进典型为榜样，鼓起迎接挑战、战胜困难的勇气和信心，树立创业光荣、竞争就业的新观念，进一步挖掘潜力，积极投身创新业的实践中，依靠自己的聪明才智，拼搏进取，通过再就业，赢得社会的尊重和承认。

建强市、奔小康是一项事关全局和长远的战略目标，离不开各级组织的坚强领导。工人阶级是我国社会主义现代化建设事业的主力军，是全面建设小康社会的实践者。工会是党领导下的群众组织，是党联系职工群众的桥梁和纽带。各级工会组织一定要立足大局，服务大局，充分发挥职能作用，要用“三个代表”重要思想统揽工会工作，要把工会女职工工作放在全局中来思考，来部署，来推进。要指导女职工委员会加强对女职工的培训教育，不断提高女职工队伍的整体素质和综合素质。要按照《劳动法》《工会法》《妇女权益保障法》等，把女职工的权益代表好，维护好，发展好。要把维护权益与办实事相结合，使女职工获得有效的政治民主权利、劳动权利及就业保障和生活保障。要推动和监督男女平等的发展进程，反对性别歧视，推动《中国妇女发展纲要》指标的落实。市委一届四次全会（扩大）会议提出了“认准改革抓企业不动摇”的思路，前不久，又召开了全市“抓项目、抓企业、抓党建”会议，明确了企业改革的重点任务和目标。各级工会和女职工委员会要围绕全市企业改革的深化，重视做好企业女职工工作，做好企业和非公有制企业女职工权益的保护，尽最大努力帮助她们解决实际问题。要关心在企业改革中下岗失业女职工的再就业和生活问题，充分利用工会教育、培训阵地，开展对下岗女职工技能培训、职业介绍和就业指导。同时还要关注女劳模、特困女职工的困难，为她们送去党和政府的关怀与温暖。去年，市总工会组织举办的下岗职工培训班、建立的“再就业帮扶中心”，以及开展的访贫送温暖活动，很及时，发挥了很好的作用，得到了市委、市政府的高度赞扬。在工会女职工工作中，各级各部门女职工委员会是第一责任人。因此，各级工会组织要加强对女职工委员会的领导，重视女职工组织建设，要做到哪里有女职工，就在哪里建女职工委员会。要加大对工会女职工工作人员的培训，教育，培养，选拔力度，把那些政策观念强、理论水平高、综合素质好的女干部选配到工会女职工委员会岗位上来，努力把女职工组织建设成为坚强团结、务实高效、群众信赖的女职工之家。各级女职工组织要自觉接受工会组织的领导，要以十六大精神为指导，不断加强自身建设，紧紧围绕全市改革、发展、稳定的大局开展工作，转变观念，加强学习，加强调研，深入到广大女职工中间，了解她们的呼声和反映，教育引导女职工正确对待改革中的利益调整，处理好个人与集体、局部与整体、眼前与长远利益的关系，组织开展健康有益、寓教于乐的竞赛及争创活动，把女职工的思想和行动统一到建小康、奔强市的奋斗目标上来，努力把全市工会女职工工作提高到一个新水平。

同志们，××××年是深入贯彻党的十六大和十六届三中全会精神的重要一年，也是全面实现“十五”计划的关键一年。做好今年的各项工作，对于保持几年来全市经济社会发展的好形势，加快建设甘肃东部经济强市，全面推进小康建设具有十分重要的意义。让我们在市委、市政府的正确领导下，高举改革发展的旗帜，全面贯彻“三个代表”重要思想，进一步解放思想，与时俱进，开拓创新，团结奋斗，以奋发有为的精神状态，为我市建强市、奔小康再做贡献，再立新功。

最后，祝全市广大女职工节日愉快，工作顺利，身体健康，阖家欢乐！

▲扶贫工作汇报会讲话

【范例】

在××县扶贫工作汇报会上的讲话

首先，我代表昭通市委、市政府和全市515万各族人民向在百忙中挤时间深入基层、进村入户对我市的扶贫攻坚工作进行调查研究，对下一步扶贫攻坚工作提出明确要求和重要思路的阿扎主任表示衷心的感谢！阿扎主任刚才的讲话令我十分激动，也十分感动，深感我们各级干部今后肩上的担子更重、压力更大，但是我们也觉得有动力。我们深信，有省委、省政府的关心，有阿扎主任的具体帮助指导和支持，我们更加有信心在今后的工作中把昭通市的脱贫致富奔小康，特别是重点县镇雄县脱贫致富奔小康的工作做好。阿扎主任的讲话，充分体现了“三个代表”重要思想和省扶贫开发工作会议精神，切合昭通实际，符合镇雄情况。希望镇雄县委、县政府几套班子认真传达贯彻好阿扎主任的讲话精神，扎扎实实工作，使镇雄的扶贫攻坚工作取得新的突破。回市里以后，我们将召开全市扶贫开发工作领导小组会议，对阿扎主任的讲话精神认真抓好贯彻落实，在全市掀起扶贫攻坚的新高潮。

我到昭通工作时间还不到两个月，对昭通的情况不了解，到镇雄也是第一次。我以前听到的关于昭通、镇雄的信息，一般都是不好的信息。昨天来了以后，感到镇雄并不像过去传的那样，镇雄有镇雄的优势，有128万勤劳勇敢的人民，有自力更生、艰苦奋斗的精神，有团结协作、能战斗的领导班子。镇雄虽然条件艰苦，但是同志们在这样艰苦的环境中做了力所能及的工作。在此，我代表市委、市政府和王书记、邓市长向同志们表示慰问。这样的工作环境能够坚持、能够战斗、能够做出成绩，这就是值得我们弘扬的最伟大的民族精神和创业精神。守住这个阵地就十分不容易，还发展了。希望同志们再接再厉。全县各级干部和各族人民要把思想统一起来，统一到省委、省政府和省扶贫办阿扎主任的指示和市委、市政府的经济社会发展要求上来，心往一处想，劲往一处使，转变思想作风，扎实工作，我想镇雄的明天是会美好的。同时，要树立起必胜的信心，实事求是地看待我们当前面临的困难和问题。一是由于历史的原因，人口过度膨胀。镇雄县3696平方公里的土地，又不是一马平川，老天又不帮忙，气候也不好，那么多人口，已经远远超过了承载能力，这是一个大问题。二是生态环境、生存条件十分脆弱，经济发展水平相当低，人均生产总值才一千冒一点头。按照党中央、国务院提出的2020年奔小康目标的标准，人均生产总值要达到3000美元，基本奔小康也要2500美元。人均生产总值2500美元就是2万多元人民币，而我们人均生产总值才1100多元，要达到2万元还有很大差距。农村经济相当滞后，昨天经过的地方，据说还是比较好的。阿扎主任下次来，我再陪着你来，与镇雄县委、县政府的领导一起，干脆就一竿子插到底，到那些真正无法生存、要易地搬迁的地方，到杈杈房多的地方去调研，真正把情况搞清楚。三是劳动力素质比较低。这一系列的问题，都是制约着我们发展的主要问题，只要把这些问题分析清楚，昭通的扶贫攻坚问题就好办了。要正视差距，找准努力的方向。不能再安于现状，要有紧迫感、责任感，镇雄困难很大，但也有很多优势。

通过听了镇雄县扶贫攻坚的情况汇报，联系昭通工作的实际，我再提几点要求。

第一，要理清发展思路。认识问题才能谈得上解决问题，认识是先导。所以我们经常说知难行易，要使128万多人基本实现小康，我们该怎么做，这个思路一定要再进一步理清。从刚才听到的汇报来看，镇雄扶贫攻坚的思路是清晰的。昭通的问题怎么解决，在市劳务输出会议上我讲过，昭通的问题现在不是光说两手抓，两手抓就要两手都硬才行，在扶贫攻坚、脱贫致富奔小康的进程中，我们要多管齐下，具体来说就是镇雄提出的“三个三分之一”，这是市委、市政府都要把它确认下来作为全市扶贫攻坚的一个基本思路，就是要抓好的三项重点工作。全市470多万贫困农民光靠给他点钱盖点房子，昭通的问题是解决不了的。

所以，第一个问题是要落实好扶贫攻坚的若干优惠政策。市委、市政府已经反复重申，哪个县动了扶贫资金，首先拿书记、县长试问。刚才阿扎主任说这番道理已是语重心长，我们穷，争取到资金又不去落实，挪用到别处，老鼠拖秤砣连路都堵死了，你让人家领导咋个支持你。讲政治、讲大局、讲团结、讲稳定，我们就要从这些具体工作做起，其他困难你们以后可以逐步汇报。保吃饭的问题是另一个问题，市委、市政府一定会认真考虑，市里解决不了，就向省委、省政府汇报，省委、省政府也会支持的。如果把扶贫资金拉来吃掉，最后还要受处理，那就值不得了。所以在这里，我代表市委、市政府作出承诺：今后决不挤占挪用扶贫资金。这一点要从镇雄做起。至于镇雄的困难和问题，市委、市政府一定会特别关注，也会采取特殊措施，只要大家一起努力，和省里的思路对接起来，问题是会解决的，困难也是能克服的。发展思路清晰了，关键就是抓好落实。一定要树立一个诚信的政府、诚信的县市形象，穷一点不怕，只要整个外界都说镇雄这个地方不错，虽然穷，但干部群众很好、很能干，这样镇雄的问题就好解决了。但现在我们的情况外面不了解，如果大家都说这个地方不真诚就都不敢来，怎么能得到人家的支持和理解。所以，我认为树形象、建立诚信政府这个问题对昭通很重要。扶贫资金的管理问题不仅仅是镇雄，全市都绝对不能挤占挪用，要把这个钱用好。要让各级干部知道，我们自己的配套资金拿不出来，要向上级汇报，但上级下拨的钱必须用好，老百姓该投工投劳的要投一点，增加点投入，努力把扶贫攻坚工作抓好。有了资金投入，加强农业基础设施建设，围绕增收调结构、依靠科技增效益、突出特色闯市场，解决留在土地上的三分之一人口是没有问题的，甚至解决人口的一半。镇雄搞工业化、城镇化在近期内吸纳三分之一劳动力就业是有困难的，所以一定要抓好扶贫工作，抓好农业农村工作。这是第一项工作。第二项工作要跳出农业抓农业，发挥资源优势进行经济结构大调整，通过推进工业化、城市化来带动转移一批。昭通已经召开了新型工业化工作会议，现在确定抓四大产业，一个是“两烟”及“两烟”配套产业，要做大做强，使烟税从现在的8亿多元增加到15亿到16亿元。为什么定这个目标，是因为我们有潜力，去年我市的卷烟单箱税才1600多元，而会泽烟厂单箱税达1万。如果昭通卷烟税每箱达到3000多元，就翻了一番，所以我们“两烟”及“两烟”配套税收提高到15亿以上，是没有问题的。昭通有丰富的能源资源，三个大电站由国家投资来建设，建成后分一半给昭通就是1500多万千瓦的装机。我们的小水电站还可以开发建设300万千瓦，加起来将近2000万千瓦。2000万千瓦的装机，那是多么大的一块蛋糕呀。这个产业我们算一下，2000万千瓦的装机算1000亿度电，就是200亿元的销售收入，这是相当可观的一笔收入。第三是丰富的矿产资源和电结合起来，做好我们的特色产业。第四就是围绕扶贫攻坚进行生物资源开发和农产品加工，用工业的理念抓农业，带动农民增收。对镇雄来说机遇来自于煤炭产业，这个产业带动能力很强。如果煤炭开采到1000万吨，就有5万人的产业工人，这5万产业工人有了钱他就不来找我们的扶贫办主任了。发电厂是高科技，吸纳不了多少劳动力。但电厂的配套设计要一步脱硫，就需要45万吨的石灰石，石灰石生产由地方来干，民营企业采石厂就烧石灰卖给电厂，又解决了部分农民的就业。石灰石一脱硫出来就是钙，加上电厂烧出来的灰，又为建材业提供了原料。只要和温饱村、攻坚村工程结合好，就能加快脱贫进程。但农业是基础，一定要重视，不要就农业抓农业，也不要就扶贫抓扶贫，关键是怎么落实。这是第三个三分之一。华电镇雄发电厂工程要尽快启动，否则说得再好如果动不了，喊几年都还不动，那是空的。干起来了才能给镇雄带来效益，有了效益，财政才发得了工资，就不会挤占挪用扶贫资金了，镇雄以前是没有办法，迫不得已而为之。

第二，抓好剩余劳动力的转移。市委、市政府研究决定，在现在输出66.7万人的基础上实施“百万劳务输出工程”，即输出100万人，创收20亿元。这个计划是不高的，一个人一年除了他自己吃掉花掉，他只纯净的创收2000元，这个目标就实现了。我们的劳动力素质都很差，大部分都只是上过小学，没有技术，所以这项工作要认真抓好。大家要按阿主任的要求抓好落实，特别是阿主任今天又给镇雄一个特殊小灶政策，增加1万人的培训指标，说白了就是又拿100万元给镇雄搞培训。镇雄是昭通劳务输出做得好的县，希望这次要成为全省的典型，要给你们定这个目标，要树立镇雄的劳务输出品牌。在经济工作、扶贫攻坚上，希望你们一个产业一套班子地认真抓好落实。一个产业一套班子，一套政策一笔扶持资金，一个领导负责，干成了就给奖。希望镇雄在几个主要产业上先这样做，请几套班子一起上，成立几个产业领导小组，认真抓好。如果不明确责任、落实职责，这个也管，那个也管，最后一个都不管，都是集体负责，结果一个都不负责。一定要在这方面抓好突破，提高效率，如果这个也管那个也管就麻烦了，决策程序又复杂，好多事情知都不知道人家就干掉了，有问题是这个推那个，最后推给领导，推给市委、市政府。这样就不行，那是对昭通人民不负责任。希望从镇雄做起，书记、县长回来后，你们统一一下，按阿主任的要求，把扶贫攻坚几个重点工程列出来，工业发展、产业带动、煤炭产业和特别是阿主任安排的2万农民的培训要认真抓好，农业产业化要有专人抓，给了这笔钱，如果抓出效果来了，阿主任下次来看到确实不错，再向阿主任要指标，这次他答应200万元，下一次可能就是500到600万元了，这个雪球就滚大了嘛。所以我觉得镇雄在整个扶贫开发，在抓“三个三分之一”上，思路是很正确的，关键是要抓好落实。

第三，转变作风，深入实际抓好落实。任何正确的思路，如果是在落实过程中间泡了汤，没有落实到最后那一点上，就不起什么作用。要转变作风，在座的干部要带头抓落实，乡镇、村要带头抓落实。阿主任安排的四项工作要抓好落实，安居工程、温饱村、易地转移、劳动力资源开发都要抓得扎扎实实。今年我们在重点村工程实施中必须加进一条就是产业结构调整扶贫。我们今年准备筹集千把万，集中干几个重点工程。我们已经议过了，过几天高主任召开一个扶贫办主任会议，贯彻落实省里面会议精神和市里面的意见。市委、市政府还要专门开一个会。抓落实在基层要讲，“三个代表”重要思想要讲，如果连代表先进生产力都不知道，先进文化前进方向也不知道，代表最广大人民群众的利益也不知道，那是不对的。但是怎么代表？只要发展就代表了。如果穷得什么都拿不出来，你代表谁？所以，要把思想统一到发展上，衡量我们工作的好坏和作风的优劣，就是发展了没有，就是看工作做好了没有。要重视结果，落后地区过多地重视过程，重视提思路，重视开会，重视所谓的调研，而不重视结果，这是一个必须引起各级干部高度重视的问题。如果我们只重视开会、研讨、讨论，发展就是一句空话。实践是检验真理的唯一标准，只有干好，我们再来总结我们的思路，还有什么不完善的地方，通过实践、认识、再实践、再认识，我们的各项工作就能够上一个新的台阶。

第四，结合当前扶贫开发的目标任务，把各项工作做好。一是要扎扎实实抓好烤烟生产。今年要下死决心抓好烤烟生产，认真做好烤烟生产各个环节的工作，尽最大努力打一个翻身仗，为实现市委、市政府提出的赶上全省水平的目标奠定坚实基础。二是计划生育工作，要挖穷根了，堵死掉。今年的结扎任务必须完成。当然，放环也要开展。但是，现在农村的计划生育重要的一点就是长效节育，“一放二扎”，特别要突破双女户的结扎，现在难度最大的就是只有两个女娃娃的农户，重男轻女思想根深蒂固，非常艰难。今年市里下达镇雄的是12000例的任务，只能超额，不能打折扣。今年不能再像过去找这样理由那样理由，不能再推，必须顶住一切困难，坚决完成，只有顶住，我们的目标才能实现。计划生育不能再放松了。三是做好当前春耕备耕工作，抓好粮食生产措施的落实。这是现在农民增收、解决温饱最直接的措施，帮助群众把生产搞好，这也是扶贫的一条最直接的措施，最常规的措施。抓住农作物栽种最佳节令，坚持优良品种，搞好科技措施推广，扎扎实实抓一抓。四是注意一下对外宣传，抓好落实树形象，有一个好的发展氛围，这个很重要。前段时间在昆明有个别镇雄打工的人、少数人做了一些违法违纪的事情，结果也夸张得太过分了，说什么“南站、北站镇雄人说了算”，真的是镇雄人说了算吗？如果镇雄人说了算就好办了，他就懒得去南站、北站。毕竟是个别人、少数人，镇雄还有大多数的人是辛勤劳作的，为昆明的现代化建设做出了艰辛努力。但是宣传上就不行，所以镇雄县委、县政府把公安派上去，加强管理，成立临时党支部，这一宣传镇雄人民勤劳勇敢的形象就出来了。现在任何工作都要坚持依法行政，树一下形象，这不仅是你们的问题，也是昭通全市的问题。我们这几年经常上《焦点访谈》，我们再也经受不起了，该吃点“补药”了。莫老是天天又穷又落后还要吃“泻药”，吓得领导也不敢来，我们这个地方发展就更难。营造一个好的发展环境，营造一个团结、求实、奋进的创业环境，营造一个诚实守信的法制环境，这个很重要。同时要注意转变政府职能，让外来投资者在镇雄落住脚。抓软环境，这是昭通现在需要最重视的，希望从镇雄做起，你们是大县，你们的问题解决了，昭通就解决了四分之一多的问题了。我们坚信，在省委、省政府的关心支持下，在阿扎主任具体帮助指导下，有我们各级干部、全县人民的自力更生、艰苦奋斗、扎实工作，就能够把镇雄的扶贫攻坚、脱贫致富奔小康工作做好。因为我来这里工作的时间不长，特别是到镇雄的时间很短，所以有些事情不一定看得准，仅供同志们参考，说得不对的，请同志们批评。

▲经济发展研讨会讲话

【范例】

实现改革与发展的良性互动

——广西经济发展暨“三大战略、六大突破”研讨会发言（摘要）

广西提出的“三大战略、六大突破”，不但符合十五大的精神，而且完全符合广西的实际，是一个很有创意的发展战略，我想谈一下对广西实施这个发展战略的建议。

第一点，如何把改革和发展很好地结合起来。“六大突破”，里面有非常重要的两条，一条是产业结构要转换，还有一条是经营机制要转换，这两条一个体现发展问题、一个体现改革问题，其他的也与这两条有关系。整体来讲广西经济应该是二元经济，传统的农业和现代工业并存。从二元经济到现代经济的转换，这是市场化的一个层面，这个层面是改革问题；从计划经济到市场经济转换是另外一个层面，这个层面是发展问题。而从某种意义上讲，改革问题比一些发展问题还要难，因为改革问题要受意识形态、既得利益的制约，而发展问题是比较自然的过程，这两个东西怎么结合是一个难题，下一步不管广西也好、全国也好，都有一个改革和发展怎么进一步良性互动的问题。

第二点，如何把发展高科技产品与发展劳动密集型产品结合起来。我们国家技术密集型和劳动密集型产品并存是非常明显的，广西则更不例外。我觉得发展高科技产业的时候不要忘记发展劳动密集型产业，这方面我们的优势不能丢。

第三点，如何把内部的发展和外部的发展很好地结合起来。最近我们到北海、钦州、防城港进行了考察，这三个是海港城市，应该说发展海港经济很有潜力。根据广西的发展规划，要将北部湾地区发展成城市带，这个构想我认为很好，但是需要长期的努力。第一就是要把这些海港城市带跟内地的地区连起来，不光要跟广西以及云贵串联起来，甚至也要和湖南、河南等中南地区以及西部的经济发展联系起来。同时广西搞区域经济发展的时候，怎样从亚太经济角度来看待经济区域合作，并和经济全球化连在一起，我认为也是一个非常值得考虑的问题。

▲农村经济研讨会讲话

【范例】

在区农村经济研讨会上的讲话

同志们：

今天召开这次农村经济研讨会，区委、区政府都十分重视。实事求是的说，这么多年来专门召开农村经济研讨会，这也是第一次。刚才，与会各位对我区农村工作的现状进行了分析，对我区今后农村经济的发展思路进行了讨论，效果很好，我完全赞成。会后请农办的同志好好理一下，形成一个文字材料供大家参考。下面我讲三个问题。

一、提高认识，深刻领会会议意图

中央农村工作会议提出：为了实现十六大提出的全面建设小康社会的宏伟目标，必须统筹城乡经济发展，更多地关注农村、关心农民，把解决好农业、农村和农民问题作为全党工作的重中之重，放在更加突出的位置，努力开创农业和农村工作的新局面。

我区地处市中心城区，区属11个村贫富不均，发展速度相差很大，少数村经济发展良好，大部分村级经济现状与城区农村要求很不相符。当然，这里有客观原因，也有主观原因。客观原因是我区农村大多处于城乡结合部，有的甚至在城区，人多地少，无法进行大面积养殖、种植等纯农项目，经济发展受到一定限制；主观原因是过去政府对农村工作重视不够，对城区农村这一块交给征地任务多，帮助探索发展少；对经济项目要求多，具体服务少，使一些经济目标难以落实。

当前，我区农业和农村经济正处在新的发展阶段，如何抓住机遇、加快发展是摆在我们面前的一个现实问题，也是今天会议目的所在。大家要统一思想，理清思路，充分认识农村当前的现状，发挥优势，破解发展中的难题，使农村经济成为我区经济增长的主要版块之一。

二、强化措施，千方百计增加农民收入

推进农村小康建设，最根本的是要加快发展农村经济，大幅度增加农民收入。今年市里给我区下的指标是农民人均收入增长300元，达到人均4055元。为完成这一目标，压力很大，所以我们必须研究新的措施，确保目标任务的完成。

解放思想，转变观念。这些年来，我区农村经济发展缓慢，原因也是多方面的。

一方面是人为因素造成的。村干部存在“思路不明点子多，不切实际胆子大”现象，不从实际出发，缺乏市场调查，盲目上项目。如：村办化肥厂、村办餐巾纸厂、村办花卉市场等集体企业先后夭折，给村里经济带来很大的负担。

另一方面就是农民小农经济思想作祟。近几年，我市城市建设进程加快、土地征用较多，少数村通过卖地征地手里有了一些小钱，生活不存在问题了，认为和其他县市农村相比还算可以，便不思进取，坐吃山空。由此，首先我们要树立“思路就是出路，观念就是金钱”的观念，要走出误区，自我加压，要克服“在大力推进工业化的进程中，农业无所作为”思想，解放思想，更新观念，要善于在工业化实践中吸取营养、丰富思想、改进农业工作方式方法，找到真正适合我们发展的道路。其次，要加强农村干部队伍建设，密切党同群众的关系，进一步增强农村干部的宗旨观念和群众观点。农村干部在想问题、办事情、处理各种利益关系都要遵循党的基本原则，尊重农民志愿，关心群众生活，多为群众办实事。

抓住机遇，增加收入。我区十一个行政村地理位置不同，有的处于城区、有的处于城郊，地理位置不同决定了发展机遇不一样，主攻的方向也不一样。

首先，相对偏远，交通条件差，有耕地的农村得调整、优化产业结构，改变以往单一的农业产业结构，根据市场需求，有条件的可以引导农民进行蔬菜、药材、花卉等作物的种植；同时也可大力发展养殖业，使农业产业结构多元化。

其次，城区行政村和交通条件好的村要抓住发展机遇，积极发展第二、三产业。如金鸡坡部分村可以滨江东路拓宽为契机，增加就业渠道。再次，鼓励农民进城务工，加强对进城务工农民的引导和管理，积极开展职业技能培训和就业指导。

达成共识，招揽人才。当前，我区农村经济发展乏力，创新不够。很大程度上表现在人才缺乏，从现在开始，我们要改变现状。

一是政府和农村工作主管部门要组织村干部定时学习，外出培训和考察，多和外界接触，使村干部解放思想、更新观念。

二是村级两委班子要达成共识，不拘一格降人才，村里可以给待遇，区里可以给职位，采用多种方式聘请和培养对村级经济发展有实质作用的人才来村工作，用能人来带动我们工作，村干部要克服怕被能人取代位子的思想，大胆放手，让人才发挥作用。

三是街道可以充分利用大中专毕业生下基层工作的契机，有针对性的将毕业生放到村里锻炼，盘活一批人才，其间保留毕业生干部待遇，对有实质贡献的下村干部区里将提拔重用。

三、常抓不懈，政府为农村发展提供全方位服务

今后，我区各级党委、政府必须牢固确立“三个代表”重要思想在农村工作中的指导地位；要按照统筹城乡经济社会发展规划，树立全面正确的发展观；要加深对农民群众的感情，维护和实现好农民的利益；要关心群众生活，为群众多办实事，使农民群众在经济发展、生活改善、社会进步中真正得到实惠，从而增强农民群众建设小康农村的信心。一是搞好服务，千方百计为农村剩余劳动力进城务工创造就业机会；二是改善条件，拓宽资金来源，扩大投资规模，加大对农

村基础设施建设的投入；三是继续做好干部担保贷款，引导和扶助有头脑、信誉好的农民上项目、搞经营，让部分农民先富裕起来；四是做好农村扶贫、优扶等社会救助工作。通过全区上下共同努力，促使我区农村经济有新发展、新突破。

同志们，今年的农村工作任务十分繁重，特别是市委、市政府提出今年作为“争先进位年”，我们农业干部和广大农村工作者，一定要真抓实干，争先创优，再铸辉煌。让我们高举邓小平理论伟大旗帜，全面贯彻“三个代表”重要思想，在以胡锦涛同志为总书记的党中央领导下，振奋精神、开拓创新、扎实工作，圆满完成今年农村工作的各项任务，开创我区农村工作新局面。

第四编

机关礼仪类文书写作

第一章　欢迎词、欢送词

第一节　欢迎词

一、欢迎词概述

1. 欢迎词的概念

欢迎词，是领导人在欢迎仪式上或宴会上向来宾发表的表示欢迎的演讲稿。它包括欢迎对象、欢迎事由、欢迎单位等内容要点。

2. 欢迎词的写作格式

(1) 标题

第一行正中写标题，字体略大，可写“欢迎词”三个字或写“×××在欢迎×××会上的讲话”。

(2) 称谓

称谓要有敬辞并写全称。如“尊敬的×××总理阁下”、“亲爱的×××先生”等。如果来宾来自不同的方面，称谓也要照顾到。这样既表示了对主要来宾的尊重，也表示了对其他来宾的热忱欢迎。这样会使所有来宾都感受到欢迎仪式的庄重、亲切和热烈。

(3) 正文

正文要表达三层意思：

①开头要对客人表示热烈的欢迎、诚挚的问候和致意。

②阐述来访的意义，赞颂客人在各方面取得的成就，也可回顾双方之间的交往与友谊，赞扬双方之间的友好合作。

③最后表示良好的祝愿或希望。

(4) 结尾

再一次对客人表示热烈的欢迎和良好的祝愿。

(5) 署名、日期

正文右下方署名，如标题有名称，可不署名，署名下一行标明日期。

欢迎词要写得热情洋溢，真诚感人，语言简洁，礼貌适度。

二、欢迎词的写作范例

▲致来宾的欢迎词

【范例】

××镇党委书记×××先生致欢迎词

尊敬的各位领导，各位嘉宾，各位校友老师们：

在这梅吐函香的时节，我们迎来了延陵中学50华诞。值此可喜可贺之际，我谨代表××镇党委、镇政府向延陵中学全体师生员工表示热烈的祝贺！向曾在延中工作过的同志们，向在百忙中莅临庆典的各位领导、嘉宾、校友表示热烈的欢迎和诚挚的谢意！

××中学建立于××××年，她是××西南地区第一所公办中学。她从无到有，从小到大，走过一条不平凡的创业之路、发展之路，始终坚持培德育人、报效祖国的正确办学方向，谱写了绚丽的历史篇章。

五十年风雨沧桑，五十年艰苦奋斗。延陵中学从柳茹迁于钟甲，延陵中学不论从教学设施、校园面貌上，还是从教学管理，学校规模上都有崭新的变化，取得了一个又一个骄人的业绩。五十年来莘莘学子从延中展翅高飞。

如今，他们或为政界要员，或为军中骄子，或为学术大师，或为商界翘楚；还有更多的学子，只是普通建设者，但在平凡的岗位上，他们都在默默奉献着自己的聪明才智。

××中学有这样的辉煌是全体延中人共同努力的结果。作为镇党委书记，我要特别感谢你们。感谢你们用辛勤的汗水滋润了学生的心田，感谢你们用诚挚的爱心温暖了学生的希望；感谢你们用渊博的知识放飞了理想的翅膀，感谢你们用有力的双手托起了明天的太阳！感谢你们为党的教育事业默默耕耘，为老区的教育增添光彩。

今天，在这群贤会聚、共展蓝图的的喜庆气氛中，延陵镇党委、镇政府殷切期望，在××工作的老领导、在外工作的延中校友，为××中学乃至延陵的进一步发展给予更多的关心，更多的支持，××是一个贫困的老区，对教育的投入是有限的，因此希望各级领导和延陵中学的校友们对××中学多多关注和支持。××中学的全体师生员工，延陵6万人民是不会忘记你们的！

最后，衷心祝愿××中学以50校庆为新的起点，全面贯彻党的教育方针，全面推进素质教育，不断开创学校各项工作的新局面，为国家为社会培养更多的优秀人才，创造更加辉煌的延陵教育！

最后祝各位领导、嘉宾、校友 身体健康、万事如意。

祝全体师生，工作顺利，学习进步。

××市××镇党委书记×××

××××年××月××日

▲致党政代表团欢迎词

【范例】

欢迎词

各位领导、各位朋友：

在这绥山涌绿，田野叠翠的美好时节，迎来了远道而来的××省××市党政代表团的各位领导、各位朋友。朗水扬波传喜讯，绥山点头迎佳宾，淳朴而好客的87万营山人民热情地问候您，热烈地欢迎您！

营山，地处四川盆地东北部，界于巴河与嘉陵江之间，是南充的东大门，南与改革开放的总设计师小平故乡相望，北与开国元勋朱德元帅旧居相邻，地处成都、重庆、西安三角经济区腹地。

营山，历史悠久，源远流长，迄今置县1400余年。远古先民，曾在这里刀耕火种，生生不息，创造了悠久的历史和灿烂的文明；民主斗士，在这里高举义旗，传播真理，留下了宝贵财富；革命前辈，在这里浴血奋战，英勇捐躯，写下了壮丽诗篇。这里是红色热土，薪火相继，这里是川陕革命根据地之一。第二次国内革命战争时期，5900多名营山儿女参加红军，3800多名热血青年为中华民族的解放事业献出了宝贵生命。

营山，在浙江金华八年的真诚帮扶下，勤劳、善良的营山人民团坚固干，拼搏奋进，决战贫困，实现了经济社会发展新跨越。而今，城市日臻完善，工业正在崛起，农业布满希望。在营山1600多平方公里的土地上，到处都树起了浙江金华对口帮扶的不朽丰碑。

长长帮扶路，绵绵手足情。金华对口帮扶的八年，是营山人民得实惠，干部受教育的八年，是金华人民真情奉献，营山人民永世不忘的八年，也是营山经济社会发展最快最好的八年。

潮涌两岸阔，风正一帆扬。在深入践行“三个代表”，切实推进“三个转变”，加快建设营山小康社会的征程中，我们一定承关怀而奋起，化帮扶为力量，在金华人民的继续关怀和帮助下，进一步解放思想，抢抓机遇，开拓进取，不懈奋斗，用脚印踏出坦途，用汗水升华果实，用歌声告诉未来！

祝金华党政代表团的各位领导、各位朋友身体健康，工作顺利，万事如意！

××县委

××××年××月××日

第二节　欢送词

一、欢送词概述

1. 欢送词的概念

欢送词是领导人在欢送仪式或宴会上向来宾发表的表示欢送的演讲稿。

2. 欢送词写作技巧

欢送词的写作技巧同欢迎词，只是正文部分的内容有所区别，应对客人表示热烈的欢送并对客人在这一阶段取得的成绩予以肯定，给予适当的评价。最后结束语要以生动感人的语言对客人表示希望和勉励，并显示出依依惜别的感情。

二、欢送词的写作范例

▲欢送词

【范例】

在全市援藏干部欢送会上的讲话

×××

同志们：

今天，市委、市政府在这里举行援藏干部欢送会，热烈欢送省委选派的2名援藏干部赴西藏工作。在此，我代表市委、市政府，向经过层层推荐考核，被组织上选中这两名同志表示热烈的祝贺和崇高的敬意，向援藏干部的家属及其所在单位表示衷心的感谢！借此机会，我就援藏干部，谈几点希望和要求。

一、要充分认识选派干部到西藏工作的重要意义，切实增强做好援藏工作的光荣感、责任感和使命感。西藏地处祖国西南边陲，幅员辽阔，战略位置极为重要，复杂的历史背景和国际斗争的要求决定了西藏工作的特殊性。西藏工作在党和国家的全部工作中居于重要战略地位，关心西藏、支援西藏是党和国家的一贯政策，也是全国各族人民的共同责任。同志们一定要从党和国家的工作大局出发，深刻认识做好西藏工作的极端重要性，从政治和战略高度，充分认识做好选派干部到西藏工作的重要性，切实增强做好援藏工作的政治意识、大局意识和责任意识。

第一，选派干部到西藏工作，是促进西藏跨越式发展的迫切需要。中央第四次西藏工作座谈会为西藏确定了“切实加强党的建设，促进西藏经济从加快发展到跨越式发展，促进西藏社会局势从基本稳定到长治久安”的历史任务。但是，由于多种原因，西藏自治区列入我省对口支援范围的一些地方仍然比较落后，还缺乏自我积累、自我发展的能力。实现西藏的跨越式发展，逐步缩小与内地的差距，不仅西藏自身要付出更加艰苦的努力，还需要中央的关怀和全国的支援，需要充分发挥各地各部门的优势。

第二，选派干部到西藏工作，是促进西藏社会从基本稳定到长治久安的重要举措。加强民族团结，保持社会稳定，是西藏各族人民的根本利益所在。做好选派干部到西藏工作，对于密切西藏与祖国内地的联系，维护西藏各族人民的根本利益；对于加快西藏经济社会发展，提高最广大人民群众的物质文化生活水平，增强中华民族的凝聚力和向心力；对于打击境内外分裂势力的嚣张气焰，维护国家统一和民族团结，巩固基层政权，确保边防稳固等，都具有十分重大的意义。

第三，选派干部到西藏工作，是建设高素质西藏干部和人才队伍的有力措施。开展对口支援干部工作，通过选派素质较高的干部和各类专业技术人才、经济管理人才到西藏工作，有利于建立起渠道畅通、进出有序的干部与人才良性循环机制，改善西藏干部队伍特别是领导班子的结构；也有利于将经济比较发达、对外开放程度较高的内地的新思想、新观念、新经验、新技术等带到西藏，促进西藏各族干部进一步解放思想、更新观念、与时俱进、开拓创新，为西藏的发展稳定和民族团结发挥出重要作用。

第四，选派干部到西藏工作，是培养锻炼干部特别是优秀年轻干部的有效途径。对年轻干部，越是有培养前途的，越要放到艰苦环境中去，承担急难险重的任务，让他们在现实斗争的风浪中经受锻炼和考验。西藏自然条件艰苦，反分裂斗争尖锐复杂，发展任务异常艰巨，这正是培养年轻干部不可多得的课堂。通过锻炼，能够进一步深化对国情和边疆民族地区工作特点的认识，增强政治意识、大局意识和党的观念，增进对各族人民的感情；通过在边疆艰苦、复杂的环境中经受摔打，能够磨炼意志，增长才干，积累经验。同时，西藏的发展和稳定也能为援赞干部提供充分施展才干的舞台。

二、要努力学习，扎实工作，不辱使命，争取圆满完成援藏工作任务。对口支援干部是建设西藏、发展西藏、稳定西藏的一支重要力量，同志们进藏以后担任的职务都是领导岗位，在当地的整个工作中处于重要地位。你们工作的成效如何，关系到我省援藏项目的组织落实，关系到受援地的发展进步。希望你们努力学习，扎实工作，开拓进取，站在讲政治、讲大局的高度，切实履行职责，圆满完成援藏任务，把援藏工作提高到一个新的水平。（略）

三、援藏干部选派单位要切实关心他们的工作和生活。对口支援西藏工作是一项十分严肃的政治任务，关心援藏干部的生活，支持援藏干部的工作是选派单位义不容辞的责任，选派单位一定要千方百计帮助援藏干部解决各种困难和问题，做好各种服务和后勤保障工作，切实做到政治上关心，工作上支持，家庭上关照，为援藏干部解除后顾之忧。

一是要落实有关待遇。省委、省政府和市委、市政府对援藏干部非常关心，在待遇方面制定了一些倾斜政策，明确了补助标准，希望选派单位严格按照规定不折不扣地落实到位。

二是要支持援藏干部工作。要经常关心援藏干部的工作，及时了解和掌握援藏干部思想、工作和生活情况，帮助他们出主意、想办法，给他们提供多方面的支持，做他们的坚强后盾。

三是要帮助解决实际困难。援藏干部上有老，下有小，家里难免遇到这样那样的问题。希望选派单位关心照顾好他们的家庭，援藏干部遇到实际困难时，选派单位要帮助安排好工作和生活，解除援藏干部的后顾之忧。

四是要重视安排使用。不能因为他们在西藏工作，暂时离开了原来的工作岗位，就忘记他们。在干部提拔、专业技术职务评聘时，同等条件下，要优先考虑这些在艰苦地区工作和锻炼过的同志。援藏期满结束后，更要安排好他们的工作，这不仅关系到援藏干部的切身利益，而且是一个重要的政策导向。

同志们，援藏干部就要奔赴雪域高原，走上充满希望与挑战的新岗位。新的工作、新的任务、新的生活在召唤着你们。希望大家珍惜荣誉，珍惜机会，在当地党委、政府的坚强领导和大力支持下，刻苦学习，勤奋工作，勇于创造，自觉奉献，为贯彻落实中央和省委的重大部署，促进西藏的发展稳定，开创我省援藏工作新局面作出应有的贡献！

第二章　答谢词、祝词

第一节　答谢词

一、答谢词概述

1. 答谢词的概念

答谢词是宾客对主人的热情接待表示感谢的讲话稿。目的是为了制造和谐的气氛，交流主客之间的感情，以达到相互尊重，友好相处，以诚相待的目的。

2. 答谢词写作技巧

答谢词的写作技巧与欢迎词、欢送词基本相同，只是正文的内容有所不同，答谢词首先是对对方致以衷心的感谢，然后对对方的成就和双方的友谊表示赞颂，结尾提出自己的希望和良好的祝愿。

答谢词要求语言生动，感情真挚、热情、有礼貌。

二、答谢词的写作范例

▲旅游参观答谢词

【范例】

××市委常委、××市委书记曹立明致答谢词
在促进大冶资源枯竭城市转型研讨会上的答谢词

尊敬的各位领导、各位专家，同志门、朋友们：

今天，我们聚集在美丽的江城武汉，把目光投向大冶这座古老的矿冶之城，共同研究大冶的城市转型问题。这是大冶这个城市的不甚荣幸，也是大冶人民的无限荣光。刚才，各位与会领导和专家学者，围绕大冶的城市转型工作，发表了许多精辟的见解，提出了许多宝贵的意见和建议。特别是东北办领导和财政部领导对我市转型工作提出了许多希望和要求。这对我市今后的改革发展一定会产生重大而深远的影响。在此，我代表中共××市委、××市人民政府向出席今天会议的各位领导和专家学者致以崇高的敬意！向长期以来关心、支持××经济社会发展的社会各界人士，以及广大新闻媒体的记者朋友们表示衷心的感谢！

××是座典型的资源型城市。古老的××，孕育了光辉灿烂的青铜文化；近代的大冶，为国家和地方建设作出了巨大贡献；如今的××，资源日益枯竭，可持续发展面临严峻形势。在这种背景下，我们从××××年起，提出经济转型发展战略，进行了自发式的经济转型探索。今年3月被国务院批准为全国首批资源枯竭转型城市后，我们从此开启了在国家政策支持下的城市转型征程。获批以后，我们在国家发改委、省委省政府、××市委市政府的领导下，积极与省直相关部门开展了各项对接活动，得到了各方面的大力支持和无私帮助，目前转型前期工作进展顺利。特别是不久前通过评审的《××转型规划》的出台，更为我市下步深入推进城市转型提供了保证，从进入全国首批资源枯竭城市名录，到今天转型研讨会的召开，我们深深体会到各级各部门对资源型城市的关爱和对××转型工作的关心，我们取得的每一点成绩和进步，是国家发改委高度关注的结果，是省委省政府、××市委市政府关心支持的结果，是省委省政府、市相关部门鼎立帮助的结果。在这里，我代表××90万人民，对您们的关心、支持和帮助表示衷心的感谢！

在座的各位领导和专家学者都是大冶城市转型的重要参与者和推动者，在政策方面的权威的研究，在理论方面有前沿的成果，在实践方面有丰富的经验。刚才，东北办领导和财政部领导对我市的转型提出了明显要求，我们一定认真领会，严格执行；各位专家学者通过大会发言和书面发言，发表了很多真知灼见，我们深受启发，受益匪浅。通过今天的研讨，我们对资源型城市可持续发展的认识更加明确，对国家相关政策的理解更加透彻，对今后发展的思路更加清晰，同时对转型工作的信心也更加坚定。在下步工作中，我们将认真接受各级领导的指导，认真听取各位专家学者的意见和建议，进一步解放思想，创新思路，按照转型规划的统一部署，科学、扎实、高效、有序地推进城市转型各项工作，争取早日实现全国资源枯竭城市转型的示范县市、湖北”两型”社会建设的示范县市和全国综合经济实力百强县市的奋斗目标。

城市转型是一项长期而复杂的系统工程。进入国家转型城市行列，只是在转型道路上迈出了一小步；要真正实现全面转型，以后要做的工作还很多，可能面临的困难也很多。我们真诚地期望各级领导和各位专家学者一如既往的关心××、支持××、帮助××，多来××走走、多到××检查指导，多为大冶的发展出锦囊妙计。大冶人民将会以满腔的热情欢迎您们！

各位领导、各位专家、各位朋友，相聚虽然短暂，情谊地久天长；转型任重道远，希望再次相会。我们坚信，在上级党委政府的坚强领导下，在上级部门单位的大力支持和帮助下，勤劳智慧的××人民一定会不断开拓创新，顽强拼搏，以优异的成绩为湖北”两型社会”建设作出更大的贡献，为地方经济社会发展的作出更大贡献，不辜负国家、省、黄石对大冶的关心和厚爱！

最后，再次感谢各位领导、各位专家学者对××的关心和支持！祝各位领导、各位专家学者身体健康、工作顺利、万事如意！

谢谢大家！

▲答谢词

【范例】

答谢词

中共××县委、县人民政府：

××交通工程建设集团有限公司作为援川工程建设的一员，值此抗洪救灾危急时刻，拜读贵县党、政领导核心代表全县25万人民寄上的一片爱心，深深感动着黄茶公路项目部的每一个员工。

在××市援建指挥部的正确领导下，宁波交工集团承建的黄（坪）——茶（坝）公路工程，在“7. 16”洪灾中蒙受重大创伤。全线工程6处断道，尤以K5+350路段受损最为严重。

“7. 16”大暴雨引发的山洪翻卷阵阵涌浪，冲毁K5+350路段挡墙，直扑路面；大暴雨同时引发泥石流，从山腰上直接飞泻 K5 +350 路段；大暴雨又引发半幅山体滑坡。长约 200 多米的路段，同时遭受山洪冲击、泥石流飞泻、山体滑坡挤压，最终导致 K5 +350 路段整体挡墙、路基、路面滑落汹涌的洪流，倾刻间消失得无影无踪……

无情的自然灾害，冲垮、冲毁了公路建设工程，却无法冲垮黄茶公路项目部全体员工抢险、保通、重建的信心和决心。

暂可告慰县领导的是，针对严重被毁的 k5 +350 路段，项目部于 7 月 19 日采取编织袋装填卵石（专程从乔庄运送），填筑坍塌路段，为作临时便道；紧急调度挖机、装载机各一辆，挖掉半幅山体滑坡路段约 7000 立方的塌方泥石。项目部员工克服艰难险阻，夜以继日苦战，7 月 20 日下午三点，K5 +350 以及其他断道路段终于被全线打通、连接！小型车辆、摩托、行人得以通行，方便了瓦砾、茶坝乡群众出行采购生活必需品，稳定了人心。

灾情就是命令，黄茶公路抢险、保通，是宁波交工集团援川人员的职责。

为此，黄茶公路项目部员工，决心在宁波市援建指挥部领导下，在××县党、政领导核心和××县人民的大力支持下，抓紧时间，将洪灾造成的损失和工期的延误抢回来，优质、高效建好黄茶公路，宁可骨埋××，誓为××人民献上一份爱心，献上一份同胞血肉之情，献上一份××人民满意的答卷！

××——××人民心连心，并肩奋战，继续发扬伟大的抗震救灾精神，共同绘就美好××的新蓝图。

×××

××××年××月××日

第二节　祝　词

一、祝词概述

1. 祝词的概念

祝词，亦叫祝辞，是对人或事表示良好的祝愿的言辞、文章的讲话稿。

祝词，是国际、国内人际交往活动中必不可少的交际工具和手段。

祝词根据祝贺的对象划分，可为节日祝词、寿诞祝词、事业祝词三种。

2. 祝词的特点

（1）事先性

祝词与贺词都表示祝贺之意，有时两个词也可以互用，但祝词一般用于对未成事情或正在进行的事情的事先性预祝，有时也用于事后的祝贺；而贺词一般用于事情已成，对之表示庆贺、道喜之意。

（2）广泛性

祝词的广泛性是指祝词的对象很广泛。以人为祝词对象，长辈、平辈、晚辈，上级、平级、下级，男女老少都可以，既可以是知名人士，也可是平民百姓，都可以通过祝词的形式增进感情，加深交往。以事为祝词对象，范围也很宽，比如，生日聚会、庆祝诞辰、开业典礼、朋友联欢会、同学聚会，等等，都可以使用祝词来渲染气氛，活跃场面，增进彼此的友谊。

(3) 严肃性

尽管说祝词有调节气氛的作用，但由于祝词一旦脱口而出，就不便更改，从这个意义上说，祝词又具有一定的严肃性。在一些比较随便的场合，如在聚会、庆功会、喜宴等轻松愉快的气氛中，祝词人常常是触景生情，即兴而发，恰到好处，但要求祝词人必须是机智灵活，善于表达，否则，就有可能闹笑话，出洋相。在一些比较正规的场合，如举行国宴、迎送贵宾时，祝词人往往是事先有所准备，起码要打好草稿，或口头，或书面，总之，祝词要准确无误，表达要自然得体。

3. 祝词的写作格式

口头祝词和书面祝词都需要一定的构思和酝酿，从广义上说，都属于“写作”，只是腹稿和手稿之分。祝词的写作没有固定的模式或格式。一般应包括以下几个方面内容：标题、称谓、正文、结语和落款。

(1) 标题

祝词的标题要写在正文的上方居中，如“元旦祝词”、“给××教授的祝词”等。有的祝词可不用标题。

(2) 称谓

在标题之下顶格写称谓，如“××同学”、“××小姐”、“××先生”等，具体怎样称呼祝词的对象更合适，要根据对象的性别、职业以及身份地位等而定。

(3) 正文

正文所列内容一定要条理分明，让人看了、听了一清二楚。或问候、祝愿；或赞颂、讴歌；或提出自己的想法和希望，都要以褒为主，以赞颂为主旨。而不要列出几大过错，那样就把祝词写成鉴定、评定书了。如果非提缺点不可，也要把握分寸，而且最好是不提。

(4) 结语

这部分主要写敬语，如“祝×××健康长寿”、“祝×××先生生意兴隆，财源滚滚”、“祝×××与×××百年好合”等。

(5) 落款

落款处应署上祝词者的姓名和祝词的详细日期，即年、月、日。在署名时，如果是晚辈向长辈祝词，落款时要写“学生×××”或“晚辈×××”等；如果是平辈之间或长辈向晚辈祝词，则只写上自己的名字就可以了。有的祝词可以没有落款，比如当场即兴祝词，祝词人和日期都是清清楚楚的。

祝词的基本格式和结构是由上述五部分构成的，但在写作过程中要依据具体情况灵活掌握，不能死板、教条，否则就会不合时宜。

4. 祝词的写作要求

(1) 要了解祝词对象

好的祝词除了语言慎重、注重感情以外，还要了解祝词对象。“没有调查就没有发言权”，同样，没有对祝词对象的充分了解，也就没有祝词的依据，也就不可能写出非常理想的祝词。可见，了解祝词对象不但是重要的，而且是必要的，甚至是写祝词时的首要准备，只有这样，才能避免在写祝词时张冠李戴，漏洞百出，闹笑话。

（2）语言要慎重

作为一种社会礼仪，祝词语言一定要达到以下几个标准：即准确、简练、通俗、优美。准确是最基本的要求。对人、对事都要客观公正，实事求是，不能因为是祝词，就过分地夸张；当然，必要的、恰如其分的溢美之词是无可厚非的。简练是在准确上的又一高层次要求。祝词常常是很简短的，有时甚至少到几个字，言简意赅，既能给人以回味，又能节约时间，这样的祝词是普遍受人欢迎的。通俗，即深入浅出，雅俗共赏，而非流于庸俗，落入俗套。要达到这一标准并非易事，它需要祝词人具有更高的驾驭语言能力。优美是对祝词的最高要求：不仅要求祝词能传情达意，而且要同时给人以美的艺术享受，这种优美有时并不在于其华丽的词藻，而主要在于其构思的巧妙，能够给人耳目一新之感。

（3）要流露真情实感

祝词，表达的是美好的祝愿，是令人高兴和愉快的事。但是否能达到这样的效果，还主要在于祝词者的感情流露。如果祝词的内容是发自祝词者内心的，是有感而发的，那么就是真情，否则，就是虚情假意。人都是有感情的，对于真情假意，人们是很敏感，并能很容易识别的。所以，写作祝词一定要发自肺腑地祝愿，要流露出真情实感，不然的话，就会引起别人的反感，倒不如不祝词为好。

二、祝词的写作范例

▲事业祝词

【范例】

时代赋予文艺的崇高历史使命

——祝贺中国文联第六次全国代表大会、
中国作协第五次全国代表大会隆重召开（人民日报社论）

今天，中国文学艺术界联合会第六次全国代表大会和中国作家协会第五次全国代表大会在北京隆重开幕。我们对此表示热烈祝贺！

这次大会是在以江泽民同志为核心的党中央直接关怀和领导下召开的，是在我国经济发展、政治稳定、文化繁荣、民族团结、社会进步的大好形势下召开的。这是一次回顾总结工作、共商文艺发展大计的盛会，是一次民主、团结、鼓劲、繁荣的盛会，是我国文艺界承前启后、继往开来、迎接新世纪的盛会。会议适逢党的十四届六中全会之后、全党全国人民进一步开创精神文明建设新局面之时，无疑有着十分重要而深远的意义。

我们所处的时代是一个深刻变革、奋发有为的伟大的时代。伟大时代赋予文艺以崇高的历史使命。从历史上看，无论是在战争年代还是在和平建设时期，文艺都是整个革命和建设事业不可或缺的一部分，对于人民的精神文化生活和社会的进步与发展，起着不可替代的作用。今天在以江泽民同志为核心的党中央的正确领导下，在建设有中国特色社会主义宏伟事业中，特别是在社会主义精神文明建设中，文艺应该更加发挥其特有的功能和独具的魅力，以优秀的作品鼓舞人，培育一代又一代有理想、有道德、有文化、有纪律的社会主义新人，为改革开放和社会主义现代化建设提供强大的精神动力。能够与建设有中国特色社会主义宏伟事业联系在一起，能够为实现中华民族全面振兴的共同理想作出独特的贡献，能够通过自己的创造性劳动与人民群众永远保持血肉联系，共同推动历史前进，成为名副其实的人类灵魂工程师，这是文艺工作者的无上光荣。

历史的经验告诉我们，每个时代都有自己的文艺，每个时代的文艺都面临新的时代课题。只有正确认识和妥善解决这些课题，文艺才能跟随时代不断前进。在今天，我们的文艺面临的时代课题是：在深化改革、建立社会主义市场经济体制的条件下，如何在社会主义精神文明建设中发挥更大的作用；在扩大开放、对外文化交流日益增多的情况下，如何保持我们文艺的社会主义性质和民族特色；在世界范围综合国力激烈竞争、高新科技迅猛发展的形势下，如何抓住时机，发展社会主义的文艺生产力，立足本国，面向世界。

面对新的时代课题和崇高的历史使命，文艺工作者要进一步提高贯彻执行党的文艺方针政策的自觉性，保证文艺的社会主义方向：一是坚持马克思主义的指导地位，运用正确的立场、观点和方法把握时代，认识生活，指导作品；二是坚持为人民服务、为社会主义服务，树立精品意识，多出优秀作品，培养“四有”新人，促进社会进步；三是坚持“百花齐放、百家争鸣”，开展健康的文艺评论，提倡探索创新和不同风格流派的相互竞争、相互学习，营造生动活泼、团结向上的文化氛围；四是坚持弘扬主旋律，提倡多样化，努力塑造时代典型，满足人民群众多方面的文化需求；五是坚持古为今用、洋为中用、推陈出新，处理好继承、借鉴和创新的关系；六是坚持把社会效益放在首位，努力做到社会效益与经济效益的统一。这几个方面坚持好了，我们社会主义文艺的繁荣和发展，就有了可靠的保障。

繁荣和发展社会主义文艺，事关精神文明建设的大局，事关全党全国的工作大局。要完成这一历史重任，关键在党。必须加强和改善各级党委对文艺工作的领导，要和作家艺术家广交朋友，引导他们认真学习马列主义、毛泽东思想，特别是邓小平建设有中国特色社会主义理论，引导他们深入群众、深入生活、学习社会、学习业务、学习各种知识，不断提高思想素质和业务素质，帮助他们解决生活、工作、学习上遇到的困难，使他们能够相互尊重、紧密团结、心情舒畅、专心致志地投身于崇高而又艰巨的社会主义文艺事业，鼓励他们努力创作出反映时代精神的精品力作，为开创文艺工作的新局面，作出新贡献。

中国文学艺术界联合会和中国作家协会是党中央领导的人民团体，是党和政府联系广大文艺家的桥梁与纽带。几十年来，在党和政府的关怀下，许多老一辈文艺家和文艺工作的组织领导者在文联和作协的岗位上，辛勤耕耘，无私奉献，做了大量卓有成效的工作。特别是近几年来，文联、作协的工作，坚持以邓小平建设有中国特色社会主义理论为指导，努力贯彻党中央关于繁荣文艺的指示，服从服务于全党、全国工作大局，在繁荣文艺、强化服务等方面做了大量工作，取得了明显成绩。这次大会即将产生的中国文联和中国作协新的领导机构更要进一步开拓进取、扎实工作，充分发挥其“联络、协调、服务”的职能，团结和联系广大文学艺术工作者，把这支群英荟萃、人才济济的文艺大军组织好，建设好，带领好，推动文艺事业更加繁荣昌盛，取得更大进步。

伟大的时代孕育着伟大的文学家、艺术家、评论家和理论家。回首“五四”以来，文艺战线已经产生了鲁迅、郭沫若、茅盾等一批文学巨匠。瞩目未来，我们更期待着无愧于伟大时代的文艺大家的出现。让我们的文艺家们携起手来，满怀豪情地迎接新世纪的太阳，共铸21世纪中国文学艺术的辉煌！

我们预祝大会圆满成功。

第三章 推荐信、公开信、表扬信、批评信

第一节 推荐信、公开信

一、推荐信、公开信概述

1. 推荐信概念和种类

(1) 推荐信的含义

推荐信是向单位或个人介绍某人担任某项职务或工作的信件。推荐信的收信者可以是单位或单位负责人，也有向私人推荐的，收信者是个人。

(2) 推荐信的种类

推荐信的种类按推荐对象分，有推荐人和推荐物两种类型；按作者分，有自我推荐和推荐他人两种类型。

2. 推荐信的适用范围

①写推荐信的人是有地位、有身份的人，因为受人之托或其他原因而遇到了适合于某项工作的人才，故而向某用人单位进行推荐。写信人同该用人单位可以有某些联系，比如是该单位的上层领导，也可以同该单位毫无关系。

②向熟人或朋友推荐人才。由于受人之托或者别的原因，而向自己的熟人或友人推荐某人前往工作或做某事情。写信人往往靠自己同某单位或个人的良好关系而出面为别人牵线搭桥。

③推荐信也适用于个人直接向自己希望前往谋职的单位介绍自己的情况，这种推荐称之为自荐信。自荐信的写作者同该单位可以毫无联系，也可以是该单位的职员。

3. 公开信的概念

公开信是将信的内容公布于众，公开让人们周知和参与讨论的信件。

4. 推荐信的写作格式

(1) 推荐信主要是写明被推荐者的身份及基本状况。

(2) 表明推荐者的推荐目的和愿望。

(3) 被推荐者一旦被任用将会产生的作用或好处。此项内容用语可模糊些。

(4) 格式同一般书信，也有的以“推荐信”为题。

5. 公开信的写作格式

(1) 开头

公开信的开头，即称呼部分，要顶格写。

(2) 正文

正文写要公开表明的事项。

(3) 结尾

结尾部分写上署名和日期。日期写在署名的下面。

二、推荐信、公开信的写作范例

▲党小组（团组织）推荐信

【范例】

党小组（团组织）推荐意见

________党支部：

我单位×××同志，政治思想好，学习认真，有较强的纪律观念和工作业务水平。经过讨论研究，同意推荐该同志为入党积极分子。

××党小组组长______（共青团××委员会）

××××年××月××日

▲致农民朋友的一封信

【范例】

致农民朋友的一封信

农民朋友们：

你们好！冬去春来。值此春耕繁忙时节，省委、省政府向你们致以亲切的问候！

以江泽民同志为核心的党中央，高度重视农业和农村工作，十分关心农民群众。改革开放以来，通过实行以家庭承包经营为基础、统分结合的双层经营体制，调整农产品价格和购销政策，改善农村分配关系，采取一系列减轻农民负担的政策措施，调动了农民的积极性，农村发生了深刻的变化，经济社会蓬勃发展。

当前，农业和农村经济社会发展进入了一个新的阶段，出现了许多新情况，新问题。为了进一步保护和调动广大农民的积极性，巩固和发展农村大好形势，党中央、国务院作出了在农村实行税费改革的重大决策。农村税费改革的主要内容是：取消乡统筹费、农村教育集资等专门面向农民征收的行政事业性收费和政府性基金、集资；取消屠宰税；逐步取消统一规定的劳动积累工和义务工；调整农业税费改革顺利实施，达到农民减负的目的，还要进行配套改革。农村税费改革以后，农民承担的税费项目有，农业税及其附加、农业特产税及其附加，有的还要缴纳一定的公益事业金。村内兴办集体生产公益事业所需资金，采取“一事一议”的办法解决。考虑到目前劳动积累工和义务工仍是农村进行农田水利建设等公益事业的重要手段，对“两工”将采取逐步取消的办法。

这次税费改革的意义十分深远，是继农村实行家庭承包经营之后的又一重大改革，事关农村经济社会发展的大局，事关广大农民群众的切身利益。通过税费改革，规范农村分配制度，有效遏制向农民的乱收费、乱集资、乱罚款和各种摊派，体现农民应尽的义务，从根本上减轻农民负担。同时，又能够促进干部转变作风，密切干群关系。广大农民群众要充分认识税费改革的重要性和必要性，理解和支持税费改革，齐心协力把这项利国利民的好事办好。在税费改革中，将根据农民的承受能力，从轻确定农民负担水平并保持长期稳定，保护农民的合法权益。在保证农民负担明显减轻的前提下，注意兼顾其他方面的承受能力，使地方政府特别是乡镇政府和基层组织正常运转。实行符合农民意愿、能够为农民所接受的税收征收方法，便于依法征收和群众监督。税费改革将同精简乡镇机构、调整农村中小学布局、完善县乡财政体制和健全农民负担监督机制等项配套改革结合进行，压缩人员，量入为出。

建设社会主义新农村，使广大农民逐步实现共同富裕，归根到底要靠发展。要适应发展社会主义市场经济的要求，大力调整优化农业结构，深化农村改革，采用先进科学技术，增加农业投入，改善农业生产条件。积极发展二、三产业，开辟新的生产门路，千方百计增加农民收入。进一步加强社会主义精神文明建设，实行依法治国同以德治国相结合，推进民主选举、民主管理、民主决策、民主监督和政务公开、村务公开。切实加强以党支部为核心的村级组织建设，充分发挥广大党员和基层干部的骨干带头作用。通过广大农民群众的共同努力和辛勤劳动，把农村建设得更加美好。

我省广大农民具有爱党、爱社会主义、爱国家、爱集体的光荣传统。改革开放以来，我省农村改革与发展有声有色，农民群众创造了许多好经验、好做法，谱写了绚丽篇章。在农村税费改革中，广大农民群众一定能继续发扬光荣传统，正确对待国家、集体、个人三者利益，增强公民意识，维护合法权益，自觉履行纳税义务，在各级党委、政府的领导下，圆满完成农村税费改革任务，进一步促进我省农村改革、发展、稳定。

让我们更加紧密地团结在以江泽民同志为核心的党中央周围，解放思想，实事求是，艰苦创业，乘势前进，为建设更加富裕的小康生活，实现农业现代化而努力奋斗！

中共××省委

××省人民政府

××××年××月××日

▲公开信

【范例】

致全县广大共产党员的公开信

全县广大党员同志们：

为了认真贯彻落实党的十七届四中精神，按照市委学习实践活动领导小组办公室的安排，在第三批学习实践活动中，县委学习实践活动领导小组办公室在全县深入开展“我为民勤党建献一策”活动，广泛倾听民声、了解民情、汇聚民意、集中民智，更好地贯彻落实市委实施“三大战略”、构建“三大支撑”的总体要求，积极开展好县委提出的“节水增收谋发展、改善民生促和谐、强化基层保稳定”主题实践活动，教育和引导广大党员干部群众算好水权帐、增收帐、民生帐、矛盾纠纷帐“四笔帐”，加快推进石羊河流域重点治理。请全县广大党员围绕石羊河重点治理，实施农村党员致富能力培养工程，加强基层党组织和抓好党员队伍建设，构建城乡党建新格局，推动民勤党建工作上台阶、上水平建言献策。对于您的意见和建议，我们将积极吸纳，应用到具体实践中，进一步创新全县党建工作，切实发挥党组织的战斗堡垒作用和党员的先锋模范作用，为打赢石羊河流域重点治理攻坚战，推动全县经济社会又好又快发展，再立新功，再创佳绩！

意见建议请以书信、电话、传真和电子邮件形式寄送民勤县委学习实践活动办公室。联系电话：4120302。电子信箱：mqkxfzg@163. com。或登录民勤政府信息网、民勤党建网，点击“我为民勤党建献一策”栏目。

祝全县广大党员国庆、中秋快乐，身体健康，万事如意！

中共××县委办公室

××××年××月××日

第二节　表扬信、批评信

一、表扬信、批评信概述

1. 表扬信的概念

人们在表彰好人好事、先进思想、先进事迹时都用表扬信。表扬信可以以组织的名义写，也可以以个人的名义写。

2. 批评信的概念

批评信是对个人或单位的错误言行提出批评的信件。

3. 表扬信的写作格式

(1) 标题

居中写“表扬信”三个字。

(2) 称谓

顶格写被表扬的单位、个人的称呼。如果是写给个人的，应在姓名之后加上“同志”、“先生”等字样，后边并加冒号。

(3) 正文

表扬信的正文，即交代表扬的缘由。本部分须另起一行，空两格写。

(4) 结尾

如果是写给被表扬者的所在单位或领导者的，可提出建议：“在×××中加以表扬”，“×××同志的优秀品德值得大家学习，建议予以表扬”等。如果是直接写给本人的，则要适当谈些“深受感动”，“值得我学习”等方面的内容。

(5) 致敬语

如“此致敬礼”、“祝好”、“谨表谢意”、“向你学习”等等。但“此致”、“祝”、“谨表”、“向你”等字写在末尾，其余的字，要另起一行，顶格写。

(6) 署名

注明单位名称或个人姓名。如果以个人名义写的表扬信，应在后边详细写明发信人的地址，签上自己的姓名，并在下方注明年月日。

4. 批评信的写作格式

(1) 标题

批评信的标题一般不居中写“批评信”三个字，而是以批评事项作标题。

(2) 称谓

顶格写被批评的单位或个人名称。如果是批评个人的，应在姓名之后加上“同志”、“先生”等字样，后边并加冒号。

(3) 正文

写所批评的缘由。本部分须另起一行，空两格写。

(4) 结尾

如果是批评单位或领导者的，可对被批评的错误事项提出正确建议；如果是批评个人的，则要谈些鼓励话语。

(5) 署名

签上批评者或单位的姓名，并在下方注明年、月、日。

二、表扬信、批评信的写作范例

▲表扬信

【范例】

表扬信

东南大学党委：

贵校老干部、老党员、老红军黄海宽老人是陕西省清涧县石盘乡上坪村人。这个村面临黄河，背靠石头山，沟深坡陡，梁峁起伏，没有公路，尽是蛇盘羊肠小道，河滩泥宁，乱石便道，一切来往运输全是步行、肩挑、驴驮，有不少老人至今未到过县城，未见过汽车。文化落后，至今村长、书记都是文盲。它是秦、晋两省四县的交界处。是清涧县最边远、最偏僻的一个穷山沟村。但我们村有着光荣的革命传统。一九三三年至一九三五年我村就建立了党支部苏维埃政府。全村只有三十来户人家，就有二十多人参加了红军闹革命远离家乡，黄海宽就是其中的一个。

我村只有几孔旧窑洞作为学校教室，因多年失修已成危房。顶上掉土，到处裂缝，少桌无凳。孩子们坐在石头上或自己带个小凳来上课。出了教室个个学生都变成了土娃娃。学校只设1-4年级，5-6年级的学生要到外村去上学。每日往返要走二十多里山路，总是起早摸黑。家长、教师、孩子们时常提心吊胆，不少娃娃就此停学。学校几乎办不下去了。村委会、党支部向外边工作的同志发出了求助信。

黄海宽老人得知此情况后与我村至今还健在的六位老红军和在外工作的人员取得联系。他将自己省吃俭用省下的钱给村里寄了叁仟元。而每个老红军和在外工作的人员他们特别热情，个个捐资献爱心。上坪村小学得到挽救，××××年××月动工，先将七孔旧窑洞全部维修，粉刷，铺了水泥地，做了新黑板、新课桌、新凳子，安了电棒，水泥铺了院子，打了围墙，盖了大门、厕所，又新建了两孔教室，从此开设了1－6年级的完全小学，是我们全乡的第一个好学校。全村老少高兴的无法形容，对黄海宽老红军感激不尽。乡政府、县委的领导亲自视察了学校，表扬这些老红军永远是人民最尊敬最受爱戴的人。

我村九十多户三百六十多人至今仍然吃的是从大石山石崖缝里流出的一股泉水，这水里有毒，含氟大大超标，人们常期饮用它，牙齿必黄、断牙，不到四十岁就有腰腿痛，还得很多怪病。全村老少盼望找水源打井，解决人畜饮水问题，但资金短缺办不到，又是黄海宽和在外工作的人员再次捐资扶贫献爱心，他老人家又拿出叁仟元资助家乡，给我村黄河滩打了三口井。今年四月十日动工，七月三日竣工。现在全村人口喝上了清澈甘甜的好水，人人满意，个个高兴。为了纪念老红军的功德，把中滩一口井命名为“老红军井”并在井房的碑上刻上了他们的名字。让全村老少永远不忘老红军，学习他们的美德，让他们的好传统，高尚的美名流芳千古。

黄海宽老人为了解放全中国，虽然离家六十多年，但他时时不忘家乡的父老乡亲，在他年老体弱多病的情况下，将节约的陆仟元帮助家乡，扶贫献爱心，一个老党员、老革命的传统本色没有丢，我们在他身上看到了江总书记“三个代表”的真实体现，我们全村老少尊敬他，爱戴他，想念他，遥祝他老人家健康长寿，诚望他和他的家人们回家看看。

我们乡里人没有什么好东西感谢他，只好把我们的感激之情，把他的好思想，好作风，好传统向党组织汇报。我们村党支部、村委会代表全村父老乡亲希望贵校组织对这样的好人好事，好典范给予表扬，鼓励本人，教育大家，把江总书记提出的“三个代表”的学习深入下去，到处开花，发扬光大，推动中国繁荣富强。

此致

崇高敬礼

上坪村党支部、村委会

××××年××月

▲批评信

【范例】

批评信

尊敬的××党委：

我单位的×××同志，系共产党员，于××××年党组织关系转入我单位。在我单位工作期间，表现不合格，经常上班迟到、缺勤，工作不认真，缺乏吃苦精神，拈轻怕重，与同事相处关系紧张，给员工们和单位造成极为不好的影响，谨请党委予以其批评，望其认真改正，认真改造。

××党委会

××××年××月××日

第四章　感谢信、慰问信、介绍信、证明信

第一节　感谢信、慰问信

一、感谢信、慰问信概述

1. 感谢信的概念

感谢信是为了感谢某个单位或个人对自己曾给过的某种关怀、支援、祝贺或勉励，表示回谢的一种信件。

2. 慰问信的概念

慰问信是以组织或个人名义向某一集体或个人表示关怀和问候的信件。它多在节日或遇有重大事件或特殊情况时使用。慰问信可寄给本人及本人所在的单位，也可以登报或广播。

3. 感谢信的写作格式

感谢信一般由标题、称谓、正文、致敬语、署名和日期等五部分构成。

(1) 标题

第一行正中写“感谢信”或“致×××的感谢信”等字样，字体应大些。

(2) 称谓

第二行顶格写被感谢方的单位名称或个人姓名。个人姓名应加上“同志”、“先生”或职务等，称谓后加冒号。

(3) 正文

第三行空两格起，写感谢的内容，一般有以下两个方面。

①简述事迹，说明效果。应交代清楚人物、事件、时间、地点、原因和结果，并扼要叙述在关键时刻得到对方帮助所产生的客观影响和社会效果。

②颂扬品德，表示决心。既表感激之情，也谈今后如何用实际行动向对方学习。

(4) 致敬语

最后写上诸如“此致——敬礼”、“致以——最诚挚的敬礼”等表示感激和敬意的话。致敬语前半截一般连接正文，或另起一行空两格写；后半截另起一行顶格写，以表尊敬。

(5) 署名、日期

在右下方写上单位名称或个人姓名，后一行写发信年月日。

4. 慰问信的写作格式

慰问信一般由标题、称谓、正文、署名和日期构成。

(1) 标题

第一行正中写“慰问信”或“×××致×××的慰问信”等字样。

(2) 称谓

第二行顶格写单位、个人名称。

(3) 正文

第三行空两格起，写慰问的主要内容，包括有几个方面。

①原因背景。用一般简要文字陈述目前形势，写明慰问的背景和原因，以提起下文。

②叙述事实。应比较全面、具体地叙述对方的模范事迹或遇到的困难，要实事求是肯定其功绩，然后向对方表示慰问和学习。

③结语部分。先结合形势与任务提出殷切的希望，接着表示共同的愿望和决心，最后用一句慰勉与祝愿的话作结。

(4) 署名、日期

署名下一行写年月日。

二、感谢信、慰问信的写作范例

▲颂扬品德的感谢信

【范例】

致全区共产党员的感谢信

全区共产党员：

灾害无情人有情，心手相连渡难关。

“5·12”汶川特大地震灾害发生后，我区广大党员心系灾区，发扬“一方有难、八方支援”的精神，积极响应中组部在全党发起交纳“特殊党费”支援抗震救灾的号召，各党费交纳处咨询电话接连不断，前来自愿交纳特殊党费的党员络绎不绝。不论是领导干部、机关党员、离退休人员，还是下岗职工、农民、流动党员、自由职业者，一听说可以交纳特殊党费支援抗震救灾，都在第一时间向党组织交上了一份厚重的情意。截至6月17日，全区已有22419名党员交纳了3500758元“特殊党费”，其中，872名党员一次交纳1000元以上，15名党员一次交纳1万元以上，一名基层党支部书记一次交纳10万元。在党组织和党员的带动下，许多入党积极分子和普通群众纷纷自发加入到奉献爱心的行列，全区共收到党外捐款22663元。

爱心在党员和群众中传递，责任在实际行动中体现，党性在灾难考验中坚定。在党和国家面临困难的关键时刻，在抗震救灾的紧要关头，全区广大党员以交纳特殊党费的方式支援灾区，充分体现了共产党员的宗旨意识，再一次检验了党组织的号召力、凝聚力和战斗力。我们为你们的真情大爱而感动，为你们的慷慨义举而自豪。按照中组部《关于做好部分党员交纳“特殊党费”用于支援抗震救灾工作的通知》要求，我们将代收的“特殊党费”汇总后全额上缴市委组织部，由市委组织部按照中组部的规定统一安排使用，确保每一分钱都用于抗震救灾工作。我们已向每一位交纳了“特殊党费”的党员开具了代收收费，其中，党员自愿一次交纳1000元以上“特殊党费”的，中组部将向本人出具“中共中央组织部《党费收据》”。

我们坚信，有党中央、国务院和各级党委、政府的坚强领导，有广大党员群众的大力支持，我们一定能夺取抗震救灾、恢复重建的最后胜利！明天一定会更加美好、灿烂！

此致

敬礼

中共××市××区委

××××年××月××日

▲表彰感谢信

【范例】

致全市党员的感谢信

全市共产党员：

2008年5月12日14时28分，四川汶川发生8．0级大地震，这一突如其来的灾难，给灾区同胞造成了巨大的创伤和痛苦，也震撼着每个人的心灵。在党中央国务院的坚强领导下，全国人民同心同德、顽强奋战，众志成城、抗震救灾，涌现出一大批英雄人物和可歌可泣的动人事迹。

灾难无情人有情，抗震救灾再一次凝聚了全中国人民的心。危难时刻，全国人民和灾区人民心相通、情相存、血相融，在短短时间里，全国各地已然形成捐助热潮，全力支援四川。在市委、市政府的号召下，全市广大党员干部群众高度关注四川抗震救灾工作，迅速投入到支援抗震救灾工作中，充分体现了“一方有难、八方支援”的中华传统美德和万众一心、众志成城的中华民族凝聚力。

特别是市委组织全市党员开展“缴纳特殊党费援助灾区”活动以来，市委书记马里，市委副书记、市长李伟林带头将两个半月的工资——5000元捐献了出来，市四家班子其他领导纷纷捐款2000元以上，全市广大党员积极伸出援助之手，截止7月1日，全市党员自愿交纳“特殊党费”达898002．20元，为灾区人民送出了我们真心的关怀和祝福。这些“特殊党费”承载着××人民的深情厚意，已分四批全部及时汇往上级组织部门，用于抗震救灾。

四川汶川8．0级大地震，是对各级党组织和广大党员信念、勇气和力量的一场严峻考验。血浓于水，人间真情在灾难面前再一次显示了它的力量；生死关头，党员先锋模范作用在群众最需要的时候得到了充分体现。“这一刻，我们都是汶川人；这一刻，我们大家心在一起。”在灾区群众最需要的关键时刻，我们××市广大党员干部，积极投身抗震救灾工作，尽最大努力伸出援助之手，充分展现了共产党员的本色和精神风貌，也充分弘扬了××越是艰险越向前的“子荣精神”。

在此，市委向全市广大党员表示衷心的感谢，感谢你们对灾区的无私奉献，感谢你们为全市人民做出了表率。

地震可以摧毁我们的家园，但不能摧毁我们坚定的理想信念。市委号召全市广大共产党员，精诚团结，万众一心，用推进××振兴崛起的实际行动支援灾区；以跨越发展的实际成果，展示共产党员的时代风采！

中共××市委组织部
2008年7月1日

▲节日慰问信

【范例】

致××区全体党员的慰问信

全区中共党员同志们：

戊子呈祥，金鼠纳福。正当全区乘着十七大的东风，满怀豪情，加快建设富民小康、和谐沙市之际，我们即将迎来××××年的新春佳节。值此一元复始、万象更新之际，中共××区委组织部谨向你们表示节日的慰问，致以新春的祝福。

征程似诗，欢歌如潮。××××年，××大地涌动发展大潮，沐浴和谐春风，各项事业蓬勃发展，经济建设、政治建设、文化建设和社会建设硕果累累。在过去的一年里，你们牢记党的宗旨，发扬党的光荣传统，在全区各条战线上充分发挥先锋模范作用，为全区经济稳步发展，社会和谐稳定做出了积极的贡献。

风雨送春归，飞雪迎春到。在银装素裹中我们迎来了更加充满希望的××××年。××××年是贯彻落实党的十七大精神开局之年，也是着力推进“十一五”规划实施的关键之年。希望你们在区委的正确领导下，时刻牢记党的宗旨，认真践行“三个代表”重要思想，始终保持共产党员先进性，在各自的工作岗位上，带头学习讲政治、带头干事谋发展、带头创新建佳绩、带头服务比奉献、带头自律树形象。充分发挥共产党员的先锋模范作用，克服困难，扎实工作，以崭新的风貌和昂扬的斗志，为全面建设“实力××、和谐××、创新××、活力××”做出自己应有的贡献！

恭祝全区共产党员新春愉快、万事如意、阖家幸福！

中共××市××区委组织部
××××年××月××日

第二节　介绍信、证明信

一、介绍信、证明信概述

1. 介绍信的概念

介绍信是机关、单位的人员外出办事所持有的介绍性的书信。介绍信一般采用现成的印制好的表格样式，使用时须填上外出人员的姓名（有时需要填写职务）、联系事由、日期并加盖公章。它是一种专用书信，具有公开的性质。

此外，还有一种用于非正式场合的私人介绍信。私人介绍信同于一般书信，写作目的也是为了联系或办理具体事宜。它只在熟悉的人中间使用，随意性较强，内容也可写得更为具体详细。

2. 证明信的概念

证明信是以机关、团体、单位或个人证明一个人的身份或一件事情，供接收单位作为处理和解决某人某事根据的书信。它是一种专用书信。

3. 介绍信的写作格式

介绍信由标题、称呼、正文、落款组成。

（1）标题

可在首行印（或写）明“介绍信”三字。

（2）称呼

可在信件开端处，顶格书写受文单位或受文人的名称，也可将受文单位名称写于信件的最后一行（顶格），但需在其上一行写“此致”二字。

（3）正文

空两格起写被介绍人的姓名、身份，以及前往接洽的事项和向接洽单位提出的希望和要求。正文写完，另起一行，空两格写“此致”，下一行顶格写“敬礼”，表示对对方的感谢。如使用受文单位在文尾的格式，则此致的下一行顶格要写受文单位的名称。

（4）落款

另起一行，写出介绍信的单位名称、加盖公章。署名下面写清年、月、日。

4. 证明信的写作格式

证明信由标题、称谓、正文、落款等部分组成：

（1）标题

“证明信”，写在第一行正中位置。字体要大一些，以区别于下文。

（2）称谓

和一般书信一样，包括单位（或姓名）。称谓要顶格写，以示尊重。

（3）正文

一般按其固定格式填写所证明的人的姓名及所联系或办理的事项。此项内容要根据实际情况填写清楚。

（4）结束语

一般用“特此证明”。有的开头没写送达机关名称的，可用“此致××单位”。

（5）落款

证明制发机关，日期，加盖公章（注：有存根的证明信须在两联中间加盖公章）。

二、介绍信、证明信的写作范例

▲介绍信

【范例】

中国共产党党员组织关系介绍信

_______________：

现介绍__________________同志系中共党员，由_________去_________，请转接组织关系。

中国共产党×××委员

党费交到　　月份

有效期　　天

××××年××月××日

▲证明信

【范例】

中国共产党党员临时组织关系证明信

_______________：

兹证明__________________同志系中共党员，由_________去_________。

特此证明。

中国共产党×××委员会

××××年××月××日

注明：1. 此证明信只限于党员临时外出工作或参加会议等使用。

2. 请接受此证明信的党组织，在该党员的工作结束时，与签章处签章，交本人带回原党组织。

签章处

××××年××月××日

第五章 倡议书、建议书、决心书、保证书

第一节 倡议书、建议书

一、倡议书、建议书概述

1. 倡议书的概念

倡议书是首先公开提出某种建议，希望别人能够响应，以共同完成某种任务或开展某种公益活动的信件。

2. 建议书的概念

建议书，也叫意见书，是个人、单位和有关方面，为了开展工作、完成任务、进行某种活动而提出有见解主张的一种书面材料。

建议和提案不同，尽管二者都是用来提意见和建议的。提案必须由具有提案权的机构或个人提出；而建议则没有使用资格的限制，任何机构或个人都可以使用。提案一经提出，有关方面必须予以审理、答复，并转交有关部门处理落实，在有关会议上报告处理落实情况；而建议则不一定件件都必须进行专门研究，也不必都在会议上作出答复。对切实可行、确实合理的建议，应立即采纳，研究落实，其余则可作为工作中的参考。

建议书和倡议书也不同。倡议书虽然有所建议，但它一般要面对群众，提出号召性的主张；建议书主要是向有关领导或部门提出建议，是否发动群众，要由领导和有关方面考虑。

3. 倡议书的写作格式

倡议书一般由标题、称呼、正文、结尾、落款五个部分组成。

（1）标题

在倡议书开端的中间，标明“倡议书”三字，也可在“倡议书”三字前概括倡议的内容。

（2）称呼

根据受倡议对象选用不同的称谓。也有的倡议书不另起行写受倡议对象，而是在正文中指明。

（3）正文

另起一行，空两格，先总述倡议的根据、原因、目的和意义。然后，分条开列

倡议的具体内容。

(4) 结尾

表明决心和希望。

(5) 落款

写发出倡议的单位或个人的姓名，下面签署年、月、日。

4. 倡议书的写作要求

①倡议书有个人发起与集体发起的两种，要合乎身份地写明在什么情况下、为了什么目的、发出什么倡议、希望别人怎么做、自己打算怎么做等等。

②倡议的内容应是于国于民有利而又可以做到的好事。因此，所提条件应当具有先进性与可行性，虽然很好但一时做不到的，就不要提出来，以免成为一纸空文。

③语言要简练，条理要清楚，有一定的鼓动性。

5. 建议书的写作格式

建议书一般由标题、抬头称呼、正文、落款四部分组成。

(1) 标题

建议的标题可以直接用“建议”或“建议书”，也可以由建议的内容和文种构成，写成“关于××××的建议”，如《关于我校节约用电的建议》。

(2) 抬头称呼

写上接受建议的单位名称或领导的姓名和职务。也可以用“抄送”的形式代替抬头称呼。

(3) 正文

是建议书的主要部分。先写明提出建议的出发点或原因，说明为什么要提出这个建议，以及与此建议有关的想法，以便使接受建议书的单位或领导联系实际情况，考虑其必要性和合理性。接着写建议的具体内容，这一部分可以分条开列，也可以分段叙述。所提建议内容必须具体，改进办法及采取的措施也应实在，以便接受建议单位、领导考虑建议的可行性。最后，可以表达一下期望建议被采纳的愿望。

(4) 落款

在正文的右下方要写上建议者的单位名称或姓名，签署年、月、日。

6. 建议书的写作要求

①提建议是在行使国家主人翁的权利，要严肃对待，采取认真负责的态度。

②提建议要从实际出发，考虑具体情况、实际需要和客观条件，不能空想瞎想、不着边际。只有这样，才会有利于促进生产和改进工作。

③提建议要考虑建议的合理性和可行性，即考虑在现实条件下能否用得上、行得通。不应在建议中提过高的要求，说过激的言词，要掌握好分寸。

④要求言简意赅地进行叙述，具体、准确地写明解决问题的办法，无需过多地分析和论证，更不能讲空话、套话、过头话，防止抽象、笼统。

二、倡议书、建议书的写作范例

▲活动倡议书

【范例】

响应号召积极参与全市“共产党员献爱心”活动倡议书

全区党政机关的共产党员：

5月28日，由北京市委办公厅值班室党支部、北京市人民政府办公厅综合处党支部、北京市民政局救灾救济处党支部、北京市劳动和社会保障局养老保险处党支部向全市党政机关的共产党员联合发出了“共产党员献爱心”活动倡议书。倡议书要求党政机关共产党员要时刻保持共产党员先进性，树立和落实以人为本、全面、协调、可持续的科学发展观和正确的政绩观，保持同人民群众的血肉联系，心系低收入群体，切实做到权为民所用，情为民所系，利为民所谋，努力为构建社会主义和谐社会首善之区做出新贡献。

作为党政机关的共产党员，在立足岗位、创造佳绩，努力为全区改革发展稳定贡献自己力量的同时，还有一份义不容辞的责任——带头关心帮助那些生活不便的残疾人、贫困家庭儿童、生活处于最低保障线以下的家庭成员，也许你的一点点资助，就能够帮助他们圆了一生的梦想。为此，我们谨向全区党政机关的共产党员发出倡议——请伸出你的双手，献上你的爱心，立即行动起来，积极参与到“共产党员献爱心”活动中来，帮助他们创造幸福的生活，帮助他们把心中的希望化为现实。

我们同是龙乡儿女，共享一片蓝天，同爱一方热土。让我们行动起来，伸出温暖之手，献上一份爱心，托起一份希望，用真情挚爱温暖每一颗需要帮助的心灵，用热情的双手托起一片灿烂晴空，让每个社会成员都生活在文明、幸福、和谐、温馨的大家庭里。让我们献上一份真挚的爱心，共同创造龙乡美好的家园！

捐助地址：房山区良乡西路10号（社区服务中心大楼四层8414房间）

户 名：房山区社会捐助接收工作中心

帐 号：0200026509200030426

联系电话：69370205 联系人：翟金雷

捐助日期：××××年××月××日——××××年××月××日

房山区委办公室党支部
房山区政府办公室党支部
房山区民政局党总支
房山区劳动和社会保障局党总支
××××年××月××日

▲救灾倡议书

【范例】

关于号召全区共产党员救助地震灾区的倡议书

全区各级党组织和广大共产党员：

四川汶川强烈地震是一场波及大半个中国、影响数亿人的灾难，给灾区的同胞造成了巨大的创伤和痛苦，让整个中国乃至世界为之伤恸。灾情震撼、牵动着每个人的心灵，广大党员在危急时刻心系灾区，部分党员希望通过交纳大额党费的形式捐款，请中央组织部转交地震灾区，用于抗震救灾。根据中央领导同志的指示精神，中央组织部决定，尊重和鼓励党员通过党组织表达支援灾区的心愿，接受党员以党费捐款，作为“特殊党费”转送地震灾区。为积极响应中组部的号召，帮助灾区群众渡过难关、恢复生产、重建家园，按照市委组织部要求，区委组织部向全区各级党组织和广大共产党员发出倡议：

在天灾危难面前，全区各级党组织要充分发挥战斗堡垒作用，广大党员更应该发挥先锋模范作用，在赈灾救助活动中走在前头、当好表率，以实际行动践行党的宗旨，以实际行动体现共产党员的先进性。全区各级党组织和广大共产党员要发扬“一方有难，八方支援”的中华民族传统美德，伸出援助之手，奉献一份爱心，送上一份温暖，与灾区人民同心协力，携手并肩，早日赢得抗震救灾的胜利！

各级党委要本着自愿原则，数额不限，交纳“特殊党费”。党员自愿一次交纳1000元以上“特殊党费”用于支援抗震救灾工作的，由区委组织部代收后直接交市委组织部代转，同时注明党员姓名、工作单位、联系方式等基本情况，由市委组织部向党员本人出具党费收据；党员自愿一次交纳1000元以下“特殊党费”的，由所在党组织代收并出具党费收据，逐级上交至区委组织部。

中共×××区委组织部

××××年××月××日

▲建议书

【范例】

××乡千名党员致富培训基地建设项目建议书

一、项目建设背景

××乡地处肃州城区西南郊，三面环城，312国道横穿全境，全乡辖10个行政村，77个村民小组，总农户4366户，总人口37084人，其中常住人口15957人，暂住流动人口21027人；全乡现有耕地16465亩，人均耕地1.03亩。2000年以来，酒泉市新城开发区及玉门油田生活基地在我乡范围内全面建设，先后征用土地7684亩，涉及5个村，27个村民小组，2656户，7132人。全乡现有党员和入党积极分子共927人，其中党员699人，入党积极分子和申请入党人员92人，流动党员136人，农民党员423人；党员和入党积极分子中，45岁以下652人，占总数的70.3%，外出务工经商的301人，占总数的32.5%；具有大中专以上学历仅89人，占总数的9.6%；受过专业技术培训的仅有64人，占6.9%。在对我乡175户农民党员家庭的问卷调查显示，95%以上的党员认为参加培训很有必要。这表明，我乡广大农民党员对技能培训的思想认识普遍比较到位，加快自身发展、带领群众共同致富的愿望十分强烈。

二、项目建设的必要性

1. 我乡地处城郊，交通便利，多年来一直是肃州城区重要的鲜活农副产品供应基地，与沿山乡镇相比，我乡人均耕地面积仅有1亩左右，经过多年发展，目前全乡农业结构调整的空间已经十分有限，因此只有依靠科技，通过对农业生产新技术、新成果的推广普及，提高现有土地的单位产出效益，才能提高全乡农业综合效益，确保农民增收。农村党员作为植根于农民群众中的先进分子，可以通过培训基地率先掌握技术和信息，在群众中间积极推广良种良法，在农业产业化发展中积极发挥先锋模范作用。

2. 受经济发展、城市化推进等多种因素的影响，城郊结合部党员队伍构成具有明显的多样性，党员思想比较活跃，发展意识较强，特别是随着征地拆迁，过去的纯农户党员向其他产业的流动呈加快趋势，外出务工经商的党员逐年增多，非常需要乡村两级组织以培训基地为平台，为广大党员提供信息、技术等多方面的服务。

3. 我乡失地农民多，劳动力资源比较丰富，如何把人力资源优势变成现实的经济效益，最行之有效的办法就是依托城市经济圈，大力发展二三产业，特别是在餐饮娱乐、商贸流通、客货运输、城市服务业等方面的发展空间十分广阔，这首先需要党员带头去闯、去开拓，带领群众走出农门，大力发展劳务输出。建立党员培训基地，可以让失地党员通过培训在较短的时间内具备从事2—3种非农产业的基本条件，尽快实现二次就业，从而带动其它失地群众树立信心，克服“等靠要”思想，参与市场竞争，解决长远生活安置问题，有利于维护社会大局的稳定。

三、项目建设的依据

近年来，中央多次提出：“农村基层党组织建设要以创建“五个好”村党组织、“五个好”乡镇党委和农村基层组织先进县（市）为载体，建立干部经常受教育、农民长期得实惠的有效机制”；“探索党员教育管理工作的新机制，促进广大党员发挥先锋模范作用”；

“全面开展农民职业技能培训工作。要结合农业结构调整，发展特色农业和生产实际的需要，开展针对性强、务实有效、通俗易懂的农业科技培训。适应产业结构升级和提高竞争的需要，进一步搞好农民转业转岗培训工作，扩大农村劳动力转移培训阳光工程实施规模，加快农村劳动力转移。”

四、项目建设的可行性

我乡地处城郊，劳动力资源丰富，输转劳动力任务繁重，交通、信息条件发达，水电设施完备，具备项目建设的基础条件。

五、项目建设规模

（一）项目名称：肃州区西峰乡千名党员致富培训基地建设项目。

1. 项目性质：新建。

2. 项目实施时间：××××年。

3. 项目实施单位：肃州区西峰乡政府。

4. 项目责任人：王国荣。

5. 项目地址：肃州区西峰乡。

（二）项目建设内容

1. 新建培训专用教室540平方米，其中管理用房30平方米，配套设施用房90平方米，专用教室420平方米。

2. 配备计算机30台及相应设备，多媒体教学设备2套。

3. 配备课桌100张，凳子200个。

4. 配备其他相应的教学设备。

（三）培训规模

项目建成后，每年办培训班10期，每期培训100人，全年共可培训1000人。

六、投资估算及融资方案

（一）投资估算

项目总投资：160万元

1. 基本建设投资：84 万元；

2. 设备投资：76 万元。

（二）融资方案

1. 申请项目投资：130 万元；

2. 地方自筹：30 万元。

七、经济效益

本项目是非盈利的公益性社会事业项目，项目建成投入使用后，将始终坚持非盈利的方针。

八、社会效益

本项目的建成，将填补我乡党员培训基地建设的空白，广大的农村党员将会分批得到较高水平的培训和更新知识的培训，由此将对农村经济社会的持续、健康发展和农村社会稳定产生积极而深远的影响。

九、结论

本项目是非盈利的社会事业发展项目，具有极其深远和广阔的社会效益，项目建设条件具备，符合政策依据，值得建设，且建设越早，收益面越大。

××乡党委

××××年××月××日

第二节　决心书、保证书

一、决心书、保证书概述

1. 决心书的概念

决心书是个人、单位、集体为了响应组织或上级部门的号召而提出的保证做好工作，完成任务的决心的一种信件。

2. 保证书的概念

保证书性质同决心书一样，是个人、单位、集体为了响应组织或上级部门的号召而提出的保证做好工作，完成任务的决心的一种信件。

3. 决心书的写作格式

（1）标题

在第一行正中用稍大的字体写上“决心书”字样。一般情况下不写明事情的主题，要写当然也可以，像“参加防洪抢险决心书”等。

（2）称呼

在标题下空两行顶格写明接受决心书的领导、单位、组织、机关、团体的名称，有时可冠以“亲爱的”、“敬爱的”等修饰词。称呼后加冒号。

（3）正文

称呼后下一行空二格起写正文。正文是决心书的主体。保证有几条，决心有几点，最好分行写开，以使目的清楚。

(4) 结语

可以写“请予批准”、“此致敬礼”等，也可以不写。

(5) 署名和日期

结语之后下一行靠右写署名，如是众多的人，最好是各人都签名；如果是单位、集体，写上名称后最好盖上公章。在署名下一行的下方写上书写决心书的日期。

4. 保证书的写作格式

(1) 标题

在第一行正中用稍大的字体写上“保证书”的字样。一般情况下不写明事情的主题，要写当然也可以，像“完成植树造林保证书”等。

(2) 称呼

在标题下空两行顶格写明接受保证书的领导、单位、组织、机关、团体的名称。

(3) 正文

称呼后下一行空二格起写正文。正文是保证书的主体。保证有几条，最好分行写开，以使目的清楚。

(4) 结语

可以写“请予批准”、“此致敬礼”等，也可以不写。

(5) 署名和日期

结语之后下一行靠右写署名，如是众多的人，最好是各人都签名；如果是单位、集体，写上名称后最好盖上公章。在署名下一行的下方写上书写保证书的日期。

二、决心书、保证书的写作范例

▲个人向单位表示决心

【范例】

决　心　书

敬爱的校党委：

学生生活快要结束，毕业分配即将来临。我向党庄严表示：坚决听从党的召唤，祖国的需要就是我的志愿。

三年来，我感受到党对我的关怀，老师对我的教育，使我思想上有了进步，知识上有了专长，我决心把所学知识用到建设有中国特色的社会主义宏伟事业中去！

我知道，我国目前还是一个发展中国家，要改变这种面貌，光靠蹲在城市办不到，现在乡村急需有专门知识的商业人才，因此，我决心无条件地服从党的分配，到乡村去，以振兴中华为己任，努力为迅速改变乡村面貌带领农民奔小康作出自己的贡献。

考验我的时候到了，我将用行动来实践自己的诺言。

此致

敬礼！

×商校××级×班

××××年××月××日

▲单位向上级表示决心

【范例】

决 心 书

×××工程总指挥部党委：

×××工程是万里长江干流上第一座规模巨大的水利枢纽工程，大江截流是第一期工程的关键项目之一。我们×××的全体同志，要在这场战斗中贡献自己的力量，决心做到：

一、发扬艰苦奋斗的革命精神，哪里任务最艰巨，就到哪里去，要以河、滩、峡为家，让长江早日放出光和热！

二、团结一致，互相配合，挖掘潜力，多拉快跑，争取提前半个月超额完成运载、装卸石料的任务。

三、听从调度，服从指挥。严格遵守操作规程，安全行驶，全勤出车，保证不出重大事故。

我们说到做到，决不放空炮，请领导和同志们看我们的行动。

×××全体同志

××××年××月××日

▲集体保证书

【范例】

保 证 书

××办事处党委：

为响应市委提出的组织城市待业青年，发展商业和服务业，方便群众，扩大就业的号召，我们十名待业青年在广大群众热情支持下，成立了“×××街道青年综合服务部”。为了实现街道党委向我们提出的“巩固发展”服务部的殷切希望，我们保证做到以下几点：

一、安心服务工作，钻研业务，努力提高服务质量，根据群众需要增加服务项目。

二、端正经营作风，对顾客负责，替顾客着想，不偷工减料，不以次充好，收费合理，薄利多销。

三、讲文明礼貌，抵制歪风邪气。

四、民主管理，账目公开，分配合理，合法开支，不滥发奖金。

×××青年综合服务部全体职工

××××年××月××日

第六章 邀请书、聘书、贺信、贺电、请柬

第一节 邀请书

一、邀请书概述

1. 邀请书的概念

邀请书，是党、政、军和各种学术团体在召开重大会议时所常用的一种应用文样式。邀请书实际上就是一种比较复杂的请柬，它除了起请柬的作用外，还有向被邀请者交代有关需要做的事情的作用。一般邀请书多用于集体，很少用于个人，个人一般是用请柬。

2. 邀请书的写作格式

邀请书的写作一般包括四个部分：

(1) 标题

在纸的上方中间用大于正文的字体标出“邀请书”三个字。也可在“邀请书”三字前用小字标出发邀请书的单位名称。为示喜庆，标题可作适当装饰，如饰以花边、字体用美术字。

(2) 称呼

在正文的上一行顶格写被邀请者（个人或单位）名称。姓名之后可加“书记”、“校长”等职称或“先生”、“女士”等尊称。单位名称要用全称，以示尊敬。称呼之后加冒号。

(3) 正文

在称呼下一行空两格写正文内容。正文一般包括前言和事项两部分。前言只简单地说明何时何地有什么活动和邀请语就可以了，这一部分相当于一张请柬的内容。事项部分要分条列出这次活动的有关事项。

(4) 落款

在正文右下方注明邀请单位的名称和发出邀请的时间。如果单位名称在标题中已标出，这里可以从略，但为了表示郑重、礼貌，一般都是要再次注明的。

3. 邀请书的写作要求

(1) 语言要表达尊敬之意

邀请书的主要内容类似于通知，但又有几分商量的意思，不能是行政命令式的

态度，在用词上一定要礼貌。有些邀请书在开头还应解释一下自己不能亲自而邀的原因，以免引起不必要的误会。

（2）邀请书要做到事项周详

邀请书是被邀请人进行必要准备的一个依据，所以各种事宜一定要在邀请书上显示出来，使邀请对象可以有备而来，使活动主办的个人或单位减少一些意想不到的麻烦。

（3）邀请书应提前发送

邀请书要使被邀人尽早拿到邀请书，可以使被邀请人对各种事务有一个统筹的安排，避免来不及准备或拿到邀请书时已过期了而参加不了举办活动的情况。

二、邀请书、聘书的写作范例

▲邀请书

【范例】

东城区人才服务中心党委与非公经济组织负责人交流座谈会邀请书

×××：

首先感谢您长期以来对东城区人才服务中心党委和贵公司党组织工作的支持和帮助，同时也希望东城区人才服务中心提供的党组织建设、档案管理、社会保险代缴等公共服务在您的企业发展历程中，起到了推动和促进作用。为了进一步了解贵单位在党组织建设和人才服务方面的需求，增进人才服务中心党委和贵单位的联系，交流企业负责人和企业党支部彼此理解支持工作的经验，东城区人才服务中心党委拟于6月下旬召开“东城区人才服务中心党委与非公经济组织负责人交流座谈会”。届时党委将邀请北京市非公经济组织党建工作先进代表介绍经验，并邀请相关领导。敬候您的到来。

拟定时间：××××年××月××日（星期四）下午14：00。

地 点：北京市东城区人才服务中心（东城区安定门外青年湖北里十号楼一层）党员之家活动室。

中共北京市东城区人才服务中心委员会

××××年××月××日

第二节 聘 书

一、聘书概述

1. 聘书的概念

聘书是聘请书的简称。它是用于聘请某些有专业特长或有名望、有权威的人完成某项任务或担任某种职务时的书信体文书。

2. 聘书的写作格式

聘书的写作格式如下：

(1) 标题

一般是印刷好的，在封面上印上“聘书”二字，字号要求较大，制作美观、大方，有的套红、烫金。书写的聘书在用纸的第一行中间书写“聘书”或“聘请书”字样。

(2) 称谓

称谓要顶格写被聘人的姓名和职务，后加冒号。

(3) 正文

第一行顶格写，写聘请人姓名、称呼，如“××先生”、“××同志”等。也可第一行空两格写“兹聘请×××先生”，接着写聘请他担任什么职务，或做什么工作，期限多久，待遇多少等。

(4) 敬语

敬语多用“此聘”、“此致、敬礼”、“敬请台安，诸维垂鉴”、“专肃敬请台安，诸希朗照”、“敬请大安，诸维爱照”等等。敬语因性别及职业性质不同而略有不同，使用时应斟酌。

(5) 署名

一般在正文后边，另起一行，偏右，署上聘请单位名称，并盖上公章。

(6) 日期

紧接聘请单位名称后，另起一行写上年、月、日。

二、聘书的写作范例

▲聘书

【范例】

为了做好校内本月德育工作，迎接“五四”青年节活动，我校特聘请优秀共产党×××为指导老师，参加教学研究，指导本校的党支部活动的开展。

×××学校党支部

××××年××月××日

第三节 贺信、贺电、请柬

一、贺信、贺电、请柬概述

1. 贺信的概念

贺信，是表示庆贺的书信的总称。当有关单位、个人有喜事时，我们都可以使用贺信的形式表示祝贺。

贺信的内容十分广泛，可以贺家庭、个人婚嫁、祝寿一类的喜事；可以贺重大的会议或重要的纪念活动；可以贺对方取得的优异成绩；可以贺国家领导人任职等。重要的贺信往往对广大群众有很大的鼓舞和教育作用。

2. 贺电的概念

贺电，是表示祝贺、赞颂的专用电报。当个人或集体取得巨大成绩或做出突出贡献时可以发贺电表示祝贺，当个人或集体有喜事时也可以发贺电，如贺寿诞、结婚、毕业、乔迁、任职等。

3. 请柬的概念

请柬是邀请客人时发出的专用信件，又叫请帖。

请柬应用广泛，召开庆祝会、纪念会、联欢会、招待会、宴会、订货会等许多会议和许多活动都可以发请柬；单位、团体、个人均可以发请柬。

4. 贺信的写作格式

贺信的内容包括开头、正文、结尾、署名四部分。

(1) 开头

正中写“贺信”两个字，另起一行顶格写被祝贺单位或个人的称呼。若是写给个人的，要加“先生”或相应的称呼。称呼之后加冒号。

(2) 正文

另起一行，空两格起写贺信的内容。可分若干段落：

①简略叙述当前的形势，说明对方所取得的成绩的社会背景，或重要会议召开的历史条件。

②简要说明对方在哪些方面取得了成绩，并要分析对方取得成绩的主观原因和客观原因。如果是寿辰贺信，应概括地说明对方的贡献和品德。如果是重要会议的贺信，应说明会议的内容及其重要性。

③表示热烈的祝贺、称赞。还要写出祝贺者的决心和准备怎么办。

④热情的鼓励，殷切的希望和双方的共同理想。

(3) 结尾

写上表示祝愿的话，如“祝大会圆满成功”、“祝您健康长寿”等。

(4) 署名

另起一行，在右下方写发信单位或个人姓名。署名下边写年月日。

5. 贺电的写作格式

贺电的内容由开头、正文、结尾、署名构成。

(1) 开头

居中写“贺电”两个字，另起一行写贺电单位或个人的称呼。如果收电者是个人，应在姓名之后加“先生”、“同志”或职务等相应的称呼。顶格，称呼后加冒号。

(2) 正文

直接叙述祝贺内容、成就、意义。

(3) 结尾

表示热烈的祝贺和希望。

(4) 署名

发电单位或个人姓名，写在右下方。署名下边写年、月、日。

6. 请柬的写作格式

请柬一般由标题、称谓、正文、敬语和落款几部分构成。

(1) 标题

即写“请柬”、“邀请书”。如果请柬是折页纸，封面写“请柬”二字，封面还要做些艺术加工，如图案装饰，文字用美术体，并可套红或烫金。如果请柬是单页纸，第一行正中写“请柬”二字。

(2) 称谓

写被邀请者（单位和个人）的名称。如“××研究所”、“××先生”、“××教授”等。称谓有时写在正文之上抬头顶格处，有时将请柬再放入信封，称谓写在信封上，请柬上就不再写称谓。

(3) 正文

要写清被邀请人何时、何地、参加什么活动或会议等。

(4) 致敬语

可写“敬请光临指导”、“敬请届时出席”或“此致、敬礼”等。

(5) 落款

注明发请柬的单位或个人，并写明发请柬的日期（年、月、日），若单位所发请柬有时还需加盖公章。

二、贺信、贺电、请柬的写作范例

▲中央领导的贺信

【范例】

胡锦涛为青藏铁路全线铺通致贺信

铁道部，青海省、西藏自治区党委和人民政府，青藏铁路全体参建干部职工：

青藏铁路全线铺通，是我国社会主义现代化建设取得的一个重大成就，对于实施西部大开发战略，对于加快青海、西藏经济社会发展，对于改善沿线各族群众生活、加强民族团结、共同实现全面建设小康社会的宏伟目标，都具有十分重要的意义。我代表党中央、国务院，向你们表示热烈的祝贺和诚挚的慰问！

建设青藏铁路，是党中央、国务院从推进西部大开发、实现我国各民族共同繁荣发展的大局出发作出的一项重大决策。建设这条世界上海拔最高、线路里程最长的高原铁路，是人类铁路建设史上前所未有的壮举。四年多来，各参建单位和广大干部职工坚持以科学发展观为指导，发扬挑战极限、勇创一流的青藏铁路精神，顽强拼搏，开拓进取，勇克难关，胜利完成了全线铺通的任务，谱写了我国铁路建设史的新篇章。

希望你们再接再厉，乘胜前进，高标准、高质量地做好工程配套和运营准备工作，全面实现建设世界一流高原铁路的目标，确保青藏铁路如期投入运营，造福沿线各族群众，为全面建设小康社会、加快推进社会主义现代化作出新的贡献。

胡锦涛

××××年××月××日

▲贺 电

【范例】

贺 电

总装备部、工业和信息化部、中国科学院、国家国防科技工业局、中国航天科技集团公司、中国电子科技集团公司并参加神舟七号载人航天飞行任务的全体同志：

在中华人民共和国成立五十九周年到来之际，神舟七号载人航天飞行获得圆满成功，中共中央、国务院和中央军委向圆满完成这次飞行任务的英雄航天员，向所有参加这次任务的广大科技工作者、干部职工和部队官兵表示热烈地祝贺和亲切地慰问！

神舟七号载人航天飞行圆满成功实现了我国空间技术发展具有里程碑意义的重大跨越，标志着我国成为世界上第三个独立掌握空间出舱关键技术的国家。这是我国航天科技领域的又一重大胜利，是中国人民在建设中国特色社会主义伟大进程中取得的重大突破。对于增强我国经济实力、科技实力、国防实力和民族凝聚力，鼓舞全党、全国各族人民夺取全面建设小康社会的新胜利，开创中国特色社会主义新局面具有重大而深远的意义，祖国和人民将永远铭记你们的历史功勋！

发展载人航天技术，和平开发利用太空，始终是中国人民的不懈追求，希望你们在以胡锦涛同志为总书记的党中央领导下，高举中国特色社会主义伟大旗帜，坚持以邓小平理论和三个代表重要思想为指导，深入贯彻落实科学发展观，大力弘扬“两弹一星”精神和载人航天精神，自力更生、艰苦奋斗、团结协作、拼搏进取，为继续推动我国航天事业发展，为实现中华民族伟大复兴不断做出新的更大贡献！

中共中央、国务院、中央军委

××××年××月××日

第七章　涉外事务公文写作

第一节　邀请信

一、邀请信概述

邀请信，即邀请函，顾名思义，就是国际交往中，邀请他国领导人、代表团或个人到本国进行各种不同访问的外交函件。邀请信不但是一份正式的或官方邀请对方来访的信件，亦代表一种礼仪，一份办理护照和签证手续的凭证。

作为地方一级的邀请函件，它除了没有国家一级的邀请函需带标题外，应包括上款、正文、下款三部分。

(1) 上款

写收函人的地址、职务、姓名、尊称。在邀请国外的客人来访时，常常要将函件翻译成外文发出。英文邀请函件的上款写法与中文邀请函的写法略有不同，通常是先写日期，然后按姓名、职务、地址顺序写，最后在正文前还需写上尊称，如“尊敬的×××省长（主席）”。

(2) 正文

一般写邀请原因、被邀请人，于何时进行何种活动。文中亦可酌情写双方的交往、传统友谊以增强访问的重要性。措词应得体、委婉、礼貌，给对方一种热情好客、受欢迎的感觉。

(3) 下款

写发函人的签署及职务。中文邀请函还需注明发函时间、地点。

被邀请方收到邀请函后，如能应邀出访，则皆大欢喜。如因某种原因不能成行或推迟访问的，可致函向邀请方表示歉意。

二、邀请信的写作范例

▲论坛邀请信

【范例】

××××首届财务管理高层论坛邀请函

尊敬的______先生/女士：

您好！由××××金融研究所举办，××××××财务顾问有限公司 & CFO 俱乐部承办的

“××××首届财务管理高层论坛”将于6月24日在××召开，本次论坛旨在营造财务领域的高层管理创新的环境和氛围，为高层财务管理人员们搭建一个交流沟通、互相学习的平台，共同推动财务高层管理的发展！

在这里你将有机会：

了解知名企业的财务经典案例；

解决企业在融资等金融道路上遭遇的问题和困惑；

结交更多具有创新思想的财务领域的朋友，获得更多的商机和资源；

领略财务高层领袖的睿智，共同分享财务管理思想的盛宴。

“激情碰撞、智慧交流、明辨善思、决胜千里”——“××××首届财务管理高层论坛”竭诚欢迎您的到来！

××××××财务顾问有限公司 & CFO俱乐部

二〇〇六年五月

附：日程安排（拟），参会回执，共三页。(略)

▲招标邀请信

【范例】

隧道股份信息管理集成系统——财务管理与项目管理招标邀请函

贵公司：

根据××隧道工程股份有限公司的需要，招标单位向贵单位发出招标邀请，拟邀请贵单位参加隧道股份信息管理集成系统——财务管理与项目管理的投标。如贵公司接受邀请，请贵单位于××××年××月××日至××××年××月××日按如下要求前来领取招标文件且缴纳相关费用，如未按照要求前来办理有关投标手续的单位将被视为放弃投标的权利。

1. 法人代表授权委托书（一份）、企业营业执照复印件（一份）、受托人的居民身份证复印件（一份）。

2. 招标文件每份收取工本费人民币贰佰元整。

办理地点：××市××路118号201室

联系人：×××　电话：××××××××

招标方：××隧道工程股份有限公司

××××年××月××日

附件（略）

第二节　感谢函电、祝贺函电

一、感谢函电、祝贺函电概述

1. 感谢函电的概念

感谢函电是表达感激之情的常用的方式之一。

自古至今，受人恩惠和获人帮助之后送上一片感激之心，既是对对方劳动的尊重，又是礼尚往来的礼仪活动方式。

当我们得到一些人的祝贺、慰问、馈赠、款待、援助等恩惠以后，向对方寄发的表示谢意的函电就是感谢函电。有代表国家、政府、单位的感谢函电，也有代表个人的感谢函电。在目前对外交往日趋频繁，通信手段越来越现代化的时代，懂得如何起草感谢函电是衡量一个人涉外交往能力的重要因素。

2. 祝贺函电的概述

在外事工作中，我们常遇到所熟悉的外国友人适逢某一喜事或面临某一重大节日的情况，及时发出一封情真意切的贺函，不仅可以传达友谊之情意和表现礼仪之风范，还可以给友人平添一种意外的、来自异国他乡的节日气氛。

祝贺函电的分类

祝贺函电可分为私人和正式两种，前者用词亲切、随便，带有个人的感情色彩；后者措辞较正式和严谨，讲究一定的格式。

3. 无论是通常所说的"公对公"还是"私对私"的感谢函电，两者均具有表达"谢意"这一共同点，只不过"公对公"的函电更显其庄重，措辞和格式更讲究、严格而已。但万变不离其宗，起草这类函电时，中心内容便是一个谢字，并围绕它做文章。囿于感谢函电一般较简短，措辞就需精推细敲，尽可能做到"短"而不"空"，"谢"而不"冷"。

像祝贺函电一样，感谢函电另一特征就是其及时性。如代表团出访结束归来，应立即写好感谢函电发出。现在通信手段发达，亦可先传真发出，原件后寄。总之，要及时送上一片感谢之情。

4. 祝贺函电的写作必须掌握时效性，要充分考虑对方收到的时间。贺信的喜庆色彩是浓烈的，须防止写得呆板，给人以不够热情的感觉，但同时也要防止说过头话，给人以虚伪的感觉。其内容只要包含有祝贺的原因并表示祝贺这两个基本要素即可。

祝贺函电的写作，一般篇幅都比较短小，文字亦相对简练，即用最短的篇幅，最少的文字，表达最诚挚的祝贺及最良好的祝愿。

二、感谢函电、祝贺函电的写作范例

▲对代表团来访感谢函电

【范例】

对代表团来访感谢函电

尊敬的×××先生：

我很高兴昨天见到你和你们代表团的先生们。这样的会面对于以后不同文化的理解和合作是重要的，并可以为有关方面提供更多的使用机会。

非常感谢你送我的那幅漂亮的刺绣。你们国家的技艺总是这么美和令人叹服。

我希望你在密苏里州过得愉快和旅途平安，再次感谢你到我办公室来与我见面。

你非常真诚的
（美国）密苏里州州长
××（签字）

▲感谢节日礼品函电

【范例】

感谢圣诞节礼品函电

亲爱的刘先生：

我和我的丈夫衷心感谢你们送给我们的圣诞节礼物。我们不仅十分欣赏你们的礼物，而且十分欣赏你们的盛情。

请允许我们向你们表示最良好的祝愿，祝你们在新的一年中幸福愉快，也祝你们在彼此都十分关切的合作项目中取得新成就。

▲贺国庆函

【范例】

贺国庆函

××国外交部长××阁下：

在××国庆的时候，我（代表大使馆全体人员并以我个人的名义）谨向……致以衷心的祝贺和最良好的祝愿。

顺致最崇高的敬意。

×××（签字）
××××年××月××日于××

第三节　外事总结、外事函电、出访请示

一、外事总结、外事函电概述

外事总结是外事部门就其所从事的工作，分一定时限或单就某项工作作一番全面检查和回顾，系统地分析、总结得出规律性的结论或成功的经验和失败的教训，为今后工作作指导。这一类的书面文字材料通称为外事总结。

外事函电指参与外事工作的国家机关、企事业单位为相互商洽业务、询问和答复问题，请求上级主管部门批准的公文。它具有在外事工作领域起指导、记载及凭证的作用。

外事总结的写作格式包括标题、正文、结语和落款四个部分。

1. 标题。写总结的事项、时限。

2. 正文。写基本情况、经验体会、工作得失。

3. 结语。写今后的设想、计划和打算。

4. 落款。注明总结的单位和时间，上报的外事总结还应加盖公章。

外事函电与常用公文中的函电一样，写作时要言简意赅，措辞要质朴，并与本单位职权、身份相符；忌下笔离题万里，应开门见山，让人一读便得要领；要把握好写函分寸，严格区别公函与便函、公函与请示，不可混同使用。

出访请示是国家企事业单位或中外经营企业的中方人员办理因公出访任务审批的文书，是下级机关向上级机关请求指示的公文。

出访请示的主要内容包括：

1. 出访目的和任务。

2. 前往国家与地区，以及途经国家或地区。

3. 出访时间及在外停留时间。

4. 出访人员名单，包括姓名、性别、年龄、工作单位、职务或职称。

5. 外国或境外邀请单位名称。

6. 费用来源。

理由要充分。出访请示是必须由有权审批的上级机关批准的事项，出访理由必须充分，目的必须明确，体现出出访的必要性、重要性和迫切性。

坚持逐级请示。因公出访人员的审批权限有明确的规定，对必须逐级审批的出访应按隶属关系逐级进行，不能越级。

行文语气应谦恭。

二、外事总结、外事函电、出访请示的写作范例

▲外事总结

【范例】

新加坡招商会总结

今年8月15日至19日，×××招商会在新加坡隆重举行。这是进入21世纪我省首次在东南亚国家举办的大规模招商活动，亦是实施我省进一步对外开放、扩大利用外资的大动作。这些项目分布在我省14个地市，涉及交通、能源、原材料加工、机械、电子和轻纺工业以及农业综合开发等各个行业。招商会由××省人民政府主办，新加坡贸易发展局、中国驻新加坡大使馆、新加坡中华总商会、中国商会及厂商名誉赞助。

在短短的5天时间里，我省招商会取得了丰硕的成果：签订合同项目52项，总投资2.64亿美元，其中利用外资1.59亿美元；协议项目36项，总投资9.99亿美元，其中利用外资6.32亿美元；达成意向31项。在这次招商会上所签项目中，呈现出与我省去年两次××招商会不同的

特点：一是项目涉及面广。二是中小型、加工型项目较多，占总项目的65%，有利于“短平快”迅速见效。三是合同项目占总项目的46%，多于占总项目27.7%的协议项目，而协议项目又多于占总项目26%的意向项目，表明了此次招商会洽谈双方的务实态度。四是招商会上签订了一批重大项目的合同或协议，显现了从东南亚国家引进外资的良好前景。

对于我省招商会所取得的成果，×××各界人士和新闻传媒给予了高度的评价和较广泛的报道。××××××资政在会见我省招商团时说，从他去年11月访问××省至今才9个月，××省便做了很多工作，组织项目前来招商，很不容易。×××厂商工会主席×××先生认为招商会很成功。中国驻×××大使说，今年以来，国内已有56个招商团到×××招商，××省团是举办很成功的几个招商团之一。×××的《联合早报》、《联合晚报》、电视台等新闻单位每天都对招商进展予以报道。

招商会取得成功，原因是多方面的，主要因素有：首先，前期工作做得较好，准备较细。其次，×××各方面给予了很好的配合和协调。第三，我省招商团到达××城后集中精力、全力以赴搞招商，各地市领导亲临会场“督战”。此外，去年×××内阁资政率领×××工商代表团访问考察我省，我省政府领导向×××资政一行介绍了我省改革开放和经济建设方面的进展情况，新加坡媒介竞相报道，新加坡工商界开始对我省予以关注，也是重要因素。

×××招商团的很多成员认为，招商会的成果远不止表现在签订了一批项目上，还有更具深远影响的方面：

×××招商会的成功，表明以“背靠大西南，面向东南亚”为发展战略的我省，在走向东南亚又迈出了有实质内容的可喜一步。

×××领导人和政府对××这次赴×××招商活动给予了高度的重视，内阁资政×××、×××总统×××、贸工部长×××、前副总理×××等，分别会见了招商会团长。

在招商会的几天里，前来洽谈并留下名片的来宾就达1100人，其中80%是新交，许多人都希望到×××实地考察。今后我们要加强对外宣传×××，要“走出去，请进来”，借助别人的“嘴”来宣传自己，加强对外宣传力度。省领导认为，这次招商会产生很好的影响，我们要好好利用这个“涟漪”效应，巩固和扩大与×××的经济合作，并通过×××客商带进各国资金，加速我省经济发展。

××省招商会代表团

××××年9月3日

▲外事函电

【范例】

××省教育委员会
关于同意××大学××延长护照的函

中华人民共和国驻日本大使馆：

××大学××是19××年4月由我委派到日本××大学攻读学位的××自筹经费留学生，现已获得博士学位并转到通商产业省四国工业技术研究所做博士后工作。最近，该同志向我委申请，由于其所持的因公普通护照将到期，要求延长护照以继续完成研究。经研究，我委同意××

同志延长护照5年，即从××××年××月至××××年××月止。请按规定予以办理有关护照延长手续。

××省教育委员会
××××年××月××日

▲出访请示

【范例】

出访请示

×××省教育委员会：

关于××省中医学院代表团赴泰国孔敬大学，商谈两校在内科学、神经学等方面的学术交流事宜，并续签两校××××年以后的交流协议一事，经研究，我委同意×××省中医学院派出以×××副院长（男，56岁，副教授）为团长的一行6人代表团（名单附后）赴泰国孔敬大学访问，时间从××××年××月××日至××日，在外停留××天。我中医学院代表团往返国际旅费、公杂费及个人零用费等由学院负担，在泰期间的食宿、交通等费用由邀请方支付。现将有关材料报上，请审批。

附件（抄送单位无附件）：

一、××省中医学院报告

二、邀请信（中、英文各一份）

三、访问日程安排

四、政审批件及《因公出国（境）人员备案表》

××市教育委员会
××××年××月××日

第五编

机关各种活动类文书写作

第一章　庆祝、纪念性讲话稿

第一节　庆祝性讲话稿

一、庆祝性讲话稿概述

1. 庆祝性讲话稿的概念

庆祝性讲话稿，是领导干部在重大节日或庆典上所发表的讲话稿。

2. 庆祝、纪念类讲话稿的写作要求

（1）内容既要有理论性又要有针对性，既要有明确主题又要有充实材料。

（2）结构要合理，环环相扣，首尾呼应，逻辑严密。

（3）语言既简洁明快、生动流畅又通俗易懂，既朴实无华，又充满激情，语气要坚定有力。

二、庆祝性讲话稿的写作范例

▲在庆祝“五一”国际劳动节大会上的讲话

【范例】

在庆祝“五一”国际劳动节大会上的讲话

同志们：

今天，我们在这里隆重集会，共同庆祝全世界工人阶级和劳动群众的盛大节日“五一”国际劳动节。在此，我代表中共××省委、省人大、省政府、省政协、省军区，向辛勤工作在各条战线上的全省广大工人、农民、知识分子和全体劳动群众，向荣获“五一”劳动奖状、奖章的先进集体和先进个人致以崇高的敬意和诚挚的问候！

过去的一年，在中央和省委的正确领导下，全省上下紧紧围绕振××老工业基地和全面建设小康社会这一中心任务，坚持以科学发展观统领经济社会发展全局，我省国民经济实现了平稳较快增长，发展的活力、动力和能力进一步增强，为“十一五”时期的经济发展奠定了良好的基础。这些成就的取得，凝聚着全省人民的聪明智慧和辛勤汗水。今天荣获全国、省、市“五一”劳动奖状、“五一”劳动奖章的先进集体和先进个人，是我省工人阶级和劳动群众的杰出代表。在你们身上，突出体现了工人阶级和劳动群众坚定的理想信念、高昂的劳动热情、强烈的进取意识、良好的职业道德和无私的奉献精神。你们以自己的实际行动铸就了爱岗敬业、争创一流，艰苦奋斗、勇于创新，淡泊名利、甘于奉献的伟大劳模精神，不愧为我省改革和建设的功臣、社会的中坚、时代的楷模。

××××年是“十一五”发展的开局之年，也是振兴××老工业基地进入实质性突破阶段的重要一年。综观“十一五”发展，机遇与挑战并存，机遇蕴含在对挑战的应对和克服之中。我们必须始终依靠工人阶级，充分发挥工人阶级的主力军作用。工人阶级始终是我们党最坚实、最可靠的阶级基础，始终是推动先进生产力发展和社会全面进步的根本力量，始终是不断发展最广大人民根本利益的坚定力量，始终是维护社会安定团结的可靠力量。全省广大职工和劳动群众要始终以坚定的信心、饱满的热情和奋发有为的精神状态，胸怀大局，奋力拼搏，不断提高创新能力、竞争能力和创业能力，做自主创新的模范，打造一批李骏式的创新团队，进而增强企业的核心竞争力和产品自主创新的能力。我们要树立正确的荣辱观，弘扬真善美，摒弃假恶丑，大力弘扬工人阶级的崇高思想和优秀品质，用工人阶级的先进思想影响和带动全社会。要以高度的政治责任感和主人翁精神，认真行使管理国家、管理经济和社会事务的权利，积极参与本单位的民主决策、民主管理和民主监督，促进社会主义法制建设。

我们要在全社会大力弘扬伟大的劳模精神。劳模精神，是我们伟大民族精神的重要体现，是激励我们奋勇前进的重要精神动力。要在全社会广泛宣传劳动模范和先进工作者的先进事迹、优秀品质、高尚精神，推动全社会进一步尊重劳模、关心劳模、学习劳模，使劳模精神不断发扬光大。广大劳动模范和先进工作者要珍惜荣誉、谦虚谨慎，发扬成绩、再接再厉，为党和人民再立新功。各级政府要高度重视劳模工作，从政治上关心、生活上爱护劳模，切实为劳模解决实际问题。

工会作为党领导下的工人阶级的群众组织，是党联系职工群众的桥梁和纽带，是职工合法权益的表达者和维护者，也是国家政权的重要社会支柱。全省各级工会组织要紧紧围绕“加快发展、振兴××”这个主题，充分发挥自身优势，最大限度地把广大职工群众团结起来、动员起来，使他们改革和发展的积极性充分发挥出来。要认真履行维护职工合法权益的基本职责，推进协调劳动关系机制建设，支持配合有关部门依法严肃处理侵犯职工合法权益的行为，确保职工合法权益不受侵害；要切实为职工特别是困难职工做好事、办实事、解难事，协助政府做好下岗职工再就业和基本生活保障工作，扎实推进和谐社会建设。当前，工会要主动适应工人阶级内部的新变化和职工群众的新要求，以求真务实的精神把进城务工人员最大限度地组织到工会中来，不断巩固党的阶级基础，扩大党的群众基础，巩固党的执政地位。各级党委要充分认识新时期加强工会工作的重要意义，进一步加强和改进对工会的领导，认真研究工会工作面临重大问题，积极探索新的工作机制和工作方法，支持工会依照法律和工会章程独立自主地开展工作。各级人大、政府要继续支持工会工作，在制定有关政策、规范劳动关系等方面，提供有力的支持和保证，为工会依法履行职能创造条件。

同志们，让我们更加紧密地团结在以胡锦涛为总书记的党中央周围，为创造××更加美好的明天而努力奋斗！

▲在庆祝老人节大会上的讲话

【范例】

在庆祝老人节大会上的讲话

同志们、老年朋友们：

岁岁重阳，今又重阳。10月11日是我国的传统佳节重阳节，也是我省第18个老人节。值此节日到来之际，我代表县委、县政府，向全县广大老年人致以节日的问候，祝全体老年朋友们节日愉快、身体健康、家庭幸福。向今天受表彰的全县敬老助老先进单位、敬老助老先进个人、老有所为先进个人和十佳孝星表示热烈的祝贺，同时向关心支持老龄事业的社会各界人士、向辛勤工作在老龄岗位上的同志们致以诚挚的慰问！

老龄工作是党政工作的重要组成部分。县委、县政府历来重视老龄工作，关心老年人的生活。先后出台了一系列有关加强老龄工作和发展老龄事业的政策文件，为60岁以上老年人提供各项优待服务，定期举行一年一度的老人节庆祝活动，走访慰问百岁老人，为百岁老人发放长寿补贴金，出台了《××县老龄事业发展“十五”计划纲要》，不断加强对老龄工作的领导，适时调整老龄班子，充实人员。各级各部门认真贯彻落实有关的法律法规，坚持“党政主导、社会参与、全民关怀”的老龄工作方针，扩大为老年人服务的窗口，实施涉老法律援助，保障老年人的合法权益，推动了全县老龄事业健康发展，全县涌现出一大批敬老助老以及老有所为的优秀典型。××办事处新兴社区居委会，想老年人所想，办老年人所需，他们为社区所有60岁以上老年人建立了健康档案，建起了健身活动场地，组建了80人的“夕阳红”艺术团，开展丰富多彩的健身娱乐活动，受到了市级表彰；××镇××沟村女青年×××，丈夫因车祸去世，婆婆多次劝她改嫁，她提出了“允许带婆婆，并且必须孝顺的条件”。改嫁后，她一人挑起了伺候三位75岁以上老年人的重担，她的事迹一时被传为佳话；县委党校×××同志，退休后继续发挥余热，筹措资金，创办了育英中学，为培育人才做出了新的贡献。他们是各级各部门和社会各界学习的榜样，要大力宣传他们的先进事迹，在全社会营造敬老助老和老有所为的浓厚氛围。

尊老敬老是中华民族的传统美德，保障老年人的合法权益是全社会的共同责任。目前，我县有60周岁以上老人73447人，占全县总人口的12.3%，已经步入老龄社会，今后还将以每年3%的速度递增，老龄事业面临的任务十分艰巨。广大老年人在过去的岁月里，兢兢业业，任劳任怨，勤奋工作，为社会主义革命和现代化建设做出了积极贡献，今天的物质文明和精神文明成果蕴含着他们的智慧和劳动，凝结着他们辛勤的汗水。如今他们仍然在关心下一代，继续为经济建设和社会发展献计出力，积极贡献。老年人是社会财富的创造者，理应受到全社会的尊敬、爱戴和照顾，理应享受社会发展成果。

各级、各部门以及社会各界都要重视老龄工作，关心老年人事业。必须顺应人口老龄化发展的趋势，正确处理和解决人口老龄化过程中出现的各种矛盾和问题，树立为老年人服务无上光荣的思想，做到认识到位，感情到位，责任到位，为老龄工作创造条件，努力把老龄工作做得更好。要进一步加大老龄事业的投入，全面落实优待老年人政策，切实为老年人排忧解难办实事，确保老年人的晚年生活幸福、快乐。各级老龄机构要充分发挥职能作用，尽职尽责地为老年人搞好服务。各服务单位要为老年人着想，开办好为老年人服务的业务。民政、劳动等部门要继续健全完善养老保险和最低生活保障线制度，特别要关注农村孤寡、贫困老人和城镇亏损企业的退休职工的生活问题，为他们提供基本生活保障和必要的补助；卫生医疗部门要加强对老年病防治的研究，尽可能为老年人看病就医提供方便；财政、计划和经济主管部门要重视做好老年事业的发展规划，鼓励和支持企业及个人积极开发老年产业，对老年人兴办实体、发挥余热给予支持和照顾；文化、体育、教育等部门要多为老年人提供精神食粮、活动场所和学习机会；城建、公用事业管理等部门在城镇、小区建设中要充分考虑老年人特点，多兴建一些适合老年人的住房、商店、医疗和活动场所与设施，对老年人乘车、游园等给予优待和照顾；司法部门要及时处理涉老案件，及时为老年人提供法律援助，坚决维护老年人的合法权益；新闻单位要把老龄宣传纳入工作计划，加大宣传力度；工会、共青团、妇联等群团组织要深入开展各种尊老敬老的宣传教育活动和评选表彰活动，组织号召广大青年志愿者为老年人服务。各乡镇、街道要认真兑现优待老年人的各项政策，保障老年人的合法权益；要加强村级老工委建设，理顺体制健全机构，为老龄工作提供组织保证；要认真做好农村家庭赡养协议书签订兑现工作，进一步巩固家庭养老功能；要从实际出发，搞好老年人活动场地建设，配备必要的设施，组织开展适合老年人特点的文化体育活动，丰富他们的精神文化生活。其他部门和企事业单位以及社会各界，也要从实际出发，尽可能为老年人多办实事，为老龄事业多贡献一份力量，使广大老年人切实享受到改革开放和社会发展的成果。总之，全社会都要关心老年人，善待老年人，为老年人献上爱心和孝心，把我县老龄事业提高到一个新的水平。

最后，再次祝愿广大老年朋友身体健康，合家欢乐，节日愉快！

▲在庆祝春节招待会上的讲话

【范例】

在庆祝春节暨欢送×××参赞离任、欢迎×××参赞到任招待会上的讲话

尊敬的各位来宾，女士们，先生们，朋友们：

值此新春佳节即将来临之际，首先请允许我代表中华人民共和国驻荷兰大使馆，向各位前来出席招待会，表示衷心的感谢和热烈的欢迎。

我们今天的招待会有两个主题，一是庆祝××××年新春佳节，二是欢送×××参赞离任、欢迎×××参赞到任。首先，我愿借此机会对×参赞多年来在使馆的工作，对他为发展中荷友好关系所作出的贡献表示感谢。我们对他即将离任感到十分惋惜，衷心祝愿他在新的工作岗位上取得更大的成就。同时，我也非常高兴地向大家介绍陈参赞的继任李矢琦参赞。×参赞二十多年前就在荷兰学习、工作，和×××参赞一样是位“荷兰通”，我相信大家会像支持×参赞一样一如既往地大力支持×参赞的工作。

女士们，先生们，

××××年是不平凡的一年。首先面对非典的突然袭击，中国人民在新一届中国政府的坚强领导下，经受住了严峻的考验，在较短的时间里有效地控制住了非典疫情。我们变危难为机遇，大力推进和改善中国的公共卫生事业和医疗体制的改革。在这个过程中，我们学到了很多东西。在此我要特别提一句，中国卫生部副部长王陇德先生一行此时正在这里考察和学习荷兰的卫生医疗体系，今晚我们十分荣幸地也请他们以及荷兰卫生、公共福利和体育部的官员来参加新春招待会。让我们向他们表示热烈的欢迎。

女士们，先生们，

去年的另一件大事是中国首次载人航天飞行取得圆满成功，中华民族的千年飞天梦终成现实。这是中国科技进步的结晶，是25年来改革开放的成果，是中华民族的骄傲。在经济方面，尽管我们遭受了非典的严重影响和各种自然灾害，中国经济仍取得了突飞猛进的进展，实现了8.5%的增长。中国继续坚持独立自主的和平外交政策，全面参与重大国际和地区事务，为维护世界和平与发展做出了自己的积极贡献。

在过去的一年里，中荷关系继续保持了良好的发展势头。两国在政治、经济、文化、科技、教育等各领域的交流和合作日趋增多。这里，我想特别提及，截至××××年××月，中荷双边贸易额已经超过136亿美元，荷兰已经超过英国成为中国在欧盟的第二大贸易伙伴。这一成绩是在欧美等全球主要经济体经济增长普遍放缓的情况下取得的，所以更为来之不易。我到荷兰工作

已经四个月。通过这段工作，我深深地感到，当前中荷关系正处于非常好的时期，中荷合作潜力很大。只要我们共同努力，中荷关系的发展前景将会非常广阔。

在过去的一年里，荷兰华侨华人社会以更大力度广泛参与驻在国的政治、经济和社会生活，为当地社会的发展作出了积极贡献。同时，广大侨胞为祖国和家乡的建设，为海峡两岸的统一做了很多有益的工作。对此，祖国人民永远心怀感激。在过去的一年里，各位在荷中资机构人员和留学生踏实工作、勤奋学习，取得了新的成就，在此我向你们表示衷心的祝贺。另外，我也愿借此机会，向广大的台湾同胞、向来自台湾的旅荷侨胞表示新春的祝贺，不管我们身处何地，我们都是中国人，我们将竭尽全力实现祖国和平统一大业的早日完成。

女士们，先生们，

“天时人事日相催，冬至阳生春又来”。古代诗人杜甫的这句诗总让我们在这样的时刻感慨时光的易逝和我们所肩负的重任。××××年，是中国在新世纪开拓进取，实现中华民族伟大复兴的又一关键年。在新的一年里，我们将为全面建设小康社会、进一步深化中国政治、经济、社会改革而继续努力工作。××××年也将是中欧、中荷关系发展的重要一年。下半年，荷兰将担任欧盟轮值主席，第七次中欧领导人会晤将在荷兰举行。让我们共同努力，开创新的业绩。

最后，我祝各位在新的一年里合家幸福、身体健康、事业发达、心想事成！

谢谢大家！

▲在周年庆祝大会上的讲话

【范例】

在××××林区开发建设40周年庆祝大会上的讲话

同志们、朋友们：

今天，我们在这里隆重庆祝××××地区开发建设××周年。值此之际，我代表省委、省政府，向××××地区各族人民表示热烈的祝贺！向××年来扎根林区、艰苦创业的广大干部群众致以亲切的问候和崇高的敬意！向××年来积极参与、大力支持××××地区开发建设的各位领导、各界朋友表示衷心的感谢！

××年来，××××地区走过了一条不平凡的艰苦创业之路，创造了物质文明、政治文明、精神文明建设的丰硕成果。1964年，党中央、国务院发出了开发××××林区的号召，第一代林区开发建设者积极响应党和政府的号召，从全国各地汇集到这片茫茫林海，爬冰卧雪，风餐露宿，用辛勤的汗水和聪明的才智，谱写了一曲曲雄壮豪迈的创业者之歌。

××年来，××××人把一片人迹罕至的原始森林建设成为一个社会主义新林区和国家重要的木材生产基地，不仅创造了为国家提供木材1.1亿立方米、上缴利税41.3亿元的辉煌成就，而且推动了××××地区经济社会事业的长足发展，人民群众生活水平日益提高；不仅创造了物质文明的辉煌，而且在改天换地的伟大实践中，创造了突破高寒禁区的伟大精神。这是××××人的骄傲！是××××地区宝贵的精神财富，也是全省人民宝贵的精神财富！是我们在新世纪新阶段实现“努力快发展，全面建小康”奋斗目标的强大精神动力！

今天，我们隆重纪念这个不平凡的日子，就是要高扬艰苦创业、突破高寒禁区的伟大精神，动员全区广大干部群众，向着全面建设小康社会新的伟大征程奋勇前进。希望全区广大干部群众以纪念××××开发建设××周年为新的起点，在推进“努力快发展，全面建小康”新的伟大实践中再创新辉煌。

第一，希望你们继续发扬负重奋进、敢为人先的精神，努力开创大兴安岭各项工作的新局面。

现在，全省上下正在全面贯彻落实党的十六大和十六届三中全会精神，深入贯彻省委九届五次全会精神，紧紧抓住国家实施振兴东北地区等老工业基地战略和加大对粮食主产区加大政策扶持的重大战略机遇，掀起了“努力快发展，全面建小康”的新高潮，各地呈现了你追我赶、竞相发展的良好势头。全省快发展，××××怎么办？这是摆在全区干部群众面前一个重大课题，是对全区各级党政组织和领导干部的新的考验。××××地区要迎接新挑战，实现新的发展，关键是要有一种负重奋进、敢为人先的良好的精神状态。加大回顾××年的创业历程，××××地区之所以能够从一个环境条件恶劣的高寒禁区发展成为全国最大的国有林区，靠的就是那种“进得去、站得住，拿得出木材”的大无畏精神。现在，形势逼人，不进则退。像××××这样一个地处偏远、天气寒冷、资源型经济欠发达的地区，要在未来的重要战略机遇期内抓住机遇，乘势而上，有所作为，就必须大力发扬有条件要上、没有条件创造条件也要上的勇于拼搏、富于创造的精神，把思想和意志凝聚到为实现全面建设小康社会而努力奋斗的伟大实践上来，努力开创××××各项工作新局面。

第二，希望你们坚持用科学的发展观指导工作，加快经济社会转型步伐。

××××林区是祖国东北边疆的天然屏障。保护好、建设好这个天然屏障，是功在当代、惠及子孙的千秋大业。从××××的发展轨迹来看，你们经历了创业期、辉煌期、衰退期和转型期的曲折历程，同其他资源型地区一样，在为国家经济和社会发展做出重大贡献的同时，也积累了结构性、体制性、资源性矛盾。要深入解决局部生态环境遭到破坏、自然灾害频发、生物多样性锐减等问题，跳出资源衰减、效益递减、经济危困的兴衰周期律，关键是要树立和落实以人为本，全面、协调、可持续发展的科学发展观，大力推进经济社会转型步伐。当前，××××正面临着加快发展的重大机遇：一个是国家实施振兴东北地区等老工业基地战略、支持以资源开采为主的城市和地区发展接续产业的机遇，我省在老工业基地振兴总体规划中规划建设的六大基地之一，就是发展森林工业产业，建设我国重要的森林工业基地；第二个是党中央、国务院《关于促进农民增加收入若干政策的意见》所提供的政策性机遇，尤其是对我省农业实行“一免两补”的政策，为我们解决“三农”问题提供了不可多得的机遇；第三个是党中央、国务院作出了《关于加快林业发展的决定》，省委、省政府相应地作出了《关于加快建设林业强省的决定》，提出了实现林业大省向林业强省跨越的新任务。这三大机遇，为××××地区实现解困突围、经济转型提供了有利条件。希望你们牢牢抓住这一历史机遇，坚持以改革开放为动力，以结构调整为主线，加快体制、机制创新和科技创新步伐，大力推进实施主辅换位战略，大力推进林区替代产业、精深加工产业和畜牧业等非林产品业的发展，不断推进所有制结构、产业结构和产品结构的调整优化，加快构建经济多元发展的新格局，切实把发展要有新思路、改革要有新突破、开放要有新局面、各项工作要有新举措的要求落到实处，努力探索出一条科技含量高、经济效益好、生态环境得到保护、林业资源永续利用的林区经济转型的新路子，努力为全省资源型城市和地区实现经济转型、加快发展做出贡献。

第三，希望你们继续发扬求真务实、真抓实干的优良作风，努力开创强区富民的新局面。

××××××年的奋斗历程表明，伟大的成就来自不懈的奋斗，幸福的生活要靠劳动创造。××××之所以能够从一个荒无人烟的原始林区成为国家重要的木材生产基地，最根本的一条就是要苦干实干。你们的创业历史有力地证明：实干才有希望，实干才有发展，实干才有作为。你们××年来所创造的一切成就，归根到底是靠苦干实干干出来的。现在，振兴老工业基地的进军号已经吹响，全面建设小康社会的序幕已经拉开，新的更广阔的发展空间需要你们一如既往地去开拓。面对新一轮创业实践，全区上下都要更加深刻地认识到：全面建设小康社会的美景需要真抓实干去实现，全面建设小康社会的辉煌需要真抓实干去铸就。希望全区各级领导干部，坚持以正确的政绩观为指导，牢牢把握发展这个执政兴国的第一要务，大兴为民、务实、清廉之风，大力弘扬求真务实精神，着力解决改革发展稳定中的实际问题，倾力解决群众生产生活中的紧迫问题，尽力解决涉及群众生产生活中的紧迫问题，尽力解决涉及群众切身利益的具体问题，努力实现、维护和发展好最广大人民的根本利益，团结带领全区广大干部群众一步一个脚印地苦干实干，为完成建设生态新林区、小康型新林区的历史任务，实现强区富民的宏伟目标而努力奋斗。

同志们、朋友们，让我们高举邓小平理论和“三个代表”重要思想伟大旗帜，全面贯彻党的十六大和十六届三中全会精神，紧紧围绕“努力快发展，全面建小康”这个中心，大力弘扬“艰苦创业、开拓进取、求真务实、无私奉献”的创业精神，抓住机遇，乘势而上，为建设一个青山常在、绿水长流、永续利用和人民生活幸福的生态型新林区而努力奋斗！省委、省政府相信，只要全区上下同心同德，艰苦奋斗，××××就一定能够重振雄风，一个充满生机与活力的绿色屏障就一定能够以更加昂扬的姿态屹立在祖国的北疆！

第二节　纪念性讲话稿

一、纪念性讲话稿概述

1. 纪念性讲话稿的含义

纪念性讲话稿是领导干部在重大纪念性活动或会议上发表的讲话稿。

2. 纪念性讲话稿的写作要求

（1）内容上，要有理论性和针对性，要有明确的主题。

（2）在结构上，安排要合理、层次结构严谨，条理清晰，前后照应逻辑严密。

（3）语言要简洁明快、通俗易懂、朴实无华、充满激情，坚定而有力。

二、纪念性讲话稿的写作范例

▲纪念“三八”国际妇女节大会讲话

【范例】

提高素质　参与竞争　应对挑战

——在纪念三八节大会上的讲话

全厂女职工及家属同志们：

春光明媚的三月，我们迎来了第92个国际劳动妇女节，这是全世界妇女共同的节日。首先请让我代表厂党委、厂行政、厂工会向全厂妇女同胞们致以节日最亲切的问候和良好的祝愿。祝愿你们节日愉快、工作进步、家庭和美、青春永驻！

过去的一年，你们在各自的岗位上，爱岗敬业、艰苦奋斗、勇于创新、开拓进取，充分发挥了“半边天”的作用，为我厂的物质文明和精神文明建设作出了积极的贡献。在此，我真诚地向女职工同志们表示深深的谢意和崇高的敬意！

今年是我厂全面推进扩建工程的关键时期，也是我厂进行改制的非常时期，这对广大女职工来说既是一个良好的发展机遇，也是一次严峻的挑战。在这样特定的历史条件下，如何牢牢抓住机遇、从容面对挑战，我希望广大女职工要把握好三点：一是要明白做好工作才是硬道理。女职工要立足本职岗位，勤勉工作，自强不息，只有工作做好了才会有机会参与竞争。二是要懂得不断学习才能发展自己。新形势下最深刻的变化对人的素质要求越来越高，我们要以学习求生存，以素质求发展。××××年我们要学习各种专业技能知识和管理知识，还要学英语、学计算机、学 WTO 规则，努力学习才能应对挑战。三是要弄清勇于竞争才能找到位置。竞争选择的是实力而不是性别，因此你们要克服“男强女弱”的传统思想，以积极的心态、进取的精神、雄厚的实力参与竞争，才能找到适合自己生存和发展的位置。一句话，练就应变本领，机会永远存在。

同时希望你们以三八节为契机，认清形势，增强信心，扎实工作，积极投身企业改革，正确对待改革中的利益调整。从自身做起，从现在做起，从点滴做起，以强烈的责任感和紧迫感，以坚韧不拔的毅力和持之以恒的精神努力学习，不断提高自身素质，更好地适应新形势和企业发展的需要。

我希望并坚信你们一定能用知识、用智慧、用行动塑造奋发图强、开拓创新、建功成才的崭新形象。

再一次祝愿全厂妇女同胞们节日愉快，万事如意！

谢谢大家！

▲纪念世界环境日讲话

【范例】

让我们的家园更加美丽

——在世界环境日发表电视讲话

市民们、朋友们：

今天是第 30 个世界环境日。联合国把今年环境日的主题确定为“使地球充满生机”，这充分反映了国际社会和世界各国人民共创美好地球家园、实现人与自然和谐共处的良好愿望。

1972 年 6 月，联合国在瑞典斯德歌尔摩召开第一次人类环境会议，确定每年的 6 月 5 日为世界环境日。联合国环境规划署每年都选择一个重要城市举办世界环境日国际纪念活动，被选定的城市必须在经济发展与环境保护方面都取得突出成绩，在城市规划、建设和管理方面达到较高水平，在公众参与环境保护方面有鲜明的特色。今年的世界环境日对××具有特殊的意义，可以说是双喜临门：一是联合国环境规划署决定××××年度世界环境日国际纪念活动在我们这座城市举办。二是××市被联合国环境规划署评为环境保护“全球 500 佳”，在 6 月 4 日的颁奖典礼上被授予称号。这既是对我市环境保护工作的肯定、鼓励，更是鞭策和促进。通过这次世界环境日纪念活动和全市获得环境保护“全球 500 佳”称号，将推动我市更加重视和积极搞好环境保护各方面的工作。

××经济特区建立以来，历届市委、市政府和全市人民积极探索新兴城市的可持续发展之路，在经济社会高速发展、城市规模迅速扩大的同时，高度重视并自觉搞好环境保护，致力于建设生态良好、环境优美的现代化城市，保持了良好的生态环境水平。联合国环境规划署认为，我市的成功经验为众多的发展中国家在工业化、城市化、现代化进程中如何实现经济发展与环境保护的双赢，提高城市规划、建设和管理水平，提供了一个可供借鉴的模式。正是基于这一原因，在征得我国政府同意后，联合国环境规划署确定深圳作为举办××××年世界环境日国际纪念活动的城市。并将我市评为环境保护“全球500佳”。据了解，迄今全世界共有七个城市获此殊荣，这是世界环境保护领域的最高荣誉。借此机会，我代表××市委、市政府，向我市环保工作者，向积极参与我市环境建设的广大企事业单位和市民群众，向关心和支持我市环保事业的海内外各界朋友表示衷心的感谢！

我市环境建设虽然取得了可喜的成就，但也应清醒地看到，我市生态环境状况和城市面貌与广大市民群众的期望相比，与率先基本实现现代化、建设有中国特色社会主义示范地区的要求相比，还有一定差距，还存在不少薄弱环节和突出问题，需要我们付出更大的努力，需要全市各界的更多支持和市民的积极参与。市委、市政府将一如既往地坚持可持续发展战略，以国际先进水准为标杆，继续搞好城市规划建设管理和环境保护。希望各级领导干部进一步增强环境保护和可持续发展意识，不断提高环境与发展综合决策和管理水平；希望广大企业积极履行环保责任和义务，在加快自身发展的同时为保护环境作出贡献；希望广大市民群众从我做起、从身边的小事做起，更加积极投入到我市环境保护和建设事业中来。

同志们、朋友们，让我们携起手来，共同努力，把××建设成为生态良好、环境优美、最适合人类居住的城市，使我们的家园更加美丽！使地球充满生机！谢谢大家。

第二章　庆功、表彰性讲话稿

第一节　庆功性讲话稿

一、庆功性讲话稿概述

1. 庆功性讲话稿的含义

庆功性讲话稿是在领导同志重大庆典、庆功会上所发表的讲话内容。

2. 庆功性讲话稿的写作要求

庆功性讲话稿的写作要注意以下要求：

(1) 发人深省，内容积极而不庸俗。

(2) 亲切热情，言辞热烈而不落俗套。

(3) 形式新颖，语言诙谐而充满情意。

(4) 篇幅短小，言简意赅而不单调。

二、庆功性讲话稿的写作范例

▲在夺冠庆功会上的讲话

【范例】

在××火炬夺冠庆功会上的讲话

尊敬的国家体育总局领导，尊敬的省政府领导，尊敬的××报业集团领导，各位棋手，各位嘉宾：

大家好！

今天，我们聚集在一起，为××晚报××火炬国际象棋队庆功，祝贺他们勇夺××××年的全国国际象棋甲级联赛冠军！首先，请允许我代表××省体育局向长期以来对我省棋类运动给予大力支持的国家体育总局致以崇高的敬意！向××报业集团、××晚报、××火炬集团以及多年来对××棋类运动关心支持的社会各界的朋友们表示衷心的感谢！

有着深厚文化底蕴的××是经济大省、体育强省，在各级领导的关怀支持下，××的体育事业取得了突飞猛进的发展。但是我们过去只是在一些显示体力的项目上占优，而智力运动项目相对落后，尤其是棋类，多年来既没有专业队也没有专业棋手。但近几年来在××晚报和××体育局以及社会各界的共同努力下，××的棋类运动正出现一个新局面。我们不但有了自己的专业队伍和棋手，培养输送了很多全国冠军和世界冠军，而且围棋和国际象棋两个项目的水平，都走到了全国的先进行列。

××火炬国际象棋队成立三年来，一年一个新台阶，从第四名到亚军，最终夺得了国象冠军，为××体育赢得了荣誉。这支队伍获得的巨大成功，说明企业办体育非常成功，也是××体育产业的一个典范。希望火炬集团和××晚报不断总结经验，密切合作，开拓创新，把这个队伍搞得更好。我衷心的祝愿这支棋队今后能更上一层楼，为××的体育事业和精神文明建设增添新的光彩！

谢谢大家！

第二节　表彰性讲话稿

一、表彰性讲话稿概述

1. 表彰性讲话稿的含义

表彰性讲话稿是指领导干部在表彰集体或个人做出优秀成绩、突出贡献、先进事迹的会议上所作的讲话内容。

2. 表彰性讲话稿的写作要求

（1）这类讲话稿的内容要充分揭示出被表彰、表扬者的可贵之处，抓住本质的、最能教育人的方面来写。

（2）对表扬和赞颂的话，要写得准确实在。

（3）文字要朴素、简洁，言辞热烈。

二、表彰性讲话稿的写作范例

▲在活动表彰大会上的讲话

【范例】

在全国绿色创建活动表彰大会上的讲话

同志们：

在第34个世界环境日到来之际，国家环保总局和教育部、全国妇联在这里隆重召开全国绿色创建活动表彰大会，我谨代表国家环保总局向受到表彰的“绿色学校”、“绿色社区”、“绿色家庭”以及“优秀组织单位”、“先进个人”表示热烈祝贺！向为绿色创建活动付出汗水和心血的所有同志表示由衷的感谢！向来参加这次会议的中宣部、中央文明办、教育部、全国妇联、共青团中央、联合国驻华代表处等有关部门、单位的领导和来宾表示热烈欢迎，感谢你们对环保工作的大力支持！

党中央提出以人为本，坚持全面、协调、可持续的科学发展观，构建和谐社会，这是新形势下我国经济社会发展的重大战略思想和指导方针，不但为环保工作指明了方向，而且为环保事业的发展带来了难得机遇。各地蓬勃发展的绿色创建活动既是落实科学发展观、构建和谐社会的具体实践，也是推动环保事业发展的有效手段。绿色创建活动不但提高了公众的环境意识和环境道德素养，改善了学习、生产和生活环境，还带动了广大青少年、市民、家庭等积极参与环境保护，逐步形成有利于环境的社会新风，推动了社会进步。绿色创建活动已经成为我国环保事业的组成部分，社会公众已经成为推动环保工作开展的重要力量。

青少年是祖国的未来，也是环保的未来。开展青少年环境教育是关系到我国环保事业发展、可持续发展战略实施的一件大事。开始于"九五"期间的"绿色学校"创建活动旨在提高青少年的环境意识，培养他们的环境道德素养和环境审美情操，鼓励他们开展环境实践，从自身做起，改善校园环境。在"九五"基础之上，"十五"期间"绿色学校"得到较快发展，陆续涌现出了一大批先进典型，积累了较为丰富的创建经验。目前，全国已有23000多所中小学校、中等职业学校及幼儿园参加了创建活动，涉及约1500万学生和儿童；488所学校受到环保总局和教育部的联合表彰。今天，我们将对第三批全国创建"绿色学校"活动"先进学校"进行表彰。经过环保、教育等部门的大力推动，"绿色学校"的社会影响越来越大，越来越多的学校自愿参加到创建活动中来，发展势头良好。与此同时，我们制定了符合我国国情的"绿色学校"创建、评估和管理指南，创建活动逐步走向规范、深入，"绿色学校"的质量不断提高。目前，"绿色学校"创建成为推动学校开展环境教育的有效形式和进行未成年人环境道德教育的主要载体。通过"绿色学校"创建，提高了广大师生的环境意识和社会责任感，改进了学校环境管理，改善了校园环境。在"绿色学校"创建活动中成长起来的广大青少年学生已经成为我国环保的一支重要生力军。

社区是城市的基础，是我们生活的家园。根据"十五"期间《全国环境宣传教育工作纲要》的要求，全国各地开展了创建"绿色社区"活动，这是绿色创建活动的新进展。今天，环保总局要对首批全国创建"绿色社区"活动"先进社区"进行表彰。随着我国城市化步伐的加快，城市环境问题日渐突出，城市居民的生活和身心健康受到不同程度的影响。虽然保护城市环境是政府的主要职责之一，但是，广大市民也要承担起保护环境的义务。社区是城市的基本组成单元。开展创建"绿色社区"活动就是要激发社区居民的力量，推动社区居民开展环境自治，改变传统生活方式，实施可持续消费，从自己做起，从身边做起，从每个家庭做起，主动参与，积极监督，依靠广大居民自觉行动，努力改善城市社区环境质量。这项活动被纳入了中央文明办工作部署之中，成为社会主义精神文明建设的内容之一。各级环保部门把"绿色社区"创建活动纳入了工作计划，大力推动这项活动。在各地社区管理部门的支持和配合下，社区居民积极参与，"绿色社区"创建工作进展很快，目前全国已有2300个省市级"绿色社区"。在"绿色社区"创建活动中，各地把建设社会主义精神文明、提高社区环境管理水平与推动环保公众参与结合起来，以贴近群众、走进生活的形式，开展环境宣传教育，倡导生态文明和绿色生活方式，推行绿色消费，大力解决社区环境问题。"绿色社区"创建活动增强了广大市民的环境意识和环境道德观念，提高了社区居民保护环境的自觉性和积极性，改善了社区环境，并带动了社区环境规划与建设，为城市环境保护与经济社会的可持续发展做出了贡献。

家庭是社会的细胞。由国家环保总局和全国妇联联合开展的创建"绿色家庭"活动是建设资源节约型、环境友好型社会的重要的环保细胞工程。随着环保工作的深入开展，我国的工业污染的比重逐渐下降，而生活垃圾、生活污水的比重逐渐上升，成为主要污染源，防治生活污染已经成为当前环保工作的重要任务。一方面，我们要加大对生活垃圾、生活污水的治理力度，另一方面，也要从源头减少生活污染的排放量。从××××年以来，国家环保总局和全国妇联联合开展了"绿色家庭"系列宣传活动，各地结合实际情况，面向家庭，面向妇女，开展了丰富多彩的活动，大力普及环境知识，倡导有利于环境的生活观念和生活方式，提倡合理消费，反对奢华、浪费；宣传推广各种节水、节能等环保技术；推动垃圾分类，促进物质循环利用；推行绿色消费，引导家庭购买环保型产品，自觉抵制有害于环境的产品。今天，国家环保总局和全国妇联联合表彰的这100家“绿色家庭”，只是“绿色家庭”大队伍中的一小部分。我们希望通过这次表彰，能带动更多的家庭参与环保。如果每一个家庭都变成环保型家庭，我们一定能够建设一个人与自然和谐相处的社会。

“绿色学校”、“绿色社区”、“绿色家庭”三者之间互相影响，互相促进。创建“绿色学校”，可以带动家庭、进而促进社区开展环境保护；创建“绿色社区”，可以带动家庭参与环保活动，进而促进学校开展环境教育；创建“绿色家庭”则可以推动环保型社区建设，通过社区又带动更多的公众参与保护环境的行动。从“绿色学校”到“绿色社区”再到“绿色家庭”，绿色创建领域不断拓展，正在向机关、乡村、工矿、医院、饭店等各行各业延伸，呈现出蓬勃发展的势头。每一项绿色创建活动都是在为改善环境尽一份力量，都是在为环保事业添砖加瓦，都是在为落实科学发展观、构建和谐社会做贡献。这次表彰的目的主要是为了树立典型、巩固成果、推进绿色创建活动。希望这次受到表彰的绿色创建活动先进单位、先进个人珍惜和保持荣誉，再接再厉，不断总结创建经验，开拓创新，鼓励更多的青少年、家庭、社会公众、企事业单位积极参与到绿色创建活动中来，为建设资源节约型、环境友好型社会做出自己的努力。

明天就是世界环境日，今年中国的主题是“人人参与，创建绿色家园”。绿色创建活动就是动员人人参与，创建绿色家园的具体行动。今后，环保部门将继续加强部门之间的协调合作，对绿色创建活动给予切实的帮助和支持。我们将同有关部门一起，加强对绿色创建活动的指导和管理，开展绿色创建交流、研究和培训等工作，改进不完善的地方，解决存在的问题，使绿色创建活动持续、健康地开展下去，形成一个覆盖社会各个方面和各个层面的绿色创建网络；同时，要不断深化创建工作，提高绿色创建质量，扩大绿色创建影响，使之成为号召全民参与环保的绿色旗帜。

让我们携起手来，共同推进绿色创建活动，为构建社会主义和谐社会而努力奋斗。

谢谢大家。

▲在表彰优秀经营者大会上的讲话

【范例】

在××市××××年度十大突出贡献工业企业暨优秀经营者表彰大会上的讲话

同志们：

今天，市委、市政府隆重召开××××年度十大突出贡献工业企业暨优秀经营者表彰大会。我代表市委、市政府向受到表彰奖励的企业和经营者表示热烈祝贺！向为全市经济发展做出重大贡献的工业系统广大干部职工表示衷心感谢！

去年，面对突如其来的非典疫情和多年不遇的洪涝灾害，工业系统的广大干部职工，按照市委、市政府“四增一补”的要求，振奋精神，迎难而上，全面实施《××工业振兴计划》，坚持深化企业改革，不断加大技改投入力度，工业经济保持了持续健康快速发展的良好势头。全市工业增加值完成347.1亿元，占全市GDP的45.09%，拉动全市经济增长6.39个百分点；实现工业利税57.22亿元，实现利润29.3亿元，经济效益综合指数114.76，同比提高6.02个百分点。今天受到表彰的十户企业去年完成工业总产值180.6亿元，占全市736户规模以上工业企业总产值的23.17%，对全市工业发展做出了突出贡献。受到表彰的企业经营者，在企业创业、经营、改制、重组等方面取得积极的成果，在依法经营、诚信经营、企业文化建设、承担社会责任等方面发挥了示范和表率作用。

市委、市政府对做出突出贡献的企业和经营者进行重奖，就是要大力弘扬优秀经营者的开拓创新精神，在全社会形成尊重劳动、尊重人才、尊重知识、尊重创造、尊重纳税人价值的社会氛围，让劳动者受到尊重，让纳税人感到光荣，从而激发全市各条战线干部群众的积极性，形成一个争做贡献、比学赶超、奋发向上的良好发展局面。

工业是一个城市经济发展的脊梁。××作为一个大城市，国民经济的大厦必须靠工业的强劲增长来支撑。没有发达的工业，财政收入缺少主体税源，兴市富民就无从谈起；没有发达的工业，物流、金融、服务等第三产业发展缺乏坚实的基础，城市经济就难以繁荣昌盛；没有发达的工业，不能提供更多的就业机会，提高人民生活水平和保持社会稳定就会受到影响。因此，加速工业化进程，是我市面临的重大任务。尽管我市工业基础较好，但存在问题也不少，突出的是总体规模小，著名企业少，名牌产品少，与××这个大城市的地位很不相称。我们要加快发展，尽早实现"建强创佳"和全面建设小康社会的目标，就必须切实增强发展工业的紧迫感和责任感，把握好二十一世纪头二十年这个必须紧紧抓住并且可以大有作为的重要战略机遇期，树立和落实科学发展观，按照走新型工业化道路的要求，加快振兴××工业经济。

要坚定不移地实施工业强市战略，把加快发展工业和支持工业发展放在更加重要的位置。认真分析自身的优势和差距，充分利用国家实施西部大开发和振兴老工业基地的政策，准确把握国家加强宏观调控的政策措施，积极承接发达国家和地区的产业转移，调整工业布局，优化产业结构。继续实施《××工业振兴计划》，加大资本投入，加快发展高新技术产业，以高新技术改造和提升传统产业，做精做专、做大做强制造业，推进我市工业经济的跨越式发展。全社会都要重视工业、关心工业、支持工业，为我市工业加快发展营造良好的环境。

企业是工业发展的主体。要遵循市场经济规律，有效吸纳和整合资源，加快培育能够带动地方经济发展的大型企业集团，推进产业集聚，延长产业链条，形成一批支撑我市工业发展的"参天大树"。同时，采取有效措施，积极扶持中小企业加快发展。政府各部门必须进一步更新观念、转变职能，为企业发展创造有利条件。坚持以改革行政审批制度为突破口，进一步简化办事程序，减轻企业负担。鼓励各类社会中介机构为企业提供信息咨询、贷款担保、产权交易、人员培训、对外合作和法律咨询等服务，促进我市工业经济良性运行。

企业的竞争，说到底是人才的竞争。企业发展离不开优秀的经营者，离不开企业家队伍的形成和壮大。要高度重视企业家队伍建设，建立健全科学有效的激励和保护机制，营造有利于企业家引进、培养、使用的政策环境和社会氛围，充分调动企业经营者的积极性和主动性。必须牢固树立人才是第一资源的观念，在研究人力资源、开发人力资本上狠下工夫。要千方百计留住人才，用好人才。不仅要以事业留人、以机制留人，还要以感情留人、以待遇留人、以企业家的人格留人，要把发挥经营者积极性同发挥广大职工的积极性紧密结合，形成强大合力。

实施名牌战略，是提升工业水平、增强市场竞争力的必然要求，也是发展工业的重要手段。要围绕我市优势工业，加大争创名牌力度。立志创出一批有广泛影响的品牌，既要勇创名牌，也要善请名牌，大力引进国际知名品牌，使名牌带动城市经济腾飞。

改革是工业发展的动力，建立现代企业制度是工业企业加快发展的体制保证。要按照"产权清晰、权责明确、政企分开、管理科学"的要求，不断深化企业改革，加快国有企业股份制改造，积极推进投资主体多元化，积极引进战略合作伙伴，大力发展混合所有制经济，培育和完善产权交易市场，使我们企业的体制、机制更加适应社会主义市场经济的要求。

创新是发展的灵魂，核心技术能力的创新是工业企业增强竞争力的关键。要坚持贯彻“科学技术是第一生产力”的重要思想，抓住技术进步和产业升级这个关键环节，加快技术创新，尽快形成具有自主知识产权的技术能力，增强企业核心竞争力。重视推广先进适用技术，加快淘汰浪费资源、污染严重的落后生产能力。积极建立企业信息化技术支撑体系，以信息化带动工业化。

同志们，今年我市经济发展任务很重。我们要认真落实中央加强和改善宏观调控措施，全力保持经济平稳、协调、快速发展。希望全市工业系统的广大干部职工，继续保持高昂的精神状态和饱满的工作热情，抢抓机遇，真抓实干，开拓创新，团结拼搏，确保全年任务顺利完成！希望全市各行各业都要向今天受到表彰的企业和优秀经营者学习，艰苦创业，奋发有为，为实现我市“建强创佳”和全面建设小康社会的宏伟目标做出更大贡献！

▲在工作总结表彰会议上的讲话

【范例】

在全市春运工作总结表彰会议上的讲话

同志们：

今年的春运工作在各镇政府和有关部门的支持配合下，经过春运战线上全体干部职工的共同努力，已于3月8日圆满完成。刚才，市春运办主任、交通局副局长×××同志代表春运办，对今年的春运工作作了全面总结，讲得很好。在此，我代表市政府向在这次春运工作中作出辛勤努力和贡献的所有干部职工表示最衷心的感谢！

今年四十天的春运，能比较顺利地完成，我认为主要做好了以下几项工作。

第一，各级领导重视

今年，春运在面临安全形势严峻、客流量增大、社会对春运工作要求越来越高的新特点、新情况，市各镇政府和交通各部门把今年春运当作新年第一季度的重点工作，当作政府为民办实事来办。市春运办和各部门的分管领导根据春运准备、节前、节后三个阶段及天气、客流因素，抓部署、抓落实，并经常深入到车站、道路春运现场，认真检查，落实整改。交通等部门领导，春运高峰期，几乎天天服务在基层，抓好春运各个环节，保证了春运工作有序进行。

第二，安全管理得到了进一步加强

今年，春运取得了无一起安全事故发生的良好成绩，我看关键一点，是各有关职能部门、各春运单位针对今年春运安全工作的新形势、新要求，按照“守土有责，确保一方平安”要求，切实加强了责任管理，抓好了现场措施落实。市春运办组织协调好春运各方面工作，及时做好上传下达，督促指导工作。各镇春运办抓好辖区内路、桥、渡安全管理，对重要路、桥、渡设施，各镇均与所在村、单位签订了确保安全的责任书。市交通局、公安局职能部门联手组织打击道路违章车辆同时，还落实组织对所有春运机驾人员进行了安全教育，加强现场监督。客运单位加大了对运营工具，特别是租赁车主监控管理，有效限制了超载等违章情况的发生。公路、稽查、航道、海事加强了道路、航道、渡口、车辆的检查和管理，积极抢修道路、桥梁、清除航障，打击黑车、狠刹超载，确保了全市路航渡桥安全畅通。

第三，文明服务又有新提高

搞好春运工作是全社会对交通行业文明建设的一次全面检查，检查的标准是群众满意不满意。今年春运期间，各客货运输企业继续深入开展“文明与春运同行”活动，不断提高改善服务环境，深化文明行业创建，优质服务、优良秩序、优美环境得到了进一步的体现。××火车站新客站正式启用，同时××火车站正式晋升为上海铁路分局一级站，停靠列车的增多，为××旅客提供了良好的出行环境。客运公司、××客运总公司××公司不断加大对春运服务硬环境投入，切实加强规范服务，公开服务承诺。总体来看，今年春运窗口单位服务质量上又有了新的提高。同时，交通货运单位春节期间加班加点，突击做好疏港任务和外配任务，得到了社会各界的好评。

第四，各方协调配合好

春运工作涉及全局，需要各个方面的支持和配合，在交通、公安部门的干部、职工集中精力，全力以赴抓春运的同时，市工商、气象、物资等部门和市新闻单位大力支持和配合春运工作，其中“三台一报”的记者、编辑在春运期间经常到春运一线现场采访，及时报道好人好事和存在的问题，为动员全市干部群众重视春运，支持春运，发挥了作用。各有关部门、单位热忱关心春运职工的生活，积极做好春运职工的生活后勤服务，办实事、做好事，保证了春运工作的顺利进行。

春运工作虽然告一段落，但我希望在座的各个单位，在春运成绩的基础上，继续加强“三个代表”重要思想的学习，观念上适应新形势的变化，把为人民服务、为社会办更多的实事、好事体现在日常工作当中。

今年是“十五”计划的关键一年，是正式加入WTO的第一年，也是党的“十六”大召开之年，交通部门要认真贯彻落实好市委第十次党代会确立的“富民强市、率先基本实现现代化”的战略目标，增强率行意识，加快××交通事业新一轮大发展，为××经济的大发展作出更大贡献。进一步加强交通行业管理力度，深化交通企业内部改革。抓好创建文明行业工作，对于人民群众关心的运输服务质量要强化管理，提高整个行业文明程度。

同志们，在新的一年中，我相信，在市委、市政府的高度重视下，在各镇政府、各有关部门积极努力下，春运工作中表现出的精神状态、工作作风一定为××××年全年的经济建设和各项社会事业的发展作出新的贡献。

第三章 节日、庆典（仪式）讲话稿

第一节 节日致词

一、节日致词概述

1. 节日致词的概念

节日致词，是指领导干部在固定的、重要的节日举行庆祝会议上所作的讲话，这种节日致词可以加强节日相关人员情感和工作的交流。节日致词常见的有元旦致词、春节致词、国庆致词、在春节团拜会上的致词、在迎春茶话会上的致词等。

2. 节日致词的写作要求

（1）首先要真诚地赞美节日相关人员对工作做出的努力，激发其上进心。

（2）强调节日相关工作的美好发展前景，增强节日相关人员的信心，调动广大人员的积极性。

（3）明确节日相关人员的工作要求，激发其事业心。

（4）整个讲话稿的语言要生动，充满情感，能营造出喜庆的节日气氛。

二、节日致词的写作范例

▲元旦致辞

【范例】

元旦致辞

同志们、朋友们：

金鸡辞旧岁，锦犬闹新春。沐浴新年的曙光，满怀胜利的喜悦，我们欣慰地告别××××年，豪迈地走进××××年。值此元旦佳节，我谨代表中共××县委、××县人民政府，向勤劳智慧的××县人民致以新春祝贺，向回家团圆、荣归故里的乡友致以亲切问候，向仍然坚守岗位的建设者和驻县官兵致以诚挚慰问。祝大家在新的一年里欢乐祥和、幸福安康、万事胜意！

年年花似锦，去年花更红。过来一年，全县上下紧密团结在县委周围，坚持以经济建设为中心，以跨越式发展为主题，团结拼搏，开拓创新，务实求为，经济社会事业发展再次夺得了“满堂红”：全年完成地方生产总值57.9亿元，完成财政总收入1.48亿元，农民年人均收入达到

3860元，主要经济指标增幅均居全市前列，县域经济发展实现了量的增长、质的突破。与此同时，全县基础设施建设明显加快，招商引资持续升温，各项改革纵深推进，社会事业和谐发展，形成了一个人气高、财气旺、百业兴、万事荣的大好局面，全县经济社会事业开始步入了全面、快速、高效、协调发展的良性轨道。

过去一年，是全县上下锐意创新、励精图治的“拼搏年”，是各行各业捷报频传、硕果累累的“收获年”，是全局工作赶超迈进、和谐崛起的“发展年”。一年来，全县干部群众合力同心，真抓实干，为县域经济发展打下了坚实基础，为社会事业繁荣开创了新的局面。如今放眼巴陵，我们欣喜地看到了一种欣欣向荣、蒸蒸日上的气息！感受到了一种锐意进取、昂扬向上的精神！触摸到了一种无私奉献、不断燃烧的激情！

抚今追昔，我们风雨兼程一路走来，既欣慰万分，更感慨万千。所有成绩的取得是团结拼搏的结果，是群策群力的回报。××县的变化和发展，离不开全县人民的艰苦创业和辛勤耕耘，离不开各级领导的亲切关怀和真诚厚爱，离不开各位乡友的热情帮助和无私奉献，离不开社会各界的通力合作和鼎力支援。借此机会，我再次代表县委、县政府向长期战斗在各条战线上的全县人民表示崇高的敬意，向一直关心、支持我县经济建设和社会事业发展的各界人士表示衷心的感谢！

一元复始，气象万千。新的成绩催生新的起点，新的起点孕育新的希望，新的希望承载新的使命。在新的一年，我们县委、县政府围绕“立足民本、改善民生、维护民利”这一强县富民的宗旨，提出了“四个全面”的奋斗目标，绘就了发展蓝图，拉开了腾飞序幕。新的一年，我们将以科学的发展观统揽全局，全面推进三次产业结构优化升级，全面提高城镇综合承载能力，全面加快基础设施建设，全面推动社会事业共同进步，努力建设全省经济强县，实现县域经济社会事业新跨越。

东风浩荡满眼春，万里征程催人急。新的一年，我县经济社会事业发展的目标宏伟、任务艰巨、责任重大，但其前景光明、前程似锦、前途无量。县委、县政府决心用大手笔、大动作、大举措来促进全县经济社会事业的大跨步、大发展、大飞跃。我相信，只要全县上下始终坚持以饱满的热情、必胜的信心、创新的精神、务实的作风干事创业，新的一年，我们就一定能够谋好篇、起好步，就一定能够夺取各项工作的“开门红”、“满堂红”，我们岳阳县就必将腾飞在即、振兴在望！让我们协力同心，真抓实干，开拓进取，在新的一年里再开新局、再立新功、再创辉煌！

最后，衷心祝愿我们巴陵大地物产富庶、民生安康！

衷心祝愿全县人民家庭幸福、心想事成、万事胜意！

▲国庆致词

【范例】

在国庆51周年招待会上的致词

各位来宾、朋友们、同志们：

在这金秋送爽的美好季节，我们欢聚一堂，共同庆祝伟大的中华人民共和国成立51周年。首先请允许我代表中共××市委、市人大常委会、市人民政府、市政协，向在各条战线上辛勤工作的全市各族人民，致以节日的祝贺！向香港、澳门特别行政区同胞和台湾同胞、海外侨胞以及各位来宾，表示诚挚的问候！向出席今天招待会的各代表和所有关心支持××发展的海内外朋友，表示衷心的感谢和良好的祝愿！

新中国成立51周年，在中国共产党的领导下，××人民艰苦奋斗，励精图治，取得了社会主义现代化建设的辉煌成就。特别是改革开放以来，我们高举邓小平理论伟大旗帜，紧紧围绕经济建设这个中心，解放思想，扎实苦干，不断夺取新的业绩。即将过去的第九个五年计划时期，是××历史上发展最快最好的时期之一。预计国内生产总值年均增长11%，财政收入增长14%，全市综合实力显著增强。社会主义市场经济体制初步建立；全方位、宽领域、多层次的对外开放格局正在形成，××新区作为××最大的经济增长点发展势头强劲；历史上规模最大的市区成片危陋平房改造目标胜利实现，一批重点基础设施项目相继竣工，载体功能进一步增强，城市面貌焕然一新。各项社会事业全面进步，人民生活水平不断提高。广大群众精神振奋，一个充满生机活力的××已经展示在世人面前。

××过去的发展，很重要的一条是得益于对外开放。面对经济全球化和科学技术迅猛发展的新形势，我们要抓住中国即将加入世贸组织的机遇，加快融入世界经济发展整体格局的步伐。我们热烈欢迎国内外企业和有识之士来×施展才华，创造业绩。我们将进一步改善投资环境，依法保护投资者的权益，竭诚搞好服务，让投资者满意。

朋友们、同志们：新世纪即将来临，我们正依据政府对××城市定位，精心编制第十个五年计划。未来的五年，是××各项工作在更高起点上实现跨越式发展的五年，是××发生新的历史性变化的五年。我们将按照“乘势而上，开拓创新，全面上水平”的工作要求，着力抓好结构调整、技术创新和对外开放三件大事，并遵循现代化国际都市发展的一般规律，坚持开放型、科技型、服务型的方向，为把××建设成为现代化港口城市和我国北方重要的经济中心而不懈努力。

展望未来，××大有希望。我们坚信，在党中央领导下，全市人民同心同德，开拓创新，××跨世纪发展的宏伟目标一定能够实现！

现在，我提议：为中华人民共和国成立51周年，为××人民与各国朋友的友谊，为××的发展和各位朋友事业发达，为在座的来宾们、朋友们和同志们的身体健康，

干杯！

▲春节团拜会致辞

【范例】

春节团拜会致辞

同志们：

新春佳节到，心潮逐浪高。

今天，在全国各族人民辞旧迎新之际，我们水利局机关全体离退休干部职工、机关全体在职干部职工，局直各单位主要负责人，各乡镇水电站长，欢聚在××大厅，共庆新春佳节。首先，我代表县水利局党委，向大家拜个早年，向大家表示新春佳节的良好祝愿！

过去的一年，我县水利事业成就显著，稳步发展。防汛抗灾，实现了“两个转变”。坚持以人为本、依法抗洪，准备充分，调度科学，人努力，天帮忙，风调雨顺，灾害少有。水利建设，我们迈开了大步。×××水库南涵改建、×××电排增容扩建、×××闸接长、××分洪闸新建等等，一批重点工程克服重重困难，全面有序地推进。堤防加固、水库除险、渠道清淤、机电冬

修等等，一些面上工程，死角少，进度快，标准高，特别是×××大堤培修工程还成为全市水利建设的样板工程。水利管理，我们加大了力度。今年来，我们大力推进水费改革，水费入库率有所提高；我们坚持依法治水、依法行政，完善管理体系，强化工作措施，全县乱耕滥种、乱搭滥建、乱堆滥倒、乱挖滥填的“四乱”现象得到了有效遏制。维护工作，我们确保了大局。基层领导亲自挂帅，班子成员分工负责，没有出现群访、越级上访事件，确保了不出乱子，确保了大局稳定。以上成绩的取得，离不开各级领导、社会各界人士的高度重视，离不开水利系统全体干部职工的辛勤努力。在此，我代表县水利局党委，向长期重视、关心和支持我县水利事业发展的各级领导、社会各界人士表示最崇高的敬意，向全县水利系统的干部职工表示最衷心的感谢，特别是向已经离退休的水利系统的干部职工、老前辈们表示最亲切的问候！

展望××××年，我们精神振奋，信心百倍。现在，水利基础产业的地位已得到各级党委、政府和全社会的高度重视，水资源的保护和利用备受全社会高度关注。我县水费难收、职工难生存、队伍难稳定的“三难”问题，已提到了县委、县政府的重要议事日程，最近县委又对水利局班子、副科级以上局直单位进行了适当调整，充实了人员，加强了力量。不仅如此，而且通过我们局党委反复汇报，多方努力，据透露，从××××年开始，全县水费征收，全部纳入县财政统收范围，而且还逐步解决一批乡镇水利站财政拨款的人员编制。可见，水利系统的冬天已经过去，水利系统的春天即将到来。因此，我们要紧紧围绕县委、县政府的工作部署，振奋精神，开拓前进，迎难而上，再创辉煌！

做好××××年的工作，主要狠抓四个方面：

1. 创新“两种机制”。一要创新人事管理机制。我们要放开视野找人才，不拘一格降人才，坚持“能者上、平庸者让、不称职者撤、违法乱纪者抓、老弱病残者退”的原则，选贤用能，真正启用那些想干事、能干事、会办事的同志，拧成一股绳，形成向心力，焕发每个单位的事业生机、每个同志的青春活力。二要创新财务管理机制。将机关财务、工程财务严格分开，大力增收节支，多跑路、多喊钱，不断壮大机关财务；建立工程资金台账，按制度管理好项目专项资金。杜绝账外账、小金库，杜绝体外循环，形成资金管理使用上的良性及良性运行机制。

2. 突出“两个争取”。我们既要争取项目投资，又要争取项目施工。认真研究国家水利产业政策，及时完成项目规划设计，加大项目汇报力度，搞好项目上下衔接，大力争取国家投资。不仅如此，我们还要强化项目管理，立足行业实际，利用多种优势，大力争取工程施工，增加单位收入，不断消化财政赤字，不断壮大各级财政。

3. 抓好“两费征收”。水费、规费是水利系统的生存之本，必须牢牢抓住，丝毫都不能放松。一方面，我们要千方百计抓水费征收。从××××年起，水费要全面争取实现财政统筹。从今天起，我们要天天想这个事，时时想这个事，真抓实干，确保实现。另一方面，水费统筹后，我们要把着力点放在征收保护费、水资源费、水土保持费等规费征缴上，局里将组织强有力的领导班子，常年专门抓，重点突击抓，加强水政执法队伍，加大水政执法力度，确保水政执法从严执法，确保规费收缴成倍增长。

4. 确保“两个重点”。防汛抗灾、水利建设始终是我们履行职能、服务社会的中心工作。我们要及早动手，充分准备，高标准、高质量、高速度、高安全，我们要统筹兼顾，突出重点，真抓实干，再掀高潮，争取夺得全省芙蓉杯水利建设“五连冠。”

同志们，鸡年是个好兆头，雄鸡报晓春来早。在新的一年里，我们要高举邓小平理论和“三个代表”重要思想伟大旗帜，坚持以科学发展观为指导，不断增强我们水利系统干部职工的时代感、责任感、紧迫感和使命感，团结战斗，振兴水利工程。

最后，祝大家在新的一年里，身体健康，工作顺利，家庭幸福，万事如意！祝大家在今天的团拜会晏会上，总结过去，展望未来，开怀畅饮。

谢谢大家！

▲国庆节、中秋节致辞

【范例】

国庆节、中秋节致辞

同志们、朋友们：

皓月当空，秋风送爽。值此国庆、中秋双节来临之际，我谨代表××××发电有限责任公司向各参建单位的全体人员、向监理公司和设计院的各位专家、向公司员工及家属同志们，向关心和支持项目建设的社会各界朋友致以节日的慰问和最良好的祝愿！

××公司2×300MW热电项目是××投集团公司和省政府的重点电源建设项目，它凝聚着全体参建人员的心血、汗水和希望。该项目投资大，工期短，任务重。项目的建设和发展离不开各位的辛勤耕耘和无私奉献。一年来，我们在××投集团公司和××分公司的正确领导下，严格按照集团公司工程建设“四二二”管理目标的要求，经过广大建设者的共同努力，项目自××××年××月××日开工至今，我们已经取得安全文明施工272天的可喜战绩，工程建设质量、安全、进度、造价四大目标均处可控、在控状态，各项工作正朝着机组达标投产的既定目标而顺利进行。

当然在成绩面前，我们不能自满，不能懈怠，不能停滞，我们要始终保持清醒的头脑。实践证明，摆在我们面前的困难还很多，工程建设任务还很重，需要我们咬定目标不放松，一步一个脚印地把各方面工作推向前进。需要我们认真贯彻执行集团公司和××分公司的工程建设要求，严格控制工程造价，注重质量，抓好安全，加快进度，努力创建优质精品工程。需要我们坚持不懈地开展工程管理的科学化、规范化、标准化和信息化建设，努力提高工程管理水平，严格按照相关管理制度的规定、程序和流程办事。需要我们切实加强工程建设中的过程控制和管理，加大各方位的考核和监督力度，确保工程建设中人员到位、措施到位、组织到位、制度到位和落实到位。

同志们，朋友们！我们相信，有×××集团公司和××分公司的正确领导，有社会各界朋友的大力支持，有广大参建者的共同努力，我们一定能够做到知难而进、敢于创新、艰苦奋斗、务实求效，圆满地完成历史所赋予我们的光荣职责和神圣使命。让我们在十六大精神的指引下，精诚团结、扎实工作、携手共进，为创建我公司热电项目的优质精品工程，为确保两台机组逾期投产发电的既定目标，为实现公司的健康、快速、稳定的可持续发展而不懈奋斗！

最后，祝愿大家身体健康、工作顺利、阖家幸福！

第二节 庆典（仪式）讲话稿

一、庆典（仪式）讲话稿概述

1. 典礼（仪式）讲话稿的含义

典礼（仪式）讲话稿属于讲话稿的范畴之一，它也称为“发言稿”，是在某种特定场合讲话前所拟定的书面稿子。其作用是省时省力，能够集中有效的围绕典礼仪式把话讲好，避免走题或出现差错。这类讲话稿使用的范围很广，体现形式多用于各种重要会议、公共场合和机关企业等。

2. 典礼（仪式）讲话稿的特点

（1）祝愿性

典礼、仪式讲话稿多是对人对事表达美好祝愿的言辞。因此，应该突出它的祝愿性特点，要用热烈真挚的情感把祝贺之情热情洋溢地表现出来。

（2）准确性

准确性是典礼、仪式讲话稿写作的前提和基础。首先要了解讲话的对象，注意听众的组成结构，了解他们的性格、年龄、受教育程度、所在地域文化，分析他们的态度、观点、希望和要求。掌握这些以后，就可以决定采取什么方式来吸引听众，取得较好的效果。其次，应该既是对上级精神的准确表达，又是对实践中是与非、质与量的真实反映。

（3）思想性

讲话稿的思想性主要体现在：

①讲政治，始终与党中央保持高度一致，自觉维护党中央的权威。

②坚持用马列主义、毛泽东思想、邓小平理论、“三个代表”重要思想和科学发展观指导各项工作，用马克思主义的立场、观点、方法来观察、分析和解决问题。

③按照组织意图去讲，与集体意见保持一致，不论在什么情况下，都不能凭自己的好恶随意表态。

④符合并传达贯彻落实党的基本路线、方针、政策和国家的法律法规。

⑤坚持党的思想路线，解放思想，更新观念，求真务实，开拓进取。

（4）实用性

讲话的目的是为了解决问题，指导工作。领导讲话稿只有管用、实用，才有它存在的价值。如何才能使讲话稿管用、实用呢？

①要对上级指示精神进行认真学习，深刻领会其精神实质；掌握和了解领导干部的工作思想和意见；熟悉本地实际情况，做到心中有数。只有这样，起草讲话稿才能把握住大方向，提出的观点才能有高度，立得住。

②把上级指示精神与本地的实际情况结合起来，对“原材料”进行加工，去粗取精、去伪存真，发现问题，找到解决办法；把“上情”与“下情”联系起来进行分析比较，从中抓住主要矛盾和问题，寻找两者的结合点和共同点，才能在写讲话稿时有较高的立意，有较强的针对性，写出的讲话稿才有较强的指导性。

（5）个性化

讲话稿的个性化特点，是指讲话稿不仅要符合实际，而且要符合讲话者的意图，体现讲话者的思维特点和语言表述习惯，具有独特的风格和个性。这不仅是为个人树立良好形象的需要，也是提高讲话稿写作质量的需要。要想在讲话稿中体现出个性和风格，用自己的语言讲话，必须做到如下几点：

①加强党性修养，树立正确的世界观、人生观和价值观；

②锲而不舍地坚持读书学习，把学习作为重要的任务，提高文化素质；

③发扬持之以恒的刻苦钻研精神，多用脑思考问题，多动手写作；

④改进工作作风，深入基层进行调查研究，充分占有第一手材料，了解和掌握群众思想情况。

(6) 礼仪性

讲话稿的开头部分，要对客人表示热烈欢迎、真挚的问候、致意或感谢。讲话的语言要做到热情、谦逊、有礼，短小精悍。在结尾处，有的要表达良好的祝愿和希望，有的要谈希望和打算等。

3. 典礼（仪式）讲话稿的写作格式

(1) 标题

标题是指讲话内容的题目。其写作格式如下：

①标题位置要左右居中，上下各空一行。短标题的字距可拉开一点。长标题一行不够，可转行，但要注意保持词与词组的完整性，字数搭配匀称合理。

②含义明确，新颖醒目，生动活泼，简洁精练。

(2) 讲话者姓名

姓名是指讲话者的姓名。其写作格式如下：

①有与标题连在一起，列于标题之前的。

②如果讲话者在本地讲话，大家对其不很熟悉时，最好在姓名之前，冠以主要职务，以便与会者增进了解。

③姓名独占一行时，字距应拉大一些，姓名只有两个字的，字距可再拉大一点。

(3) 讲话时间

时间是指发表讲话的时间。其写作格式如下：

①讲话时间有的标在讲话者姓名之前，有的标在讲话者姓名之后，还有的把讲话者姓名与讲话时间连在一起嵌入副标题中。这三种方式可灵活运用。

②时间单独标出，独占一行时，要外加括号。

③所标时间不能简化，年、月、日中的数字要写全。一般标到某日为止，如果一天内有数次讲话，还要注明上午、下午或晚上等具体的讲话时间。

(4) 称谓

称谓是指对与会者的称呼。如何称谓，要视会议性质和与会者的具体情况而定。称谓一般要顶格写，独立成行，较多时并列两行以上，有时称谓也可与讲话开头并连在一行。

（5）开头

开头是指讲话稿的开始话。开头是讲话思路的起点，它的任务在于提领整个讲话，需要具备赢得听众好感和引入正文的条件。为了达到这个条件，在写讲话稿开头时，需要注意以下四点：

①内容要力求有新意，能给人耳目一新之感。

②形式要力求新奇巧趣，要能牢牢地吸引听众。

③要避免用谦逊过度的谦辞开头和自我吹嘘的开头。

④注意开头不要兜圈子、绕弯子，入题太缓，离题太远。

讲话的开头很重要，它起着引发、定调的作用。因此，要写得很得体，要体现出讲话者和听众之间的主要关系，要符合讲话场合的需要，要用简要的语言交代出全部讲话的要点，使听众先有所了解，并造成一种气氛，达到控制和掌握听众情绪、吸引其注意力的目的。

综上所述，写讲话稿开头的总的要求是：做到开门见山、切入主题，语言引人入胜、吸引听众、新颖精巧，内容紧扣题意，简明扼要，寥寥数语交代要点。

（6）正文

即讲话稿的主体。一般来说，正文没有一个固定的模式，其内容要视讲话人的身份、会议的背景、讲话的主题以及听众的差异而定。但都必须做到内容充实、分析透彻，主题鲜明、观点正确，材料充实、详略得当，层次结构分明、条理清晰，言之有序。另外，篇幅较长的讲话稿需要列出若干小标题，或用序号分出几个部分来写。

（7）结尾

即讲话稿的结束语。结尾是讲话思路的终结，它要在一个很短的时间内，抓住听众的注意力，使其全篇的意义完整，因而必须用最有力量的语言，将思想升华，编织完成全篇的讲话。好的结尾具有画龙点睛的功能，可发人深省，耐人回味，鼓舞斗志，振奋精神。写作讲话稿结尾的要求：

①概括整个讲话稿主题，作出结论，完整准确。

②语言精悍有力，充满热情。

③让听众余音未尽，回味无穷。

结尾的写作方法很多，常见的有：一是总结式，即对讲话的主要内容进行总结，归纳概括。这种结尾方式既是讲话稿的终点又是启发人们思考的起点。二是发出号召、提出希望式，即向与会者或有关人员指明方向，发出号召，提出希望。三是展望未来、鼓舞斗志式，即对未来的前景作展望，拨动听众的心弦。四是感谢式，即向与会者或有关人员表示感谢。这种结尾方式能使听众倍感亲切，有助于缩短讲者和听者之间的心理距离，融合讲者和听者的感情。五是哲理式，即通过总结作出哲理性结论，给听众以启发。六是含蓄式，即通过提出问题，给听众以回味。

二、庆典（仪式）致词（讲话稿）的写作范例

▲在活动启动仪式上的讲话

【范例】

在××市全民健身月暨××省老年体育节
××分会场启动仪式上的讲话

各位领导、同志们、朋友们：

今天，我们在这里隆重集会，举行××××年××市全民健身月暨××省老年体育节××分会场启动仪式。我谨代表××市人民政府，对出席活动的各位领导表示衷心的感谢，向参加启动仪式的社会各界朋友们致以亲切的慰问！

体育是社会发展和人类文明进步的重要标志。××人民历来热爱体育锻炼，市委、市政府一直高度重视体育工作。《全民健身计划纲要》颁布实施11年来，我市着力推进全民健身设施和场所建设，不断完善体育组织和网络，大力开展群众性体育活动，人民群众的健身意识和健康水平得到了显著提高。全市120多万老年同志的健身积极性尤为高涨，大约58万人经常参加体育锻炼，多年来一直是全民健身活动的一支重要力量。目前，我市体育人口已达42.5%，远远超过全国平均水平；社会体育指导员总计4038人，分布全市各乡镇、社区；全民健身工程（点）、体育辅导站和晨（晚）练点，数以千计；全民健身活动，连续四次荣获全国优秀组织奖，连续6次荣获××省优秀组织奖。

今年是“十一五”规划的开局之年，也是《全民健身计划纲要》二期工程第二阶段的启动之年，北京奥运会的筹备工作也进入了紧锣密鼓的冲刺阶段。在如此重要的时刻，按照全省统一部署，我市确立了“群众体育工作与奥运同行，健康快乐迎奥运”的全民健身主题，并隆重举行首届××市全民健身月暨××省老年体育节××分会场启动仪式，具有十分重要的意义。我们要努力把这次活动办成全市人民强身健体的盛会，并以此为契机，探索群众体育工作新机制，特别要注重完善老年人健身服务体系，争取人人参与体育锻炼，人人享有体育事业发展的成果，不断把我市的全民健身活动推向新的阶段，为推进体育强市建设、实现经济社会又快又好发展，作出新的更大的贡献！

预祝××××年××市全民健身月活动暨××省老年人体育节××分会场启动仪式，取得圆满成功！

谢谢大家！

▲在专项建设启动仪式上的讲话

【范例】

在××市食品安全信用体系建设启动仪式上的讲话

同志们：

今天，市食品安全监管工作领导小组在这里隆重举行全市食品安全信用体系建设启动仪式，这是一项非常有意义的活动。首先，我代表市政府向刚被授牌的食品安全信用体系建设试点单

位，表示热烈的祝贺！

民以食为天，食以安为先。食品安全关系到广大人民群众的身体健康，关系到经济社会和谐发展。党和政府高度重视食品安全工作，国务院下发了《进一步加强食品安全工作的决定》，省政府召开了常务会议专题研究食品安全工作，并出台有关决定，都把食品安全信用体系建设作为重要内容。今天我们举行全市食品安全信用体系建设启动仪式，目的就是要贯彻落实国务院和省政府的决定精神，唤起全社会的食品安全意识，动员全市广大干部群众和食品企业，以开展食品安全信用体系建设为契机，统一思想，明确目标，落实责任，推进工作，努力开创我市食品安全工作新局面。

食品安全，责任重于泰山。食品安全信用体系建设是在政府推动下全社会参与的一项系统工程，是保障食品安全的长效机制和治本之策，是加强食品安全的基础性工作。我们要紧密结合新余经济社会发展的实际，坚持以人为本，全面落实科学发展观，本着对人民群众身体健康和生命安全高度负责的精神，把食品安全信用体系建设工作抓紧、抓好、抓出成效。

各级食品安全监管工作领导小组成员要强化食品安全工作"地方政府负总责"的意识，积极探索，稳步推进，有计划、有步骤地落实食品安全信用体系建设试点工作的各项任务，继续实施食品放心工程和食品安全专项整治，进一步规范我市食品市场秩序。要严厉打击各种严重违法失信行为，加强对重点区域、重点商品、重点行业、重点企业的监督检查；强化源头治理，把好种植养殖关，加快特色养殖业和绿色种植业基地建设，不断扩大规模，大力开发无公害农产品、绿色食品、有机食品，打好绿色牌、标准牌、有机牌；实施"QS"认证准入制度，加大食品加工企业清理整顿和监管力度，把好生产加工关；强化市场准入，严把食品流通关；大力开展食品卫生监督量化分级管理工作，倡导放心消费，把好消费关；建立健全信用制度体系，加强对企业的指导，不断规范食品企业生产经营行为，实行按信用等级进行分类监管，褒奖守信，惩戒失信，维护良好的信用环境；完善企业信用监管档案，及时收集汇总、分析整理和定期向社会发布食品安全综合信息，研究分析食品安全形势，对食品安全问题做到早发现、早预防、早整治、早解决，切实保障人民群众饮食安全。

食品生产经营企业是食品安全的第一责任人。要围绕我市决战工业500亿的奋斗目标，加强管理，深化改革，做大做强。被列入四个环节的10家试点单位，要按照食品安全信用体系建设试点工作方案的要求，严格规范自身的生产经营行为，建立完善相关管理制度，健全生产经营档案，公开有关食品质量安全的信息，确保食品生产经营质量。这既是对企业生命信誉负责，更是对广大老百姓的身体健康负责。要提高对试点工作重要意义的认识，消除一切顾虑，把工作落到实处。开展食品安全信用体系建设，说到底是维护人民群众和企业自身的利益，而没有部门利益，不会加重企业的负担；无论是从加入WTO和市场竞争的形势来看，还是从法律法规和消费者的要求来看，食品企业必须规范生产经营，保证食品安全。如果企业生产经营的产品不安全，企业就没有市场，就没有出路，并且负法律责任的首当其冲就是企业负责人。没有列入试点的企业还有很多，必须进一步更新理念，争取尽早列入试点行列，这是大势所趋。

社会各界和广大人民群众要提高对食品安全管理的参与度。食品安全关系你我他。必须增强社会各界和广大市民的食品安全参与意识和责任意识，增强公众的自我保护能力，坚定人们对食品消费的信心。要加强食品安全的社会监督，依靠各级人大、政协的法律监督和民主监督活动，推动政府部门依法行政，履行好食品安全监管职责。

各新闻媒体要加大食品安全信用体系建设的宣传力度，按照"贴近实际、贴近生活、贴近群众"的要求，采取群众喜闻乐见的多种形式，及时跟踪报道食品安全信用体系建设所采取的措施和取得的成效，大力宣传重质量、讲信誉的典型及我市的优质产品、优良品牌和优秀企业。

同时，要大胆揭露和曝光食品安全方面的违法犯罪行为，形成人人讲信用、重信用，守信为荣、失信为耻的良好社会氛围。

同志们，食品安全是天大的事。开展食品安全信用体系建设工作，是一项民心工程，关系百姓，关乎民生，使命光荣，责任重大。让我们以“三个代表”重要思想为指导，真抓实干，努力工作，为保障人民饮食安全，实现我市决战工业500亿目标，加快区域中心城市建设作出更大的贡献！

▲在揭牌仪式上的讲话

【范例】

在××市××区县水务局成立暨揭牌仪式上的讲话

各位领导、同志们：

今天在这里参加××市××区、××区等七个区县水务局成立暨揭牌仪式，我感到十分高兴。首先，我代表水利部向七个区县水务局的成立表示热烈的祝贺！并借此机会向××市委、市政府、各区县委、政府长期以来对水利工作的大力支持表示衷心的感谢！

党的十五届五中全会指出：“水资源可持续利用是我国经济社会发展的战略问题。”正在召开的全国人大和全国政协“两会”上，水的问题也成为代表和委员们普遍关注的热点问题。前天，李鹏委员长在参加××市人大代表团讨论时，指出：“××的发展面临水资源不足的问题，这是制约××经济和社会发展的一个重要原因。××在进行现代化建设和实施第三步发展战略的时候，要大力倡导节约用水意识，开源节流，发展节水型经济，让有限的水资源发挥出更大效益。”××市是我国水资源最为短缺的城市之一，人均水资源占有量仅为160立方米，相当于全国人均水平的十四分之一，不足世界人均水平的六十分之一，而且时空分布不均。近几年华北地区连续干旱，××市的供水水源×××水库临近枯竭，为了解决供水危机，去年不得不第六次引×济×。在缺水的同时，××市的洪涝灾害和水污染问题也非常严重，水的问题始终关系到××市经济发展和社会稳定的大局。

随着城市化进程的加快，××市各区县的防洪、除涝、供水、节水、治污、水资源保护的任务越来越繁重。今天，七个区县成立水务局，这是七个区县的区县委、政府充分认识到当地的水资源形势，立足于解决水问题而作出的正确决策，也是认真贯彻落实党的十五届五中全会提出的“要改革水的管理体制”的具体行动。在目前区县水问题越来越突出的情况下，理顺城乡水资源管理体制，将“多家管水”改为“一家管水”，由水务局对城区和农村的防洪、除涝、蓄水、供水、节水、排水、水资源保护、污水处理及其回用、地下水回灌等实行一体化管理，解决了政府部门职能交叉、政出多门、执法难、管理难等方面的问题，有利于提高政府部门工作效率和服务水平，有利于实现合理开发、高效利用和有效保护水资源，从而有力地保障各区县经济社会的可持续发展。

近一段时期，全国城市水务体制改革呈现良好的发展态势。上海、呼和浩特、包头、齐齐哈尔、大庆、伊春、鹤岗、本溪、朝阳等一大批大中城市成立了水务局，对城乡水资源实行一体化管理。今天，××市7个区县成立了水务局，这必将对××市水务体制改革起到极大的促进作用，成为××市水管理史上的一个突破。改革传统计划经济体制下形成的部门分割、城乡分割管理水资源体制，从理论上讲，是改革生产关系适应生产力发展需要的必然选择，从实践上说，改革分割管理水资源为统管水资源，是防治我国洪涝灾害、干旱缺水和水环境恶化三大问题的有效途径。建立适应社会主义市场经济发展需要的按流域统管和区域统管水资源相结合的水管理体制，对促进水资源的可持续利用将产生重要而深远的影响。

新组建的水务局是代表区县政府统一管理水资源的水行政主管部门，责任重大，任务繁重。希望7个区县的水务局发扬“引滦精神”和“献身、求实、负责”的水利行业精神，充分发挥新体制的优势，搞好水资源统一规划，建立合理价格机制，调动全社会节水和污水处理回用的积极性，统筹解决好各种水问题；要适应社会经济发展的需要，大力转变职能，在政、事、企分开的前提下，增强宏观调控、社会管理、公共服务和执法监督的职能；要按照社会主义市场经济的要求，在各项水务活动中，讲求经济规律，依法治水、科学治水。

我相信，在××市委、市政府和各区县委、政府的领导下，在各相关部门和全社会的关心支持下，在水务局广大干部职工的共同努力下，各区县的水务工作必将上一个新的台阶，以水资源的可持续利用支持经济社会的可持续发展。

谢谢大家！

第四章　礼仪、文体活动致词（讲话稿）

第一节　礼仪致词（讲话稿）

一、礼仪致词（讲话）概述

1. 礼仪致词（讲话）的含义

礼仪致词（讲话）是指领导干部在迎送宾客、寿辰庆典、结婚礼仪等特定场合中，宾主双方或一方所发表的祝贺的一种礼仪性讲话。

2. 礼仪致词（讲话稿）的写作要求

（1）在讲话稿的开头部分，要对客人表示热烈的欢迎、诚挚的问候和致意或感谢。

（2）在主体部分，讲话的语言要做到热情、谦逊、有礼，语言要短小精悍，饱含真情。

（3）在结尾部分，有的要表示出良好的祝愿和希望；有的要谈今后的打算，表明继续努力的决心。

二、礼仪致词（讲话稿）的写作范例

▲在工程开工奠基仪式上的讲话

【范例】

在××市×县××水库工程开工奠基仪式上的讲话

同志们、朋友们：

在全党全国人民高举邓小平理论伟大旗帜，认真贯彻落实科学发展观，充满信心全面建设小康社会的重要时刻，我市贯彻落实十七大精神的重要举措之一，市委、市政府确定的“八大民心工程”之一的×县××水库工程，在党中央、国务院的正确领导和国家有关部委的大力支持、帮助下，今天正式开工奠基了。在此，我谨代表中共××市委、市人大、市人民政府、市政协表示最热烈的祝贺！并借此机会，向150万勤劳、勇敢、善良、开拓的×县人民和向参加××水库工程的建设大军表示最亲切的问候！向关心、支持我市经济社会发展的各界人士、各位朋友表示深深的谢意！

当前，我市正处于经济社会发展快速提升时期，既面临着十分严峻的挑战，又有着千载难逢的机遇。为此，市委、市政府紧紧围绕党中央交办给我市的“四件大事”，审时度势，明确了

“富民兴渝，加快建设长江上游经济中心”的总体奋斗目标和建设小康社会的“三步走”阶段性目标。我市各级各部门一定要围绕这一目标，开拓进取，奋发图进，踏实工作，全面推进我市改革开放和现代化建设的各项事业。我市农业生产条件差，水利基础设施薄弱，水利化程度低，抗旱能力弱。要实现“富民兴渝”的目标，要实现经济社会的可持续发展，要圆满完成党中央交办的“四件大事”，必须要加大水资源的综合开发利用和优化配置力度，加快农业、农村生产生活条件的改善。

×县是三峡库区淹没范围最大、搬迁人口最多、淹没损失最大、移民安置最重的县，同时还地处×××中心地区，按照市委、市政府提出的开县要构筑渝东北中心城市的要求，兴建我市第一座主要用于城乡供水和农业灌溉的鲤鱼塘大型水库，不仅是改善农业生产条件、夯实农业基础，促进县域经济发展的需要，而且是确保新县城27万人生产生活用水的需要，也是拓展××库区移民安置容量，保证其搬得出、安得稳、逐步能致富的需要，同时还是市委、市政府认真实践和贯彻“三个代表”重要思想的具体体现，推进我市全面建设小康社会的重要举措，是实现市委、市政府向全体市民的庄严承诺。动工兴建集城乡供水、农业灌溉、兼顾发电和移民安置为一体的×县××大型水库工程，时刻凝聚着市委、市政府的关注和三千万××儿女的目光。

因此，我希望市水行政主管部门要切实加强该项目的管理，严格投资控制，强化质量监督，确保工程质量，加快工程进度，力争早日竣工投产；×县县委、县政府要积极主动地为该工程的建设创造宽松、良好的外部环境，及时协调和化解各种矛盾和问题，正确处理好库区移民和工程建设的关系；工程业主单位要进一步加大筹资力度，加强工程建设的日常监督和管理，充分发挥资金的投资效益；建设施工单位要视工程质量为生命，精心组织，文明施工，科学合理安排工序，把该工程建设成为质量一流的标志性工程。与此同时，希望市级各有关部门要更加关心和支持××水库工程的建设，努力把这民心工程及早建成并发挥显著的经济、社会效益。

同志们，风好正是扬帆时。让我们在党中央、国务院的正确领导下，以党的十七大精神为指导，全面贯彻落实科学发展观，与时俱进，开拓进取，求真务实，锐意创新，努力在建设小康社会的伟大实践中不断推进我市的改革开放和各项社会事业，力争早日实现富民兴渝、建设成为长江上游经济中心的壮志雄心。

最后，我由衷地祝愿×县×××水库工程早日竣工投产！

由衷地祝愿×县以××大型水库开工为契机，挂云帆，济沧海，争朝夕，构筑成为×××中心城市！

由衷地祝愿150万开县人民生活幸福！日子越过越好！

由衷地祝愿各位同志、各位朋友身体健康！合家欢乐！

▲在工程建成投用剪彩仪式上的讲话

【范例】

在××市医疗废物无害化处置中心竣工暨二期工程建成投用剪彩仪式上的讲话

各位来宾，同志们、朋友们：

××市医疗废物无害化处置中心的建成，是××市人民政府为全市人民办的一件好事，是确保××市环境安全的一件大事，是××市各有关部门共同努力的结果。我代表××省环境保护局向××市有关部门和单位、××××固废处置有限公司表示热烈的祝贺。

实行医疗废物集中处置，中华人民共和国《固废法》和国务院《医疗废物管理条例》都有明确的规定，《固废法》要求城市人民政府组织建设危险废物集中处置设施。国务院《关于全国危险废物和医疗废物处置设施建设规划》和国家环保总局《医疗废物集中处置技术规范》中对处置厂的建设数量、处置技术都有明确的要求。省政府对各地医疗废物集中处置设施的建设十分重视，特别是去年我国部分城市爆发“非典”疫情以后，省政府办公厅下发了《关于加快医疗废物集中处置设施建设的通知》，要求各市都要在去年年底建成医疗废物集中处置设施，并委托省局定期汇总上报各地的建设情况。××市委、市政府把医疗废物集中处置设施建设作为实践“三个代表”重要思想，树立和落实科学发展观，为群众办实事，确保全市环境安全的“民心工程”、“示范工程”和“重点工程”，按照国家的有关标准，精心组织施工，加快施工进度，确保施工质量，使这项民心工程建成并投入运行，使影响和危害全市人民健康的医疗废物得到了规范化的收集、无害化的处理，在全省带了个好头，为全市人民办了一件大好事。

医疗废物是危险废物的一种，对人民群众的生命健康有直接影响和危害，国家要求对危险废物实行特许经营，并按照规划和标准进行建设和经营。××市医疗废物无害化处置中心已获省局颁发的经营许可证，今后希望中心建成后，在申报登记的基础上，第一要加强管理。在全市建立完善的医疗废物收集体系，不仅把全市医院的医疗废物，还要将各县医院、乡镇卫生院、各社区诊所等分散的医疗废物都要收集起来，不留死角、不漏一户；逐步实行转移联单制，由专门的运输车辆运输，逐步建成全市监验体系。第二要确保运行。要严格按照标准规范运行，建立严格的规章制度和责任制，层层把关，做到无害化处理，严防二次污染，对焚烧残渣要做到安全填埋。第三要不断总结经验，提高管理运营水平。省局准备在适当时候在××召开现场工作会议，介绍并推广××市的先进经验，推动全省进一步做好医疗废物安全处置工作。

环境保护工作是以人为中心的、以实现人类的发展和社会全面进步为目的的学科发展观的具体体现。现代经济社会的发展，对环境的依赖越来越高。环境越好，对于生产要素的吸引力、凝聚力就越强。实现经济社会的宏伟目标，必须要有良好的投资环境作支撑，而环境质量则是投资环境的重要依据。因此，环境保护工作不是哪几个部门、哪几个人的事情。希望全社会都要重视、参与环境保护工作，要树立保护环境，就是保护人类自己的思想，就是实施可持续发展。希望××市委、市政府及各有关部门，要进一步加强对医疗废物集中处置工作的领导；××公司和医疗废物处置中心，更要珍惜、爱护这项事业，一定要把“好事办好”。为消除医疗废物对环境的污染，保障人民身体健康，让我们全社会一起行动起来作出贡献，确保全省的环境安全，实施可持续发展。谢谢大家！

▲在开业典礼上的致辞

【范例】

在××区人才劳动力市场开业典礼上的致辞

各位领导，各位来宾、朋友们：

今天，我们在这里举行××区人才劳动力市场开业仪式暨招聘活动，这是我区践行“三个代表”重要思想，落实科学发展观和构建社会主义和谐社会的具体体现，也是为民办实事的重要举措。市场的启用运行，得到了上级人事、劳动部门的鼎力资助，得到了兄弟区县及企业单位的支持关心。在此，我谨代表区委、区政府向前来参加仪式的各位领导、各位来宾表示热烈欢迎和衷心的感谢！

人才是强国之源、就业是民生之本。培养和造就一批高技能人才和高素质的劳动者队伍，建设一个科学化、规范化、现代化的人才劳动力市场是时代的需求，也是广大民众的呼声。人事人才和就业再就业工作抓得如何，是衡量我们立党为公，执政为民的重要标志。我们一定要牢记宗旨，扎实工作，解放思想，求真务实，创新人力资源服务体系，夯实就业再就业工作基础，发挥市场配置人力资源的基础性作用。按照科学化、规范化、现代化的要求管理好市场，服务于人民。使市场真正成为企业招贤纳士的好帮手，人民群众求职就业的贴心人。

预祝本次人才招聘暨劳务洽谈活动取得圆满成功！祝莅临活动的各位嘉宾身体健康、事业有成、吉祥如意、新年快乐！

谢谢大家！

▲在成立典礼上的讲话

【范例】

在×××创新研修学院成立典礼上的讲话

各位领导、各位来宾，

各位关心×××发展的朋友们：

首先，请允许我代表×××科技园区××园管委会、×××创新研修学院董事会，对大家的到来表示热烈的欢迎！

在举国关注×××发展、首都各界齐心协力落实国务院批复的时候，经×××的高新技术企业家、人民代表提议，××区政府和市教委大力支持的一所新型高等教育机构——×××创新研修学院成立了！这是具体落实“国务院关于建设×××科技园区若干问题的批复”，改善×××高新技术企业继续教育环境的一个实际步骤，对进一步发掘×××地区深厚的智力资源和教育资源，以改革的精神开展教育创新、推动产学研结合，加快创新人才的培养具有重要的意义，是提高×××凝聚力、改善高新技术企业创新能力的一条新途径。

创办×××创新研修学院，是把×××建成世界第一流科技园的需要，也是×××管委会、广大科技企业、驻区大专院校和科研单位的共同心愿。在×××科技园区××园作为全国第一家国家级高新技术产业开发区成立10周年之际，中央领导视察××园“锦绣大地”公司，作出了加快建设×××科技创新基地，为推动我国高新技术产业发展作贡献的指示。不久《国务院对××市、科技部关于加快建设××村科技园区有关问题的批复》发表，这一切都充分表明党中央、国务院已经把××科技园的建设，纳入了我国21世纪可持续发展战略的重要规划。历史将赋予×××继深圳、浦东之后成为中国改革开放的领头羊的使命。我们聚集在×××的科教工作者，一定要发扬光辉的五四革命传统，承担起中国新一代知识分子以科技、知识振兴中华的历史使命。

×××创新研修学院的办学宗旨是：适应×××高新技术产业的发展要求，充分利用××地区丰富的高等教育资源，开展对高新技术企业的全方位、多层次创新教育，目标着眼于提高企业创新能力，培养跨学科复合型人才，逐步形成适应××市高技术产业发展急需的、稳定有效的创新人才培养基地。同时，打破传统的办学思路和模式，探索一种地方政府、科技企业、高等院校、科研单位共同参与培养高新技术产业管理人才的途径和方式。

学院将与高等院校联合组织企业家进修讲座和研讨交流，提高企业家和中高级管理人员前瞻性、战略性决策能力和经营管理方面的能力；中高级管理人员继续教育、相关领域知识的介绍；

企业技术研发人员专业知识前沿领域的跟踪学习、技术创新、知识创新能力的培养提高。还将对欲创办高新技术企业的人员进行创业入门前期知识传授和经营能力培养提高，开展技术创新、知识创新能力的培训提高，区域综合情况介绍及相关知识的学习。同时，开展园区管理人员的业务培训（财会、统计、工商法规、税务法规及其他相关领域知识等）并进行管理和运行××园博士后流动站以及与××为××园企业每年培养100名研究生的研究生工作站的工作。

学院在筹办过程中得到了××大学、××大学、××大学、××大学、××航空航天大学和中科院等单位领导的大力支持和帮助，借此机会表示我们由衷的感谢！我们将遵循开放办学的原则，在业务上愿同所有驻区高校、科研单位、行政机关竭诚合作，同国内外知名高校建立合作渠道，同各方面一起把学院办好。希望大家仍像以往一样给予关注、指导和支持，使×××创新研修学院同×××高新技术产业一道走向全国、走向世界。

谢谢各位！

▲在欢送劳模代表仪式上的讲话

【范例】

在欢送××市劳模代表赴×出席自治区劳动模范和先进工作者表彰大会仪式上的讲话

各位劳动模范和先进工作者代表：

你们好！

等一会儿，各位就要赴×出席自治区劳动模范和先进工作者表彰大会了，在此，我代表市四套领导班子对你们表示衷心的祝贺和崇高的敬意！你们这次赴会代表的不仅仅是你们个人和单位，你们代表的是我市伟大的工人阶级和数百万的劳动群众。这是你们的光荣，也是全市人民的光荣！

同志们，劳动最光荣，劳动最伟大，劳动创造一切物质文明、政治文明和精神文明。我市所取得的一切成就，无不是包括你们在内的全市工人阶级和各族人民、同心同德，艰苦奋斗的结果。这些年来，尽管困难重重，职工群众们干得很苦很累，但是全市上下始终保持着蓬勃的朝气，开拓的锐气和高昂的志气。从而使我们的“再造一个工业××”的战略目标得以一步一步地实施，并取得了一个又一个的胜利！

你们是先进模范人物，是经过民主推荐，民主评议，层层选拔，具有广泛的群众性和典型性。在你们当中，既有身先士卒，锐意改革，经营成绩优异的领导干部，又有百折不挠，开拓创新，勇攀科技高峰的科技人员，还有爱岗敬业，无私奉献，在平凡岗位上做出不平凡业绩的普通员工。你们胸怀大局、信念坚定、对党的事业无限忠诚，是以实际活动投身改革和经济建设的典范；你们忘我工作，恪尽职守，正确处理集体利益和个人利益的关系，是立足本职建功立业的榜样；你们勤奋学习，努力掌握和运用科学技术，是不断推进技术进步和产业升级的标兵；你们严于律己，弘扬正气，以自己的先进思想和行动影响带动群众，是精神文明建设的先锋。你们的思想和行动，体现了先进模范人物的崇高品质，你们不愧是我们事业的中坚和全市各族人民的杰出代表和学习的楷模。我代表党和政府感谢你们！

当前，××总的发展态势很好，全市各族人民正在认真地贯彻党的十七大精神，按照市委市政府确定的做大、做优、做强××工业的发展战略和目标，全力推进“再造一个工业××”的宏伟事业。同时，我们也必须看到，进一步深化企业改革和农村改革，保持全市经济持续、健康、稳定的发展，解决前进中出现的新情况、新问题，需要我们付出更加艰苦的努力。

我们要紧紧依靠职工群众才能成功。因此，我们的一切工作都必须有利于群众，有利于把群众的积极性引导好，保护好，发挥好。我们各级党委和行政要始终不渝地坚持为人民服务的宗旨，坚持依靠工人阶级的方针，创造和谐社会；始终倾听群众的呼声，满腔热情地帮助群众解决困难，扎扎实实地办实事，坚决同一切漠视群众疾苦的官僚主义作风和消极腐败的现象作斗争。只有保持同群众最密切的联系，一切依靠群众，我们的改革和建设才能获得最广泛和最可靠的力量源泉。

同志们，实现跨越式的发展，我们有着良好的机遇，也面临严峻的挑战。我们肩负的任务光荣而艰巨。伟大的事业需要伟大的精神力量，我们要学习和弘扬先进模范人物的崇高精神，以坚定的信心和旺盛的热情投身到全市的各项改革、发展和建设事业中。实践反复证明，以先进思想和高尚精神武装起来的××人是能战胜任何艰难险阻的，已经并将继续创造出一个又一个的发展奇迹，到达胜利的彼岸。

同志们，你们即将踏上胜利之旅，我希望你们在大会期间，充分领会各级领导的指示精神，和全区各行业的劳模们切磋技艺，广泛交流，把宝贵经验带回××，为××的“工业立×”谱写“再造”的辉煌。

谢谢大家！

▲欢送新兵大会讲话

【范例】

在××县欢送新兵大会上的讲话

同志们：

今天，我们在这里隆重集会，热烈欢送我县优秀青年光荣入伍，这是我县人民政治生活中的一件大事。征兵工作开展以来，全县广大适龄青年，积极响应祖国召唤，踊跃报名参军，大家以实际行动依法履行兵役义务，体现了高度的爱国主义精神。经过严格挑选、层层把关，你们被批准光荣入伍，即将成为中国人民解放军中的一员，这不仅是你们本人的光荣，也是你们全家乃至全县人民的光荣。我代表县委、县政府、县武装部，向你们表示热烈的祝贺！

新兵同志们，中国人民解放军是中国共产党领导下的人民军队。作为伟大祖国主权的捍卫者，我们的人民军队始终坚持全心全意为人民服务的宗旨，为中国人民的解放事业和国家经济建设做出了巨大贡献。这个岗位光荣神圣，责任重于泰山，希望你们到部队后，要牢记人民军队的宗旨，继承我军的光荣传统，继续发扬我们卢龙人民“团结拼搏、开拓进取、吃苦务实”的精神风貌，认真学习，积极磨炼，努力争做一名优秀的军人。新兵同志们，42 万父老乡亲在热切地期盼着早日听到你们建功新业的喜讯，早日收到你们立功嘉奖的喜报！

接兵部队的领导同志，你们继承发扬了部队的好传统、好作风，以实际行动密切了军政、军民关系，工作中坚持原则、密切配合，从新兵体检、家访到定兵整个过程，都做了大量卓有成效的工作，为保证新兵质量做出了重要贡献。在此，我代表县委、县政府和全县人民，向你们表示衷心的感谢！同时，欢迎你们常来卢龙做客。最后，祝接兵部队的领导同志们和全体新兵一路平安！

谢谢大家！

第二节　文体活动致词（讲话稿）

一、文体活动致词（讲话）概述

1. 文体活动致词（讲话）的含义

文体活动致词（讲话），是指领导干部在各种社会活动特别是文体活动如联欢晚会、文艺演出、体育比赛等开始时，为了制造活动的热烈气氛、调动观众的参与热情而发表的讲话。

2. 文体活动致词（讲话稿）的内容

（1）当地领导文体活动致词（讲话）。

①对参加活动的领导和来宾表示欢迎或谢意。

②介绍本次活动的特定背景和意义。

③介绍活动的安排内容，对当地干部群众或参与者提出希望和要求。祝愿活动取得圆满成功，观众过得愉快，玩得开心。

（2）上级领导文体活动致词（讲话）。

①表达参加活动的心情，对活动的举行表示热烈祝贺。

②阐述活动举行的背景，指出活动的目的、意义。

③向与会者提出办好本次活动的希望和要求，最后用预祝活动取得圆满成功或祝参与者过得愉快等祝愿语作结。

3. 文体活动致词（讲话稿）的写作要求

讲话稿的语言要写得简洁明快，真情感人；篇幅要短小；语气要显得生动活泼，充满激情，感染力强。

二、文体活动致词（讲话稿）的写作范例

▲春节联欢晚会致词

【范例】

春节联欢晚会致词

各位来宾，同志们、朋友们：

佳节将至，新春新喜。我们欢聚一堂，载歌载舞，挥别旧岁，喜迎新春，共同畅想美好未来。借此机会，我代表县委、县政府向全县人民，向在我县投资置业的海内外客商和所有关心支持我县建设和发展的各级领导和各界朋友，致以诚挚的问候和良好的祝愿，衷心祝愿大家在新的一年里，新年愉快，身体健康，家庭幸福，万事如意！

过去的一年，全县上下以“三个代表”重要思想和科学发展观为指导，紧扣第一要务，聚精会神抓产业，一心一意谋发展，团结奋进，扎实工作，实现了经济发展提速，发展活力增强，群众满意率提高，社会大局稳定，人民安居乐业的良好局面，是实现新突破、新跨越的一年，是

硕果累累、令人欣慰的一年，是形势看好、催人奋进的一年。成绩来之不易，是全县人民团结奋斗，开拓进取的结果，是社会各界和广大朋友热忱关心、大力支持的结果。在此，我们谨代表县委、县政府表示衷心的感谢！

一声雄唱为天下。××××年是加快产业发展，巩固改革成果，保持经济社会全面协调发展的关键之年，是全面实现“十五”计划的关键之年。新的起点、新的征程，对我们提出了新的要求、新的考验。我们要以“三个代表”重要思想和十六大、十六届三中、四中全会精神为指导，坚持以人为本和科学发展，强化发展意识，抢抓发展机遇，进一步深化改革，以推进工业化为核心，以农民增收为主线，以强化城镇管理为手段，以构建和谐社会为目标，以提高执政能力为重点，扭住产业兴县，全面推进全县各项发展新的跨越。

“天时人事日相催，冬至阳生春又来”。新春的到来给人们带来美好的憧憬，回首过去，我们豪情满怀；展望未来，我们信心百倍。让我们同心同德，扎实苦干，开拓创新，与时俱进，共同创造攸州美好的明天！

最后，祝全县人民新春愉快、阖家欢乐！

▲旅游节活动致辞

【范例】

在第一届××市旅游节闭幕式上的讲话

各位领导、同志们：

首先，我代表市政府向荣获“美食之家”和“优秀品种”称号的酒店、餐馆，向荣获“××八景”称号的景区、景点表示热烈的祝贺！

历时十天的第一届××市旅游节今天就要降下帷幕了。十天来，我们成功地举办了二十多项活动，接待了几千名领导、嘉宾和一万多名游客，达到了展示××形象、扩大招商引资、推介××旅游的目的和效果。本届旅游节，有如下几个特点：

一是领导、嘉宾多，规格高。中央、省、兄弟市领导，海内外×籍乡亲和旅游界人士及个人应组委会邀请莅×参加旅游节。各区县（市）和旅游企业也邀请了领导和嘉宾约两千人。××市旅行社接待旅游团队近二百个、游客一万多人。原中共中央政治局常委、全国人大常委会委员长××出席开幕式并启动开幕按钮。全国政协副主席×××、××省委副书记×××出席开幕式并分别讲话。

二是活动丰富多彩、突出文化和美食主题。十天来主会场举办了开幕式、“×风乐舞”文艺表演和巡游、××市投资环境推介会、区域旅游合作暨×××十三市旅游局长联谊会、“×剧精品”欣赏和“海滨夜游”、×××旅游交易会、第八届××美食节，各区县（市）也开展各具特色的活动。在活动安排上，打响了“海滨邹鲁美食之乡”的旅游品牌。如开幕式上的文艺表演和文艺巡游，全都体现××文化和民俗，深受海内外领导、嘉宾和旅游界人士好评，×××先生高兴地要求将录制的节目由他送××卫视和××影剧院播出。对美食广场荟萃的数百种××美食，来×领导、嘉宾和游客也是啧啧称赞，许多人吃完了还打包带走。这次旅游节，既有文艺巡游供群众欣赏，又有第八届美食节和旅游交易会向群众开放，群众都把本次旅游节看成自己的节日。全市到处张灯结彩，一派节日的喜庆气氛。

三是务实创新，取得实效。为迎接第一届××市旅游节，今年以来各级党委政府加强对旅游业的领导和扶持，旅游部门和企业加强景点景区建设，加大宣传推介，使旅游业取得长足发展。

如制作了旅游VCD，征集了旅游口号和标志，特别是有两个景区评为4A级景区。在旅游节期间，有五个项目剪彩；七个项目签约，总金额逾3亿元，还有一批项目已引起客商投资兴趣。××十三个市达成旅游合作协议，成立联谊会秘书处，推动了区域旅游合作。来×领导、嘉宾和游客参加旅游节活动、参观景点景区和信用建设展示，盛赞××市改革开放的成就，盛赞两大整治的成效，盛赞××市旅游业的发展，对××文化和××美食有了进一步的了解。所有这些，对推动××市旅游业和经济、社会发展将产生积极的推动作用。

四是组织严密，隆重热烈。本届旅游节是我市第一次举办，没有经验。但在市委市政府的领导下，组委会办公室和秘书组、展览组、接待组、宣传组和安全保卫组服从指挥，各司其职，密切配合，把主会场活动组织得很好，主会场与各区县（市）分会场活动也衔接得很好。领导和嘉宾都很满意。有不少海外×籍乡亲说，开幕式组织得比××世粤年会还好。本次××市旅游节取得了圆满成功，今后我市将每两年举办一次，以进一步推介旅游、招商引资。借此机会，我代表市委市政府向为第一届××市旅游节成功举办付出辛勤劳动的工作人员表示衷心的感谢和亲切的问候！

同志们，当前全市人民正在学习贯彻党的十六大精神，围绕党的十六大提出的全面建设小康社会的目标和要求，进一步理清发展思路，努力做到发展中形成新思路，改革中寻求新突破，开放中开创新局面，各项工作有新举措。我们要在第一届××市旅游节成功举办基础上，乘势而上，进一步推动旅游业和经济社会的新发展。

谢谢大家！

▲比赛致辞

【范例】

在××市首届××烹饪技术大赛上的讲话

朋友们：

大家好！

非常感谢××市商业局、××市劳动和社会保障局，成功地组织这次在全市推出“××菜”这样一个重要的活动。我的心情和大家一样激动。

从今天开始，“××菜名店”的牌匾，将悬挂在二十一个获奖单位的门口。

“××菜系”这个课题的提出，我认为大家应该多思考些问题，我个人是有一些压力的。什么是××菜系？中国现在有八大菜系，××作为一个旅游城市，在全国又要推出“××菜系”。那么××菜系的内涵是什么？这个菜系要让社会公认，这个菜是不是××菜，有没有××菜的特色？这需要我们××市所有的厨师和主管部门负责这个课题。如果“××菜名店”的牌匾挂在酒店、饭店上，我们的顾客进去以后，反应这不是××菜，影响会很不好，这是一个问题。××菜能不能弘扬出去，能不能做出××菜的特色，这一些问题大家要思考。

第二个问题，我们比赛、活动非常重要，也搞得非常成功。但是××菜的特色，能不能在这个城市长期的保持下去，这也是一个重要的课题。

搞这个活动大家要记住，××菜系从今天开始，就要在全市推行，将要被全国各地人们、国际友人和全社会认可。所以我觉得，大家要认真对待这个问题。刚才我跟×××局长说，这次会议之后，这个牌匾要挂在二十一个店上，××电视台，××各报纸要全市公布。如果我们做得不够好，也不要紧，也要有一个完善的过程。我希望，不要把这次活动办成一次性的活动。

这次活动我们非常重视，人大的副主任，政协的副主席，我们县区的主管领导和有关委办局的领导都到了。大家一定要统一思想，热爱这个菜系，支持这个菜系，使××菜系在××市做得成功。我也坚信，有我们这么多的烹饪大师和全社会的支持，我们这个菜系一定能够成功，××的餐饮一定能够在一个新的形势下，上一个新的台阶。

谢谢大家！